Inhaltsverzeichnis

Das Karlsruher Stadtbuch ist ein Freizeit-Guide, Gastronomieführer, Kulturwegweiser, Einkaufsleitfaden und Veranstaltungskalender für Karlsruhe und die Region. Es stellt sowohl die Highlights vor als auch verborgene Geheimtipps. Darüber hinaus hilft es bei allerlei Alltagsfragen, etwa zum Nahverkehr, zu sozialen Belangen oder zu Behördengängen.

Vermissen Sie in dieser Ausgabe Ihre Lieblingslocation, finden Sie eine gesuchte Antwort nicht oder haben Sie Verbesserungsvorschläge? Dann schreiben Sie uns: info@karlsruherstadtbuch.de

Ein Tag am See

... aber an welchem? Karlsruhe gehört zu den Städten mit den meisten Sonnenstunden in Deutschland und liegt eingebettet in eine Region, die zu vielen abwechslungsreichen Ausflügen und Freizeitaktivitäten einlädt. Dass dieses Gebiet zwischen Schwarzwald, Vogesen, Südpfalz und dem Kraichgau über eine bemerkenswert hohe Dichte an Badeseen verfügt, macht das Glück für Sonnenanbeter und Wasserratten perfekt. Egal, ob Familien mit Kindern, puristische Naturromantiker, FKK-Freunde, Stand-up-Paddler, Taucher, Hundebesitzer oder Spaßbad-Fans, hier findet jeder seinen Lieblingssee.

Der Abbau von Sand und Kies hat in unserer Umgebung im Lauf der Zeit eine Vielzahl von Seen hinterlassen, die heute zu einem großen Teil als offizielle Badegewässer ausgewiesen sind und deren Wasserqualität regelmäßig von den Behörden

In Karlsruhes Umgebung gibt es viele attraktive Badeseen mit Urlaubsflair – wo sich ein Strandtag lohnt, verrät unser Artikel, für den wir unter anderem den Linkenheimer Baggersee „Giesen" besucht haben Foto: luftbild-karlsruhe.de

überwacht wird. Die Ergebnisse dieser hygienischen Prüfungen lassen sich während der Badesaison vom 1. Juni bis zum 15. September auf der Badegewässerkarte Baden-Württemberg unter der Adresse badegewaesserkarte.landbw.de aufrufen.

Jedes der hiesigen Gewässer hat seinen ganz eigenen Charakter und zieht unterschiedliches Publikum an. Welcher See für welche Bedürfnisse der passende ist, klärt unser kleiner Guide, für den wir 22 Seen in unserer Region besucht haben.

GRÖTZINGER BAGGERSEE

Auf dem Karlsruher Stadtgebiet befinden sich zwar jede Menge Freibäder, doch wer lieber im See seine Runden schwimmen möchte, hat keine große Auswahl. Innerhalb der Stadtgrenzen listet die Badegewässerkarte des Landes Baden-Württemberg nur eine einzige Badestelle auf: den Grötzinger Baggersee. Alle anderen Gewässer, sei es der große Knielinger See, der kleine Heidesee oder der Baggersee in Neureut, sind vor allem aus Naturschutzgründen für den Badebetrieb gesperrt.

Lange Zeit war dies auch an dem einst durch den Kiesabbau in der Kinzig-Murg-Rinne entstandenen Grötzinger See der Fall, ehe sich eine Bürgerinitiative für die Zulassung als Badegewässer einsetzte.

WIR SIND
FITNESS
PFITZENMEIER
Fitness since 1978
WERDE EINS MIT UNS.
WWW.PFITZENMEIER.DE
Karlsruhe Grünwinkel | Rudolf-Freytag-Str. 6 | Tel. 07 21 - 98 19 29 80

Mit Erfolg, denn seit 2015 können sich Seen-Süchtige mit gutem Gewissen auf den Weg nach Grötzingen machen. Am Südostende des Gewässers ist eine Badezone ausgewiesen, die einen grobkörnigen Sandstrand und eine schöne Liegewiese mit einigen schattenspendenden Bäumen bietet. Am späteren Nachmittag werden jedoch die Schattenplätze rar, denn dann steht die Sonne über dem Wasser. Das Ufer ist recht flach, sodass Kinder Platz zum Spielen und Sandburgen Bauen finden.

Weit hinaus in den See kann man indessen nicht schwimmen, da der Großteil aus Naturschutzgründen abgesperrt ist. Das Mitbringen von Schlauchbooten und Stand-up-Paddling-Ausrüstung ist zwar erlaubt, doch aufgrund des eher eingeschränkten Aktionsradius unter Umständen wenig attraktiv. Dafür gibt

„Ich glaub', da schwimmt ein Pferd" – der Südteil des Grötzinger Baggersees, des einzigen offiziellen Badesees auf Karlsruher Gemarkung, ist nicht nur für Menschen zum Schwimmen freigegeben
Foto: luftbild-karlsruhe.de

es einen eigens ausgewiesenen Bereich für Taucher und auch für Vierbeiner hat die Stadt Karlsruhe ein Herz. Anders als an vielen Badeseen der Region darf man hier das ganze Jahr über seinen Hund mitbringen – vorausgesetzt, er verlässt nicht die gesondert ausgewiesene Hundefläche am südlichen Ende des Strands. Selbst für Pferde gibt es eine eigene Badestelle, an der sie in den Morgenstunden bis 10 Uhr ins Wasser gehen dürfen.

Da am Grötzinger See kostenlos gebadet werden kann, beschränkt sich die Infrastruktur auf ein Minimum: Eine

Welcome Center BADEN-WÜRTTEMBERG

Welcome Center Technologie Region Karlsruhe

WELCOME – BIENVENUE – WILLKOMMEN.

Eine der wichtigsten Zukunftsaufgaben und eine wichtige Säule der Aktivitäten der TechnologieRegion Karlsruhe GmbH ist die Sicherung des Fachkräftebedarfs. Das Welcome Center TechnologieRegion Karlsruhe wirkt als Anlaufstelle beim weiteren Ausbau der Willkommenskultur unserer Region und der Gewinnung von internationalen Fachkräften mit. Unternehmen der TechnologieRegion und internationale Fachkräfte zusammenzubringen, ist das erklärte Ziel. Zudem werden die Unternehmen, Wissenschaftseinrichtungen und Kommunen bei der Ansprache und Bindung der Fachkräfte unterstützt. Den internationalen Fachkräften steht das Welcome Center bei Fragen zum Ankommen und zur Integration zur Verfügung.

TechnologieRegion Karlsruhe
Hightech trifft Lebensart

Baden-Württemberg
MINISTERIUM FÜR WIRTSCHAFT, ARBEIT UND TOURISMUS

Badeaufsicht der DLRG, die vor allem an Wochenenden und Feiertagen anwesend ist, ein Dixi-WC und eine Notrufsäule sind nebst einigen Sitzbänken die ganze Ausstattung. Wer etwas essen oder trinken möchte, kann die ein paar hundert Meter entfernte Gaststätte „Fischerheim" besuchen. Das Grillen und offenes Feuer sind am See ebenso verboten wie das Rauchen.

Der Grötzinger Baggersee, der auch außerhalb der Badesaison dank seines schönen Rundwegs einen Besuch wert ist, ist ein kleines Naturparadies. Der nordöstliche Teil des Sees liegt im Naturschutzgebiet „Weingartener Moor", das eine reiche Amphibienvielfalt auszeichnet, und auch im Südteil stehen die Chancen selbst während des Badebetriebs gut, Tieren wie etwa Wildgänsen zu begegnen. Und wenn nicht den Gänsen selbst, dann zumindest ihren Hinterlassenschaften auf der Liegewiese.

Der grobkörnige, aber ausgedehnte Sandstrand in Grötzingen führt flach ins Wasser und ist gut für spielende Kinder geeignet
Foto: Georg Hertweck

*Grötzinger Baggersee, 76229 Bruchwaldstraße, **Anfahrt per Auto**: über die B3, an der Grötzinger Ampelkreuzung links in die Bruchwaldstraße, etwa 300 Meter nach der Hausnummer 69 befinden sich rund 120 kostenlose PP, von hier aus 200 Meter Fußweg, **ÖPNV:** Bushaltstelle Grötzingen Nord (Linie 21), von hier aus etwa 1,5 km Fußweg, Eintritt frei*

EGGENSTEINER BAGGERSEE „FUCHS & GROS"

Malerisch in den Rheinauen gelegen, umgeben von Schilf und Bäumen, lockt der Baggersee „Fuchs & Gros" mit seinem schönen Badestrand aufgrund seines besonders flachen Einstiegs viele Familien mit kleinen Kindern an, die hier am sandigen Ufer buddeln und im seichten Wasser planschen können. Doch der familientaugliche Strand, der auch den zahlreichen hier heimischen Wildgänsen sehr behagt, hat seinen Preis: So hatte der Baggersee in den vergangenen Jahren im flachen Uferbereich mehrfach mit Keimbelastung zu kämpfen und wurde 2021 sogar vorübergehend für den Badebetrieb geschlossen. 2022 wurde dem Badesee immerhin eine ausreichende Wasserqualität bescheinigt.

Die Badegäste hindert dies nicht daran, in den heißen Monaten hier Abkühlung zu suchen. Ein Gastronomiebetrieb unmittelbar am See ist nicht vorhanden, doch hält im Sommer gelegentlich der Eiswagen am Parkplatz, dann ist zumindest das Glück des Nachwuchses perfekt. Für hungrige Badegäste bleibt zu hoffen, dass das einige Gehminuten entfernt gelegene, 2022 geschlossene „Schützenhaus" im Laufe des Jahres 2023 seine Pforten wieder öffnet. Für andere nötige Bedürfnisse ist wenigstens ein einfaches Häuschen mit Toiletten und Umkleiden am Seeufer zu finden.

Wer dem Trubel der „Familienbucht" entfliehen will, kann sich für einen schattigen Platz auf der hinteren Uferwiese entscheiden oder bis zur nächsten Badebucht spazieren: Zwischen Büschen und Schilf finden sich einsam-lauschige Örtchen mit direktem Zugang zum tiefdunkelgrünen Nass. Südwestlich öffnet sich ein zweiter Badestrand, etwas weniger flach und idyllisch, dafür mit gutem Einstieg für passionierte Schwimmer oder Stand-up-Paddler.

An dem relativ großen See ist Baden nur in der südlich gelegenen Hälfte erlaubt; der nördliche Teil ist größtenteils Naturschutzgebiet und Anglern sowie Seglern, Surfern und Paddlern vorbehalten. Für Taucher gibt es einen separaten Einstieg, getaucht werden darf jedoch nur mit Genehmigung, die über die Website der Gemeinde Eggenstein erhältlich ist. Die Bereiche des Sees sind entsprechend ausgeschildert. Während der Saison vom 1. Mai bis zum 30. September sind Hunde verboten.

Der etwa vier Kilometer lange Wanderweg rund um den See ist ganzjährig zu empfehlen – allerdings ist das oft weithin hörbare Knallen des Schützenvereins nichts für schwache Nerven. So sehr die Akustik jedoch stören mag, die Optik der herrlichen Landschaft entschädigt dafür.

Baggersee „Fuchs & Gros", Kopfweg 8, 76344 Eggenstein-Leopoldshafen,

Wo sich Fuchs und Gans „gute Nacht" sagen – am Eggensteiner See „Fuchs & Gros" wartet eine kleine Idylle auf die Badegäste
Foto: Ralf Schreck

DLRG gelegentlich am Wochenende, ***Anfahrt per Auto:*** *Von Karlsruhe kommend auf der Hauptstraße in Eggenstein links in die Straße Ankerberg in Richtung Rhein abbiegen, dann dem Kopfweg folgen bis zum Schützenverein, kostenloser PP,* ***ÖPNV:*** *Linie S1/S11 (Haltestelle Eggenstein Bahnhof), von dort gut 2 km Fußweg*

EPPLESEE

Der Epplesee ist der Klassiker unter den hiesigen Seen. An heißen Sommertagen droht schon mal der Verkehrskollaps rund um den „Epple", wenn Autos mit Pforzheimer und sogar Stuttgarter Kennzeichen vor dem Parkplatz Schlange stehen.

Sie alle kommen an das gut 35 Hektar große, auf Rheinstettener Gemarkung liegende Gewässer, „weil es sich hier einfach wie Urlaub anfühlt", ist sich Harald Sieder sicher. Diese Einschätzung kommt aus berufenem Mund, denn Sieder betreibt seit mehreren Jahrzehnten den Biergarten „Seegugger" – und der ist gewissermaßen der Strandbar-Klassiker am Badesee-Klassiker. Auf erhöhter Warte über der Uferböschung gelegen macht der „Seegugger" seinem Namen alle Ehre. Bei kühlen Getränken, Eis, Pizza, Flammkuchen oder Salat kann man den Blick über einen schier endlosen Strand und türkisfarbenes Wasser, gesprenkelt mit bunten Schwimmreifen und Bötchen, bis hin zu den Ausläufern des Nordschwarzwalds schweifen lassen.

Auch wenn im Hochsommer angesichts der vielen Badegäste aus nah und fern bisweilen das Bonmot vom „Karlsruher Mittelmeer" kursiert, bietet der Epplesee Platz für unterschiedlichste Vorlieben. Entlang des gut einen Kilometer langen Sandstrands gibt es sowohl eine Familienwiese und einen Hundestrand als auch eine „Mixed-Zone" für Baden mit oder ohne Bekleidung sowie einen reinen FKK-Bereich am südwestlichen Ende. Nur das Süd- und Ostufer stehen der Freizeitnutzung nicht zur Verfügung, denn der eine Teil ist als Naturschutzgebiet ausgezeichnet und auf dem anderen befinden sich die Anlagen des Kieswerks, das den begehrten Baustoff aus bis zu 60 Metern Tiefe saugt. Das so entstandene große Wasservolumen garantiert selbst bei Hochbetrieb eine von Besuchern und Tauchern sehr geschätzte, konstant gute Wasserqualität.

Doch nicht nur zum Baden ist der Epplesee ein Eldorado, gerade Wassersportler würdigen dessen besondere Eigenschaften. „Die Windverhältnisse sind ideal", weiß Harald Sieder, den einst seine Passion fürs Surfen an den „Epple" geführt hatte, ehe der studierte Wirtschaftsingenieur als Gastronom dort „heimisch" wurde. Zwischen den schnellen Kite-Surfern tummeln sich auf der weitläufigen Fläche zudem etliche Gummiboote und Stand-up-Paddler. Nur die durch Bojen abgetrennten Badebereiche und die Produktionsanlagen des Kieswerks sind für Boote gesperrt.

Wer nach so viel Aktivität eine Stärkung benötigt, kann entweder im „Seegugger" einkehren, wo gelegentlich Konzerte statt-

finden und DJs auflegen, oder den Imbiss-Container bei der Familienwiese aufsuchen. Dort stehen, wie im Biergarten, ebenfalls öffentliche Toiletten zu Verfügung.

Auf erhöhter Warte am Nordende befindet sich die DLRG-Station, wo die Anwesenheit der Badeaufsicht durch eine Flagge angezeigt wird, während der FKK-Strand im Südwesten ohne Badeaufsicht auskommen muss. Im Schwimmerbereich vor der Familienwiese führt das Ufer besonders flach ins Wasser, sodass Kinder dort nach Herzenslust spielen und buddeln können. Lediglich die Schattenplätze sind etwas rar gesät, was dafür sorgt, dass man vom Wasser aus eine bunte Ansammlung verschiedenster Sonnenschirme bewundern kann. Für das sichere Aufstellen des Schirmes sollte man präventiv einen Erdnagel mitbringen, da der Wind bisweilen recht böig werden kann.

Der Epplesee mit seinem mehrere hundert Meter langen Sandstrand und dem hellblauen Wasser ist einer der beliebtesten Badeseen der Region Foto: luftbild-karlsruhe.de

Ein besonderes Thema am Epplesee ist das Parken. Aufgrund des während der Pandemie nochmals stark gestiegenen Besucherinteresses hat die Stadt Rheinstetten ein eTicket-System eingeführt, bei dem man vorab online einen Parkplatz für 6 Euro buchen kann oder gleich eine Saisonkarte für 120 Euro. Solange der Vorrat reicht, gibt es an der Einfahrt Tageskarten für 7 Euro, aber nur gegen bargeldlose Zahlung. Wer sich die Gebühr sparen möchte, muss sein Auto entweder 1,5 Kilometer entfernt an der Messe abstellen oder damit rechnen, dass „wild“ geparkte Fahrzeuge abgeschleppt werden. Allerdings ist der „Epple“ von Karlsruhe aus auch gut per Rad und Stadtbahn erreichbar.

Epplesee, Herrenalber Straße, 76287 Rheinstetten, ***Anfahrt per Auto:*** *aus der Karlsruher Innenstadt über die L605 oder A5 Ausfahrt Karlsruhe Süd, dann weiter über die B3 und K3581 der Beschilderung „Messe“ folgen, alternativ über die B36 Richtung Rastatt, an der Messe Richtung Ettlingen abbiegen, das Parken ist vom 1. April bis zum 31. Oktober, 8–19h, gebührenpflichtig, eTickets sind erhältlich unter epplesee.info,* ***ÖPNV:*** *S7/S8 bis zum Bahnhof Forchheim oder Buslinie 107 (ab Rheinstetten oder Ettlingen) bis zur Haltestelle „Akazienweg“, dann gut 1 km Fußweg,* ***Seegugger****, Biergarten und Bar, Tel. 0171/951 56 95, seegugger.de, 1. April bis 31. Oktober, täglich 11–23h (außer bei Regen), Hunde sind erlaubt*

BADESEE BUCHTZIG

Seit fast 50 Jahren ist der Badesee Buchtzig bei Ettlingen-Bruchhausen im Sommer ein beliebtes Ausflugsziel für Badefreunde. 1974 öffneten sich das erste Mal seine Pforten, nachdem an dem ehemaligen Baggersee der Förderbetrieb eingestellt und er zum Badesee umgebaut worden war.

13 Hektar Wasserfläche bieten reichlich Platz für die unterschiedlichsten Wasservergnügen. Bereits in den 1980er Jahren

wurde ein Kinderplanschbereich ausgebaggert, damit die Kleinen nicht nur beim Spielen am Sandstrand, sondern auch im kühlen Nass gefahrlos ihren Spaß haben können. Im abgegrenzten Schwimmerbereich gibt es für geübtere Wasserratten Schwimminseln, von denen aus schon Generationen von Schülern ihre Kopfsprünge verfeinert haben, und wer lieber auf dem Wasser unterwegs ist, kann sich ein Tretboot ausleihen oder es mit dem Stand-up-Paddling versuchen. Beaufsichtig wird das lebhafte Treiben von ausgebildetem Fachpersonal, das auf einem Aufsichtsturm einen guten Überblick behält.

Auf der Liegewiese sammeln sich die Gäste im Schatten der Bäume und großer Sonnenschirme, ein Stückchen weiter sorgen ein Spielplatz, ein Freilandschachspiel, Tischtennisplatten sowie ein Beachvolleyballfeld und ein Basketballcourt für Abwechslung. Die Infrastruktur des Buchtzigsees gleicht eher der eines Freibads als der eines Badesees – die 2017 sanierten, barrierefreien Sanitäranlagen, großzügige Umkleiden sowie ein Kiosk mit Seeterrasse lassen kaum Wünsche offen und tragen dazu bei, dass sich hier gerade Familien mit Kindern gut aufgehoben fühlen.

Den Komfort eines Freibads bietet der 540 Meter lange und 13 Meter tiefe Badesee Buchtzig, der von den Stadtwerken Ettlingen betrieben wird
Foto: luftbild-karlsruhe.de

Auch bei der Liegewiese finden sich noch einige Toilettenkabinen und sogenannte „Umkleideschnecken", in denen man sich diskret umziehen kann. Hunde dürfen an den Badesee, der komplett eingezäunt ist, nicht mitgenommen werden. Für alle, die beim Schwimmen Appetit bekommen haben, steht ein Grillplatz mit Sitzgelegenheiten, Sonnenschirmen und mehreren Grillstationen zur Verfügung.

Damit das Schwimmvergnügen nicht nur sicher, sondern auch sauber ist, wurde

Gerade Familien fühlen sich am barrierefrei erreichbaren Buchtzigsee mit seinen modernen Sanitäranlagen und dem vielseitigen Sport- und Spielangebot bestens aufgehoben Foto: Stadtwerke Ettlingen GmbH

in den 1990er Jahren eine Wasserfontäne installiert, um die Wasserqualität des Sees durch eine verstärkte Sauerstoffaufnahme zu verbessern. Zusätzlich zu den gesetzlichen Kontrollen des Gesundheitsamtes wird die Wasserqualität regelmäßig von einem beauftragten Labor untersucht und auch die restliche Anlage wird täglich von Mitarbeitern kontrolliert und gepflegt.

Badesee Buchtzig, Am Baggersee, 76275 Ettlingen, Tel. 07243/95 84 oder Tel. 07243/101-811, baeder-ettlingen.de, 18. Mai bis 10. September 2023, täglich 10-20h (bei schlechtem Wetter schließt der Badesee früher), ***Anfahrt per Auto:*** *über die L607, der Badesee ist ausgeschildert und hat einen großen kostenfreien PP,* ***ÖPNV:*** *Linie S71 oder S81 bis Haltestelle „Bruchhausen" oder Buslinie 104 bis zur Haltestelle „Im Stöck" (Ettlingenweier) bzw. „Neuwiesenstraße" (Oberweier) und von dort aus 800 Meter Fußweg zum See*

FERMASEE RHEINSTETTEN

Naturnahes Baden ohne aufwendige Infrastruktur, dafür steht der Fermasee bei Neuburgweier. Das mit Pappeln, Weiden und Schilf bewachsene Seeufer spendet selbst bei prallem Sonnenschein reichlich Schatten und neben der Badebucht mit einem kleinen Sandstrand gibt es weitere versteckte Einstiege ins Wasser.

Da der überwiegende Teil des etwa 35 Hektar großen Sees Naturschutzgebiet ist, ist das Baden nur an einem Zipfel im Süden des Sees gestattet, nämlich in einem Dreieck zwischen der baumbewachsenen Insel und der Uferfläche entlang des Parkplatzes. Und dort kann es im Hochsommer an heißen Wochenenden etwas turbulenter zugehen. Um dann des Besucherandrangs Herr zu werden, hat die Stadt Rheinstetten wie beim Epplesee ein neues Zahlsystem für die Zeit vom 1. April bis zum 31. Oktober eingeführt: Parktickets können im Internet für 6 Euro bestellt werden, vor Ort ist die Tageskarte bei bargeldloser Bezahlung für 7 Euro erhältlich, jedoch nur, wenn noch Platz verfügbar ist.

Außer an Wochenenden mit hochsommerlichen Temperaturen gilt der Fermasee als ruhiger Badesee. Daher kommt er werktags in der Regel ohne Badeaufsicht aus. Die Anwesenheit der DLRG ist vor allem an heißen Wochenenden gefordert und wird durch eine gehisste Flagge signalisiert. Für Sicherheit soll seit 2021 auch eine Notrufsäule sorgen. In den ausgewiesenen Wasserbereichen sind Schwimmen, Schnorcheln, Stand-up-Paddling sowie die Benutzung von Luftmatratzen und aufblasbaren Booten erlaubt. Ansonsten ist das Bootfahren genauso verboten wie das Tauchen mit Sauerstoffflaschen. Hunde müssen am gesamten Uferbereich angeleint werden und dürfen nicht ins Wasser.

Am Rand der schmalen Liegewiese ist den Sommer über ein WC aufgestellt und es gibt einen Picknickplatz mit Holztisch und Bänken sowie zeitweise einen mobilen Kiosk. Grillen, Feuermachen, Shisha-Pfeifen und Campen sind jedoch untersagt. Da der bis zu elf Meter tiefe See keine künstliche Kiesgrube ist, sondern als Altrheinarm, der zur Sandgewinnung ausgebaggert wurde, im Überschwemmungsgebiet des Rheines liegt, muss man spätestens zur Dämmerung mit Stechmücken rechnen.

Auch außerhalb der Badesaison ist der Fermasee, der als Brut- und Rastplatz zahlreicher Vogelarten dient, ein attraktives Ausflugsziel. Mehrere Rundwege ab etwa vier Kilometern Länge führen um das Gewässer und von zwei Beobachtungsplattformen aus kann man Wasservögel wie etwa den Haubentaucher beobachten. Unweit des Sees lockt direkt am Rheinufer der schöne Biergarten des Rheinkiosks, wo man gemütlich relaxen kann, während auf dem Fluss die Schiffe vorbeiziehen.

Fermasee, Neuburger Straße,
76287 Rheinstetten-Neuburgweier,
erreichbar ***per Fahrrad*** *über den Rheindamm entlang des Rheins,*

Der Fermasee war ein Altrheinarm, aus dem in den 1930er Jahren Kies für einen Verteidigungswall an der französischen Grenze gebaggert wurde – längst wird er für seine idyllische Badebucht geschätzt
Foto: luftbild-karlsruhe.de

Anfahrt per Auto: *über die L566 durch Mörsch bis Neuburgweier, dort von der Rheinstr. in die Marienstr. biegen, am Ende der Marienstr. links bis zum PP, Parkgebühren 1. April bis 31. Oktober, täglich 8–18h: 6€ (eTicket über die Seite epplesee.info) bzw. 7€ bargeldlos an der Kasse vor Ort (falls Tickets verfügbar), Parken von 6 bis 23h erlaubt,*
ÖPNV: *Buslinie 106 bis „Neuburgweier Mitte", von dort 1 km Fußweg*

WEINGARTENER BAGGERSEE „BREITHEIDE"

Eines haben alle Badeseen in der Umgebung von Karlsruhe gemeinsam: Ihre Entstehung ist nicht natürlichen Ursprungs, sondern das Ergebnis der Sand- und Kiesgewinnung. Während an vielen Seen der Baggerbetrieb inzwischen eingestellt ist, sticht in Weingarten die gewerbliche Nutzung der Gewässer besonders ins Auge – Förderbänder ziehen sich über den See und gegenüber dem Badestrand sind deutlich die Silos der Firma Scherrieble sichtbar. Deren Baggerbetrieb hat immerhin positive Auswirkungen für die Badegäste, denn er sorgt für eine regelmäßige Umwälzung des Wassers und damit für eine gute Qualität.

Doch keine Sorge, am Wochenende herrscht Betriebsruhe, sodass einem ungestörten Badetag nichts im Wege steht. Einen solchen kann man im Freizeitgebiet „Breitheide" durchaus verbringen. Auf der ausgedehnten Liegefläche stehen zahlreiche hohe Bäume, die auch bei größerem Andrang ausreichend schattige Plätze bieten. Für sportlich Aktive gibt es ein Beachvolleyballfeld, während die kleinen Besucher ihren Spaß auf dem Spielplatz haben. Auch ein Toilettenhäuschen ist am Zugang beim Parkplatz vorhanden.

In den See führen ein breiter Sandstrand sowie weitere kleinere Zugänge im seitlichen Bereich. Allerdings fällt das Ufer recht steil ab, sodass Nichtschwimmern vom Baden dort abgeraten wird. An Wochenenden ist eine Badeaufsicht

am Strand anwesend. Das Schwimmen ist – ebenso wie das Segeln, Surfen und das Stand-up-Paddling – bis zur Grenze des Kiesabbaubereichs gestattet. Taucher können über den Badestrand in den See steigen. Hunde dürfen während der Badesaison hingegen nicht mitgebracht werden.

Zwar ist am See ein Grillplatz vorhanden, jedoch durfte dieser im Sommer 2022 wegen Waldbrandgefahr nicht genutzt werden und in den beiden Jahren zuvor hat Corona die Glut verglimmen lassen. Wer auf Nummer sicher gehen will, plant also lieber einen Besuch bei „Fischer's Fritz" ein, der mit einer vielfältigen Speisekarte lockt, die von Salaten über eine Flammkuchenauswahl bis hin zu Steak-, Schnitzel- und Fischgerichten reicht. Für den schnel-

Eine große Liegewiese und viel Schatten kennzeichnen den Baggersee in Weingarten – da das Ufer steil abfällt, gibt es jedoch nur wenig Wasserfläche, in der sich Nichtschwimmer sicher aufhalten können
Foto: luftbild-karlsruhe.de

len Hunger zwischendurch hält ein Kiosk Eis oder eine Portion Pommes bereit.

Baggersee „Breitheide", Am Baggersee 1, 76356 Weingarten, Badesaison vom 1. Mai bis 30. September, täglich bis zum Einbruch der Dunkelheit, der Zugang zum See ist kostenlos, Autofahrer bezahlen 7€ Parkgebühr pro Tag, ab 17h: 4€ weingarten-baden.de/freizeit-tourismus/freizeit-bademoeglichkeiten/baggersee, ***Anfahrt per Auto:*** *über die B3 bis Wein* *garten (oder L 560 bis Blankenloch, weiter über die L 559), Zufahrt zum Baggersee am Bahnhof Weingarten,* ***per Fahrrad*** *lässt sich der See durch den Wald vom Ortsteil Waldbrücke aus erreichen,* ***ÖPNV:*** *S31/S32 bis zum Bahnhof Weingarten, dann knapp 2 km Fußweg,* ***Restaurant Fischer's Fritz****, Do-Mo 17-22h, fischersfritz-restaurant.de*

BÜCHENAUER BAGGERSEE „ALTE ALLMEND"

Mit online-Bewertungen ist es manchmal so eine Sache. Bei Google stehen 4,4 von fünf Sternen für den Baggersse „Alte Allmend" im Bruchsaler Stadtteil Büchenau. Allerdings stammen die guten Noten überwiegend von Tauchern, die das klare Wasser und die Unterwasserflora schätzen. Obwohl der See als Badegewässer zugelassen ist und kontrolliert wird, ist vor allem Familien der Besuch an der zwischen Wohnbebauung und Autobahn eingeklemmten „Alten Allmend" eher nicht zu empfehlen. Für mehr als einen schnellen Sprung ins kühle Nass fehlen schlicht und einfach die Liegeflächen sowie jegliche Infrastruktur, denn bis auf eine Notrufsäule und einige Sitzbänke ist nichts vorhanden. Toiletten, Duschen oder Umkleiden sucht man hier vergeblich. Dafür bietet der See eine gute Wasserqualität und kostet weder Eintritt noch Parkgebühren.

Da sich der Baggersee zuletzt dennoch zunehmend zum Anziehungspunkt entwi-

ckelt hat, sah die Stadt Bruchsal die Notwendigkeit, ihn in verschiedene Nutzungszonen einzuteilen, um unter anderem den besonders schützenswerten Tier- und Pflanzenarten gerecht zu werden. So ist das Schwimmen seither ausschließlich entlang der westlichen Wohnbebauung erlaubt und auch nur bis ungefähr zur Mitte des Sees. In der Naturschutzzone im Osten zwischen See und Autobahn ist es nicht einmal erlaubt, die Wege zu verlassen.

Den Zugang zum Wasser ermöglichen drei Einstiege zwischen dem Gebüsch, wobei diese nur von geübten Schwimmern genutzt werden sollten, da das Ufer steil abfällt und es keine Badeaufsicht gibt. Ein schmaler Bereich entlang des Geh- und Radwegs kann zum Liegen genutzt werden, jedoch dient dieser auch als Auslauffläche für angeleinte Hunde. Für erfahrene Schwimmer, die lediglich in Ruhe eine Runde schwimmen wollen, kann der Baggersee aber durchaus eine puristische Alternative zu dem turbulenten Treiben an den beliebten Seen der Umgebung sein.

Eingeklemmt zwischen einer Autobahn und Wohnbebauung liegt der Büchenauer Baggersee, der eine puristische Alternative zu den an heißen Tagen gut besuchten Badeseen der Umgebung sein kann
Foto: luftbild-karlsruhe.de

Baggersee „Alte Allmend", Am See, 76646 Bruchsal, ***Zufahrt per Auto:*** *von der Verbindungsstraße zwischen Untergrombach und Büchenau oder über die Straße „Am See", PP gibt es an der Mehrzweckhalle,* ***ÖPNV:*** *S31/S32 bis Untergrombach, weiter mit dem Bus 185/186 bis zur Haltestelle „Büchenau Pfarrzentrum", von dort 400 Meter Fußweg, Einkehrmöglichkeiten gibt es in Büchenau*

UNTERGROMBACHER BADESEE „METZGERALLMEND“

Was haben Badegäste am Untergrombacher See und der Eichenheldbock gemeinsam? Beide lieben den alten Baumbestand – wenn auch jeder auf seine Weise. Während sich die unter Naturschutz stehenden Käfer gerne in morschen Eichen einnisten, schätzen Erholungssuchende die Bäume als willkommene Schattenspender. Beide Interessengruppen kommen am oft stark frequentierten Baggersee „Metzgerallmend“ hervorragend miteinander aus, seit die Stadt Bruchsal vor fünf Jahren das Areal umstrukturiert hat. Nun sind die vom Aussterben bedrohten Insekten durch Zäune in ihrem Rückzugsgebiet geschützt, während die große Liegewiese für die Badegäste an anderer Stelle erweitert wurde.

Herausgekommen ist dabei eine abwechslungsreiche Gestaltung, die sich von anderen Seen unterscheidet. Zum einen durchzieht ein Hügel die Liegefläche, von dessen Spitze aus die Badeaufsicht, die mindestens an Wochenenden und Feiertagen präsent ist, das Geschehen bestens im Blick hat, und zum anderen liegt ein Teil des Badebereichs in einer idyllischen Bucht mit klarem Wasser. Gerade dort finden sich aufgrund der geringeren Wassertiefe ideale Bedingungen für Familien mit Kindern, zumal der gut einsehbare und sanft abfallende Sandstrand, der den Badebereich säumt, zum Buddeln und Spielen einlädt. Zur schmalen, wild mit Bäumen bewachsenen Insel,

die die Bucht abgrenzt, kann man zwar hinschwimmen, doch aus Naturschutzgründen darf sie nicht betreten werden. Wer sie umrundet, findet jenseits des Insel-Biotops Ruhe vom Badetrubel.

Außerhalb der Badezone sind auf dem 13 Hektar großen, fast rechteckigen See Wasserfahrzeuge ohne Motor erlaubt, sodass es ausreichend Platz für Stand-up-Paddling und gemütliche Schlauchboot-Touren gibt. Am jenseitigen Ufer sollte man allerdings nicht anlegen, denn dort befinden sich Naturschutzzonen und Angelplätze. Für Taucher steht am Rand der Badezone ein eigener Einstieg zur Verfügung, sofern sie einen kostenpflichtigen Tauchberechtigungsschein bei der Gemeinde erworben haben.

Große Liegewiese, klares Wasser, schöne Umgebung – die Qualitäten des Untergrombacher Baggersees kennen und schätzen im weiten Umkreis Bruchsals viele Seen-Fans
Foto: luftbild-karlsruhe.de

Am Zugang zum großen Parkplatz steht ein mobiler WC-Wagen. Das Mitbringen von Hunden sowie das Grillen ist am See ebenso wenig gestattet wie Shisha-Rauchen oder Campen. Um die weitere Vermehrung der dort lebenden Wasservögel einzudämmen, sollten diese außerdem nicht mit Proviantresten gefüttert werden.

Da der Badesee „Metzgerallmend“ direkt am Rheintal-Radweg liegt, ist er sehr gut mit dem Fahrrad erreichbar. Zudem spart man sich die mit 10 Euro pro Tag recht stattlichen Parkgebühren.

Das Fahrzeug alternativ in dem angrenzenden Wohngebiet abzustellen, ist keine gute Idee, denn dort gilt während der gesamten Badesaison Anwohnerparken. Wer hingegen mit öffentlichen Verkehrsmitteln anreist, muss knapp 20 Minuten Fußweg vom Stadtbahn-Haltepunkt Untergrombach einplanen, der allerdings mit einem Zwischenstopp an der Eisdiele unterwegs gefühlt etwas verkürzt werden kann. Am See selbst gibt es kein gastronomisches Angebot.

Badesee „Metzgerallmend", Saison vom 1. Mai bis 30. September, Badezeit bis zum Einbruch der Dunkelheit, längstens bis 22h, Eintritt frei, ***Anfahrt per Auto:*** *über die B3 bis Untergrombach, dort links in die Büchenauer Str. biegen, dann rechts in die Joß-Fritz-Straße und bis zum großen PP, Gebühren 10 Euro für Pkw, 5 Euro für Motorräder,* ***ÖPNV:*** *S31/S32 bis Untergrombach, von dort 1,5 km Fußweg oder mit dem Stadtbus Bruchsal (Linien 185/186) bis zur Haltestelle Joß-Fritz-Schule, von dort 1 km Fußweg*

DREI MAL STUTENSEE: SPÖCK, STAFFORD UND BLANKENLOCH

Wenn der Name der Kommune schon das Wort „See" beinhaltet, spricht das Bände. In der Tat befinden sich auf der Gemarkung Stutensee gleich drei Gewässer, die zum Baden freigegeben sind, jedoch dürften alle drei eher die Puristen ansprechen. Wer also eine Runde im See schwimmen oder sich ans Ufer in die Sonne legen

möchte, wird in den Stadtteilen Spöck, Staffort und Blankenloch fündig. Bis auf mobile Toiletten und eine Notrufsäule in Spöck weisen die drei Seen jedoch keinerlei weitere Infrastruktur auf. Das Baden erfolgt daher ohne Aufsicht und auf eigene Gefahr. Auch Verpflegung sollte man zumindest in Spöck und Staffort selbst mitbringen

Der **Stafforter See** befindet sich im Gewann „Gänseweide" unweit der Verbindungsstraße nach Weingarten und bietet von allen dreien das schönste Naturerlebnis. Entweder kann man an dem kleinen Grasstrand beim Fischerheim zwischen Seerosen ins Wasser steigen oder an einer der Zugangsstellen entlang des Ostufers, wo unter großen, schattenspendenden Bäumen ebenfalls eine Badezone ausgewiesen ist. Das südliche und westliche Ufer des Sees, der noch bis 2001 der

Den Stafforter See nutzen in erster Linie Menschen aus der nahen Umgebung – zu langen Aufenthalten lädt er nicht ein, doch der vollständig von Bäumen umgebene Baggersee bietet ein schönes Naturerlebnis
Foto: luftbild-karlsruhe.de

Kiesgewinnung diente, bleibt hingegen als Angel- und Laichgewässer den Badefreunden verwehrt. Aufgrund der steilen Ufer ist der See für Kinder nur bedingt geeignet. Beim Fischerheim stehen nur wenige Parkplätze zur Verfügung, sodass man am besten mit dem Fahrrad kommen sollte.

Baggersee Staffort, ***Anfahrt per Auto:*** *von Staffort oder Weingarten aus über die K 3539, Abzweigung zum „Fischerheim" nehmen,* ***ÖPNV:*** *S31/S32 bis Weingarten oder S2 bis Blankenloch Nord, von dort jeweils Buslinie 121 bis Staffort/Weingartener Straße, dann etwa 1 km Fußweg*

Der See in **Spöck** liegt ein wenig versteckt am nördlichen Ortsrand hinter einem Gewerbegebiet. Der größte Teil des Gewässers ist als Angel- oder Naturschutzzone ausgewiesen. Am Nordende gibt es jedoch einen kleinen Sandstrand mit flachem Einstieg, der Kindern mehr Platz zum Spielen bietet als der Stafforter See, und eine Liegefläche, die durch hohe Büsche von umgebenden Wegen und Straßen sowie teils auch zum Wasser hin abgegrenzt wird und deshalb ausreichend Schatten bietet. In der östlichen Ecke wird – nicht unbedingt legal – gelegentlich gern FKK praktiziert.

Baggersee Spöck, Kiesäckerstraße, ***Anfahrt per Auto:*** *über die B36 oder die L559 bis zur Ortsmitte Spöck, dort in die Speyerer Straße, die im Norden zur Kiesäckerstraße wird, auf der Ostseite des Sees befindet sich ein kleiner PP,* ***ÖPNV:*** *S2 bis Spöck oder S3, S31/32 bis Bruchsal, von dort weiter mit der Buslinie 125 bis Neuthard Süd, dann etwa 1 km Fußweg von Neuthard ins Gewerbegebiet Spöck*

Wenig Betrieb, wenig Infrastruktur, dafür zahlreiche versteckte Plätzchen und viel Natur finden Badegäste am Baggersee in Spöck Foto: luftbild-karlsruhe.de

In **Blankenloch** befindet sich der See in nicht besonders idyllischer Lage, denn an drei Seiten grenzt er an ein Gewerbegebiet und an einer Seite an die L556. Allerdings sorgt ein breiter Gebüschstreifen für ein wenig Ruhe an dem kleinen und sauberen Sandstrand. Da der Strand mit seinem seichten Ufer an der Nordseite liegt, sind Schattenplätze leider eher rar. Am See gibt es dafür ein täglich geöffnetes, günstiges Bistro, das unter anderem Salate und Schnitzel anbietet, und die Nähe zum

Der Baggersee Blankenloch ist so klein, dass er in besonders heißen Sommern auch mal „kippen" kann, doch abgesehen davon ist seine Wasserqualität ausgezeichnet
Foto: Georg Hertweck

Einkaufszentrum ermöglicht es außerdem, sich zu den üblichen Öffnungszeiten mit Essen und Getränken zu versorgen.

An allen drei Seen in Stutensee sind das Mitbringen von Hunden, das Surfen und Segeln sowie das Grillen und Zelten nicht erlaubt. In Spöck und Staffort sind immerhin Schlauchboote und Kanus gestattet, ebenso wie das Sporttauchen an den gekennzeichneten Einstiegen. Am Blankenlocher See hingegen sind Taucher und jegliche Art von Booten tabu.

*Baggersee Blankenloch, Am See 8, 76297 Stutensee, **Anfahrt per Auto** über die B36, die L560 oder die L604 ins Gewerbegebiet Blankenloch Nord, PP gibt es im Gewerbegebiet (u. a. beim Stutensee-Center), für **Radfahrer** empfiehlt sich die Anfahrt ins Gewerbegebiet vom Bahnhof Blankenloch über die Straße „Am Hasenbiel", **ÖPNV:** S2 bis Blankenloch Nord, dann etwa 1,5 km Fußweg, werktags besteht auch eine Busverbindung ab Blankenloch Nord und Leopoldshafen (S1) per Bus 195 bis „Kreisel L559", von dort 400 Meter Fußweg*

SIEBEN-ERLEN-SEE, KARLSDORF-NEUTHARD

Fast könnte man den Sieben-Erlen-See beim Vorbeifahren auf der Kreisstraße zwischen Neuthard und der B35 verpassen, wären da nicht die im Umfeld von Badeseen fast schon obligatorischen Halteverbotsschilder am Straßenrand. Hinter dem Lärmschutzwall verbirgt sich indessen eine

#moments
Das Mehrwerte-Programm der Stadtwerke Karlsruhe
Jetzt anmelden und einzigartige Mehrwerte genießen!
Profitieren Sie von dauerhaften Vorteilen bei Partnerunternehmen und gewinnen Sie Ihren persönlichen Exklusiv-Moment.
Jetzt anmelden unter www.swka.de/moments
Stadtwerke Karlsruhe
Besser versorgt, weiter gedacht.

Ein kostenlos zugänglicher Badesee mit viel Angebot ist der schöne Sieben-Erlen-See in Karlsdorf-Neuthard Foto: G. Hertweck

kleine Perle, denn der Badesee bietet zum Nulltarif vieles, was der Gast sich wünscht – Toiletten, Duschen und Umkleiden sind hier ebenso vorhanden wie zwei Beachvolleyball-Felder. Auch ein Schattenplatz ist schnell gefunden, denn auf der Liegefläche stehen weitaus mehr als nur die namensgebenden sieben Erlen. Apropos Perle: In diese Kategorie fällt zweifellos die Strandbar mit dem schönen Namen „Kiezperle". Bei kühlen Getränken, Snacks oder einem Eis lässt es sich unter dem großen Sonnensegel wunderbar entspannen.

Nur wenige Schritte sind es von hier zum Einstieg ins kühle Nass. Der kleine Sandstrand, der seinen Platz zwischen Angel- und Modellbootverein gefunden hat, ist flach und bietet Kindern Gelegenheit zum Buddeln und Staudämme Bauen. Ins Wasser sollten dennoch nur geübte Schwimmer gehen, da es keine Badeaufsicht gibt.

Gleich hinter der „Kiezperle" befindet sich der Tauchereinstieg, wobei die Gesamtzahl von Tauchern im See auf maximal fünf begrenzt ist. Surfen und Bootfahren sind am Sieben-Erlen-See ebenso wenig gestattet wie das Mitbringen von Hunden. Noch ein Tipp für die Autofahrer: Wer sich von einem Navi lotsen lässt, sollte nicht „Baggersee Karlsdorf" in den Routenplaner eingeben. Den gibt es zwar ebenfalls, doch an dem nördlich der B35 gelegenen See ist das Baden leider untersagt.

Sieben-Erlen-See, Waldstr. 23, 76689 Karlsdorf-Neuthard, Badesaison: 15. Mai bis 14. September, Eintritt frei, ***Anfahrt per Auto:*** *über die A5 oder die B36 und B35, dann abbiegen auf die K3529 bis zum kleinen gebührenfreien PP am Waldrand,* ***ÖPNV:*** *S3, S31/S32 bis Bruchsal oder S2 bis Spöck, von dort jeweils weiter per Bus 125 bis Neuthard Nord, dann 1,6 km Fußweg (Tiergartenweg, über die Fußgängerbrücke, danach rechts ab und den ersten Feldweg links)* ***Strandbar Kiezperle****, Mo 11-18h, Di-Do 11-20.30h, Fr+Sa 11.30-22h, So 13-22h*

HEIDESEE FORST

Die Bezeichnung „Freizeitpark“ ist für den Heidesee bei Forst nicht aus der Luft gegriffen. Hier lässt sich bequem ein ganzer Tag verbringen, man kann auf der großzügigen, von vielen Bäumen beschatteten Liegewiese entspannen und sich zwischendurch im 16 Hektar großen See abkühlen, dessen gesamtes Westufer als Badezone ausgewiesen ist. Neben reichlich Platz gibt es noch eine echte Hauptattraktion: die drei Rutschen mit einer Gesamtbahnlänge von 225 Metern. Zwei davon winden sich mit gemächlichem Gefälle durch mehrere Kurven, während die gerade und steile „Kamikaze-Speedrutsche“ in der Mitte ein wenig Nervenkitzel verspricht.

Wer es lieber ruhiger mag, schwimmt hinaus zu einer der Badeinseln oder mietet für 15 Euro pro Stunde ein Tretboot, um eine gemütliche Runde auf dem See zu drehen. Außerdem hat sich am Heide-

Eine weitläufige Liegewiese, ein Sandstrand, drei Wasserrutschen, viele Spiel- und Sportangebote sowie eine Gastronomie direkt am Ufer bietet der Heidesee
Fotos: Georg Hertweck

see neuerdings ein Testzentrum für Stand-up-Paddling etabliert, sodass man vor Ort das passende Brett für seine Bedürfnisse ausfindig machen und ausprobieren kann. Sporttauchen ist am Heidesee hingegen ebenso wenig gestattet wie das Mitbringen von Hunden.

Vom breiten Sandstrand aus gelangt man auf der Höhe der Rutschen in einen ausgewiesenen Nichtschwimmerbereich mit einer Wassertiefe von maximal einem Meter, der auch von der Badeaufsicht überwacht wird. Zusätzlich gibt es für die kleinsten Besucher ein separates Planschbecken mit Sonnensegel. Was die Infrastruktur betrifft, kann der Heidesee locker mit einem Freibad mithalten. Gleich am Eingangsbereich befinden sich Umkleiden, Toiletten, Duschen und Schließfächer, ein weiteres WC-Gebäude steht an der Badebucht. Zusätzlich sind Freiluft-Duschen und Umkleidemöglichkeiten über das Areal verteilt. Für Sportfans stehen Beachvolleyballfelder zur Verfügung und für Kinder mehrere Spielgeräte.

Den kleinen Hunger und Durst kann man beim Imbiss neben den Rutschen stillen oder man lässt den Badetag mit einer Holzofenpizza auf der Panoramaterrasse des täglich geöffneten Restaurants „Casa del Mar“ ausklingen.

Heidesee, Am Heidesee 1, 76694 Forst, Tel. 07251/306 57 47, forst-baden.de (Link „Gemeindeleben"), Anfang Juni bis Mitte Sept., täglich 10-20h, Eintritt 6€ (ermäßigt 3€), Familienticket 12€, Abendkarte (ab 17h) 2€, ***Anfahrt per Auto:*** *über die A5 und B35a nach Forst, dort der Beschilderung über die Weiherer Straße zum Heidesee bis zum großen gebührenfreien PP folgen, für* ***Radfahrer*** *gibt es einen Zugang von der Kronauer Allee,* ***ÖPNV:*** *S3, S31/S32 bis Bruchsal, dann weiter mit Bus 125 bis zur Haltestelle „Löwen" in Forst, ab dort 1,5 km Fußweg über die Weiherer- und Wannenstraße, werktags fährt die Linie 125 auch zur Kronauer Allee, von dort 1 km Fußweg* ***Pizzeria „Casa del Mar":*** *warme Küche täglich bis 23h, Tel. 07251/306 58 25, beachcasadelmar.com*

BAGGERSEEN GIESEN

Wer sich zum Baden am Baggersee Giesen verabredet, sollte sicherheitshalber einen genauen Treffpunkt ausmachen. Sonst kann es passieren, dass man an unterschiedlichen Stränden aufeinander wartet, denn den „Giesen" gibt es gleich in doppelter Ausführung: einmal auf der Gemarkung Dettenheim und nur getrennt durch eine baumgesäumte Straße liegt südlich davon auf der Gemarkung Linkenheim-Hochstetten der kleinere Bruder des Sees.

Letzterer ist eine einfache Badestelle mit Liegewiese und unter anderem aufgrund der Hinterlassenschaften der Wasservögel bisweilen nicht ganz so guter Wasserqualität. Dafür badet man hier in idyllischer Umgebung und zahlreiche Bäume bieten Schatten. Der nördliche Teil in Dettenheim kann hingegen mit Größe punkten, denn mit rund 90 Hektar Wasserfläche ist das Gewässer einer der größten Baggerseen in unserer Region.

Der Strand mit sich anschließender Liegewiese hat ebenfalls respektable Ausmaße, sodass man selbst bei sommerlichem Hochbetrieb stets einen Platz findet. Auch Ballsportfans können sich hier oder auf

Den Giesener Baggersee gibt es einmal in Groß auf Dettenheimer Gemarkung und in Klein auf Hochstettener Seite (siehe auch Bild Seite 2) – der Dettenheimer See punktet mit seinem großflächigen Sandstrand Foto: Georg Hertweck

den beiden Beachvolleyball-Feldern austoben und selbst Familien mit kleinen Kindern sind am sehr flach abfallenden Ufer mit dem klaren Wasser, das zum Spielen und Sandeln einlädt, bestens aufgehoben, zumal hier ein Wachturm der DLRG steht. Schattenplätze sind hingegen Mangelware, einen Sonnenschirm sollte man also einpacken, wenn man längere Zeit hier verbringen möchte. Hunde sind am Strand während der Saison nicht gestattet, das Tauchen hingegen schon und ebenso das Bootfahren ohne Motor. Gleiches gilt für den südlichen Hochstettener Seeteil.

Am Dettenheimer „Giesen" sind mobile Toiletten und ein kleiner Kiosk vorhanden, der sich vor der seit Längerem geschlossenen Gaststätte befindet und neben Getränken auch Snacks beziehungsweise Eis anbietet. Weitere Einkehrmöglichkeiten finden sich 500 Meter vom Strand entfernt im „Fischerheim Liedolsheim".

Auf der kleineren Hochstettener Seite öffnet der dortige Anglerverein von Mai bis August die Toiletten im Vereinsheim für Badegäste. Bei Veranstaltungen des Vereins ist zudem der Kiosk geöffnet, ansonsten kann man in zehn Minuten Fußweg die beiden Gaststätten auf der Insel Rott erreichen. Beide Seen sind kostenlos nutzbar, auf der Dettenheimer Seite werden für motorisierte Badegäste jedoch 5 Euro Parkgebühren pro Tag erhoben.

Baggersee Giesen, ***Anfahrt per Auto:*** *über die B36 bis zur Ausfahrt Hochstetten, weiter über die L602, am Kreisverkehr vor Liedolsheim erst Richtung Hochstetten fahren, dann gleich nach dem Kreisel rechts in den Weg zum Kieswerk einbiegen – zum Linkenheimer Seeteil von der B36 aus auf der Hauptstraße durch Hochstetten* *fahren, dann der Beschilderung zur Insel Rott folgen,* ***ÖPNV:*** *S1/S11 bis Hochstetten Grenzstraße, weiter per Bus 193 bis Liedolsheim Festhalle, von dort 2,7 km Fußweg über die Hochstettener Straße und „Am Giesen" – zum Linkenheimer Seeteil per Bus 193 bis Haltestelle „Hochstetten West", von dort 2,3 km Fußweg*

LINKENHEIMER BAGGERSEE „STREITKÖPFLE"

Der traumhafte Blick auf zwei beinahe karibisch anmutende Buchten von tiefem Blau, zerschnitten durch einen schmalen Streifen Strand, der auf eine bewachsene Halbinsel führt, daneben eine zweite Insel und Frauen, die mit geschürzten Röcken durch das kniehohe, türkisfarbene Wasser zum Inselstrand hinüberwaten: Nicht umsonst wird der Streitköpfle-Baggersee in Linkenheim vom Volksmund liebevoll „BaLi" abgekürzt. Hier reicht ein Blick und die Seele beginnt zu baumeln. Entsprechend zahlreich sind die Gäste: Schon morgens stehen die ersten Sonnenschirme, werden die ersten Strandliegen aufgeklappt. Ja, er ist bevölkert, der „BaLi", aber nie so voll, dass nicht alle ihren Platz fänden: Die Familien an den schönen Sandstränden mit dem kindgerecht flachen Ufer, die Jungverliebten in einsamen Schilfbuchten rund um den See, das Rentnerpaar auf einer der drei fest installierten Holzliegen mit Blick aufs Wasser, die zahlreichen Stand-up-Paddler auf der glitzernden Seefläche und die Taucher im stoppeligen Gras nahe des Parkplatzes.

ALLES RUND UMS GARTENGLÜCK
Ihr Spezialist für Haus, Hof und Garten

Ein herrlicher Sandstrand, eine kleine Landzunge mit Insel und ein kultiger Kiosk machen den beliebten Linkenheimer Baggersee einzigartig Foto: luftbild-karlsruhe.de

Doch nicht alle finden einen Schattenplatz, denn der ist hier rar. Nur auf der Insel, traditionell von Fans der Freikörperkultur frequentiert, liegt man zwischen Büschen und Bäumen. Nicht zu vergessen die Schattenplätze rund um den Kiosk. Dieser übt auf das Stammpublikum beinahe so viel Anziehungskraft aus wie der See selbst. Kioskbetreiber Claus „Coppa“ Hartmann führt ihn in der neunten Saison und hat mit dem Häuschen, den paar Bierbänken und seiner leutseligen Art eine Atmosphäre geschaffen, in der sich die Vertrautheit eines Stammlokals mit dem Feeling einer gelungenen Beachparty vereint. Hier treten ortsansässige Musiker auf und regionale Metzger liefern Zutaten für ein samstägliches Kesselfleischessen. Von Mitte April bis Anfang Oktober hat der Kiosk je nach Wetter täglich von etwa 10 bis 21 Uhr geöffnet. Auch ein Toilettenwagen gehört zum Angebot. Inzwischen sind noch ein Stand mit Qualitätsweinen und eine kleine Crêperie hinzugekommen. Am Hauptstrand befinden sich unweit der Bierbänke zwei Umkleidekabinen und auch ein Beachvolleyballfeld gibt es.

Für motorisierte Wasserfahrzeuge ist der See verboten, aber auf Stand-up-Paddle-Boards trifft man reichlich und für Taucher ist der See ebenfalls eine beliebte Anlaufstelle. Hunde hingegen sind in der Badesaison nicht erlaubt.

Der Parkplatz direkt hinter dem Hauptstrand ist mit seinen rund 720 Stellplätzen riesig, aber teuer: 8 Euro kostet die Zufahrt zum Seebereich, jedoch nur für Auswärtige – Ortsansässige parken kostenfrei. Das Abkassieren erfolgt recht willkürlich. In der Regel ist das Wächterhäuschen in der Hauptsaison an Wochenenden sowie je nach Wetter gelegentlich auch unter der Woche besetzt, feste Zeiten gibt es dafür nicht. Aber keine Frage, es lohnt sich! Ein Spaziergang rund um den Seeweg zeigt: Der „BaLi" ist aus jeder Perspektive schön.

Baggersee Streitköpfle, Friedrichstaler Str. 21, 76351 Linkenheim-Hochstetten, streitkoepfle.de, ***Anfahrt per Auto:*** *über die B36, Abfahrt Richtung Linkenheim-Hochstetten, dann einbiegen in die Friedrichstaler, Bahnhof- und Rheinstraße, bei der Rheinstr. 31 links abbiegen und dem Weg folgen, per* ***Fahrrad*** *lässt sich der See über die Linkenheimer Allee durch den Hardtwald erreichen,* ***ÖPNV:*** *Linie S1/S11, Haltestelle „Linkenheim Rathaus", dann 2 Kilometer Fußweg*

LEOPOLDSHAFENER BAGGERSEE „MITTELGRUND"

Es gibt Badeseen, die den Gästen am Strand so viele Attraktionen bieten, dass sie eher beiläufig kurz zur Abkühlung ins Wasser hüpfen. Dann gibt es aber auch Seen, die zu Lande mit eher unspektakulärem Angebot aufwarten, aber dafür viel Wassererlebnis bieten. Zu Letzteren zählt der Baggersee „Mittelgrund" bei Leopoldshafen mit seiner ausgedehnten Wasserfläche, auf der man nach Herzenslust schwimmen oder paddeln kann. Die für den „Gemeingebrauch" zum Schwimmen, Bootfahren (ohne Motorantrieb) und Tauchen freigegebene Zone ist stattliche 40 Hektar groß und reicht fast bis ans jenseitige Ufer, das für Badegäste jedoch ebenso tabu ist wie die kleine Insel und der Nordteil des Gewässers. Darüber hinaus verfügt der See über eine ausgezeichnete Wasserqualität und ist in Ufernähe frei von Algen oder Pflanzenwachstum.

Für einen gemütlichen Strandtag ist der „Mittelgrund“ nur bedingt zu empfehlen, denn am südlichen Ufer erstreckt sich parallel zur L559 ein zumeist recht abschüssiger, mit einem Sand-Kies-Gemisch bedeckter Geländestreifen. Zwar unterbrechen einzelne Gehölzgruppen die Liegefläche, doch spenden diese nur wenig Schatten, wenn die Sonne im Süden steht. Hinzu kommt, dass der „Mittelgrund“ weder über Toiletten noch Duschen oder Umkleiden verfügt. Auch eine Badeaufsicht gibt es nicht, sodass man auf eigene Gefahr badet.

In Strandnähe ist das Tauchen ebenso wenig gestattet wie das Mitbringen von Hunden und das Grillen. Dennoch muss man während des Badetags oder danach keineswegs auf Grillgerichte verzichten. Gerade mal ein paar Schritte entfernt befindet sich das Restaurant „Im Hopfengarten“, das für seine leckeren Salate sowie deutsche und mediterrane Grill- und Fischspezialitäten bekannt ist. Ganz in der Nähe des Restaurants befindet sich auch der Zugang zum Tauchereinstieg.

Wäre der Leopoldshafener Baggersee einem Ottifanten nachempfunden, befänden sich die Badebuchten am Vorderfuß
Foto: luftbild-karlsruhe.de

Baggersee „Mittelgrund“, Leopoldstr. 2, 76344 Eggenstein-Leopoldshafen, Badesaison zwischen April und Oktober bis zum Einbruch der Dunkelheit, am Wochenende benötigen Taucher eine Genehmigung der Gemeindeverwaltung, ***Anfahrt per Auto:*** *über die B36 bis zur Ausfahrt Leopoldshafen, weiter auf die L559 Richtung Rheinfähre, kostenlose PP*

kvv.de/nextbike
Flexibel auf jedem Meter.
An die Linie, in die City, zur Bahn. Flexibel auf jedem Meter. Mit smartem Bikesharing, per App. Einfach ausleihen, fahren, fertig.
KVV.nextbike – It's your tour. jetzt über die regiomove App buchen.
KVV regio move
Jetzt buchbar über die neue KVV-App regiomove.
Rent by App nextbike
www.kvv-nextbike.de
Service: 030 69205046
KVV. Bewegt alle.
KVV

beidseits der L 559, ***ÖPNV:*** *Stadtbahnlinie S1/S11 bis Leopoldshafen, Haltestelle Leopoldstraße, von hier gut 2 km Fußweg über die Leopoldstraße bis zum See,* ***Restaurant „Im Hopfengarten"****, Im Scheidgrund 1, 76344 Eggenstein-Leopoldshafen, imhopfengarten.de, Mi-So und feiertags 11.30-14h und 17-21.30h*

Auch die Südpfalz hat einen schönen Baggersee, nämlich das Strandbad der Gemeinde Jockgrim im Naherholungsgebiet Johanneswiesen Foto: luftbild-karlsruhe.de

BADESEE „JOHANNESWIESE" IN JOCKGRIM

Als „Perle der Südpfalz" zieht das ehemalige bischöfliche Amtsstädtchen Jockgrim mit seinen malerischen Fachwerkhäusern viele Besucher an. Wer nach einem Ortsrundgang eine Erfrischung sucht, wird direkt vor den Stadtmauern auf den Johanneswiesen fündig. Anders, als der Name vielleicht erwarten ließe, ist die Attraktion dort keine Grasfläche, sondern vielmehr ein schöner breiter Strand mit ausgesprochen feinem Sand und ein gepflegter, von der Ortsgemeinde Jockgrim betriebener Badesee, dessen flaches Ufer für Familien mit Kindern perfekt geeignet ist. Zudem verfügen die Johanneswiesen über alle erforderlichen Infrastruktur-Einrichtungen, angefangen von Toiletten über Umkleiden und Freiluft-Duschen bis hin zum Imbiss „Strandhaus" mit seinem Getränke- und Eis-Angebot, aber auch Pommes, Wurst und Schnitzel sind hier erhältlich. Zeitweise ist zudem eine Badeaufsicht von der DLRG vor Ort.

Der bis zu 20 Meter tiefe See besticht darüber hinaus mit sehr klarem Wasser

und einem großen Schwimmerbereich, in dessen Mitte ein imposanter Ponton verankert ist. Surfen und Bootfahren sind im Badebereich zwar verboten und auch Hunde sind am See nicht erlaubt, aber weiter südwestlich neben der Badezone wurde ein separater Bereich geschaffen, in dem das Surfen ebenso gestattet ist wie das Tauchen und Angeln.

Beim Betreten des Bades können sich die Gäste entscheiden, ob sie lieber den Sandstrand ansteuern oder die etwas ruhigere Halbinsel, zu der neben dem Imbiss ein Fußweg führt. Die Insel hat zwar keinen Strand, dafür einige sanft abfallende Zugänge zum Wasser und mehr Schattenplätze. Auf der großen Liegefläche sollte man sich hingegen an stark frequentierten Tagen lieber einen Sonnenschirm mitnehmen, da die am Rand gelegenen Schattenplätze schnell belegt sein können. Ein paar kleine Extras wie etwa tragbare Strand-Aschenbecher oder eine Bücherkiste am Kassenhäuschen tragen ebenfalls zum netten Ambiente auf den Johanneswiesen bei.

Die Wasserqualität wird in Jockgrim während der Saison mindestens monatlich überwacht – im August 2022 hatte das Wasser übrigens eine Temperatur von mehr als 27 Grad, 2019 waren es sogar 30 Grad
Foto: Georg Hertweck

Badesee Johanneswiese, Ludwigstraße, 76751 Jockgrim, Anfang Juni bis Ende August täglich 9–20h, Eintritt 3,50€, Kinder bis 14 Jahre frei, ***Anfahrt per Auto:*** *über B10/A65 bis Wörther Kreuz, weiter auf der B9 Richtung Germersheim, dann bei Ausfahrt Jockgrim auf die L540, großer gebührenfreier PP,* ***ÖPNV:*** *S51/S52 bis Jockgrim Bahnhof, von dort 1,5 km Fußweg über Bahnhofstraße, Stückelweg und Stegenberg, jockgrim.de/kultur-freizeit/naherholungsgebiet-johanneswiesen*

BADESEE „BASSIN DES MOUETTES" IN LAUTERBURG

Wenn aus dem Kassenhäuschen ein freundliches „Bonjour" ertönt, der Strand „plage" heißt und am Grill Merguez statt

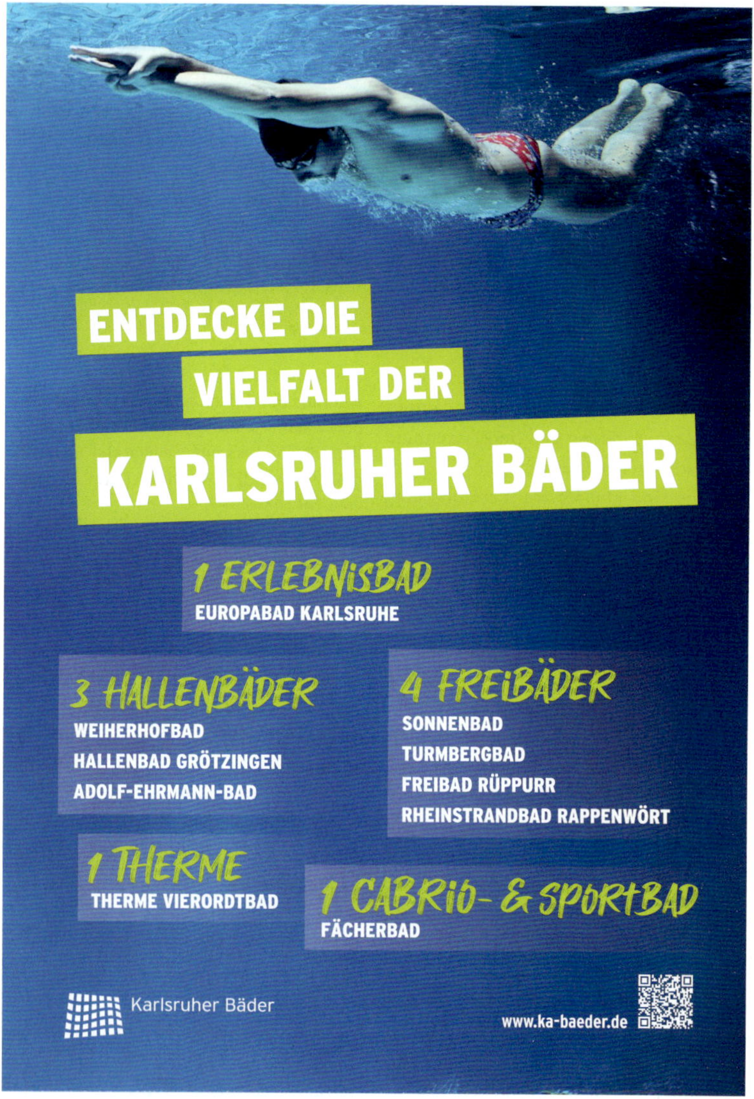
ENTDECKE DIE
VIELFALT DER
KARLSRUHER BÄDER
1 ERLEBNISBAD
EUROPABAD KARLSRUHE
3 HALLENBÄDER
WEIHERHOFBAD
HALLENBAD GRÖTZINGEN
ADOLF-EHRMANN-BAD
4 FREIBÄDER
SONNENBAD
TURMBERGBAD
FREIBAD RÜPPURR
RHEINSTRANDBAD RAPPENWÖRT
1 THERME
THERME VIERORDTBAD
1 CABRIO- & SPORTBAD
FÄCHERBAD
Karlsruher Bäder
www.ka-baeder.de

Currywurst offeriert werden, kommt rasch so etwas wie Urlaubsstimmung auf. Schon nach einer Dreiviertelstunde Autofahrt lässt es sich baden wie Gott in Frankreich – am „Bassin des Mouettes" bei Lauterburg.

Der „Möwensee", so die wörtliche Übersetzung, liegt gleich hinter der Grenze, sodass an schönen Sommertagen die deutsch-französische Freundschaft zelebriert wird und Badegäste aus beiden Ländern einträchtig den breiten Strand bevölkern. Da sich die Badezone über fast einen halben Kilometer Breite erstreckt, gibt es Platz genug für alle. Das flach abfallende Ufer ist mit feinem Sand bedeckt, was den mit Schaufel und Eimer bewaffneten kleinen Badegästen entgegenkommt – sofern sie sich nicht lieber dem Kletternetz oder einem der anderen Spielgeräte zuwenden.

In der Mitte des Strandes sind zwei Nichtschwimmerbereiche mit 70 und

An den Strand im Bildvordergrund schließt sich ein Campingplatz an, sodass man in dem Freizeitparadies in Lauterburg auch Wochenenden oder Urlaube verbringen kann
Foto: luftbild-karlsruhe.de

150 Zentimetern Tiefe ausgezeichnet, in denen sich der Nachwuchs unter den wachsamen Augen der Badeaufsicht tummeln kann. Der nördliche Bereich des Ufers ist hingegen deutlich mit Schildern als nicht überwachter Bereich markiert. Innerhalb der durch Bojen gegen den restlichen See abgegrenzten Badezone sind Luftmatratzen und Schlauchboote erlaubt, nicht jedoch Stand-up-Paddler und Surfer. Die teilen sich gelegentlich das Wasser außerhalb der Badezone mit einigen elektrisch angetriebenen Surfbrettern, die ganz ohne Segel und hohe Wellen übers Wasser gleiten. Beim Anbieter „Alsa-Surf 67" lassen sich diese E-Surfboards direkt am See

Sein langer Strand mit feinem Sand, seine gute Wasserqualität und ein großes Sport-, Spiel- und Spaßangebot machen den See „Bassin des Mouettes" im östlichsten Zipfel Frankreichs attraktiv Foto: Georg Hertweck

mieten. Verboten sind im ganzen Bereich des Bades Hunde und mitgebrachte Grills.

Auf der großzügig dimensionierten Liegewiese sorgen eine Reihe hoher Weiden und andere Bäume für ausreichend Schattenplätze. Toiletten, Umkleiden und Duschen sind ebenso vorhanden wie Picknicktische, zwei Beachvolleyballfelder und ein Fußballfeld. Für eine kleine Stärkung steht eine Imbissstation mit Grill, Eis und Getränken zur Verfügung sowie am südlichen Ende des Geländes eine Snack-Bar, die unter anderem Flammkuchen anbietet und zu der ein eigener Strandabschnitt mit Liegestühlen gehört. Dort ist zugleich der Zugang zum „Total Jump" mit dem „Aquapark" und dem „Water Jump", der weithin sichtbaren Attraktion des Sees.

Beim „Water Jump" führen von einem Hügel mehrere Rutschen ins Wasser, in das man dank eines Aufwärtsknicks im Auslaufbereich in hohem Bogen hineinplumpst, wahlweise mit Schwimmring beziehungsweise Bodyboard ausgestattet oder ganz ohne. Zudem bietet der „Aquapark" jüngeren Kindern einige aufblasbare Spielgeräte zum Hüpfen und Toben. Beide Angebote sind nicht im Eintrittspreis für den See enthalten und müssen extra bezahlt werden, wobei die erste Stunde im „Aquapark" für Kinder bis 15 Jahre 11 Euro kostet, beim „Water Jump" fallen sogar 18 Euro an.

Sollte es hier einem Badegast so gut gefallen, dass er sich für einen Kurzurlaub entscheidet, findet er gleich neben dem Badestrand einen Campingplatz, der auch Tiny Houses und als Besonderheit „Sternensichtdachhütten" mit Blick auf den Nachthimmel vermietet.

„Bassin des Mouettes", 67630 Lauterburg, Kassenöffnungszeiten Juni bis September:

*Mo-Fr 10-19h, Sa+So 9-19h, Eintritt 4€ (Kinder 1€), **Anfahrt per Auto:** über die B9/A35, Ausfahrt Lauterburg direkt hinter der Grenze, dann auf die D3 Richtung Rhein, **ÖPNV:** die Regionalbahnlinie RB52 fährt zum KVV-Tarif von Wörth im Stundentakt zum Bahnhof Lauterburg, von dort etwa 500 m Fußweg (aus dem Bahnhof nach links und an der Surf-Basis vorbei), Infos „Total Jump": total-jump.fr*

NATURFREIBAD KALTENBACHSEE

Türkisfarben glitzert das Wasser, das Schilf am Uferbereich wiegt sich im Wind und hohe Bäume sorgen für reichlich Schatten auf den Liegewiesen. Etwa 25 Kilometer südlich von Karlsruhe, im Landkreis Rastatt gelegen, ist der Kaltenbachsee dank seiner guten Infrastruktur besonders bei Familien beliebt. Im Nordosten des Sees befindet sich ein nach wie vor betriebenes Kieswerk, daher ist lediglich ein abgegrenzter, 14.000 Quadratmeter großer Bereich im Westen zum Baden freigegeben, der sich in einen großzügigen, gut hundert Meter breiten Schwimmer- und einen kleineren Nichtschwimmerbereich aufteilt.

Besonders an heißen Sommerwochenenden kann es am weißen Sandstrand turbulent werden, wenn zahlreiche kleine Sandbaukünstler mit dem Löcher Graben und Burgen Bauen beschäftigt sind. Direkt hinter dem Sandstrand geht es in den flachen Uferbereich der Nichtschwimmerzone. Für die ganz Kleinen gibt es zudem ein separates Planschbecken mit Wasserpilz, einem großen Sonnensegel und einigen Sitzmöglichkeiten, auf denen die Eltern ihren Nachwuchs im Blick behalten können. Am Rand der Liegewiese wird es etwas hügeliger – hier befinden sich eine lange Rutsche und einige weitere Spielgeräte. Sportfans können auf dem Beachvolleyballplatz, an den Tischtennisplatten oder auf der Boulebahn aktiv werden.

Geübte Schwimmer nutzen meist die Treppen am schilfbewachsenen Ufer, um direkt in den tieferen Schwimmerbereich zu gelangen. Eine Badeaufsicht sorgt am See für Sicherheit und achtet darauf, dass niemand zu weit hinausschwimmt und auch die Stand-up-Paddler beziehungsweise Bootfahrer in ihrem separaten Bereich wohlbehalten zurückgelangen. Der Sprungsteg und die Schwimminsel wurden zuletzt leider coronabedingt abgebaut und bis heute nicht wieder installiert.

Damit auch die Wertsachen in dem von der Gemeinde Muggensturm betriebenen Naturfreibad sicher sind, können sie während des Aufenthalts in Schließfächern deponiert werden, die sich bei den gepflegten, holzverkleideten und bunt gestrichenen Sanitäranlagen mit Toiletten, Duschen und Umkleiden befinden. Für das leibliche Wohl sorgt ein Bistro, das neben Eis und Pommes auch kleine Gerichte anbietet. Der Kaltenbachsee ist übrigens der einzige Badesee in der Region mit eigener Stadtbahn-Haltestelle. Vom Bahnsteig aus sind es nur wenige Schritte bis zum Eingang des Naturfreibads.

Kaltenbachsee, Vogesenstr. 96, 76461 Muggensturm, muggensturm.de (Link „Freizeit"), während der Saison täglich 9–20h geöffnet (Kassenschluss 18h), bei Temperaturen unter 18°C oder starken Niederschlägen geschlossen, Eintritt: 3€, ermäßigt 1€, 17–18h gibt es „Happy-Hour-Tickets" zum halben Preis, Hunde sind nicht erlaubt, ***Anfahrt per Auto:*** *über B3 und L67, 250 kostenlose PP,* ***ÖPNV:*** *mit den Stadtbahnlinien S71 und S81 bis Haltestelle „Muggensturm Badesee" (Vorsicht, nicht alle Bahnen der beiden Linien halten dort), Öffnungszeiten Bistro: täglich 10–22h*

KÜHLSEE, SANDWEIER

Ein breiter Sandstrand, Bambusschirme mit weißen Liegen darunter, reges Treiben am Ufer – am Strandbad Sandweier kommt fast mediterranes Flair auf. Beim Blick in die Ferne erinnert indessen das

Am Kaltenbachsee sticht das türkisfarbene Wasser ins Auge, dessen Ursache wohl das Kieswerk ist, das das Wasser regelmäßig umwälzt Foto: luftbild-karlsruhe.de

Schwarzwaldpanorama mit Fremersberg und Hornisgrinde daran, dass sich Sandweier doch in Mittelbaden befindet. Dafür können sich die Badegäste hier an einer beinahe noch brandneuen Anlage im besten Pflegezustand erfreuen.

Nachdem das alte Strandbad vor einigen Jahren dem Kiesabbau weichen musste, hatten die Stadtwerke Baden-Baden 2020 das neue Areal an der Nordwestecke des Kühlsees eröffnet. Mit rund 10.000 Quadratmetern ist die Strandfläche nun fast doppelt so groß wie früher, wobei beim Aufschütten offensichtlich Material aus dem See zum Einsatz kam, denn unter den Sand mischen sich reichlich Kieselsteine. Da das Ufer sehr flach ist, können Kinder gefahrlos im Wasser spielen, zudem gibt es einen Nichtschwimmerbereich mit

Ein breiter, feinsandiger Strand mit Sonnenschirmen lässt am Baden-Badener Kühlsee an heißen Tagen Urlaubsstimmung aufkommen Foto: Georg Hertweck

maximal 1,20 Metern Tiefe unmittelbar vor dem Ausguck der Badeaufsicht.

Schwimmer erreichen vom Strand aus schon nach ein paar Dutzend Metern die Grenze, denn der weitaus größte Teil des Sees ist abgesperrt. Da im Badebereich die größte Tiefe fünf Meter beträgt, kommen in manchen Jahren Wasserpflanzen bis an die Oberfläche oder zumindest in Beinnähe, was bei manchen Schwimmern gern mal das Kopfkino anwirft, selbst wenn natürlich keinerlei Gefahr besteht.

Im Eingangsbereich des Strandbades finden Besucherinnen und Besucher alles, was man für einen entspannten Sommertag benötigt, von top gepflegten Umkleiden, Duschen und Toiletten über Schließfächer bis hin zum Sonnenschirmverleih. Für aktive Sportler stehen zwei Beachvolleyballfelder und Tischtennisplatten zur Verfügung, während die kleinen Gäste unter dem Sonnensegel im Sand buddeln oder auf dem Spielschiff toben können. Tischtennisschläger und -bälle kann man sich hier ebenso ausleihen wie Luftmatratzen und Sonnenschirme. Gleich neben dem Spielbereich wartet die Strandbar mit den Schwimmbad-Klassikern Eis, Pommes und Getränke auf hungrige und durstige Besucher, sie bietet aber auch Wraps, Salate, Steaks und Tagesgerichte.

Ein Manko am Strandbad Sandweier sind die wenigen Schattenplätze, da die frisch gepflanzten Bäume noch dünne Kronen haben. Wer rechtzeitig eintrifft, kann sich gegen Gebühr einen der Bambusschirme mit den Liegen mieten, ansonsten hilft nur das Mitbringen eines eigenen Sonnenschutzes.

Strandbad Sandweier am Kühlsee, Mai bis September täglich 10–20h, Eintritt 2€ (ermäßigt 1€), ***Anfahrt per Auto:*** *von Karlsruhe über die A5 bis Ausfahrt Baden-Baden, von dort weiter über die L75 und K3760, die Zufahrt im Gewerbegebiet Iffezheim ist ausgeschildert,* ***ÖPNV:*** *Regionalbahn R3 oder S7/S71 bis Bahnhof Baden-Baden, weiter per Bus 212 oder 218 bis „Sandweier Mitte", von dort knapp 3 km Fußweg über die Iffezheimer Straße zum Strandbad*

SAUWEIDE UND SÄMANNSEE IN WINTERSDORF

Ein echter Geheimtipp für Wasserratten, die Naturidylle und Abgeschiedenheit mehr schätzen als modernen Badekomfort, ist der kleine, ringsum von hohen Bäumen umsäumte See namens „Sauweide", der etwas versteckt am westlichen Ortsrand des Rastatter Stadtteils Wintersdorf liegt. Wäre nicht das städtische Hinweisschild mit den Baderegeln, würde nichts darauf hindeuten, dass es sich um ein offizielles Badegewässer handelt, zumal man hier kostenlos romantisches „Waldbaden" in jedem Sinn genießen darf.

Zu Fuß kann man den gerade mal 190 Meter langen, schilfbewachsenen Weiher in knapp zehn Minuten umrunden und sich dabei einen der vielen schattigen Liegeplätze aussuchen. Mehrere Zugänge und ein idyllischer kleiner Strand in der Nähe

Wer es gerne puristisch und idyllisch mag, wird am Natursee Sauweide mitten im Wald seine Freude haben Foto: Georg Hertweck

des Parkplatzes führen ins leicht trübe Wasser, wo man hier und da über matschigen Grund läuft. An der Wasserqualität der „Sauweide" gibt es trotzdem nichts zu bemängeln. Hunde darf man ebenso wenig mitbringen wie Grills, dafür ist das Bootfahren und Tauchen gestattet, was aber wegen der geringen Größe und Tiefe des Sees nicht besonders spannend sein dürfte.

Wesentlich mehr Wasserfläche und Badeinfrastruktur bei dennoch angenehm ruhiger Atmosphäre und kostenfreiem Zugang findet sich nur einen Steinwurf entfernt am südlich der Zufahrt zur Rheinbrücke gelegenen Sämannsee, an dem noch aktiv gebaggert wird. Auf der großen Liegewiese sorgen einige Bäume für Schatten, an ihrem nördlichem Ende gibt es ein Plätzchen für Anhänger des textilfreien Badens.

Eine malerische Holzbrücke führt vom Parkplatz über den Rheinniederungskanal auf das Gelände, gleich dahinter steht, ebenfalls in Holz, der von Palmen und Laubbäumen umgebene Imbiss „Paradies am Sämannsee" mit Blick auf das Beachvolleyballfeld. Während der Badesaison werden auf der dortigen Terrasse im Grünen kalte Getränke, Flammkuchen, deutsche Küche sowie hausgemachtes Tiramisu und Eis angeboten. Wer nochmals 50 Cent investiert, darf auch die „Paradies"-Toilette benutzen.

Über die Wasserqualität am Sämann-See gehen die Meinungen der Badegäste auseinander. Die einen loben das klare Wasser, während andere sich an den Hinterlassenschaften der Enten und Gänse stören, die sich gelegentlich am Ufer tummeln, besonders kecke Exemplare mischen sich auch mal unter die Badegäste. Ebenso wie an der „Sauweide" sind Bootfahren und Tauchen gestattet, Hunde jedoch nicht.

Ein Badesee in schöner Natur ist der Sämannsee, an dem noch aktiv gebaggert wird – für Taucher und Angler ist er ebenso attraktiv wie für FKK-Freunde

Foto: Georg Hertweck

Anfahrt per Auto: *Über die A5 bis Rastatt Süd, weiter über B3, L75 und L78a nach Wintersdorf, zur Sauweide dann in der Ortsmitte auf die Inselstraße abbiegen, zum Sämannsee geht es am Kreisel vor dem Ortseingang zunächst Richtung Iffezheim, dann nach wenigen Metern rechts bei der Beschilderung zum Kieswerk abbiegen,* ***ÖPNV:*** *ab Bahnhof Rastatt mit Buslinie 231 nach Wintersdorf, zur Sauweide dann an der Haltestelle „Wintersdorf Bannwaldstraße“ aussteigen, zum Sämannsee geht es von der Haltestelle „Abzweig Bahnhof“ unter der Eisenbahnbrücke durch Richtung Süden, von der jeweiligen Haltestelle sind es noch 750 bzw. 950 Meter Fußweg zu den Seen* ***Paradies am Sämannsee****, Am Kieswerk 1, 76437 Rastatt, während der Badesaison täglich 11–19h, paradies-am-saemannsee-rastatt.metro.bar*

Georg Hertweck, Patricia Keßler, Sonja Müller

Wälder, Flüsse und Genüsse

„Wandern ist eine Tätigkeit der Beine und ein Zustand der Seele", gab der deutsche Essayist Josef Hofmiller einst zum Besten und vergaß dabei offenbar völlig den Magen. Dabei kann ein kulinarisches Ziel, das für die zurückgelegten Höhen- und Kilometer entschädigt, eine wunderbare Motivation sein. Mal verführt eine rustikale Vesperstube mit Schwarzwälder Köstlichkeiten oder ein schattiger Biergarten mit Aussicht, ein andermal wird ein Wandertag durch Kaffee und Kuchen in einem mittelalterlichen Schloss oder durch regionale Biogerichte auf einer stilvollen Panoramaterrasse sinnlich abgerundet. In Karlsruhes Umgebung empfehlen sich zahlreiche einladende Kombinationen aus Wandern und Einkehren.

Nach dem Ausblick lockt die Einkehr – auf der Terrasse des zum Hotel Schwarzwald Panorama gehörenden Restaurants „La Vie" lässt sich beides verbinden.
Fotos: Fabry/Schwarzwald Panorama

ALBTAL.ABENTEUER.TRACK

Etappe 1: 24,3 km, 1038 Höhenmeter, mit Etappe 2: 47 km, 1916 Höhenmeter

Lust auf ein kleines Abenteuer in der Natur? Seit 2017 lockt der Albtal.Abenteuer.Track als sportliche Crosswanderung geübte Wanderer nach **Bad Herrenalb**. Als anspruchsvolle Zwei-Tages-Tour führt die Route über insgesamt 47 Kilometer, teils querfeldein über holpriges Gelände, zu schönen Aussichtspunkten. Gute Kondition, passendes Schuhwerk und in Anbetracht der dezenten Ausschilderung eventuell auch eine Navigationshilfe wie GPS oder eine Wander-App sind Voraussetzung für die Tour, die ausdrücklich nicht für Familien mit kleinen Kindern geeignet ist.

Startpunkt der ersten, etwa 24 Kilometer langen Etappe ist der Bahnhof Bad Herrenalb, von dem aus die Markierung um den Kurpark herum bald in den Wald weist. Während man zuerst noch komfortabel über Forstwege den Berg hinaufsteigt, wird es nach wenigen Kilometern schon anstrengender, sobald der schmale Trail abbiegt und entlang des Bannwalds steil bergauf führt. Ab hier ist Trittsicherheit gefragt, denn zum Teil muss man über steinige Passagen und umgestürzte Baumstämme kraxeln – also im wahrsten Sinn des Wortes über Stock und Stein.

HIMMELS GLÜCK

AUSSICHTSTURM HIMMELSGLÜCK

Durchatmen. Weit blicken. Glücklich sein!

Touristik & Kur Schömberg • Lindenstr. 7 • 75328 Schömberg
touristik@schoemberg.de • www.himmelsglueck-schoemberg.de

Hat man die erste Cross-Strecke bewältigt, geht es erst mal wieder über bequemere Waldwege hinab ins Gaistal. Aufpassen sollte man trotzdem, denn die Markierungen sind zum Teil recht unauffällig auf Bäume, Steine oder Bänke aufgemalt, sodass sie leicht zu übersehen sind. Im Gaistal durchquert man den flachen Aschenbach und erreicht kurz danach den steilsten und anspruchsvollsten Abschnitt der Wanderung mit reichlich Wildnisflair. Über felsige oder stark bewachsene Pfade besteigt man den 905 Meter hohen Schweizerkopf – bei zwei besonders steilen Abschnitten bieten starke an den Felsen befestigte Seile zusätzlichen Halt.

Oben angekommen erwarten den womöglich erschöpften Wanderer mehrere Sonnenliegen, auf denen er entspannt den herrlichen Ausblick ins Albtal von Bad Herrenalb bis nach Karlsruhe und sogar

Der Albtal.Abenteuer.Track verlässt ausgetretene Pfade und führt steile, felsige Hänge hinauf Foto: Jan Bürgermeister, © Tourismusgemeinschaft Albtal Plus e. V.

zum Pfälzer Wald genießen kann. Wenige Meter später lädt die Schweizerkopfhütte zu einer windgeschützten Verschnaufpause ein – eine Panoramatafel informiert darüber, welche Schwarzwaldgipfel man von hier aus erspähen kann, darunter den Merkur und den Battert bei Baden-Baden.

Ab dem Schweizerkopf folgt man nun dem Westweg, der nach den anstrengenden Cross-Passagen wie ein gemütlicher Spazierweg anmutet und auf dem einen immer wieder schöne Ausblicke auf den Schwarzwald überraschen. Bald darauf geht der geschotterte Waldweg wieder in einen schmalen Naturpfad über, der bis zur Hahnenpfalzhütte führt, wo Tische und Bänke zu einer Rast einladen.

Bewachsene Pfade geleiten nun wieder den Berg hinab zum Albursprung, der sich gerade mal fünf Meter neben dem Hauptweg befindet. Ganz unspektakulär tritt die Alb an dieser Stelle als kleines Rinnsal zwischen den Felsen, dem sogenannten Axtloch, hervor und macht sich auf ihre 51 Kilometer lange Reise durchs Albtal nach Karlsruhe bis in den Rhein. Bergab kann der Untergrund jetzt etwas feucht und matschig werden, bevor es über einen breiteren Forstweg geht, auf dem man die Markierung nicht verpassen darf, die zu einer Kehrtwende und zum letzten größeren Anstieg in Richtung Teufelsmühle leitet, dem Hausberg von Loffenau. Nochmal gilt es, die Reserven zu mobilisieren, um den steilen, mit Gras und Farnen bewachsenen Pfad zu erklimmen, bis auch dieser Gipfel erreicht ist. Durch ein Birkenwäldchen, vorbei an Blaubeersträuchern und Heidekraut, gelangt man zum beliebten Ausflugs-Hotspot, der Teufelsmühle.

Eine prachtvolle Aussicht und bei gutem Wetter ein sagenhafter Weitblick bis zum Straßburger Münster erwartet die Besucher auf der Teufelsmühle Foto: Nadine Müller

Der Sage nach sollte hier der Teufel einem Müller eine Mühle bauen, der ihm dafür seine Seele versprach. Doch der Müller überlistete den Teufel, sodass dieser nicht wie versprochen zum ersten Hahnenschrei damit fertig wurde. Aus Wut zerstörte der Teufel die Mühle wieder und übrig blieb ein Haufen Steine, die den Berg bis heute zieren. 16,20 Meter misst der Aussichtsturm der Teufelsmühle, den man über 71 Stufen besteigen kann und von dessen Plattform sich dem Betrachter ein atemberaubendes Panorama von der Hornisgrinde über die Badener Höhe und bei klarer Sicht bis zum Straßburger Münster und dem Kaiserdom in Speyer bietet.

Nach diesem buchstäblichen Höhepunkt der Wanderung geht es nun auf einem nochmals anspruchsvollen Wegstück stetig bergab zum „Großen Loch“, an dessen Hängen sich die „Teufelskammern“ befinden, eine steinerne Geröll-Sandstein-

Mit deutsch-schweizerischen Spezialitäten wie hausgemachten Rösti in vielerlei Variationen empfängt Thomas Jankowski seine Gäste im Restaurant Plaza

Formation mit höhlenartigen Vertiefungen. Der letzte Teil der Strecke entlang der Alb zurück zur Kurstadt Bad Herrenalb verläuft dann wieder sehr entspannt.

RESTAURANT PLAZA

Auf dem Rückweg zum Bahnhof können sich hungrige Wandersleute im Restaurant Plaza am Rathausvorplatz stärken und im Sommer unter Sonnenschirmen die flanierenden Passanten beobachten. In dem hübsch renovierten Fachwerkhaus von 1880 sorgen offengelegte und teils freistehende Holzbalken in Kombination mit dezent dekorierten Sitznischen für eine gemütliche Atmosphäre auf zwei Etagen.

Im September 2021 hat Thomas Jankowski das deutsch-schweizerische Spezialitätenrestaurant eröffnet. Eine Besonderheit der im Obergeschoss untergebrachten Küche sind hausgemachte Rösti in vielerlei Variationen – etwa mit Speck und Spiegelei, mit Räucherlachs, zum saftigen Kalbssteak an Kräuterbutter oder vegetarisch mit Kichererbsenbällchen an Avocadocreme –, die mit Hilfe eines beheizbaren Speiseaufzugs zu den Gästen hinabschweben.

„Die Kartoffeln beziehe ich von einem Bauern bei Bad Teinach", betont Jankowski, der großen Wert auf frische, regionale Produkte legt und zuvor über 20 Jahre im Oberengadin gearbeitet hat. Die Knollen werden halbroh gekocht und kühlen über Nacht ab, bevor sie am Tag darauf zu leckeren Rösti weiterverarbeitet werden. Knackige Salate und saisonale Tagesgerichte wie frischer Spargel oder Risottos runden das Angebot ab. Die offenen Qualitätsweine werden durch spezielle Weinempfehlungen ergänzt. „Und im Sommer haben wir zusätzlich Sommercocktails oder unsere Ananas-Nektarinen-Bowle auf der Karte“, fügt Jankowski hinzu.

Restaurant Plaza,
Rathausplatz 1, 76332 Bad Herrenalb,
Tel. 07083/933 54 45,
restaurant-plaza.de, Do–Mo 12–22h

SCHWARZWALD PANORAMA

Wanderer, die gleich am nächsten Tag die zweite Etappe des Albtal.Abenteuer. Tracks in Angriff nehmen wollen, finden im Panorama-Hotel eine komfortable Übernachtungsmöglichkeit. Die in warmen Farben und mit natürlichen Materialien eingerichteten Zimmer verfügen über eine 4-Sterne-Superior-Ausstattung und bieten neben Balkon oder Sonnenterrasse einen Panoramablick über Bad Herrenalb und auf die umliegenden Schwarzwaldgipfel. Zur Regeneration der müden Glieder lädt der hundert Quadratmeter große Spa-Bereich mit finnischer Nasssauna, Biosauna, Dampfbad und einem Mineral-Thermalschwimmbad samt Whirlpool ein.

Im Hotel-Restaurant „La Vie“ zaubert Küchenchef Patrick Schmidhuber raffinierte Kreationen aus naturbelassenen Zutaten, die zu 90 Prozent biozertifiziert sind. Sowohl regionaltypische als auch internationale Speisen finden sich auf der saisonal wechselnden Karte, von der Eyachtaler Rauchforelle über Schwäbischen Rostbraten und Burger-Variationen

Als Gast im Hotel Schwarzwald Panorama sollte man sich den großzügigen Spa-Bereich mit Saunen, Thermalschwimmbad und einer herrlichen Sonnenterrasse nicht entgehen lassen Foto: Fabry/Schwarzwald Panorama

bis zum vegetarischen Gemüse-Ragout oder veganen Gerichten. Zum Nachtisch bietet sich beispielsweise der „Schwarzwald im Glas" an, ein Dessert aus Sauerkirschen, Mascarpone, Schokoladenbiskuit und Kirschwasser. Und als kleines „Amuse-Gueule" locken im Sommerhalbjahr die Beerensträucher im hoteleigenen „Naschgarten" mit seinen 15 Beerensorten, an denen sich die Gäste gern bedienen dürfen.

Schwarzwald Panorama, Rehteichweg 22, 76332 Bad Herrenalb, Tel. 07083/927-0, schwarzwald-panorama.com, Restaurant „La Vie", täglich 12-14h und 18-22h (kleine Karte 14-18h und 22-22.30h)

Die zweite Etappe des Albtal.Abenteuer.Tracks wird zum Jahresbeginn 2023 ebenfalls um interessante Cross-Passagen ergänzt. Sie führt unter anderem über die Falkensteinfelsen und den Bernsteinfelsen mit schöner Aussicht ins Murgtal, hinab ins Albtal und vorbei am Kloster Frauenalb bis nach Marxzell.

Tourismusgemeinschaft Albtal Plus e. V., Schlossplatz 3, 76275 Ettlingen, Tel. 07243/354 97 90, albtal-tourismus.de

Tourismusbüro Bad Herrenalb, Rathausplatz 11, 76332 Bad Herrenalb, Tel. 07083/5005-55, badherrenalb.de

SCHNAPSBRUNNENWEG 2

12,8 km Strecke, 427 Höhenmeter

Zu einem abwechslungsreichen Wandertag lädt das Blumen- und Weindorf **Sasbachwalden** ein. Besonders,

wenn eine gesellige Unternehmung mit Freunden geplant ist, locken die zahlreichen Schnapsbrunnen der rund um den denkmalgeschützten Ortskern liegenden

Gekühlte Getränke, zumeist auch nichtalkoholische, stehen am Wegesrand einer Schnapsbrunnenwanderung durch Sasbachwalden bereit © TMBW, Foto: Duepper

Weingüter und Höfe Ausflügler an. Gleich mehrere Schnapsbrunnen liegen auf dem „Schnapsbrunnenweg 2", der am Freibadparkplatz startet und über 12,8 Kilometer durch die malerische Vorbergzone führt. Der Markierung folgend marschiert man um die Minigolfanlage herum und landet schon bald am ersten Schnapsbrunnen „Auf der Eck". Neben Selbstgebrannten von regionalen Obstsorten stehen an den meisten Getränkebrunnen auch Mineralwasser oder Apfelschorle für weniger alkoholaffine Wanderer bereit.

Grüne, grasbewachsene Pfade leiten nun durch die Weinberge, wo man schöne Ausblicke auf die Rheinebene und einige Kunstwerke des Kunstpfades „Weinsüden" genießen kann. Immer wieder passiert man blühende Bauerngärten und idyllisch gelegene Höfe, die zum Teil ebenfalls mit einem Schnapsangebot aufwarten – bis kurz nach einer am Waldrand stehenden Marienstatue Bänke und eine Sonnenliege zur Erholung einladen, die man nach den bereits zurückgelegten Höhenmetern nötig haben könnte.

Schließlich geht es weiter bergauf durch einen Wald und entlang an Streuobstwiesen, auf denen das Obst für die hochprozentigen „Wässerchen" angebaut wird, die man auch am Schnapsbrunnen von „s'Dolle Frieders Burewirtschaft" probieren kann.

Vom Brigittenschloss (links) eröffnet sich ein grandioser Blick auf den Kneipp- und Heilklimatischen Kurort Sasbachwalden, die Rheinebene und die Vogesen
Fotos: Sonja Müller

S'DOLLE FRIEDERS BUREWIRTSCHAFT

„Karlsruher trinken gerne das Blutwurz-Kirschwasser", verrät Stefan Doll, dessen Familie in elfter Generation auf dem Hagenberg lebt. Die Kirschen werden dabei mit Blutwurz angesetzt, sodass der Schnaps nicht so herb, sondern etwas süßlich schmeckt. Neben den selbstgebrannten Schnäpsen und Likören von eigenen Früchten bietet der Schnapsbrunnen rund ums Jahr auch Bier, Radler sowie alkoholfreie Getränke wie Birnenschorle oder Johannisbeerschorle mit Lavendel.

1991 beschlossen die Eltern von Stefan Doll, ihre landwirtschaftlichen Erzeugnisse selbst zu vermarkten, und eröffneten im historischen Fachwerkhaus ihre Straußenwirtschaft. Urige Granitwände aus Steinen, die einst bei der Besiedlung der Gegend gewonnen wurden, verleihen dem Gastraum seine rustikale Note. Die Spezialität der Naturpark-Straußenwirtschaft sind selbstgeräucherte Forellen aus eigenem Fang. „Die Forellen kommen erst in den Räucherofen, wenn sie bestellt werden. Nach etwa 20 Minuten werden sie direkt aus dem Ofen serviert", erklärt Stefan Doll. Wer seine Forellen oder Vesperangebote wie Bibeleskäs, Schmalzbrote oder saure Bohnen lieber unter freiem Himmel genießen möchte, kann im heimeligen Innenhof Platz nehmen oder auf der Panoramaterrasse mit Ausblick über die Rheinebene bis zum Straßburger Münster.

s'Dolle Frieders Burewirtschaft,
Schönbüchstr. 14, 77887 Sasbachwalden,
Tel. 07841/2 23 60, dollefrieder.de,
Mitte Mai bis Mitte Juni und Mitte August bis Mitte Oktober: Mi–Mo ab 15h

Für den folgenden steilen Anstieg zum Hagenberg wird der Wanderer mit einer herrlichen Aussicht bis hin zu den Vogesen belohnt und kann sich an einem weiteren Brunnen mit Quittenlikör oder Pflaumenwasser laben. Anschließend führt der Weg vorbei an der Vesperwirtschaft Hagenbergstüble in Richtung Burg Hohenrod – auch wenn die Burgruine offiziell nicht am Schnapsbrunnenweg liegt, ist der kurze Abstecher zum auch als Brigittenschloss bekannten Ausflugsziel unbedingt zu empfehlen. Ursprünglich war die Ruine eine Höhenburg auf 760 Metern Höhe, die zwischen dem späten 11. und 12. Jahrhundert errichtet wurde. Damit ist sie eine der ältesten und höchstgelegenen Steinburgen des Schwarzwaldes. Wahrscheinlich wurde sie im Laufe des 16. Jahrhunderts aufgegeben, Reste der Schildmauer sind noch erhalten. Von hier bietet sich ein spektakulärer Panoramablick über die Ortenau, zur Hornisgrinde und über die Rheinebene bis zu den Vogesen.

Nun geht es über steile und teils holprige Wege bergab Richtung Gaishöll und zum beliebten Ausflugslokal Spinnerhof, wo nicht nur ein Schnapsbrunnen sondern seit 2022 auch ein mit Rotwein gefüllter Weinbrunnen auf die Wanderer wartet, den man selbst aus dem Stein zapfen kann.

SPINNERHOF

Die eventuell schon müden Wandererbeine freuen sich hier über eine Einkehr, entweder im blumenverzierten Biergarten mit grandiosem Ausblick bis hinüber nach Straßburg oder in der rustikalen Gaststube, die gekonnt traditionelle Holzbalken und

Eine besondere Location ist der Spinnerhof, der seine Gäste nicht nur in einer urigen Gaststube, einem schmucken Biergarten und einer Eventscheune bewirtet, sondern auch in einem Baumhaus Foto: Hotel Spinnerhof

urige Steingemäuer mit hellen, modernen Holzmöbeln kombiniert. Gruppen von bis zu acht Personen können sich einen Platz im Baumhaus reservieren, das auf einem Baumstumpf in luftiger Höhe liegt, während Feiern mit bis zu 140 Gästen in einer separaten Event-Scheune stattfinden.

Vom Verein „Naturpark Schwarzwald Mitte/Nord“ als Naturparkwirt ausgezeichnet kombiniert die Küche des Spinnerhofs traditionelle badische Spezialitäten mit modernen Trends. So finden sich auf der Speisekarte ein „Schwarzwälder Vitello“, Kalbstafelspitz mit Forellencreme, oder ein Cordon bleu „Schwarzwälder Art“, bei dem Schwarzwälder Schinken und Heumilch-Bergkäse in das Schnitzel vom Landschwein gefüllt werden. Auch eine Sous-Vide-gegarte Maispoulardenbrust, Pulled Pork, ein klassisches Vesperbrett, Flammkuchen oder ein veganes Linsen-Dal stehen auf der Karte und neben wechselnden Kuchensorten natürlich die klassische Schwarzwälder Kirschtorte.

„Badisch anders" nennt Roland Spinner sein Angebot, das vor allem regionale Produkte in den Mittelpunkt stellt. Die Anforderung an die Naturparkwirte lautet, dass über das ganze Jahr hinweg mindestens sechs regionale Gerichte und ein regionales Menü offeriert werden, bei denen die Zutaten aus den beiden Schwarzwälder Naturparks stammen.

Spinnerhof, Am Schloßberg 8, 77887 Sasbachwalden, Tel. 07841/36 09, spinnerhof.de, April bis Ende Oktober: Do–Mo 11.30–22h, November bis Mitte April: Mo, Di, Do, Fr 16.30–22h sowie Sa, So und feiertags 11.30–22h

Gut gestärkt führt der Weg weiter zum Weingut Wilde, wo Urlauber in Weinfässern übernachten können und ein weiterer Schnapsbrunnen neben Walnusslikör oder Gebirgskirschwasser auch Sitzgelegenheiten bietet. Von hier ist es nicht mehr weit zur 1789 erbauten Straubenhöfmühle. Bis 1938 wurde die reetgedeckte Fachwerkmühle als Getreidemühle genutzt, ihr Wasserrad mit einem Durchmesser von 4,30 Metern wird vom Sasbach angetrieben.

Direkt über die Straße befindet sich der letzte Schnapsbrunnen der Strecke – wer möchte, kann mit einem regionalen

Zwetschgenwasser auf die gemeisterten 427 Höhenmeter anstoßen, bevor man der Markierung folgend entlang des Sasbachs hinunter ins Tal nach Sasbachwalden zum Startpunkt zurück wandert.

Tourist-Info Sasbachwalden
im Kurhaus „Zum Alde Gott“,
Talstr. 51, 77887 Sasbachwalden,
Tel. 07841/6 40 79-80, sasbachwalden.de

FELSENWANDERWEG

45 km Strecke, 727 Höhenmeter

Bizarre Felsformationen, die größte natürliche Buntsandsteinhöhle der Pfalz und überwiegend naturbelassene schmale Waldpfade, dafür steht einer der schönsten Rundwanderwege der Pfalz, der Felsenwanderweg in **Rodalben**. Auf insgesamt

Blick aus der Bärenhöhle – 97 Prozent des Felsenwanderwegs mit seinen fantastischen Steinformationen führen über naturbelassene Wanderpfade Foto: emilpfalzauge

45,3 Kilometern Länge schlängelt sich der Rundweg, der dank relativ gemäßigter Steigungen nicht allzu schweißtreibend ist, durch den schattigen Pfälzerwald. Sehr sportliche und geübte Wandersleute laufen die Tour an einem einzigen Tag, alle anderen können den Weg je nach Kondition in Etappen aufteilen.

Betreut wird der Felsenwanderweg, der durchgängig gut erkennbar mit einem „F“ gekennzeichnet ist, von Rodalber Vereinen und der Touristikabteilung der Verbandsgemeinde Rodalben, die gemeinsam unter anderem Sturmschäden beseitigen oder fehlende Markierungen ersetzen. Als

Besonderheit zeigen nummerierte Pfosten an, an welcher Position der Strecke man sich befindet – sehr hilfreich, da man von mehreren Stellen in den Weg einsteigen kann.

Etwa 200 Millionen Jahre alt sind die mehr als 120 Felsformationen, bestehend aus Sedimenten, die zu Beginn des Erdmittelalters abgelagert wurden. Manche von ihnen sind bis zu 50 Meter hoch und teils 500 Meter lang. Bemerkenswert sind beispielsweise der Saufelsen, eine massive Buntsandstein-Formation, an der früher oft Wildschweine nach Eicheln und Bucheckern gesucht haben, sowie der Karl-May-Felsen, der sich über hundert Meter in einer wildromantischen Landschaft erstreckt, die gut als Kulisse für einen Wildwestfilm geeignet wäre, und auch der Kanzelfelsen, an dem eine Aussichtsplattform einen herrlichen Panoramablick über die Stadt Rodalben bietet.

Unter vielen Felsen gibt es gemütliche Rastplätze, an denen man bei schlechtem Wetter ein Dach über dem Kopf findet. Schon zu Urzeiten boten die Vorsprünge Schutz, wie etwa der Name „Alte Burg" nahelegt, hinter dem sich weder eine echte Burg noch eine Ruine verbirgt. Das Felsmassiv erfüllte einst die Funktion einer vorgeschichtlichen Fliehburg, auf die sich die keltische Bevölkerung bei Überfällen zurückziehen konnte und die auf natürliche Weise durch Felsen und eine Wallanlage geschützt war. Doch auch begehrte Güter profitierten von der Schutzfunktion der Felsen. So lagerte einst eine Rodalber Brauerei ihr Bier im „Alten Bierkeller", einem kühlen Höhlengewölbe, in dem

heute das faszinierende Leuchtmoos gedeiht, das aufgrund seiner linsenförmig gekrümmten Zelloberflächen Licht in intensiven Gold-Grün-Tönen reflektiert.

Ein Höhepunkt des Weges ist der Bärenfelsen mit der Bärenhöhle. Die Sandsteinhöhle misst am Eingang stolze

Besonders markant ist der Bruderfelsen, das Wahrzeichen Rodalbens, dem Witterung und Erosion über Jahrtausende hinweg seine heutige Form gegeben haben
Foto: emilpfalzauge

27 Meter Breite und neun Meter Höhe und ist mit einer Tiefe von 37 Metern

die größte natürliche Buntsandsteinhöhle der Pfalz. Oberhalb der Höhle, die früher Schweinehirten Unterschlupf bot, tritt die Bärenfelsquelle aus, deren Wasser in der Höhle in ein steinernes Becken fließt.

Nur wenige Kilometer hinter der Bärenhöhle erreicht man das Wahrzeichen der Stadt Rodalben, den Bruderfelsen, von dem man einen schönen Ausblick auf Rodalben und das gegenüber am Hang liegende Wanderheim Hilschberghaus hat. Durch Witterung und Erosion hat der Hangfels zwei mächtige, gleichförmige Sandsteinsäulen aufgeformt. Der Sage nach haben sich einst zwei Brüder aus Rodalben in dasselbe Mädchen verliebt und begannen aus Eifersucht, miteinander zu kämpfen, bis sie hier zu Steinsäulen erstarrten.

HILSCHBERGHAUS

Wer den Felsenwanderweg auf mehreren Etappen erkunden will, findet im Hilschberghaus des Pfälzerwald-Vereins Rodalben eine gepflegte und kostengünstige Unterkunft oder einfach eine gemütliche Einkehrmöglichkeit auf der Wanderung. Gebaut im Jahr 1977 bietet das am Hang liegende Fachwerkgebäude mit dem prägnanten, modernen Turm einen Panoramablick über die Stadt, den Pfälzerwald und auf die Bruderfelsen. In hellen, freundlichen Zimmern mit eigenem Bad stehen bis zu 59 Betten zur Verfügung. Ein Partyraum sowie mehrere Aufenthaltsräume mit Kühlschränken und Fernseher machen das Haus auch für Gruppen attraktiv. Für pri-

vate Feiern sind separate Räume mietbar, Kinder erfreuen sich an dem großzügigen Spielplatz mit Kletterturm, Rutsche, Schaukel, Wippe und Sandkasten.

Während die Kleinen beschäftigt sind, können es sich die Erwachsenen auf der je nach Sonnenstand von hohen Bäumen oder Sonnenschirmen beschatteten Terrasse bequem machen und Pfälzer Spezialitäten genießen. „Wir beziehen unser Fleisch und unsere Wurst vom Metzger am Ort, die Backwaren vom örtlichen Bäcker und das Bier von einer Brauerei aus dem Nachbarort", verrät Vorstandsmitglied Günter Breiner vom PWV Rodalben. „Nur die Weine kommen von etwas weiter her, aus Bad Dürkheim."

Auf der Karte finden sich deftige Gerichte wie Pfälzer Saumagen, Fleischkäse, Erbsensuppe, verschiedene Flammkuchen oder die Hilschbergplatte mit Saumagen, Leberknödeln, Bratwurst und Sauerkraut. Für Vegetarier gibt es einen „Käse-Max", bestehend aus Käse und Spiegelei auf Brot, oder Bratkartoffeln mit Speisequark und auch vegetarische Flammkuchen. Kalte Vespermahlzeiten und Kuchen runden das Angebot ab.

Hoch über Rodalben liegt das Hilschberghaus, das neben deftigen und vegetarischen Gerichten auch eine schöne Aussicht und Übernachtungsmöglichkeiten bietet
Foto: PWV Rodalben

Hilschberghaus des Pfälzerwald-Vereins Rodalben e. V., Fichtenstr. 1b, 66976 Rodalben, Tel. 06331/1 80 20, pwvhilschberghaus.de, Bewirtung: Mo und Mi-Sa ab 12h, So+Fei ab 11h

Vom Hilschberghaus aus kann man übrigens nicht nur den Felsenwanderweg erkunden. Auch der 142 Kilometer lange Weitwanderweg „Pfälzer Waldpfad“ und mehrere Rundwege von 3,5 bis zwölf Kilometern Länge befinden sich ebenso direkt vor der Haustür wie der Mountainbikepark Pfälzerwald.

Tourist-Information Gräfensteiner Land, Am Rathaus 9, 66976 Rodalben, Tel. 06331/23 41 80, rodalben.de, felsenwanderweg.de

RUNDWANDERWEG GOCHSHEIM

4,3 km Strecke, 59 Höhenmeter

Auf eine lange Geschichte kann das mittelalterliche Städtchen Gochsheim zurückblicken, das bereits im 13. Jahrhundert Stadtrechte erlangte und mittlerweile zur Stadt **Kraichtal** gehört.

Eindrucksvolle Panoramablicke auf das Stadtbild und ins „Land der tausend Hügel“ eröffnen sich dem Wanderer auf dem abwechslungsreichen Gochsheimer Rundwanderweg, der auf 4,3 Kilometern rund um den Kraichtaler Stadtteil führt. Ausgangspunkt ist der Bahnhof Gochsheim, an dem auch Stadtbahnen aus Karlsruhe halten. Der Rundweg ist in beide Richtungen ausgeschildert – wer sich das Stadtzentrum als Höhepunkt für den Rückweg aufheben möchte, überquert an der historischen Talmühle den Kraichbach und hält sich Richtung Friedhof.

Kurz vor dem Friedhof führt der Weg durch die „Ofenhohle“, einen tief eingeschnittenen, schattigen Hohlweg, bergauf. Oben angekommen erhält man einen ersten Eindruck vom gegenüber auf einem hohen Felsensporn liegenden Stadtkern mit dem prägnanten dreigeschossigen Kirchturm der evangelischen St. Martinskirche samt Fachwerkaufsatz und geschieferter Zwiebelhaube. Über schmale Treppenstufen gelangt man wieder ins Tal, überquert die Landstraße und wandert auf der anderen Seite erneut den Hang hinauf bis zur neugestalteten, mit Steinen ein-

Kraichgaus historische Altstadt mit dem Graf-Eberstein-Schloss und der St. Martinskirche Foto: Sonja Müller

gefassten Quelle am Fehinger Berg, die zu einer kurzen Verschnaufpause einlädt.

Entlang an Wiesen und Feldern geht es dann auf einer historischen, früher wichtigen Wegeverbindung über den Bergrücken, der einen schönen Ausblick auf Gochsheim und die hügelige Landschaft des Kraichgaus bietet, bis er wieder in einen tiefeingeschnittenen Hohlweg mündet. Auf der Strecke bergab zeigen sich hier das stattliche Graf-Eberstein-Schloss, die Stadtkirche und die mittelalterliche Altstadt von ihrer besten Seite. Anschließend folgt man den Schildern vorbei am Sägewerk, an blühenden Gärten und an der aus dem 16. Jahrhundert stammenden Stadtmauer bis zum Treppenaufgang „Schafraingärten“, der über

93 Stufen zwischen 400 Jahre alten, mit Efeu bewachsenen Trockenmauern hinauf in die Altstadt und zum Schloss führt.

SCHLOSS-CAFÉ

Lange Zeit hatte eine gemütliche Einkehrmöglichkeit im Schlossviertel gefehlt. Doch dank einer städtischen Initiative hat im Mai 2022 das Schloss-Café seine Pforten eröffnet, das von Februar bis einschließlich November Sonntag nachmittags im rustikalen Gewölbekeller des Schlosses selbstgebackene Kuchen und alkoholfreie Getränke anbietet. „Der Bürgermeister hatte die Idee, das Café auf ehrenamtlicher Basis zu betreiben", erklärt Sonja Kientsch von der Stadtverwaltung Kraichtal. Die Bewirtung übernehmen die Kraichtaler Vereine, deren Mitglieder die Kuchentheke mit allerlei Köstlichkeiten füllen und auf diese Weise regelmäßig ihre jeweiligen Vereinskassen aufbessern können. Je nach Jahreszeit finden sich Erdbeertorte, Apfelkuchen oder Linzertorte in der Kuchentheke, zudem gibt es Muffins, Käsekuchen oder auch mal salzige Snacks.

„Die Räumlichkeiten gehören der Stadt, die die Vereine bei der Durchführung unterstützt", erläutert Sonja Kientsch. So stellt sie beispielsweise den Fairtrade-Kaffee, der von engagierten Vereinsmitgliedern an der Theke ausgeschenkt wird. Bei Sonnenschein haben die Gäste die Wahl zwischen den 20 Terrassenplätzen mit herrlichem Blick auf die umgebende Hügellandschaft oder dem erfrischend kühlen Gewölbekeller, in dem einst wohl

die Kelter untergebracht war und heute die reichlich bestückte Kuchentheke steht. Damit die Kuchenpreise nicht je nach Verein stark voneinander abweichen, gibt die Stadt den Preisrahmen vor, und zwar so, dass die Gäste gern wiederkommen. Ein Stück Kuchen, ein Tortenstück und zwei Tassen Tee haben bei unserem Besuch im Sommer 2022 gerade mal 6 Euro gekostet.

Schloss-Café, Hauptstr. 83,
76703 Kraichtal-Gochsheim,
Tel. 07250/77 88 (Stadtverwaltung),
kraichtal-tourismus.de, So 13.30-17.30h

Nach der gemütlichen Teepause bietet sich eine Besichtigung des Graf-Eberstein-Schlosses an, das zwischen 1520 und 1580 erbaut wurde. Vom ursprünglichen Gebäude ist noch das sogenannte „Vordere

Mitglieder der Kraichtaler Vereine sorgen im Schloss-Café für eine leckere Kuchen-Auswahl und bessern so ihre Vereinskassen auf Foto: Stadt Kraichtal

Schloss" erhalten. Leider haben über die Jahre hinweg zwei Brände und ein Umbau 1905 viel Originalsubstanz zerstört. Bewahrt wurden jedoch die Stuckdecke im Turmzimmer von 1580, der Treppenturm und das Hauptportal im Obergeschoss.

Im Schloss ist eine Dauerausstellung mit Werken Kraichtaler Künstler sowie des Karlsruher Professors Karl Hubbuch und seiner Schülerin Margarethe Krieger zu sehen, darüber hinaus wird die Geschichte der Stadt Kraichtal und der Ritterschaft im Kraichgau mit zahlreichen Mitmachstationen aufbereitet. Sogar ein Teil der mit rund 1.300 Exponaten weltweit größten Bügeleisensammlung, die einst ein Karlsruher Rechtsanwalt zusammengetragen hat, ist hier zu sehen, darunter auch mit Petroleum oder mit Kohle betriebene Exemplare.

Im Erdgeschoss kann man darüber hinaus eine gut ausgestattete Küferwerkstatt und die ehemalige Schmiede mit alten Werkzeugen und Leder-Blasebalg besichtigen. Und Sonntag nachmittags stehen Besuchern auch das Deutsche Zuckerbäckermuseum sowie das badische Bäckereimuseum offen. Vom Schloss aus führt der Rundweg nun durch schmale Gässchen und entlang des Kraichbachs in wenigen Minuten wieder zurück zum Bahnhof.

Graf-Eberstein-Schloss, Hauptstr. 89, 76703 Kraichtal-Gochsheim, Tel. 07250/77 44, kraichtal-tourismus.de, So 13-18h, Eintritt 3€, ermäßigt 2€

AUGENBLICK-RUNDE ZETTELBERG

15,2 km Strecke, 331 Höhenmeter

Im Schwarzwald gibt es viele schöne Aussichten. An 20 Stellen mit besonderer Fernsicht wurden daher sogenannte „AugenBlicke“ eingerichtet – kleine Rastplätze mit anschaulichen Panoramatafeln. Zudem wurde vom Verein Naturpark Schwarzwald Mitte/Nord eine passende Wanderung zu dem jeweiligen Aussichtspunkt konzipiert. Als abwechslungsreiche, 15,2 Kilometer lange Tour führt die AugenBlick-Runde **Bad Teinach-Zavelstein** um die Orte Rötenbach und Emberg sowie durch den historischen Stadtkern Zavelsteins. Die Wanderung beginnt an dem großen Wanderparkplatz direkt beim Wanderheim Zavelstein.

Anfangs geht es der gelben Raute folgend noch unspektakulär eine Straße entlang, doch rasch weist eine blaue Raute rechts in den Wald. Über bequeme Waldwege erreicht man – ab jetzt wieder durch die gelbe Raute geleitet – schnell den namensgebenden „AugenBlick Zettelberg“. Von einer Holzbank aus mit rundem Tischchen und einer informativen

Gute Kondition und festes Schuhwerk benötigt man für die Wanderung über malerische Hochflächen und schmale Pfade durch die Wolfsschlucht bei Bad Teinach
Foto: Teinachtal-Touristik

Panoramatafel lässt sich hier ein Ausblick über saftige Wiesen bis zur Schwäbischen Alb genießen. Bei bester Weitsicht erspäht man am Horizont sogar die Burg Hohenzollern bei Bisingen. Wer unter die gebogene Sitzbank greift, findet dort regensicher verstaut ein handliches Gästebuch, in das man sich eintragen kann, bevor man den „AugenBlick" hinter sich lässt.

Weiter geht es durch den Wald und vorbei am „Biotop an der Weinstraße", einer 2001 eingerichteten 80 Quadratmeter großen Wasserfläche, auf der im Sommer Seerosen blühen. Als einzige offene Wasserfläche in der Umgebung ist das Biotop im Frühjahr ein wichtiger Laichplatz für Bergmolche, Laubfrösche und Erdkröten.

Über befestigte Feldwege, gesäumt von Wiesen und Obstbäumen, wandert man

Die im Jahr 1200 errichtete Burg Zavelstein thront seit 1692 als Ruine auf 560 Metern Höhe über dem Teinachtal Foto: Sonja Müller

hinab nach Rötenbach, passiert historische Fachwerkhäuser und blühende Vorgärten, bis man zu einer alten Linde gelangt. Die imposante Sommerlinde wurde um das Jahr 1700 gepflanzt, ist an die 30 Meter hoch und besitzt einen Stammumfang von 690 Zentimetern. Alte Linden lassen an ihrem oft hohlen Stamm neue sogenannte Innenwurzeln ins Erdreich hinabwachsen, damit sie sich stabilisieren und eine neue Krone bilden können. Dank dieser „Verjüngungskur" von innen erreichen manche Linden ein Alter von bis zu 1.000 Jahren.

Nun geht es wieder bergauf durch den Wald zu einem Grillplatz, der zu einer kurzen Rast mit Blick auf den kleinen, ländlichen Ort Emberg einlädt, durch den der Wanderweg später noch am blumengeschmückten Brunnenplatz vorbei hindurchführen wird. Bald darauf befindet man sich wieder zwischen eingezäunten Weiden und Wiesen, wo man nach einem kleinen Wegstück der gelben Raute in den Wald folgt. Jetzt muss man aufpassen: Während die gelbe Raute rechts in einen breiten Waldweg weist, wandert man auf der AugenBlick-Runde geradeaus und auf der anderen Seite der Schlucht bergab in Richtung Berghütte. Von hier bietet sich eine tolle Aussicht auf den stattlichen Bergfried der Burgruine Zavelstein, die man entspannt von einer geschnitzten Sonnenliege aus betrachten kann.

Anschließend schlängelt sich die „AugenBlick-Runde" auf dem Premiumwanderweg „Der Teinacher" über einen

schmalen Zickzackpfad hinab in die Wolfsschlucht und passiert dabei einige hölzerne Märchenmotive vom gestiefelten Kater bis zum Rapunzelturm. Naturbelassene Waldwege führen durch die Schlucht und das Rötenbachtal, bis die Wanderung nach der sogenannten Feierabendbrücke nicht etwa endet, wie der Name nahelegen könnte, sondern, im Gegenteil, zu ihrem anstrengendsten Teil ansetzt: dem Aufstieg zur Burgruine Zavelstein. Die schwarz-rote Raute des Ostwegs leitet über Steinstufen und holprige Pfädchen zur ehemaligen Vogtsburg aus dem 13. Jahrhundert, von deren 26 Meter hohem Turm man einen herrlichen Blick ins Teinachtal genießen kann.

Wem es auf dem steilen Abschnitt warm geworden ist, der kann sich im geräumigen Burgkeller abkühlen, bevor man durchs Burgtor in ein malerisches, von blumen-

Saisonale Spezialitäten aus dem Schwarzwald serviert das Naturparkrestaurant Wanderheim Zavelstein, ein beliebtes Ausflugsziel im Landkreis Calw
Foto: Roman Knie

geschmückten Fachwerkhäusern gesäumtes Kopfsteinpflastersträßchen gelangt, das einen vorbei führt an der Sternegastronomie des Hotels KroneLamm. Von hier aus ist es nicht mehr weit zur bekannten Zavelsteiner Krokuswiese, auf der im Frühjahr unzählige Wildkrokusse dicht an dicht blühen, und zum direkt an der Wiese gelegenen Wanderheim Zavelstein.

WANDERHEIM ZAVELSTEIN

1989 wagten Rolf und Gudrun Berlin mit der Pacht des rustikalen Wanderheims den Sprung in die Selbständigkeit. Während die Eltern die Gäste bewirteten, spielten die Kinder im nahegelegenen Wald. 1994 verabschiedeten sich die Berlins vorübergehend von dem charmanten Holzhaus und kauften das Gasthaus Krone im Ortskern von Zavelstein, doch 2005 – zum Familienunternehmen kam mittlerweile auch ein Wellnesshotel hinzu – wurde die mit familiären Erinnerungen verknüpfte Wanderhütte erneut übernommen.

Im holzgetäfelten, liebevoll dekorierten Gastraum, der in vier Stuben unterteilt ist, sorgen helle Gardinen vor den Fenstern und farblich abgestimmte Kissen auf den Bänken für eine heimelige Atmosphäre. Die deftige schwäbische Küche des Naturparkrestaurants wird von zwei Köchen auf die jeweilige Saison abgestimmt und bezieht die Hauptprodukte für ihre Gerichte wie beispielsweise hausgemachte Maultaschen, Zwiebelrostbraten, Gaisburger Marsch oder Wildklößchen aus dem Naturpark Schwarzwald. Als fleischlose Alternativen finden sich unter anderem vegetarische Linsen mit Spätzle oder Gemüsemaultaschen auf der Karte.

Während im Winter der Kachelofen drinnen gemütliche Wärme verströmt, locken im Sommer der schattige Biergarten unter hohen Bäumen sowie zahlreiche rund ums Wanderheim verteilte hölzerne Sonnenliegen ins Freie, wo die Gästewünsche an der Selbstbedienungstheke entgegengenommen werden. Kinder können sich direkt neben dem Biergarten auf einem Spielplatz vergnügen, für Veranstaltungen oder private Feiern gibt es zudem einen großen Outdoor-Grill und einen Flammkuchenofen.

Unter anderem Schönmünzach, der älteste Ferienort der Gemeinde Baiersbronn, liegt einem zu Füßen, wenn man den Höhepunkt der Panoramasteig-Wanderung erreicht hat: den Verlobungsfelsen Foto: Sonja Müller

Wandergruppen oder Fernwanderer finden im Wanderheim übrigens eine preisgünstige Übernachtungsmöglichkeit: Im ersten Stock stehen zwei Matratzenlager und zwei Doppelzimmer zur Verfügung.

Wanderheim Zavelstein, Fronwaldstr. 48, 75385 Bad Teinach-Zavelstein, Tel. 07053/88 31, berlins-hotel.de, täglich 11.30-21h (Küche bis 20h)

Teinachtal-Touristik, Rathausstr. 9, 75385 Bad Teinach-Zavelstein, Tel. 07053/920 50 40, teinachtal.de, Mo-Fr 8-12h und 14-17h

PANORAMASTEIG

13,9 km Strecke, 527 Höhenmeter

Sowohl Feinschmeckern als auch Wanderfreunden ist Baiersbronn ein Begriff. Für alle, die Gaumenfreuden mit dem Entdecken schöner Landschaften verbinden wollen, gibt es die Baiersbronner Genießerpfade, die auf elf bis 15 Kilometern Länge Schwarzwaldambiente mit dazu passenden Einkehrmöglichkeiten in rustikalen Wanderhütten kombinieren.

Besonders schöne Ausblicke verspricht der „Panoramasteig", den man am Dorfplatz in Hutzenbach beginnen kann. Der 13,9 Kilometer lange, hervorragend ausgeschilderte Premiumwanderweg ist durchgängig mit dem Logo der Schwarzwälder Genießerpfade markiert. Kaum hat man

den Ort hinter sich gelassen, lädt ein gepflegtes Kneippbecken am Wegesrand erst einmal zum Wassertreten ein, bevor es durch den Wald stetig und zum Teil auch steil bergauf geht. Doch schon beim Parkplatz Silberberg ist der erste große Anstieg bewältigt. Wem bereits hier die Füße qualmen, kann sie in einem weiteren Kneippbecken abkühlen oder auf einer der zahlreichen hölzernen Sitzbänke den Blick über die Schwarzwaldhügel schweifen lassen.

Etwas später erreicht man den „Genussplatz Blockhaushof", eine aus heimischen Douglasienkanthölzern gezimmerte Rast- und Picknickplattform mit Aussicht auf den namengebenden Aussiedlerhof. Hier wurden einst Baumstämme gelagert, die dann über eine Art Rutschbahn hinab ins Murgtal befördert wurden, um sie über den Fluss weiter zu transportieren. Auf schattigen Waldwegen führt die Wanderung dann weiter Richtung Schönmünzach. Je nach Jahreszeit muss man beim Abstieg in den Kneippkurort einige Ziegenweiden überqueren, wobei darauf zu achten ist, die Wegpforten sorgfältig hinter sich zu schließen, damit die vierbeinigen Gesellen nicht stiften gehen können.

Nach dem Überqueren der Straße folgt die Markierung ein kleines Stück dem beliebten Radweg „Tour de Murg" entlang des Flusses, bevor es über steile und holprige Pfade hinauf zum Verlobungsfelsen geht. Im Jahr 1800 verliebte sich eine Schwarzenberger Bauerstochter laut Überlieferung in den Saisonarbeiter Frieder und traf sich mit ihm sonntags

Der Verlobungsfelsen ist noch heute ein Treffpunkt für Verliebte, wie einige Liebesschlösser bezeugen Foto: Sonja Müller

an ihrem Lieblingsplatz, der damals noch „Hoher Felsen" genannt wurde. Doch nach einem Waldbrand wurde Frieder arbeitslos und musste die Gegend verlassen.

Die Liebenden versprachen, einander die Treue zu halten, und Katharina, die Bauerstochter, kam jeden Sonntag zum Felsen, um nach ihrem Schatz Ausschau zu halten. Im Mai des dritten Jahres wartete Frieder oben auf dem Felsen auf sie, die beiden heirateten, bekamen fünf Kinder und lebten angeblich zufrieden bis an ihr Lebensende. Bis heute ist die markante Steinformation ein beliebter Treffpunkt für Liebende, wie einige Liebesschlösser belegen, die am Begrenzungszaun hängen. Und auch ohne Angebetete oder Angebeteten an der Seite lohnt der Aufstieg wegen der herrlichen Aussicht über Schönmünzach und die gegenüberliegenden Schwarzwaldhügel.

PANORAMAHÜTTE

Nach einem Stück auf immer mal wieder leicht ansteigenden Waldpfaden kann man bald schon vom Waldrand die Panoramahütte erspähen, die umgeben von Wiesen und Weiden malerisch am Hang liegt. Aus Baumaterialien einer ehemaligen Bauernscheune wurde die urige Holzhütte an exponierter Stelle aufgebaut. Alte Balken, rustikale Holzbänke, Gardinen und Kissen mit Blumenmustern sowie einige Plätze auf der Empore sorgen im Inneren für eine heimelige Atmosphäre.

Im Winter verströmt der Kaminofen kuschelige Wärme und in der Vorweihnachtszeit schmückt ein großer Adventskranz, der mit Hilfe eines Flaschenzugs an die Decke gehängt wird, den Gastraum. „Die Kerzen werden allerdings aus Brandschutzgründen nicht angezündet", bedauert Anna Sackmann, deren Familie 2019 die Panoramahütte übernahm. Die Wanderhütte ergänzt das gastronomische Angebot der Hoteliersfamilie, die zudem das renommierte Hotel Sackmann betreibt, dessen Feinschmeckerrestaurant „Schlossberg" unter Leitung von Schwiegervater Jörg Sackmann und Schwager Nico mit einem Stern im Guide Michelin ausgezeichnet ist, und darüber hin-

Nicht nur die Lage ist reizvoll, auch das Ambiente der Panoramahütte hinterlässt Eindruck
Fotos: Philippe Steinmayer, Qfact GmbH

aus Sackmanns Wanderhotel „Löwen“ in Schwarzenberg, zu dem das bodenständige Restaurant „Tannenzäpfle“ gehört.

Bei Sonnenschein lockt die schöne Außenterrasse, die – nomen est omen – den Gästen zu jeder Jahreszeit einen grandiosen Panoramablick ins Murgtal von Klosterreichenbach bis nach Schönmünzach offenbart. Den Sommer über weiden gelegentlich Schafe bei der Hütte; wenn Schnee liegt, bezaubert die stimmungsvolle Winterlandschaft. Saisonale Akzente setzt auch die Küche, die überwiegend regionale Produkte verwendet. „Im Frühjahr gehen wir manchmal mit den Kindern Bärlauch sammeln“, verrät die gelernte Köchin Anna Sackmann, und so gelangt dann beispielsweise ein vegetarischer Flammkuchen mit Bärlauchpesto auf die Karte oder Maibowle mit Waldmeister, der direkt hinter dem Hotel in Schwarzenberg wächst.

Das Fleisch, etwa das Roastbeef für die „falschen Murgtäler Schneckle“ oder die selbstgepöckelten Schweinsbäckle, stammt von lokalen Anbietern, die Forellen vom nahegelegenen Angelpark Letscher. Vesperangebote wie Wurstsalat oder ein Griebenschmalztöpfchen sind ebenso erhältlich wie Fleischküchle, Gemüsemaultaschen oder ofenwarmer Apfelstrudel. „Bei den Wanderern sind Suppen und Eintöpfe besonders beliebt“, erklärt Anna Sackmann – im Frühjahr zum Beispiel Bärlauchcremesuppe mit Kracherle oder Räucherlachs, im Sommer Gemüseeintopf und im Herbst die klassische Kürbissuppe.

Abends finden private Feiern oder kulinarische Events statt, wie Fondue- und Raclette-Abende oder Grillfeste. Da die Hütte für Gäste nur zu Fuß erreichbar ist, steht zu diesen Anlässen ein Shuttleservice bereit. Menschen mit einer Behinderung können auch zu den normalen Öffnungszeiten auf dieses Angebot zurückgreifen.

Sackmanns Panoramahütte,
Löchleswiese 2, 72270 Baiersbronn,
Tel. 07447/93 20,
sackmanns-wanderhotel-loewen.de,
täglich 11-18h (im Winter bis 17h)

Wer ausgeruht und gesättigt den Panoramasteig fortsetzen möchte, marschiert nun ein Stück den Weg bergauf in den Wald und wandert abwechselnd auf breiten Forstwegen und schmalen Waldpfaden vorbei an einem hölzernen Brunnen und lauschigen Sitzplätzen zurück nach Hutzenbach. Eine Strecke, auf der sich noch einige schöne Blicke auf Schwarzenberg bieten, wo einst der Dichter Wilhelm Hauff zu seinem Märchen „Das kalte Herz“ inspiriert wurde.

Tourist-Info Baiersbronn, Rosenplatz 3,
72270 Baiersbronn, Tel. 07442/84 14-0,
baiersbronn.de

RUND UM VÖLKERSBACH

10,5 km Strecke, 191 Höhenmeter

Ein bekanntes und beliebtes Ausflugsziel in der Region ist der Rimmelsbacher

Hof in **Völkersbach**. Wer nicht nur zum Essen auf die ersten Schwarzwaldhöhen pilgern will, sondern zusätzlich etwas für die Gesundheit oder die Erholung tun möchte, kann die 10,5 Kilometer lange Nordic-Walking-Strecke „Rund um Völkersbach“ in Angriff nehmen, die (vorausgesetzt, es ist hell genug) durchaus nach Feierabend noch bewältigbar ist – auch ohne Walkingstöcke.

Die Rundtour kann man an mehreren Stellen beginnen, etwa am Parkplatz Rottannen, der sich in der Verlängerung der Albtalstraße Richtung Malsch am Waldrand befindet und wo eine Karte über die verschiedenen gut ausgeschilderten Walkingrouten informiert. Der Markierung „13“ folgend quert man zuerst die Straße und wandelt dann auf ebenen Feldwegen durch Streuobstwiesen, bis man den Waldrand erreicht. Von blühenden Obstbäumen im Frühjahr über sommerliche Blumenwiesen und buntgefärbte Herbstwälder bis hin zu von Raureif überzogenen Winterlandschaften übt dieser Landstrich das gesamte Jahr über seinen Reiz aus.

Auch der Malscher Mahlberg mit seinem markanten Turm auf der Spitze gehört zu der reizvollen Landschaft rund um Völkersbach Foto: Gemeinde Malsch / S. Mai

Durch den Wald geht es nun bergab an einem Wegkreuz vorbei und anschließend stetig am Waldrand entlang, von wo aus sich ein schöner Blick auf Völkersbach und die katholische Pfarrkirche St. Georg mit ihrem spätmittelalterlichen Chorturm bietet. Das heutige Kirchenschiff sowie das als Turm aufgesetzte Oktogon wurden übrigens nach Entwürfen von Johann Ludwig Weinbrenner, einem Neffen Friedrich Weinbrenners, errichtet.

Abwechselnd über schmale Pfade und befestigte Waldwege gelangt man schließlich zum bereits im Jahr 1115 erstmals urkundlich erwähnten Ortsteil Rimmelsbacher Hof, wo ein Schild den Weg zum gleichnamigen Waldgasthaus weist. Wer eine Einkehr geplant hat, verlässt hier die Nordic-Walking-Strecke und geht ein kurzes Stück bergauf an Pferdekoppeln vorbei zum beliebten Ausflugslokal.

RIMMELSBACHER HOF

Idyllisch eingebettet in Wiesen und Felder liegt das Waldgasthaus in einem Landschaftsschutzgebiet. 2021 zog mit der Übernahme des traditionsreichen Restaurants durch den Geschäftsführer des Karlsruher Kammertheaters, Bernd Gnann, frischer Wind ein. Wer auf der großen Sonnenterrasse die schöne Aussicht genießen oder im gemütlichen Gastraum Platz nehmen will, sollte zur Sicherheit reservieren.

Die Küche wartet mit deutschen und internationalen Speisen auf, etwa vegetarischen Teigtaschen mit saisonaler Füllung, zarten Rinderrouladen, Rumpsteak vom Weiderind oder klassischem Zwiebelrostbraten. Ergänzt wird die Auswahl mit Vespergerichten wie Straßburger Wurstsalat, Weißwurst, mehreren Salaten oder auch portugiesischen Kichererbsen. „Über den Sommer werden zudem im Gastro-Container Gerichte für Wanderer angeboten, wie Bratwurst, Gulaschsuppe, Wurstsalat im Glas und vegetarische Bowls", verspricht der Schauspieler und Kabarettist Gnann.

Samstags und sonntags kann man im Rimmelsbacher Hof außerdem frühstücken – vom kostengünstigen Schwäbischen Frühstück mit Laugenbrezel über gebeizten Fjordlachs und gekochtes Ei bis hin zum deftigen Bauernfrühstück mit Rührei und Speck. Für die Jüngsten gibt es neben speziellen Kindergerichten (oder einem kostenlosen „Räuberteller") noch eine zusätzliche Attraktion: „Wir haben einen kleinen Streichelzoo mit den Ziegen Levi, Liam und Mila", verrät Gnann.

Doch der Rimmelsbacher Hof ist nicht nur Anlaufstelle für Ausflügler und Wanderer oder beliebte Location für Hochzeits- und Familienfeiern. Ganzjährig finden zudem Kulturveranstaltungen statt. Der Gastraum bietet Platz für 80 Personen, die sich auf allerlei Events in Zusammen-

arbeit mit dem Karlsruher Kammertheater freuen können.

Waldgasthaus Rimmelsbacher Hof,
Rimmelsbacher Hof 3,
76316 Malsch-Völkersbach,
Tel. 07204/202, rimmelsbacher-hof.de,
Mi-Fr 12-22h, Sa+So 9-22h

Vom Rimmelsbacher Hof bietet es sich an, noch ein Stück weiter den Berg hinaufzusteigen und am Waldrand links zur Carl-Schöpf-Hütte abzubiegen. Weiter folgt man der Beschilderung Richtung Mahlberg und dann der blauen Raute über einen schattigen, naturbelassenen Waldpfad, bis man an einer Kreuzung wieder auf das Schild mit der roten „13" trifft und auf die ursprüngliche Nordic-Walking-Strecke einbiegt.

2021 übernahm Bernd Gnann den traditionsreichen, beliebten „Rimmi", das idyllisch gelegene Waldgasthaus am Rande des Schwarzwalds Foto: Thomas Riedel

Am Waldrand lädt links vom Weg noch die Schutzhütte Mahlbergblick zu einem kurzen Päuschen bei schönem Ausblick über die Streuobstwiesen ein. Solange die Obstbäume keine Blätter haben, kann man von hier aus den Aussichtsturm auf dem Mahlberg sehen, die mit 611,5 Metern höchste Erhebung im Landkreis. Am Waldsaum entlang ist es dann nur noch ein Katzensprung zurück zum Parkplatz.

Gemeinde Malsch, Hauptstr. 71,
76316 Malsch, Tel. 07246/7 07-0,
Nordic-Walking-Routen:
malsch.de/pb/21532

Sonja Müller

Auf die Bühne, fertig, los!

Zwar sollte die künstlerische Leistung der Darbietenden stets im Fokus stehen, doch der Charme und das Ambiente des Veranstaltungsorts spielen beim Kunstgenuss ebenfalls eine Hauptrolle. In dieser Hinsicht hat Karlsruhe vom denkmalgeschützten ehemaligen Turbinenhaus über eine einstige Orgelbauanstalt bis hin zum historischen Bankgebäude einiges zu bieten. Wer das Flair eines der ältesten noch bespielten Theater Deutschlands erleben will, kann in Baden-Baden Klassizismus und Rokoko auf sich wirken lassen und auch der barocke Konzertsaal des Ettlinger Schlosses ist nicht nur wegen seiner Akustik einen Besuch wert. Atmosphärische Veranstaltungen versprechen zudem die größte Freilichtbühne Deutschlands in Ötigheim, die geschichtsträchtigen Gemäuer des Klosters Maulbronn und der Turm des Baumwipfelpfads in Bad Wildbad, während der Kultursommer Hohenlohe zu Konzerten in Fürstenschlösser, Burgen, Keltern und Scheunen einlädt. Was wo geboten wird, verrät unser Artikel.

Verdis „Aida" auf dem Karlsruher Marktplatz – warum nicht? Nathanaël Tavernier vom Badischen Staatstheater scheint bereitzustehen Foto: Felix Grünschloss

BADISCHES STAATSTHEATER

Das Badische Staatstheater macht sich fit für die Zukunft, was gegenwärtig jedoch zu allerlei Einschränkungen führt: Abbrucharbeiten, Baulärm während der Proben und das Große Haus ist für den Probenbetrieb überhaupt nicht nutzbar. Die laufende Saison und auch noch mehrere weitere Spielzeiten werden aufgrund der Sanierung und Erweiterung des Theaters nicht einfach. Dies stellt auch den ab der Spielzeit 2024/25 amtierenden neuen Intendanten Christian Firmbach, zur Zeit noch Generalintendant am Staatstheater in Oldenburg, und sein gleichberechtigtes Leitungsteam vor Probleme. Die Betriebsdirektorin des Hauses, Uta-Christine Deppermann, spricht denn auch von einer großen Herausforderung, der man in der laufenden Spielzeit mit einem attraktiven Spielplan begegnen will.

So belässt das Musiktheater nicht nur Verdis erfolgreiche „Aida" weiterhin im Programm, drei Jahre nach dem ursprünglich angesetzten Premierentermin soll nun endlich auch Alban Bergs „Wozzeck" am 25. März die Bühne und die Ränge des Großen Hauses füllen. Die Geschichte des geschundenen Soldaten Wozzeck, der, durch unsinnige medizinische Experimente in den Wahnsinn getrieben, seine Geliebte Marie ermordet, sollte bereits 2020 als erste Operninszenierung des russischen Regisseurs Maxim Didenko ein Zeichen setzen, doch wenige Tage vor der geplanten Premiere wurde der erste Corona-Lockdown verhängt.

Sieht man von den Internationalen Händelfestspielen vom 17. Februar bis zum 3. März ab, die mit einer Neuproduktion des Dramas „Ottone, Re di Germania" um den späteren Kaiser Otto II. aufwarten, dreht sich auf der Karlsruher Opernbühne fast alles um die Liebe. Richard Wagners „Fliegender Holländer" etwa handelt noch bis zum 18. Mai von der Erlösung durch die Liebe einer treuen Frau, die der von Gott verdammte Holländer, der nur alle sieben Jahre von seinem Schiff auf das Festland zurückkehren darf, bei seinem Landgang finden muss. Und ab dem 21. Januar scheitert in Bizets „Carmen" die Liebesbeziehung der attraktiven Carmen mit dem Soldaten Don José am Freiheitsdrang der einen beziehungsweise an der einengenden Liebe des anderen.

Ab dem 24. Juni folgt dann Puccinis „La Bohème" in der Inszenierung von Generalintendant Ulrich Peters. In der Künstlerwelt der Pariser Bohemiens um das Jahr 1830 ist zwar kein Geld vorhanden, dennoch lassen es sich der Dichter Rodolfo und seine Künstlerfreunde leichten Herzens gut gehen. Erst als Rodolfo sich von seiner Geliebten, der Näherin Mimi, trennt, erfährt er von ihrer lebensbedrohlichen Schwindsucht. Mimis Tod führt dem Künstler die Oberflächlichkeit seiner bisherigen Existenz vor Augen.

„Giselle", das Meisterwerk des klassisch-romantischen Balletts, handelt von zwei jungen Liebenden und der Frage von ewiger Schuld oder Vergebung Foto: Arno Kohlem

Das Karlsruher Ballett schickt sich ebenfalls an, die Folgeschäden der Corona-Restriktionen aufzuarbeiten. Ein ähnliches Schicksal wie „Wozzeck" erlitt „Maria Stuart". Dieses erste große Handlungsballett, das die Spartendirektorin Bridget Breiner nach dem gleichnamigen Drama von Friedrich Schiller eigens für Karlsruhe geschaffen hat, hätte eigentlich im April 2020 das Bühnenlicht erblicken sollen. Nach mehrfachen Verschiebungen soll es nun am 16. April endlich soweit sein. Darüber hinaus dürfen sich Ballettfreunde auf den Dauerbrenner „Giselle" zur Musik von Adolphe Adam freuen, der noch bis zum 8. Februar zu sehen ist. David Dawsons Choreographie löst die Geschichte aus dem Kontext des 19. Jahrhunderts und macht die Liebe zweier junger Menschen zum Ankerpunkt packender menschlicher Emotionen, die sich weder von gesellschaftlichen noch von politischen Rahmenbedingungen beeindrucken lassen. Ganz andere Klänge und Bewegungsabläufe verspricht „Jazz" ab dem 28. Mai im Großen Haus des Staatstheaters mit Jazztrompeter Thomas Siffling samt Band und Choreografien von Kevin O'Day.

Dem Bedürfnis nach Leichtigkeit trägt der erhöhte Unterhaltungsanteil im Schauspiel Rechnung. Beispielsweise mit „HIR", einer absurden Komödie des US-amerikanischen Schauspielers und Autors

Taylor Mac, die als deutsche Erstaufführung ab dem 14. Januar ein liebevoll-schrilles Spiel mit Geschlechteridentitäten verspricht. Weniger exaltiert, dafür mit feinem schwarzem Humor kommt noch bis zum 30. Juni die Satire „Der Gott des Gemetzels“ von Yasmina Reza daher. Die Diskussion zweier Elternpaare, deren Kinder eine handgreifliche Auseinandersetzung hatten, eskaliert und lässt den zivilisatorischen Lack abplatzen.

Ab dem 3. März präsentiert Regisseur Milan Peschel zudem das Molière-Potpourri „House of Trouble – das famose Leben der Geizigen“, ausgehend von dessen einaktiger Komödie „Das Impromptu von Versailles“, das 1663 im Schloss des Sonnenkönigs uraufgeführt wurde. Die Bühnenadaption von „Mädchen in Uniform“, dem wohl ersten deutschen Film über eine lesbische Liebe aus dem Jahr 1958 – damals mit Romy Schneider in der Hauptrolle –, ist ab dem 25. Mai geplant.

Im „Jungen Staatstheater“ gibt es neben der Bühnenfassung von Matthias Brandts Romandebüt „Blackbird“ über eine Jugend in den 70er-Jahren und den Umgang mit dem Tod des besten Freundes ab dem 3. März das humorvolle Kinderstück „Der Katze ist es ganz egal“ nach dem Kinderbuch von Franz Orghandl und „#Constantcraving“, ein Schauspiel des vielfach ausgezeichneten Theaterautors Daniel Ratthei rund um das Thema Sucht, das am 29. April Premiere hat.

Die „Volkstheater“-Sparte des Staatstheaters will sich ab dem 22. April Kleists Komödie „Der zerbrochene Krug“ in Form

einer „medialen Analyse" nähern und fragt, wie die Wahrheit in einer Welt voller Bilder, Texte und unterschiedlicher Interpretationsansätze zum Gegenstand einer wertvollen Auseinandersetzung werden kann.

Badisches Staatstheater Karlsruhe, 76137 Baumeisterstr. 11 (Spielstätte „Die Insel": 76137 Karlstr. 49b), Tel. 93 33 33, staatstheater.karlsruhe.de, Ticketschalter: Tages- und Abokasse im K-Punkt, 76137 Ettlinger-Tor-Platz 1, Mo-Fr 10-18.30h, Sa 10-13h

BADISCH BÜHN

Auch im 41. Jahr ihres Bestehens hat die „Badisch Bühn" in Grünwinkel zur Freude ihres Publikums noch kein Hochdeutsch gelernt. Kein Wunder, dass das gesamte Mundarttheater-Ensemble zu seinem Jubiläumsjahr 2022 vom Verein

Derb und lustig geht es in „Oins nach em annere" zu, das 2022 nach zwei Corona-Jahren in der Badisch Bühn doch noch seine Premiere hatte Foto: Ingo Cordes

„Bund Freiheit statt Baden-Württemberg" den Ehrentitel „Badener des Jahres" verliehen bekommen hat, weil sämtliche Aktiven in der Badisch Bühn „seit 40 Jahren einen bedeutenden Beitrag zur Wahrung, Verbreitung und Weiterentwicklung der badischen Identität" leisten, so die Begründung. Doch im Vordergrund steht letztendlich der Spaß, den das Ensemble auf der Bühne und das Publikum im Saal des Restaurants „Beim Schupi" haben.

Zur ersten Premiere des Jahres, am 16. Juni, befindet sich das Ensemble „In anderen Umständen". In dem Stück von Folker Bohnet und Alexander Alexy bekommt ein kleiner Angestellter einer großen Versicherung unerklärlicherweise

THEATER
VERSCHENKEN!
Im Schnupper-Abo zum Probieren
Schnupper-Abo
3 Vorstellungen ab 30,50 Euro
BADISCHES STAATS THEATER KARLSRUHE
KARTEN- UND ABOSERVICE im K. | Ettlinger-Tor-Platz 1
T 0721 933 333 | MO–FR 10.00–18.30 SA 10.00–13.00
WWW. STAATSTHEATER.KARLSRUHE.DE

plötzlich Mutterschaftsgeld überwiesen. Zunächst glaubt er an einen Scherz, denn er ist sich ziemlich sicher, dass er keineswegs Vater ist, geschweige denn Mutter. Aber es kommt noch besser: Im Büro wird ihm sogar nahelegt, einen Mutterschaftsurlaub anzutreten. Schließlich ginge der Computer von einer Schwangerschaft aus und an dessen Glaubwürdigkeit sei doch wohl kaum zu zweifeln. Oder?

Am 8. September findet dann die Uraufführung des Stücks „Suschi oder Körriewurschd" von Hannelore Kucich unter der Regie ihres Mannes Hans Rüdiger Kucich statt. Ein vergessener Hochzeitstag ist der Auslöser für Turbulenzen, Machogehabe, Intrigen und sogar einen Diebstahl. Aber Humor, Liebe und Einsicht sorgen dafür, dass am Ende alle noch glücklicher sind als zuvor. Bis zu den beiden Premieren setzt die „Badisch Bühn" auf ihre bewährte Mundartkost, wie im Januar etwa beim „Dobbelmord im Aldersheim". Das Stück aus der Feder von Jürgen Hörner spielt im Seniorenstift Waldfried und lebt von schrulligen Bewohnern, überfordertem Personal und nicht zuletzt vom ungleichen Ermittlerpaar, bestehend aus Hauptkommissar Isidor Riegele und seiner übereifrigen Praktikantin Julia Häppchen.

Im Februar heißt es: „Do braut sich was z'samme" – zurecht, denn in Jürgen Hörners Komödie vermieten zwei Studenten stundenweise ihre Zimmer an liebestolle Kommilitonen, als sie plötzlich von ihren erzkonservativen Eltern überrascht werden. Die dürfen von dem unmoralischen Nebenverdienst natürlich nichts erfahren. Abgelöst wird das Lustspiel im März von „Em Karle sei Dande", in dem der schüchterne Rentner Schorsch für Verwirrung sorgt, als er für ein spätes Liebesglück eine Partnerin sucht und seinen Kumpel Eugen vorschickt, der für ihn eine Partner-Annonce aufgeben soll.

Ein ganz ähnliches Anliegen haben in „De Bädschler", dem im April aufgeführten Stück, Helene und ihre Freundinnen, die ihr Liebesleben mittels dreier beim Online-Dating kennengelernter Herren aufpeppen wollen. Die Premiere aus dem Jubiläumsjahr „Oins nach em annere" folgt im Mai. In dem Lustspiel von Hans Rüdiger Kucich versuchen ein Metzger und seine Freunde mehr oder weniger erfolgreich, ihren Freund Herbi zu trösten, dessen Frau mitsamt der Wohnungseinrichtung auf und davon ist.

Badisch Bühn, 76185 Durmersheimer Str. 6, Tel. 55 25 00, badisch-buehn.de, VVK: Do–Sa 17–20h oder über reservix.de

KAMMERTHEATER

Bereits in der letzten Saison überraschte das Kammertheater mit mehreren Aufführungen, in denen prominente Größen wie Dieter Hallervorden, Jochen Busse und Tom Gerhardt mitspielten. Mit dem TV-Urgestein Hugo Egon Balder oder dem bekannten Elvis-Imitator Nils Strassburg bleibt die Mannschaft um Intendant William Danne dieser von ihrem Publikum geschätzten Linie treu – und ebenso ihrer Vorliebe für Musikproduktionen. So dürfen sich Fans unter anderem auf das biographische Musical „Elvis“, den Freddy-Mercury-Tribute „The Show must go on“ und die Wiederbegegnung mit den unverwüstlichen „Blues Brothers“ ab dem 29. Juni freuen.

Der Schauspieler und Fernsehmoderator Hugo Egon Balder ist ab dem 6. Januar in René Heinersdorffs Wellnesskomödie namens „Aufguss“ zu erleben, bei der der Autor selbst Regie führen wird. Der erfolgreiche Waschmittelhersteller Dieter möchte seiner aktuellen Freundin ihren langgehegten Babywunsch erfüllen. Doch dazu ist ein Samenspender nötig, und der wird von Dieter zum Kennenlerngespräch in ein Wellnesshotel beordert. Parallel dazu ist auch Lothar, Chef einer Kinderklinik, zusammen mit seiner Assistentin Emilie für eine ganz andere Spende in dieses Hotel gereist: In entspannter Umgebung wollen sie Dieter zu einer Finanzspritze für ihre Station bewegen. Die Verwechslungskomödie nimmt

ihren Lauf und besticht durch zahlreiche Missverständnisse, Wortspiele und Zweideutigkeiten.

Rockige Klänge erwartet das Publikum ab dem 3. Februar in der vom früheren Intendanten des Kammertheaters, Ingmar Otto, geschriebenen Tribute-Show für „Elvis", den King of Rock'n' Roll. Der Aufstieg des Sängers vom jugendgefährdenden Sexsymbol bis zu seinen Erfolgen in Las Vegas wird ebenso thematisiert wie seine Wehrdienstzeit in Deutschland und seine Beziehung zur späteren Ehefrau Priscilla. Hits wie „Heartbreak Hotel", „Hound Dog", „In the Ghetto" oder „It's Now or Never" transportieren das Lebensgefühl der 50er, 60er und 70er Jahre. In Karlsruhe sollen gleich drei Darsteller die Rolle des „King" übernehmen, darunter der für viele beste Elvis-Interpret Deutschlands: Nils Strassburg.

Das Leben Elvis Presleys vom Beginn seiner Karriere bis zum frühen Tod 1977 inszeniert das Kammertheater als Tributshow – unter anderem Nils Strassburg wird die Songs des „King" interpretieren @ Nico Deeg

Ganz dem Wilden Westen, und zwar in seiner schrägsten Ausprägung, ist „Der letzte Ritt nach San Fernando" gewidmet. In der Spielstätte K2 in der Kreuzstraße wird ab dem 16. Februar mit viel Humor und noch mehr Musik ein irrwitziges Bild des alten Amerika gezeichnet. Zunächst geht alles sehr ruhig zu in der ehemaligen Goldgräberstadt San Fernando, doch als im Saloon „Zum dreibeinigen Pony" ein großmäuliger Cowboy auftaucht, ändert sich für die Salonbesitzerin, den übellaunig-schießwütigen Sheriff und die Barsängerin Caro Coquette plötzlich alles. Die Song-Spannbreite reicht von Truck Stop und Dolly Parton bis hin zu Britney Spears,

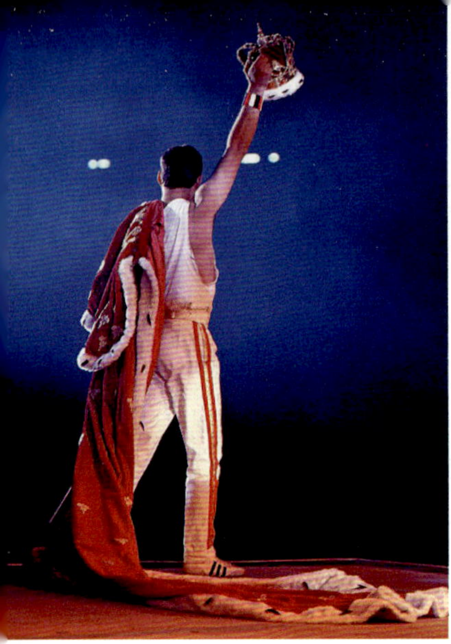

„The show must go on" – das gilt auch für die erfolgreiche Tribute-Show des Kammertheaters für Freddie Mercury, den Sänger der Band „Queen" Foto: ONUK

Gitte und den Bee Gees, von „Cotton Eye Joe" über „No Roots" bis hin zu Musicalhits aus „Cats" und „Jekyll & Hyde".

Ab 3. März dreht sich im K2 bei „Jana & Janis" dann alles um die Liebe. Zwölf Jahre, nachdem ihre Amour fou mit wildem Geknutsche beim Abiball begann, laufen sich Jana und Janis mit Anfang 30 wieder über den Weg. Inzwischen ist die Tochter aus gutem Hause als Schauspielerin gescheitert und versucht sich als vegane Influencerin, während Janis das griechische Familienrestaurant übernommen und seine Musikerträume ad acta gelegt hat. Hinter Jana und Janis liegt eine chaotische On-Off-Beziehung – bis zur letzten Trennung vor fünf Jahren. All dies erfährt man in Flashbacks. In diesem interaktiven Musical wenden sich die beiden Protagonisten direkt ans Publikum, das mitentscheiden soll: Bleiben die beiden trotz aller Probleme zusammen oder ist ein endgültiges Beziehungsaus besser für das Paar?

Ein All-inklusive-Urlaub sollte entspannend sein, oder? Doch in der musikalischen Komödie „Club Las Piranjas" nach einem Film von Hape Kerkeling und Doris Heinze erwartet die Urlaubshungrigen ein Pool ohne Wasser, Frühstück im Schichtbetrieb und penetrante Zwangsanimation. So wandelt sich das vermeintliche Urlaubsparadies für eine junge Tankwartsfamilie, eine fröhliche Rentnerin und einen Supermarktkassierer ab dem 17. März im Kammertheater in eine musikalisch garnierte Vorhölle.

Dass man sich den Themen Rechtsradikalismus und Ausländerfeindlichkeit auch mit bösem Witz nähern kann, demonstriert Manuel Meimberg in seiner Komödie „Familie Braun" ab dem 21. April im K2. Kai und Thomas, die eine Neonazi-WG bilden, erleben eine lehrreiche Überraschung in Gestalt der siebenjährigen Lara, Ergebnis eines One-Night-Stands, den Thomas mit einer Frau aus Eritrea hatte. Die lässt ihre dunkelhäutige Tochter bei den überrumpelten Rechtsradikalen zurück und Thomas muss sich den kindlichen Fragen seiner Tochter stellen, die ihm mit entwaffnender Naivität zeigt, wie fadenscheinig seine rechten Ideologien sind. Und das ist erst der Anfang einer an Absurditäten reichen Handlung, die das Weltbild der Neonazi-WG ins Wanken bringt.

Ab dem 22. April kehrt eine der erfolgreichsten Produktionen des Kammertheaters zurück: Ingmar Ottos „The Show must go on – Tribute to Freddie Mercury". Die großen Songs von Queen lassen den Mythos Freddie Mercury lebendig bleiben. Erzählt wird die Geschichte seiner Extravaganzen, seines ausschweifenden Lebens, der großen Erfolge, aber auch die Zweifel des Musikers werden thematisiert. All dies gespickt mit vielen live interpretierten Hits.

Kammertheater, 76133 Herrenstr. 30–32, Tel. 2 31 11, kammertheater-karlsruhe.de; K2, 76133 Kreuzstr. 29, Tel. 47 03 87 89, VVK im Kammertheater: Mo–Sa 10.30–13.30h und 17–19.30h sowie So 16–18h

MAROTTE FIGURENTHEATER

Im Karlsruher Figurentheater „marotte" steppt der Bär, beziehungsweise er kostümiert sich und geht tanzen. In dem Stück „Der Bär auf dem Försterball" nach dem Buch von Peter Hacks sucht der tierische Protagonist, genannt Schmolke – ein leidenschaftlicher Theodor-Fontane-Fan –, eine passende Verkleidung und findet sie in einer Oberförsterkluft, bestehend aus einem grünen Rock, Stiefeln und einer Flinte. So ausgestattet besucht er den alljährlichen Jäger- und Försterball, wo ihn keiner der Anwesenden als Bären erkennt

– alle halten ihn tatsächlich für einen Oberförster. Irgendwann entscheidet sich die Gesellschaft feiertrunken, angeführt vom Bären, auf Bärenjagd zu gehen. Es entspinnt sich eine tierische Köpenickiade.

Zwei Publikumslieblinge gehören in dieser Saison erneut zum Repertoire der „marotte“: die beiden Abendstücke „The Bright Side of Life“ und „Speeddating“. Frei nach Monty Phythons schwarzhumoriger Parodie auf das Leben Jesu, „Das Leben des Brian“, beginnt „The Bright Side of Life“ in diesem Mix aus Schauspiel und Figurenspiel am 24. Dezember in Bethlehem. Hier erblickt ein Knabe das Licht der Welt, der sich seinen Lebensunterhalt später mit dem Verkauf von Otternasen im Colosseum verdient und vom Widerstand gegen die römischen Besatzer träumt. Bald hält ihn das Volk, obwohl er alles tut, um das zu verhindern, für den lange erwarteten Retter.

Auch „Speeddating“ hat das Zeug zum Klassiker: Sechs sogenannte Best-Agers, irgendwo zwischen 60 und 80 Jahren, drei Frauen und drei Männer, begeben sich

im Rahmen eines Speed-Datings auf die Suche nach einem neuen Partner beziehungsweise einer neuen Partnerin. Ob verwitwet, geschieden oder jahrelanger Single, jede und jeder bringt in diesem amüsant-berührenden Stück über die Frühlingsgefühle im Alter ihre und seine ganz eigenen Hoffnungen und Sehnsüchte mit.

Karl-May-Fans kommen weiterhin bei „Winnetou – der Schatz im Silbersee" auf ihre Kosten, einer freien, parodistischen Behandlung des bekannten Wildwestromans eines der meistgelesenen deutschen Schriftsteller. Die Geschichte von der Jagd nach dem Schatz beginnt in einer Ausländerbehörde, wo ein türkischer Bürger seinen Reisepass beantragt. Bevor er ihn

Was macht der Bär, der doch zum Försterball will, in Paris? Die Antwort kennt das Figurentheater „marotte" Foto: marotte

bekommt, muss er jedoch einige Testfragen beantworten und scheitert dabei ausgerechnet an Karl May, den der Beamte sehr verehrt. Der bringt den Antragsteller nun dazu, die Handlung gemeinsam mit ihm als Schattenspiel nachzustellen. Wohl deshalb sprechen hier alle Indianer türkisch.

Vom 2. bis zum 5. März soll endlich wieder das Figurentheater-Festival „marottinale" stattfinden, ein bunter Strauß herausragender Produktionen verschiedener Figurentheaterensembles aus dem deutschsprachigen Raum. Das Theater Zitadelle aus Spandau etwa, das mit seinen „Berliner Stadtmusikanten" schon auf vergangenen Festivals zu Gast war, wird diesmal mit „Der Yark" vertreten sein. Ein Stück von Bertrand Santini über Gut und Böse, in dem ein Monster einen großen Appetit auf kleine Menschen entwickelt.

marotte Figurentheater Karlsruhe,
76133 Kaiserallee 11, Tel. 84 15 55,
marotte-figurentheater.de, Theaterhaus-Ticketbüro: Mo 11-18h, Di-Fr 11-16h

DAS SANDKORN

Das „Sandkorn" fühlt sich in seinen beiden Spielstätten im denkmalgeschützten ehemaligen Turbinenhaus der Stadtwerke aktuellen Themen und aufrüttelndem, leidenschaftlichem Theater verpflichtet, das nachwirkt. Getreu seinem Leitspruch „Unterhaltung mit Haltung" werden auch ernste und sozialkritische Sujets zumeist mit Geist und Witz präsentiert. Die zahlreichen selbst entwickelten Stücke sorgen für ein scharfes Profil des „Sandkorns" in der Karlsruher Theaterlandschaft.

Ab Januar sollen die Besucherinnen und Besucher wieder die Gelegenheit haben, Stephan Eckels Zwei-Personen-Thriller „Der Anruf" zu erleben. Während ihrer Nachtschicht erhält Eva im Computer-Callcenter einen folgenreichen Anruf: Angeblich hat der zunächst sympathisch klingende Marc Probleme mit seinem Laptop. Ein kleiner Flirt entwickelt sich, man scheint sich näher zu kommen, sogar ein Treffen wäre möglich. Doch dann erweist sich Marc als Stalker, der Evas Privatleben nur zu genau zu kennen scheint. Das Zwei-Personen-Stück nimmt immer neue Wendungen, die Spannung bleibt bis zum Ende erhalten.

Ebenfalls als Wiederaufnahme ist das Schauspiel „FUROR" von Lutz Hübner und Sarah Nemitz ab Februar im Sandkorn zu erleben. Mitten im Wahlkampf wird ein Oberbürgermeisterkandidat in einen schweren Verkehrsunfall verwickelt.

Natürlich eine Belastung für die Karriere des ambitionierten Politikers, der nun der Mutter des Unfall-Opfers helfen will. Doch deren Neffe erkennt die einmalige Gelegenheit, es dem Politiker stellvertretend für alle „da oben" zu zeigen, und beginnt ihn zu erpressen. Das sich daraus entwickelnde Duell zwischen Politiker und Erpresser wird immer bedrohlicher.

Fürs Kabarett im „Sandkorn" steht vor allem das Kult-Duo Rastetter & Wacker.

Kabarett und Comedy ergänzen sich auf der Sandkorn-Bühne zur Freude des Publikums ebenso perfekt wie das Duo Rastetter & Wacker Foto: Jürgen Schurr

Ab Mai heißen die beiden ihre Gäste „Willkommen in der Hölle" und versprechen eine parodie-, slapstick- und musikreiche infernalische Kabarett-Show. Kult ist auch der Mundartdichter Harald Hurst, dessen Texte im März im Mittelpunkt eines Leseabends von Martin Wacker und Patricia Keßler stehen.

Neben den traditionellen Sparten mit erfahrenen Darstellern gibt das „Sandkorn“ auch unterschiedlichen Spielarten des Amateur-Theaters Raum. So wird es ab April eine neue Produktion des Jugendclubs geben, bei dem junge Menschen von 15 bis 23 Jahren unter professioneller Anleitung und Regie ein abendfüllendes Theaterstück erarbeiten und auf die Bühne bringen werden. Bei der Schultheaterwoche im Mai stehen zudem Eigenproduktionen von Theatergruppen aller Schularten und Altersstufen im Mittelpunkt. Darüber hinaus wird auch die Seniorentheatergruppe „BASTA 60+“ im Juli ihr neues Stück im „Sandkorn“ präsentieren.

Lange bevor Integration oder Inklusion im allgemeinen Sprachgebrauch auftauchten, hat sich die integrative Theatergruppe „D!E SP!NNER“ in Zusammenarbeit mit der Lebenshilfe Karlsruhe dieser Thematik angenommen. 2023 feiert sie ab Mitte Juni mit einer neuen Produktion ihr zwanzigjähriges Jubiläum. Ein besonderes Ereignis steht zudem im Herbst an: Zur Ausstellung „Die 80er Jahre“ im Badischen Landesmuseum will das „Sandkorn“ ab September eine passende musikalische Revue in zeittypischem Sound präsentieren.

Das Sandkorn, 76133 Kaiserallee 11, Tel. 83 15 29 70, das-sandkorn.de, Theaterhaus-Ticketbüro: Mo 11–18h, Di–Fr 11–16h

DIE SPIEGELFECHTER

„Die Pietätlosigkeit liegt nicht darin, während eines Krieges Kabarett zu veranstalten, sondern während eines Kabaretts in den Krieg zu ziehen!" Dieses klare Statement ist auf der Homepage der „Spiegelfechter – Kabarett in der Orgelfabrik" zu lesen und bedarf keiner Erläuterung. Mit Krisenzeiten und ihren Auswirkungen befasst sich in der 34. Spielzeit der „Spiegelfechter" auch das neue Programm „Hoppla, wir beben" von Ole Hoffmann, „Spiegelfechter" der ersten Stunde, und Hauspianist Rainer Granzin, die hierbei von den an Stäben geführten Gliederpuppen Lucia von Stauffenkofen und Louane Hénin sowie der Marionette Paul Ludwig Münzberg unterstützt werden.

Mit Texten und Songs von Kurt Tucholsky, Walter Mehring, Friedrich Hollaender und Hanns Eisler sowie aktuellen Spitzen aus der Feder Ole Hoffmanns erinnert das Programm an eine Zeit der Um- und Aufbrüche, der Verunsicherung und der schier ungebremsten Lebenslust. Die Impulse, die in den 1920er Jahren Literatur, Musik, Tanz, Bildende Kunst und Architektur erhielten, waren immens. Dichter, Musiker und Maler lehnten sich gegen Bürgerlichkeit auf und kämpften um neue Ausdrucksformen. Das politische Klima war vergiftet und überhitzt, – Parallelen zu heutigen Entwicklungen drängen sich auf, ideologische Fronten standen sich unversöhnlich gegenüber. Mindestens bis zum 24. Februar gibt es die Gelegenheit, mit den „Spiegelfechtern" in die „Roaring Twenties" einzutauchen.

Autokino und Streaming waren während Corona kein Thema für Götz Frittrang, denn „er lebt von der Angst der Zuschauer, wenn er ihnen in die Augen sieht", ist auf seiner Homepage zu lesen – wer sich dennoch in die Orgelfabrik traut, erlebt zwei kurzweilige Stunden Foto: Die Spiegelfechter

Anschließend zeigt sich das Kabarett ab April „Ungewöhnlich offen – wolkenlos sonnig", basierend auf einem Programm, das 2022 nur wenige Male vor coronabedingt kleinem Publikum gezeigt wurde. Der musikalische Teil bleibt unverändert, während die Kabaretttexte von Ole Hoffmann komplett neu geschrieben werden.

Wie immer bieten „Die Spiegelfechter" auch ein weitgespanntes Gastspielprogramm. So erinnert Anna Hüsch-Kraus in „Mein Vater, der Poet" am 20. Januar an den großen Kabarettisten der leisen Töne Hanns Dieter Hüsch. Bei dieser Lesung mit Musik wird sie, begleitet vom Pianisten Nicolas Evertsbusch, Hanns Dieter Hüschs Gedichte, Texte und Lieder präsentieren sowie mit persönlichen Schilderungen aus familiärer Sicht an einen der erfolgreichsten Vertreter des deutschen literarischen Kabaretts erinnern.

Am 28. März steht erneut die Musik im Mittelpunkt, wenn der deutsch-italienische Bariton Lorenzo de Cunzo und sein Pianist Tarek El Barbari mit ihrem neuen Programm „La dolce vita!?" auf die Suche nach dem italienischen Lebensgefühl gehen. Bei aller Leichtigkeit des „süßen Lebens" gibt es bei dem Duo aber auch leise, melancholische Zwischentöne von gebrochenen Herzen und unerfüllter Liebe. Das Publikum darf sich auf Bekanntes wie „O sole mio" oder „Core 'ngrato" freuen und auch auf weniger bekannte, aber nicht minder reizvolle italienische und neapolitanische Lieder.

Am 29. April gibt es eine Wiederbegegnung mit Götz Frittrang und seinem aktualisierten Programm „Götzendämmerung", das seinem Publikum zwei irrsinnige Wanderstunden durch das Gehirn eines ungehemmten Durchschnittsdeutschen verspricht. Die Welt spielt verrückt, wenn die Spargelsaison im Februar beginnt oder Großbritannien sein Empire zurückhaben will, aber was bedeutet dies schon im Vergleich zu den zu erwartenden Wort-Kaskaden, den bildgewaltigen Assoziationen und der bitterbösen Komik von Frittrang, nach denen man dem Weltuntergang gelassen entgegensehen kann.

Eine ganz neue Definition von KI gibt Philipp Weber am 7. Mai. Der Gewinner des Deutschen Kleinkunstpreises 2010 nennt sein Programm denn auch „KI: Künstliche Idioten!" und kündigt eine kabarettistische Neuauflage des Orakels von Delphi an, nur lustiger. Digitalisierung, Gentechnik, Robotik, KI – der Mensch rast in die Zukunft, aber statt nach vorne zu blicken, starrt der Homo digitalis nur auf sein Smartphone.

Die Spiegelfechter – Kabarett in der Orgelfabrik, 76227 Amthausstr. 17-19, Tel. 476 27 16, spiegelfechter.de, VVK: Mo 10-12h und eine Stunde vor Vorstellungsbeginn sowie per Telefon/ E-Mail (kontakt@die-spiegelfechter.de)

SCHUBERTIADE ETTLINGEN

Im 30. Jahr ihres Bestehens und drei Jahre nach Pandemiebeginn beeinträchtigt der Corona-Virus noch immer die Planungen für die Schubertiade Ettlingen, die auch 2023 wie gewohnt im Asamsaal des Ettlinger Schlosses stattfindet. „Da sehr viele Veranstalter die wegen Corona verschobenen Projekte nachholen möchten, gibt es derzeit einen großen Andrang auf die Veranstaltungsräume und es ist schwierig, überhaupt Termine zu bekommen – und die müssen dann auch für die Künstler passen“, erklärt der Pianist und Spiritus Rector der arrivierten Konzertreihe, Thomas Seyboldt, seine missliche Lage. So bleibt ihm in vielen Fällen nur, die Termine kurzfristig auf seiner Homepage schubertiade.de bekannt zu geben.

Eröffnet wird der Konzertreigen im Ettlinger Schloss am Sonntag, dem 12. Februar, mit der von Seyboldt geleiteten Schubertklasse der Musikhochschule Stuttgart, die späte Lieder von Schubert interpretiert. Im Jubiläumsjahr dürfen aber auch die großen Zyklen nicht fehlen: „Die schöne Müllerin“, „Winterreise“ und „Schwanengesang“ gehören zu den bedeutendsten Liedschöpfungen der Musikgeschichte. Zu den Interpreten zählen der Bariton Hans Christoph Begemann und sein ständiger Partner Thomas Seyboldt.

Angekündigt ist zudem die britisch-deutsche Sopranistin Sarah Wegener. Sie wird Robert Schumanns „Frauenliebe und Leben“ interpretieren. Auch die von Hugo Wolf unter dem Namen „Italienisches Liederbuch“ vertonten volkstümlichen italienischen Liebesgedichte gelten als Meisterwerke der Liedkunst des 19. Jahrhunderts. Thomas Seyboldt, künstlerischer Leiter der Schubertiade, hat hierfür junge aufstrebende Liedduos in den barocken Asamsaal eingeladen.

Im Jubiläumsjahr hofft Seybold zudem, zwei Projekte nachholen zu können, die pandemiebedingt bislang nicht realisiert werden konnten: zum einen das Männerquartett „Schubert hoch vier“, bestehend

aus den Solisten Markus Schäfer, Hubert Mayer, Hans Christoph Begemann und Cornelius Hauptmann. Sie alle singen an berühmten Opernhäusern, bei großen Festivals und auf renommierten Konzertbühnen und widmen sich gemeinsam Thomas Seyboldts Vision, alle Vokalensemblewerke Franz Schuberts öffentlich aufzuführen. Diese Gesamtaufführung soll abgerundet werden durch ein Programm, das sich unter dem Motto „Wind mischt von Grund aus schäumende Wogen" um die beiden Ensembles nach Goethes „Gesang der Geister über den Wassern" entfaltet.

Thomas Seyboldt, künstlerischer Leiter der Schubertiade, mit Bariton Shenghan Wang sowie den Sopranistinnen Hannah Gries und Andrea Conangla beim Schlussapplaus im Ettlinger Asamsaal © Schubertiade Ettlingen

Das zweite umfangreiche Projekt widmet sich der rätselhaften Musik des russischen Komponisten Alexander Skrjabin, den man als einen der frühesten multimedialen Künstler bezeichnen kann und dessen visionäre Konzepte Musik, Licht und Bewegung zu einem Gesamtkunstwerk vereinen. Der „Vers l'extase" überschriebene Abend verspricht ein Crossover-Projekt voller Tanz, Poesie und Licht sowie der Musik Alexander Skrjabins. Die Konzeption liegt in den Händen einer Künstlergruppe um den Pianisten Fabian Gehring, der mit seinem Team Skrjabins Idee eines „Lichtklaviers" neu deutet.

Ein wichtiger Bestandteil der Ettlinger Schubertiade ist auch die Musikvermittlung, ein Herzensprojekt von Thomas Seybold. Seit 2001 gibt es regelmäßig Gesprächskonzerte für Schülerinnen und

Schüler. Die bisherigen Veranstaltungen des Schulprojektes „Klassik für die Jugend" wurden Seyboldt zufolge bereits von 15.000 Schülerinnen und Schülern der Klassen 3 bis 13 besucht. Im Mittelpunkt der Veranstaltungen stehen Kunstlieder großer Dichter und Komponisten, die Wort und Ton miteinander verbinden, sowie der lebendige Wechsel zwischen Musizieren, Erläuterungen und dem regelmäßigen Einbeziehen der Schüler.

Schubertiade im Ettlinger Schloss e. V., Mohrenstr. 5, 76275 Ettlingen, schubertiade.de

VOLKSSCHAUSPIELE ÖTIGHEIM

Nachdem in der vergangenen Sommersaison die Jubiläumsinszenierung von Friedrich Schillers „Wilhelm Tell" bei den Volksschauspielen Ötigheim im Zentrum des Interesses stand, bildet vom 10. Juni bis zum 25. August Komödiantisches den Schwerpunkt auf Deutschlands größter Freilichtbühne.

Als Neuinszenierung von Stefan Haufe, dem künstlerischen Betriebsdirektor der Volksschauspiele, wird das Stück „Das Wirtshaus im Spessart" nach Wilhelm Hauff aufgeführt, das zuletzt 1997 hier zu erleben war. Gleich ab dem 10. Juni treiben die Räuber ihr Unwesen im Spessart. Durch einen fingierten Unfall gelingt es ihnen, die Comtesse von Sandau samt ihrem ungeliebten Verlobten, ihrer Zofe und einem Pfarrer in ein zwielichtiges Wirtshaus zu verschleppen, wo sie dann

in der Hoffnung auf ein hohes Lösegeld als Geiseln gehalten werden.

Verkleidet glückt der Comtesse die Flucht zum Vater, der sich jedoch weigert, für die Freilassung der übrigen Geiseln Lösegeld zu zahlen, und stattdessen das Militär aussenden will. Da der Comtesse das Schicksal der Gefangenen am Herzen liegt, entschließt sie sich, in ihrer Verkleidung zu den Räubern zurückzukehren und sich bei deren Hauptmann als Bursche zu verdingen. Der durchschaut das gewagte Spiel zwar schnell, ist aber von der jungen Frau bald ebenso angetan wie sie von ihm. Die musikalische Räuberpistole orientiert sich an Kurt Hoffmanns erfolgreicher Verfilmung von 1958 mit der jungen Liselotte Pulver als Comtesse von Sandau.

Unterhaltsam wird es ab dem 18. Juni auch in Curt Goetz' „Das Haus in Monte-

In zauberhafter Kulisse wird Curt Goetz' Komödie „Das Haus in Montevideo" bei den Volksschauspielen Ötigheim aufgeführt
Foto: Lukas Tüg

video", eine Wiederaufnahme aus der Saison 2021 in einer Inszenierung von Matthias Götz. Wie lange hält der moralische Rigorismus, wenn viel Geld auf dem Spiel steht? Diese Frage durchzieht die Gesellschaftssatire, die seit ihrer Uraufführung 1945 nichts von ihrem Witz verloren hat. Der integre Professor Traugott Hermann Nägler ist ein Verfechter sittlicher Normen, die auch das Leben seiner Familie, bestehend aus seiner Frau Marianne und zwölf Kindern, in einer beschaulichen Kleinstadtidylle prägen. Das schwarze Schaf der Verwandtschaft, seine Schwester Josefine, hat der charakterfeste Herr Professor schon vor vielen Jahren als 17-Jährige aus dem familiären Umfeld vertrieben, weil sie ein uneheliches Kind erwartete. Just diese Schwester hat ihn zum Erben ihres beachtlichen Vermögens in Uruguay eingesetzt. An das Erbe ist jedoch eine Bedingung geknüpft, die den moralischen Kompass des Professors ins Wanken bringen soll: Angetreten werden kann es nur, wenn in der tugendhaften Familie Nägler ebenfalls ein uneheliches Kind nachweisbar ist. Wie wird sich der von der Aussicht auf unerwarteten Reichtum geblendete Spießer entscheiden? Gewinnt die Moral oder der schnöde Mammon?

Sehr beliebt sind bei den Volksschauspielen auch Produktionen, die sich an die Jüngsten richten. Am 8. Juli hat für alle Besucher ab sechs Jahren „Der Zauberer von Oz“ Premiere, ein Musical nach dem Kinderbuch von Lyman Frank Baum. Die junge Dorothy lebt mit ihrem kleinen Hund Toto bei Tante und Onkel in Kansas, von wo sie ein Wirbelsturm in das magische Land Oz trägt. Wie kann Dorothy von „Jenseits des Regenbogens“ wieder zu ihrer Familie zurückkehren? Nur der mächtige Zauberer von Oz, so scheint es, kann ihr die Heimkehr ermöglichen. Auf ihrer hindernisreichen Reise zu dem Zauberer erhält sie Unterstützung von einer Vogelscheuche, die sich Verstand wünscht, einem Blechmann, der gerne ein Herz hätte, und einem verängstigten Löwen, der mutig und stark sein möchte.

Ein weiterer fester Bestandteil der Volksschauspiele bleiben auch im Sommer 2023 die festlichen Konzerte und eine Reihe von Gastspielen.

Volksschauspiele Ötigheim, Kirchstr. 5, 76470 Ötigheim, Tel. 07222/96 87 90, volksschauspiele.de, Geschäftsstelle: Mo-Fr 10-12h, Mo-Do 14-17h

„I am what I am" – das Outing eines schwulen Mannes wird im Stück „La Cage aux Folles" des Theaters Baden-Baden zum Ruf nach Respekt und Anerkennung
Foto: Jochen Klenk

THEATER BADEN-BADEN

„Dazwischen ich", so lautet das Spielplan-Motto des Theaters Baden-Baden. Dieses Lebensgefühl spiegelt laut Theaterintendantin Nicola May die Umbruchsituation wider, in der sich das Land und die Welt aufgrund des „Kriegs in der Ukraine und der noch nicht überwundenen Pandemie" befindet. Das von zahlreichen unterhaltenden Produktionen geprägte Programm soll dazu beitragen, das noch immer vorsichtige Publikum ins Theater zurückzuholen. So überwiegen bei den Premieren leichte Stoffe, Komödien oder für die Bühne bearbeitete Filme und auch manche Wiederaufnahme wie die von Jane Austens Erfolgsstück „Stolz und Vorurteil* (* oder so)" folgt diesem Muster.

Gutes Aussehen, gesundes Halbwissen, hochgestochene Sprache und einschmeichelnde Rede – Felix Krulls Selbstbewusstsein und Geschmeidigkeit öffnen ihm in Thomas Manns unvollendet gebliebenem Abenteuer- und Schelmenroman Tür und Tor. „Die Bekenntnisse des Hochstaplers Felix Krull" wurden mehrfach verfilmt und kommen nun auf die Baden-Badener Bühne. Es ist bei aller Leichtigkeit auch ein Stück, das um die Frage der Identitätsfindung und der durch die zeitgegebenen

Umstände ausgelösten Zweifel kreist. Die ursprünglich am Anfang des 20. Jahrhunderts angesiedelte Romanhandlung wird in der Bühnenfassung von Regisseur Daniel Foerster in die Gegenwart geholt. Foersters Augenmerk gilt der schillernden Figur des Felix Krull, ihren Sehnsüchten und Abgründen – und ihrer Angst, sich in Bedeutungslosigkeit aufzulösen.

Sehr unterhaltsam und mit ironischem Biss führt im Januar Yasmina Rezas schwarze Komödie „Kunst“ an die Grenzen einer Männerfreundschaft. Die Diskussion um den teuren Kauf eines weißen Bildes mit weißen Streifen eskaliert und legt Spannungen frei, die im Verhältnis der drei Freunde Marc, Serge und Yan seit Jahren unterschwellig lauern. Psychologie und gehobener Boulevard gehen in diesem Erfolgsstück Hand in Hand.

„La Cage aux Folles“ von Jerry Herman und Harvey Fierstein, seit vielen Jahren ein Musical-Dauerbrenner, hat seine Aktualität auch 40 Jahre nach der Uraufführung am Broadway nicht eingebüßt, wie unter anderem noch heute teils vehement geführte Diskussionen um Geschlechteridentitäten belegen. Das im Transvestitenmilieu angesiedelte Stück dreht sich noch bis April um Identitätsfragen und alternative Lebensentwürfe. Das beständige Spiel mit Klischees bietet einen hohen Unterhaltungswert, etwa, wenn die heiratswilligen Andrea und Laurent Andreas stockkonservativen Eltern die heiklen familiären Umstände zu verheimlichen versuchen, in denen Laurent aufgewachsen ist. Um das Vorspielen einer scheinbar heilen Familie geht es ab dem 17. Februar auch in der Komödie „Die Notlüge“ von Pia Hierzegger, in dem ein längst getrennt und jeweils wieder neu verpartnertes Paar beim 80. Geburtstag der Mutter Familienglück vorspiegeln soll.

Vom Verlust der sozialen und gesellschaftlichen Identität handelt ab dem 10. Februar „Der Verschollene“ nach einem Roman-Fragment von Franz Kafka. Der als schwarzes Schaf der Familie nach Amerika zwangsausgewanderte junge Karl Roßmann wird von den Menschen in seiner neuen Heimat ausgenutzt und erlebt eine soziale Abwärtsspirale. Für die Erfüllung des amerikanischen Traums scheinen nicht Fleiß oder Tugenden zu zählen, sondern vielmehr gute Beziehungen, die der junge Mann auf der Suche nach Zugehörigkeit nicht hat.

Als Gastspiel präsentiert das Theater Baden-Baden ab dem 9. Juni mit „Gewalt/Freiheit – Tibet“ ein Stück über die aktuelle Situation im von China besetzten Land und die Zukunft der Gewaltlosigkeit. Und mit „Shakespeare in Love“ nach der gleichnamigen Hollywood-Romanze wird Ende Juni der Baden-Badener Marktplatz wieder fürs Freilufttheater freigegeben.

Theater Baden-Baden, Goetheplatz, 76530 Baden-Baden, Tel. 07221/932700, theater-baden-baden.de, Ticketservice in den Kurhaus-Kolonnaden No. 23, Kaiserallee 1, 76530 Baden-Baden, Tel. 07221/275-233, Mi–So 10–18h

LANDES-MUSIK-FESTIVAL 2023

„Im Wesen der Musik liegt es, Freude zu bereiten“, stellte bereits Aristoteles fest. In diesem Sinne dürfte der 24. Juni in Bruchsal ein Freudentag werden, denn dort findet 2023 das größte Festival für Amateurmusik Baden-Württembergs statt: das Landes-Musik-Festival. Zum 25. Mal präsentieren Sängerinnen und Sänger, Orchester, Kapellen und Chöre eine breite musikalische Vielfalt, diesmal unter dem vielversprechenden Motto „Musik ist das Beste“, ein Zitat Frank Zappas. Das bunte und klangvolle Festival wird seit 1998 in wechselnden Städten veranstaltet. Die diesjährige Gastgeberstadt Bruchsal bietet mit dem barocken Schloss, der Stadtkirche, Rathaus und Bürgerzentrum viele nah beieinanderliegende Veranstaltungsorte sowie Konzerträume unterschiedlicher Größe, die bestens zu Fuß erreichbar sind.

Damit das Landes-Musik-Festival für möglichst viele Musikliebhaber auch ohne Eintrittskarte zum Erlebnis wird, ist vorgesehen, einen wesentlichen Teil der Darbietungen draußen stattfinden zu lassen, inmitten des geschäftigen Treibens der Innenstadt. So ergibt sich für Passanten die Chance, beim gemütlichen Flanieren durch die Straßen etwas von der beschwingten Festivalstimmung einzufangen, die Chöre, Musikvereine und Ensembles aus dem ganzen Bundesland nach Bruchsal bringen. Das Abendkonzert auf der Hauptbühne wird vom Landespolizei-

Das Landespolizeiorchester ist nicht nur ein renommiertes Berufsblasorchester, sondern auch das einzige Orchester in Trägerschaft Baden-Württembergs – beim Landes-Musik-Festival in Bruchsal spielt es das Abendkonzert © Landespolizeiorchester BW

orchester Baden-Württemberg bestritten, dessen Repertoire von der traditionellen und sinfonischen Blasmusik über Klassik bis hin zu Swing, Jazz, Pop und Rock reicht. Zudem sind Mitmachprojekte und Workshops in Planung. Alle Veranstaltungen finden für die Besucher bei freiem Eintritt und ohne Anmeldungen statt.

Veranstalter und Organisator ist der Landesmusikverband Baden-Württemberg mit seinem Mitgliedsverein, dem Badischen Chorverband. Ein Höhepunkt des Jubiläumsfestivals ist die Verleihung der Conradin-Kreutzer-Tafel, die von Baden-Württembergs Ministerpräsidenten gestiftet wird. Sie wird an Vereine verliehen, die mindestens 150 Jahre alt sind und sich während ihres Bestehens künstlerische, volksbildende und kulturelle Verdienste um die Pflege der Amateurmusik erworben haben.

Touristinformation H7, Hoheneggerstr. 7, 76646 Bruchsal, landes-musik-festival.de, Tel. 07251/505 94 60, Mo-Fr 9-18h, Sa 9-13h

ROSSINI IN WILDBAD

Bad Wildbad galt bereits im 19. Jahrhundert als beliebtes Urlaubsziel. 1856 kurte der berühmte Opernkomponist Gioacchino Rossini für mehrere Wochen in dem königlichen Heilbad im Nordschwarzwald. Ihm zu Ehren findet seit 1989 das Opern- und Musikfestival „Rossini in Wildbad" statt.

Auch 2023 werden vom 13. bis 23. Juli zwei große Werke Rossinis aufgeführt. Spielstätten sind das Königliche Kurtheater inmitten des weitläufigen Kurparks, das im Stile eines Schweizer Chalets erbaut ist und Renaissance-Elemente mit dem Neobarock vereint, sowie die 1934 eingeweihte Trinkhalle. Drei weitere Konzerte sind auf dem 726 Meter hohen Sommerberg geplant, wo als spektakulärer Spielort der fast 40 Meter hohe Turm des Baumwipfelpfads zur Verfügung steht. Zudem feiert der musikalische Leiter des Festivals, Antonino Fogliani, 2023 sein 20. Jubiläum in Bad Wildbad mit einem Festkonzert.

„Rossini in Wildbad" lockt immer wieder die besten Belcanto-Spezialisten in den Schwarzwald. Jahr für Jahr nehmen führende Solisten dieses Repertoires mit

Fogliani oder dem spanischen Dirigenten José Miguel Pérez-Sierra Opern von Rossini und seinen Zeitgenossen auf. NAXOS veröffentlicht nun eine Rossini-Gesamtausgabe – auch die Konzerte auf dem Sommerberg werden vom SWR und dem Deutschlandradio aufgezeichnet.

„Rossini in Wildbad", König-Karl-Str. 5, 75323 Bad Wildbad, Tel. 07081/1 02 80, bad-wildbad.de/rossini

KLOSTERKONZERTE MAULBRONN

Die Konzerte im Weltkulturerbe Kloster Maulbronn können auf eine beachtliche Tradition zurückblicken. Im Jahr 1968 aus einer Bachwoche entstanden, locken

Vor sieben Jahren nutzte das Rossini-Festival erstmals den 40 Meter hohen Turm des Baumwipfelpfads als Spielort, seither sind die dortigen Konzerte fester Bestandteil des Programms Foto: „Rossini in Wildbad"

sie seither die Besucher mit einer attraktiven Mischung aus Gastkonzerten internationaler Stars und der starken Präsenz des Maulbronner Kammerchores. Hinzu kommen die reizvollen Spielstätten: Die Klosterkirche bildet einen stimmungsvollen Rahmen für Chorkonzerte, oratorische Aufführungen und weitere geistliche Musik, während die kammermusikalischen Konzerte traditionell im zweischiffigen Laienrefektorium stattfinden, dem ehemaligen Speisesaal der Laienmönche. Die Serenaden hingegen profitieren – vor allem an lauen Sommerabenden – von der gran-

Der Maulbronner Kammerchor, Herzstück der Klosterkonzerte, lässt das Musikfestival mit einem Abschlusskonzert ausklingen
© Conrad Schmitz, Klosterkonzerte Maulbronn

diosen Atmosphäre des Kreuzganggartens mit der malerischen Brunnenkapelle.

Vom 13. Mai bis zum 24. September sollen wieder mehr als 20 Konzerte im Weltkulturerbe Kloster Maulbronn gespielt werden. Wobei das Programm an die bewährten Veranstaltungslinien der vergangenen Jahre anknüpft. Der Chor des Evangelischen Seminars Maulbronn übernimmt am 13. Mai die Eröffnung mit einer veritablen Uraufführung: Im Mittelpunkt des „Kepler-Oratoriums" steht der berühmte Astronom und ehemalige Seminarist Johannes Kepler, der von 1586 bis 1589 in Maulbronn Schüler war. Komponist Karsten Gundermann ist bei den Klosterkonzerten kein Unbekannter – bereits 2017 wurde sein Oratorium „Des Menschen Wille" hier uraufgeführt.

Für Anfang Juli sind zudem die beliebten Open-Air-Konzerte im Kreuzganggarten vorgesehen. Zu einem weiteren Klassiker hat sich die Kammermusikwoche „Bernd Glemser und Freunde" gemausert, die von dem international renommierten deutschen Pianisten vor über 15 Jahren ins Leben gerufen wurde und Anfang September anspruchsvolle Kammermusik bietet. Zudem wird in dieser Saison der 10. Geburtstag der Grenzing-Orgel in der Klosterkirche mit einer Reihe von Orgelkonzerten gefeiert, die unter anderem von Bezirkskantor Thorsten Hülsemann bestritten werden.

Der Abschluss der Veranstaltungsreihe ist am 23. und 24. September dem renommierten Maulbronner Kammerchor vorbehalten, der sein vierzigjähriges Jubiläum feiert. Er beschließt die Klosterkonzerte mit dem oratorischen Konzert „Der klassische Mendelssohn", das sich der Auseinandersetzung des Komponisten mit der Wiener Klassik widmet. Dies soll thematisch durch die Gegenüberstellung von Mendelssohns „Kyrie in d" und „Gloria" mit Mozarts „Requiem" geleistet werden.

Evangelisches Seminar Maulbronn, Klosterhof 17, 75433 Maulbronn, Tel. 07043/955 09 50, klosterkonzerte.de

KULTURSOMMER HOHENLOHE

Kultur im herrschaftlichen Ambiente historischer Fürstenschlösser, Burgen, Klöster, Kirchen, Keltern oder Scheunen, dafür steht der Kultursommer Hohenlohe mit seinen außergewöhnlichen Veranstaltungsorten zwischen Bad Mergentheim, Öhringen, Schwäbisch Hall und Schillingsfürst vom 3. Juni bis zum 24. September. „Eine der Besonderheiten ist, dass manche der Räumlichkeiten wie etwa Schloss Aschhausen, Schloss Vellberg, Schloss Neunstetten bei Krautheim oder die Stallscheune in Öhringen-Cappel normalerweise nicht zugänglich sind und nur während des Konzertbesuchs für das Publikum geöffnet werden", betont Kultursommer-Intendant Marcus Meyer.

Auch die musikalische Bandbreite der hochkarätig besetzten Veranstaltungsreihe ist in der 37. Saison attraktiv und reicht von Alter Musik über Klassik bis hin zu Weltmusik und allem, was sich kammermusikalisch dazwischen bewegt. Einige der angekündigten Programme werden von den Interpreten speziell für den Hohenloher Kultursommer konzipiert.

Eröffnet wird das Festival am 3. Juni in Neuenstein vom renommierten Originalklang-Ensemble „L'Orfeo Barockorchester" unter der Leitung von Michi Gaigg. Fans strahlender Trompetentöne dürfen sich auf Gábor Boldoczki freuen, der in der Karlsruher Trompeter-Schmiede von Reinhold Friedrich den letzten musikalischen Schliff erhalten und innerhalb weniger Jahre eine beachtliche internationale

„Canadian Brass", das erfolgreiche Blechbläserquintett aus Toronto, das traditionell in Frack und weißen Turnschuhen auftritt, bereichert 2023 den Hohenloher Kultursommer Foto: MBOdeg

Karriere beschritten hat. Beim beliebten Blechbläserquintett „Canadian Brass" dürfte sich dann die Klangfülle deutlich steigern, wenn sie ihr Repertoire von Barock über Jazz, Dixieland und Ragtime bis hin zu Broadway-Musik präsentieren.

Zu den interessantesten Pianisten seiner Generation gehört Herbert Schuch, der in den vergangenen Jahren durch große Kreativität am Klavier und in der Zusammenstellung seiner Programme aufgefallen ist. Auch als Kammermusik-Partner mit seiner Frau Gülru Ensari im Klavier-Duo oder gemeinsam mit dem Cellisten Daniel Müller-Schott konnte Schuch seine Qualitäten unter Beweis stellen. Zudem kommt der international bekannte Solist Alban Beikircher in den Hohenlohekreis – der Geiger hat sich der Kammermusik verschrieben, derzeit ist er Primarius des „Korngold"-Quartetts.

Klänge der Volks- und Kunstmusiken Südosteuropas und des Nahen Ostens sind von der Frankfurter Band „Prosechòs" zu erwarten, die sich seit vielen Jahren dem Rembetiko, dem „Blues der Griechen", widmet. „Zydeco Annie & Swamp Cats" versprechen hingegen eine musikalische Reise durch Louisiana mit Cajun- und Zydeco-Musik aus New Orleans, während das Duo „Féten Féten" auf die iberische Halbinsel entführt: Jorge Arribas und Diego Galaz spielen spanische Volks- und Tanzmusik wie Fandango, Bolero, Tango, Tarantella, Habanera oder Pasodoble auf spezielle Art – Instrumente wie Löffel, Pfanne und Säge inbegriffen.

Landratsamt Hohenlohkreis,
Kulturstiftung Hohenlohe, Allee 17,
74653 Künzelsau, Tel. 07940/18-348,
hohenloher-kultursommer.de,
der VVK startet am 6. Februar

HAFENKULTURFEST

Schiffe und Häfen verbreiten ein besonderes Flair und üben auf viele Menschen eine große Faszination aus. Besonders lebhaft geht es am Karlsruher Hafen beim jährlich stattfindenden HafenKulturFest zu, das vom 23. bis 25. Juni wieder Besucher aus Karlsruhe und der Region mit einem bunten Programm auf das Hafengelände lockt. An allen drei Tagen unternimmt das Fahrgastschiff Karlsruhe kostenlose Schnupperfahrten durch den Rheinhafen. Aber nicht nur Schiffsliebhaber kommen auf ihre Kosten, sondern auch Dampfloknostalgiker: Die Lok „58311“ der Ulmer Eisenbahnfreunde transportiert Groß und Klein im historischen Bahnwagen von der Anlegestelle zum Containerterminal beim Hafensperrtor und zurück.

Traditionell ist das HafenKulturFest ein Spaß für die ganze Familie. Während die Kinder sich bei der Mobilen Spielaktion des Stadtjugendausschusses vergnügen, in der Hüpfburg Dampf ablassen, über den Clown Claus Augenschmaus lachen und sich schminken lassen können, präsentieren Live-Bands auf drei Bühnen Musik für unterschiedlichste Geschmäcker vom Seemannslied über Reggae bis hin zu Pop und Rock. Auch fürs leibliche Wohl wird natürlich gesorgt. Ein ausführliches Programmheft liegt voraussichtlich Anfang Juni vor und online findet man alle Infos unter www.hafen-kultur-fest.de.

KVVH GmbH – Geschäftsbereich Rheinhäfen, 76189 Werftstr. 2-4, Tel. 599-74 02, hafen-kultur-fest.de

Sonja Müller, Thomas Weiss

Gesammelte Werke

Der Mensch ist ein Jäger und Sammler – wer kennt es nicht, das Bedürfnis, Dinge zu horten und aufzubewahren? Was in der Jugend harmlos mit Fußballerbildchen oder niedlichen Tierfiguren beginnt, kann ungeahnte Ausmaße annehmen. Die bekannteste Sammlerin Karlsruhes war sicherlich Markgräfin Karoline Luise von Baden, deren Naturalienkabinett den Grundstock für das Staatliche Museum für Naturkunde legte. Aber auch die Stadt selbst besaß schon im 19. Jahrhundert eine Kunstsammlung, die seither beständig erweitert wurde und heute in immer neuen Ausschnitten in der Städtischen Galerie zu bewundern ist. Welche gesammelten Werke und Objekte präsentieren andere Museen und Galerien in Karlsruhe und Umgebung? Die Bandbreite reicht dieses Jahr vom sagenumwobenen Rheingold über Toulouse-Lautrecs charakteristische Plakate bis hin zu Kaffeemühlen und Playmobilfiguren.

Dem Gold des Rheins widmet das Badische Landesmuseum eine Studiopräsentation und zeigt einige der schönsten Münzprägungen © BLM, Foto: Peter Gaul

BADISCHER KUNSTVEREIN

Das Ausstellungsjahr beginnt im Badischen Kunstverein mit einem umfassenden Projekt von Künstlerinnen der Konkreten Poesie und Sound Poetry. Bereits seit einigen Jahren widmet sich der Kunstverein der Präsentation bislang eher unterrepräsentierter Frauen dieses Genres, die an der Grenze zwischen Literatur und Kunst arbeiten. So ist ab Februar das Werk der in Kaiserlautern geborenen, aber zeitlebens in Frankreich arbeitenden Künstlerin Ilse Garnier erstmals umfassend in Deutschland zu sehen, begleitet von einem Symposium mit Vorträgen, Lesungen und Performances. Das vielschichtige Programm wird zudem Werke von Lilian Lijn, der ersten Frau, die mit Gedichtautomaten arbeitete, der Künstlerin, Philosophin und Dichterin Madeline Gins sowie der italienischen Künstlerin und Schriftstellerin Tomaso Binga vorstellen und auch jüngere Positionen einbeziehen.

Für das Frühjahr hat der Kunstverein die in den Niederlanden lebende Künstlerin Maja Bekan eingeladen, eine neue Performance- und Filmproduktion zu entwickeln. Bekan arbeitet mit verschiedenen gesellschaftlichen Gruppen und nutzt Performance und Tanz, um Menschen temporär miteinander zu verbinden. „Solida-

In ihrem Projekt „Throw like a Girl" arbeitet die Künstlerin Maja Bekan mit Frauen vom Militär zusammen – für den Badischen Kunstverein entwickelt sie im Frühjahr eine neue Performance- und Filmproduktion Foto: Davids Danoss

rität" und „Fürsorge" sind hierbei zentrale Begriffe, zudem prägt ein spezifischer Humor ihre Projekte. Im Ausstellungsraum sind die Ergebnisse dann als öffentliche Auftritte in speziellen Bühnensets als Video- oder Audioinstallationen zu sehen.

Das Herbstprogramm schließlich geht von den Folgen des Klimawandels aus und richtet den Blick auf die Erde beziehungsweise den Boden als eine gefährdete Ressource. Die Gruppenausstellung „The Memory of Agriculture" mit internationalen, regionalen und lokalen Künstlerinnen, Künstlern und Initiativen zeigt verschiedene Möglichkeiten einer selbstorganisierten und nachhaltigen Landwirtschaft, um sie als Modelle eines zukünftigen kulturellen Handelns anzuwenden. Vor dem Hintergrund einer zunehmenden Ausbeutung der Natur, der Zerstörung fragiler Ökosysteme und der anhaltenden Ignoranz gegenüber einer „ökologischen Weisheit" von zumeist außerhalb der Gesellschaft praktizierenden Gruppen richtet sich der Blick des Projekts bewusst nach vorne: Wie kann vorhandenes, aber vergessenes oder unterdrücktes Wissen, etwa indigener Gemeinschaften, für eine gegenwärtige Diskussion um das Klima verfügbar werden?

Das Jahr endet traditionell mit der Ausstellung von Mitgliedern des Vereins und der Präsentation aktueller Jahresgaben ab Dezember.

Badischer Kunstverein,
76133 Waldstr. 3, Tel. 2 82 26,
badischer-kunstverein.de, Di-Fr 11-19h,
Sa, So und feiertags 11-17h, Eintritt 3€,
ermäßigt 1,50€, Fr ab 14h Eintritt frei

BADISCHES LANDESMUSEUM

Fürstliches Flair vermittelt bereits der Gang durch den Schlosspark hin zum säulengeschmückten Eingang des Badischen Landesmuseums. Schon seit 1919 residiert diese Einrichtung im Karlsruher Schloss, das sich der Stadtgründer Markgraf Karl Wilhelm anno 1715 errichten ließ. Von den fürstlichen Räumen und Einrichtungsgegenständen ist nach der Bombardierung im Zweiten Weltkrieg wenig übrig geblieben, doch der im Museum eingerichtete Thronsaal vermittelt einen Eindruck davon, wie es hier einst aussah.

In modernen Museumsräumen lässt sich entdecken, welche Kunstschätze, antiken Stücke, Raritäten und Kuriositäten badische Markgrafen und Großherzöge im Lauf der Jahrhunderte gesammelt haben. Dieser Grundstock wurde von Fachleuten des Museums bis heute laufend ergänzt. Einen interessanten Einblick in den vielfältigen Sammlungsbestand und die Tätigkeit der Kuratoren, die darüber entscheiden, was in welcher Form den Besuchern präsentiert wird, gibt bis zum 4. Juni die Ausstellung „Museumshelden – von Vitrinenstars und Depothütern“, die von

Volontärinnen und Volontären des Badischen Landesmuseums konzipiert wurde.

Sie überrascht mit einer bunten Mischung von Exponaten und ihren dazugehörigen humorvollen Erklärungen – so wurde etwa kühn ein historisches spätmittelalterliches Schwert direkt neben einen innovativen nachhaltigen Fahrradhelm aus organischem Pilzmaterial platziert, das zukünftig als Styropor-Ersatz dienen könnte. Auch die anderen mehr als 30 gezeigten Stücke von einer reproduzierten altägyptischen Fischotterplastik über ein goldenes Diadem bis zum bunten Essbesteck aus den 1960er Jahren erzählen Geschichten und tragen zur Spannung der Gegensätze bei, von der diese Schau lebt. So wie das Diadem, ein Präsent an die einstige Großherzogin, im Museumsdepot direkt neben einem Metall-Bügeleisen lagerte (dort wird nach Material sortiert, nicht nach Wert), wird das ungleiche Paar auch in der Ausstellung präsentiert.

Das Stichwort „Rheingold“ lässt die Herzen mancher Opernfans höher schlagen, ist dies doch der Titel des „Vorabends“ von Richard Wagners „Der Ring der Nibelungen“, der vom uralten Mythos des untergegangenen Schatzes im Rhein erzählt: von Zwergen geraubt, von Drachen gehütet, von Hagen im Fluss versenkt. Dieser Mythos geht zurück auf die Vernichtung des Stammes der Burgunden durch den römischen Feldherrn Aetius und seine hunnischen Hilfstruppen.

Tatsächlich kann im Rhein Gold gefunden werden. Seit der Antike haben Menschen die natürlich vorkommenden Goldflitter und -körnchen mühselig aus dem Sand des Flusses gewaschen. Wie dieser Prozess funktioniert, zeigt die Ausstellung „Rheingold – Rohstoff aus dem Fluss“ noch bis zum 10. September. Und auch einige Ergebnisse dieser Arbeit sind hier zu bestaunen, denn das Münzkabinett des Landesmuseums steuert echte, aus Rheingold geprägte Münzen bei. Die letzte Münze dieser Art, ein Rheingold-Dukat, wurde 1854 in der Karlsruher Münzstätte geprägt. Die Schau ist Teil der Ausstellungsreihe „Der Rhein“, an der sich mehr als 30 Museen aus Deutschland, Frankreich und der Schweiz beteiligen.

Die iranische Konzeptkünstlerin und Aktivistin Parastou Forouhar engagiert sich für die Selbstbestimmung der Frauen in ihrer islamisch-konservativen Heimat – für die Ausstellung im Badischen Landesmuseum hat sie dazu eigens ein Kunstwerk geschaffen Bild: Parastou Forouhar

Nicht etwa um aufgespießte tote Insekten, sondern um den Schmetterling als beliebtes Jugendstil-Ornament geht es in der Ausstellung „Schmetterling erbeutet!“, die noch bis zum 19. März zu erleben ist. Diese Tiere inspirierten die aus dem Iran kommende Künstlerin Parastou Forouhar zu ebenso schönen wie beunruhigenden Kunstwerken. Eigens für diese Ausstellung schuf die international bekannte Konzeptkünstlerin die Installation „Die Schmetterlinge“, deren Flügel von den Gräueltaten des iranischen Regimes gegen die eigene Bevölkerung erzählen.

Ab dem 17. Juni geht es dann mit der großen Sonderausstellung „Die 80er!“ zurück in das Jahrzehnt, in dem die Mode um Schößchen und Schulterpolster bereichert, die politische Debatte vom Waldsterben dominiert, das Privatfernsehen eingeführt sowie der Gameboy erfunden wurde – und Nena ließ ihre „99 Luftballons“ gegen den befürchteten Atomkrieg aufsteigen. Man trug Föhnfrisur und drehte am Zauberwürfel. Zwischen Katastrophenängsten und großen Friedensdemonstrationen gab es aber auch Punk und Party. Das wilde, bunte Jahrzehnt ging mit einem historischen Glücksfall zu Ende, mit dem kaum jemand gerechnet hatte: dem Mauerfall und der deutschen Wiedervereinigung. Keine Frage, die 80er haben eine eigene Ausstellung verdient.

Badisches Landesmuseum, 76131 Schloss, Tel. 926-65 14, landesmuseum.de, Di-Do 10-17h, Fr-So 10-18h, Eintritt Sammlung 8€, ermäßigt 6€, Kinder frei, Fr ab 14h freier Eintritt für alle

NATURKUNDEMUSEUM

Noch bis zum 10. September ist das Naturkundemuseum „Von Sinnen“. Allerdings nicht so, wie man diese Redewendung gewöhnlich versteht. Die gleichnamige große Sonderausstellung des Landes befasst sich mit Fragen rund um die Wahrnehmung, etwa: Wie viele und welche Sinne gibt es in der Welt der Lebewesen eigentlich? Wie und womit nehmen Tiere und Pflanzen ihre Umgebung wahr? Dabei gibt es vieles zu entdecken, das weit über das menschliche Wahrnehmungsvermögen hinaus reicht. Fledermäuse orientieren sich zum Beispiel per Ultraschall, während Zugvögel hierfür das Magnetfeld der Erde nutzen. Und manche Pflanzen haben spezielle Lichtsensoren entwickelt, mit denen sie die Tageslänge messen, damit sie wissen, wann sie austreiben oder sich auf den Herbst vorbereiten sollen.

Im ersten Teil der Ausstellung kann man unterschiedliche Arten erleben, die Welt sinnlich wahrzunehmen, unter anderem den Tastsinn, Hörsinn, Geruchs- und Geschmackssinn, Sehsinn, Wärmesinn, Magnetsinn sowie den sogenannten Elektrosinn. Anschließend spürt das Museum der Frage nach, wo im Tier- und Pflanzenreich diese Wahrnehmungsformen überall zum Einsatz kommen – etwa bei der Orientierung, bei der Partnerwahl, der Kommunikation oder der Nahrungssuche. Besucher können in diesem Bereich der Ausstellung die eigenen Sinne an Hör-, Riech- und Taststationen testen und dabei nachempfinden, wie andere Lebewesen ihre Umwelt wahrnehmen. Der aktuelle Stand der Wissenschaft wird in Grafiken und Modellen anschaulich aufbereitet, aber auch die eigene Fantasie ist gefragt: An mehreren Stationen animiert die Schau dazu, nachzudenken, welche tierischen oder pflanzlichen Sinne man selbst gerne hätte.

Sicher wird man die Tiere und Pflanzen der Dauerausstellungen im Naturkundemuseum danach mit völlig anderen Augen betrachten und das Leben in den dortigen Aquarien, Terrarien, Paludarien und Vivarien mit geschärften Sinnen wahrnehmen.

Naturkundemuseum Karlsruhe,
76133 Erbprinzenstr. 13, Tel. 175-21 11,
naturkundemuseum-karlsruhe.de,
Di-Fr 9.30-17h, Sa+So 10-18h,
Dauerausstellung 5€, ermäßigt 3€,
Kinder bis 18 Jahre frei (vorläufig bis
14. Mai), Freitag ab 13h (außer feiertags)
freier Eintritt in die Dauerausstellung

„Von Sinnen" sind Angreifer schnell, wenn ihnen der Anden-Skunk eine stinkende Flüssigkeit entgegenspritzt – noch mehr Sinnreiches aus der Tier- und Pflanzenwelt erfährt man in einer Sonderausstellung des Naturkundemuseums Foto: SMNK

STÄDTISCHE GALERIE

Rund 20.000 Werke von der Romantik bis zur Gegenwart umfasst die umfangreiche Sammlung der Städtischen Galerie, die immer wieder neu kuratiert und unter wechselnden Blickwinkeln beleuchtet wird. Nicht nur Strömungen und Stilumbrüche in der Kunst des 19., 20. und 21. Jahrhunderts lassen sich in ihr ablesen, die Einblicke in das Leben der Künstlerinnen und Künstler machen auch die großen Zäsuren der deutschen Geschichte deutlich. Viele der ausgestellten Kunstschaffenden haben einen Bezug zu Karlsruhe, zum Beispiel als ehemalige Studierende oder Lehrende der hiesigen Kunstakademie.

Mit der Ausstellung „Update! Die Sammlung neu sichten" will sich die Städtische Galerie konzeptionell neu aufstellen und spielt gedanklich mit möglichen zukünftigen Ausrichtungen ihrer Sammlung. Über hundert Arbeiten von so bedeutenden Künstlerinnen und Künstlern wie Gerhard Richter, Günther Förg, Hanna Nagel, Rosemarie Trockel, Friedrich Kallmorgen oder Ulla von Brandenburg zeigen ein breites Spektrum von Malerei, Skulptur, Grafik, Fotografie und Video.

Im ersten Stock werden Werke aus dem Bestand der Städtischen Galerie und die Arbeiten der bedeutenden Sammlung Garnatz gezeigt, sortiert nach thematischen Schwerpunkten wie „Identität", „Mobilität", „Reisen & Migration", „Natur und Landschaft" oder „Gender" – historische Werke wie ein Selbstbildnis Rembrandts treffen hier auf Gegenwartskunst. Im zweiten Stock lässt sich die Geschichte der 1981 gegründeten Galerie und ihrer Sammlung verfolgen, deren Ursprünge ins 19. Jahrhundert zurückreichen.

Die Schau „Neubeginn. Künstlerinnen und ihr Werk nach 1945" stellt Frauen in den Mittelpunkt, die bis 1933 mit ihrer künstlerischen Tätigkeit Anerkennung fanden, dann aber, weil sie Jüdinnen waren oder ihr Werk als entartet galt, bis

zum Kriegsende keine Möglichkeit mehr bekamen, ihren Lebensunterhalt mit ihrer Kunst zu bestreiten. Malerinnen und Grafikerinnen wie Hannah Höch, Louise Rösler, Grethe Jürgens oder Jeanne Mammen wurden bisher den 1920er und 1930er Jahren zugeordnet, obwohl sie ein umfangreiches Nachkriegswerk hinterlassen haben. Dieses kann ab dem 28. Oktober in der Städtischen Galerie entdeckt werden.

Die 1983 in Schwäbisch Gmünd geborene Helen Feifel zog es nach dem Kunststudium in Karlsruhe nach Berlin. Ihre großformatigen Arbeiten finden für ihre intensiven Farben und eigenwilligen Kompositionen zwischen Abstraktion und Gegenständlichkeit Anerkennung. Für die Ausstellung „Helen Feifel. the body and its powers“ kehrt sie nach Karlsruhe zurück, unter anderem mit einer eigens für die Schau in der Städtischen Galerie geschaffenen neuen Rauminstallation. Bis zum 16. April kann man ihre Arbeiten kennenlernen, in denen sich Bezüge zu abstrakter Malerei, Fotografie und Bildhauerei ebenso erkennen lassen wie zu Body Art und Performance.

Für die Ausstellung „Drawing Rooms“ stellt die Städtische Galerie mehr als 300 Zeichnungen des niederländischen Gegenwartskünstlers Marcel van Eeden (links) dem eigenen weltweit größten Werkbestand Karl Hubbuchs gegenüber
Bild links: Städtische Galerie Karlsruhe, Bild rechts: © Karl-Hubbuch-Stiftung/ Städtische Galerie Karlsruhe 2022

Vergangenheit und Gegenwart treffen in „Drawing Rooms“ aufeinander. Noch bis zum 12. Februar treten Zeichnungen des 1979 verstorbenen Karl Hubbuch in einen spannenden Dialog mit den fantasievollen, witzigen Zeichnungen des 1965 geborenen Marcel van Eeden. Beide waren beziehungsweise sind Professoren an der Karlsruher Kunstakademie und Meister darin, mit feinen Strichen einen spontanen Ausdruck einzufangen oder ganze Geschichten zu erzählen.

Zur Kultur des Hauses gehört die Förderung von Künstlerinnen und Künstlern durch Preisverleihungen und Ausstellungen. Vom 29. Juli bis zum 8. Oktober werden die Arbeiten des bis dahin noch zu kürenden Gewinners des Kunstpreises der Werner-Stober-Stiftung gezeigt. In diesem Jahr wird zudem der alle zwei Jahre verliehene Hanna-Nagel-Preis vergeben, der sich an zeitgenössische Künstlerinnen richtet, die älter als 40 Jahre sind und im Regierungsbezirk Karlsruhe leben. Die Ausstellung zu dieser Preisverleihung wird am 28. Oktober eröffnet.

Städtische Galerie Karlsruhe,
76135 Lorenzstr. 27, Tel. 133-44 01,
galerie.karlsruhe.de, Mi-Fr 10-18h,
Sa+So 11-18h, Eintritt 3€, ermäßigt 2€,
Fr ab 14h freier Eintritt

STADTMUSEUM UND PFINZGAUMUSEUM

Im Prinz-Max-Palais, einst fürstlicher Wohnsitz, heute Heimat des Karlsruher Stadtmuseums, steht bis zum 2. April der Rhein im Mittelpunkt, genauer gesagt, die Beziehung hier lebender Menschen zu dem Strom, der unsere Stadt im doppelten Wortsinn tangiert. In der Schau „Stadt, Mensch, Fluss“ werden 22 Persönlichkeiten vorgestellt, für die der Rhein eine wichtige Rolle in ihrem Leben spielte oder noch immer spielt – als Arbeitsplatz, als Naherholungsraum, als Sportplatz oder als künstlerische Inspirationsquelle. Dabei

kommen historische Personen ebenso zur Sprache wie noch heute lebende Menschen. Manche lernten im Rhein schwimmen, andere erlebten Ausflugsfahrten mit dem Schiff oder gewannen eine Olympia-Medaille wie Michael Schwan und Wolfgang Hottenrott. Die beiden Mitglieder des Rheinklubs Alemannia gewannen 1964 in Tokjo Bronze im Rennzweier. Ihr damaliges Rennruderboot „Tokyo“ wurde für die Ausstellung restauriert und ist dort nun in seiner ganzen Länge von stattlichen zehn Metern zu sehen, zusammen mit der Urkunde zur olympischen Medaille.

In der Mitmachstation „Mein Rhein“ kann jeder selbst berichten, was der Rhein für ihn persönlich bedeutet. So wie die Ausstellung „Rheingold“ im Badischen Landesmuseum gehört auch „Stadt, Mensch, Fluss“ zur grenzüberschreitenden Ausstellungsreihe „Der Rhein“ des „Netzwerks Museen“ mit insgesamt 38 Ausstellungen.

Hochbetrieb im Rheinstrandbad Rappenwört im Juli 1969 – auch im Stadtmuseum steht der Rhein im Mittelpunkt einer Ausstellung, gemeinsam mit 22 Menschen aus unserer Region, die an, mit und von dem Fluss leben
Foto: StadtAK 8_BA_Schlesiger_A18_07_7_16

Den Charme des einstigen Durlachs beschwört noch bis zum 28. Mai das Pfinzgaumuseum mit der Sonderausstellung „Inspiration vor der Haustür. Durlach im Werk von Alfred Siekiersky“ herauf. Der Künstler wurde 1911 in Durlach geboren, studierte an der Karlsruher Akademie der Bildenden Künste bei Wilhelm Schnarrenberger beziehungsweise Karl Hubbuch und anschließend Architektur in Berlin. Hauptberuflich arbeitete Siekiersky nach dem Krieg im Karlsruher Hochbauamt und war unter anderem für den Wiederaufbau des Naturkundemuseums am Friedrichsplatz zuständig. In seiner Malerei liegt der Schwerpunkt auf Landschaften. In seinen Gemälden, Aquarellen, Zeichnungen und Radierungen fing Siekiersky die stillen Winkel seines Heimatortes Durlach ein, meist romantisch dargestellt, frei von Autos und Straßenbahnen.

Ein Rundgang durch die Dauerausstellung in der barocken Karlsburg vermittelt darüber hinaus einen umfassenden Einblick in die Geschichte Durlachs, das von 1565 bis 1718 Residenz der Markgrafen von Baden-Durlach war.

Stadtmuseum, 76133 Karlstr. 10 (Prinz-Max-Palais), Tel. 133-42 31, karlsruhe.de/stadtmuseum, Di+Fr 10-18h, Do 10-19h, Sa 14-18h, So 11-18h, Eintritt nur für Sonderausstellungen

Pfinzgaumuseum, 76227 Pfinztalstr. 9 (Karlsburg Durlach), Tel. 133-42 17, karlsruhe.de/pfinzgaumuseum, Mi 10-18h, Sa 14-18h, So 11-18h, Eintritt nur für Sonderausstellungen

ZKM | ZENTRUM FÜR KUNST UND MEDIEN KARLSRUHE

Am ZKM geht eine Ära zu Ende: Peter Weibel, der langjährige Vorstand des Hauses, geht in den Ruhestand – wer ihn kennt, weiß, dass es ein Un-Ruhestand sein wird, erfüllt mit Ausstellungen, Forschung und Lehre. Seit 1999 prägte Weibel das ZKM, das sich zu einer weltweit führenden Institution im Bereich Medienkunst entwi-

ckelt hat. Zum 1. April übernimmt der Brite Alistair Hudson diese Funktion und damit die wissenschaftlich-künstlerische Leitung, Hudson gilt als erfahrener, international tätiger Kurator und Museumsleiter und ist seit 2018 unter anderem Direktor der Manchester Art Gallery.

Das ZKM zeigt die erste umfassende Einzelausstellung der koreanisch-französischen Künstlerin Soun-Gui Kim in Europa mit Werken von den 1970ern (im Bild: „Situation plastique III – Octobre à Bordeaux") bis in die Gegenwart © Soun-Gui Kim

Das Programm 2023 geht noch auf Peter Weibel zurück. Als letztes großes Ausstellungsvorhaben unter seiner Leitung wird am 24. März die umfassende Schau „Renaissance 3.0" eröffnet, in der es um neue Verbindungen zwischen Kunst und Wissenschaft geht. Bis zum 8. Oktober spannt die Schau einen thematischen Bogen von der arabischen Wissenschaft des Mittelalters und der italienischen Renaissance, in der Universalgenies wie Michelangelo und Leonardo da Vinci wirkten, bis in die Gegenwart. Kunstschaffende arbeiten heute in Labs, kooperieren auf vielfältige Weise mit der Wissenschaft und nutzen vergleichbare Werkzeuge und Methoden.

Neben dem Schwerpunkt der Verwissenschaftlichung der Kunst zieht sich die Reihe „Female Perspectives" als zweiter roter Faden durchs Jahr. In vier Einzelausstellungen präsentiert das ZKM Künstlerinnen, die zu den Pionierinnen in Sachen Medienkunst gehören. Noch bis 5. Februar ist das Werk der französisch-koreanischen Künstlerin Soun-Gui Kim zu sehen, die sich souverän zwischen Europa und Fernost bewegt. Ihre Kunst reicht von Fotografien über Performances bis hin zu Videoarbeiten und Multimedia Art, ihre Inspiration holt sie sich unter anderem aus der Philosophie und der Literatur. So bezieht sich der Titel der Ausstellung „Lazy Clouds“ auf ein Gedicht der Künstlerin. Das ZKM schreibt hierzu: „Wie die Wolken, die am Himmel vollkommen frei stets neue Formen finden, widmet sich Soun-Gui Kim ihrer Kunst fernab von vorgegebenen Mustern und Konventionen.“

Die Niederländerin Marijke von Warmerdam dreht kurze Filmschleifen, in denen sie die Poesie eines Augenblicks, den Zauber eines Motivs einfängt. Das kann ein Hut sein, der im Wind tanzt, oder ein roter Koffer, der einen verschneiten Berghang herunterrutscht. In der Schau „Then, now, and then“ werden – ebenfalls bis 5. Februar – 14 Filme gezeigt, die van Warmerdam während ihrer Aufenthalte in der italienischen Hauptstadt gedreht hat. Sie spielt darin mit der barocken Historie Roms, mit der damaligen Architektur und den Menschen von heute.

Vom 28. Januar bis zum 23. April wird die Reihe „Female Perspectives“ fortgesetzt mit „Analívia Cordeiro. From Body to Code“. Die brasilianische Künstlerin, Tänzerin und Choreografin schuf 1973 das erste Videokunstwerk in Südamerika. „M 3x3“ gilt zugleich als erste Tanzchoreografie, die speziell für Video kreiert wurde. Das ZKM schafft in der Retrospektive

einen Überblick über das Gesamtwerk Cordeiros, von ihren „Computertänzen" und Videoperformances der 70er/80er Jahre bis zu ihren heutigen Arbeiten.

Auch Ulrike Rosenbach hat in den 1970ern mit dem damals neuen Medium Video experimentiert. Ihre Themen haben nichts an Aktualität verloren, es geht um weibliche Identität, geschlechtsspezifische Rollenzuschreibungen und die Beziehung von Mensch und Natur. Rosenbach arbeitet mit Medieninstallationen, Videos, Performances, Fotos und Zeichnungen. Die Schau „Heute ist Morgen" eröffnet am 3. Juni und markiert am 12. November das Finale der „Female Perspectives".

Kann man vergangene Ausstellungen digital wiederbeleben? Dieser Frage geht die Ausstellung „Matter, Non-Matter,

„Spaces of Life« befasst sich im ZKM mit dem Werk des 1971 in Karlsruhe geborenen Architekten Ole Scheeren, der in Peking ein spektakuläres Gebäude für den Fernsehsender CCTV geschaffen hat

Anti-Matter" bis zum 23. April nach. Gemeinsam mit dem Centre Pompidou in Paris erforscht das ZKM im Rahmen des mehrjährigen Projekts „Beyond Matter" anhand der wegweisenden Ausstellungen „Les Immatériaux", die im Centre Pompidou im Jahr 1985 stattfand, und „Iconoclash", die im ZKM im Jahr 2002 realisiert wurde, wie mit Hilfe digitaler Technologien kuratorische Konzepte in die Gegenwart übersetzt werden können.

Wenn man Ole Scheerens fantastische Architektur sieht, fragt man sich, wo die Grenze zwischen Gebäude und Kunst verläuft. Der deutsche Architekt, der unter anderem in Karlsruhe studiert hat, ist international bekannt für innovative Entwürfe. In der Schau „Ole Scheeren: Spaces of Life" lässt sich bis zum 4. Juni ein Blick auf ultramodernes Wohnen und Arbeiten werfen. Scheerens Wohnanlagen können halbrund verlaufen, aus mehreren Würfeln zusammengesetzt sein, die in verschiedene Richtungen ausgerichtet sind, oder auch wie eine ins Überdimensionale gesteigerte Skulptur wirken. Nicht umsonst nennt man Scheeren den „Herrn der Türme".

Ressourcenverbrauch, Erhaltung der Umwelt, nachhaltiges Zusammenleben: Das ZKM widmet sich zentralen Themen unserer Zeit. Dafür schlägt man Brücken zwischen Wissenschaft, Technologie und Kunst. In einem interdisziplinären Projekt entstanden sieben Modelle für eine ökosoziale Zukunft, die vom 25. März bis zum 8. Oktober parallel zur Ausstellung „Renaissance 3.0" unter dem Titel „Driving the Human – sieben Prototypen für ökosoziale Erneuerung" vorgestellt werden.

ZKM, 76135 Lorenzstr. 19,
Tel. 81 00-0, zkm.de, Mi-Fr 10-18h,
Sa+So 11-18h, Eintritt 7€, ermäßigt 5€,
Fr ab 14h freier Eintritt

MUSEUM ETTLINGEN

Bereits zur Steinzeit war das Gebiet um Ettlingen besiedelt und auch die Römer fühlten sich hier wohl. Als der Ort im Jahr

Adolf Mahls historische Stadtansichten Ettlingens wie dieses 1936 gemalte Bild mit der Kirche St. Martin zeigt das Museum Ettlingen in seiner Schau „Die gute alte Zeit“
Foto: Museum Ettlingen

1200 das Stadtrecht erhielt, hieß er noch Ediningom. Von der langen Geschichte der Stadt an der Alb erzählt die archäologische Sammlung des Museums Ettlingen im barocken Ettlinger Schloss, in dessen oberen Salons die Pracht besticht, mit der Markgräfin Sibylla Augusta ihre Räume zu Beginn des 18. Jahrhunderts ausstatten ließ. In Führungen durch das Schloss und die Stadt kann man in die verschiedenen Epochen eintauchen.

In der Vergangenheit schwelgen kann man bis zum 8. Februar auch noch in der Sonderausstellung „Die gute alte Zeit“. In historischen Stadtansichten aus dem 19. und 20. Jahrhundert entdeckt man Häuser, Plätze und Gassen Ettlingens, die teils längst verschwunden sind, während anderes im Zuge der Altstadtsanierung der 1970er und 1980er gerettet werden konnte.

Vor den pittoresken Motiven der Ettlinger Altstadt machen viele Menschen Selfies, die dann über Social Media mit zahlreichen Zeitgenossen geteilt werden. Vor langer Zeit waren diese Selbstinszenierungen deutlich aufwendiger, da musste man lange vor großen, auf Stative geschraubten Kameras stillhalten und noch länger dauerte diese Prozedur einst, wenn der Maler das Motiv mit Pinsel und Farbe auf die Leinwand bannte. In der Ausstellung „Schau mich an! Porträt – Image – Selfie“ geht es bis zum 28. Februar darum, die Geschichte der porträtierten Personen kennenzulernen. Einige von ihnen stellen sich dem Betrachter per QR-Code oder Textbüchlein vor und am Ende des Rundgangs laden fünf Szenerien dazu ein, selbst ein paar Selfies zu schießen.

Ganz besonders aufregende und auch tragische Biografien stehen im Mittelpunkt der Schau „Parallele Leben“. Es geht um Karl Albiker und Karl Hofer, die seit ihrer gemeinsamen Studienzeit Ende des 19. Jahrhunderts an der Karlsruher Kunstakademie befreundet waren. Beide gelangten in den 1920er Jahren als Künstler zu großer Anerkennung. Doch während der Bildhauer Karl Albiker die NS-Zeit unbeschadet überstand und 1961 mit 82 Jahren in Ettlingen starb, wurde der expressionistische Maler Karl Hofer als entarteter Künstler eingestuft und seiner Ämter enthoben. Auch die Scheidung von seiner langjährigen jüdischen Ehefrau Mathilde konnte Hofers Karriere nicht retten. 1943 fiel zudem fast sein gesamtes bisheriges Werk einem Bombenangriff zum Opfer. In der Ausstellung werden die Gemälde, Grafiken und Objekte beider Künstler durch Briefe und Dokumente in einen persönlichen Kontext gestellt. Darüber hinaus holt man die beiden Ehefrauen aus dem Schatten – Helene Albiker-Klingenstein war selbst Malerin, Mathilde Hofer, kurz Thilde genannt, gab ihre Karriere als Opernsängerin für ihre Familie auf. Bis Jahresende sind diese vier so ungleichen „parallelen Leben" zu verfolgen.

In der Kinderkunstschule des Museums gibt es eine Vielfalt an Kursen, in denen Kinder mit den unterschiedlichsten Materialien wie Farben, Gips, Draht und Ton kreativ werden können. Für Kindergeburtstage bietet das Museum zudem spannende Entdeckungsreisen durch das Schloss, eine Spurensuche in der archäologischen Abteilung und einen „Schlosskrimi" an.

Museum Ettlingen, Schlossplatz 3, 76275 Ettlingen, Tel. 07243/101-273, museum-ettlingen.de, September bis April: Mi–So 11–18h, Mai bis August: Mi–So 13–18h, Eintritt 3€, ermäßigt 2€, Kinder bis 12 Jahre frei, Fr ab 14h freier Eintritt für alle

SCHMUCKMUSEUM PFORZHEIM

Ist das noch Schmuck oder schon Kunst? Handelt es sich um tragbare Ins-

Wo hört der Nutzen auf und wo beginnt das Spiel jenseits der Funktion? Das fragt das Schmuckmuseum Pforzheim in seiner Ausstellung über „Gerät und Schmuck am Rande der Vernunft" wie bei diesem Tafelsilber von David Clarke Foto: Schmuckmuseum Pforzheim

tallationen? Edle Steine funkeln hier nicht zwischen Gold und Silber, sondern auf Pappmaschee oder Kunstharz. Margit Jäschke nennt sich selbst treffend eine Wanderin zwischen den Kunstwelten. Sie erschafft nicht nur Ketten, Broschen oder Armbänder, sondern auch Zeichnungen, Bilder und Objekte. Die Grenzen hält sie fließend, so fungiert eine Zeichnung durchaus mal als Brosche. Eine Auswahl aus dem facettenreichen, 30 Jahre überspannenden Werk der preisgekrönten Künstlerin zeigt das Schmuckmuseum

Machen Sie jetzt bares Geld aus Ihrem Altgold und Silber
Schmuck
Barren
Münzen
Medaillen
Silberbesteck
Tafelsilber
Zahngold
u.v.m.
ESG Feingold Au 999,9 1oz
KRUGERRAND
www.Scheideanstalt.de
Über 250.000 zufriedene Kunden
Investieren Sie in Edelmetalle – Gold, Silber, Platin und Palladium
Münzen
Barren
CombiBars
Geschenkbarren
Schmuck
Recyclinggold
Naturgold
u.v.m.
www.Edelmetall-Handel.de
ESG
ESG Edelmetall-Service GmbH & Co. KG
Gewerbering 29b | 76287 Rheinstetten
Telefon 07242 95351-58 | Fax 07242 95351-29
info@scheideanstalt.de | www.Scheideanstalt.de

unter dem Titel „Margit Jäschke – Kairos" bis zum 16. April.

Indien – das einstige Juwel in der Krone des britischen Empires gehört zu den ältesten Kulturen der Welt. Bevor sich das Empire das große, schillernde, von krassen Gegensätzen geprägte Land im 19. Jahrhundert einverleibte, war eine aus Persien stammende Elite an der Macht: die Moguln. In der Blütezeit der Moguldynastie vom 16. bis 18. Jahrhundert entstanden unvergängliche Kunstwerke. Die Schau „Alter Mogulschmuck und Objets d'Art" entführt vom 21. Mai bis zum 10. September in eine Welt märchenhaften Reichtums und außergewöhnlicher Preziosen. Bis auf wenige Stücke sind sie erstmals öffentlich ausgestellt – der Großteil der Exponate stammt aus einer Privatsammlung.

Parallel wird am 21. Mai, dem Internationalen Museumstag, die außergewöhnliche Klanginstallation von Vanessa Tschentke eröffnet. „EinKlang" besteht aus drei Teilen, die auf die Idee zurückgehen, dass es neben dem Klang von außen auch einen Körperklang gibt, einen „Klang, der unseren Körper im Inneren bewegt", wie es die junge Künstlerin formuliert. Mundgeblasen und mit Wasser gefüllt sollen Resonanz-Glasobjekte wie kleine Verstärker am und mit dem Körper wirken. Ergänzt wird Vanessa Tschentkes „Klangkollektion" von einem begehbaren Klangraum, der sich wie ein Musikinstrument bespielen lässt.

In diese Reihe ungewöhnlicher Ausstellungen passt die Schau „Auf Abwegen – Gerät und Schmuck am Rande der Vernunft in der zeitgenössischen Gold- und Silberschmiedekunst", die am 6. Oktober eröffnet wird. Angesichts unendlicher Mengen von nach klassischen Traditionen gestaltetem Schmuck hinterfragen junge Schmuckkünstlerinnen und -künstler die bisher gültigen Maßstäbe, brechen gezielt mit goldenen Regeln und ästhetischen Normen. David Clarke beispielsweise schuf ein Tafelsilber, von dem sich nicht tafeln lässt: In seiner Arbeit „STASH" sind alle Schüsseln und Schalen bereits mit silbernen eiförmigen Gegenständen belegt. Der schwedische Künstler Nicolas Cheng hat sich unter anderem mit Türstoppern beschäftigt und mit „Animacy" eine begehbare Installation geschaffen, die die Besucher mit Lichteffekten überrascht.

Immer lohnend ist der Besuch der Dauerausstellung, in der wertvolle Schmuckstücke aus fünf Jahrtausenden von der Antike bis zur Gegenwart ihren Zauber entfalten.

Schmuckmuseum Pforzheim,
Jahnstr. 42, 75173 Pforzheim,
Tel. 07231/39-21 26,
schmuckmuseum.de, Di–So 10–17h,
Eintritt Dauerausstellung 4,50€,
ermäßigt 2,50€, Familien 7,50€,
Kinder bis 14 Jahre frei

Technisches Museum der Pforzheimer Schmuck- & Uhrenindustrie, Bleichstr. 81, 75173 Pforzheim, Tel. 07231/39-28 69, technisches-museum.de,
Mi–Sa 14–17h, So 12–17h, Eintritt 3€, kombiniert mit Schmuckmuseum 6€

SCHMUCKWELTEN PFORZHEIM

Markgraf Karl Friedrich von Baden legte einst den Grundstein für die weltweit bekannte Pforzheimer Schmuckindustrie, als er mit dem Edikt vom 6. April 1767 die Errichtung einer Taschenuhrenfabrik in einem Pforzheimer Waisenhaus im Gebäude des ehemaligen Dominikanerinnenklosters genehmigte. Im gleichen Jahr noch folgte die Erlaubnis zur Erweiterung in eine Schmuckfabrik. Pforzheim erlebte in der Folge eine wirtschaftliche Blüte als Schmuck- und Goldstadt.

Wer tief in die Materie Gold, Silber, Edelsteine und Perlen eintauchen will, ist in den Schmuckwelten Pforzheim am richtigen Ort. Goldig wird man bereits am Eingang empfangen, wo ein mit 22-karätigem Blattgold überzogener Porsche Boxter auf die Glitzerwelt im Gebäude einstimmt. In interaktiven Themenräumen können die Besucher zum Beispiel etwas über das Innere eines Diamanten erfahren und wen es angesichts einer ganzen Wand aus Goldbarren in den Fingern juckt, kein Problem: Die wertvollen und schweren Stücke darf man gern in die Hand nehmen. Besonders beeindruckende Steine finden sich im Untergeschoss, wo – inzwischen kostenlos – rund 4.000 Mineralienexponate bestaunt werden können.

Historische Maschinen erwarten den interessierten Schmuckliebhaber hingegen in der Gläsernen Manufaktur, die neben diesen geschichtsträchtigen Werkzeugen auch die modernen Techniken der Schmuckherstellung vorstellt. So zeigen

hier Goldschmiede vor den Augen der Besucher, wie Schmuck von Hand hergestellt wird, und formen Metall zu Ringen oder vergolden Schmuckstücke.

Wer selbst Hand anlegen will, bucht am besten einen der zahlreichen Workshops, bei denen die Teilnehmer zum Schmuckdesigner werden und unter Anleitung erfahrener Goldschmiede eigene Objekte schaffen können. Auch für Kinder von sechs bis zwölf Jahren gibt es Angebote: Aus Perlen, persönlichen Glückssteinen, Kupfer oder Emaille können sie individuelle Kreationen anfertigen. Ob diese dann ins eigene Schmuckkästchen wandern oder als einzigartiges Geschenk dienen, ist jedem selbst überlassen.

Natürlich kann man den ereignisreichen Tag in den Schmuckwelten Pforzheim noch bei einem Einkaufsbummel über zwei Etagen und mit mehr als 150 Schmuck- und Uhrenmarken ausklingen lassen.

Schmuckwelten Pforzheim,
Westliche Karl-Friedrich-Str. 56,
75172 Pforzheim, Tel. 07231/8 00 06-0,
schmuckwelten.de, Mo-Sa 10-19h

BRAHMSHAUS BADEN-BADEN

Ein Besuch in Baden-Baden ist immer auch ein Ausflug in die Vergangenheit. Es lockt eine historische Altstadt, die die beiden Weltkriege mit relativ geringen Schäden überstanden hat. Im 19. Jahrhundert erlebte die Kurstadt an der Oos ihre Hochblüte, als sich hier im Sommer regelmäßig die „High Society" traf. Nicht nur wegen des heißen Quellwassers, sondern auch, um im Casino zu spielen (wo etwa der russische Schriftsteller Fjodor Dostojewski große Verluste erlitt), in der Lichtentaler Allee zu flanieren und seine Bildung beim Kunstgenuss zu demonstrieren. Baden-Baden galt als „Salon Europas", in dem sich viele Künstler und Musiker trafen. Bis heute in Erinnerung sind die Treffen von Johannes Brahms und Clara Schumann. Die Pianistin und Komponistin war eine Seelenverwandte, wenn nicht gar die unerfüllte Liebe von Brahms. Er bezog von

Keine kunstvolle Collage, sondern abgekratzte Tapeten, die den Blick auf den allerersten Wandschmuck in dem 1790 erbauten Brahmshaus freigeben

1865 bis 1874 stets dieselbe Ferienwohnung in der Maximilianstr. 85. Das Haus blieb erhalten und gibt heute als „Museum im Brahmshaus“ spannende Einblicke in das Alltagsleben des Komponisten.

Die notwendige Renovierung des Erdgeschosses im Jahr 2022 machte viel Arbeit, förderte aber auch unerwartete Entdeckungen zutage. Um zwei neue Museumsräume, nämlich ein „Hörkino“ als Einführung in die Welt des Johannes Brahms und einen Raum zum Thema „Brahms und Baden-Baden“ einzurichten, wurden die alten Dielenböden freigelegt, die historischen Fenster renoviert, morsche Balken ausgetauscht und Tapeten entfernt. Dabei öffnete sich im wahrsten Sinn des Wortes ein Zeitfenster: Jede entfernte Tapete führte weiter zurück in die Vergangenheit bis hin zur allerersten Originaltapete, die im Brahmshaus hing. Und die Deckenrenovierung im Eingangsbereich brachte einen entzückenden Engel zum Vorschein, der inzwischen alle Besucher willkommen heißt.

Brahms’ 190. Geburtstag am 7. Mai kann im nun wunderschön restaurierten und inhaltlich erweiterten Museum gefeiert werden. Im „Hörkino“ können sich die Besucher Musikbeispiele und Erläuterungen zu Gemüte führen, die Prof. Dr. Wolfgang Sandberger, Leiter des Brahms-Instituts in Lübeck und Kurator der Ausstellung im Brahmshaus, ausgewählt und eingesprochen hat. Auch die Brahmstage mit Orchesterkonzerten und Kammermusik sollen voraussichtlich im Herbst wieder stattfinden.

Brahmsgesellschaft Baden-Baden e. V., Maximilianstr. 85, 76534 Baden-Baden, Tel. 07221/9 98 72, brahms-baden-baden.de, Eintritt 5€, Schüler und Studenten frei

Straußenwirtschaft, Pferdestall, Synagoge, Elektroladen – die Geschichte des „Salmen" in Offenburg ist reich an Wendungen. Heute ist es ein Kulturdenkmal, in dem 200 Jahre Demokratiegeschichte lebendig werden
Foto: Dimitri Dell

DER „SALMEN" IN OFFENBURG

Unsere Demokratie ist keine Selbstverständlichkeit, sie musste und muss mühsam erkämpft und immer wieder verteidigt werden. Wie sie entstand, lässt sich hautnah in der Gedenkstätte „Salmen" nachvollziehen. Der Name deutet schon den Ursprung des Gebäudes an, das 1787

erstmals als Wirtshaus im Offenburger Ratsprotokoll erwähnt wird.

Im Festsaal des Gasthauses „Zum Salmen" wurde ab 1822 getanzt, gefeiert, diskutiert und 1832 sogar der Offenburger Bürgermeister gewählt. Geschichtlich Bedeutungsvolles ereignete sich hier, als 1847 die badischen Revolutionäre Friedrich Hecker und Gustav Struve im „Salmen" die „13 Forderungen des Volkes in Baden" vortrugen. Demokratische Grundrechte wie persönliche Freiheit, Pressefreiheit, Lehr- und Versammlungsfreiheit wurden damals erstmals auf deutschem Boden eingefordert. Wie neu und aufregend das zu jener Zeit war, kann man in einem 270-Grad-Film im historischen Salmensaal verfolgen und für eine knappe halbe Stunde in die demokratische Aufbruchstimmung anno 1847 eintauchen.

Der Rundgang durch die Gedenkstätte führt unter anderem an den „Nachdenk-Fragen" vorbei, die die Besucher dazu anregen wollen, abzuwägen, welche Rechte ihnen persönlich wichtig sind, in welcher Staatsform sie gern leben möchten und was ihnen Freiheit bedeutet. Jeder kann dort seine persönliche Antwort an eine Wand heften und über die Meinungen anderer Besucher sinnieren.

Auch an das Schicksal der jüdischen Bürger Offenburgs erinnert der „Salmen". 1875 kaufte die jüdische Gemeinde das Gebäude und nutzte es als Synagoge – bis zur berüchtigten Pogromnacht am 9. November 1938. Ortsansässige Nationalsozialisten verwüsteten den Gebetsraum. Als man das Haus nach dem Krieg an die jüdische Gemeinde zurückgeben wollte, musste man feststellen, dass diese ausgelöscht war. Ein Elektrohandel zog ein, ein Symbol für das Wirtschaftswunder der 50er Jahre. Das offizielle Erinnern setzte erst später ein. Immerhin: Seit 2002 ist der „Salmen" ein Kulturdenkmal von nationaler Bedeutung. Und nachdem 2022 der Umbau abgeschlossen wurde, wird im „Salmen" nicht nur erinnert und zum Nach- und Mitdenken eingeladen, sondern auch Demokratie gelebt: Der Offenburger Gemeinderat tagt hier regelmäßig.

Der „Salmen", Lange Str. 52,
77652 Offenburg, Tel. 0781/82-27 01,
der-salmen.de, Di, Do, Fr 14-20h,
Sa+So 11-17h, Eintritt 7€, ermäßigt 5€,
Schüler 3,50€, Kinder bis 11 Jahre frei

HAMBACHER SCHLOSS

Seit am 27. Mai 1832 auf dem Hambacher Schloss das Hambacher Fest gefeiert wurde, gilt das historische Gemäuer als Wiege der deutschen Demokratie und gehört als lebendige Stätte deutscher und europäischer Demokratiegeschichte zu den bedeutendsten touristischen Zielen in Rheinland-Pfalz. Sein symbol- und beispielhafter Charakter für die Ideale und die Geschichte Europas wurde von der Europäischen Union mit dem Europäischen Kulturerbe-Siegel ausgezeichnet.

In der Dauerausstellung „Hinauf, hinauf zum Schloss!" vermitteln zahlreiche Exponate und Mitmachstationen die Ereignisse rund um das Hambacher Fest. Dabei rückt die regionale Verwurzelung des Festes genauso in den Fokus wie seine nationale und europäische Dimension. Unter dem Motto „Farbe bekennen!“ wird darüber hinaus ein thematischer Bogen vom Jahr 1832 bis in die Gegenwart geschlagen – interaktive Stationen zu Themen, die schon beim Hambacher Fest im Mittelpunkt standen, wie „Meinungs- und Pressefreiheit“, „Schwarz-Rot-Gold“ oder „Europa“, laden die Besucher dazu ein, mitzumachen, abzustimmen und den eigenen Bekennermut zu testen. Zudem werden im Schloss vielfältige Führungen und Workshops angeboten, während der Schlosspark und das Restaurant zum Genießen und Entspannen einladen.

Hambacher Schloss 1832, 67434 Neustadt,
Besucherservice (Mo-Fr 9-16h):
Tel. 06321/9 26 29-0,
hambacher-schloss.de,
Mai bis Oktober täglich 10-18h und
November bis April täglich 11-17h,
Eintritt 6,50€, ermäßigt 3€,
Familien 13€

MUSEUM HERXHEIM

Das idyllische Herxheim in der Pfalz hat eine lange Geschichte, die weit zurückreicht. Als fränkische Siedler im 6. Jahrhundert den Ort gründeten, ahnten sie nicht, dass schon Jahrtausende zuvor in der Jungsteinzeit Menschen hier ansässig gewesen waren. Erst beim Bau eines Gewerbegebiets in den 1990er Jahren wur-

den deren Spuren entdeckt. Mehr noch, die Anzahl der Schädelfunde übertraf die Zahl der Menschen, die in der Jungsteinzeit hier gelebt haben. Seitdem wird gerätselt und diskutiert, welchen Hintergrund diese steinzeitlichen Massengräber haben und weshalb die Knochen massive Spuren von Gewalteinwirkung aufweisen. Eine Theorie ist, dass es sich um ein kultisches Ritual gehandelt haben könnte, zu dem womöglich auch Kannibalismus gehört hat. Die Originalfunde bilden das Herzstück der archäologischen Abteilung des Museums Herxheim. Dargestellt wird zudem das Leben in der Jungsteinzeit. Was haben

Die Ausstellung „Veni, vidi, Playmobil" lädt im Museum Herxheim dazu ein, spielerisch das alltägliche Leben zur Römerzeit kennenzulernen Foto: Museum Herxheim

Das **Deutsche Musikautomaten-Museum** lädt zu einer Klangreise durch die Geschichte selbstspielender Musikinstrumente ein: eine Musik- und Mediengeschichte aus 350 Jahren.
Infos zu Führungen und Veranstaltungen:
Tel. 07251 742652, dmm@landesmuseum.de
www.landesmuseum.de, www.dmm-bruchsal.de

Schloss Bruchsal ist die älteste erhaltene fürstbischöfliche Residenz am Oberrhein. Begeben Sie sich auf eine Zeitreise und erfahren mehr über die Architektur und das höfische Leben des 18. und 19. Jahrhunderts,
Infos zu Führungen und Veranstaltungen:
Tel. 07251 742661, info@schloss-bruchsal.de,
www.schloss-bruchsal.de

Das **Städtische Museum** nimmt Sie mit auf einen Rundgang durch die Geschichte unserer Stadt und Region beginnend mit den ersten Spuren menschlicher Ansiedelung!
Infos zu Führungen und Veranstaltungen:
Tel. 07251 79 253, museum@bruchsal.de
www.bruchsal.de/staedtischesmuseum

Schloss Bruchsal, Di-So+Fei 10-17h, Schlossraum 4, 76646 Bruchsal, Tel. 07251/74 26 61

Bruchsal

Badisches Landes Museum

Deutsches Musikautomaten Museum Bruchsal

Baden-Württemberg

STAATLICHE SCHLÖSSER UND GÄRTEN

die Menschen vor rund 7.000 Jahren angebaut und gegessen? Emmer und Einkorn etwa wachsen auch im Museumsgarten.

Für heutige Verhältnisse war das Leben in der Frühzeit des Homo sapiens ungeheuer anstrengend. Lange vor der Steinzeit, nämlich etwa 40.000 Jahre vor Christus, herrschte ein völlig anderes Klima. Es war Eiszeit, dic Durchschnittstemperatur lag sechs Grad unter der heutigen und der Subkontinent Europa war damals eine Kältesteppe, über die Mammuts, Rentiere und Riesenhirsche zogen. Die Menschen haben es nicht nur geschafft, sich auf diese Situation einzustellen und zu überleben, Kunstwerke aus dieser Zeit künden darüber hinaus sogar von überraschender Kreativität und einer aufkeimenden kulturellen Vielfalt. Tier- und Menschenfigurinen, farbige Wandmalereien, Schmuck und Instrumente belegen, wie die Urzeitmenschen in der Eiszeit ihr Leben gestalteten. In der Sonderausstellung „Kunst und Lebenswelt der Eiszeit" präsentiert das Museum Herxheim bis zum 29. Januar Kunstwerke, Musikinstrumente und Schmuckstücke aus Deutschland, Frankreich, Österreich, Tschechien und Russland sowie Knochen und Schädel der bekanntesten Eiszeittiere. Besonders spannend sind die Hörbeispiele eiszeitlicher Klänge.

Mit der für Mai geplanten Eröffnung des Erlebnisarchivs mit seiner neuen Medienstation rückt die jüngere Geschichte Herxheims in den Fokus. Virtuell kann man die Herxheimer Hauptstraße entlangflanieren und sich über dortige Orte und ihre Geschichte informieren. Von Juni bis September lässt sich Herxheim zudem im Wandel der Zeiten betrachten. Zum 1.250-jährigen Bestehen der Stadt richtet der Heimatverein die Sonderausstellung „Überflogen – ein Dorf verändert sich" aus. In der Gegenüberstellung von Bildern aus den 50er Jahren und heute werden die Veränderungen der letzten Jahrzehnte deutlich.

Im Spätjahr lockt dann ein Ausflug in das Leben der Römerzeit und der Welt von Playmobil. „Veni, vidi, Playmobil" musste zuletzt wegen Corona nach nur einem Monat geschlossen werden. In der Zwischenzeit hat Ausstellungsmacher Peter Linn die Schau noch erweitert. Seine handgefertigten Bauten nach antiken Vorbildern sind der Hintergrund für die Playmobilfiguren in Toga, Tunika und Soldatenmontur, die das Leben in der römischen Provinz darstellen. Hier wird gewoben und getöpfert, gehandelt und in Tempeln gebetet – und wer sich über einen anderen sehr geärgert hatte, konnte ihn verfluchen lassen. Die gemeinsam mit dem Stadtmuseum Bad Dürkheim entwickelte Schau ist wissenschaftlich fundiert, vor allem aber ein großer Spaß für Besucher jeden Alters.

Museum Herxheim, Untere Hauptstr. 153, 76863 Herxheim, Tel. 07276/50 24 77, museum-herxheim.de, Do+Fr 14–19h, Sa+So 11–18h, Eintritt 4,50€, ermäßigt 3,50€, Familien 12€, Kinder bis 6 Jahre frei

VILLA STRECCIUS LANDAU

1892 ließ sich der Notar Heinrich Streccius eine der schönsten Villen im pfälzischen Landau erbauen – heute residiert in dem eleganten Gebäude die Kunst. Die Kulturabteilung der Stadt und der Kunstverein Villa Streccius veranstalten im Wechsel mehrere Ausstellungen im Jahr, der Schwerpunkt liegt dabei auf zeitgenössischer Kunst.

Im Frühjahr bespielt die Kulturabteilung das Haus mit Doppelausstellungen jeweils zweier Künstlerinnen: Unter dem Motto „Fülle & Vielfalt" zeigen Ulrike Donié (Malerei und Skulptur) sowie Anja Schindler (Installation) ihre organisch anmutenden, von der Natur inspirierten Werke vom 28. Januar bis zum 15. März, darauf folgt vom 18. März bis zum 30. April „wachsen werden". Hinter dem Titel verbergen sich die für ihre eigenwilligen Frauenköpfe bekannte Malerin Marlis Albrecht und die Bildhauerin Beate Leinmüller, die sich thematisch häufig mit Körpern befasst – seien es Frauenkörper oder vasenartige Gebilde –, und leidenschaftlich gern mit dem Material Holz arbeitet.

Der Kunstverein Villa Streccius nimmt darüber hinaus teil am diesjährigen Kultursommer Rheinland-Pfalz, der vom 12. bis 14. Mai in Trier eröffnet wird und bis in den Herbst hineinreicht. „Kompass Europa westwärts" lautet das Motto 2023. Von der Pfalz aus nach Westen gewandt gelangt man ins Saarland und nach Luxemburg. Von dort stammen die jungen Künstlerinnen und Künstler, die

unter dem Titel „Grenzbefreit – sans frontières“ ihre Werke vorstellen, von Fotografien und Installationen bis hin zu Malerei und Skulptur. Helena Strauß etwa dokumentiert in Fotografien, wie die Besucher der höchsten Bergehalde des Saarlands diesen besonderen Ort und das auf der Haldenspitze aufgestellte „Saarpolygon“ erleben und mit ihm interagieren. Die Fotokünstlerin Heidrun Stern, ebenfalls aus dem Saarland, erkundet mit Hilfe von Zeitraffern oder Dauerbelichtungen die Verbindung und die Grenzen zwischen Kunst und Naturwissenschaft. Ann-Kathrin Krächan, die Dritte im Bunde der Saarländerinnen, malt faszinierende

In einem Fotoprojekt befasst sich die Künstlerin Helena Strauß mit dem „Saarpolygon“ – ihre Arbeiten sind ebenso in der Villa Streccius ausgestellt wie die rätselhaft inszenierten Bildmotive des Kaiserslauterer Fotografen Thomas Brenner

Fotos: Helena Strauß (li.), Thomas Brenner (re.)

Bilder mit einem traditionellen fernöstlichen Lack namens Urushi.

Besonders stolz ist der Kunstverein darauf, die Gemälde der Luxemburger Künstlerin Tina Gillen zu präsentieren. Gillen vertrat ihr Land 2022 bei der renommierten Biennale in Venedig mit ihren klar gegenständlichen und doch rätselhaften Bildern. Warum steht das Haus auf dün-

Margit Jäschke – Kairos

Foto: Matthias Ritzmann | Gestaltung: L2M3.com

10.12.22 bis
16.04.23

Brosche HERBAREXEMPLAR
Kunststoff, Amethyst,
Prasiolith, Silber, Saphire
Margit Jäschke,
Halle an der Saale, 2020

schmuckmuseum
pforzheim
im reuchlinhaus

jahnstraße 42 d-75173 pforzheim
www.schmuckmuseum.de
tel +49(0)7231|39 21 26

öffnungszeiten:
di–so und feiertags 10.00–17.00 uhr
außer heiligabend und silvester

nen Stelzen? Was passiert in dem Teil des Pools, der jenseits des Rahmens liegt? Rheinland-Pfalz wird beim Kultursommer von dem Fotografen Thomas Brenner repräsentiert, der ebenfalls mit rätselhaften Elementen arbeitet – seltsame Rituale scheinen abzulaufen, oft im Dunkeln.

Städtische Galerie Villa Streccius,
Am Südring 20, 76829 Landau,
Di+Mi 17-20h, Do-So 14-17h,
Tel. 06341/13-41 11, villa-streccius.de

KAFFEEMÜHLENMUSEUM

Ob bunt oder in Schwarz-weiß, aus Porzellan, Messing, Zinn, handgeschnitzt aus Holz und mit Jagd- oder Liebesszenen – Kaffeemühlen gibt es in zahllosen Varianten. Davon kann man sich im Kaffeemühlenmuseum Wiernsheim überzeugen, das in einem ehemaligen Pfarrhaus von 1711 die ungeheure Vielfalt historischer Mühlen aus mehreren Jahrhunderten präsentiert.

Da man früher seine Kaffeebohnen zuhause noch selbst mahlen musste, waren Kaffeemühlen lange Zeit ein beliebtes Geschenk. Auch Rolf Scheuermann fand Gefallen an ihnen, als er eines Tages auf einem Flohmarkt eine Mühle aus den 1930er Jahren entdeckte. Von da an hatte ihn die Sammelleidenschaft gepackt. Heute bildet seine rund 1.000 Kaffeemühlen umfassende Sammlung, die er 2008 der Gemeinde Wiernsheim geschenkt hat, den Grundstock für die Ausstellung.

Früher in jedem Haushalt, heute ein Fall fürs Museum – über 1.000 Kaffeemühlen wie diese französische Sechseckmühle von 1880 zeigt das Kaffeemühlenmuseum Wiernsheim
Foto: Gemeinde Wiernsheim

Bei dieser Stückzahl ist es jedoch nicht geblieben. „Wir haben die zwei Coronajahre genutzt, um neue Vitrinen aufzubauen und die Ausstellung zu erneuern", berichtet Theresa Ostwald, die Leiterin des Kaffeemühlenmuseums. Dank der Unterstützung der Rolf-Scheuermann-Stiftung konnten unter anderem Mühlen aus den 1950er Jahren durch neu angekaufte Einzelstücke ersetzt werden. Je nach Alter und Zustand kann eine historische Kaffeemühle durchaus bis zu 6.000 Euro kosten.

Stolz ist Theresa Ostwald auf die moderne Präsentation. „Wir sind kein angestaubtes Heimatmuseum", versichert die Museumsleiterin, die seit der Museumsgründung 2008 dabei ist. Ihr Lieb-

lingsstück ist eine Hochzeitsmühle, die auf allen vier Seiten eine andere gemalte Szene eines verliebten Pärchens zeigt.

Wer sich Zeit für die zahlreichen Ausstellungsstücke nehmen und die Aura des liebevoll restaurierten und barrierefrei umgebauten Pfarrhauses aufsaugen möchte, könnte seinen Besuch auf den vierten Dienstag im Monat legen und ihn zwischen 9 und 12 Uhr mit einem stilvollen Frühstück im Kaffeemühlenmuseum verbinden – natürlich mit Kaffee aus frisch gemahlenen Bohnen.

Kaffeemühlenmuseum, Marktplatz 21,
75446 Wiernsheim, Tel. 07044/9156050,
kaffeemuehlenmuseum.de,
Di, Do, So 14–18h, Eintritt 2,50€,
Kinder unter 14 Jahren frei

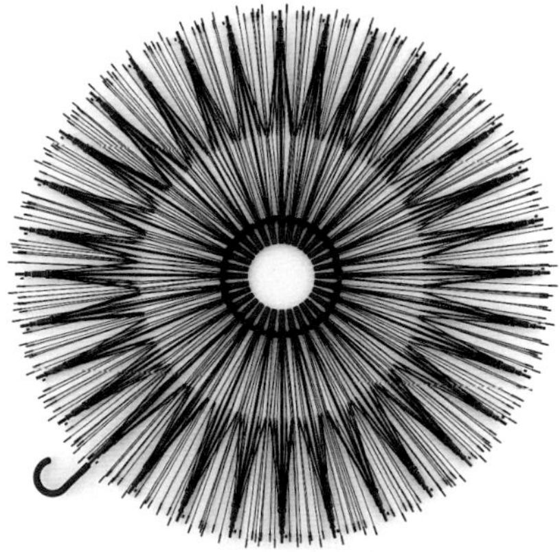

Erfrischend originell verfremdet Sakir Gökçebag Alltagsgegenstände wie diesen Regenschirm – im Museum Ritter sind seine Objekte noch bis Mitte April ausgestellt

MUSEUM RITTER

Eingebettet in eine herrliche Landschaft liegt am Zielpunkt der „Sculptoura", des Museumsradwegs von Grafenau-Dätzingen nach Waldenbuch, das Museum Ritter. Zu entdecken ist darin nicht nur die Firmengeschichte rund um die beliebten quadratischen Schokoladentafeln, sondern auch eine umfassende Kunstsammlung mit Werken des 20. und 21. Jahrhunderts, die Marli Hoppe-Ritter, Enkelin des „Ritter Sport"-Gründers Alfred Ritter, gezielt zusammengetragen hat. So ganz ohne Bezug zum Unternehmen kommt man hier aber doch nicht aus: Viele der rund 1.200 Gemälde, Objekte, Skulpturen und Grafiken drehen sich, wen wundert's, um die Form des Quadrats. Zweimal im Jahr rücken kuratierte Sonderausstellungen einzelne Aspekte der Sammlung ins Rampenlicht. Darüber hinaus werden jenseits der Sammlung auch einzelne Kunstschaffende in Sonderschauen vorgestellt.

Bis zum 16. April kann man in „Twists & Turns" die aus Fundstücken bestehenden Arbeiten von Şakir Gökçebağ entdecken. Der Künstler findet Ideen und Materialien für seine Arbeiten in Baumärkten, Haushaltswaren- und Bekleidungsgeschäften. Aus alltäglichen, banalen Dingen wie Lebensmitteln oder Klopapier zaubert Gökçebağ überraschend raffinierte, fast schon abstrakte, in jedem Fall aber

Badisches
Landes
Schloss
und Hof
Der Thronsaal – neu präsentiert
www.landesmuseum.de
Schloss
Karlsruhe
Museum
Baden-Württemberg
MINISTERIUM FÜR WISSENSCHAFT, FORSCHUNG UND KUNST

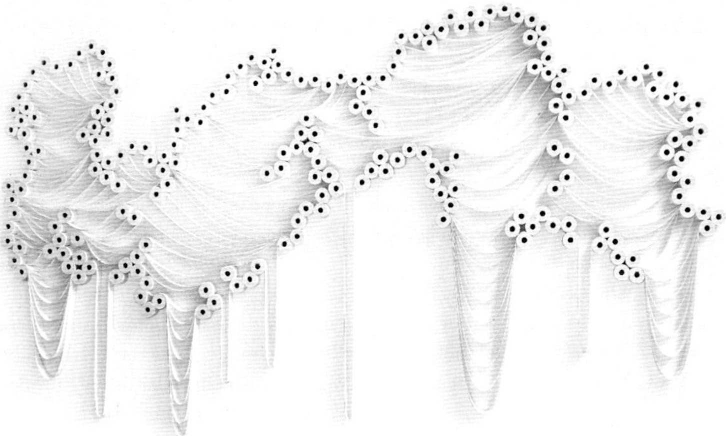

geometrische Kunstwerke. Hinter all der formalen Strenge blitzt der Humor des in der Türkei geborenen Künstlers durch – schaut da nicht vorwitzig der Griff eines Regenschirms aus der filigranen Kreisform heraus? Auf witzige Weise spielt der seit über 20 Jahren in Hamburg lebende Gökçebağ mit der Verwandlung scheinbar trivialer Dinge in bemerkenswerte Objekte.

Zeitgleich lernt man ebenfalls bis zum 16. April die Vertreter der abstrakten Moderne Italiens in der Sammlung Ritter kennen. Es geht um Geometrie, Mathematik, die Darstellung von Bewegungsabläufen. Alighiero Boetti etwa stickte quadratische Wort-Bilder, Marcello Morandini setzte in seinen schwarz-weißen Werken strenge Formen wie das Quadrat oder gerade Linien so geschickt ein, dass sie den Eindruck von Dynamik vermitteln und die Wahrnehmung des Betrachters verwirren.

Minimalismus vom Feinsten – selbst aus Toilettenpapier zaubert Sakir Gökçebag im Museum Ritter ein spannendes Wandobjekt
© VK Bild-Kunst, Bonn 2022, Foto: Sakir Gökçebag

Die über 60 ausgewählten Bilder, Objekte, Reliefs und kinetischen Arbeiten eröffnen einen spannenden Einblick in die italienische Kunst des 20. Jahrhunderts.

Museum Ritter, Alfred-Ritter-Str. 27, 71111 Waldenbuch, Tel. 07157/53 51 10, museum-ritter.de, Di–So 11–18h, Eintritt 6€, ermäßigt 4€, Kinder bis 18 Jahre frei

STÄDTISCHE GALERIE BIETIGHEIM-BISSINGEN

In der Altstadt, zwischen dem Hornmoldhaus und dem Bietigheimer Schloss, liegt die Städtische Galerie. Hinter der historischen Fachwerkfassade befindet sich ein modernes Museum, das dank des großzügigen Anbaus selbst für große Formate reichlich Platz bietet und darüber hinaus barrierefrei zugänglich ist.

Schwerpunkte der Sammlung wie auch der abwechslungsreichen Ausstellungen sind die Kunst der Gegenwart, die Klassische Moderne und – sozusagen die Spezialität des Hauses – die Kunst des Linolschnitts. Zu entdecken sind Linolschnitte von Pablo Picasso, August Macke, Gabriele Münter, Henri Matisse und anderen international bekannten Kunstschaffenden. Einen interessanten Einblick in diese außergewöhnliche Sammlung gibt die Studioausstellung „Linolschnitte des deutschen Expressionismus", die eine passende Ergänzung zur Schau „Avantgarde in den Niederlanden – die expressionistische Künstlergruppe De Ploeg" darstellt. Beide Ausstellungen sind noch bis zum 26. Februar zu sehen.

De Ploeg bedeutet übersetzt „der Pflug", die Gruppe wollte die künstlerische Landschaft der Stadt Groningen sozusagen neu bestellen. Es wurde nicht nur gemalt, geschaffen und ausgestellt, sondern das Publikum sollte auch durch Lesungen und Vorträge an die Moderne herangeführt werden. Die Mitglieder dieser Künstlergruppe standen in regem Austausch miteinander und porträtierten sich gegenseitig. In den Niederlanden ist „De Ploeg" so bekannt wie in Deutschland „Die Brücke". Dank einer Zusammenarbeit mit dem Groninger Museum kann die Städtische

Galerie mit über hundert Gemälden, Bildern und Skulpturen sowie Kunsthandwerk von insgesamt 15 Kunstschaffenden die gesamte künstlerische Bandbreite von „De Ploeg" in ihren Räumen abbilden.

Vom 18. März bis zum 18. Juni erlebt man in Bietigheim-Bissingen, was Patrizia und Dieter Kränzlein aus „Farbe – Stein – Papier" alles zaubern. Dieter Kränzlein erschafft Skulpturen, sein Lieblingsstein dafür ist der Muschelkalk, dessen Oberfläche er gern mit einer Flex bearbeitet, um den Kugeln, Quadraten, Zylindern und Ellipsen lebendige Strukturen zu verleihen. Zusätzlichen Ausdruck erhalten seine Arbeiten durch klare, kräftige Farben.

Kränzleins Tochter Patrizia hat für ihre Bilder in Schwarz, Weiß und Grautönen eine eigene Technik entwickelt. Auf ihre abstrakt-geometrischen Zeichnungen trägt sie Linolfarbe und Graphit mit der Walze auf und erweckt so den Eindruck räumlicher Tiefe. Zusätzlich arbeitet sie mit Fotopapier, das sie nur stellenweise belichtet. Im Ergebnis wirken diese kontrastreichen Fotogramme dreidimensional, als könne man hineingreifen oder sie aufklappen – eine raffiniert erzeugte Illusion.

Mit der Ausstellung „Avantgarde in den Niederlanden" stellt die Städtische Galerie Bietigheim-Bissingen die expressionistische Künstlergruppe „De Ploeg" vor, zu der auch der Maler Jan Wiegers gehörte
Foto: Marten de Leeuw

KLIMA
ARENA
DER KLIMA-ERLEBNISORT
Deine Zukunft
aktiv mitgestalten?
Erlebe,
was du
tun kannst.
www.klima-arena.de
Der Klima-Erlebnisort
in Sinsheim
Mit Themenpark,
E-Kartbahn
und Multimediakino
PARTNER
Volksbank
Kraichgau
pre
zero
GEFÖRDERT DURCH
Dietmar Hopp
Stiftung

Aus dem nahe bei Bietigheim-Bissingen liegenden Besigheim stammt der 2006 verstorbene Künstler Fred Stelzig. Zu seinem hundertsten Geburtstag präsentiert die Städtische Galerie bis 16. April eine Studioausstellung. „Freier Fall und ferner Stern" zeigt vor allem eine Auswahl der Landschaftsdarstellungen des reisefreudigen Künstlers. In Gemälden, Zeichnungen und Grafiken ist die Entwicklung seines Stils hin zu einer abstrahierten Formensprache nachvollziehbar.

Städtische Galerie Bietigheim-Bissingen, Hauptstr. 60-64, 74321 Bietigheim-Bissingen, Tel. 07142/74-483, galerie.bietigheim-bissingen.de, Di, Mi, Fr 14-18h, Do 14-20h, Sa, So und Fei 11-18h, Eintritt frei, außer „Avantgarde in den Niederlanden" (Eintritt 8€, ermäßigt 6€)

Alamannen, Franken, Römer, Ritter – das Gebiet, auf dem sich seit 1.234 Jahren die Stadt Bietigheim-Bissingen befindet, hat schon vieles erlebt. Im Hornmoldhaus wird diese Geschichte anschaulich aufbereitet
Foto: Stadtmuseum Bietigheim-Bissingen

HORNMOLDHAUS BIETIGHEIM-BISSINGEN

Schon das Gebäude an sich ist einen Besuch wert. Das nach seinem ersten Besitzer, dem wohlhabenden Vogt Sebastian Hornmold, benannte Hornmoldhaus strahlt die gediegene bürgerliche Pracht der Renaissance aus und gehört zum unverwechselbaren Bild der Bietigheimer Altstadt. Liebevoll restauriert wirkt der mehrstöckige Fachwerkbau bereits von außen eindrucksvoll, doch wirklich einzigartig sind die Malereien im Inneren, die weitgehend original erhalten sind

MUSEUMS PASS MUSEES
Endress+Hauser
15% RABATT MIT CODE KARL23
Entdecken Sie 345 Museen, Schlösser und Gärten in Deutschland, Frankreich und der Schweiz und genießen Sie das reiche kulturelle Angebot der Dreiländerregion.
345 MUSEEN SITES
1 PASS
www.museumspass.com
MUSEUMS PASS MUSEES
Angebot gültig vom 01.01.2023 bis 31.12.2023. Angebot gilt nur für Neukunden beim Kauf über den Onlineshop www.museumspass.com. Nicht kumulierbar mit anderen Vergünstigungen. Änderungen und Irrtümer vorbehalten.

und sämtliche Kriege, Brände und sonstigen Katastrophen der vergangenen knapp 500 Jahre überstanden haben. Die Bildsprache reicht von floralen, dekorativen Ranken bis zu Spottbildern auf den Katholizismus. Der im Jahr 1500 geborene und 81 Jahre später verstorbene Hornmold war eindeutig ein streitbarer Protestant.

Wie so manchem historischen Gebäude in den 1970er Jahren drohte auch dem Hornmoldhaus der Abriss. Nachdem das lange Zeit als Wohnhaus und Bäckerei genutzte Haus optisch gelitten hatte und baufällig war, sollte es der damals vorherrschenden Idee, alle Innenstädte autogerecht umzubauen, zum Opfer fallen. Der Plan war, es abzureißen, um einem Parkhaus oder wenigstens einem Anbau ans Rathaus Platz zu machen. Es ist dem ehemaligen Gymnasiallehrer Günther Bentele und seiner Bürgerinitiative zu verdanken, dass die Malereien wiederentdeckt wurden und das Hornmoldhaus saniert wurde.

Die abenteuerliche Spurensuche von Bentele und einem Restaurator in dem abgewohnten Haus kann man heute nacherleben, und zwar im Escape-Room „Rumpelkammer". Wer sich in den Raum begibt, reist zurück in die 70er Jahre und wird Teil der „Bürgerinitiative für eine humane Stadt". Da das Licht im damaligen Hornmoldhaus ausgefallen ist, begibt man sich mit einer Taschenlampe auf die Suche nach Hinweisen, die den historischen Bau retten können. Die Zeit drängt, in einer Stunde will der Gemeinderat die Entscheidung über Abriss oder Erhalt treffen. Verbirgt sich unter Bodenbrettern oder hinter dem Putz vielleicht etwas historisch Wertvolles?

Seit 1989 wird das sanierte Hornmoldhaus als Stadtmuseum genutzt. Die Ausstellung zur Geschichte Bietigheim-Bissingens und Umgebung von der Jungsteinzeit bis zum 20. Jahrhundert wurde in der Dauerausstellung um Modelle und Multimediastationen ergänzt. Einen dauerhaften Platz im Hornmoldhaus fand die außergewöhnliche Sammlung japanischer Kunst des Arztes Erwin von Baelz (1849-1913). Er war 29 Jahre lang Leibarzt des Tenno, des japanischen Gottkaisers, und wird im Land der aufgehenden Sonne bis heute verehrt.

Zusätzlich finden im Hornmoldhaus Wechselausstellungen statt. 2023 steht ein brandheißes Thema im Mittelpunkt: „Feuer. Segen und Fluch – Stadtbrände in Bietigheim" zeigt bis zum 17. September, wie schnell das Kochen und Heizen mit Holz in einer Stadt voller Fachwerkbauten zu einer Katastrophe führen konnte. Der letzte große Stadtbrand in Bietigheim vernichtete 1921 ein ganzes Viertel zwischen Rathaus und Stadtkirche.

Stadtmuseum Bietigheim-Bissingen
im Hornmoldhaus, Hauptstr. 57,
74321 Bietigheim-Bissingen,
Tel. 07142/74-362,
stadtmuseum.bietigheim-bissingen.de,
Di, Mi, Fr 13.45-17.45h,
Do 13.45-19.45h, Sa, So und feiertags
10.45-17.45h, Eintritt frei

In der Klima Arena Sinsheim können Jung und Alt auf spielerische und eindrückliche Weise alles über die Ursachen und Auswirkungen des Klimawandels sowie über mögliche Lösungsansätze erfahren
Foto: Klima Arena Sinsheim

KLIMA ARENA SINSHEIM

Seit 2018 rückte die Fridays-for-Future-Bewegung den Klimawandel mit ihren wöchentlichen Demonstrationen über Monate hinweg beharrlich ins öffentliche Bewusstsein, bis die Pandemie für eine lange Unterbrechung sorgte. Die Klimakrise nahm sich derweil keine Auszeit und tut dies ebenso wenig, während andere Katastrophen wie der Ukraine-Krieg die Schlagzeilen bestimmen. Viele Anregungen und Eindrücke für alle Altersklassen zu diesem wichtigen und herausfordernden Thema vermittelt die Klima Arena in Sinsheim mit spannenden Ausstellungen und abwechslungsreichen Mitmachstationen.

Auf rund 1.400 Quadratmetern informieren im Innenbereich vier Themenfelder über die Grundlagen des Klimawandels sowie den Einfluss der Bereiche Wohnen, Energie, Mobilität und Konsum. Dabei werden nicht nur Hintergründe veranschaulicht und fachlich fundiertes Wissen spielerisch mit interaktiven Exponaten aufbereitet, sondern auch Lösungen und Handlungsoptionen vorgestellt. Im Multimediakino können die Besucher vom Grundschulkind bis zum Erwachsenen überdies gleich zu zwei virtuellen Exkursionen aufbrechen. Zum einen in das Amazonasgebiet im Jahr 2100 und zum

anderen in das „Smart Grid“, das Energiesystem der Zukunft.

Auf der 14.000 Quadratmeter großen Außenfläche stehen thematisch der Einfluss des Menschen auf die Natur im Mittelpunkt und die Frage, inwieweit die Wirtschaft zur Klimakrise beiträgt. Darüber hinaus locken Spielplätze zum Toben und Hängematten zum Relaxen. Für alle, die es etwas rasanter mögen, bietet die E-Kartbahn actionreichen Spaß – allerdings nur, wenn man sich vorher die benötigte Energie erlaufen hat.

Die Klima Arena ermuntert ihre Besucher zum Nachdenken über die Rolle des Menschen beim Klimawandel und will unter dem Motto „Erlebe, was du tun kannst!“ positive Impulse für den Klimaschutz geben.

Klima Arena – Klimastiftung für Bürger, Dietmar-Hopp-Str. 6, 74889 Sinsheim, Tel. 07261/144-11 10, klima-arena.de, Mo–Fr 9–18h, Sa, So, Feiertage und Brückentage 10–18h (1. Oktober bis 31. März nur bis 17h), Eintritt 9,50€, ermäßigt 6€, Familien vergünstigt

KURPFÄLZISCHES MUSEUM HEIDELBERG

In bester Lage, mitten in der Fußgängerzone, steht das barocke Palais Morass. Schon das Gebäude selbst erzählt etwas über die Geschichte Heidelbergs und noch viel mehr das dort beheimatete Kurpfälzische Museum, das zudem über eine bedeutende Kunstsammlung verfügt. Das Interieur mit kostbaren Möbeln, Porzellan und

Gemälden vermittelt einen Eindruck vom Glanz vergangener Epochen.

Heidelbergs Geschichte reicht zurück bis in die Römerzeit, wie die archäologische Sammlung dokumentiert. Mehrfach wurde die Stadt am Neckar durch Ereignisse wie den Dreißigjährigen Krieg und den Pfälzischen Erbfolgekrieg verwüstet. Was an steinernen Zeugen davon übrig blieb, ist im Gewölbekeller zu sehen. Noch bis zum 29. Januar kann man das unzerstörte Heidelberg von 1620 in einer großen 3D-Rekonstruktion digital erleben. Die Installation ist Teil der Sonderausstellung „Krieg und Frieden. Konfliktarchäologie an Rhein und Neckar". Nicht nur im Langzeitgedächtnis der Menschen hallen Kriege lange nach. Im Boden finden sich Spuren von Kampf und Tod noch Jahrtausende später, wie unter anderem eine der ältesten Reiterfiguren nördlich der Alpen, ein keltischer Helm aus dem Altrhein sowie eine Auswahl des mehrere tausend archäologische Objekte umfassenden Heidelberger Tilly-Fundes belegen. Im Zweiten Weltkrieg hatte die weit über Europa hinaus bekannte Universitätsstadt Glück: Die Truppen aus den USA wollten sich dort niederlassen, also entging die Stadt den Bomben der Alliierten.

Einen Blick auf das Heidelberg der Wirtschaftswunderzeit wirft die Sonderausstellung „Heidelberg in den 50er Jahren – zwischen Neuanfang und Wirtschaftswundern" ab Oktober bis zum Februar 2024. Die Bilder des Heidelberger Fotografen Fritz Hartschuh lassen die

Werke von Henri de Toulouse-Lautrec, dem Begründer der Plakatkunst, und weiteren Malern vom Pariser Montmartre sind im Kurpfälzischen Museum Heidelberg zu bewundern © Musée d'Ixelles-Bruxelles/ Courtesy of Institut für Kulturaustausch, Tübingen

Ära von Petticoat und Rock 'n' Roll wieder aufleben. Das Kurpfälzische Museum beschränkt sich in seinen Sonderausstellungen jedoch nicht nur auf lokale oder regionale Aspekte. Vom 12. Februar bis zum 11. Juni stellt es die grandiose Plakatkunst der Belle Époque in den Mittelpunkt: „La Bohème – Toulouse-Lautrec und die Meister vom Montmartre" entführt in die Welt des legendären Pariser Nachtlebens vor dem Ersten Weltkrieg.

Verruchtes wie der skandalöse Cancan, bei dem die Beine von Frauen zu sehen waren – für die damalige Zeit unerhört –, zogen reiche Müßiggänger, Künstler, Schriftsteller, Abenteurer und junge Frauen auf der Suche nach einem persönlichen Gönner in die französische Hauptstadt.

Mittlerweile sind die US-amerikanischen Truppen größtenteils aus Heidelberg abgezogen und im ehemaligen Hauptquartier in der Heidelberger Südstadt wurde der jüngste Ableger des Kurpfälzischen Museums eröffnet, das Mark-Twain-Center. Die große Multimedia-Ausstellung „Join the Story“ erzählt von 200 Jahren deutsch-amerikanischer Beziehungen. Diese sollen im Mark-Twain-Center als einem Ort der Begegnung und des Austausches gepflegt werden.

Und in der einstigen evangelischen Barockkirche in Heidelberg-Ziegelhausen, in die die Textilsammlung Max Berk eingezogen ist, erfährt man alles über Textilien und Stoffe sowie ihre frühere und heutige Bedeutung. Sonderausstellungen wie „Lebenszeichen in Textil – Retrospektive Gudrun Achterberg“ vom 12. März bis zum 16. Juli zeigen zeitgenössische textile Kunstströmungen.

Kurpfälzisches Museum Heidelberg, Hauptstr. 97, 69117 Heidelberg, Tel. 06221/58-3 40 20, museum-heidelberg.de, Di-So 10-18h, Eintritt Dauerausstellung Mo-Fr 3€ (ermäßigt 1,80€), So und feiertags 1,80€ (ermäßigt 1,20€), Kinder bis 16 Jahre frei

Nike Luber, Sonja Müller

INFOTEIL

BILDUNG & ARBEIT

AGENTUR FÜR ARBEIT

Die Internetseite arbeitsagentur.de bietet als interaktives Serviceportal unter anderem Informationen zu Aus- und Weiterbildung sowie Ausbildungs- und Stellenangeboten. Unternehmen erhalten Informationen zur Weiterbildung für ihre Beschäftigten, können online Kurzarbeitergeld anzeigen sowie Arbeitskräfte finden.

Agentur für Arbeit Karlsruhe-Rastatt [S. 48], bietet kostenfreie Beratung für alle Bürger/-innen (auch ohne Anspruch auf Arbeitslosengeld) zum Arbeitsmarkt und zu ihren Chancen, beim beruflichen (Wieder-)Einstieg, darüber hinaus Stellen- und Ausbildungsstellenvermittlung inklusive nachträglichem Erwerb des Hauptschulabschlusses und beruflicher Rehabilitation, 76135 Brauerstraße 10, ☎ 0800/455 55 00 (Arbeitnehmer), ☎ 0800/455 55 20 (Arbeitgeber), arbeitsagentur.de
Beauftragte für Chancengleichheit am Arbeitsmarkt (BCA), beraten Unternehmen, Bewerber/-innen und Institutionen zu den Themen Mitarbeiterbindung sowie Vereinbarkeit von Familie und Beruf, ☎ 823-33 44, arbeitsagentur.de
Berufsberatung im Erwerbsleben, Beratung von Beschäftigten (auch in Elternzeit) und Arbeitsuchenden bei Fragen rund um die Qualifizierung und den individuellen Berufsweg, ☎ 823-25 55, arbeitsagentur.de
Berufsinformationszentrum (BIZ), Informationen zu Ausbildung, Studium und Weiterbildung, ☎ 0800/455 55 00 (kostenfrei)
Team für akademische Berufe (Hochschulteam), Beratung für Abiturienten/-innen, Studieninteressierte und Studierende, ☎ 0800/455 55 00

ARCHIVE

BNN, alle je erschienenen Ausgaben der Karlsruher Tageszeitung Badische Neueste Nachrichten und über 300 Meter Aktenordner, gefüllt mit Lokalem, Regionalem, Wirtschaft, Kultur und Politik, Mo, Di, Fr 8-15h, Mi+Do 8-17h (vor Feiertagen bis 15h), nach Terminvergabe, 76149 Linkenheimer Landstr. 133, ☎ 789-186 oder -187, bnn.de
Generallandesarchiv Karlsruhe, die Schatzkammer der badischen Geschichte – Urkunden, Akten, Karten und Pläne von 816 bis heute werden für Wissenschaft, Heimatforschung und private Nutzung bereitgehalten, Di-Do 8.30-17.30h, Fr 8.30-19h, 76133 Nördliche Hildapromenade 3, ☎ 926-22 06, landesarchiv-bw.de
Archiv für Architektur und Ingenieurbau (SAAI) am KIT, vornehmlich personenbezogene Unterlagen des frühen 19. Jahrhunderts bis heute sowie Pläne, Skizzen, Fotos, Akten und Modelle; Öffnung und Führungen nach Absprache, 76131

Kaiserstraße 8, ☎ 608-4 43 76, saai.kit.edu
KIT-Archiv, Infos zur Geschichte des Karlsruher Instituts für Technologie, Nachlässe bedeutender Wissenschaftler des 19./20. Jahrhunderts, Akten, Bild- und Tondokumente; geöffnet nach Vereinbarung, 76131 Kaiserstr. 12, ☎ 608-4 54 43, archiv.kit.edu
Landeskirchliches Archiv, umfasst Akten ab dem Jahr 1528, Bilder-, Karten-, Pläne-, Plakat- und Siegelsammlungen, Sachakten, Nachlässe sowie Mikrofilme von Kirchenbüchern; Di-Do 9-16h, Fr 9-13h, Anmeldung erforderlich, 76133 Blumenstr. 1, ☎ 91 75-795, ekiba.de/archiv
Landkreis Karlsruhe, das Kreisarchiv verwahrt 1.700 laufende Meter Verwaltungsschriftgut sowie Fotosammlungen und verfügt über eine Dienstbibliothek, Werner-von-Siemens-Str. 2-6, Gebäude 5112, 76646 Bruchsal, ☎ 936-5 91 30, landkreis-karlsruhe.de
Stadtmedienzentrum am Landesmedienzentrum Baden-Württemberg, dieses Medienarchiv ist vor allem auf den Einsatz von Medien in Schulen und bei der Jugendarbeit bzw. Erwachsenenbildung ausgerichtet, Mo-Do 8-16h, Fr 8-14.30h, 76133 Moltkestr. 64, ☎ 88 08-15, lmz-bw.de
Literarisches Archiv des Oberrheins, geführt von der Literarischen Gesellschaft; verfügt über wertvolle Erstausgaben, Briefe und Dokumente von mehr als 150 Schriftstellern links und rechts des Oberrheins, Mo-Do 10-18h, Fr 10-14h, 76133 Karlstr. 10, ☎ 133-40 87, literaturmuseum.de
Stadtarchiv Karlsruhe [S. 169], das Gedächtnis der Stadt und Anlaufstelle für Fragen zur Stadtgeschichte, 76133 Markgrafenstr. 29, ☎ 133-42 25, stadtgeschichte.karlsruhe.de/stadtarchiv

BERUFLICHE AUS- UND WEITERBILDUNG

AAW, Arbeitskreis für Aus- und Weiterbildung, Ansprechpartner für beruflichen Wiedereinstieg und Weiterbildung, 76185 Griesbachstraße 12, ☎ 8 50 29-0, aaw.de
Agentur für Arbeit Karlsruhe-Rastatt [S. 48], bietet eine Ausbildung zur/-m Fachangestellten für Arbeitsmarktdienstleistungen sowie die

dualen Studiengänge „Arbeitsmarktmanagement" und „Beratung für Bildung, Beruf und Beschäftigung" an der Hochschule der Bundesagentur für Arbeit (HdBA), weitere Infos: 76135 Brauerstr. 10, ☎ 0800/455 55 00 (kostenfrei), arbeitsagentur.de

Akademie Vaihingen e. V. [S. 184], bietet berufsbegleitende Ausbildungen für Beratungskompetenz und Persönlichkeitsentwicklung und Beratung an, wie die Ausbildungen zum Coach „Psychologischer Berater", zum Kinder- und Jugendtherapeuten, zum Heilpraktiker Psychotherapie sowie u. a. Schulungen für Führungskräfte, Konfliktmanagement, Mediation, Traumatherapie und Heileurythmie, Infos und Anmeldung: Akademie Vaihingen e. V., Bahnhofstr. 8, 71665 Vaihingen an der Enz, ☎ 07042/94 18 95, akademie-vaihingen.de

AWO-Akademie, Fort- und Weiterbildung für Fach- und Führungskräfte aus allen sozialen Bereichen zu Themen wie Management oder Führung & Team sowie Fachfortbildungen zu den Bereichen Pflege, Familie, Jugend, Kind, Demokratie & Diversity und Achtsamkeit & Gesundheit, Kronenstr. 15, ☎ 350 07-109, akademie.awo-karlsruhe.de

AWO Karlsruhe gGmbH, bietet etwa 90 Ausbildungsplätze in den Bereichen Pflege, Hauswirtschaft und Heilerziehungspflege sowie für Erzieher/-innen und Bürokaufleute bzw. zum dualen Studium Soziale Arbeit, awo-karlsruhe.de/ausbildung

Badischer Landesverein für Innere Mission [S. 185], bietet hundert Ausbildungsplätze für jeden Schulabschluss, Ausbildungen zum/-r Jugend- und Heimerzieher/-in, staatlich anerkannten Erzieher/-in, Pflegefachfrau/-mann sowie Altenpflegehelfer/-in, Hauswirtschafter/-in, Heilerziehungspfleger/-in und Heilerziehungsassistenten/-in, weitere Infos: ☎ 120844-0, badischer-landesverein.de/ausbildung

Berufsfortbildungswerk (bfw) [S. 183], die gemeinnützige Bildungseinrichtung des DGB bietet ganzheitliche Bildungsdienstleistungen für Arbeitsuchende, Auszubildende, Arbeitnehmer/-innen sowie Unternehmen. Das Angebot erstreckt sich über Meisterkurse, Fort- und Weiterbildungsmaßnahmen, Teilqualifizierung, individuelle Berufswege- und Karriereplanung in kaufmännischen, Metall- und Elektroberufen in Voll- und Teilzeit sowie berufsbegleitend in einem Mix aus Präsenz- und digitalem Unterricht. Alle Kurse sind AZAV-zertifiziert und daher förderungsfähig, 76185 Daimlerstraße 46, ☎ 2 05 99-0, bfw.de/karlsruhe

Bildungsakademie der Handwerkskammer Karlsruhe, Berufsorientierung für Schüler, überbetriebliche Lehrlingsunterweisung, Gesellen- und Meistervorbereitung, technische und kaufmännische Fortbildungslehrgänge, Firmenschulungen und Studiengänge, 76187 Hertzstr. 177, ☎ 16 00-400, bia-karlsruhe.de

Duale Hochschule Baden-Württemberg Karlsruhe [S. 180], Baden-Wuerttemberg Cooperative State University, 76133 Erzbergerstr. 121, ☎ 97 35-5, karlsruhe.dhbw.de → *S. 205, Rubrik Studium*

Evangelische Fachschule für Sozialpädagogik Bethlehem, bietet Ausbildungen mit Berufspraktikum zum/-r Erzieher/-in und praxisintegrierte Ausbildungen sowie Fortbildungen für Fachkräfte an. Die EFS ist offen für alle Religionen und Weltanschauungen mit einem Schwerpunkt auf der Religionspädagogik, 76187 Friedrich-Naumann-Straße 33a, ☎ 48 69 03-0, efs-bethlehem.de

Fachschule für Sozialpädagogik, die Fachschule der Deutschen Angestellten-Akademie bietet verschiedene Ausbildungsformate für angehende Erzieher vom Berufskolleg über die praxisintegrierte Ausbildung bis hin zur Teilzeitausbildung, 76133 Stephanienstr. 55, ☎ 20 18 01-10, fachschule-sozialpaedagogik-karlsruhe.de

Film- und Medienakademie K'he, Seminare, Workshops und Kurse für Erwachsene, Jugendliche, Kinder sowie Unternehmen aus den Bereichen Film, Medien, Fotografie, Recht und Wirtschaft, 76131 Alter Schlachthof 17c, ☎ 933 80 05, fuma-ka.de

Freie Duale Fachakademie für Pädagogik, bietet praxisintegrierte Ausbildungsgänge zum/-r staatlich anerkannten Erzieher/-in und ein einjähriges Berufskolleg für Sozialpädagogik sowie ein Quereinstiegskonzept für Menschen, die in der Kindertagesbetreuung arbeiten möchten, 76131 Konrad-Zuse-Str. 11-13, ☎ 0711/65 69 60-84, fdfp.de

Heinrich-Hertz-Schule, verfügt über ein großes Erst- und Weiterbildungsangebot im Bereich Elektro- und Informationstechnik, 76135 Südendstraße 51, ☎ 133-48 48, hhs.karlsruhe.de

IHK-Bildungszentrum Karlsruhe [S. 182], das Bildungszentrum der IHK Karlsruhe gilt als traditionelles Kompetenzzentrum rund um berufliche Aus- und Weiterbildung in der Technologieregion. Mit über 300 Dozenten/-innen aus der Praxis wird Expertenwissen aus sämtlichen Branchen bedarfsgerecht, praxisnah und am Puls der Zeit vermittelt. Egal, ob junge Talente, Spezialisten/-innen, Leader, Gründer/-innen und Trainer/-innen – im Kursangebot des Bildungszentrums wird jeder fündig, der sich individuell weiterbilden möchte, 76131 Haid-und-Neu-Str. 7, ☎ 174-222, ihk-biz.de

IHK Karlsruhe, die Industrie- und Handelskammer Karlsruhe engagiert sich unter anderem für die duale Aus- und Weiterbildung, unterstützt Unternehmen auf der Suche nach geeignetem Fachkräftenachwuchs und hilft Jugendlichen, über die „IHK-Lehrstellenberatung" einen passenden Ausbildungsplatz zu finden, 76133 Lammstr. 13-17, ☎ 174-0, www.karlsruhe.ihk.de

Initial e. V., Beratung, Vermittlung und Qualifizierung für Arbeitsuchende, 76137 Augartenstr. 1, ☎ 9 33 69-0, initial-karlsruhe.de

Internationaler Bund (IB) Baden in Karlsruhe [S. 202], zeitgemäße, berufsbezogene Bildungsprogramme, Berufsvorbereitung, Berufsausbildungen für Jugendliche, Weiterbildungen und Umschulungen für Erwachsene, Fortbildungen für Mitarbeiter/-innen sowie Freiwilligendienste, aber auch Trainings- und Beschäftigungsprojekte für Langzeitarbeitslose sowie eine Kita, 76135 Scheffelstr. 11-17, ☎ 8 50 19-0, internationaler-bund.de

MFG Akademie [S. 181], bietet Weiterbildungen für Kreativschaffende und ist speziell auf den Bedarf der Kultur- und Kreativwirtschaft ausgerichtet. Das breite Spektrum an Seminaren, die als Präsenzveranstaltung oder online stattfinden, richtet sich an alle Kreativen wie Freelancer, Gründer/-innen oder kleine Unternehmen und deckt ein umfangreiches Themenspektrum vom Projektmanagement über Vertrieb und Marketing bis hin zum Datenschutz und Urheberrecht ab. Zudem fördert die MFG Baden-Württemberg bei ihren Networking-Events den Austausch unter den Kreativen und informiert über aktuelle Trends, Breitscheidstr. 4, 70174 Stuttgart, ☎ 0711/9 07 15-300, mfg.de/akademie

Netzwerk für berufliche Fortbildung (Regionalbüro), berät zu beruflichen Fortbildungsmöglichkeiten, 76135 Scheffelstraße 11-17, ☎ 8 50 19-54, regionalbuero-bw.de

SRH Fachschulen für Physiotherapie und Logopädie, Ausbildung und Studium, 76185 Benzstr. 5, ☎ 35 45-310, die-fachschulen.de

UP Pamina-vhs, die deutsch-französische Bildungseinrichtung bietet zweisprachige Veranstaltungen für Teilnehmer aus der südlichen Pfalz, Baden und dem Elsass – auch in Karlsruhe finden Events statt, 2, Place des Carmes, F-67160 Wissembourg, ☎ 0033-388/94 95 64, up-pamina-vhs.org

vhs Karlsruhe [S. 197], Volkshochschule mit umfangreichem Weiterbildungsangebot, staatlich anerkannter Abendrealschule und staatlich anerkanntem Abendgymnasium sowie einer Weiterbildungsberatung, 76133 Kaiserallee 12e, ☎ 9 85 75-40 (Gymnasium) und ☎ 9 85 75-49 (Realschule), abendschulen-karlsruhe.de

Zentrum für Mediales Lernen des KIT, Science-Camps für Schüler und Lernangebote auf der offenen Lernplattform OpenCourses KIT, 76133 Karl-Friedrich-Straße 17, ☎ 608-4 82 00, zml.kit.edu

ZKM [S. 164], veranstaltet Lehrerfortbildungen rund um die Themenfelder Kunst und Medien in Kooperation mit dem Zentrum für Schulqualität und Lehrerfortbildung (ZSL), Infos: zkm.de/de/bildung-vermittlung/schule-kindergarten/fortbildungen-fuer-lehrkraefte

ONLINE-TIPP

fortbildung-bw.de, Weiterbildungsportal des Wirtschaftsministeriums Baden-Württemberg

BIBLIOTHEKEN

Einen Onlinezugang zu den Beständen der öffentlichen Bibliotheken Karlsruhes findet man auf der Seite bibliotheksportal-karlsruhe.de.

Badische Landesbibliothek, die größte Bibliothek Karlsruhes bietet ein umfassendes Computersuchsystem, Audiothek, Videothek, digitale Bibliothek, Zeitungen, Lesesäle sowie das Lehr- und Lernzentrum „Wissenstor" mit kindgerechtem Lernraum für junge Eltern, Mo-Fr 9-19h, Sa 10-18h, Wissenstor: Mo-Fr 9-22h, Sa+So 10-22h, 76133 Erbprinzenstr. 15, ☎ 175-22 21 (Zentrale), blb-karlsruhe.de

BUZO-Umweltzentrum, im Zentrum der „Bürgeraktion Umweltschutz – Zentrales Oberrheingebiet" findet man Fachliteratur zu Umweltthemen, Di-Do 9-13h, 76133 Kronenstr. 9, ☎ 38 05 75, buzo-ka.de

Stiftung Centre Culturel Franco-Allemand Karlsruhe, französische Literatur und Filme, Mo, Mi, Do 9.30-16h, Di 9.30-18h, Fr 9.30-12.30h, 76133 Karlstr. 52-54, ☎ 1 60 38-0, ccfa-ka.de

KIT-Bibliothek Süd, wissenschaftliche Bibliothek des Karlsruher Instituts für Technologie mit den Schwerpunkten Technik, Natur- und Wirtschaftswissenschaften, täglich 24 Stunden geöffnet, Servicezeiten: Mo-Fr 9-15h, 76131 Straße am Forum 2, ☎ 608-4 31 09, bibliothek.kit.edu, Teilbibliotheken: **Fachbibliothek Hochschule Karlsruhe – Technik und Wirtschaft**, Mo-Sa 8-22h, Servicezeiten Mo-Fr 8-15h, 76133 Moltkestr. 30, ☎ 925-28 64, **KIT-Bibliothek Nord**, Mo-Fr 9-12h und 13-15h, Hermann-von-Helmholtz-Platz 1, 76344 Eggenstein-Leopoldshafen, ☎ 608-2 58 00, und **Fachbibliothek der Dualen Hochschule Baden-Württemberg**, Mo-Fr 8-16h, 76133 Erzbergerstr. 121, ☎ 97 35-610

KIT Zentrale Studienberatung, Literatur zu Studien- und Berufsmöglichkeiten, keine Ausleihe möglich, aber Kopierer vorhanden, 76131 Engelbert-Arnold-Str. 2 (Gebäude 11.30), ☎ 608-4 49 30, sle.kit.edu/wirueberuns/zib.php

Kroatische Bibliothek, Bücher von kroatischen Schriftstellern in Deutsch und Kroatisch, Fr 18-19h, Kroatischer Kulturverein Matica hrvatska Karlsruhe e. V., 76133 Kaiserallee 12d, 3. OG, ☎ 85 89 41

Landeskirchliche Bibliothek, Bücher zu Theologie und Kirche, Mo-Fr 10-12h und Di+Mi 14-16h, Do 16-18h, 76133 Blumenstr. 1-7, ☎ 91 75-791 und ☎ 91 75-792, ekiba.de/bibliothek

Medienbus, eine mobile Zweigstelle der Stadtbibliothek mit rund 6.000 Medien (u. a. Bücher, Zeitschriften, CDs, DVDs), der zwölf Stadtteile anfährt. Stupferich (Rathaus): Mo 13.30-14.30h, Hohenwettersbach (Rathaus): Mo 15-16h, Beiertheim (Marie-Alexandra-Str.): Mo 16.45-17.30h, Grünwinkel (Heidenstückerweg/Bernsteinstr.): Di 13.30-14.30h, Rheinstrandsiedlung (Pappelallee): Di 14.45-15.30h, Daxlanden (Pfalzstr.): Di 15.45-16.30h, Nordstadt (Rhode-Island-Allee): Di 17-18h, Rintheim (Hirtenweg/Mannheimer Str.): Mi 13.30-14.30h, Rüppurr (Tulpenstr.): Mi 15-16.15h, Rüppurr (Rastatter Str.): Mi 16.30-17.30h, Grünwettersbach (Esslinger Str.): Do 12.30-14h, Palmbach (Talstr.): Do 14.30-15.15h, Nordweststadt (Landauer Str.): Do 16-17.30h, Weiherfeld-Dammerstock (Links der Alb): Fr 13.30-15h, Oberreut (Rudolf-Breitscheid-Str.): Fr 15.30-16.30h, und Bulach (St.-Georg-Str.): Fr 16.45-17.30h

Museum für Literatur am Oberrhein, reine Präsenzbibliothek, keine Ausleihe möglich, Mo-Do 10-18h, Fr 10-14h, 76133 Karlstraße 10 (Prinz-Max-Palais), ☎ 133-40 87, literaturmuseum.de

Ökumenische öffentliche Bücherei, Mi 16-17h, Do 17-18h, So 10.30-11.30h, in den Schulferien nur So, 76189 Bernhard-Lichtenberg-Str. 46, ☎ 86 48 96 32

Stadtbibliotheken [S. 24], Zentrale im Ständehaus und fünf Bibliotheken in den Stadtteilen **Durlach**, **Waldstadt**, **Mühlburg**, **Neureut** und **Grötzingen** sowie eine Kinder- und Jugendbibliothek und die Amerikanische Bibliothek in der **Nordstadt**. Das Angebot umfasst Sachliteratur und Ratgeber, Belletristik, Zeitschriften, Hörbücher, Musik-CDs, DVDs und Blu-rays. Mit Bibliotheksausweis stehen alle Online-Medien zur Verfügung: E-Books, E-Learning, Musikstreaming „Freegal", zahlreiche Datenbanken, Filmfriend und Overdrive (E-Medien in Englisch) sowie Internet- und Textverarbeitungsplätze. Die internationale Abteilung der Zentralbibliothek bietet Literatur und Sprachkurse in 15 Sprachen und in der Amerikanischen Bibliothek gibt es Medien in englischer Sprache. Die Kinder- und Jugendbibliothek im Prinz-Max-Palais stellt Medienkisten für Schulklassen bereit und bietet eine Technothek für Kinder. Regelmäßig finden Lesungen und andere Aktionen sowie Schulungen zur Digitalisierung statt. Di-Fr 10-18.30h, Sa 10-15h (Rückgabe 6-23h), 76133 Ständehausstraße 2, ☎ 133-42 58, stadtbibliothek-karlsruhe.de

Weltladen, Literatur über und aus Lateinamerika, Afrika und Asien, 76133 Kronenstraße 21, ☎ 3 20 50, aewev.de

ZKM [S. 164], Ausstellungskataloge, Kunstwissenschaften, Medienkunst und -theorie, Mi-Fr 10-18h, Sa+So 13-18h (Änderungen möglich, siehe Aushang), 76135 Lorenzstr. 19, ☎ 81 00-17 17, zkm.de

BÜRO

BÜROBEDARF

Boesner [S. 140], Schreibwaren sowie Büro- und Schulbedarf, 76185 Daimlerstr. 15, ☎ 1 20-84-0, karlsruhe@boesner.de

Erhardt Bürowelt, Bürobedarf und IT-Service, 76133 Waldstr. 53, ☎ 9 12 44-0, und 76135 Kleinoberfeld 7, ☎ 98 78-0, erhardt-buerowelt.de

GFS Bürotechnik, Büroartikel, 76185 Durmersheimer Str. 45, ☎ 9 52 63-0, gfs-buerotechnik.de

Metro-SB-Großmärkte, alles rund ums Büro und die Administration, 76185 Bannwaldallee 42, ☎ 98 75-0, metro24.de

Papier Fischer, alles für die Bereiche Schreiben, Büro, Schule, Hobby und Malen, 76133 Kaiserstr. 130, ☎ 91 72-0, papierfischer.de

westpaper [S. 188], das inhabergeführte Schreibwarengeschäft bietet Büromaterialien, Schulutensilien und Bastelbedarf an, 76135 Gabelsbergerstraße 1, ☎ 83 17 93 30, westpaper-karlsruhe.de

BÜROEINRICHTUNG

Adam Wieland GmbH [S. 189], zeitlose, flexible und funktionale Büromöbel wie der Designklassiker E2, auch bekannt als „Eiermanntisch", der Showroom ist Mo-Fr 8-17h geöffnet, 76187 Egon-Eiermann-Allee 12, ☎ 78 25 67, adamwieland.de

Burger, hochwertige und flexible Bürosysteme, 76133 Waldstr. 89-91, ☎ 9 13 22-0, burger.de

Erhardt Bürowelt, Einrichtungskonzepte fürs Büro, 76133 Waldstr. 53, ☎ 9 12 44-0, und 76135 Kleinoberfeld 7, ☎ 98 78-0, erhardt-buerowelt.de

Papier Fischer, alles rund um den Büroarbeitsplatz sowie Schrank- und Archivierungssysteme, 76133 Kaiserstr. 130, ☎ 91 72-0, papierfischer.de

feco-feederle GmbH [S. 12], Büroeinrichter mit rund 2.000 qm Ausstellungsfläche, 76139 Am Storrenacker 22, ☎ 62 89-3 00, feco.de

Zurell [S. 344], verkauft den ergonomischen Bürostuhl „Duo Back", Schreibtische, Bewegungshocker und ergonomische Gamingstühle, 76227 Pfinztalstraße 25, ☎ 490 82 53, zurell-samina.de

BÜROGERÄTE

Büromatik, Multifunktionsgeräte, Kopierer, Plotter, Aktenvernichter etc., 76135 Breite Straße 159, ☎ 9 12 23-0, bueromatik.de

GFS Bürotechnik, Kopier-, Kassen- und Postbearbeitungssysteme, 76185 Durmersheimer Str. 45, ☎ 9 52 63-0, gfs-buerotechnik.de

Papier Fischer, EDV-Zubehör, Konferenztechnik, 76133 Kaiserstr. 130, ☎ 91 72-0, papierfischer.de

Zugmaier Bürosysteme, bietet neue und gebrauchte Geräte sowie Mietgeräte, 76133 Amalienstr. 21, ☎ 955 34 30, zugmaier-buerosysteme.de

LEKTORAT

Lektoratsservice Martina Leiber [S. 369],

lektoriert und korrigiert wissenschaftliche Arbeiten, Bewerbungsunterlagen, Websites, Manuskripte und andere Texte aller Art und bietet darüber hinaus Schreibberatung sowie Sprachförderung, 76137 Hirschstraße 79, ☎ 819 82 02, lektorat-leiber.de

SCHREIBWAREN

Siehe linke Seite → Bürobedarf

COACHING

Melanie Baumgart – Coaching mit Tiefgang [S. 189], die tiefenspsychologisch-körperorientierte Coachin und Mentorin unterstützt Frauen in Einzel- oder Gruppenarbeit dabei, entspannter, leichter und glücklicher zu leben und Disharmonien, die etwa durch die Doppelbelastung in Beruf und Familie oder unverarbeitete Erlebnisse entstehen,

an der Wurzel zu packen. Dadurch wird eine positive, lebensverändernde Entwicklung in Gang gesetzt und so gelingt es, aus dem Kreislauf belastender Gefühle und Gedanken auszusteigen sowie mehr Leichtigkeit, Gelassenheit und Freude ins Leben zu bringen. 76199 Belchenstraße 46, ☎ 33 51 67 30, melanie-baumgart.de

Führ Mich! Heiko Breckwoldt ist Trainer und Coach für Führungskräfte, Teams und Azubis, Business-Experte für Fehlerkultur in Unternehmen sowie Keynote-Speaker für die Themen Menschenkenntnis (Vortrag: „Das ist ja mal wieder typisch für dich!") und Fehlerkultur in Unternehmen („Scheitern als Erfolgsrezept"), Hohbergstraße 27, 76337 Waldbronn, ☎ 07243/18 57 83, ☎ 0172/953 13 70, fuehr-mich.de, heikobreckwoldt.com

Hypnose-Coaching – Birgit Breckwoldt [S. 190], in ursachenorientierten und regressiven Hypnose-Coachings werden im Unterbewusstsein verankerte Ursachen für Ängste und Krankheiten, die eine Auswirkung auf die eigene Lebensqualität haben, ergründet und beseitigt, Hohbergstr. 27, 76337 Waldbronn, ☎ 0151/29 10 12 25, birgitbreckwoldt.de

Mare Seminare, Seminare und individuelles Lerncoaching zu den Themen „Lernen" und „Qualifizierung", 76149 Rhode-Island-Allee 57, ☎ 75 33 61, mare-seminare.de

Silvia Richter-Kaupp, die Diplom-Betriebswirtin, Master-Certified-Coach und Trainerin für Gewaltfreie Kommunikation bietet Coachings sowie eine weltweit anerkannte Ausbildung zum Business-Coach in Kooperation mit dem IHK-BIZ Karlsruhe, Kontakt: ☎ 937 48 10, richter-kaupp.de

Aleksandra Wuth [S. 190], Mentaltraining, Coaching und Hypnose, Pforzheimer Str. 94, 76275 Ettlingen, ☎ 0178/186 19 99, hypnose-ka.de

EHRENAMT & FREIWILLIGENDIENST

Wer ehrenamtlich tätig werden möchte, findet zum Beispiel in Sportvereinen eine Anlaufstelle (web1.karlsruhe.de/db/sportvereine) oder kann sich an folgende Einrichtungen wenden:

Ambulanz für Notfallpädagogik am Parzival-Zentrum Karlsruhe, sucht immer wieder Freiwillige, die die Arbeit in der Notfallpädagogik unterstützen. Wer Interesse hat, kann sich auf der Homepage unter der Rubrik „Interesse und Engagement" als Ehrenamtliche/-r eintragen und wird dann bei Bedarf kontaktiert, ☎ 48 07 46 90, wnfp-og.org

AWO, stellt rund 100 Plätze für FSJ, BFD, BFD 27+ und ESK in den Bereichen Pflege, Behindertenhilfe, Jugendhilfe und Verwaltung im Jugendwerk oder in einer ihrer Kitas zur Verfügung, awo-karlsruhe.de/freiwilligendienste

Büro für Mitwirkung und Engagement [S. 35], ist zuständig für die Stadtteilentwicklung, Bürgerbeteiligung sowie die Förderung des zivilgesellschaftlichen Engagements. Mit der Durchführung von Beteiligungsprozessen, der Pflege des städtischen Beteiligungsportals und dem Ausbau des digitalen Partizipationssystems fördert das Büro für Mitwirkung und Engagement die Mitgestaltungsmöglichkeiten der Bürger/-innen der Stadt. Durch das Fortbildungsprogramm, Beratungsangebote für Bürger/-innen auf der Suche nach einem passenden Engagement und die Unterstützung beim Aufbau von Bürgerzentren in den Stadtteilen werden Strukturen geschaffen, die die Stadtbevölkerung dabei unterstützen, sich für das Gemeinwohl einzusetzen, ☎ 133-12 12, karlsruhe.de/bme

Caritasverband für die Erzdiözese Freiburg e. V., Referat Freiwilligendienste, bietet FSJ- und BFD-Plätze im sozialen Bereich in unterschiedlichen Karlsruher Einrichtungen sowie im gesamten Landkreis an. Hierzu zählen Kindergärten, Krankenhäuser, Seniorenzentren und vieles mehr, auch für über 27-Jährige, 76133 Kriegsstr. 81, ☎ 830 84 50, freiwilligendienste-caritas.de

Flüchtlingshilfe Karlsruhe, wie man sich ehrenamtlich für Flüchtlinge engagieren kann, erfährt man über die Seite fluechtlingshilfe-karlsruhe.de

Freunde der Erziehungskunst Rudolf Steiners [S. 191] begleiten seit 1993 junge Menschen bei ihrem Freiwilligen Jahr. Als eine der größten deutschen Trägerorganisationen für Freiwilligendienste bieten sie Engagementmöglichkeiten in Deutschland, im Ausland sowie für internationale Freiwillige aus dem Ausland auch in Deutschland und vermitteln so wertvolle Erfahrungen, sinnvolle Tätigkeiten und die Gelegenheit, neue Horizonte zu entdecken, 76139 Parzivalstraße 2b, ☎ 20 11 10, freunde-waldorf.de/freiwilligendienste

Jugendfreizeit- und Bildungswerk [S.245], junge Menschen ab 17 Jahren können sich beim jfbw als Teamer/-innen für Stadtranderholungen und

Freizeiten bewerben. Die Teamer/-innen nehmen vor dem Einsatz an mehreren kostenlosen Weiterbildungsveranstaltungen teil. Informationen: jfbw, 76133 Bürgerstr. 16, ☎ 133-56 71, jfbw.de

Reha-Südwest gGmbH [S. 385], bietet Stellen für ein Freiwilliges Soziales Jahr oder für den Bundesfreiwilligendienst, 76131 Markgrafenstr. 17/19, ☎ 932 74 50, reha-suedwest.de/freiwillige

ONLINE-TIPP

Die Bildungsplattform **Ehrenamt im Landkreis Karlsruhe** bietet vielfältige Angebote für freiwillig Engagierte, qualifiziert-engagiert-bw.de/lkka

EXISTENZGRÜNDUNG

Agentur für Arbeit Karlsruhe-Rastatt [S. 48], Infos zu Fördermöglichkeiten, 76135 Brauerstr. 10, ☎ 0800/455 55 00 (kostenfrei), arbeitsagentur.de

CyberForum e. V., unterstützt Unternehmen aus der IT- und Hightech-Branche in der Unternehmensentwicklung und ist mit über 1.200 Mitgliedern das größte regional aktive Hightech-Unternehmer-Netzwerk Europas. Mit dem CyberLab betreibt das CyberForum den IT-Accelerator des Landes B.-W.: Start-ups erhalten eine maßgeschneiderte Förderung – mit Mentorenprogramm und ausgestatteter Arbeitsumgebung, 76131 Haid-und-Neu-Str. 18, ☎ 60 28 97-0, cyberforum.de, cyberlab-karlsruhe.de

FUX, das Festigungs- und Expansionszentrum mit Coworking-Bereich und Seminarräumen bietet jungen Unternehmen Raum für Weiterentwicklung, 76131 Alter Schlachthof 33, ☎ 66 32 48-0 (Dirk Metzger), k3-karlsruhe.de, karlsruhe.de/wirtschaft

Gründerallianz Karlsruhe [S. 192], vereint unter der Leitung der Wirtschaftsförderung Karlsruhe alle Akteure der Gründungsförderung zu einem starken regionalen Netzwerk. Hier finden Interessierte für alle Phasen der Gründung ein breites Angebot an Beratung und Unterstützung durch qualifizierte Ansprechpartnerinnen und Ansprechpartner, Kontakt: Diethelm Rumpel, ☎ 133-73 33, 76133 Zähringerstr. 65a, gruenderallianz.de

Handwerkerhof Karlsruhe, Gewerbezentrum für das Handwerk und handwerksähnliche Berufe, 76189 Nördliche Uferstraße 4-8, Kontakt: Christian Eisenecker, Handwerkskammer Karlsruhe, ☎ 16 00-166, hwk-karlsruhe.de

Hochschule Karlsruhe (Die HKA) [S. 204], das Center of Competence (CC) ist an der Hochschule der zentrale Ansprechpartner für Studierende und Alumni rund um die Themen Bewerbung und Karriere. Es unterstützt bei der Entwicklung der eigenen Persönlichkeit und berufsrelevanter Kompetenzen sowie beim Übergang in den Beruf. Mit den Angeboten werden der Praxisbezug im Studium gestärkt sowie internationale Praxiserfahrungen gefördert. Hierzu kooperiert das CC mit Unternehmen aller Branchen und bietet unter anderem die Karrieremesse „CareerContacts" an. Darüber hinaus erhalten die Studierenden Unterstützung durch Stipendien und profitieren von dem vielfältigen Seminarangebot des Studiums Generale, 76133 Moltkestr. 30, ☎ 925-25 00 (Bettina Stengl)

HWK – die Handwerkskammer Karlsruhe unterstützt in der Gründungsphase mit kostenloser Beratung und Informationen. Den Mitgliedsbetrieben stehen ebenfalls in allen betrieblichen Fragestellungen Experten zur Seite. Kontakt: Herr Eisenecker, Betriebsberater der Kammer, 76133 Friedrichsplatz 4-5, ☎ 16 00-166, hwk-karlsruhe.de

IHK, die Industrie- und Handelskammer Karlsruhe unterstützt vor, während und nach der Gründung mit Beratungen, Infos und Netzwerken. Gründung: Gabriele Schmitt, ☎ 174-165, Förderung/Finanzierung: Bianca Schmid, ☎ 174-179, Christiane Sucietto, ☎ 174-365, Nachfolge: Silke Roth, ☎ 174-473, 76133 Lammstr. 13-17, www.karlsruhe.ihk.de

K³ Kultur- und Kreativwirtschaftsbüro Karlsruhe (K³-Büro), die Anlaufstelle für Gründungen und Unternehmen der Kultur- und Kreativwirtschaft bietet Beratung, Vorträge, Seminare und Netzwerk-Events. Das K³-Büro ist ein Gemeinschaftsprojekt der Wirtschaftsförderung und des Kulturbüros des Kulturamtes der Stadt. Kontakt: Dirk Metzger (Kreativwirtschaft) und Sabrina Isaac-Fütterer (Kulturwirtschaft), 76131 Alter Schlachthof 15, ☎ 66 32 48-0, k3-karlsruhe.de

Karlsruher EXI-Gründungsgutschein, wurde im Rahmen der Gründerallianz Karlsruhe vom

CyberForum und der Wirtschaftsförderung Karlsruhe initiiert und wird durch Mittel des Europäischen Sozialfonds (ESF) sowie des Wirtschaftsministeriums des Landes Baden-Württemberg unterstützt. Er bietet Gründungswilligen eine kostenfreie Kompaktgründungsberatung sowie in einem zweiten Schritt eine geförderte Intensivberatung durch spezialisierte Beraterinnen und Berater, Kontakt und Infos: ☎ 60 28 97-37, cyberforum.de/angebote/startups/exi-gruendungsgutschein

Karlsruher Institut für Technologie (KIT), Beratung für technologieorientierte Existenzgründungen und Innovationsmanagement, Dr. Jens Fahrenberg, Hermann-von-Helmholtz-Platz 1, 76344 Eggenstein-Leopoldshafen, ☎ 608-2 55 80, kit.edu

KIT-Gründerschmiede, fördert Gründer am Karlsruher Institut für Technologie (KIT) und bietet Gründungsberatung, Hermann-von-Helmholtz-Platz 1, 76344 Eggenstein-Leopoldshafen, ☎ 608-2 90 57, kit-gruenderschmiede.de

Landkreis Karlsruhe, Wirtschaftsförderung des Landkreises Karlsruhe, 76137 Beiertheimer Allee 2, ☎ 936-5 12 00, landkreis-karlsruhe.de

Perfekt Futur, das Gründerzentrum für die Kultur- und Kreativwirtschaft, 76131 Alter Schlachthof 39, perfekt-futur.de, karlsruhe.de/wirtschaft

Technologiefabrik Karlsruhe GmbH [S. 194], Tech-Inkubator und Innovations-Hub für Start-ups und Unternehmer, unterstützt vorrangig Gründungen aus dem Tech-Bereich mit Serviceleistungen und Informationen, 76131 Haid-und-Neu-Str. 7, ☎ 174-271, technologiefabrik-ka.de

Technologie-Lizenz-Büro der baden-württemberg. Hochschulen, günstige Erstberatung, Begleitung von Erfindungen bis zum Erwerb des Patents, 76137 Ettlinger Str. 25, ☎ 79 00 40, tlb.de

Kontaktstelle für Existenzgründung der Wirtschaftsförderung Karlsruhe [S. 192], bietet Gründerinnen und Gründern ein umfassendes Beratungsangebot. Die Kontaktstelle berät und unterstützt über alle Gründungsphasen hinweg: vom Prüfen der Gründungsidee auf ihre Tragfähigkeit über Fördermittel bis hin zur Festigung des Unternehmens, 76133 Zähringerstr. 65a, Kontakt: Diethelm Rumpel, ☎ 133-73 33, Infos zu Gewerbeparks: Andrea Scholz, ☎ 133-73 20, karlsruhe.de/wirtschaft, gruenderallianz.de

TIPPS

Coworking-Spaces stellen meist zeitlich befristet Arbeitsplätze und Infrastruktur zur Verfügung, entweder im Gemeinschaftsbüro oder als Einzelbüro. In Karlsruhe findet man sie unter gruenderkueche.de/fachartikel/coworking-spaces-in-karlsruhe-in-der-uebersicht oder über regus.de

hwk-karlsruhe.de/startercenter, zentrale Anlaufstelle der Handwerkskammer Karlsruhe für Existenzgründer. Hier kann man alle Gründungsformalitäten in einem Aufwasch erledigen.

stbk-nordbaden.de, Steuerberater-Suchdienst

der Steuerberaterkammer Nordbaden, hier findet man unter anderem Steuerberater, die sich auf das Gebiet „Existenzgründung" spezialisiert haben

INITIATIVEN, PROJEKTE

Arbeitsförderung Karlsruhe gGmbH (afka), bietet Unterstützung in den Bereichen Arbeit und Ausbildung mit dem Ziel beruflicher Integration und Beschäftigungsmöglichkeiten mit sozialpädagogischer Begleitung. Sie vermittelt arbeitsuchende ALG-II-Empfänger an Betriebe und ist darüber hinaus Europäischer-Sozialfonds-Geschäftsstelle, 76185 Daimlerstr. 8, ☎ 9 72 46-0, af-ka.de
Diakonisches Werk Karlsruhe IKARUS Arbeit und Soziales, die Initiative unterstützt Arbeitslose sowohl sozial als auch bei der Arbeitssuche, 76133 Kriegsstr. 47a, ☎ 20 39 72 79, dw-karlsruhe.de
IN VIA, katholische Mädchen- und Frauensozialarbeit sowie berufliche Integration, 76133 Kaiserstraße 172, ☎ 92 09 82 90, invia-freiburg.de

JOBVERMITTLUNG/ ZEITARBEIT

Fast alle privaten Dienstleister vermitteln sowohl in Festanstellung (F) als auch in Zeitarbeit (Z).

ARWA Personaldienstleistungen (F/Z), 76133 Kaiserallee 13a, ☎ 98 47 50, arwa.de
Connect (F/Z), Personalvermittlung im kaufmännischen und technischen Bereich, im Bereich Hard- und Software sowie für den Handel, 76133 Moltkestraße 63, ☎ 9 85 82-0, connect-personal.de
DIS AG (F/Z), Vermittlung in den Bereichen Office und Management, Finanzwesen und Industrie, 76131 Frühlingsstr. 10, ☎ 93 35 80, dis-ag.com
erste reserve personalservice (F/Z), bietet Vermittlung für kaufmännische Fach- und Führungskräfte sowie für Absolventen bzw. Wieder- und Quereinsteiger in den Bereichen Technik und Handwerk sowie Industrie, Produktion, Montage und Logistik, 76133 Kaiserstr. 50, ☎ 62 69 07-0, Online-Stellenmarkt: erste-reserve.de/jobs
IMPACT GmbH (Z), 76133 Erbprinzenstr. 32, ☎ 160 39 39, impact-group.de
K&S (F/Z), qualifiziertes Personal & Führungskräfte, 76133 Kriegsstr. 45, ☎ 92 91 90-0, ks-personal.jobs
Persona Service (F/Z), 76133 Ettlinger-Tor-Platz 1, ☎ 9 31 87-0, persona.de
randstad Deutschland (F/Z), 76133 Lammstraße 23, ☎ 9 12 97-0, randstad.de
RSZ GmbH (F/Z), 76137 Häusserstraße 14, ☎ 830 36 00, rsz-gmbh.de
select (Z), Zeitarbeit, Personalvermittlung und Personalberatung, 76227 An der RaumFabrik 10, ☎ 9 29 16-0, select-gmbh.de
Synergie Personal Deutschland GmbH (F/Z), 76133 Erbprinzenstr. 27, ☎ 9 13 83-0, synergie.de

TIPP

Das **Welcome Center TechnologieRegion Karlsruhe** [S. 6] ist eine zentrale Anlaufstelle für internationale Fach- und Nachwuchskräfte, die in der TechnologieRegion arbeiten und leben möchten, sowie für Unternehmen aus der Region, die an internationalen Fachkräften interessiert sind. Das Welcome Center berät die Fachkräfe aus dem Ausland unter anderem zu Behördengängen sowie zum regionalen Arbeits- und Ausbildungsmarkt. Darüber hinaus berät es regionale Unternehmen etwa zu rechtlichen Rahmenbedingungen und hilft ihnen beim Aufbau einer Willkommenskultur sowie bei der Bindung internationaler Mitarbeiter/-innen. Ergänzend zu den Beratungen bietet das Welcome Center TRK sowohl Informationsveranstaltungen als auch Treffen zum Networking an. Das Welcome Center wird unter anderem durch das Ministerium für Wirtschaft, Arbeit und Tourismus Baden-Württemberg finanziert; alle Services sind kostenfrei, 76131 Emmy-Noether-Str. 11, ☎ 4 02 44-716, welcome.technologieregion-karlsruhe.de

MUSISCHE BILDUNG

Atelier für Malerei [S. 196], Éva Balogh, Diplom-Grafikdesignerin und Master of Arts „Intermediale Kunsttherapie und Kreativpädagogik", bietet unter anderem Kurse zur Flow-Malerei an, einer Technik, die eine meditationsartige Mal-Erfahrung bewirkt und die Überwindung bestehender Blockaden sowie das Verlassen festgefahrener Wege ermöglicht, 76185 Kaiserallee 70, ☎ 961 42 42, malen-für-die-seele.de

Badisches Konservatorium, Musikschule der Stadt mit musikalischer Früherziehung sowie Unterricht für Gesang und alle gängigen Instrumente (zahlreiche Ensembleangebote), 76133 Jahnstr. 20, ☎ 133-43 01, karlsruhe.de/konservatorium

Cantus Juvenum, nach Geschlechtern getrennte Singschule für Kinder ab dem Grundschulalter, 76133 Kreuzstr. 13, ☎ 156 48 52, cantus-juvenum.de

Die Künstlerbühne, Schule für Gesang und Musik vom Anfänger bis zum Profi, für Kinder und Erwachsene auch Online-Unterricht, 76137 Baumeisterstraße 16, ☎ 354 08 88, die-kuenstlerbuehne.de

Kulturhaus Osterfeld [S. 100], großes Kursangebot in den Bereichen Theater, Musik und Tanz, Osterfeldstr. 12, 75172 Pforzheim, ☎ 07231/31 82 10, kulturhaus-osterfeld.de

Freie Kulturschule, künstlerische Kurse und sozial-künstlerische Projekte mit Schulen und Kindergärten, 76185 Kaiserallee 121, ☎ 201 82 05, freie-kulturschule-ka.de

Jugendmusikschule Neureut, musikalische Früherziehung und Grundausbildung für Kinder ab vier Jahren, Instrumental- und Vokalunterricht, 76149 Neureuter Hauptstr. 256-258, ☎ 78 05-154

Klangfächer, ein Zusammenschluss selbständig arbeitender Musiklehrer, der ein vielfältiges Unterrichtsangebot für jede Altersgruppe bietet, auch in Online-Formaten, ☎ 83 09 39 07, klangfaecher.de

Musikforum Durlach, bietet Ausbildungen für Kinder, Jugendliche und Erwachsene, musikalische Früherziehung sowie Ausbildung an allen Blasinstrumenten, am E-Bass und am Schlagzeug, 76227 Pfaffstr. 7, ☎ 46 44 93 73, musikforum-durlach.de

vhs Karlsruhe [S. 197], die Volkshochschule bietet ein umfangreiches Kursangebot, unter anderem in den Bereichen Kunst, Malerei, Formen und Gestalten sowie Theater und Musik, 76133 Kaiserallee 12e, ☎ 9 85 75-0, vhs-karlsruhe.de

WERKRAUM: Karlsruhe e. V. [S. 247], verbindet Themen und Genres aus den Bereichen Theater, Film und Soziales zu individuellen Projekten. Der Verein versteht sich als Initiator, Bindeglied, Vermittler und Veranstalter von Kunst und Kultur und bietet unter anderem auch Theaterspielclubs für Erwachsene an, 76131 Alter Schlachthof 1A, ☎ 56 84 10 30, werkraum-karlsruhe.de

Wirkstatt, Tanz-, Theater-, Musik- und Erzählkunstkurse, 76133 Steinstr. 23, ☎ 37 80 75, wirkstatt.com

NACHHILFE-UNTERRICHT

Gute Noten, Vermittlungsportal für Unterricht aller Art, 76187 Schänzle 15, ☎ 0176/30 66 60 08, ☎ 2 88 00, gute-noten-unterricht.com

Kinderzentrum für Entwicklungs- und Lerntherapie Karlsruhe (KiZ), Ansprechpartner bei Lese-Rechtschreib- und Rechenschwäche, 76133 Kaiserstr. 127, ☎ 46 46 48 32, kiz-karlsruhe.de

Lernstudio Barbarossa, Nachhilfe, Erwachsenenweiterbildung und Sprachkurse, 76133 Kaiserstr. 163, ☎ 92 02 02, lernstudio-barbarossa.de

LOS, Lehrinstitut für Orthographie und Sprachkompetenz, 76133 Kriegsstr. 154, ☎ 985 01 06, los.de

Studienkreis, Nachhilfe von der Grundschule bis

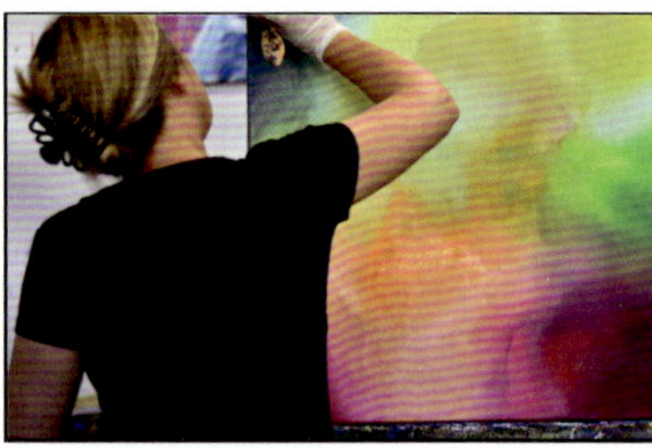

zum Abitur, Karlsruhe: ☎ 3 31 95, Karlsruhe-Mühlburg: ☎ 59 13 18, Karlsruhe-Durlach: ☎ 15 17 28 25, alle Zentren: ☎ 0800/111 12 20, studienkreis.de

PERSÖNLICHE WEITERBILDUNG

Atelier für Malerei [S. 196], Éva Balogh, Diplom-Grafikdesignerin und Master of Arts „Intermediale Kunsttherapie und Kreativpädagogik", bietet unter anderem Kurse zur Flow-Malerei an, eine Technik, die eine meditationsartige Mal-Erfahrung bewirkt und die Überwindung bestehender Blockaden sowie das Verlassen festgefahrener Wege ermöglicht, 76185 Kaiserallee 70, ☎ 961 42 42, malen-für-die-seele.de

Bildungszentrum Roncalli-Forum Karlsruhe, das Bildungswerk der Erzdiözese Freiburg bietet unter anderem Vorträge und Seminare zu den Themenfeldern Theologie, Kultur und Gesellschaft; Bildungszentrum Karlsruhe: 76133 Kriegsstr. 37, ☎ 932 83-10, roncalli-forum.de

Evangelische Erwachsenenbildung Karlsruhe, Bildungsangebote zu Themengebieten wie Ethik, Theologie, Politik, Frauen, Männer, Familien, „junge Alte", Kunst, Kultur und Persönlichkeitsbildung, 76133 Reinhold-Frank-Str. 48, ☎ 82 46 73 10 (Mo-Do 9-12h), eeb-karlsruhe.de

Kulturzentrum jubez, Ateliers und Werkstätten für Fotografie, Kunst, Medien, Keramik, Holz- und Textilarbeiten sowie Musik, Tanz und Theater für Menschen von 6 bis 27 Jahren, 76133 Kronenplatz 1, ☎ 133-56 30, jubez.de

Karlsruher Netzwerk für Natur- und Umweltbildung, auf der zentralen Plattform für die Akteure der Natur- und Umweltbildung findet man zahlreiche Kurse und Angebote zu verschiedensten Umweltthemen für Alt und Jung,

karlsruhe.de/umwelt-klima/umweltbildung-engagement/betreute-angebote
Lauinger Verlag, bietet Schreibwerkstätten im Seminarraum des Bücherbüffet-Ladens, 76133 Kaiserstr. 58-60, ☎ 47 03 70 27 lauinger-verlag.de
Naturschutzzentrum Karlsruhe-Rappenwört, informiert in einer Dauer- und mehreren Wechselausstellungen über die Natur und den Naturschutz in der Region und bietet Führungen, Vorträge sowie Seminare an, 76189 Hermann-Schneider-Allee 47, ☎ 9 50 47-0, nazka.de
Sternwarten, die aktuellen Öffnungszeiten der Sternwarten findet man auf ihren Internetseiten, Volkssternwarte Karlsruhe auf dem Max-Planck-Gymnasium in Rüppurr, 76199 Krokusweg 49, avka.de; Sternwarte Linkenheim-Hochstetten auf dem Pausenhof der Grundschule Hochstetten, Schulstraße 15, 76351 Linkenheim-Hochstetten, ☎ 07247/71 26, sternwarte-linkenheim.de; Sternwarte Durmersheim, im Hof der Realschule Durmersheim (Schulstr. 4, 76448 Durmersheim), sternfreunde-durmersheim.de
UP Pamina-vhs, die deutsch-französische Bildungseinrichtung bietet zweisprachige Veranstaltungen für Teilnehmer aus der südlichen Pfalz, Baden und dem Elsass – auch in Karlsruhe finden Events statt (Französischkenntnisse sind nicht erforderlich), 2, Place des Carmes, F-67160 Wissembourg, ☎ 0033-388/94 95 64, up-pamina-vhs.org
vhs Karlsruhe [S. 197], Volkshochschule mit mehr als 3.500 buchbaren Veranstaltungen und über 44.000 Kursteilnehmern pro Jahr, 76133 Kaiserallee 12e, ☎ 9 85 75-0, vhs-karlsruhe.de
Waldpädagogik, Veranstaltungen, Exkursionen und Entdeckertage für Kinder und Erwachsene sowie Waldbaden oder auch Holzschnitz- und Brotback-Aktionen, 76131 Linkenheimer Allee 10, ☎ 133-73 54, waldpaedagogik-karlsruhe.de
WERKRAUM: Karlsruhe e. V. [S. 247], verbindet Themen und Genres aus den Bereichen Theater, Film und Soziales zu individuellen Projekten. Der Verein versteht sich als Initiator, Vermittler und Veranstalter von Kunst und Kultur und bietet auch Theaterspiel für Erwachsene an, 76131 Alter Schlachthof 1A, ☎ 56 84 10 30, werkraum-karlsruhe.de
Wirkstatt, vielfältiges Kursangebot zu Bereichen wie Tanz, Theater, Musik und Erzählkunst, 76133 Steinstr. 23, ☎ 37 80 75, wirkstatt.com
ZAK | Zentrum für Angewandte Kulturwissenschaft und Studium Generale am KIT, fächerübergreifendes wissenschaftliches und kulturelles Veranstaltungsprogramm (auch für Gasthörende) mit über 180 Veranstaltungen pro Semester in den interdisziplinären Themenfeldern Mensch & Gesellschaft, Natur & Technik, Kultur & Medien, Wirtschaft & Recht und Politik & Globalisierung sowie zahlreichen Veranstaltungen im Bereich Öffentliche Wissenschaft (ZAK-Talks, Colloquium Fundamentale, KIT im Rathaus u. a.), 76137 Rüppurrer Str. 1a, Haus B, ☎ 608-4 43 84, zak.kit.edu

TIPP

Toastmasters Karlsruhe, Club zur Förderung der Kommunikation und der Führungskompetenz. Infos zu Treffen (die aktuell zum Teil auch über Zoom stattfinden) des deutschsprachigen Clubs: toastmasters-karlsruhe.de

SCHULEN

Karlsruhe bietet mit rund 90 öffentlichen Schulen ein breites Angebot nahezu aller Schularten, abgerundet durch Schulen in freier Trägerschaft. Die Seite karlsruhe.de/bildung-soziales/liste-schulen führt alle schulischen Einrichtungen in Karlsruhe auf. Im Folgenden stellen wir daher lediglich ungewöhnliche Angebote aus dem schulischen Bereich vor. Die „Bildungsregion Karlsruhe", vertreten durch die Stadt Karlsruhe, das Regierungspräsidium und das Staatliche Schulamt, informiert zudem auf ihrer Internetseite bildungsregion-karlsruhe.de umfassend über hiesige Bildungsangebote von der Schule bis zum Beruf. Die kulturelle Bildung ist dabei ebenso Thema wie der Sport und die Integration.

Carlo Schmid Schule Karlsruhe [S. 202], die private berufliche Schule in Trägerschaft des Internationalen Bundes (IB) Baden bietet folgende Bildungsgänge: Sozial- und gesundheitswissenschaftliches Gymnasium mit den Profilen Soziales

element-i
Bildungshaus
Karlsruhe
www.element-i.de
• Kita, Grund- und Gemeinschaftschule in einem Haus
• durchgängige Pädagogik auf Basis des element-i Konzeptes
• Schwerpunkt MINT
• bilinguales Angebot
• Ganztagesangebot mit Vollverpflegung

und Gesundheit, kaufmännische und soziale Berufskollegs sowie Ausbildungen zum/-r Erzieher/-in und zum/-r Jugend- und Heimerzieher/-in. Neu sind die Berufsfachschule für Wirtschaft Plus (inklusive IHK-Ausbildung) und die Berufsfachschule für sozialpädagogische Assistenz (ehemals Kinderpflege), 76149 Ohiostraße 5, ☎ 92 13 54-10, carlo-schmid-schule.de

Freie element-i Grund- und Gemeinschaftsschule [S. 199], mit bilingualem, MINT-orientiertem Bildungsangebot, Ganztagsbetreuung auf der Basis der eigenen element-i-Pädagogik, in der sich die Pädagogen/-innen an den Interessen, Potentialen und Bedürfnissen der Kinder orientieren und sie darin bestärken, sich für die Gruppe zu engagieren, Infos: 76131 Konrad-Zuse-Str. 11-13, ☎ 0711/65 69 60-70 37, element-i.de

Europäische Schule, in dieser Ganztagsschule wird Multikulturalität großgeschrieben und der europäische Gedanke gelebt. Ein Schwerpunkt ist das Erlernen fremder Sprachen, deshalb wird der Unterricht von Muttersprachlern erteilt. 76139 Albert-Schweitzer-Str. 1, ☎ 68 00 90, es-karlsruhe.eu

Freie Aktive Schule Karlsruhe e.V., diese staatlich genehmigte Ersatzgrund- und -hauptschule mit Werkrealschulabschluss ging aus einer Elterninitiative hervor, die ihren Kindern das Lernen in entspannter Atmosphäre ermöglichen wollte. Das Konzept ist vor allem vom Respekt vor den individuellen kindlichen Entwicklungs- und Lernprozessen geprägt. 76149 Hermann-Höpker-Aschoff-Str. 3, ☎ 750 90 43, faska.de

Freie Waldorfschule Karlsruhe, die Unterrichtsgestaltung fußt auf dem pädagogischen Konzept des Anthroposophen Rudolf Steiner, das unter anderem schulnotenfreies Lernen vorsieht, 76139 Neisser Straße 2, ☎ 968 92-10, waldorfschule-karlsruhe.de

Ganztagsgrundschulen: Ein Überblick über die Ganztagsgrundschulen in Karlsruhe findet sich auf der Homepage der Stadt: karlsruhe.de/bildung-soziales/liste-schulen

Heinrich-Hertz-Schule, bietet im Bereich Elektro- und Informationstechnik ein großes Bildungsangebot der beruflichen Erst- und Weiterbildung sowie zur Fach(hoch)schulreife führender Bildungsgänge. Darüber hinaus kann in der zweijährigen

MERKUR-AKADEMIE

Seit 120 Jahren ist die Merkur-Akademie International Karlsruhe eine der führenden Privatschulen in der Region mit breitem Angebot, guten Kontakten zur Wirtschaft und ganzheitlichem Ansatz. Die Schüler profitieren von kleinen Klassen, persönlicher Betreuung, moderner Infrastruktur, zwei Sporthallen sowie Außensportanlagen und einer optimalen Vorbereitung auf Abschlussprüfungen – egal, ob Mittlere Reife, Fachhochschulreife oder eine schulische Berufsausbildung als International Management Assistant.

Die Ganztagsschule betreut die Schüler bis maximal 17.30 Uhr und bietet ein Umfeld, in dem die sozialen Fähigkeiten der Kinder gezielt entwickelt sowie sportliche, musikalische und künstlerische Talente gefördert werden. Zudem erweitern zahlreiche internationale Kooperationen die interkulturelle Kompetenz.

Merkur-Akademie International Karlsruhe, 76149 Erzbergerstr. 147, Tel. 13 03-0, www.merkur-akademie.de

Berufsfachschule der mittlere Bildungsabschluss erworben werden und im technischen Berufskolleg die Fachhochschulreife, 76135 Südendstr. 51, ☎ 133-48 48, hhs.karlsruhe.de

Johannes-Kepler-Privatschulen, die JKP ist eine staatlich anerkannte Ersatzschule mit Realschul- und Gymnasialzweig (G8), die nicht mehr als 20 Schüler je Klasse aufnimmt. Das Übungsangebot der Ganztagsschule umfasst Hausaufgabenbetreuung und soziale Aktivitäten. 76185 Daimlerstr. 7-11, ☎ 354 18 86, kepler-privatschulen.de

Kolping-Kolleg Karlsruhe [S. 168], richtet sich an Erwachsene, die auf dem zweiten Bildungsweg die Fachhochschulreife (zwei Jahre) oder die allgemeine Hochschulreife (drei Jahre) anstreben. Der Unterricht findet tagsüber statt, 76137 Karlstr. 115, ☎ 68 03 28 50, kolping-kolleg-karlsruhe.de

Merkur-Akademie International Karlsruhe [S. 200], siehe Artikel auf S. 202, 76149 Erzbergerstraße 147, ☎ 13 03-0, merkur-akademie.de

St.-Dominikus-Mädchengymnasium [S. 201], das Mädchengymnasium in Trägerschaft der Erzdiözese Freiburg bietet eine Lernumgebung, die durch christliche Werte geprägt ist. Die Fair-Trade-Schule vermittelt eine breit gefächerte Ausbildung und hat einen sport- und bewegungserzieherischen Schwerpunkt, 76133 Seminarstr. 5, ☎ 91 10 20, dominikus-gymnasium.de

TIPP

Agentur für Arbeit Karlsruhe-Rastatt [S. 48], Berufsberater unterstützen bei der Wahl aus über 300 Ausbildungsberufen und 18.000 Studiengängen. Im persönlichen Gespräch werden Interessen und Stärken analysiert sowie Hinweise für optimale Bewerbungen bzw. Tipps für Einstellungstests und Vorstellungsgespräche gegeben. Sie beraten zu Freiwilligendiensten im In- und Ausland und vermitteln Ausbildungsstellen. Die Beratung ist neutral, ergebnisoffen und kostenlos, 76135 Brauerstr. 10, ☎ 0800/455 55 00 (kostenlos), arbeitsagentur.de

Erlebnis-Pädagogik Abenteuer (EPA), der Kletter- und Hochseilgarten der AWO bietet für Schulen und andere Gruppen Klassentrainings und mehrtägige Kurse, die u. a. eine Verbesserung des Sozialverhaltens zum Ziel haben, 76227 Kieselweg 42, ☎ 35 48 97 57, epa.awo-karlsruhe.de

Naturschutzzentrum Karlsruhe-Rappenwört, themen- und projektorientierte Bildungsangebote im „Auenklassenzimmer" machen Naturphänomene erlebbar, 76189 Hermann-Schneider-Allee 47, ☎ 9 50 47-0, nazka.de

Schülerakademie Karlsruhe e. V. in Kooperation mit der Hector Kinderakademie Karlsruhe [S. 203], einem Netzwerk zur Förderung talentierter und interessierter Kinder und Jugendlicher mit den Schwerpunkten Naturwissenschaft und Technik, das von der Vorschule bis hin zum Abitur intensive, altersgemäße und abwechslungsreiche Nachwuchsförderung außerhalb der Schule anbietet, c/o Hans-Thoma-Schule, 76131 Markgrafen-

Hochschule Karlsruhe
University of
Applied Sciences
HKA
Praxis findest du hier
Du willst die Welt verändern? Hier lernst du alles, was du dazu brauchst: Klima, Wasser, Luft, Energie, Boden, Inflation, Big Data, Mobilität ...
www.h-ka.de

straße 42, ☎ 133-41 98, schuelerakademie-ka.de
Schulwegplanung: Tipps gibt das Stadtplanungsamt, ☎ 133-61 77; Schulwegpläne für alle Grundschulen sind unter karlsruhe.de/mobilitaet-stadtbild/mobilitaet/zu-fuss-in-karlsruhe-unterwegs/schulwegplaene-der-grundschulen und bei den jeweiligen Schulen zu finden – bei der Planung des Schulwegs mit dem Rad hilft die Seite radschulwegeplan.lgl-bw.de
Junior Slow Karlsruhe e. V., der Verein besucht Schulen und Kindergärten mit seinem Slowmobil und macht mit gemeinsamen Kochaktionen Appetit auf gesundes Essen aus regionalen Produkten, ☎ 78 15 41 23, slowmobil-karlsruhe.de
vogelmann-adventure [S. 273], bietet erlebnispädagogische Programme für Schulklassen sowie Teambuilding-Events (z. B. Floß- oder Seifenkistenbau) zur Steigerung von Teamfähigkeit und Kommunikation, Bruchsaler Str. 15, 75045 Walzbachtal, ☎ 07203/346 05 63 und ☎ 01520/179 30 67, vogelmann-adventure.de
Waldpädagogik, ist nach Anmeldung offen für alle Schulen und Kindergärten und bietet nach Absprache ein individuelles, lehrreiches Programm im Waldzentrum mit dem Waldklassenzimmer oder auch direkt im Wald, 76131 Linkenheimer Allee 10, ☎ 133-73 54, waldpaedagogik-karlsruhe.de
WERKRAUM: Karlsruhe e. V. [S. 247], vielfältige Theater- und Filmprojekte sowie Projekte der kulturellen Bildung an Schulen, 76131 Alter Schlachthof 1A, ☎ 56 84 10 30, werkraum-karlsruhe.de

SPRACHSCHULEN

eduGLOBAL, europäische Sprachen, Arabisch sowie Deutsch als Fremdsprache, auch Firmenkurse, Prüfungsinstitut für „TestDaF" und „telc" (europäische Sprachenzertifikate), 76133 Erbprinzenstr. 27+34, ☎ 203 99 90, eduglobal.de
Kern AG IKL, Kurse in allen Weltsprachen sowie interkulturelles Training und Sprachreisen, 76133 Kaiserstr. 84, ☎ 831 83 57-0, kerntraining.com
SprachenStudio Kast, Sprachkurse im zeitlich flexibel gestaltbaren Gruppen- und Einzelunterricht für Sprachen von Englisch und Deutsch bis hin zu Japanisch, Russisch oder Arabisch sowie Vorbereitungskurse für Sprachtests und -zertifikate, aber auch Nachhilfekurse in Sprachen ab Klassenstufe 5 beziehungsweise Vorbereitungskurse auf das Abitur, die Mittlere Reife und die EuroKom, 76199 Hinterm Dorf 36, ☎ 725 81 27, sprachenstudiokast.de
Stiftung Centre Culturel Franco-Allemand Karlsruhe, Französisch für Kinder, Schüler, Berufstätige und den Privatgebrauch, Sprachdiplome, interkulturelle Workshops, ein deutsch-französischer Stammtisch und eine französische Spielegruppe, 76133 Karlstr. 52-54, ☎ 1 60 38-0, ccfa-ka.de
vhs Karlsruhe [S. 197], Volkshochschule mit einem umfangreichen Angebot an Fremdsprachenkursen und Deutsch als Fremdsprache sowie Alphabetisierungskursen, 76133 Kaiserallee 12e, ☎ 9 85 75-0, vhs-karlsruhe.de

STUDIUM

AKADEMIEN, UNIS UND HOCHSCHULEN

An welchen Universitäten und Hochschulen bzw. in welchen Fächern in Baden-Württemberg vor Bewerbungsschluss noch Studienplätze frei sind, zeigt die Internetbörse des Wissenschaftsministeriums unter freie-studienplaetze.de

Duale Hochschule Baden-Württemberg Karlsruhe [S. 180], Baden-Wuerttemberg Cooperative State University – Studierende der Dualen Hochschule haben mit ihrem Studienplatz gleichzeitig einen Ausbildungsvertrag mit einem Partnerunternehmen in der Tasche. Während des Studiums wechseln sich Theoriephasen an der Hochschule und Praxisphasen im Unternehmen ab. Die Firmen zahlen während des Studiums eine Vergütung an die Studierenden. Die DHBW bietet 20 Bachelorstudiengänge in den Fakultäten Technik und Wirtschaft sowie dem Studienbereich Gesundheit an, 76133 Erzbergerstr. 121, ☎ 97 35-5, karlsruhe.dhbw.de
FOM Hochschule, die private Hochschule ermöglicht ein Präsenzstudium neben dem Beruf in staatlich und international anerkannten Bachelor- und Master-Studiengängen, die sich auf die Hochschul-

Interdisziplinär
Kunst, Design
& Theorie
studieren
Staatliche
Hochschule
für Gestaltung
Karlsruhe
www.hfg-karlsruhe.de

bereiche Wirtschaft & Management, Wirtschaft & Psychologie, Wirtschaft & Recht sowie Gesundheit & Soziales fokussieren, 76185 Zeppelinstraße 7b, ☎ 0800/195 95 95 (gebührenfrei), fom.de/karlsruhe

Hochschule für Musik Karlsruhe [S. 121], künstlerisch-wissenschaftliche Hochschule mit internationalem Profil und rund 620 Studierenden aus über 50 Nationen, Studienangebote: Orchesterinstrumente, Klavier, Gitarre, Blockflöte, Gesang, Orgel, Dirigieren, Komposition, Musiktheorie, Operngesang, Musikwissenschaft/Musikinformatik, Musikjournalismus für Rundfunk und Multimedia, Kultur-Media-Technologie, Zeitgenössische Musik Instrumental, Klavierkammermusik, Liedgestaltung, Künstlerisches Lehramt sowie ein Masterstudiengang „Musik, Theater, Regie", 76131 Am Schloss Gottesaue 7, ☎ 66 29-0, hfm-karlsruhe.de

Hochschule Karlsruhe (Die HKA) [S. 204], sie ist eine der größten und forschungsstärksten Hochschulen für angewandte Wissenschaften in Baden-Württemberg, macht durch exzellente Lehre sowie innovative Forschung auf sich aufmerksam – was sich in sehr guten Rankingergebnissen widerspiegelt – und arbeitet eng mit der regionalen und überregionalen Wirtschaft zusammen. Darüber hinaus steht sie für Vielfalt, Nachhaltigkeit und eine internationale Ausrichtung. Studieninteressierte können aus einem Spektrum von technisch-ingenieurwissenschaftlichen Studiengängen über Informatik- und Wirtschaftsstudiengänge bis hin zu unterschiedlichen Mediendisziplinen wählen. Das Studienangebot ist sehr praxisorientiert und international ausgerichtet, die Studierenden arbeiten in kleinen Gruppen und nachhaltigen Projekten, 76133 Moltkestr. 30, ☎ 925-0, h-ka.de

Hochschule Offenburg [S. 207], die Studierenden der Hochschule arbeiten in den Bereichen Technik, Wirtschaft und Medien. Sie tüfteln an Wasserstoff(zellen) und Solarzellen, programmieren Roboter, drehen Filme und sorgen dafür, dass Container von Venezuela nach Hamburg transportiert werden. Mehr als 4.000 junge Menschen aus dem In- und Ausland studieren an den Standorten in Offenburg und Gengenbach. In vier Fakultäten stehen 40 Bachelor- und Master-Studiengänge zur Auswahl. Zudem bietet das Einstiegssemester

„startING" Unentschlossenen einen Einblick in 19 Ingenieurstudiengänge, Badstraße 24, 77652 Offenburg, ☎ 0781/20 50, hs-offenburg.de

Hochschule Pforzheim – Gestaltung, Technik, Wirtschaft und Recht [S. 208], die Hochschule für Angewandte Wissenschaften in Baden-Württemberg mit über 6.000 Studierenden genießt in Forschung und Lehre einen sehr guten Ruf – eine enge Kooperation mit Unternehmen gewährleistet in 29 Bachelor- und 20 Masterstudiengängen eine praxisnahe Ausbildung, Tiefenbronner Straße 65, 75175 Pforzheim, ☎ 07231/285, hs-pforzheim.de

Karlshochschule International University Karlsruhe, versteht sich als interkultureller Begegnungsraum für seine derzeit 650 internationalen Studierenden – angeboten werden Bachelor- und Masterstudiengänge in den Bereichen Politics & Society, Psychology & Culture, Business & Societal Challenges bzw. Marketing & Management, 76133 Karlstr. 36-38, ☎ 48 09 50, karlshochschule.de

Karlsruher Institut für Technologie (KIT), die älteste Technische Hochschule Deutschlands besitzt ein vor allem durch Technik, Natur- und Ingenieurwissenschaften geprägtes Profil. Die Geistes-, Kultur- und Wirtschaftswissenschaften sind eng mit der Ingenieurausbildung verbunden und verleihen der „Fridericiana" einen universitären Charakter. Sie gilt als einer der wichtigsten Knotenpunkte des deutschen Wissenschaftsnetzes, 76131 Kaiserstr. 12, ☎ 608-0, kit.edu

Pädagogische Hochschule, die bildungswissenschaftliche Hochschule mit universitärem Profil und rund 3.600 Studierenden bietet lehramtsbezogene Bachelor- und Masterstudiengänge für die Grundschule und die Sekundarstufe I mit der Option „Profilstudiengang Europalehramt" an, Bachelorstudiengänge im Bereich der Frühpädagogik und der Sport- und Gesundheitspädagogik sowie konsekutive und berufsbegleitende Masterstudiengänge zur weiterführenden Qualifikation, 76133 Bismarckstr. 10, ☎ 925-3, ph-karlsruhe.de

SRH Fachschulen, bieten die Studiengänge Physiotherapie und Logopädie an, 76185 Benzstr. 5, ☎ 35 45-310, die-fachschulen.de

Staatliche Akademie der Bildenden Künste, Malerei/Grafik, Bildhauerei, Bachelor und Master of Fine Arts (Künstlerisches Lehramt mit Bildender Kunst) und ein Teilstudiengang „Intermediales Gestalten" für Lehramtsstudierende, 76133 Reinhold-Frank-Straße 67, ☎ 926-52 05, kunstakademie-karlsruhe.de

Staatliche Hochschule für Gestaltung Karlsruhe [S. 206], unter dem Motto „Study the Future" bietet die HfG Karlsruhe Studiengänge in Medienkunst, Kommunikationsdesign, Produktdesign, Ausstellungsdesign und Szenografie sowie Kunstwissenschaft und Medienphilosophie, 76135 Lorenzstr. 15, ☎ 82 03-0, hfg-karlsruhe.de

TUM Campus Heilbronn [S. 210], seit 2018 als Lehr- und Forschungsstandort der Technischen Universität München (TUM) am Bildungscampus in Heilbronn zu finden, bietet die TUM dank renommierter Professoren/-innen, kleiner Gruppengrößen und vielfältiger Angebote zur persönlichen Weiterentwicklung hervorragende Studienbedingungen für Pioniergeister und digital Denkende aus aller Welt. Zwei Bachelor- und zwei Masterstudiengänge an der Schnittstelle zwischen Management, Technologie und Informatik fokussieren Innovationen und den digitalen Wandel. Angesiedelt in einer der innovativsten Hightech-Regionen Europas und in der Heimat zahlreicher Weltmarktführer eröffnet der TUM Campus Heilbronn unterschiedlichste Networking-Möglichkeiten für beste Karriereaussichten. Infos unter tum-hn.de

AKADEMISCHE BERUFSBERATUNG

Agentur für Arbeit Karlsruhe-Rastatt [S. 48], das „Team für die Hochschulberatung" ist Ansprechpartner für alle berufsbezogenen Anliegen von Abiturienten/-innen und Studierenden, aber auch für die Partner aus Hochschule und Wirtschaft, und gibt Auskunft über betriebliche und schulische Ausbildungsberufe sowie Fachhochschul- und Hochschulberufe, 76135 Brauerstr. 10, ☎ 0800/455 55 00 (kostenfrei), arbeitsagentur.de

Studienförderung für Berufserfahrene, das Aufstiegsstipendium des Bundesbildungsministeriums richtet sich an Fachkräfte mit Berufsaus-

TUM School of Management
TUM Department of Informatics
Technische Universität München
TUM CAMPUS HEILBRONN
JETZT INFORMIEREN
tum-hn.de
FÜR DIGITALDENKENDE UND PIONIERGEISTER
STUDIENGÄNGE AM TUM CAMPUS HEILBRONN
Am innovativen TUM Campus Heilbronn verzahnen zwei Bachelor- und zwei Masterprogramme Technologie und Management. Informiere dich jetzt über unsere Wirtschafts- und Informatikstudiengänge und lerne, die Zukunft aktiv mitzugestalten.

bildung und Praxiserfahrung – es unterstützt ein erstes Hochschulstudium in Vollzeit oder berufsbegleitend, Infos: aufstiegsstipendium.de

AUSLANDS-AUFENTHALTE

AIESEC, diese studentische Vereinigung organisiert einen internationalen Praktikantenaustausch und fungiert so als Bindeglied zwischen internationalen Hochschulen und Unternehmen, 76131 Waldhornstr. 27, ☎ 98 61 41 58, aiesec.de/karlsuhe

IAESTE, die International Association for the Exchange of Students for Technical Experience organisiert für Studierende der Ingenieur-, Wirtschafts- und Naturwissenschaften Praktikantenplätze im Ausland. Dies gilt sowohl für KIT-Studierende als auch für Studierende der Hochschule Karlsruhe unter 30 Jahren, die das Vordiplom haben, 76131 Adenauerring 2, ☎ 608-4 49 12, IAESTE.de

International Students Office, ist Anlaufstelle für alle, die im Ausland studieren möchten, sowie für Studienbewerber aus dem Ausland, Mo, Mi-Fr 9-12h, 76131 Adenauerring 2, ☎ 608-4 49 11

BERATUNGSSTELLEN

AStA am KIT, bietet unter anderem Sozialberatung (sozial@asta-kit.de), Chancengleichheits- und Queerberatung (chg@asta-kit.de), Beratung für internationale Studierende (international@asta-kit.de); Sprechstunden siehe Homepage oder nach Vereinbarung unter der jeweiligen E-Mail-Adresse. Rechtsberatung: Mi ab 15h nach Anmeldung an der AStA-Theke, 76131 Straße am Forum 1 (AStA-Container), ☎ 608-4 84 60, asta-kit.de

Behindertenbeauftragter des Studierendenwerks, Studentenhaus, 76131 Adenauerring 7, ☎ 69 09-147 (Horst Brandschert)

Existenzgründungsberatung → *siehe S. 193, Rubrik „Existenzgründung"*

KIT-Beauftragte für Studierende mit Behinderung und chronischer Krankheit, Mo 14-17h, Di 9-12h und 14-17h, Mi 9-12h (Beratung ist nur mit Termin möglich), 76131 Engelbert-Arnold-Str. 2, ☎ 608-4 48 60, studiumundbehinderung.kit.edu

KIT Zentrale Studienberatung, Termine können für folgende Zeiten vereinbart werden: Mo, Di, Do 9-12h und 14-16h, Mi 14-17h, Fr 9-12h, offene Beratungen (ohne Voranmeldung) finden Mi 14-16.30h statt, 76131 Engelbert-Arnold-Str. 2 (Geb. 11.30), ☎ 608-4 49 30, sle.kit.edu/wirueberuns/zib.php

Psychotherapeutische Beratungsstelle, hier werden Probleme wie Arbeits- und Lernschwierigkeiten, Prüfungsangst, Kontakt-, Partner- und Selbstwertprobleme sowie psychosomatische und sexuelle Beschwerden ernst genommen und behandelt – Beratung und Therapie sind kostenlos, 76131 Rudolfstr. 20, ☎ 933 40 60, sw-ka.de

Studierendenwerk Karlsruhe, betreut die Studierenden in sozialen und wirtschaftlichen Fragen und berät im Rahmen des Zuständigkeitsbereichs in Rechtsfragen (☎ 69 09-109) sowie zum Thema Ausbildungsförderung, 76131 Adenauerring 7, ☎ 69 09-177. Zudem bietet das Studierendenwerk im International Students Center allgemeine Sozialberatung zu Themen rund ums Studium wie Informationen zu Sprachtandems, Patenschaftsprogrammen, Veranstaltungen und erste Infos für internationale Studierende, ☎ 69 09-204, sw-ka.de

Zentrum für digitale Barrierefreiheit und assistive Technologien, unterstützt und berät Studierende und Studieninteressierte mit Sehbehinderung und Blindheit, 76131 Engesserstraße 4, ☎ 608-4 27 60, access.kit.edu

KINDERBETREUUNG FÜR STUDIERENDE

Studierendenwerk Karlsruhe, betreibt zwei Kinderbetreuungseinrichtungen: das Kinderhaus Blumenland für Kids von 1 bis 6 Jahren, Betreuung: Mo-Fr 7.30-17.30h, 76133 Adlerstr. 26, ☎ 38 04 52, und die Tagesstätte Sternschnuppe für 2- bis 6-Jährige, Mo-Fr 7.30-17.30h, 76187 Hertzstraße 16, ☎ 608-4 45 11, allgemeine Infos zur Kinderbetreuung: ☎ 69 09-117, sw-ka.de/de/beratung/studieren_mit_kind

KIRCHLICHE STUDIERENDEN-GEMEINDEN

ESG, Evangelische Studierendengemeinde K'he, 76131 Gartenstr. 29a, ☎ 81 62 55, esg-karlsruhe.de

KHG, Katholische Hochschulgemeinde Karlsruhe,

76137 Hirschstr. 103, ☎ 93 10 20, khg-karlsruhe.de
Laetitia, Katholischer Studierendenverein, 76131 Kornblumenstr. 11, ☎ 69 80 82, kstv-laetitia.de

KULTUR AN DER UNI

→ *S. 212, Musik, bzw. S. 215, Tanz und Theater*

AFK, Akademischer Filmclub Karlsruhe, eine studentische Kulturgruppe, die sich dem Kinogenuss verschrieben hat und Filmvorführungen veranstaltet, aktuelle Infos siehe Homepage, 76128 Kaiserstr. 12, Hertz-Hörsaal, Gebäude 10.11, afk-filmkreis.de
AKK, der Arbeitskreis Kultur und Kommunikation kümmert sich im selbstverwalteten Kultur-Café um die Studierenden und organisiert Workshops, Konzerte und Filmvorführungen sowie themenbezogene Kneipenabende („Schlonze" genannt) im Alten Stadion – aktuelle Infos siehe Homepage. Weiter betreibt der AKK eine Werkstatt und ein Fotolabor. Studierende können sich zudem von der Lichterkette bis zum Mischpult Gerätschaften ausleihen, die man für Feste braucht. 76131 Paulckeplatz 1, ☎ 96 40-322, akk.org
Parkplatzfest, 30. Juni, von Studierenden organisiertes Open-Air-Event auf dem Parkplatz zwischen den Wohnheimen in der Willy-Andreas-Allee mit lokalen Bands, Speisen und Getränken zu fairen Preisen, Infos: parkplatzfest.de
Studentisches Kulturzentrum am KIT, bietet Theater und Konzerte, 76131 Adenauerring 7, ☎ 69 12 39, studentisches-kulturzentrum-am-kit.de
Unifest, das vom AStA und seinem Festkomitee seit Jahrzehnten organisierte Fest hat Kultstatus. Mitten auf dem KIT-Campus erwarten die Besucher im Juni kostenlose Konzerte, Kleinkunst, Shows und ein Kinderfest. Im Festkomitee können alle Studierenden mitmachen, Treffen finden immer Do um 19h statt, Infos: Kulturreferat AStA, ☎ 608-4 84 60, unifest-karlsruhe.de
Z 10, in studentischer Regie geführtes Freizeit- und Kulturzentrum mit Bar, Biergarten und Veranstaltungen, 76131 Zähringerstr. 10, ☎ 37 54 47, z10.info

LEKTORAT

Lektoratsservice Martina Leiber [S. 369], lektoriert und korrigiert wissenschaftliche Arbeiten, Bewerbungsunterlagen, Websites, Manuskripte und andere Texte aller Art und bietet Schreibberatung sowie Sprachförderung, 76137 Hirschstr. 79, ☎ 819 82 02, lektorat-leiber.de

MENSA

Infos zu Preisen und zum aktuellen Essensangebot sind unter sw-ka.de/de/essen zu finden.

Mensa Erzbergerstraße (Duale Hochschule), Mo-Do 7.45-15.30h, Fr 7.45-14h, Mittagessen 11.15-13.30h, 76133 Erzbergerstr. 121
Mensa Moltke: Mo-Fr 11.15-14.15h und Cafébar Moltke: Mo-Fr 11-15h, 76133 Moltkestr. 12; Cafeteria Moltkestr.: Mo-Do 7.30-16.30h, Fr 7.30-15h, Mittagessen Mo-Do 12-14h, Fr 11.30-13.30h, 76133 Moltkestr. 30
Mensa Schloss Gottesaue (Hochschule für Musik), Mo-Fr 9-15h, Mittagessen Mo-Fr 12-14h, 76131 Wolfartsweierer Str. 7a
Mensa am Adenauerring, Mo-Fr 11-14h, 76131 Adenauerring 7, Cafeteria am Adenauerring: Mo-Do 7.30-19.30h, Fr 7.30-16h, Abendessen in der Cafeteria Mo-Do 16-19.30h, 76131 Adenauerring 1, ☎ 69 09-234, Cafeteria Engesserstr.: Mo-Do 8.30-16h, Fr bis 15h, 76131 Engesserstr. 15, ☎ 69 09-239

MUSIK

Big Band der PH, Leiter: Herr Vincenzi, ☎ 925-3, ph-karlsruhe.de/campus/kultur-und-sport/bigband
Collegium Musicum, das studentische Sinfonieorchester des KIT spielt Klassik, Romantik und klassische Moderne, Informationen: Malte Westerhaus, ☎ 608-4 36 73, collegium-musicum.kit.edu
Kammerchor des KIT, Chormusik aller Epochen a cappella, mit Klavier und Orchesterbegleitung, Hr. Indlekofer, ☎ 608-4 56 49, kammerchor.kit.edu
Philharmonie des KIT, sinfonische Werke der Klassik, Romantik und des 20. Jahrhunderts, Nikolaus Indlekofer ☎ 608-4 56 49, philharmonie.kit.edu
Sinfonie- und Kammerorchester des KIT, musikal. Leitung: Tobias Drewelius, ☎ 0172/967 23 31, sinfonie-und-kammerorchester.kit.edu
Studio Vocale, Kammerchor, 76131 Essenweinstr. 26, ☎ 694218 (Hr. Pfaff), studio-vocale-karlsruhe.de

KIT-Big Band, klassisches Big-Band-Repertoire, Leiter: Dr. Günter Hellstern, Infos: bigband.kit.edu
Konzertchor des KIT, Lieder unterschiedlicher Stilepochen und geistlichen wie weltlichen Inhalts, Nikolaus Indlekofer, ☎ 608-4 56 49, konzertchor.kit.edu

POLITISCHE INITIATIVEN

GHG, grün-alternative Hochschulgruppe, quappe.org
Juso-Hochschulgruppe Karlsruhe, sozialdemokratische Hochschulgruppe, jusohsg-karlsruhe.de
LHG, liberale Hochschulgruppe, lhg-bw.de/karlsruhe
RCDS, Ring christlich-demokrat. Studenten, rcds.de

RECHENZENTRUM

Steinbuch Center for Computing (SCC), hier können alle Studierenden ein Benutzerkonto aktivieren und ein E-Mail-Postfach einrichten. Bei Fragen und Problemen hilft der ServiceDesk weiter, Beratungstheken (Mo-Fr 9-16.30h): Campus Süd, Geb. 20.21 (rote Theke im Erdgeschoss); Campus Nord, Geb. 441, Raum 165 (Mo-Fr 9-16.30h); Servicenummer ☎ 608-80 00 (Mo-Fr 8-17h), scc.kit.edu

RUNDFUNK UND TV

Der junge Kulturkanal – LernRadio, bildet Studierende zu Musik- und Kulturjournalisten aus und sendet Mo-Fr 7-12h und Mo-Do 17-22h sein von Studierenden erstelltes Programm (Musik, Features, Interviews) auf der Frequenz UKW 104,8 mHz (Kabel 100,2); Info: Hochschule für Musik, 76131 Am Schloss Gottesaue 7, ☎ 66 29-104, jungerkulturkanal.de, hfm-karlsruhe.de, lernradio.de

STUDENTENAUSWEISE

ISIC – International Student Identity Card, die ISIC ist ein international anerkannter Studierendenausweis. Zur Ausstellung des Ausweises sind Immatrikulationsbescheinigung, Personalausweis, Passbild und 15€ mitzubringen, Mo, Di, Do, Fr 11.30-14h, SSV, 76131 Straße am Forum 1 (AStA-Container), ☎ 608-4 84 60, asta-kit.de/service/isic

STUDIERENDENSPORT

Allgemeiner Hochschulsport PH, aktuelle Infos unter phka-stuve/ahs

Hochschulsport, bietet über 50 Sportarten von Basketball und Leichtathletik über Fechten und Unterwasserrugby bis hin zu Segeln und Tanzen. Die Anmeldung zu den Kursen erfolgt zu Semesterbeginn, 76131 Engler-Bunte-Ring 13 (Geb. 40.44), ☎ 608-4 32 33, sport.kit.edu/hochschulsport

STUDIERENDEN-VERTRETUNGEN

AStA am KIT, der Allgemeine Studierendenausschuss des KIT vertritt die politischen, sozialen und wirtschaftlichen Interessen der Studierenden. Neben einigen Beratungsangeboten gehören auch eine studentische Druckerei (gut geeignet für Abschlussarbeiten und Skripte, druckerei@asta-kit.de), eine kostenlose Werkstatt mit professioneller Ausstattung (Reservierung über werkstatt.akk.org, Schlüsselausgabe Mo, Di, Do, Fr 11.30-14h an der AStA-Theke gegen 50€ Kaution) sowie eine Fahrzeugvermietung (Transportervermietung ab 25€, Nicht-Studierende zahlen 10€ mehr) zum Aufgabenbereich der Studierendenvertretung. Zudem bietet sie Deutschkurse an und veranstaltet das Unifest. Der AStA vertritt die 25.000 Studierenden gegenüber der Hochschule, der Politik und der Gesellschaft. 76131 Straße am Forum 1 (AStA-Container), ☎ 608-4 84 60, asta-kit.de
AStA der Hochschule Karlsruhe, der allgemeine Studierendenausschuss der Hochschule kümmert sich um soziale, kulturelle und hochschulpolitische Belange sowie um überregionale und internationale Studentenbeziehungen. Darüber hinaus ist er Ansprechpartner bei Fragen, Problemen und Anregungen. AStA Hochschule: 76133 Moltkestraße 30, ☎ 925-28 68, fachschaft-ka.de/asta
Studierendenwerk Karlsruhe, zum Studierendenwerk gehören das Amt für Ausbildungsförderung, die Kinderbetreuung, die psychotherapeutische Beratungsstelle, die Rechtsberatung, Mensen und Cafeterien sowie die Studentische Kulturförderung, das International Student Center, Studierendenwohnheime und die Zimmervermittlung, 76131 Adenauerring 7, ☎ 69 09-0, sw-ka.de
Studierendenvertretung der Pädagogischen Hochschule KA, Sekretariat: Mo-Fr 9-14h, 76133

Bismarckstr. 10, ☎ 925-40 75, phka-stuve.de

STUDENTISCHE INITIATIVEN

Akademische Fliegergruppe am KIT e. V., Flugsportgruppe, 76187 Hertzstr. 16, ☎ 608-4 20 44, akaflieg-karlsruhe.de

PionierGarage, eine studentische Gründungsinitiative, die aktiv die Gründung innovativer Unternehmen fördert, Infos: pioniergarage.de

„WollWerk", Initiative von KIT-Studierenden, die gemeinsam mit Senioren in wöchentlichen Treffs für soziale Zwecke Mützen stricken, wollwerk.org

TANZ & THEATER

Tanzkurse, Mi ab 20.15h findet an der Uni im AKK ein kostenloser Tanzkurs statt (WS: Anfängerkurs, SS: Aufbaukurs) und So 18.30-20.30h wird ein Übungsabend für Standard- und lateinamerikanische Tänze im Alten Stadion veranstaltet sowie Mo ab 20h ein Tango-Argentino-Kurs und ab 21h eine Tango-Argentino-Milonga, Infos: akk.org/tanzen

Uni-Tanzorchester, Infos: uni-tanzorchester.de

UniTheater Karlsruhe e. V., ☎ 69 12 39 und ☎ 662 47 37, unitheater.de

WOHNEN

Die Wohnungslage ist zu Semesterbeginn sehr angespannt. Wohnungsangebote findet man nicht nur online, sondern auch an Schwarzen Brettern am KIT und an den Hochschulen sowie in hiesigen Printmedien wie den Badischen Neuesten Nachrichten und der Badischen Woche. Zur Not steht die Jugendherberge bereit: ☎ 2 82 48.

Studierendenwerk Karlsruhe, führt eine Kartei mit privat vermietetem Wohnraum, die Mo-Fr täglich um etwa 11h aktualisiert wird, die Angebote können auch online abgerufen werden unter sw-ka.de/de/wohnen/zimmervermittlung, 76131 Adenauerring 7, ☎ 69 09-192, sw-ka.de

Eine preiswerte Form des Wohnens bieten Wohnheime (im Schnitt rund 250 Euro für ein Zimmer). Die 25 Wohnheime des Studierendenwerks finden sich unter sw-ka.de/de/wohnen, weitere Anbieter von Wohnheimen sind:

Domus 7, 76131 Willy-Andreas-Allee 7, ☎ 2 46 71, domus7.org

Hermann-Ehlers-Kolleg, evangelisches Wohnheim, 76131 Willy-Andreas-Allee 1, ☎ 86 95-10 01, hek.whka.de

Evangelisches Studentinnen-Wohnheim, 76199 Rastatter Str. 50a, ☎ 89 03 38

Familienheim Karlsruhe, verwaltet die Studierendenwohnheime in der 76131 Georg-Friedrich-Str. 19, 76137 Luisenstr. 93, 76185 Gellertstr. 41 und am 76185 Peter-und Paul-Platz 5+5a, das Haus Sonnensang (76133 Moltkestr. 5a und Wörthstr. 2), die Sophienstudios (76133 Sophienstr. 27-31) und die Wohnanlage Gritzner-Zentrum (76227 An der RaumFabrik 2), Infos: Familienheim Karlsruhe, 76185 Hardeckstr. 9, ☎ 570 01 57

Hans-Dickmann-Kolleg, 76131 Klosterweg 28, ☎ 69 04-78 47, hadiko.de

HFK, Hans-Freudenberg-Kolleg, 76139 Schneidemühlerstr. 25, ☎ 68 32 64, hfk-online.de

Kathol. Studentenwohnheime, 76131 Willy-Andreas-Allee 3+5, ☎ 01578/062 68 84, abh.whka.de

Kolleg am Ring, in Selbstverwaltung, 76131 Adenauerring 6, kar.whka.de

Studenten-Hochhaus „Die Insterburg", 76139 Insterburgstr. 2, insterburg.org

Studentenwohnheim Hans-Wolfgang-Heidland-Haus, 28 Wohneinheiten mit 129 Zimmern, 76131 Weechstr. 1, ☎ 167-273, weechstrasse.de

Wer sich die Miete sparen möchte und über eine hilfsbereite, umgängliche Ader verfügt, für den ist die Wohnpartnerbörse eine clevere Alternative:

Wohnpartnerbörse der Paritätischen Sozialdienste: Man lebt kostenlos im Haushalt einer hilfsbedürftigen Person oder Familie und unterstützt diese zum Beispiel bei Haushaltsarbeiten oder beim Einkaufen. Je Quadratmeter Wohnfläche fällt im Monat etwa eine Stunde Hilfeleistung an, 76149 Kanalweg 40/42, ☎ 9 12 30-34, paritaet-ka.de

WOHNGELD

Liegenschaftsamt, Studierende, die keinen Grundanspruch auf BAföG haben, können Wohngeld beantragen, 76133 Lammstr. 7a, ☎ 133-64 70

ERNÄHRUNG

BACKWAREN

Die **Badische Backstub'**, Ettlinger Familienunternehmen mit klassischem Bäckereisortiment und Konditoreiwaren aus der eigenen Backstube, Kaffee sowie Snacks. In Karlsruhe und Umgebung gibt es 31 Standorte, die meisten sind auch sonntags geöffnet, Betriebssitz: Rudolf-Plank-Str. 29, 76275 Ettlingen, ☎ 07243/52 42-0, badische-backstub.de

Bäckerei Meier, Backwaren aus eigener Herstellung, Mo-Fr 6-18h, Sa 6-12.30h, 76135 Goethestr. 31, ☎ 831 51 37; 76135 Sophienstr. 99, ☎ 91 17 00 15; 76133 Gartenstraße 8, ☎ 352 49 01; 76137 Jollystraße 27, ☎ 81 31 52; 76227 Westmarkstr. 76a, ☎ 0178/813 26 66, und 76189 Staufenbergweg 2, ☎ 56 87 67 99, baeckerei-meier.com

Bäckerei Schmidt, Bäckerei mit Backstube im Ladengeschäft, klassischem Bäckereisortiment und veganen Backwaren, Mo-Sa 8-18h, 76133 Ritterstr. 7, ☎ 66 99 29 00, baeckerei-schmidt-karlsruhe.de

Café Kehrle, Konditorei-Café mit hausgemachten Backwaren, Di-Sa 9-18h, So+Fei 12-17.30h, (im Juni, Juli und August So geschlossen), 76227 Pfinztalstr. 35-37, ☎ 49 46 32, cafe-kehrle.de

Confiserie Endle, traditionsreiche Patisserie und Confiserie, 76133 Kaiserstr. 241a, ☎ 2 46 78, endle.de

Fasanenbrot Vollkornbäckerei, Vollkornbrot und Backwaren aus rein biologischen Zutaten, Lorenzstr. 7, 76297 Stutensee-Blankenloch, Mo-Fr 7.30-18h, Sa 7.30-13h, ☎ 07244/737 25 01; Filiale Durlach: Mo-Fr 7.30-18h, Sa 7.30-13h, 76227 Pfinztalstr. 59, ☎ 40 33 44, und samstags auf dem Markt am Gutenbergplatz, fasanenbrot.de

Lörz, Bäckerei, Konditorei und Café, 76185 Hardtstr. 10, ☎ 9 52 45-0; Filialen: 76185 Rheinstr. 15, ☎ 9 52 45-15; 76185 Rheinstr. 24, ☎ 9 52 45-24; 76133 Kaiserallee 65, ☎ 9 52 45-65, baecker-loerz.de

Mary Poppins, Konditorei-Café und Bäckerei, Di-So 8-18h, 76133 Kaiserallee 51a, ☎ 85 85 93

Neff, Bäckerei und Konditorei mit etwa 18 Filialen in Karlsruhe, Zentrale: 76189 Koellestraße 10, ☎ 9 50 00-0, baeckerei-neff.de

Pâtisserie Ludwig, feine Patisseriespezialitäten wie Törtchen, Macarons und Eclairs sowie Croissants, Baguettes, Quiches und Brioches, 76133 Herrenstraße 27 und 76137 Am Stadtgarten 15, ☎ 0179/178 12 72, patisserie-ludwig.de

Spezialitäten-Bäckerei Ana & Anda, Bio-Bäckerei mit natursüßem Brot, Kuchen, Torten und Feingebäck, Di-Fr 10-18h, Sa 10-16h, 76133 Akademiestr. 48, ☎ 384 16 84, baeckerei.anaundanda.de

Visel, Bäckerei-Konditorei, auch So 8-11h geöffnet, 76131 Gottesauer Str. 3, ☎ 627 59 47; 76131 Veilchenstr. 15, ☎ 61 56 41 (So geschlossen); 76131 Rudolfstr. 11, ☎ 69 81 58; 76131 Tullastr. 63, ☎ 61 56 69; 76139 Leipziger Allee 16, ☎ 68 91 06; 76139 Königsberger Str. 2g, ☎ 68 27 04; baeckerei-visel.de

Wiener Feinbäckerei Heberer, 76133 Kaiserstraße 150, ☎ 203 26 44, Mo-Fr 6-20h, Sa 7-20h, So 8-15h; 76133 Kaiserstr. 181-183, ☎ 160 67 97, Mo-Sa 7-18h; 76137 Hauptbahnhof Karlsruhe, ☎ 38 61 78, täglich 6-20h, heberer.de

ERNÄHRUNGS-BERATUNG

Ernährungsberater Dr. Sven Eiselein, der zertifizierte Ernährungsberater und promovierte Biochemiker bietet individuelle, nachhaltige Ernährungsberatung auf dem neuesten Stand der Wissenschaft (auch für Firmen) sowie Beratung zur optimalen Sportlerernährung, 76131 Hermine-Villinger-Str. 8, ☎ 0157/53 64 95 78, ernaehrungsberater-karlsruhe.de

Naturheilpraxis Susanne S. Bürkert [S. 381], Metabolic-Balance-Beraterin, kostenlose Erstberatung nach telefonischer Voranmeldung, Hauptstr. 23, 76297 Stutensee-Blankenloch, ☎ 07244/94 66 62, naturheilpraxis-buerkert.de

Pilzberatung, Mo 17-19h in der Pilzsaison (je nach Witterung etwa ab Anfang August bis Ende Oktober) können sich Pilzsammler vor dem Westeingang des Pavillons hiner dem Naturkundemuseum kostenlos von Experten hinsichtlich ihrer Pilzfunde beraten lassen, pilze-karlsruhe.de

ONLINE-TIPP

bzga-essstoerungen.de, die Bundeszentrale für gesundheitliche Aufklärung informiert über Essstörungen, Beratungstelefon ☎ 0221/89 20 31
karlsruhe-vegan.org, Tipps und Veranstaltungen zur veganen Ernährung in Karlsruhe und Ettlingen
lebensmittelklarheit.de, auf diesem Internetportal der Verbraucherzentralen können sich Verbraucher über Lebensmittel und ihre Kennzeichnung informieren sowie Produkte melden, bei denen sie sich von den Herstellern getäuscht fühlen

ESSIG, ÖL, KRÄUTER & GEWÜRZE

Bio-Gewürzmanufaktur culinarico [S. 218], bringt alle Gerüche der Welt nach Hause – in der Bio-Gewürzmanufaktur werden täglich Gewürzmischungen in bester Bio-Qualität und ohne Zusätze produziert. Das Sortiment umfasst über 400 Produkte, darunter eigene Gewürzmischungen, exklusive Pfeffer, ausgefallene Salze und Gewürze, Grillgewürze, Kräuter, Blüten, Zucker, Tees und vieles mehr. Alle Dosen werden von Hand in kleinen Chargen abgefüllt. Öffnungszeiten siehe Homepage, 76189 Industriestr. 2, ☎ 62 76 56 78, culinarico.de
Durlacher Pestoria, bietet Olivenöle aus ökologischer Produktion und eine große Auswahl an Essigsorten, 76227 An der Raumfabrik 1, ☎ 97 65 92 40, durlacherpestoria.de
el corazón, Aperitif- und Balsamessige, Vinaigrettes, Essig-Spezialitäten, hochwertige und aromatisierte Öle (auch ökologisch), Gewürze aus aller Welt sowie ausgewählte Salze und Kräuter von Soulspice (bio und Fair Trade), 76133 Waldstr. 21, ☎ 0174/201 77 50, feinkost-karlsruhe.de
Ginger Juice Company GmbH, direkt gepresste Ingwersäfte, Friedrichstraße 17, 76437 Rastatt, ☎ 07222/2 40 59, ginger-juice-company.de
Kräuterweisheiten, Kräuterwanderungen und Vorträge, 76228 Fuchsbau 27, ☎ 47 63 96 52, kraeuterweisheiten.de
Kräuterladen, offene Kräuter und Gewürze, 76227 Pfinztalstr. 43, ☎ 40 29 46, kraeuterladen-durlach.de

La Perla del Gusto [S. 226], Essige und Öle wie Oliven-, Haselnuss-, Leindotter- oder Arganöl sowie Gewürze, Gewürzmischungen, Salze und Pfeffer, Mi 14-18h, Do 9-12.30h und 14-18.30h sowie nach Vereinbarung, Gartenstr. 3, 76676 Graben-Neudorf, ☎ 07255/900 08 61, laperladelgusto.de

Ölmühle Conrath, kleine Ölmühle mit kalt gepressten nativen Ölen aus naturbelassenen Saaten und Nüssen, Verkauf Sa 9-13.30h auf dem Markt im Waldstadt-Zentrum, 76139 Neisser Straße 12, ☎ 968 34 15, oelmuehle-conrath.de

Mansuris, importiert marokkanisches Arganöl aus traditioneller schonender Handpressung sowie Schwarzkümmelöl und Arganöl-Naturkosmetik, 76131 Essenweinstr. 27, ☎ 660 97 36, mansuris.de

VomFASS [S. 217], große Auswahl an offenen Essigen und Ölen wie Balsam-Essige vom Bodensee oder exklusive Aperitif-Essige. Das breite Sortiment an Nussölen stammt von einer 200 Jahre alten Mühle aus Frankreich, die Olivenöle werden in Italien, Spanien und Griechenland nachhaltig von kleinen Bauerngemeinschaften produziert. Alle Essige und Öle können vor Ort probiert werden, gelegentlich finden Essig-Öl-Verkostungen statt, 76133 Douglasstr. 22, ☎ 95 97 95 00, vomfass.de/karlsruhe

FEINKOST

Anton Mei [S. 219], verkauft seine original Schwarzwälder Bauernhof-Spezialitäten wie etwa Schwarzwälder Tannenrauchschinken, Schwarzwälder Wurst- und Räucherwaren, schwäbische Maultaschen sowie frisches Fleisch vom Schwarzwald-Bauernhof auf den Wochenmärkten am Durlacher Saumarkt (Sa), in Neureut (Fr), der Waldstadt (Mi, Fr, Sa) und auf dem Gutenbergplatz (Do), Vorbestellung unter ☎ 0176/82 40 54 50

Catch, Feinkost, Weine und Genussboxen, Do+Fr 11-18h, Sa 10-15h, 76227 Grötzinger Straße 42, ☎ 0176/74 58 10 83, catch-kocht.com

Bio-Gewürzmanufaktur culinarico [S. 218], bringt alle Gerüche der Welt nach Hause – in der Bio-Gewürzmanufaktur werden täglich Gewürzmischungen in bester Bio-Qualität und ohne Zusätze produziert. Das Sortiment umfasst über 400 Produkte, darunter eigene Gewürzmischungen, exklusive

Pfeffer, ausgefallene Salze und Gewürze, Grillgewürze, Kräuter, Blüten, Zucker, Tees und vieles mehr. Alle Dosen werden von Hand in kleinen Chargen abgefüllt. Öffnungszeiten siehe Homepage, 76189 Industriestr. 2, ☎ 62 76 56 78, culinarico.de

Da Serio, italienische Delikatessen, Weine und Präsente sowie Partyservice, Mo-Fr Mittagstisch, 76133 Karlstr. 42-44, ☎ 2 68 03, daserio.de

Durlacher Pestoria, über 200 Delikatessen wie hausgemachtes Pesto, Pasta und Weine aus Spanien und Italien, 76227 An der Raumfabrik 1, ☎ 97 65 92 40, durlacherpestoria.de

Hocks fein & kostbar [S. 218], Käse aus Frankreich, Salami, Oliven, ausgewählte Weine und Champagner, auf Bestellung gibt es Genussboxen und von Mai bis September Picknickkörbe, gelegentlich finden Verkostungen statt, 76227 Pfinztalstr. 6, ☎ 49 04 81 98, hocks-feinundkostbar.de

Karstadt, Lebensmittelabteilung im UG, 76133 Kaiserstr. 147-159, ☎ 91 02-0, karstadt.de

Kleine Feinschmeckerei [S. 219], Antipasti, Pestos, Fruchtaufstriche, Chutneys, Senf, Desserts, Liköre, Kaffeesirup, Fruchtsäfte, Limonaden und mehr – die Produkte stammen zu 70 Prozent aus eigenem unbehandeltem Anbau, Mo 10.30-14h, Di-Fr 9.30-18h, Sa 9.30-14h, 76227 Amthausstr. 7, ☎ 0157/88 47 52 57, kleinefeinschmeckerei.de

La Bottega di Moretto, kleiner italienischer Spezialitätenladen mit Pasta, besonderen Ölen, italienischen Weinen, Dolce und einem Mittagstisch, 76137 Karlstraße 120, ☎ 161 34 75, labottega-moretto.de

La Perla del Gusto [S. 226], Antipasti, Meeresfrüchte, Fisch, Nüsse und Nussprodukte, Pestos, Schokoladen, Pralinen, Trüffel-Spezialitäten, Weine und vieles mehr gibt es online sowie im Laden, Mi 14-18h, Do 9-12.30h und 14-18.30h sowie nach Vereinbarung, Gartenstr. 3, 76676 Graben-Neudorf, ☎ 07255/900 08 61, laperladelgusto.de

Tarbiana, Spezialist für den Vertrieb frischer Trüffel und Trüffelprodukte sowie italienischer Qualitätsprodukte wie piemontische Haselnüsse, Weine, Destillate und Liköre, auch im Online-Shop, 76135 Goethestr. 23, ☎ 96 49 61 99, italialize.me

VomFASS [S. 217], ausgewählte Essige und Öle, fruchtige Chutneys, herzhafte Senfvariationen, Antipasti, Knabbereien, original italienische Pasta und eine große Spirituosen-Auswahl, 76133 Douglasstr. 22, ☎ 95 97 95 00, vomfass.de/karlsruhe

GETRÄNKE

BRAUEREIEN/BIER

Andreasbräu, Gasthausbrauerei mit saisonalen Aktionsbieren, Donauring 71a, 76344 Eggenstein-Leopoldshafen, ☎ 07247/96 32 00, andreasbraeu.de

Badisch Brauhaus [S. 282], Hausbrauerei auf mehreren Ebenen mit selbstgebrauten Bierspezialitäten und deftiger Küche, 76133 Stephanienstraße 38-40, ☎ 144-44 00, badisch-brauhaus.de

Bierothek, Craftbeershop, Mo-Sa 12-20h, 76131 Kaiserstr. 53, ☎ 82 10 69 97, bierothek.de

Brauhaus Kühler Krug, geräumige Brauereigaststätte mit unfiltriertem Bier und großer Terrasse am Flüsschen Alb, 76135 Wilhelm-Baur-Str. 3a, ☎ 831 64 16, brauhaus-karlsruhe.com

Christophbräu-Hausbrauerei, saisonale Biere und eigener Apfelsaft, Alois-Degler-Str. 3, 76571 Gaggenau, ☎ 07225/7 03 93, christophbraeu.de

Hatz-Moninger GmbH, 76185 Durmersheimer Straße 59, ☎ 57 02-0, hatz-moninger.de

Privatbrauerei Hoepfner, älteste hiesige Brauerei mit über einem Dutzend Biersorten, 76131 Haid-und-Neu-Str. 18, ☎ 61 83-0, hoepfner.de

Lindenbräu, urige Gasthausbrauerei mit Pils, Weizen, Bockbieren und deftigen Mahlzeiten, Stuttgarter Str. 43, 76337 Waldbronn-Reichenbach, ☎ 07243/65 28 81, lindenbraeu-waldbronn.de

Pöbelbräu, kleine, von drei Bierfans in einer Ettlinger Garage gegründete Brauerei, 76137 Winterstr. 38, ☎ 0157/74 70 70 47, poebelbraeu.com

Vogelbräu [S. 290], die erste Karlsruher Hausbrauerei bietet rund 20 saisonal wechselnde Bierspezialitäten im Jahr, 76131 Kapellenstr. 50, ☎ 605 43 86 60, vogelbraeu.de

Vogel Hausbräu Durlach [S. 290], Hausbrauerei mit Brauereiturm für Besichtigungen und hauseigener Brennerei für Whisky und Bierbrände, 76227 Amalienbadstr. 16, ☎ 81 96 80, vogelbraeu.de

Vogel Hausbräu Ettlingen [S. 290], in ehemaligen Kinoräumen eingerichtete Hausbrauerei mit Empore und Wintergarten, Rheinstraße 4, 76275 Ettlingen, ☎ 07243/56 17 20, vogelbraeu.de

GETRÄNKEMARKT/ GETRÄNKELIEFERUNG

Getränke Ball [S. 220], Getränkelieferungen für den Privatgebrauch, Firmen und Veranstaltungen, 76199 Lange Str. 7, ☎ 89 03 93, getraenke-ball.de

Getränkemarkt Dahse, Boschstr. 4, 76344 Eggenstein-Leopoldshafen, ☎ 78 31 66 22, sprudelmannheimathafen.de

KAFFEE

Espresso + More, große Auswahl an Kaffee- und Espressoröstungen, 76135 Uhlandstr. 38/Ecke

Sophienstr., ☎ 831 52 44, espressoandmore.de
espresso tostino, Bio-/Spezialitätenkaffees, Zubehör und ein Café direkt vor Ort, Mo-Sa 10-18h, 76131 Alter Schlachthof 29a, ☎ 13 27 86 91, tostino.de
ETTLI [S. 293], seit 1932 röstet die Traditionsrösterei und „Rösterei des Jahres 2019 und 2020" (Deutschland-Test) am Standort Ettlingen mehr als 250 Tonnen Kaffee pro Jahr. Zu den bekanntesten Kaffees gehören Allrounder wie der „Roma Forte", die direkt und fair gehandelten Spezialitätenkaffees „Ohana" und die monatlich wechselnden Projektkaffees. Filiale Karlsruhe: 76133 Erbprinzenstr. 28, ☎ 85 14 66 12, Filiale Ettlingen: Leopoldstr. 30, 76275 Ettlingen, ☎ 07243/58 99 80, ettli.de
Good Karma Coffee [S. 221], verkauft Kaffee aus direktem Handel, fast ohne Zwischenhändler, 76228 Elsa-Brandström-Str. 8, ☎ 97 68 24 76, goodkarmacoffee.de
Q Kaffee, in der offenen Rösterei mit Kaffeebar werden im traditionellen Trommelröstverfahren hochwertige biozertifizierte Rohkaffees weiterverarbeitet, 76227 Ottostr. 5a, ☎ 96 49 92 29, qkaffee.de
Tchibo, Kaffeeröster mit wechselndem Zusatzangebot vom Geschirr bis zu Strandkörben oder Reisen; Zentrale: ☎ 0800/300 01 11
76133 Kaiserstr. 199,
76133 Kaiserstr. 217,
76185 Rheinstr. 32,
76227 Pfinztalstr. 17, tchibo.de
Trova il Tempo, Espresso und Kaffee vom Kaffeehaus Hagen sowie Omkafè, 76227 Zunftstr. 3, ☎ 204 26 76, trova-il-tempo.de
Weltladen, führt fair gehandelten Kaffee, Espresso und Cappuccino aus biologischem Anbau, z. B. Karlsruher „Fächerkaffee" aus dem ostafrikanischen Burundi, 76133 Kronenstr. 21, ☎ 3 20 50, aewev.de

SPIRITUOSEN

Breaks Spirituosen, traditionell hergestellter, per Hand abgefüllter Gin aus Karlsruhe mit ungewöhnlichen Gewürzzusammenstellungen und milder Note, 76227 Ottostr. 1b, ☎ 95 29 75 00, breaks-gin.de
Edelbrennerei Spinnerhof, Edelbrände und Liköre wie Dry Gin, Vogelbeerengeist und Zwetschgenlikör, Am Schloßberg 8, 77887 Sasbachwalden, ☎ 07841/36 09, spinnerhof.de, shop.spinnerhof.de
el corazón, Gin, Whisky, Rum, Edelbrände, Portweine, Sherry, Wermut, Brandy, Wodka, Tequilla, Mezcal und mehrere Liköre, 76133 Waldstr. 21, ☎ 0174/201 77 50, feinkost-karlsruhe.de
Heiko Hoos Spirituosen, eigenhändig produzierter und in kleinen Mengen abgefüllter Gin mit 15 biologisch angebauten Kräutern, 76137 Werderstr. 34a, ☎ 629 67 40, hoos-london-gin.de
Keller's Erlebnisgastronomie [S. 75], Brände und Liköre aus eigener Herstellung sowie nach Anmeldung Verkostungen und Schaubrennen, Weierbachsiedlung 8, 76703 Kraichtal-Menzingen, ☎ 07250/9 23 87
Kammer-Kirsch, die Karlsruher Traditionsdestillerie brennt Obstbrände, Whiskey und Gin, Mo-Do 9-12h und 14-16h, Fr 9-12h, 76185 Hardtstr. 35-37, ☎ 9 55 51-0, kammer-kirsch.de
La Perla del Gusto [S. 226], Grappa, Gin, Liköre und Wein, Mi 14-18h, Do 9-12.30h und 14-18.30h sowie nach Vereinbarung, Gartenstr. 3, 76676 Graben-Neudorf, ☎ 07255/900 08 61, laperladelgusto.de

Staatsweingut Karlsruhe-Durlach, Edelbrände wie Mirabelle, Wildkirsche, Weinbrand, Traubenlikör und Gin, Mo, Mi, Fr 8.30-12.30h, Di+Do 15-19h und jeden 1. Sa im Monat 10-14h (außer Januar & August) sowie an allen Adventssamstagen 10-14h, 76227 Posseltstr. 19, ☎ 94 05 70 turmbergwein.de

Tarbiana, ausgewählte, mehrfach ausgezeichnete italienische Liköre, Grappa, Franciacorta und Weine, auch im Online-Shop, 76135 Goethestr. 23, ☎ 96 49 61 99, italialize.me

Vogelbräu [S. 290], brennt die Baden-Single-Malt-Whiskys „Eagle" und „Black Bird" sowie Bierbrände und Kräuterbitter, 76131 Kapellenstraße 50, ☎ 605 43 86 60; 76227 Amalienbadstraße 16, ☎ 81 96 80, und Rheinstr. 4, 76275 Ettlingen, ☎ 07243/56 17 20, vogelbraeu.de

VomFASS [S. 217], führt eine große Auswahl an Spirituosen direkt vom Fass wie Gin, Grappa und außergewöhnliche Whiskys, zudem gibt es saisonal wechselnde Liköre, Rum, Cognac, Brände und Wein – alle Spirituosen können vor Ort verkostet werden, gelegentlich finden Tastings statt, 76133 Douglasstr. 22, ☎ 95 97 95 00, vomfass.de/karlsruhe

TEE

Daxlander Teelädle, Mo-Sa 9-13.30h, 76189 Pfalzstr. 17, ☎ 609 55 39, daxlander-teelädle.de

ETTLI [S. 293] bietet über 160 verschiedene Teesorten: Neben klassischen schwarzen und grünen Tees gibt es zahlreiche aromatisierte Sorten und eine Auswahl an Rooibusch- und Früchtetees sowie Kräuterteespezialitäten. Für seine hohe Nachhaltigkeitsreputation wurde das Unternehmen mit dem Titel „Umweltchampion 2021" (FAZ) ausgezeichnet, Filiale Karlsruhe: 76133 Erbprinzenstr. 28, ☎ 85 14 66 12, Filiale Ettlingen: Leopoldstr. 30, 76275 Ettlingen, ☎ 07243/58 99 80, ettli.de

Good Karma Coffee [S. 221], Spezialitätentee aus China – reine Sorten von weißem, schwarzem und grünem Tee, die jenseits der Massenproduktion angebaut werden, 76228 Elsa-Brandström-Str. 8, ☎ 97 68 24 76, goodkarmacoffee.de

Kräuterladen, über 160 Teesorten, 76227 Pfinztalstr. 43, ☎ 40 29 46, kraeuterladen-durlach.de

Tee Gschwendner, Tee-Fachgeschäft am Europaplatz mit vielfältiger Auswahl an Teesorten, auch aus Bio-Anbau, und hauseigenen Eisteesorten, 76133 Kaiserstr. 215, ☎ 2 86 57, teegschwendner.de

Vita Nova Reformhaus Neuleben [S. 229], Bio-Tees, 76137 Vorholzstr. 11 (Ecke Karlstr.), ☎ 35 74 00; 76185 Rheinstraße 15, ☎ 55 19 96; Bleichstr. 2, 76593 Gernsbach, ☎ 07224/99 40 60, und Hauptstraße 36, 76571 Gaggenau, ☎ 07225/34 11, reformhaus-neu-leben.de

Wilkendorf's Teehaus, traditionsreiches Teehaus in der vierten Generation mit einer großen Auswahl an hochwertigen Schwarz-, Grün-, Kräuter-, Früchte- und Rooibos-Tees, KEIKO-Schattentees sowie Accessoires zur Zubereitung, 76133 Waldstr. 22, ☎ 2 56 26, wilkendorfs-teehaus.de

Zuckerbecker, nostalgisch anmutender Laden mit Tee- und Schokoladenspezialitäten – die rund 160 hochwertigen Teesorten, darunter Bio- und Fair-Trade-Ware, werden auch im Ausschank angeboten, 76137 Werderstr. 34, ☎ 933 82 20, zuckerbecker.com

TRINKWASSER

Karlsruher Trinkwasser ist laut den Wasserwerken eines der bestüberwachten Lebensmittel und ist ausschließlich vom Grundwasser gespeist. Eine Chlorierung ist nicht notwendig. Die Homepage der Stadtwerke gibt Auskunft über den Nitratgehalt, die Temperatur, den pH Wert und die Sauerstoffwerte. 76185 Daxlander Str. 72, ☎ 599-0, stadtwerke-karlsruhe.de

refill-deutschland.de/karlsruhe, bei den teilnehmenden Betrieben kann man kostenlos Leitungswasser in mitgebrachte Trinkbehältnisse abfüllen

WEIN

Siehe S. 232 → Rubrik Wein

HOFLÄDEN

Beckers Hofladen, Fleisch- und Wurstwaren aus eigener Herstellung sowie Eier, Obst, Gemüse und Nudeln, Mo-Mi 15-18.30h, Do+Fr 9-12h und 15-18.30h, Sa 9-13h, 76199 Amtmännenwiesen 5, ☎ 89 01 26, beckershofladen.de

Bioland-Hof Ochs, Kartoffeln, Getreide, Verkauf

ab Hof nach Vereinbarung, Etzenackerweg 8, 76275 Ettlingen-Schöllbronn, ☎ 07243/22 07

Bioland-Hof Petrik, u. a. Gemüse, Kartoffeln, Getreide, Milchprodukte und Fleisch aus eigener Erzeugung sowie Backwaren und Käse, Di+Fr 9-18h, Sa 8.30-12.30h und auf dem Wochenmarkt in Berghausen Sa 8-12h, Am Heulenberg 1, 76327 Pfinztal-Berghausen, ☎ 46 07 28, biohof-petrik.de

Deckers Biohof, bietet das komplette Naturkostsortiment, Obst und Gemüse aus eigenem Demeter-Anbau, Mo-Fr 8-18h, Sa 8-13h, Ottenhofener Str. 27, 77815 Bühl-Weitenung, ☎ 07223/5 72 32, deckersbiohof.de

Demeter-Gärtnerei Schmälzle [S. 230], über 30 verschiedene Gemüsesorten aus eigenem Anbau und ein umfangreiches Naturkostsortiment, Mo-Do 9-13h, Hofmattstr. 40, 76547 Sinzheim, ☎ 07223/63 61, und Sa 7.30-13h auf dem Markt am Karlsruher Gutenbergplatz, schmaelzle.com

Hofgut Schleinkofer, bietet Mehl und Getreide aus eigenem Anbau sowie Fleisch, Wurst, Brot, Joghurt, Frischkäse, Quark, Do 16-19h, Fr 10-13h und 16-19h, Sa 10-13h sowie täglich 8-20h Milch von eigenen Kühen, Eier, Wurst, Frischkäse, Joghurt und Marmelade aus dem Automaten, 76199 Amtmännenwiesen 3, ☎ 98 92 92 59, hofgut-schleinkofer.de

Hofladen Hedwigshof, Fleisch und Wurst aus eigener Aufzucht sowie Molkereiprodukte, Eier, Brot, Obst und Gemüse, Do 15-18h, Fr 11-18h, Sa 9-12h, außerhalb der Öffnungszeiten gibt es zudem einen Automaten mit Eiern, Milch, Butter, Nudeln, Wurst etc., Durlacher Straße 36, 76275 Ettlingen, ☎ 07243/1 69 82, hedwigshof.de

Keller's Erlebnisgastronomie [S. 75], Äpfel, Eier von freilaufenden Hühnern, Kartoffeln und Gemüse, Mo-Sa 10-12h und 16-18h, Weierbachsiedlung 8, 76703 Kraichtal-Menzingen, ☎ 07250/9 23 87

Hofladen Kraut & Rüben, Gemüse, Obst, Marmelade, Brot und Topfkräuter, Mo-Fr 8.30-18h, Sa 8-13h, 76227 Steiermärkerstr. 16a, ☎ 46 72 32 74, krautundrueben-hofladen.de

Willi Litzenberger, Biolandhof mit Obst, Kartoffeln sowie verschiedenen Getreide- und Mehlsorten, Abholung nach telefonischer Vorbestellung, 76187 Jakob-Dörr-Straße 17, ☎ 56 15 91, biokaufladen.de

Mühle Beck [S. 223], die Dorfmühle vermahlt in handwerklicher Mühlentradition regional angebautes Getreide ohne Zusatzstoffe und bietet eine große Auswahl an Körnern, Mehl sowohl aus Bio- als auch konventionellem Anbau sowie Naturkostprodukte und Tierfutter – mittwochs gibt es zudem frisches Obst und Gemüse aus der Region, Mo-Fr 8-12.30h und 13.30-18h, Sa 8-12.30h, Kirchstr. 6, 75210 Keltern, ☎ 07236/98 06 94, muehle-beck.de

Obstbau Wenz [S. 223], alle Obstsorten (abhängig von der Jahreszeit), selbst gemachte Marmeladen und Säfte, regionale Naturkost wie Gemüse, Mehl, Nudeln, Eier und Milchprodukte sowie eine Kelterei für Streuobst, Mi 9-18h, Fr 9-18h, Sa 9-16h, Obsthof 1, 76327 Pfinztal-Söllingen, ☎ 07240/46 17, obstbauwenz.de

Stettfelder Mühle [S. 224], im Mühlenladen bekommt man eine große Auswahl an Mehl und Mahlerzeugnissen von Handwerksmühlen aus Baden-Württemberg (auch glutenfrei), vielerlei Zutaten rund ums Backen sowie weitere Naturkost wie Nudeln, Cerealien, Bio-Obst und Gemüse aus der Region, Eier, Honig, Essige und Öle, Nüsse, Saaten, Knabbereien, nachhaltige Wasch- und Reinigungsmittel sowie Futtermischungen für Heim- und Hobbytiere, Mo, Di, Mi, Fr 9-13h und 15-18h, Do+Sa 9-13h, Obere Mühlstr. 2, 76698 Ubstadt-Weiher, ☎ 07253/47 35, stettfelder-muehle.de

KOCH-, BACK- UND GRILLKURSE

Catch, Eventkochschule mit Kursen zu vielfälti-

Ernährung

gen Themen wie „internationale Küche“, „Fisch und Meeresfrüchte“, „BBQ“ oder „vegetarische/vegane Gerichte“, 76227 Grötzinger Straße 42, ☎ 0176/74 58 10 83, catch-kocht.com
Metzgerei Heiko Brath, Grillkurse, 76137 Klauprechtstr. 25, ☎ 35 80 60, partyservice-brath.de
Oberacker Natur & Technik, hier lernt man unter anderem, Brot, Käse, Joghurt und Quark herzustellen, Fleisch und Fisch zu räuchern und eigenes Bier zu brauen, Schulstr. 24, 76351 Linkenheim-Hochstetten, ☎ 07247/96 30 90, oberacker.de
Pink Elefant – Asia Center, Kochkurse in thailändischer Küche mit wechselnden Themen, 76227 Rittnertstr. 1, ☎ 60 56 19 63, pink-elefant.de
Stephanie Haller – Augenschmaus & Gaumenfreuden, Grillkurse und Kochkurse, Am Gaisberg 1, 76703 Kraichtal, ☎ 0172/724 93 68, stephanie-haller.de
schuh's restaurant, zu wechselnden Themen wird gemeinsam ein komplettes Menü zubereitet, Siemensallee 1, 76344 Eggenstein-Leopoldshafen, ☎ 40 24 69 19, schuhs-restaurant.de
vhs Karlsruhe [S. 197], Volkshochschule mit umfangreichem Kochkursangebot von den Grundkenntnissen bis zu Gourmetmenüs und auch vegetarischer, veganer oder internationale Kücher, 76133 Kaiserallee 12e, ☎ 9 85 75-0, vhs-karlsruhe.de
Zuckerbecker, veranstaltet Genießer-, Schokoladen- und Pralinenseminare, 76137 Werderstr. 34, ☎ 933 82 20, zuckerbecker.com

LEBENSMITTEL-SICHERHEIT

mlr.baden-wuerttemberg.de/de/unser-service/, aktuelle öffentliche Warnungen zu Lebensmitteln, Futtermitteln und Kosmetika, die sich in Baden-Württemberg im Handel befinden
karlsruhe.de/hygienesiegel, das Karlsruher Hygienesiegel, vergeben vom Ordnungs- und Bürgeramt der Stadt Karlsruhe, zeichnet Lebensmittelbetriebe aus, die die geltenden Hygienebestimmungen besonders genau einhalten.
lebensmittelwarnung.de, auf dieser Seite macht das Bundesamt für Verbraucherschutz und Lebensmittelsicherheit auf zurückgerufene Lebensmittel aufmerksam
verbraucherinfo.ua-bw.de/lmk.asp, auf der Seite des Ministeriums für Ernährung, ländlichen Raum und Verbraucherschutz Baden-Württemberg findet man Ergebnisse der Kontrollen der amtlichen Lebensmittelüberwachung

LEBENSMITTEL-SPENDEN

Siehe S. 383 → Rubrik Armut & Obdachlosigkeit

Foodsharing Karlsruhe ist eine Umweltinitiative, die sich gegen die Verschwendung von Lebensmitteln einsetzt und mit Betrieben aller Art kooperiert, um die Entsorgung noch genießbarer Lebensmittel zu verhindern. Supermärkte, Bäckereien, Restaurants und Catering-Services gehören zu den Partnern – von kleinen inhabergeführten Läden bis zu großen Ketten. Auch Privatleute können über die Seite noch haltbare Lebensmittel verschenken oder die „Fairteiler“ nutzen, öffentliche Schränke, an denen Lebensmittel abgegeben und herausgenommen werden können. Interessierte können sich auf der Homepage registrieren. Weitere Infos: foodsharing.de, karlsruhe@foodsharing.network

METZGEREIEN

Beckers Hofladen, verkauft Fleisch aus eigener Schlachtung, 76199 Amtmännenwiesen 5, ☎ 89 01 26, beckershofladen.de
Bio-Metzgerei Speck, 76228 Zur Ziegelhütte 2, ☎ 62 88 20 18, biometzgerei-speck.de
Hofgut Schleinkofer, bietet Fleischwaren aus eigener Schlachtung, 76199 Amtmännenwiesen 3, ☎ 98 92 92 59, hofgut-schleinkofer.de
Hofladen Hedwigshof, Fleisch und Wurst aus eigener Schlachtung, Durlacher Str. 36, 76275 Ettlingen, ☎ 07243/1 69 82, hedwigshof.de
Metzgerei Heiko Brath, hochwertige Fleisch- und Wurstwaren, Dry aged beef, Produkte der bäuerlichen Erzeugergemeinschaft Schwäbisch Hall und glutenfreie Waren, 76137 Klauprecht-

straße 25, ☎ 35 80 60, metzgerei-brath.de
Metzgerei Sack, Fleisch- und Wurstwaren, 76135 Uhlandstr. 34, ☎ 84 19 30; 76137 Karlstr. 130, ☎ 161 46 55; 76199 Nürnberger Str. 11, ☎ 88 23 19, und 76227 Pfinztalstr. 13, ☎ 49 58 38; Büro und Produktion: ☎ 07246/3 05 62-0, metzgerei-sack.de

TIPP

Anton Mei [S. 219], verkauft seine original Schwarzwälder Bauernhof-Spezialitäten wie Schwarzwälder Tannenrauchschinken, Schwarzwälder Wurst- und Räucherwaren, schwäbische Maultaschen sowie frisches Fleisch vom Schwarzwald-Bauernhof auf den Wochenmärkten am Durlacher Saumarkt (Sa), in Neureut (Fr), der Waldstadt (Mi, Fr, Sa) und auf dem Gutenbergplatz in der Weststadt (Do), Vorbestellung unter ☎ 0176/82 40 54 50

MULTIKULTURELLES

African Shop, afrikanische Waren, Mo-Sa 10.30-18.30h, 76133 Kreuzstr. 35, ☎ 35 84 06
Asia Store, asiatische Lebensmittel, auch Tiefkühlware, 76133 Markgrafenstr. 27, ☎ 937 60 57
Asia Store 2, asiatische Lebensmittel, umfangreiches Sortiment, 76133 Sophienstr. 59a, ☎ 2 19 55
Basaran, türkische Feinkost, Rind- und Lammfleisch aus eigener Metzgerei, 76133 Hebelstr. 13, ☎ 2 10 75
Bozkurt, südländische Spezialitäten, 76185 Hardeckstr. 8b, ☎ 961 44 26, feinkost-bozkurt.de
Comestibles España Import GmbH, spanische und portugiesische Lebensmittel, 76137 Luisenstraße 6, ☎ 3 00 70, comestibles-espana.de
Da Serio, italienische Delikatessen wie Pasta, Gebäck, Antipasti, Öle, Espresso, Schokolade und Weine, 76133 Karlstr. 42-44, ☎ 2 68 03, daserio.de
Durlacher Pestoria, italienische und spanische Spezialitäten, 76227 An der Raumfabrik 1, ☎ 97 65 92 40, durlacherpestoria.de
el corazón, Feinkost, Tapas, Spirituosen und Weine, hochwertige Trüffelprodukte und Büffelfleischprodukte sowie Käse, 76133 Waldstr. 21, ☎ 0174/201 77 50, feinkost-karlsruhe.de
Hocks fein&kostbar [S. 218], ausgewählte französische Käsesorten, Salami, Oliven und Weine sowie gelegentliche Verkostungen, 76227 Pfinz-

talstr. 6, ☎ 49 04 81 98, hocks-feinundkostbar.de
Käsehütte, Käse- und Wurstspezialitäten sowie Senf, Öle, Marmeladen, Schüttelbrot, Schokolade und Wein aus dem Alpenraum, 76137 Karlstr. 73, ☎ 47 04 48 10
Kirbas, südländische Spezialitäten, 76229 An der Rossweid 20, ☎ 61 40 15, kirbas.de
Kliver, russische, ukrainische, rumänische, bulgarische, türkische, polnische und deutsche Lebensmittel, Mo-Fr 8-20h, Sa 8-18h, 76149 New-York-Straße 1, ☎ 756 94 02, kliver-karlsruhe.de
La Perla del Gusto [S. 226], Feinkost, unter anderem aus Italien, Frankreich, Spanien, Marokko und Portugal, Mi 14-18h, Do 9-12.30h und 14-18.30h sowie nach Vereinbarung, Gartenstr. 3, 76676 Graben-Neudorf, ☎ 07255/900 08 61, laperladelgusto.de
Lang, Lebensmittel aus Asien, Mo-Fr 8.30-19h, Sa 8.30-16h, 76137 Ebertstr. 44, ☎ 81 86 63
Lukullus Karlsruhe, polnische Spezialitäten, 76131 Klosterweg 10a, ☎ 95 96 67 79, lukullus-laden.eu
Pink Elefant – Asia Center, thailändische und japan. Lebensmittel, Mo-Fr 10-18.30h, Sa 10-17h, 76227 Rittnertstr. 1, ☎ 60 56 19 63, pink-elefant.de
Super Market Ariana, persische Lebensmittel wie Rosenwassereis, Orangenblütensirup und Safran, 76135 Sophienstr. 70, ☎ 830 74 23
Tarbiana, italienische Qualitätswaren wie frische Trüffel, Trüffelprodukte, piemontische Haselnüsse, Weine und ausgezeichnete Liköre, auch online, 76135 Goethestr. 23, ☎ 96 49 61 99, italialize.me
Tofu-Manufaktur, selbst hergestellter Naturtofu aus Bio-Sojabohnen, Räuchertofu und Kimchi – der Verkauf findet über die auf der Homepage genannten Partner statt, 76187 Kaiserslauterner Str. 3a, ☎ 0176/87 41 83 82, tofu-manufaktur.de
Weltladen, fair gehandelte sowie biologisch angebaute Lebensmittel aus aller Welt, 76133 Kronenstr. 21, ☎ 3 20 50, aewev.de

NACHHALTIG EINKAUFEN

Faire Wochen, Mitte September bis Ende Oktober stattfindende Aktionswochen mit zahlreichen Veranstaltungen zum fairen Handel und den Nachhaltigkeitszielen der Agenda 2030, Infos: Agenda-21-Büro beim Umwelt- und Arbeitsschutz der Stadt Karlsruhe, ☎ 133-31 01, agenda21-karlsruhe.de/faire-wochen
Grüner Marktplatz, der nachhaltige Online-Konsumführer für Karlsruhe führt Adressen von Geschäften auf, die sich auf nachhaltigen Konsum

EINKAUFSSIEGEL

Verbraucherschützer halten im Bereich Ernährung folgende Einkaufssiegel für empfehlenswert (von links nach rechts):

- das Biosiegel für Nahrungsmittel aus ökologischem Landbau
- das Fair-Trade-Siegel für Lebensmittel aus fairem Handel
- das Siegel des Marine Stewardship Council für Fisch und Meeresfrüchte aus nachhaltiger Fischerei (sieht sich jedoch der Kritik ausgesetzt, zu sehr aufseiten der Fischfang- und Lebensmittelindustrie zu stehen)
- das EU-Bio-Logo garantiert die Einhaltung der EU-Öko-Verordnung
- das ECOVIN-Logo für Wein, Trauben und Säfte aus ökologischem Anbau
- das Qualitätszeichen Baden-Württemberg für Qualitätsprodukte aus dem Herkunftsland Baden-Württemberg.

Das Karlsruher Hygienesiegel, vergeben vom Ordnungs- und Bürgeramt der Stadt Karlsruhe, zeichnet Lebensmittelbetriebe aus, die bei den amtlichen Betriebskontrollen gut oder sogar sehr gut abschneiden. Weitere Informationen: karlsruhe.de/hygienesiegel

spezialisiert haben, Infos: Agenda-21-Büro beim Umwelt- und Arbeitsschutz der Stadt Karlsruhe, ☎ 133-31 01, gruenermarktplatz.de

Regionique, verkauft nachhaltig produzierte Nudeln, Müsli, Getreideflocken – die Produkte stammen ausschließlich aus deutscher Herstellung und werden in Papiertüten verpackt, Hertzstr. 26, 76275 Ettlingen, ☎ 07243/938 31 98, regionique.de

Stettfelder Mühle [S. 224], im Mühlenladen kann man sich Getreide direkt aus Säcken in mitgebrachte Behältnisse abfüllen lassen, auch eine Abfüllstation für nachhaltige Wasch- und Reinigungsmittel gibt es hier, Mo, Di, Mi, Fr 9-13h und 15-18h, Do+Sa 9-13h, Obere Mühlstr. 2, 76698 Ubstadt-Weiher, ☎ 07253/47 35, stettfelder-muehle.de

Tante M, in den drei Unverpacktläden von Tante M kann man Lebensmittel, Kosmetika, Haushaltswaren und Reinigungsmittel ohne Verpackung und plastikfrei einkaufen. Nachhaltige und möglichst aus der Region stammende Produkte wie Backzutaten, Cerealien, Essige, Öle, Gewürze, Getreide, Hülsen- und Trockenfrüchte, Milchprodukte, Kaffee, Tee, Süßwaren, Zahnpasta, Duschgel oder Waschmittel werden selbst abgemessen und in mitgebrachte oder vor Ort erhältliche Behälter abgefüllt, 76131 Rintheimer Str. 1, ☎ 95 96 06 15, 76135 Körnerstr. 26, ☎ 95 96 79 46, und 76137 Roonstr. 23a, tante-m-karlsruhe.de

Unverpackt, Einkaufsläden mit verpackungsfreien Waren, teils in Bioqualität, die in mitgebrachte oder vor Ort vorhandene Behältnisse abgefüllt werden, Mo-Fr 9-19h, Sa 9-16h, 76137 Bahnhofplatz 8, ☎ 96 88 34 39, und Mo-Fr 10-18.30h, Sa 9-16h, 76131 Durlacher Allee 75, ☎ 62 88 48 34, unverpackt.de

VomFASS [S. 217], Essige, Öle und Spirituosen können in mitgebrachte Flaschen abgefüllt werden, zudem werden bei Geschenken natürliche und recycelte Verpackungen verwendet, 76133 Douglasstr. 22, ☎ 95 97 95 00, vomfass.de/karlsruhe

TIPP

's Fachl Karlsruhe [S. 228], der Kreativ- und Kulinarikshop bietet in seinem vielfältigen Sortiment oft Lebensmittel oder auch Spirituosen regionaler Kleinerzeuger an, Di-Sa 10-18h, 76133 Ritterstr. 3, ☎ 40 24 33 50, sfachl.de/karlsruhe

Die **Web-App „Agenda 2030 – Nachhaltigkeit in Karlsruhe"** bietet einen Überblick über die Karlsruher Nachhaltigkeitslandschaft und stellt nachhaltige Orte und Initiativen vor – Infos und Anregungen: Agenda-21-Büro beim Umwelt- und Arbeitsschutz der Stadt Karlsruhe, ☎ 133-31 01, agenda21-karlsruhe.de

NATURKOST

Alnatura, Naturprodukte auf über 650 Quadratmetern, 76133 Douglasstr. 28-30, Mo-Sa 8.30-20h, ☎ 2 55 71; 76131 Käppelestraße 5, Mo-Sa 8-20h, ☎ 663 20 72, 76131 Ludwig-Erhard-Allee 14, Mo-Sa 8-20h, ☎ 96 87 99 57, und Mo-Sa 7.30-21h, 76135 Sophienstr. 139, alnatura.de

BioMarkt, Biomarkt der dennree-Gruppe mit Vollsortiment, Mo-Sa 7-20h, 76133 Kaiserallee 13b, ☎ 83 08 68 80, und Mo-Sa 8-21h, 76189 Durmersheimer Str. 143, ☎ 86 48 02 05, biomarkt.de

Biomarkt Koeppenraucht, bietet ein Vollsortiment an Naturkostprodukten von Obst bis Backwaren, Mo-Fr 8-19h, Sa 8-14h, 76199 Herrenalber Straße 45, ☎ 988 78 70, bioladen-karlsruhe.de

Bio-Gewürzmanufaktur culinarico [S. 218], bringt alle Gerüche der Welt nach Hause – in der Bio-Gewürzmanufaktur werden täglich Gewürzmischungen in bester Bio-Qualität und ohne Zusätze produziert. Das Sortiment umfasst über 400 Produkte, darunter eigene Gewürzmischungen, exklusive Pfeffer, ausgefallene Salze und Gewürze, Grillgewürze, Kräuter, Blüten, Zucker, Tees und vieles mehr. Alle Dosen werden von Hand in kleinen Chargen abgefüllt. Öffnungszeiten siehe Homepage, 76189 Industriestr. 2, ☎ 62 76 56 78, culinarico.de

Deckers Biohof, bietet in seinen Naturkostläden ein umfangreiches Sortiment an Bio-Artikeln sowie erntefrisches Obst und Gemüse aus eigenem Demeter-Anbau – die Läden befinden sich in der Luisenstraße 32, 76530 Baden-Baden, ☎ 07221/39 73 23; Rheinstr. 17, 76532 Baden-Baden, ☎ 07221/68 17 38, und Hauptstr. 145, 76547 Sinzheim, ☎ 07221/809 06 50, deckersbiohof.de

Fasanenbrot Vollkornbäckerei, Backwaren aus rein biologischen Zutaten, Mo-Fr 7.30-18h und Sa 7.30-13h, Lorenzstr. 7, 76297 Stutensee-Blankenloch, ☎ 07244/737 25 01; Durlacher Filiale: Mo-Fr 7.30-18h und Sa 7.30-13h, 76227 Pfinztalstr. 59, ☎ 40 33 44, fasanenbrot.de

Füllhorn BioMarkt [S. 8], die Bio-Supermärkte bieten Naturkost, Naturkosmetik und weitere Naturwaren, 76133 Erbprinzenstr. 27 (Mo-Fr 9-20h, Sa 9-18h), ☎ 9 13 10-0, und Prinz-Wilhelm-Str. 8, 76646 Bruchsal (Mo-Sa 8-20h), ☎ 07251/98 91 20, fuellhorn-biomarkt.de

Gut zum Leben, vegane Bio-Lebensmittel aus eigenem „friedfertigem Landbau", Mo-Sa 8-20h, 76133 Kaiserstr. 217 (Postgalerie), ☎ 249 59 83, gzl.com

Grünkern Naturkost, gentechnikfreie Bio-Waren aus kontrolliert biologischem Anbau sowie vegane und glutenfreie Erzeugnisse, 76228 Am Berg 1, ☎ 945 31 30, gruenkern-gruenwettersbach.de

Kleine Feinschmeckerei [S. 219], die Produkte wie Antipasti, Pestos, Fruchtaufstriche, Getränke und vieles mehr stammen zu 70 Prozent aus eigenem unbehandeltem Anbau, weitere 20 Prozent werden von Bio-Produzenten bezogen, Mo 10.30-14h, Di-Fr 9.30-18h, Sa 9.30-14h,

76227 Amthausstraße 7, ☎ 0157/88 47 52 57, kleinefeinschmeckerei.de

Laden 3, umfangreiches Sortiment inklusive Brot-, Käse- & Kühltheke, 76137 Werderstr. 43, ☎ 38 81 71

Naturkost am Lutherplatz, Bioladen mit vielen regionalen Produkten, 76229 Martin-Luther-Platz 1, ☎ 48 34 66, naturkost-am-lutherplatz.de

Vita-Mobil, Lebensmittel und Naturkosmetik, 76135 Lorenzstr. 16, ☎ 160 74 24, vita-mobil.de

Vita Nova Reformhaus Neuleben [S. 229], Bio-Lebensmittel, Nahrungsergänzungsmittel, gluten- und laktosefreie Erzeugnisse sowie vegetarische und vegane Kost, 76137 Vorholzstr. 11 (Ecke Karlstraße), ☎ 35 74 00; 76185 Rheinstr. 15, ☎ 55 19 96; Bleichstr. 2, 76593 Gernsbach, ☎ 07224/99 40 60, und Hauptstr. 36, 76571 Gaggenau, ☎ 07225/34 11, reformhaus-neu-leben.de

Weltladen, Lebensmittel aus aller Welt, fair gehandelt und aus biologischem Anbau, 76133 Kronenstr. 21, ☎ 3 20 50, aewev.de

AB-HOF-VERKAUF

Siehe S. 222 → Rubrik Hofläden

FOOD-COOP

Food-Coop Karlsruhe, selbstverwaltete Einkaufsgemeinschaft privater Haushalte für Lebensmittel aus kontrolliert biologischem Anbau und fairem Handel, der Laden ist Do 18.30-20.30h geöffnet, 76135 Marie-Alexandra-Str. 34, ☎ 0163/387 56 80, foodcoop-karlsruhe.de

ÖKO-LIEFERDIENSTE

Deckers Biohof, der regionale Bio-Lieferservice liefert über 4.000 Bio-Produkte auch nach Karlsruhe und Umgebung, Ottenhofener Str. 27, 77815 Bühl-Weitenung, ☎ 07223/806 22 30, deckersbiohof.de

Demeter-Gärtnerei Schmälzle [S.230], Obst und Gemüse aus eigenem biologischem Anbau sowie zahlreiche weitere Bioprodukte werden in Karlsruhe und Umgebung ausgeliefert, Hofmattstr. 40, 76547 Sinzheim, ☎ 07223/63 61, schmaelzle.com

Vita Nova Reformhaus Neuleben [S. 229], liefert Bio-Lebensmittel, Naturkosmetika, vegane Produkte sowie Nahrungsergänzungsmittel, 76137 Vorholzstr. 11, ☎ 35 74 00, und 76185 Rheinstr. 15, ☎ 55 19 96, reformhaus-neu-leben.de

ONLINE-TIPPS

wild-auf-wild.de, die Internetseite des Deutschen Jagdverbands listet auf, wo man in seiner Umgebung Anbieter von regionalem Wildbret findet

zusatzstoffe-online.de, Datenbank der Verbraucher-Initiative für alle, die wissen möchten, was Inhaltsangaben auf den Verpackungen bedeuten

SPÄTVERKAUF

Kabibi, Späti mit Getränken und einigen Lebensmitteln, Mo-Fr 9-5h, Sa 10-24h, 76133 Kaiserstraße 69, kabibi.de

Kiosk am Kolpingplatz, beim denkmalgeschützten Kiosk auf dem Kolpingplatz bekommt man Mo-Mi 10-2h, Do 10-24h und Fr+Sa 24 Stunden durchgehend unter anderem Getränke und Snacks, 76137 Karlstr. 128, ☎ 0176/80 14 71 24

Food-Automaten, auch an Automaten bekommt man oft zu ungewöhnlichen Öffnungszeiten Lebensmittel, Food-Automaten gibt es unter anderem bei Beckers Hofladen, beim Hofgut Schleinkofer, beim Hofladen Hedwigshof (siehe S. 222 → Rubrik Hofläden) und bei der Bio-Metzgerei Speck in Grünwettersbach (siehe S. 225 → Rubrik Metzgereien)

REWE, der Supermarkt in der Kaiserstr. 227-229 hat Mo-Sa bis 24h geöffnet, ☎ 120 89 70, rewe.de,

REWE To-go-Märkte findet man außerdem an folgenden Aral-Tankstellen: 76149 Linkenheimer Landstr. 125 (durchgehend geöffnet), 76131 Haid- und Neu-Str. 60 und 76131 Durlacher Allee 46 (jeweils bis 24h geöffnet)

SPAR express, an der Jet-Tankstelle, täglich bis 24h geöffnet, 76227 Killesfeldstr. 32, ☎ 941 44 06, spar-express.de

SÜSSWAREN

Anjas Keksbar, bio-zertifizierte Keksbar mit großer Auswahl an selbstgebackenen Keksen, Di-Fr 10-18h, Sa 9.30-13.30h, 76185 Hardtstraße 58, ☎ 40 24 99 79, anjas-keksbar.de

Café Böckeler, Kaffeehaus mit hausgemachten Konditorei- und Confiseriewaren im Ringcafé, 76133 Karlstr. 61a, ☎ 35 67 89, boeckeler.org

Café Kehrle, Café und Konditorei mit hausgemachten Back- und Süßwaren, 76227 Pfinztalstr. 35-37, ☎ 49 46 32, cafe-kehrle.de

Confiserie Endle, Confiserie und Patisserie mit hauseigenen Süßwaren und einem Lieferservice, 76133 Kaiserstr. 241a, ☎ 2 46 78, endle.de

Hussel, Süßwarengeschäft im Ettlinger Tor K'he, 76133 Ettlinger-Tor-Platz 1, ☎ 352 95 69, hussel.de

Karstadt, große Süßwarenabteilung, 76133 Kaiserstr. 147-159, ☎ 91 02-0, karstadt.de

Kondima, Produkte fürs Konditorengewerbe und die Süßwarenindustrie wie Marzipan, Kuvertüre und Nougat, von November bis Mitte Dezember und etwa vier Wochen vor Ostern findet ein Lagerverkauf vor dem Edeka-Supermarkt in der Hertzstr. 6c statt, 76185 Stösserstr. 17-19, ☎ 5 59 96-0, kondima.de

Konditorei-Café Jäck, Schokolade, Pralinen, Trüffel, Petit Fours, Kuchen und Törtchen, 76133 Karlstr. 37, ☎ 2 71 49, konditorei-cafe-jaeck.de

La Perla del Gusto [S. 226], verkauft Schokolade, Pralinen und Gebäck – online und im Laden vor Ort, Ladenöffnungszeiten: Mi 14-18h, Do 9-12.30h und 14-18.30h sowie nach Vereinbarung, Gartenstr. 3, 76676 Graben-Neudorf, ☎ 07255/900 08 61, laperladelgusto.de

Läderach chocolatier suisse, Schokoladen-Boutique, u. a. mit Schweizer Markenschokolade, 76133 Kaiserstr. 82, ☎ 120 52 60, laederach.com

Mary Poppins, Café-Konditorei und Confiserie mit feinen Back- und Süßwaren, 76133 Kaiserallee 51a, ☎ 85 85 93, cafe-mary-poppins.de

Patisserie Ludwig, kreiert feine, kreative Patisserie-Spezialitäten wie Törtchen, Eclaires, Macarons, Pralinen, Schokoladen und Kaffeegebäck sowie Speiseeis aus eigener Herstellung, 76133 Herrenstr. 27 und 76137 Am Stadtgarten 15, ☎ 0179/178 12 72, patisserie-ludwig.de

Pralina, Schokoladenspezialitäten, Pralinen und Gebäck sowie Feinkost, 76133 Herrenstraße 20, ☎ 160 22 88, pralina.net

Royal Donuts, süße Teigkringel mit unterschiedlichsten Dekorationen, täglich 11-19h, 76133 Kaiserstr. 108, royal-donuts.de

Sukie's Cake Shop, hausgemachte Kuchen, Torten und Gebäck nach britischen und amerikanischen Rezepten, Mi-So 10-17h, 76137 Bahnhofstr. 13, ☎ 50 44 97 99, sukiescakeshop.de

Zuckerbecker, nostalgisch eingerichtetes Ladengeschäft am Werderplatz mit einer großen Auswahl an Schokoladen, Pralinen, Trinkschokoladen und innovativen Süßwaren, auch aus eigener Herstellung, sowie regelmäßigen Schokoladen- und Pralinenseminaren im Laden, 76137 Werderstr. 34, ☎ 933 82 20, zuckerbecker.com

TABAK

Tabak Heck, hält rund 440 verschiedene hochwertige handgerollte Zigarren im Humidor bereit und führt eine große Auswahl an Pfeifen, Pfeifentabak und Shishas, darüber hinaus E-Zigaretten, Zigaretten-, Schnupf- und Kautabak sowie Spirituosen, 76185 Rheinstraße 57, ☎ 55 10 60, tabak-heck.de

WEIN

Baden ist mit 16.500 Hektar das drittgrößte Weinanbaugebiet Deutschlands. Rund um Karlsruhe liegen einige der besten, bekanntesten und traditionsreichsten Weingüter Mitteleuropas. Vorherrschende Rebsorten sind Müller-Thurgau, Grau-, Weiß- und Spätburgunder sowie Riesling.

Dörflinger Weinhaus, Weinmarkt mit Onlineshop und Postversand, 76131 Karl-Wilhelm-Str. 26, ☎ 66 11 66, weinhausdoerflinger.de

Durlacher Pestoria, hält spanische und italienische Weine von innovativen jungen Weingütern bereit sowie Grappa, Brände und Gin, 76227 An der Raumfabrik 1, ☎ 97 65 92 40, durlacherpestoria.de

Erbprinz Weinkontor, badische Weine von Spitzenwinzern aus der Region zu Weingutpreisen sowie Accessoires und Geschenkideen zum Thema Wein – auch regelmäßige Wein-Workshops, Di-Sa 12-18h, Rheinstraße 1, 76275 Ettlingen, ☎ 07243/322-0, erbprinz.de

Ehrlichs Wein-Contor, sowohl das vielfältige Weinangebot als auch die Käsetheke wurden von der Fachzeitschrift „Der Feinschmecker" empfohlen – Salami und Feinkostwaren sind ebenfalls im Angebot, geöffnet Mo-Fr 10-18h, Sa 10-16h, 76133 Hebelstr. 19, ☎ 2 00 00, ehrlichsweincontor.de

el corazón, Weine aus Spanien und von regionalen Spitzenwinzern, Sekte, Cavas, Champagner sowie Geschenkideen rund um den Wein, 76133 Waldstraße 21, ☎ 0174/201 77 50, feinkost-karlsruhe.de

Erste Markgräfler Winzergenossenschaft Schliengen-Müllheim, bietet regionale Weine und Weinproben – die Vinothek hat Mo-Fr 8-18h und Sa 9-13h geöffnet, Am Sonnenstück 1, 79418 Schliengen, ☎ 07635/81 12-0, sonnenstueck.de

Hocks fein&kostbar [S. 218], individuell zusammengestelltes Weinsortiment, 76227 Pfinztalstraße 6, ☎ 49 04 81 98, hocks-feinundkostbar.de

Jacques' Wein-Depot, klassische Weine bekannter Rebsorten aus verschiedensten Anbaugebieten, 76133 Amalienstr. 81-87, ☎ 38 50 77, und Pforzheimer Straße 1-3, 76275 Ettlingen, ☎ 07243/32 45 05, jacques.de

Metro, der Großhandels-Supermarkt verfügt über einen begehbaren Humidor mit erlesenen internationalen Weinen sowie Weinen aus der Region, 76185 Bannwaldallee 42, ☎ 98 75-144, metro.de

Sommelière (IHK) Yvonne Heistermann, die Fachdozentin der Deutschen Wein- und Sommelierschule sowie verschiedener renommierter Hotelfachschulen organisiert kulinarische Weinabende und Verkostungen – ausgezeichnet wurde sie unter anderem als „Ambassadrice du Champagne en Allemagne", „Ambassadrice du Chasselas" und „Top-50-Sommelier Deutschland", 76185 Gellertstr. 13, ☎ 909 12 84, yvonne-heistermann.de

Staatsweingut Karlsruhe-Durlach, widmet sich als einziges Karlsruher Weingut auf acht Hektar Rebfläche dem Traditionsweinbau, zum Angebot gehören Riesling, Weiß- und Grauburgunder, Auxerrois, Lemberger und Spätburgunder sowie Winzersekte, Secco, Weingelee, Liköre, Brände und Karlsruher Gin. Verkauf und Probe: Mo, Mi, Fr 8.30-12.30h, Di, Do 15-19h und jeden 1. Sa im Monat 10-14h (außer Januar und August) sowie an allen Adventssamstagen 10-14h, 76227 Posseltstr. 19, ☎ 9 40 57-0, turmbergwein.de

Vinothek Oberderdingen, Weine von ortsansässigen Winzern sowie Sekte, Brände und Weinpräsente – Weinproben und geführte Rundgänge durch die Weinberge können hier gebucht werden, Mo-Sa 9.30-12.30h, Di-Fr 15-18h, So+Fei 14-17h, Heinfelser Platz 3, 75038 Oberderdingen, ☎ 07045/20 27 66, oberderdingen.de

VomFASS [S. 217], bietet eine große Auswahl an Weinen aus Baden, Spanien, Frankreich, Italien und Südafrika sowie Weinverkostungen und zudem Specials wie „Yoga & Wein" in Kombination mit einer Yogastunde, 76133 Douglasstr. 22, ☎ 95 97 95 00, vomfass.de/karlsruhe

Wein Forum, bietet 200 deutsche und direkt importierte Weine sowie Weinverkostungen, 76131 Durlacher Allee 47, ☎ 62 27 52, weinforum.de

Weinblume, Verkauf und Weinproben, 76133 Reinhold-Frank-Str. 12a, ☎ 2 20 57; 76137 Luisenstr. 16, ☎ 37 33 54, und Schloßgartenstr. 32-34, 76275 Ettlingen, ☎ 07243/1 40 76, weinblume.de

Weinmanufaktur Weingarten (Baden), die Vinothek verkauft regionale Weine wie Riesling aus den Burgundersorten Auxerrois und Schwarzriesling und bietet Proben sowie Kellerführungen, Kirchbergstraße 17, 76356 Weingarten, ☎ 07244/7 03 30, wein-weingarten.de

Wein-Musketier, Winzerweine aus Deutschland, Spanien, Frankreich und Italien, 76185 Griesbachstr. 8b, ☎ 3 11 86, weinmusketier-karlsruhe.de

Weingut Klenert, das junge Ecovin-biozertifizierte Weingut widmet sich den traditionellen Sorten des Kraichgaus und bietet unkomplizierte, bodenständige, frische Weine, Rathausstr. 4, 76703 Kraichtal-Münzesheim, ☎ 07250/331 97 55, klenert-wein.de

Weingut Knöll & Vogel, das Familienweingut führt in der Vinothek und online sowohl Alltags- als auch prämierte Spitzenweine, Klingweg 3, 76887 Bad Bergzabern, ☎ 06343/12 46, knoell-vogel.de

Weingut NÄGELE – BADEN [S. 233], das kleine, charmante Weingut im Kraichgau bietet Weine von alten Reben in besten Lagen sowie Weinproben auf dem Hof oder auch auswärts beziehungsweise digital – der Weinverkauf hat jeden Freitag von 14-18h und nach telefonischer Vereinbarung geöffnet, Schafgasse 12, 74889 Sinsheim-Weiler, ☎ 07261/971 88 70, naegele-baden.de

Weinlade am Gutenbergplatz, die Weinhandlung des Sommeliers Guntram Fahrner bietet Weinseminare, internationale Weine, Spirituosen und Zubehör sowie einen Einlagerungsservice von Flaschen im Gewölbekeller, Mo-Fr 10-19h, Sa 9.30-17h, 76135 Nelkenstr. 33, ☎ 830 77 70, weinlade.de

WOCHENMÄRKTE

Hier findet man frisches Obst und Gemüse aus der Region, Fleisch, Fisch und Milchprodukte ebenso wie eingelegte Köstlichkeiten, Tees und Backwaren. Infos: karlsruhe.de/kultur-freizeit/maerkte

Bauernmarkt Durlach, Saumarkt, Mi 7-13h
Daxlanden, Turnerstraße vor der Kirche, Di+Fr 7.30-13h
Durlach, Marktplatz, Mo-Sa 7.30-13h
Gottesauer Platz, Durlacher Allee/Wolfartsweierer Straße, Mo, Mi, Fr 7.30-13h
Gutenbergplatz, Di, Do, Sa 7.30-14h
Knielingen, Elsässer Platz, Mi+Sa 8-12h, Fr 14-18.30h
Kronenplatz, Mo-Fr 9-18.30h, Sa 9-16h
Marktplatz, Blumenmarkt, Mo-Sa 9-18h
Marktplatz, Abendmarkt, Mi 16-20h
Mühlburg, Rheinstraße/Entenfang, Fr 7.30-12.30h
Neureut, Neureuter Platz, Fr 7.30-13.30h
Nordweststadt, Walter-Rathenau-Platz, Di+Sa 7.30-13h
Oberreut, Julius-Leber-Platz, Fr 14-18.30h
Rüppurr, Christ-König-Kirche, Mi+Sa 7.30-13h
Stephanplatz, Mo, Mi, Fr 7.30-14h
Waldstadt, Neisser Straße/Waldstadtzentrum, Mi+Fr 9-17h, Sa 7-14h
Werderplatz, Di, Fr, Sa 7.30-13h
Ettlingen, am Marktplatz, Blumen und Lebensmittel, Mi+Sa 7-13h

FAMILIE & KIND

BABY- & KINDERBEDARF

KINDERBÜCHER

Buchhandlung Schneider-Jung, wurde 2021 vom Land BW als „Ausgezeichneter Lesepartner für Kinder- und Jugendliteratur"prämiert, 76137 Bahnhofplatz 4, ☎ 38 48 00 60, buch-ka.de
Die Buchhandlung BIB GmbH, umfangreiche Kinder- und Jugendbuchabteilung, 76199 Diakonissenstr. 29a, ☎ 89 00 64, bib-buchhandlung.de
Der Rabe am Markt, 76227 Pfinztalstraße 60, ☎ 940 01 40, rabebuch.de
Jugendbibliothek Prinz-Max-Palais, geöffnet Di-Fr 10-18.30h, Sa 10-14h, 76133 Karlstraße 10, ☎ 133-42 60, sowie in den Stadtteilbibliotheken Durlach, Waldstadt, Neureut, Mühlburg und Grötzingen bzw. im mobilen Medienbus
Thalia, verfügt über eine große Auswahl an Kinderbüchern, 76133 Kaiserstr. 167, ☎ 893 31 70, Ettlinger Tor K'he, 76133 Ettlinger-Tor-Platz 1, ☎ 46 47 30, und 76185 Rheinstr. 32, ☎ 55 53 46, thalia.de

KINDERKLEIDUNG

Gebrauchte Textilien für Kinder findet man in Secondhand-Läden (→ S. 337)

Baby-Center, Babyfachmarkt mit über 2.000 qm, 76131 Gerwigstr. 69, ☎ 62 14 44, baby-center.de
Baby One, Fachmarkt für Baby- und Kinderbedarf, 76137 Durlacher Allee 111, ☎ 618 40 20, babyone.de
Coloretti, Kindermode in den Größen 50 bis 152, Schwangerschaftsmode und Stillbekleidung, 76133 Lammstr. 7a, ☎ 597 83 31, coloretti-kids.de
Der Kinderschutzbund, im sozialen Kleiderladen „Nimm's mit" kann man gegen einen kleinen Beitrag gebrauchte Kinderkleidung, Spielsachen und Bücher erwerben, Mo-Fr 10-13h, Mi 14-17h, 76131 Kaiserstr. 53, ☎ 20 44 07 66, zudem betreibt der Kinderschutzbund einen mobilen Kleiderladen (Termine s. Homepage), kinderschutzbund-karlsruhe.de

MUTTER- & KIND-BEDARF

Baby-Center, Kinderwagen und Kinderkleidung bis Größe 86; Spielecke vorhanden, 76131 Gerwigstr. 69, ☎ 62 14 44, baby-center.de
Baby One, Fachmarkt für Baby- und Kinderbedarf, 76137 Durlacher Allee 111, ☎ 618 40 20, babyone.de
Koch Kinderwagenfabrik, Kinderwagen, Buggys, Babyausstattung, Ware 2. Wahl und Secondhand-Ware (keine Kleidung), Fabrikverkauf Fr 9-18h, Sa 9-16h und nach Vereinbarung, Austr. 16-18, 77839 Lichtenau, ☎ 07227/9 84 11, koch-kinderwagen.de
Spinnrad Naturtextilien, Baby-Erstausstattung, Umstandskleidung und Kinderwagen aus biologisch angebauter, fair gehandelter Naturfaser sowie Stillbedarf, 76137 Karlstr. 99, ☎ 49 48 97, spinnrad-naturtextilien.com

SPIELEVERLEIH

Jugendbibliothek Prinz-Max-Palais, rund 300 Brett- sowie 500 Computer- und Konsolenspiele zum Ausleihen, 76133 Karlstr. 10, ☎ 133-42 60

Spiele-Pyramide, großer, zweistöckiger Spielwaren-Fachhandel mit Spieleverleih, 76133 Fritz-Erler-Str. 9, ☎ 851 44 43, spiele-pyrami.de

SPIELWAREN

Henrys [S. 104], Spielwaren, Artistik- und Theaterbedarf wie Jonglierartikel und Theaterschminke, 76131 Zirkel 30d, ☎ 35 94 03, henrys-online.de

Kinderglück [S. 234], pädagogisch sinnvolle, hochwertige und aus natürlichen Materialien hergestellte Spielwaren namhafter Hersteller wie HABA, Nic, Grimm's, Steiff, Brio, Sigikid, Jellycat sowie Spiele, Kinderbücher und schöne Dinge für jedes Alter, Mo-Sa 10-18h, 76133 Erbprinzenstr. 28, ☎ 920 34 30, und Zerrennerstr. 9, 75172 Pforzheim, ☎ 07231/2 37 40, kinderglück-spielwaren.de

Rafika, hochwertige, langlebige Spielwaren ohne giftige Farbstoffe und Weichmacher, teils mit Umwelt- oder „spielgut"-Siegel, sowie Fair-Trade-Waren, 76227 Ottostr. 2a, ☎ 15 65 67 78, rasselfisch.de

Smyths, irischer Händler für Spielwaren und Babyausstattung mit großem Sortiment, 76185 Neureuter Str. 3, ☎ 95 60 50, smythstoys.com

Spiele-Pyramide, Spielwarenfachhandel, 76133 Fritz-Erler-Str. 9, ☎ 851 44 43, spiele-pyrami.de

Spielwaren Luhmann, Spielwaren für alle Altersgruppen sowie Bastelartikel, Geschenkartikel und Bücher. Auf Anfrage Spieleabende in Kindergärten, Schulen oder direkt im Laden, Reetzstr. 83, 76327 Pfinztal, ☎ 07240/20 67 52, spielwaren-luhmann.de

BERATUNG & HILFE

Rat und Hilfe für Familien, Alleinerziehende, Mütter, Väter und Kinder → siehe ab S. 386, Rubrik „Beratung, Hilfe", und S. 384, Rubrik „Babyklappe"

ELTERNTREFFS

Caritasverband Karlsruhe, Startpunkt-Elterncafé mit Kinderbetreuung, Mi 15-17h, 76133 Sophienstr. 33, ☎ 9 12 43-38, caritas-karlsruhe.de

Der Kinderschutzbund, Mi 15-17h offenes Elterncafé mit Kinderbetreuung in der Kulturküche, 76131 Kaiserstr. 47, ☎ 0152/09 80 93 28, sowie jeden dritten Di im Monat 15-17h im Kinder- und Familienzentrum Durlach-Aue, 76227 Bilfingerstr. 5-7, ☎ 20 39 72 27, kinderschutzbund-karlsruhe.de

Frühchentreff Karlsruhe e. V., Infoabende jeden 2. Mo im Monat im Elternzimmer der Intensiv- und Frühchenstation der Kinderklinik, 1. Vorsitzende: Ines Dombrowski, ☎ 0170/855 54 61, fruehchenverein.de

Kinder- und Familienzentren der AWO, KiFaZ Krone, 76133 Kronenstr. 15, ☎ 350 07-145, und KiFaZ Explorateurs, 76227 An der RaumFabrik 8, ☎ 98 96 33-17, kifaz.awo-karlsruhe.de

Mütter-Cafés, Eltern-Cafés, Vätertreffpunkte, hier können Eltern und Kinder Kontakte knüpfen, Fragen loswerden, sich austauschen, Infos erhalten, Vorträge zu Erziehungsthemen besuchen und an einem STÄRKE-Elternkurs teilnehmen, Adressen und Zeiten siehe karlsruhe.de/kinderbuero, Rathaus an der Alb, Kinderbüro, 76135 Ernst-Frey-Str. 10, ☎ 133-51 11

gewächsHAUS Mütterzentrum Karlsruhe e. V., ein Treff für (werdende) Mütter und Väter, bietet Rückbildungsgymnastik, Sportkurse und einen Minikindergarten für Kinder von 1,5 bis 3 Jahren, Bürozeiten: Mo, Do und Fr 9.30-11.30h, 76137 Werderstraße 63, ☎ 66 10 36, muetterzentrum-karlsruhe.de

Reha-Südwest [S. 385], bietet Familienbildung, interdisziplinäre Frühförderung, Fachberatung, sozialmedizinische Nachsorge und den Heilpädagogischen Fachdienst für Kindertageseinrichtungen, 76131 Fasanenstr. 14, ☎ 93 20 00, reha-suedwest.de

Startpunkt-Elterncafés, offenes Angebot der AWO für werdende Eltern und Eltern mit Kindern bis drei Jahre, um Erfahrungen auszutauschen oder Rat bei pädagogischen Fachkräften einzuholen, Kontakt: 76133 Kronenstr. 15, ☎ 3 50 07-203, und 76227 Gritznerstr. 8, ☎ 98 96 33-17, awo-karlsruhe.de

Startpunkt-Elterncafés, an 20 Standorten können Schwangere und Eltern aus Karlsruhe mit Kindern von 0 bis 3 Jahren das Begrüßungsgeschenk der Stadt für Neugeborene abholen, andere Eltern treffen und Infos zu ihrer neuen Lebenssituation erhalten, Rathaus an der Alb, Kinderbüro [S. 389], 76135 Ernst-Frey-Straße 10, ☎ 133-51 11, karlsruhe.de/kinderbuero

Stillcafé, Austausch zu den Themen „Stillen" und „Kleinkinderversorgung", jeden 2. und 4. Di im Monat 10-11.30h in der Hebammenpraxis Rundum, 76131 Gottesauer Str. 26, hebammenpraxis-rundum.info

KINDERBETREUUNG

Einen Überblick über die Kindertageseinrichtungen der Stadt gibt die kostenlose Broschüre „Tageseinrichtungen für Kinder" der Sozial- und Jugendbehörde, ☎ 133-55 66, über das Kita-Portal kann man Betreuungsplätze suchen: kitaportal.karlsruhe.de

element-i Bildungshaus [S. 199], Kitas, Grund- und Gemeinschaftsschule sowie eine Erzieher/-innen-Fachschule finden in der Einrichtung auf rund 7.000 Quadratmetern Platz. Dort stehen den Kindern großflächige Außenanlagen, eine Bibliothek und verschiedene Funktionsräume zur Verfügung. Alles ist barrierefrei. Infos: 76131 Konrad-Zuse-Straße 11-13, ☎ 0711/65 69 60-70 37, element-i.de
element-i Kinderhäuser [S. 199] sind Kitas, in denen Kinder von sechs Monaten bis zum Schuleintritt auf der Basis der element-i-Pädagogik betreut werden. Die element-i Pädagogik orientiert sich an den Interessen, Bedürfnissen und Potenzialen der Kinder und bestärkt sie darin, sich für die Gruppe zu engagieren. Infos: Wankelstr. 1, 70563 Stuttgart, ☎ 0711/65 69 60-10, element-i.de
Ganztagsgrundschulen: Ein Überblick über die Ganztagsgrundschulen in Karlsruhe findet sich auf der Internetseite der Stadt karlsruhe.de/b2/schulen/schulen_ka/ganztagsgrundschulen
KinderSpielHaus, flexibles, modulares Betreuungssystem für Kinder ab der 8. Lebenswoche bis zum Schulalter mit einem großen Anteil an Naturpädagogik, 76149 Rosenhofweg 4, ☎ 66 53 14-0, kispha.de
Online-Babysitterbörse, kostenloser Service der Stadt Karlsruhe für Anbieter ab 16 Jahren, mit Stadtteilsuche für die Eltern, bsb.karlsruhe.de
Pro-Liberis gGmbH [S. 237], familienorientierte Kindertagesstätten mit unterschiedlichen pädagogischen Konzepten, ganz auf die jeweiligen Bedürfnisse und Gegebenheiten abgestimmt – ganztags geöffnet, weitere Informationen: 76187 G.-Braun-Straße 14, ☎ 90 98 11 80, pro-liberis.org
Sozial- und Jugendbehörde, bietet Infos rund um die Kinderbetreuung – die **Servicestelle** berät zu konkreten Betreuungswünschen, dem Rechtsanspruch und nimmt spezifische Anliegen entgegen, Mo+Mi 9-12h, ☎ 133-55 66; das **Team Tagespflege** bietet umfangreiche Beratungen an und vermittelt geprüfte Tagespflegepersonen, ☎ 133-50 62, 76135 Ernst-Frey-Str. 10, Rathaus an der Alb
Waldfüchse e. V., Waldkindergarten unter freiem Himmel, der Kindern ein unmittelbares Naturerlebnis bietet. Zwei Gruppen mit insgesamt maximal 30 Kindern werden von fünf Erziehern/-innen im Hardtwald betreut. Mo-Fr 7.30-14h (Kernzeit 9-12.30h), 76133 Grabener Allee 15a, ☎ 27 66 04 80, waldfuechse-ka.de
Zentrum für individ. Erziehungshilfen, sucht stets Pflegefamilien für Vollzeit- und Bereitschaftspflege, 76227 Ochsentorstr. 19, ☎ 96 60 41 14, zefie.de

AU-PAIR

Gütegemeinschaft Au-pair, ein Gütezeichen für Agenturen, die Au-pair-Aufenthalte in Deutschland vermitteln, soll Sicherheit für die jungen Leute aus dem Ausland und ihre Gastgeber schaffen. Auf der Webseite guetegemeinschaft-aupair.de findet man mit den RAL-Gütezeichen „Au-pair incoming" bzw. „Au-pair outgoing" ausgezeichnete Agenturen.

SCHWANGERSCHAFT

Die Arbeit der Hebammen beginnt nicht erst im Kreißsaal. Eine Hebamme berät und betreut in der Schwangerschaft sowie in der Neugeborenenzeit. Die Kosten übernimmt die Krankenkasse. Bei der Hebammensuche hilft der Kreisverband Karlsruhe des Hebammenverbands Baden-Württemberg, 1. Vorsitzende ist Barbara Wagner, ☎ 183 81 16, hebammen-bw.de. Auswahlkriterien sollten neben den angebotenen Leistungen eine nicht zu weite Entfernung und die zwischenmenschliche Chemie sein.

Deutscher Hebammenverband e. V., Kreisgruppe Karlsruhe, Hebammensprechstunde Mo 11-13h, Mi 14-16h, ☎ 133-65 00, Infos: hebammen-karlsruhe.de

Diakonisches Werk Karlsruhe, Schwangerschafts- und Familienberatung, Infos zu Fragen rund um Schwangerschaft und Geburt, auch Schwangerschaftskonfliktberatung, 76133 Stephanienstr. 98, ☎ 2 03 97-040, Informations- und Vernetzungsstelle Pränataldiagnostik: ☎ 2 03 97-046, dw-karlsruhe.de

Gesundheitsamt im Landratsamt Karlsruhe, bietet Schwangerschaftsberatungen und Schwangerschaftskonfliktberatungen mit Beratungsnachweis, Hausanschrift: 76131 Wolfartsweierer Str. 5b, Postanschrift: 76137 Beiertheimer Allee 2, ☎ 936-811 90, ☎ 936-812 90, landkreis-karlsruhe.de

Kinderbüro [S. 389], mit dem Netzwerk „Frühe Prävention" heißt die Stadt Kinder willkommen und trägt zu einem guten Start in das Leben bei. Ein multiprofessionelles Team aus Sozialpädagoginnen, Psychologinnen, Hebammen und Ärztinnen bietet Unterstützung für alle Fragen in den ersten Lebensjahren an. Ehrenamtliche unterstützen Familien durch praktische Hilfe nach der Geburt eines Kindes. Infos zu den unterschiedlichen Angeboten: ☎ 133-51 11, karlsruhe.de/kinderbuero

Netzwerk Frühe Prävention, kostenfreie Begleitung von Anfang an bietet das Netzwerk des Kinderbüros [S.389] für Schwangere und Eltern mit Kindern von 0 bis 3 Jahren. Das Fachteam Frühe Kindheit bietet konkrete Informationen und Unterstützung im neuen Lebensalltag, etwa Hilfe bei Formularen oder Begleitung zu Terminen. Familienhebammen begleiten Schwangere und Eltern bis zu einem Jahr, vor allem in gesundheitlichen Fragen. Die Beratungsstelle Frühe Hilfen ist spezialisiert auf alle Unsicherheiten und Themen in den ersten beiden Lebensjahren des Kindes wie Schreien, Füttern, Schlafen und Ängste. Infos: ☎ 133-51 11. Das Wellcome-Programm bietet nach der Geburt praktische Hilfen durch Ehrenamtliche, ☎ 912 30 58

Rundumgesund-Apotheken am Kolpingplatz und am ZKM sind auf Schwangerschafts-Produkte spezialisiert, 76137 Karlstraße 115, ☎ 3 06 50, und 76137 Südendstr. 47, ☎ 81 12 18, ok-apo-ka.de

Pro Familia, psychosoziale, psychologische und medizinische Beratung rund um Schwangerschaft und Sexualität sowie sozialrechtliche Beratung bei Schwangerschaft und Geburt. Pro Familia ist konfessionell unabhängig, die Mitarbeitenden stehen unter Schweigepflicht. 76133 Amalienstr. 25, ☎ 92 05 05, profamilia.de/karlsruhe

Sozialdienst katholischer Frauen, Stadt- und Landkreis Karlsruhe e. V. [S. 388], berät bei allgemeinen Fragen zur Schwangerschaft sowie zu speziellen Themen wie sozialrechtliche Aspekte, Pränataldiagnostik, unerfüllter Kinderwunsch, vertrauliche Geburt oder Mutter-Kind-Bindung, Mo+Fr 8.30-12h, Di 14-16h und nach Vereinbarung, 76133 Akademiestr. 15, ☎ 9 13 75-0, skf-karlsruhe.de

Rundum Hebammenpraxis, Vorsorge, Geburtsvorbereitung, Schwangerschaftsgymnastik, Kurse in Schwangeren-Yoga und Babypflege sowie Nachsorge und Rückbildungsgymnastik, 76131 Gottesauer Str. 26, ☎ 966 24 24, hebammenpraxis-rundum.info

ONLINE-TIPPS

Embryotox.de informiert Schwangere und Stillende, welche Medikamente für sie unbedenklich sind. fiami.de, die Hebammen-Suchseite für den Stadt- und Landkreis Karlsruhe, hilft, eine Hebamme für die Wochenbettbetreuung zu finden.

SCHWANGERSCHAFTS-MODE

→ *S. 379, „Schwangerschaftsmode"*

SENIOREN

BERATUNG UND INFOS

Altenhilfefachberatung des Landkreises Karlsruhe, informiert übers Wohnen im Alter und über Pflegeangebote im Landkreis; Landratsamt Karlsruhe – Amt für Versorgung und Rehabilitation, 76131 Wolfartsweierer Str. 5, Postanschrift: 76137 Beiertheimer Allee 2, ☎ 936-7 08 90 (Herr Roßkopf)

Fachstelle für Menschen mit Demenz und ihre Angehörigen, Träger: Diakonisches Werk Karlsruhe, bietet Beratung, Kurse und Gesprächsgruppen für Angehörige – Infos: Diakonisches Werk Karlsruhe, ☎ 2 03 97-174, dw-karlsruhe.de

DRK Kreisverband Karlsruhe e. V., bietet einen Besuchs- und Betreuungsdienst, Essen auf Rädern, Kurberatung und einen Hausnotruf, 76137 Ettlinger Str. 13, ☎ 07251/922-189, Krankentransport: ☎ 1 92 22, drk-karlsruhe.de

Paritätische Sozialdienste K'he, Wohnberatung, 76149 Kanalweg 40/42, ☎ 91230-55, paritaet-ka.de

Der **Pflegestützpunkt** [S. 240] informiert und berät unabhängig und kostenfrei rund um das Thema Pflege: umfassende Beratung zur individuellen Pflegesituation, Beratung und Hilfestellung bei der Beantragung von Leistungen der Pflegeversicherung, Infos zu Angeboten für pflegende Angehörige und zum Thema Demenz sowie Infos und Beratung zu Unterstützungsangeboten, ambulanten Pflegediensten oder Pflegeheimen, Rathaus an der Alb, 76135 Ernst-Frey-Str. 10, ☎ 133-55 13

Die **Stadtteilkoordination** und das **Seniorenbüro** [S. 242] unterstützen Gruppierungen und Angebote in mehreren Karlsruher Stadtteilen bei der Vernetzung und beim Informationsaustausch. Sie nehmen eine Brückenfunktion zwischen städtischen Einrichtungen, Ämtern und dem Stadtteil ein, begleiten die Stadtteilnetzwerke vor Ort und unterstützen Kooperationen sowie den Anschub von Aktivitäten und Projekten. Wichtig ist, dass die soziale Quartiersentwicklung dabei an Bestehendes anknüpfen, Menschen beteiligen und Brücken bauen bzw. Türen öffnen will. Mit zunehmenden Lebensjahren und beginnenden Beeinträchtigungen gewinnt es an Bedeutung, im Stadtteil gut eingebunden zu sein, zu wissen, wo es passende Angebote, Hilfe und Unterstützung im Nahraum gibt, 76135 Ernst-Frey-Str. 10, ☎ 133-50 84

Seniorenfachberatung „Wohnen & Technik" der Evangelischen Stadtmission Karlsruhe [S. 240] zu alltagsunterstützenden Assistenzsystemen (von einfachen Hilfsmitteln bis hin zu technischen Sturzüberwachungssystemen) sowie zu allen Angeboten für Senioren von der häuslichen Krankenpflege über das Betreute Wohnen bis hin zu Wohnangeboten mit stationärer Pflege, ☎ 91 76-126 (erreichbar Mo-Fr, Beratung nach Vereinbarung)

ESSEN AUF RÄDERN

AWO-Menü, 76185 Hopfenstr. 3, ☎ 831 40-908, awo-karlsruhe.de

DRK Kreisverband Karlsruhe e. V., 76137 Ettlinger Str. 13, ☎ 07251/922-175, drk-karlsruhe.de

Paritätische Sozialdienste Karlsruhe, Vesper, Tagesgerichte, Schlemmermenüs, Diabetikermenüs, 76149 Kanalweg 40/42, ☎ 912 30-10, paritaet-ka.de

NACHBARSCHAFTS-HILFE

Ein kostengünstiges Angebot für hilfsbedürftige Menschen: Ehrenamtliche Mitarbeiter helfen stundenweise im Haushalt, machen kleine Besorgungen und betreuen demenzkranke Menschen oder begleiten auf Spaziergängen.

Evangelische Sozialstation Karlsruhe [S. 241], bietet hauswirtschaftliche und persönliche Hilfen (Kochen, Vorlesen etc.), 76199 Herrenalber Str. 45, ☎ 98 84 30-0, karlsruher-sozialstation.de

Nachbarschaftshilfe der katholischen Pfarrgemeinden, Caritasverband Karlsruhe e. V., 76133 Sophienstr. 33, ☎ 92 13 35-285, caritas-karlsruhe.de

PFLEGE

Ambulante Dienste – ISB der Reha-Südwest [S. 385], ambulante Pflege, Kurzzeitbetreuung, Schulbegleitung und Beratung, 76131 Markgrafenstr. 17/19, ☎ 9 32 74-0, reha-suedwest.de/isb

ASB, der Arbeiter-Samariter-Bund Baden-Württemberg e. V. bietet im Stadtgebiet zwei Tagespflegen, eine Nachtpflege und hauswirtschaftliche Hilfen sowie fünf Einrichtungen mit Betreutem Wohnen und vier Seniorenresidenzen, 76227 Pforzheimer Str. 27a, ☎ 4 90 08-0, asb-ka.de

AWO Mobile Pflege und Betreuung, Pflege zuhause, Haushaltshilfen, Betreuungsleistungen, Familienpflege und Schwerbehindertenassistenz, 76185 Hopfenstr. 3, ☎ 8 31 40-911, awo-karlsruhe.de/pflege

AWO Seniorenzentren, Anna-Leimbach-Haus Durlach, ☎ 16 09-0; Hanne-Landgraf-Haus Grötzingen, ☎ 48 06-0; Karl-Siebert-Haus Innenstadt, ☎ 9 32 01-0; Seniorenzentrum Grünwinkel, ☎ 8 31 40-0; Seniorenzentrum Knielingen,

☎ 1 61 51-0, und die Tagespflege in Oberreut, ☎ 986 26 32, awo-karlsruhe.de/pflege

Azaé, kompetentes Pflege- und Hauspersonal für Senioren, von der stundenweisen Unterstützung im Haushalt bis zur 24-Stunden-Anwesenheitspflege, 76137 Ettlinger Str. 11a, ☎ 568 77 29, azae.de

Badischer Landesverein für Innere Mission [S. 241], in den drei Pflegeheimen „Friedensheim", „Altenhilfezentrum Karlsruhe-Nordost" und „Haus Karlsruher Weg" werden Junge Pflege, Kurzzeitpflege und stationäre Pflege für Seniorinnen und Senioren – teilweise im Hausgemeinschaftsmodell – sowie Pflegeoasen für Demenzkranke geboten, weitere Infos: ☎ 12 08 44-0, badischer-landesverein.de

Berckholtz-Stiftung, Altenpflegeheim, Besuche: 76199 Diakonissenstr. 28, Postadresse: 76199 Graf-Eberstein-Str. 2, ☎ 889-32 43, berckholtz-ka.de

Brinkmann Pflegevermittlung, vermittelt Pflegekräfte aus Osteuropa für die Betreuung in häuslicher Gemeinschaft, 76135 Laurentiusstr. 53, ☎ 61 93 13 50, karlsruhe.brinkmann-pflegevermittlung.de

Evangelische Stadtmission Karlsruhe [S. 240], Kurzzeitpflege, Betreutes Wohnen, Stationäre Pflege, Tagespflege, ☎ 91 76-500, karlsruher-stadtmission.de

Evangelische Sozialstation Karlsruhe [S. 241], Beratung, Betreuung, häusliche Krankenpflege und Verhinderungspflege, 76199 Herrenalber Str. 45, ☎ 98 84 30-0, karlsruher-sozialstation.de

Heimstiftung Karlsruhe, Pflege und Betreutes Wohnen in den Seniorenzentren Alte Mälzerei, 76131 Haid-und-Neu-Str. 32, ☎ 986 19 92-900; Parkschlössle, 76227 Badener Str. 33, ☎ 40 90 20, und Seniorenresidenz am Wetterbach, 76228 Am Wiesenacker 29, ☎ 183 89 00, heimstiftung-karlsruhe.de

KAP Ambulante Pflege GmbH, individuelle, bedarfsgerechte Pflege und Versorgung sowie Beratung und Begleitung pflegender Angehöriger, 76133 Erzbergerstr. 100, ☎ 531 13 00, kap-gmbh.de

MPKa – Mobiler Pflegedienst Karlsruhe GmbH, bietet Behandlungspflege, Wundversorgung, Urlaubsvertretung, Pflegeberatung, Betreuungsleistungen, Grundpflege und Entlastungsleistungen, 76133 Fichtestr. 3, ☎ 82 10 09 31, mpka.de

Netzwerk Pflegebegleitung des Arbeiter-Samariter-Bundes Baden-Württemberg e. V., ehrenamtliche Helfer geben pflegenden Angehörigen in und um Durlach Tipps für den Pflegealltag. Im „Café Auszeit" erfahren sie einmal monatlich Rückhalt und ein offenes Ohr, Infos: ☎ 4 90 08-680 (Mo-Fr 11-12h, Do 8-12h, Herr Manske), asb-ka.de

Paritätische Sozialdienste Karlsruhe, häusliche Alten- und Krankenpflege, Fachpflege bei Schlaganfall, Alzheimer und Tumorerkrankungen, 24-Std.-Betreuung, Vermittlung von Haushaltshilfen, 76149 Kanalweg 40/42, ☎ 912 30-60, paritaet-ka.de

Pflege Ambulant, bietet häusliche Krankenpflege, 76131 Ostring 8, ☎ 961 38 25, pflege-ambulant.de

Pflegedienst Uwe Barthel [S. 239], ambulante Krankenpflege, Altenpflege, Fachpflege für Urologie sowie Familienpflege, 76137 Wilhelmstr. 4a, ☎ 8 46 73, und Hauptstr. 80, 76344 Eggenstein-Leopoldshafen, ☎ 623 76 60, pflegedienst-barthel.de

TIPP

Die **Benotung der baden-württembergischen Pflegeheime** durch den Medizinischen Dienst der Krankenversicherung (MDK) kann man auf der Homepage pflege-navigator.de einsehen.

Hausnotrufe: Im Notfall kann rund um die Uhr per Knopfdruck eine Sprechverbindung mit der jeweiligen Einsatzzentrale hergestellt werden. Eine vorherige kostenpflichtige Anmeldung ist erforderlich. Hausnotrufe bieten der Arbeiter-Samariter-Bund: ☎ 490 08-400, das DRK: ☎ 07251/922-172 und -176 sowie die Evangelische Sozialstation: ☎ 98 84 30-0

Bei den **Pflegestützpunkten des Landkreises Karlsruhe** erhalten Pflegebedürftige sowie ihre Angehörigen kostenlos Infos rund ums Thema Pflege und Alter, Koordination: Sabrina Menze, 76137 Wolfartsweierer Straße 5, ☎ 936-7 07 40, landkreis-karlsruhe.de/alter-pflege-inklusion

Der **Pflegestützpunkt** [S. 240] informiert und berät unabhängig und kostenfrei rund um das Thema Pflege: umfassende Beratung zur individuellen Pflegesituation, Beratung und Hilfestellung bei der Beantragung von Leistungen der Pflegeversicherung, Infos zu Angeboten für pflegende Angehörige und zum Thema Demenz sowie Infos und Beratung zu Unterstützungsangeboten, ambulanten Pflegediensten oder Pflegeheimen, Rathaus an der Alb, 76135 Ernst-Frey-Str. 10, ☎ 133-55 13

Urlaubspaket für den Hausnotruf – das DRK-Angebot gilt für Personen, deren Angehörige bis zu vier Wochen im Urlaub sind. Gegen ein Entgelt wird ein Notrufgerät in der Wohnung angeschlossen und die Hilfebedürftigen erhalten einen Funksender. Per Knopfdruck wird Kontakt mit der DRK-Hausnotrufzentrale aufgenommen. Diese hat wichtige Daten des Patienten sowie einen Wohnungsschlüssel und reagiert dem Notruf entsprechend, DRK Kreisverband Karlsruhe e. V., 76137 Ettlinger Str. 13, ☎ 07251/922-172, drk-karlsruhe.de

TREFFS, FREIZEITAKTIVITÄTEN FÜR SENIOREN

Akademie der Älteren Generation Karlsruhe, Vortragsprogramm auf hohem wissenschaftlichem Niveau, Träger sind das Katholische Dekanat Karlsruhe und das Bildungszentrum Roncalli-Forum, 76133 Kriegsstr. 37, ☎ 932 83 12

AWO Kreisverband Karlsruhe-Stadt e. V., Begegnungsstätten/Treffs in vielen Stadtteilen mit Gesprächskreisen, Veranstaltungen und Ausflügen, awo-karlsruhe.de/begegnungsstaetten

Badischer Landesverein für Innere Mission [S. 241], die Quartiersprojekte in der Südweststadt und in der Waldstadt bieten Treffpunkte und Angebote für den jeweiligen Stadtteil, weitere Infos: ☎ 12 08 44-0, badischer-landesverein.de

Caritasverband Karlsruhe, die Begegnungsstätte für Senior(inn)en bietet unter anderem Gesprächskreise, Gedächtnistraining, gemeinsames Singen, Basteln und Gymnastikkurse im Caritashaus, 76133 Sophienstr. 33, ☎ 9 12 43-0, caritas-karlsruhe.de

Diakonisches Werk Karlsruhe, Treffpunkt für Senioren/-innen in der Oststadt: 76131 Haizingerstr. 1, in Hagsfeld: 76139 Schäferstr. 15, und in der Stadtmitte: 76133 Kaiserstr. 172, Infos: Diakonisches Werk, ☎ 2 03 97-181, dw-karlsruhe.de

Post Südstadt Karlsruhe e. V. [S. 248], Seniorensport und Wanderabteilung mit Ausflügen, 76199 Ettlinger Allee 9, ☎ 88 74 44, online-psk.de

Schauburg [S. 423], mittwochs 14.30h Seniorenkino für 6€ inklusive einem Glas Sekt, 76137 Marienstr. 16, ☎ 3 50 00-18, schauburg.de

Seniorenclub Durlach e. V., bietet Hilfestellung, Kurse, Ausflüge sowie Kultur- und Spielangebote, Infos: 76227 Rappenstr. 5, ☎ 485 27 78 (Dr. Hans Braun), seniorenclub-durlach.de

seniovitas „Begleitung im Alltag", bietet Serviceleistungen (Begleitung, Beratung, Organisation, Einkauf, Haushalts- und Gartenarbeit), die den Senioren-Alltag erleichtern und ein selbstbestimmtes Leben in den eigenen vier Wänden ermöglichen, ☎ 17 47 62 94, seniovitas.de

Stadtseniorenrat, politische Interessenvertretung K'her SeniorInnen, Vorsitz: Karin Heidt, ☎ 75 89 01

vhs Karlsruhe [S. 197], zahlreiche Angebote für Senioren, unter anderem in den Bereichen Bildung, Kunst, Gesundheit und Bewegung, 76133 Kaiserallee 12e, ☎ 9 85 75-0, vhs-karlsruhe.de

SPIELPLÄTZE

Derzeit können sich Kinder in Karlsruhe auf rund 228 öffentlichen Spielplätzen mit einer Gesamtfläche von 54 Hektar austoben. Darüber hinaus stehen weitere Spielflächen in Kleingartenanlagen und zahlreichen Schulhöfen zur Verfügung. Die Anlagen werden vom Gartenbauamt geplant, gebaut, gewartet und gepflegt. Hinweise auf Beschädigungen können mit Angabe der Straße unter ☎ 115 gegeben werden.

Auf Spielplätzen sind das Mitführen von Hunden sowie das Rauchen und der Verzehr alkoholischer Getränke nicht gestattet. Die schönsten Spielanlagen sind in unserem Stadtplan in der hinteren Umschlagklappe eingezeichnet.

AKTIVSPIELPLÄTZE

In Karlsruhe gibt es zwei Aktivspielplätze, die pädagogisch betreut werden und neben Außenanlagen auch Häuser mit Aufenthaltsräumen anbieten:

Aktivspielplatz Günther-Klotz-Anlage, bei der Europahalle befindet sich ein pädagogisch betreuter Bauspielplatz mit Hüttendorf, Werkstatt, Garten und Kletterturm. Kinder ab 6 Jahren können hier selbständig bauen, klettern, werken, spielen und eigene Ideen umsetzen. Eine Skater-Anlage ist ebenfalls in der Nähe, Do+Fr 14-18.30h (November bis Ende März nur Fr 14-17.30h), Sa 10-14h. In den Schulferien gibt es meistens Ferienprogramme, ☎ 133-56 77, stja.de/aktivspielplatz-guenther-klotz-anlage

Aktivspielplatz Nordweststadt, 76187 Hertzstraße 176d, der Spielplatz mit pädagogischer Betreuung bietet auf einer rund 2.600 qm großen Freifläche eine Natur- und Erlebniswelt, in der man u. a. handwerklich experimentieren und Hütten bauen kann, sowie unterschiedliche Spiel- und Ferienangebote. Offener Bereich: Mo 15-17h (außer in den Schulferien), ☎ 971 43 30, stja.de/aktivspielplatz-nordweststadt

AUSGEWÄHLTE SPIELPLÄTZE

Albspielplatz am Theodor-Söhner-Weg (Grünwinkel), auf dem Spielplatz an einem Seitenarm der Alb können sich Kinder in naturnaher Umgebung austoben. Es gibt einen Kletterhang, eine Seilbahn und Schaukeln sowie viel Rasen zum Toben

Citypark Südstadt Ost entlang der Klara-Siebert- und Marie-Juchacz-Str., großzügige Freiflächen, umfangreiche Spiel- und Bewegungsangebote für alle Altersgruppen sowie ein eingezäunter Bolzplatz

Integrativer Spielplatz, 76187 Moltkestr. 134, Spielplatz für Kinder mit und ohne Behinderung, ausgestattet mit einem für Rollstuhlfahrer geeigneten Karussell, Matschtischen sowie einer Vogelnestschaukel, Spielgeräten und einer Klangwand

Naturspielplatz in der Nordstadt, liegt am Wald zwischen Kanalweg und der Rhode-Island-Allee und bietet verschiedene Schaukeln, einen Seil- und Balancierparcours, Tunnelrutsche und einen Bereich für kleinere Kinder mit Sandbaustelle, Kletternetz und Kriechröhre sowie viel Grün

Otto-Dullenkopf-Park, südlich des Gottesauer Schlosses befinden sich ein großer Sandkasten mit Spiel- und Freiflächen sowie südöstlich ein Basketballfeld, ein Bolzplatz und eine Skateanlage und zudem im Südwesten eine Dirtbike-Anlage

Spielplatz Abraham-Lincoln-Allee, Neureut-

Kirchfeld (im Neubaugebiet gegenüber dem Sportverein Fortuna Kirchfeld), über 4.000 qm für alle Altersgruppen mit Wikingerschiff und Wikingerdorf, Matschanlage sowie einem Bolzplatz

Spielplatz am Beiertheimer Feld, beim Weinbrennerplatz, 2.500 qm große Anlage mit drei Bereichen für mehrere Altersgruppen, Kletterangeboten, Balanciergerät, Slackline-Pfosten, Doppel-/Vogelnestschaukel und einer runden Tischtennisplatte

Spielplatz Beiertheimer Wäldchen, Südweststadt, bietet großflächige Spielbereiche für mehrere Altersgruppen unter altem Baumbestand – Kletterparcours, Schaukeln und einen vertieft liegenden Sandbereich mit Spielhäuschen und Rutsche

Spiellandschaft am Bettina-von-Arnim-Weg, Weststadt, bietet Tischtennisplatten und für kleinere Kinder stehen ein Kletter-Dreieck-Netz, ein Dreieck-Turm und eine Vogelnestschaukel bereit

Spielplatz Fasanengarten, Innenstadt-Ost, das schön gelegene Gelände im Wald mit Kletterhügel, Schaukeln, großen Sand- und Wiesenflächen sowie einem Kleinkinderbereich bietet vielfältige Angebote für alle Altersgruppen

Spielplatz beim Kühlen Krug, Weststadt, neben einem Biergarten in der Nähe der Alb befindet sich eine großflächige Spielanlage mit Seilbahn, Klettergerüsten, Rutschen, Wippen, Schaukeln, Spielhäusern und Hängebrücken; für Erwachsene ist zusätzlich ein Fitnessparcours vorhanden

Spielplatz Carl-Schäfer-Weg, Knielingen, der etwa 3.000 qm große Spielplatz bietet eine weitläufige Spielgeräteausstattung mit Wassermatschanlage und Spielwiese sowie Fitnessgeräten

Spielplatz in der Günther-Klotz-Anlage, Weststadt, hier gibt es Holzbauten, Wasserspiele, eine lange Rutsche, viel Rasen und Sand, eine Kletterspinne, ein Basketball- sowie ein Volleyballfeld, zwei Tischtennisplatten und eine Skateranlage

Spielplatz Hofgut Maxau, bewegungsorientierte Spielgeräte, erlebnisorientierte Elemente sowie eine Zone zur Kommunikation und Entspannung machen das Gelände für alle Altersgruppen interessant, u. a. gibt es einen Balancierparcours, ein Spielschiff mit Aussichtsplattform und einen „Wasserwald"

Spielplatz am Kirchplatz St. Stephan, Ecke Herrenstr./Erbprinzenstr., zentral gelegener Spielplatz mit mehreren Spielgeräten, der mit seinen Spritzbrunnen im Sommer zu Wasserspielen einlädt

Spielplatz in der Nottingham-Anlage, Weststadt, eine Wasser-Sand-Anlage lädt zum Matschen ein, an den Seilen im „Kletterzirkus" und in der burgähnlichen Kletteranlage kann die Geschicklichkeit getestet werden oder man vergnügt sich auf dem Bolz- & Basketballplatz bzw. beim Tischtennis

Spielplatz Oberreut, Graf-Galen-Str. im Grünzug Schmallen, ca. 3.000 qm großer Spielplatz mit Kletterwand, Seilpyramide, großem Rutschenturm, Sandspiel für kleinere Kinder, Wasserspielplatz mit Matschtisch und Spielhaus auf einem Floß

Spielplatz Rechts der Alb, an gleichnamiger Straße in Weiherfeld-Dammerstock am flachen Ufer der Alb gelegen, mit Holzhäusern, Wasserspielanlage, Karussell, Doppelschaukel, einem Klettergerät in Form eines Schiffs und einem Basketballfeld

Spielplatz am Turmberg, Spielplatz neben dem Schützenhaus in Durlach mit attraktiven Spielangeboten und Aufenthaltsqualität für die ganze Familie

MOBILE SPIELPLÄTZE

Mobile Spielaktion – zwei Teams des Stadtjugendausschusses sind ganzjährig mit ihren Spielbussen im Stadtgebiet unterwegs, um auf öffentlichen Plätzen und Grünflächen Spielaktionen für Kinder ab 6 Jahren anzubieten. Wo sie gerade im Einsatz sind, erfährt man hier: 76227 Pforzheimer Straße 35, ☎ 476 38 87, mobi-aktion.de

VERANSTALTUNGEN FÜR KIDS

BILDUNG

Nachhilfe- und Musikunterricht → S. 196: Rubrik „Nachhilfe" bzw. S. 195: Rubrik „Musische Bildung"

Freie Kulturschule, Kinderkurse im Malen, Plastizieren und Drucken, 76185 Kaiserallee 121, ☎ 201 82 05, freie-kulturschule-ka.de

KLIMA ARENA Sinsheim [S. 170], Themenpark rund um den Klimawandel, siehe auch Artikel ab S. 174, Dietmar-Hopp-Straße 6, 74889

Sinsheim, ☎ 07261/144 11 10, klima-arena.de
Kulturzentrum jubez, Ateliers und Werkstätten für künstlerisches und handwerkliches Gestalten in den Bereichen Kunst, Medien, Fotografie, Keramik, Textilien und Holz sowie Tanz, Theater und Musik für Kinder ab 6 Jahren, 76133 Kronenplatz 1, ☎ 133-56 30 (Di-Fr 14-18h), jubez.de
Kinder-Uni, das Karlsruher Institut für Technologie (KIT) veranstaltet in den Semesterferien für Kinder von 7 bis 14 Jahren 45-minütige „Vorlesungen", bei denen wissbegierige Kids fast wie die Großen studieren können. Infos zu Themen und Terminen: 76131 Kaiserstr. 12, ☎ 608-4 51 76, kinder-uni.kit.edu
Karlsruher Netzwerk für Natur- und Umweltbildung, auf der zentralen Plattform für die Akteure der Natur- und Umweltbildung findet man zahlreiche Kurse und Angebote zu verschiedensten Umweltthemen für Alt und Jung, karlsruhe.de/b3/natur_und_umwelt/nubnetzwerk.de
Schülerakademie Karlsruhe e. V. in Kooperation mit der Hector-Kinderakademie Karlsruhe [S. 203], intensive, altersgemäße und abwechslungsreiche Förderung talentierter und interessierter Kinder bzw. Jugendlicher in den Bereichen Naturwissenschaft und Technik von der Vorschule bis zum Abitur, c/o Hans-Thoma-Schule, 76131 Markgrafenstr. 42, ☎ 133-41 98, schuelerakademie-ka.de
Staatliches Museum für Naturkunde [S. 129], spannende Angebote für Kinder aller Altersgruppen sowie Geburtstagsprogramme, 76133 Erbprinzenstraße 13, ☎ 175-21 52 (Mo+Mi 15-17h, Di 10-12h), naturkundemuseum-karlsruhe.de

FREIZEIT, FESTE

Siehe auch → S. 248, Rubrik Freizeit & Hobby

AWO Kreisjugendwerk, Kinder- und Jugendfreizeiten sowie Sprach- und Familienreisen, 76131 Waldhornstr. 10a, ☎ 3 50 07-151, awo-reisen.de
Badisches Landesmuseum [S. 166], Kinder und Jugendliche von 6 bis 12 Jahren können bei ihrem Geburtstagsfest im Karlsruher Schloss eine Abenteuerreise in vergangene Zeiten oder auf ferne Kontinente erleben. Erfahrene Kulturvermittler/-innen machen den wichtigsten Tag im Jahr zu einem unvergesslichen Erlebnis. Anmeldung bis 21 Tage im Voraus beim Buchungsservice: service@landesmuseum.de, 76131 Schloss, landesmuseum.de/kulturvermittlung
Hambacher Schloss [S. 160], inszenierte Kinderführungen, Workshops, Kindergeburtstagsfeiern und Kindertheater, Hambacher Schloss, 67434 Neustadt, ☎ 06321/92 62 90, hambacher-schloss.de
Jugendfreizeit- und Bildungswerk [S. 245], bietet attraktive Ferienangebote für Kinder und Jugendliche wie betreute Freizeiten im In- und Ausland, Sprachreisen, Stadtranderholung und „Gemeinsame Ferien" für Kinder mit und ohne Behinderung, 76133 Bürgerstr. 16, ☎ 133-56 71, jfbw.de, ferien-karlsruhe.de
Karlopolis ist eine funktionierende Kinderspielstadt mit Werkstätten, Läden und Fahrzeugen, die

in den Sommerferien für zwei Wochen im Otto-Dullenkopf-Park entsteht. Die Kinder zwischen 8 und 13 Jahren haben die Wahl zwischen über 50 Berufen (z. B. in der Fahrradwerkstatt, Gärtnerei oder Schreinerei), in denen sie sich spielerisch erproben können, auch Freizeitangebote gibt es in der Kinderspielstadt, Infos: Jugendfreizeit- und Bildungswerk (jfbw) [S. 245+335], 76133 Bürgerstr. 16, ☎ 133-5671, jfbw.de, ferien-karlsruhe.de, karlopolis.de

Karlsruher Kinderpass, eine Leistung der Stadt Karlsruhe für Kinder bis 18 Jahre, deren Eltern berechtigt sind, den Karlsruher Pass zu erhalten (siehe S. 334), sowie für Pflegekinder, Kinder mit Schwerbehindertenausweis und Kinder aus Familien mit fünf oder mehr minderjährigen Kindern. Er bietet Ermäßigungen beim Zoologischen Stadtgarten und dem KVV (für Monatskarten und Schülerferientickets), für städtische Bäder (inklusive Bädersaisonkarte), Museen, die vhs u. v. m. Kinder ab sechs Jahren bekommen zudem einen Zuschuss zu betreuten Ferienangeboten gemeinnütziger Anbieter in Höhe von zwei Dritteln der Kosten bis maximal 100€ pro Angebot. Inzwischen wird der Karlsruher Kinderpass auch in der „Sozialregion" Bad Schönborn, Bruchsal, Eggenstein-Leopoldshafen, Forst, Graben-Neudorf, Karlsruhe, Pfinztal, Rheinstetten, Stutensee, Waldbronn, Walzbachtal, Weingarten (Baden) und Wörth ausgegeben. Infos: Jugendfreizeit- und Bildungswerk (jfbw) [S. 245+335], 76133 Bürgerstr. 16, ☎ 133-56 71, karlsruher-pass.de

Keller's Erlebnisgastronomie [S. 75], Kindergeburtstage, Streichelzoo und Kremserwagenfahrten, Weierbachsiedlung 8, 76703 Kraichtal-Menzingen, ☎ 07250/9 23 87

Kinder- und Jugendhaus Durlach, offene Kinder-, Teenie- und Jugendtreffs, Ferienangebote, Schul- und Stadtteilkooperationen sowie der Kinder- und Jugendzirkus Maccaroni, 76227 Weiherfeldstr. 1, ☎ 490 56 26, stja.de/kjh-durlach

Kindorado, großzügig angelegter Indoorspielplatz für Kinder bis 12 Jahre mit Erlebnisturm, Großrutschen, Kleinkindspielbereich, einer Trampolinanlage, Hüpfburgen und einer Elektrokartbahn, 76185 Daimlerstr. 7, ☎ 790 89 05, kindorado.de

Motorkinderpark, Verkehrstraining für Kinder ab 6 Jahren, die in benzinbetriebenen Mini-Autos den Verkehr spielerisch „erfahren" können, 76227 Steiermärker Straße (Hansaplatz, Festplatz Aue), ☎ 0152/09 48 25 80, motorkinderpark.de

Museum Ettlingen [S. 150], veranstaltet Kindergeburtstage zu Themen rund um das Ettlinger Schloss, Schlossplatz 3, 76275 Ettlingen, ☎ 07243/101-471, museum-ettlingen.de

Naturschutzzentrum Karlsruhe-Rappenwört, Naturerlebnisnachmittage für Kinder ab 4 Jahren sowie Ferienprogramme und Kindergeburtstage bieten Abenteuer und Spaß inmitten des Rappenwörter Auenwaldes, 76189 Hermann-Schneider-Allee 47, ☎ 9 50 47-0, nazka.de

PSK Karlsruhe e. V. [S. 248], „Kindersportschule aktiv" für Kinder von 4 bis 11 Jahren mit spielerischem Bewegungsangebot zur Verbesserung der Kondition und koordinativer Fähigkeiten sowie Heidelberger Ballschule und Basketballschule, 76199 Ettlinger Allee 9, ☎ 88 74 44, online-psk.de

SCHMUCKWELTEN Pforzheim [S. 138], Workshops für Kinder und Kindergeburtstage, Westliche Karl-Friedrich-Str. 56, Am Leopoldplatz, 75172 Pforzheim, ☎ 07231/8 00 06-23, schmuckwelten.de

Stadtrundgänge für Kinder in Begleitung Erwachsener, Tourist-Info Karlsruhe, 76133 Kaiserstr. 72-74, ☎ 60 29 97-580, karlsruhe-tourismus.de

Töpfle trifft Deckele, organisiert Picknick-Partys für Kindergeburtstage, Schlossergasse 3a, 76344 Eggenstein-Leopoldshafen, ☎ 0176/50 77 87 66 (Mo & Mi-Fr vormittags), toepfle-trifft-deckele.de

Träublesweg Weingarten, der Wander- und Erlebnisweg für Kinder führt auf 2,7 km durch die Weinberge und vorbei an zehn abwechslungsreichen Stationen, die Mitmachaktionen und Wissenswertes über die Tier- und Pflanzenwelt sowie den Weinbau bieten, Start ist am Liverdunplatz, Infos: Gemeinde Weingarten, Marktplatz 2, 76356 Weingarten, ☎ 07244/70 20-0, weingarten-baden.de

vhs K'he [S. 197], vielfältiges Programmangebot zu Kunst, Kultur und Schule für Kinder, Jugendliche und Familien (z. B. Miniwerkstatt oder Mitmach- und Erzähltheater). Die vhs vermittelt außerdem Kindern ab 3 Jahren und jungen Erwachsenen künstlerisch-handwerkliche Fähigkeiten in den Bereichen Bildende Kunst, Bühnenkunst sowie Medien und bereitet auf künstlerische Berufe vor. In den FerienAkademien für Kids und junge Leute bietet die vhs zusätzliche Kernzeitbetreuung zur Unterstützung berufstätiger Eltern, 76133 Kaiserallee 12e, ☎ 9 85 75-0, vhs-karlsruhe.de

Waldpädagogik Karlsruhe, veranstaltet Rallyes, Kindergeburtstage und Ferienprogramme, 76131 Linkenheimer Allee 10, ☎ 133-73 54, waldpaedagogik-karlsruhe.de

KINO

Junge Kinemathek, sorgfältig ausgewählte Kinderfilme, auch für Schulveranstaltungen, Programminfos siehe Homepage, Eintritt 4€, Kinemathek, 76133 Kaiserpassage 6, ☎ 937 47 14, kinemathek-karlsruhe.de

Schauburg [S. 423], zeigt für 4€ täglich um 15h einen Kinderfilm, Klassiker wie das „Dschungelbuch" und „Pippi Langstrumpf" ebenso wie neuere Produktionen; Geburtstagskinder haben freien Eintritt, 76137 Marienstr. 16, ☎ 3 50 00-18, schauburg.de

KULTUR

Regelmäßiges Kinderprogramm bieten das Figurentheater marotte (→ S. 103), das Jakobustheater und das Kammertheater (→ S. 99)

Badisches Landesmuseum [S. 166], Vorschulkinder, Hortkinder, Schüler und Schülerinnen tauchen bei interaktiven Rundgängen und künstlerisch-praktischen Workshops in vergangene Lebenswelten ein. Durch Inszenierungen, Hands-on-Stationen, eine Schatzsuche im Schloss und verschiedene digitale Angebote lernen sie andere Zeiten kennen und erleben sie mit allen Sinnen. Ferienprogramme und Workshops bieten Reisen in die Geschichte und in fremde Kulturen. Anmeldung Buchungsservice: service@landesmuseum.de, 76131 Schloss, landesmuseum.de/kulturvermittlung

Cantus Juvenum Karlsruhe e. V., nach Geschlechtern getrennte Singschule für Mädchen und Jungen ab dem Grundschulalter, 76133 Kreuzstraße 13, ☎ 156 48 52, cantus-juvenum.de

Jugendmusikschule Neureut, musikalische Früherziehung, Grundausbildung für Kinder ab 4 Jahren, Instrumental-/Vokalunterricht und Schnupperkurse, 76149 Neureuter Hauptstr. 256-258, ☎ 78 05-154

Lutherana Karlsruhe, Kantorei und Chorschule an der Lutherkirche, 76131 Durlacher Allee 23, ☎ 61 78 54, lutherana.de

marotte Figurentheater [S. 96], zeigt Kinderbuchklassiker und Stücke für Kinder ab 3 Jahren, regelmäßiges Abendprogramm, siehe Artikel S. 103, 76133 Kaiserallee 11, ☎ 84 15 55, marotte-figurentheater.de

WERKRAUM: Karlsruhe e. V. [S. 247], bietet verschiedene Theaterspielclubs für alle Altersklassen ab sieben Jahren und einen Medien- und Film-Club ab 12 Jahren. Alle Angebote werden von professionellen Theater- und Filmschaffenden geleitet und sind inklusiv, 76131 Alter Schlachthof 1A, ☎ 56 84 10 30, werkraum-karlsruhe.de

ZKM [S. 164], Kindergeburtstags-Workshops für maximal zehn Kinder/Jugendliche ab 5 Jahren, es gibt Trickfilm-, Foto- oder Roboter-Workshops und Geburtstagsführungen durch die Ausstellung. Zudem bietet die Museumskommunikation mit ihren Familiensonntagen ein unvergessliches Kunsterlebnis (Anmeldung: ☎ 81 00-13 30, workshops@zkm.de), 76135 Lorenzstr. 19, ☎ 81 00-13 30, zkm.de

FREIZEIT & HOBBY

In Karlsruhe gibt es rund 240 Sportvereine mit etwa 170.000 Mitgliedern, 250 ha Sportfläche und über 170 Turn- und Sporthallen. Im Rathausfoyer liegen kostenlose Broschüren mit Infos über Vereine aus und im Internet findet man auf der Seite karlsruhe.de/b3/freizeit/sport Auskünfte zu häufig nachgefragten Angeboten ebenso wie zu ungewöhnlichen Sportarten. Informationen über Sportaktivitäten für Senioren und Kinder erhält man im Schul- und Sportamt unter ☎ 133-41 01.

BADMINTON

Post Südstadt Karlsruhe e. V. [S. 248], Felder für Vereinsmitglieder und Nichtmitglieder, 76199 Ettlinger Allee 9, ☎ 88 74 44, online-psk.de
SSC Karlsruhe e. V. [S. 249], fünf Badmintonfelder (online buchbar), 76131 Am Fächerbad 4, ☎ 9 67 22-0, ssc-karlsruhe.de

BASTEL- UND KÜNSTLERBEDARF

Boesner [S. 140], bietet auf etwa 2.400 qm Fläche Künstlermaterial, Kunstbücher und ein Rahmenatelier sowie eine Rahmenwerkstatt, 76185 Daimlerstr. 15, ☎ 1 20 84-0, karlsruhe@boesner.com
Gerstaecker-Bauwerk [S. 131], Künstlerfachmarkt mit Materialien zur kreativen Gestaltung, einer eigenen Rahmenwerkstatt sowie Materialzuschnitt in Holz, Kunststoff und Metall, 76133 Adlerstr. 30-32, ☎ 38 77 03, gerstaecker.de
Papier Fischer, Hobby- und Künstlerbedarf, 76133 Kaiserstr. 130, ☎ 91 72-0, papierfischer.de
westpaper [S. 188], große Auswahl an Bastelbedarf und Büromaterialien, 76135 Gabelsbergerstraße 1, ☎ 83 17 93 30, westpaper-karlsruhe.de

BEACHSPORT

Freibad Rüppurr, das Bad verfügt über Beachvolleyballfelder, 76199 Heidelberger Str. 1, ☎ 133-52 32
Post Südstadt Karlsruhe e.V. [S. 248], zwei Beachvolleyballplätze zur Vermietung, 76199 Ettlinger Allee 9, ☎ 88 74 44, online-psk.de
SSC Karlsruhe e. V. [S. 249], vier Beachsportplätze im Grünen eignen sich für Volleyball, Soccer und Handball (online buchbar), 76131 Am Sportpark 5, ☎ 9 67 22-0, ssc-karlsruhe.de
Volleyballfeld in der Günther-Klotz-Anlage, das Sandfeld mit Netz am östlichen Ufer des Sees ist jederzeit kostenfrei nutzbar

BILLARD

→ *Siehe auch S. 306, Rubrik „Quiz & Spiele"*

Fun Sportsbar XL, 8 Tische, Mo: 4€/Std., Di-So: 8-14h 4€/Std., 14-18h 5€/Std., ab 18h 8€/Std., 76149 Am Sandfeld 1, ☎ 781 54 13, funsportsbar-xl.de
La Cage, Pool-Billard (9,50€ pro Stunde), sechs Dartscheiben, ein Kicker und warme italienisch-amerikanische Küche, Mo-Do 17-1h, Fr 17-3h, Sa 13-3h, So 17-1h (bei KSC-Spielen schon ab 13h), 76133 Blumenstr. 25, ☎ 2 70 70, lacage.info

Lago Bowling-Center Karlsruhe, vier Brunswick-Turniertische, Dartautomaten, Tischfußball und Air-Hockey-Tische, 76185 Gablonzer Str. 13, ☎ 570 42 30, lago-bowling.de
Triangel, Sportsbar mit drei Spieltischen, Mi-Fr 17-24h, Sa+So 11-24h, Benzstr. 5, 76307 Karlsbad, ☎ 07202/34 35, sportsbar-triangel.de

BOULE (PÉTANQUE)

AUSRÜSTUNG

Henrys [S. 104], Boulekugeln, Jonglier- und Showartikel sowie Zauber-, Artistik- und Theaterbedarf, 76131 Zirkel 30d, ☎ 35 94 03, henrys-online.de

BOULEPLÄTZE

fünf [S. 384], Restaurant/Bar mit Bouleplatz für Freizeitspieler beim Biergarten, kostenloser Verleih von Kugeln, 76149 Kanalweg 52, ☎ 97 66 47 12, fuenf.de
Öffentliche Bouleplätze: Schlossplatz Karlsruhe / überdachte Boulebahn am Kronenplatz / Grüngürtel der Südstadt / südlich der Bernhard-Lichtenberg-Str., Oberreut: Platz im Grünzug Schmallen / L'Oréal-Spielplatz, Nordweststadt / vor der Karlsburg und bei der Gewerbeschule (Grötzinger Str. 83) in Durlach / Bahnhofsvorpl. Berghausen / Niddaplatz Grötzingen
SSC Karlsruhe e. V. [S. 149], Boule-Treff, Spielgeräte werden gestellt, 76131 Am Sportpark 5, ☎ 9 67 22-0, ssc-karlsruhe.de

BOWLING

Lago Bowling-Center Karlsruhe, 24 Bowlingbahnen, zudem sind Billardtische, Dartautomaten, Tischfußballkicker, Air-Hockey-Tische und eine Gastronomie mit Biergarten vorhanden, 76185 Gablonzer Str. 13, ☎ 570 42 30, lago-bowling.de

DARTS

Post Südstadt Karlsruhe e. V. [S. 248], Dart-Abteilung, 76199 Ettlinger Allee 9, ☎ 88 74 44, online-psk.de

ESCAPE ROOMS

Adventurebox Karlsruhe, bietet drei verschiedene Escape-Rooms mit Karlsruhe-Bezug sowie Outdoor-Exitgames und City-Challenges, auch für Familien mit Kindern ab sieben Jahren geeignet, 76133 Kaiserallee 21, ☎ 60 99 76 60, adventurebox-karlsruhe.de
Cage Quest Karlsruhe, vier verschiedene Abenteuer können gebucht werden, 76131 Durlacher Allee 34, ☎ 14 54 00 76, cagequests.de
Escape Rooms Karlsruhe, 76139 An der Tagweide 10, ☎ 98 92 38 22, escaperooms-karlsruhe.de
Exitgames Karlsruhe, ein Team aus zwei bis sechs Spielern kann zwischen verschiedenen Räumen und Aufgaben wählen – zudem stehen zwei

identische Räume zur Auswahl, in denen größere Teams gegeneinander antreten können. Auch eine „Outdoor-Mission" ist im Angebot, 76133 Kaiserstr. 80a, ☎ 07221/943 38 97, exitgames-baden.de

FITNESS

dr. bientzle Gesundheitsclub, Fitnessstudio mit Rückenzentrum, Physiotherapie, Personal Training und Sauna, 76229 Eisenbahnstr. 38, ☎ 483 93 32, drbientzle-groetzingen.de

e-training, Studio mit flexiblen Vertragsoptionen ohne monatliche Bindung, 76185 Borsigstr. 3, ☎ 97 66 91 54, e-fitnessclub.de

fit-in, über 90 Kurse pro Woche, Herz-Kreislauf-Training, Schnupper-Mitgliedschaft für einen Monat möglich, Saunen und Solarien vorhanden, 76185 Daimlerstraße 1-5, ☎ 982 28 22; weitere Studios: 76137 Ebertstraße 52, ☎ 81 22 51; 76133 Kaiserstr. 94, ☎ 663 37 37; 76227 An der RaumFabrik 32, ☎ 49 01 76 50, fit-in.de

Inform, Sportstudio für Frauen, Quartier am Albgrün, 76185 Durmersheimerstr./Ecke Zeppelinstr., ☎ 0151/50 40 14 16, inform-karlsruhe.de

Jonny M., zwei moderne Studios (davon eines nur für Frauen), 76133 Kaiserstr. 146, ☎ 570 42 70, jonny-m.de

Mrs. Sporty, Sportclub, dessen Trainings- und Ernährungskonzept auf Frauen abgestimmt ist, 76135 Scheffelstr. 44b, ☎ 830 25 20, mrssporty.de/club221

Ninja World Karlsruhe [S. 259], bietet einen Kraft- und Fitnessbereich, Calisthenics, Streetlifting, Parkour sowie Personal Training und Physiotherapie, 76227 Ottostr. 3d, ninja-world.eu

Pfitzenmeier Premium Resort Karlsruhe [S. 4], die mehr als 1.550 qm große Work-out-Area bietet modernste Trainingsgeräte, einen großzügigen Freihantelbereich, eine Functional Zone, ein Dr.-Wolff-Rückenzentrum, zahlreiche Aqua-Fitness-Angebote im 600 qm großen AquaDome, eine Yogalounge, einen Wellnessbereich mit Sauna, Dachterrasse, Pool und Solebecken sowie ein vielfältiges Kursprogramm, qualifizierte Trainer und eine Kinderbetreuung, 76189 Rudolf-Freytag-Str. 6, ☎ 98 19 29 80, pfitzenmeier.de

Post Südstadt Karlsruhe e. V. [S. 248], vereinseigenes Fitnessstudio, Fitness- und Gesundheitskurse wie Wirbelsäulengymnastik und Pilates sowie Indoor-Cycling, Bauch-Beine-Po, Thai Bo und Zumba®-Kurse, 76199 Ettlinger Allee 9, ☎ 88 74 44, online-psk.de

PSV Karlsruhe e. V., umfangreiches Angebot an Fitness- und Gesundheitskursen sowie mehrere Integrationssportangebote – der Verein engagiert sich stark im Bereich der Inklusion, 76227 Edgar-Heller-Str. 19, ☎ 944 20-0, psv-karlsruhe.de

Ralf Amon, funktionelles pneumatisch-dynamisches Krafttraining, Herz-Kreislauf-Training und Reha-Angebote in angenehmer Atmosphäre, 76133 Erzbergerstr. 117, ☎ 55 22 44, amon-aktiv.de

Sportgemeinschaft Karlsruhe, das SGK-Bewegungszentrum bietet Ausdauertraining, EGYM-Zirkeltraining, FLE-XX-Bewegungstraining, Fitnesskurse und Online-Training, 76185 Siemensallee 73, ☎ 596-66 57, sportgemeinschaft-karlsruhe.de

Sportprinz Karlsruhe, 76135 Unterweingartenfeld 6, ☎ 920 92 27 (täglich 24 Std. geöffnet), 76185 Daimlerstr. 15, ☎ 47 17 83 08, sportprinz-fitness.de

SSC Fitness-Studio [S. 249], bietet Fitnesskurse, Pilates, Wirbelsäulengymnastik, Yoga sowie Indoor Cycling und verfügt über ein Fitnessstudio mit Sauna, 76131 Am Sportpark 5, ☎ 9 67 22-0, ssc-karlsruhe.de

Trimedic, ganzheitliches, individuelles Gesundheitstraining für jedes Alter, Prävention, Therapie und betriebliche Gesundheitsförderung, 76149 Ohiostraße 4, ☎ 48 48 70, trimedic.de

Venice Beach, 3.000 qm Trainingsfläche im Penthouse der Postgalerie mit Geräten, Cardiobereich, großem Kursangebot, Personal Training sowie Wellnessbereich, 76131 Kaiserstr. 217, ☎ 66 99 40 42, und ein Fitnessstudio im Scheck-in-Center mit Trainingsgeräten, Sprintstrecke sowie einem Cardio- und Wellnessbereich, 24 Std. geöffnet, 76131 Rüppurrer Str. 1, ☎ 354 46 90, venicebeach-fitness.de

OUTDOOR-TIPP

Kostenlose Trainingsmöglichkeiten an der frischen Luft bieten die Geräte der Fitnessparcours beim Spielplatz am Kühlen Krug, am Michael-

Pacher-Weg in Neureut, an der Otto-Wels-Straße in Oberreut, an der Wegverbindung zwischen Grünwettersbach und Palmbach sowie die öffentlich zugängliche Outdoor-Fitnessanlage auf dem Vereinsgelände des PSV Karlsruhe in der Edgar-Heller-Straße, der Fitnessparcours im Stadtpark Südost (hier ohne Geräte, aber mit Tafeln, die Übungen zeigen) und auch die Callisthenics-Anlagen unter anderem zwischen Luisen- und Rankestraße in der Südstadt, beim Jugendtreff „Blaues Haus" in der Halleschen Allee, in Grötzingen neben dem Bolzplatz Grezzostraße, in Dammerstock (Ettlinger Allee Richtung Oberwald), in Durlach Lohn-Lissen auf der Spielwiese (Nähe Oberwaldschule) sowie in Hohenwettersbach beim Spielplatz Rotenbüschle.

FLOORBALL

Post Südstadt Karlsruhe e. V. [S. 248], Floorball für Kinder und Erwachsene, 76199 Ettlinger Allee 9, ☎ 88 74 44, online-psk.de

FREIZEITPARKS

Freizeit- & Sportzentrum Mehliskopf, Klettergarten, Ganzjahres-Bobbahn, Downhill-Carts und Bogenschießen, Am Stadtwald 4, 77815 Sand bei Bühl, Verwaltung: Badener Str. 10, 76473 Iffezheim, ☎ 07226/13 00, mehliskopf.de

Holiday Park, Action und Spaß auf mehr als 400.000 qm mit Shows und Fahrattraktionen wie der Katapult-Achterbahn „SkyScream" oder Dino-Splash-Rafting inmitten einer attraktiven Parklandschaft, Holiday-Park-Straße 1-5, 67454 Haßloch, ☎ 06324/59 93-0, holidaypark.de

Kurpfalz-Park, Freizeitpark auf rund 700.000 qm Fläche mit Attraktionen für Groß und Klein wie Fahrten mit dem Rotsteigflitzer, Bumperboats und dem Kurpfalz-Coaster; April bis Anfang November täglich ab 9h, 67157 Wachenheim an der Weinstraße, ☎ 06325/20 77, kurpfalz-park.de

Riesen-Rutschbahn Enzklösterle-Poppeltal, bietet eine 1.500 Meter lange Sommer-Rodelbahn, eine Kinder-Bergeisenbahn, Autoscooter, ein Kettenkarussell, ein Trampolin u. v. m., April bis Oktober Di-So 10-18.30h (feiertags und in den Ferien auch Mo geöffnet), Eschentalweg, 75337 Enzklösterle-Poppeltal, ☎ 07085/78 12, riesenrutschbahn.de

Tripsdrill, schwäbischer Erlebnispark mit über hundert Attraktionen wie Achterbahn-, Wildwasser- und Raftingfahrten sowie einem Wildparadies mit rund 60 Tierarten, April bis Anfang Nov. täglich 9-18h, (Wildparadies ganzjährig 9-18h), 74389 Cleebronn/Tripsdrill, ☎ 07135/99 93 33, tripsdrill.de

FELDLABYRINTHE

Feldlabyrinthe sind Irrwege in übermannshoch bewachsenen Feldern – ein großer Spaß für Familien, bei Kindergeburtstagen oder Klassenausflügen von ca. Mitte Juli bis Anfang Oktober.

Durmersheim, Roggen-Labyrinth beim Enderle Erdbeerland, kostenfrei zugänglich von Mai bis Mitte Juli, Triftstraße 111, 76448 Durmersheim, enderle-erdbeerland.de

Eutingen, Maislabyrinth, geöffnet Sa+So 11-19h, ☎ 07231/58 29 19, maislabyrinth-eutingen.de

Keller's Erlebnisgastronomie [S. 75], Maislabyrinth ab Ende Mai, Eintritt: 1€ Erwachsene, 0,50€ Kinder, Weierbachsiedlung 8, 76703 Kraichtal-Menzingen, ☎ 07250/9 23 87, kellers-aepfel.de

Leimersheim, Maislabyrinth mit Hofcafé und Tret-Gokarts als Zusatzangebot, Mi+So 10-20h, Sa 14-20h, Eintritt: Erwachsene 4€, Kinder (3-16 Jahre) 3€, ☎ 07272/52 37, maislabyrinth-leimersheim.de

FUSSBALL

Karlsruher Fußballvereine sind im Internet unter karlsruhe.de/b3/freizeit/sport zu finden.

Karlsruher SC, alles Wissenswerte rund um den Zweitligaclub und einen Onlineshop gibt es unter ksc.de, 76131 Adenauerring 17, ☎ 964 34 50

GOLF

GOLFARTIKEL

Grand Slam, Golf-, Tennis- und Skimode, 76227 Badener Str. 1, ☎ 4 48 22, grandslam-karlsruhe.de

PG Powergolf, Golf-Outlet-Center für elektrische Golftrolleys und -bags, Einsteinstr. 57, 76275 Ettlingen, ☎ 07243/34 57 20, pg-powergolf.de

GOLFSCHULE

Golfschule Robert Fischer, Kurse für jede Leistungsklasse, Schnupperkurse, Platz- und Turnierreifekurse für Einzelpersonen (auch Kinder), Familien und Gruppen im Golfclub Bad Herrenalb sowie Trainingsreisen, Bernbacher Str. 61, 76332 Bad Herrenalb, ☎ 0163/377 62 13, golfschule-fischer.de

VEREINE

Golfclub Hofgut Scheibenhardt, zwischen Karlsruhe und Ettlingen gelegen, 76135 Gut Scheibenhardt 1, ☎ 86 74 63, hofgut-scheibenhardt.de
Golfpark Karlsruhe Gut Batzenhof, ein 18-Loch-Platz sowie ein 9-Loch-Platz, 76227 Gut Batzenhof 3, ☎ 90 99 97 80, golf-absolute.de

GRILLEN

Das Grillen ist in Karlsruhe im öffentlichen Raum nur auf ausgewiesenen Grillplätzen von 9 bis 23h erlaubt (siehe auch Stadtplan in der hinteren Umschlagklappe). Grillplätze befinden sich

- im Oberwald an der Rennwiese & am Oberwaldsee
- in der Friedrichstaler Allee an der L604 zwischen Waldstadt und Eggenstein
- in der Tiefentalstraße in Wolfartsweier
- südlich des Park&Ride-Platzes beim Autobahnanschluss Karlsbad (zwischen Palmbach und Stupferich)
- am westlichen Rand des Hardtwaldes – der dortige Grillplatz „Lager" kann bei der Ortsverwaltung Eggenstein reserviert werden

HAUSTIERE

ALLGEMEINES

Findefix, das Haustierregister des Deutschen Tierschutzbundes hilft beim Auffinden entlaufener Tiere, Servicenummer ☎ 0228/604 96 35, findefix.com
Der **Haustier-Berater** des Bundesministeriums für Ernährung und Landwirtschaft gibt online Tipps zu beliebten Haustierarten, haustier-berater.de
Ordnungs- und Bürgeramt, Lebensmittelüberwachung und Veterinärwesen, ist zuständig für die Überwachung von Tierhaltungen und die Ausstellung von Gesundheitszeugnissen für Tiere, 76133 Helmholtzstr. 9/11, ☎ 133-35 56
Tasso e. V., bei Europas größtem Tierregister kann man sein Haustier kostenlos registrieren lassen, um es schnell wieder auffinden zu können, wenn es entlaufen ist oder gestohlen wurde. Mehr als 90.000 Tiere werden jährlich zurückvermittelt. Otto-Vogler-Str. 15, 65843 Sulzbach/Taunus, Hotline: ☎ 06190/93 73 00, tasso.net
Zweckverband Tierkörperbeseitigung, Sammelstelle Karlsruhe-Durlach, 76227 Alte Weingartener Str. 63, ☎ 48 26 26

HUNDE

Hunde sind in Karlsruhe auf Wegen und Plätzen anzuleinen. Auf Kinderspielplätzen, Spiel- und Liegewiesen haben sie laut Polizeiverordnung nichts verloren. Der Halter hat zudem dafür zu sorgen, dass öffentliche Anlagen nicht mit Kot beschmutzt werden, Verunreinigungen sind zu entfernen. Zuwiderhandlungen können mit Bußgeldern in Höhe von bis zu 5.000€ geahndet werden. In der Stadt gibt es 18 ausgewiesene Hundeauslaufflächen ohne Leinenzwang. Weitere Informationen gibt das Gartenbauamt, ☎ 133-67 50.

Hundesteuer: Stadtkämmerei Karlsruhe, 76133 Adlerstr. 20a, ☎ 133-22 06
Hundewiese, eine etwa 4.500 qm große eingezäunte Wiese in der Günther-Klotz-Anlage entlang der Alb auf der Höhe des Kühlen Krugs soll Hunden gefahrloses Spielen und Toben ohne Leine ermöglichen.

HUNDEPFLEGE

Hundedusche, bietet sieben verschiedene Pflegeprogramme ab 1€, die Waschkabine beim Parkplatz des Dehner-Marktes ist rund um die Uhr zugänglich, 76185 Neureuter Str. 8
Hundesalon Halla, 76137 Schützenstraße 54, ☎ 38 92 17

HUNDESCHULEN

PHC Knielingen e. V., der Polizeihundeclub bietet eine Welpenschule, eine Junghundeausbildung, Grundkurse sowie Agility und Turnierhundesport, 76185 Kurzheckweg 19, ☎ 01520/870 25 52 (Bettina Weiyand), phc-knielingen.de

TIERÄRZTE

Kleintierpraxis Meinhardt, Schwerpunkte sind innere Medizin und bildgebende Diagnostik, Termine nach Vereinbarung, 76228 Wiesenstraße 32, ☎ 4 39 57, kleintierpraxis-meinhardt.de

Mobile Kleintierpraxis, Dr. med. vet. Detlev Noll, Hausbesuche für Kleintiere in Karlsruhe und Umgebung, ☎ 0171/529 25 66, mobilekleintierpraxis.de

Tierärztlicher Notdienst, ☎ 49 55 66

TIERBEDARF

Mühle Beck [S. 223], Futter für Hunde, Katzen, Kaninchen, Geflügel, Pferde, Rinder, Schafe und Schweine sowie Einstreu, Mo-Fr 8-12.30h und 13.30-18h, Sa 8-12.30h, Kirchstr. 6, 75210 Keltern, ☎ 07236/98 06 94, muehle-beck.de

Fressnapf, Aquaristik, Terraristik, Vögel, Nager etc., 76131 Käppelestr. 5, ☎ 623 64 90; 76189 Durmersheimer Str. 159, ☎ 957 56 65, fressnapf.de

Das Futterhaus, Tiernahrung und -zubehör, 76189 Rudolf-Freytag-Str. 1, ☎ 95 75 99 10, futterhaus.de

Das Hundehaus, alles für den Hund, 76227 Zur Gießerei 1, ☎ 946 34 97, das-hundehaus.de

Kölle Zoo, Zoofachmarkt für die Bereiche Aquaristik, Gartenteich, Terraristik, Vögel, Nager etc., 76139 Am Storrenacker 3, ☎ 62 52 50, koelle-zoo.de

Nellys Futterkiste, Tierfachhandel mit Versand- und Lieferservice, 76133 Knielinger Allee 6, ☎ 7 33 34, nellys.de

Stettfelder Mühle [S. 224], im Mühlenladen bekommt man Futtermischungen für Hühner, Pferde, Katzen, Hunde, Vögel (auch Wildvögel) und Nagetiere – das Futtergetreide stammt größtenteils aus der Region zwischen Kraichgau und Rheinebene, Mo-Mi und Fr 9-13h und 15-18h, Do+Sa 9-13h, Obere Mühlstr. 2, 76698 Ubstadt-Weiher, ☎ 07253/47 35, stettfelder-muehle.de

ZG Raiffeisen-Markt Karlsruhe [S. 36], Futter, Pflegeprodukte, Spielzeug und Zubehör für Hunde, Katzen, Vögel und Nager, 76137 Fautenbruchstr. 35, ☎ 9 31 43-0, zg-raiffeisen.de

TIERBESTATTUNGEN

ANUBIS Tierbestattungen, Abholung des verstorbenen Tieres, Einäscherungen und Bestattungen sowie Urnen, Tiersärge und Grabsteine, 76149 Neureuter Hauptstr. 86, ☎ 783 11 90, für Notfälle ☎ 0151/19 68 17 75, anubis-tierbestattungen.de

Tierbestattung im Rosengarten, 76135 Litzenhardtstr. 36, ☎ 56 42 21, tierbestattung-karlsruhe.de

TIERHEIM

Tierschutzverein Karlsruhe und Umgebung, Tierheim für herrenlose Tiere sowie Tierpension und Tierfriedhof, 76189 Hermann-Schneider-Allee 20, ☎ 9 50 78-0, tierheim-karlsruhe.de

TIERPENSIONEN UND -BETREUUNG

Begegnungsstätte Mensch-Hund e. V., Hundepension, 76187 Gewann Grabenort 1-2, ☎ 183 28 87, hundeheim-karlsruhe.de

Ralfs mobile Tierbetreuung, sowohl stunden- als auch tageweise, 76149 Tennesseeallee 160, ☎ 0170/475 95 90, ralfsmobiletierbetreuung.com

Manuela Schwab, Betreuung von Tier und Haus (keine Hunde), Middelkerker Str. 54, 76275 Ettlingen, ☎ 07243/358 74 34, ServiceTierundHaus.de

Tierpension Birkenhof, auch Urlaubsversorgung, Fabrikstraße 35, 76337 Waldbronn-Neurod, ☎ 07243/6 18 50, tierpensionbirkenhof.de

TIERSCHUTZINITIATIVEN

Bürgerinitiative gegen Haustierdiebstahl, gibt Tipps zur Vorsorge gegen Haustier-Diebstahl und zur Suche nach vermissten Tieren, Ansprechpartnerin: Ingeburg Götz, ☎ 89 10 93

Begegnungsstätte Mensch-Hund e. V., Hundeheim, 76187 Gewann Grabenort 1-2, ☎ 183 28 87, hundeheim-karlsruhe.de

Deutscher Tierschutzbund Landesverband Baden-Württemb. e. V., 76149 Unterfeldstr. 14b, ☎ 70 45 73, landestierschutzverband-bw.de

Karlsruher Tier-Tisch e. V. (KATT), nach Vorbild der Tafeln für den Menschen nimmt der KATT Futter- und Sachspenden an und gibt sie an nachweislich bedürftige Tierhalter weiter. Die Ausgabe findet Mo 15-18h im Container hinterm Supermarkt „Kliver", 76149 New-York-Str. 3, statt, die Spendenannahme Mo 15-18h ebenfalls dort oder zu den Öffnungszeiten bei Nellys Futterkiste, 76133 Knielinger Allee 6, ☎ 0176/66 00 25 50, kattev.de
Katzen-Hilfe Karlsruhe e. V., 76149 Alte Kreisstr. 15, ☎ 0170/467 28 83, katzenhilfe-karlsruhe.de
Katzenschutzverein Karlsruhe, ☎ 56 15 76, katzenschutzverein-karlsruhe.de
Tierschutzverein Karlsruhe und Umgebung, siehe Rubrik „Tierheim" → *siehe S. 253*
UNA, bundesweite Tierrettungsleitstelle, Notruftelefon ☎ 0180/55 95 29 52, tierrettungsdienst.eu
WiTAS, die Wildtierauffangstation kümmert sich um Wildtiere in Not, weitere Infos: witas-ka.de

JAGEN

Jagdschule der Jägervereinigung Karlsruhe e. V., Vorbereitungskurs zur Jägerprüfung (Mitte September bis Ende April), bestehend aus Theorie- und Praxisunterricht sowie Schießausbildung, Infos: jagdschule-karlsruhe.de und jv-karlsruhe.de

JONGLAGE & ARTISTIK

Henrys [S. 104], Jonglier-, Show-, Zauber- und Freizeitartikel sowie Artistik- und Theaterbedarf, 76131 Zirkel 30d, ☎ 35 94 03, henrys-online.de
Pyramidaler Kleinkunstverein K'he, Jonglage, Akrobatik und Kleinkunst, kleinkunst-ka.de

KAMPFSPORT

Academy Karlsruhe, Kurse in Filipino Fight Arts, DefenseArt, Kickboxen und ein Programm für Kinder von 6 bis 15 Jahren, 76149 Linkenheimer Landstr. 133, ☎ 0176/70 92 43 40, academy-karlsruhe.de
Budo-Club Karlsruhe e. V. [S. 255], Kurse und Trainings in Aikido, Judo, Ju-Jutsu, Karate, Kendo und Kyudo sowie Gewaltprävention, Iaido und Budo-Fit, 76185 Blücherstraße 15, ☎ 85 74 23

(Mo+Do 17.30-19.30h), budoclubkarlsruhe.de
In Nae, Kampfkunst und Frauenselbstverteidigung, 76137 Augartenstr. 1, ☎ 933 93 79, innae.de
WingTsun-Kampfkunstcenter, Kampfkunst, Wing-Tsun, Escrima, Chi Kung und Gewaltpräventionskurse für Kinder, Jugendliche, Frauen und Senioren, 76133 Waldstr. 23, ☎ 2 69 26, wt-karlsruhe.de
KAPAP Academy Karlsruhe, professionelles, individuelles, realitätsbasiertes Selbstverteidigungstraining, Trainingsadresse: 76185 Gablonzer Straße 4, ☎ 0162/184 87 58, kapap-karlsruhe.de
Krav-Maga-Schule Karlsruhe [S. 254], Triple-i-Krav-Maga beruht auf dem Selbstverteidigungssystem der israelischen Sicherheitskräfte, zudem wird ein Furcht-Adrenalin-Stress-Training angeboten, das Training findet in der Goethestr. 34 statt, ☎ 0170/778 66 97, km-karlsruhe.de
Post Südstadt Karlsruhe e. V. [S. 248], Judo, Taekwondo, Aikido, Selbstverteidigung, 76199 Ettlinger Allee 9, ☎ 88 74 44, online-psk.de
PSV Karlsruhe e. V., bietet ein vielfältiges Angebot an Verteidigungs- und Kampfsportarten sowie mehrere Integrationssportangebote – der PSV engagiert sich stark im Bereich der Inklusion, 76227 Edgar-Heller-Str. 19, ☎ 9 44 20-0, psv-karlsruhe.de
SSC Karlsruhe e. V. [S. 249], Kurse in Karate sowie in Ninjutsu, Judo und Taekwondo, 76131 Am Sportpark 5, ☎ 9 67 22-0, ssc-karlsruhe.de

KEGELN

ESG Frankonia, sechs Bahnen mit Bundesliga-Norm und ein Vorraum für bis zu 70 Personen, 76137 Durlacher Allee 112, ☎ 69 70 40, esgfrankonia.de
Post Südstadt Karlsruhe e. V. [S. 248], zwei Kegelbahnen, 76199 Ettlinger Allee 3, ☎ 0170/909 00 01, kegelbahn-suedstadt.de
SSC Karlsruhe [S. 249], 4 Bahnen mit Gastronomie, 76131 Am Sportpark 5, ☎ 967 22-0, ssc-karlsruhe.de

KLETTERN

EPA (Erlebnis, Pädagogik, Abenteuer), Kletter- und Hochseilgarten der AWO Karlsruhe, 76227 Kieselweg 42, ☎ 35 48 95 57, epa.awo-karlsruhe.de
Fun Forest Kletterpark, 24 verschiedene Kletterparcours, Infos: Abenteuerpark Kandel, Badallee, 76870 Kandel, ☎ 07275/61 80 32, funforest.de
GATE (Großer Abenteuerturm Ettlingen), ein 22 Meter hoher Turm mit zahlreichen Hochseil- und Bodenstationen, Gelände beim Augustinusheim, Schöllbronner Straße 78, 76275 Ettlingen, ☎ 07243/208 57 72, gate-ettlingen.de
Outdoorpark am Adenauerring, erlebnispädagogisches Projekt für Jugendliche, Kontakt: CVJM Karlsruhe e. V., 76137 Nowackanlage 5, ☎ 0157/53 29 63 88, outdoorpark.de
Sektions- und Kletterzentrum des DAV, mehr als 670 qm Kletterfläche mit bis zu zwölf Metern Höhe und eine neue Boulderhalle mit un-

gefähr 400 qm Kletterfläche – bietet auch Kletterkurse, 76131 Am Fächerbad 2, ☎ 96 87 95 10, alpenverein-karlsruhe.de/kletterzentrum

The Rock, 2.250 qm Kletterfläche in einer ehemaligen Glockengießerei, die rund 350 Routen in verschiedenen Schwierigkeitsgraden und eine 180-qm-Bouldergalerie umfasst, 76185 Ziegelstraße 1-3, ☎ 569 54 82, the-rock.de

Waldklettergarten Pforzheim, Klettergarten im Wildpark Pforzheim mit neun Parcours und über 75 Elementen sowie einem acht Meter hohen Kletterturm, Tiefenbronner Str. 100, 75175 Pforzheim, ☎ 0174/827 71 71, waldklettergarten-pforzheim.de

Waldseilpark Karlsruhe, bietet auf dem Karlsruher Turmberg zwölf Parcours unterschiedlicher Schwierigkeitsstufen, zwei Einweisungsparcours und insgesamt 102 Kletterstationen, 76227 Jean-Ritzert-Str. (beim Waldspielplatz Durlach gelegen), ☎ 0157/81 65 99 29, waldseilpark-karlsruhe.de

KOCHEN & BACKEN

→ *Siehe S. 224, Koch- & Backkurse*

LAUFEN, JOGGEN, WALKING

LAUFEVENTS

Laufveranstaltungen in der Region sind im Internet unter karlsruhe.de/b3/freizeit/sport zu finden. Die großen Laufereignisse sind auch in der Rubrik „Sportveranstaltungen" aufgeführt → S. 436

LAUFTREFFS

Infos zu Lauftreffs bietet das Sportamt Karlsruhe, 76133 Blumenstr. 2a, ☎ 133-41 61

SSC Karlsruhe e. V. [S. 249], kostenloser Lauf-Treff jeden Sonntag um 10h im Hardtwald, Infos: Iris Winzrieth, ☎ 6 74 93, ssc-karlsruhe.de

LAUFSTRECKEN-VORSCHLÄGE

• Entlang des **Pfinzkanals** vom Reitschulschlag (nördlich der Waldstadt) bis zum Nordrand Eggensteins (ca. 6,5 km), im weitläufigen Hardtwald können viele zusätzliche Runden eingebaut werden.

- Um den **Grötzinger Baggersee** (ca. 3,5 km) sind interessante Abstecher ins Naturschutzgebiet Weingartener Moor möglich.
- **Daxlanden:** Von der Altrheinbrücke (Parkplatz an der Hermann-Schneider-Allee) vorbei am Entensee durch den Rappenwörter Wald und zurück durch den Großgrund oder durch die Fritschlach und entlang des Federbachs. Langstreckenläufer können beide Runden zu einer Acht kombinieren (11 km).
- Eine permanent ausgeschilderte Trainingsstrecke für die **Badische Meile** beginnt und endet in der Günther-Klotz-Anlage an der Brücke zwischen den Seen und erstreckt sich von Grünwinkel bis Beiertheim über 8,88889 km, das historische Maß einer badischen Meile.

LAUFSCHUHE

Globetrotter, Trailrunning-Schuhe und Nordic-Walking-Schuhe, 76133 Kaiserstraße 195-197, ☎ 82 00 24 43, globetrotter.de

Orthopädie-Schuhtechnik Harrer, elektronische Fußdruckmessung, Laufbandanalyse, Fußscan sowie Sportschuhberatung, 76133 Sophienstr. 11, ☎ 2 12 51, harrer-ka.de

rennwerk [S. 256] bietet eine große Auswahl an Laufschuhen, Laufbekleidung und Laufzubehör sowie kompetente Beratung und Laufanalysen durch erfahrene Laufexperten, 76133 Kaiserstr. 72, ☎ 90 98 10 30, und Dillsteiner Straße 13, 75173 Pforzheim, ☎ 07231/374 00 06, rennwerk.info

WALDSPORTPFADE

Das Forstamt der Stadt hat die hiesigen Waldsportpfade nach aktuellen sport- und gesundheitswissenschaftlichen Erkenntnissen gestaltet. Die Pfade bieten die Möglichkeit, die Strecke in den umgebenden Wäldern zu verlängern. karlsruhe.de/umwelt-klima/stadtgruen-wald/stadtwald/erholungsort/waldpfade

Active Trail Hardtwald Nordstadt, bei der Kreuzung Eggensteiner Allee und Adenauerring

Active Trail Hardtwald Waldstadt, gegenüber der Einmündung der Schneidemühler Straße in die Theodor-Heuss-Allee

Waldsportpfad Grünwettersbach, beim Spielplatz am Fernmeldeturm

Waldsportpfad Hamm Daxlanden, Fritschlachweg ab der Brücke über den alten Federbach parallel zum Hammweg

Waldsportpfad Oberwald, von der Wasserwerkbrücke kurz vor dem Tierpark Oberwald rechts

LEICHTATHLETIK

Sportverein Karlsruhe-Beiertheim, Sportanlagen im Carl-Kaufmann-Stadion bei der Europahalle, 76135 Hermann-Veit-Str. 3, ☎ 82 65 12, sv-karlsruhe-beiertheim.de

Post Südstadt Karlsruhe e. V. [S. 248], Leichtathletik für Kinder und Jugendliche ab 4 Jahren, 76199 Ettlinger Allee 9, ☎ 88 74 44, online-psk.de

LUFTSPORT

FALL- & GLEITSCHIRM

Fallschirmsportclub Bruchsal, Schnupperkurse und Ausbildung, Postanschrift: Amselweg 6, 67105 Schifferstadt, fsc-bruchsal.de

Fallschirmsportcentrum Südpfalz e. V., Tandemsprünge (inklusive DVD) und Ausbildungen zum lizensierten Fallschirmspringer, Infos: Dominique Stoll, ☎ 0176/63 13 72 82, fsc-suedpfalz.de

Sky-Sports, bietet Gleitschirm-Schnupperkurse, Grundkurse, Höhenschulungen und Tandemflüge sowie Fortbildungen (zum Beispiel Sicherheitstrainings) und Gleitschirm-Reisen, Sankenbachstr. 76, 72270 Baiersbronn, ☎ 0172/719 08 21, sky-sports.info

FLUGSCHULEN

ISN Flugschule Baden AG, Privatpiloten-Ausbildung, Baden-Airpark, Laval Avenue E207, 77836 Rheinmünster, ☎ 07229/69 76-930, flugschule-baden.de

Reibel Air Service, die Flug- und Hubschrauberschule bietet Schnupperkurse und Rundflüge, Baden-Airpark, Airport Boulevard B 216, 77836 Rheinmünster, ☎ 07229/69 90 00, reibelair.de

FLUGSIMULATOR

Hangar Süd [S. 258], bietet eine große Vielfalt an Flugsimulatoren, die mit Originalteilen ausgestattet sind und somit ein authentisches Flugerlebnis vermitteln. Ohne den sichereren Boden zu verlassen, kann man hier ganz der Leidenschaft fürs Fliegen frönen. Die Simulatoren sind für jedermann geeignet, egal, ob mit oder ohne Flugerfahrung, Dreherstr. 17, 76648 Durmersheim, hangar-sued.de

FLUGSPORTVEREINE

Akademische Fliegergruppe am KIT, 76187 Hertzstr. 16, ☎ 608-4 20 44, akaflieg-karlsruhe.de

Flugsportverein 1910 K'he e. V., Kutschenweg 40, 76287 Rheinstetten, ☎ 48 23 24, fsv-karlsruhe.de

Luftsportverein Albgau, Segelfliegen und Motorflug, Kutschenweg 40, 76287 Rheinstetten, ☎ 0179/417 32 76, lsv-albgau.de

MINIGOLF

Adventure-Golfpark Enzklösterle, 3.000 qm große Minigolfanlage mit 18 Bahnen, die an die natürliche Umgebung angepasst sind. Teilweise spielt man hier über Entfernungen von mehr als 30 Metern, Wildbader Str. 11, 75337 Enzklösterle, ☎ 07085/92 03 49, enzkloesterle.de

Cobigolf-Club Blau-Gelb Grötzingen, Cobigolf ist eine Mischung aus Minigolf und Krocket, bei der der Ball vor dem Einlochen durch Tore gespielt wird, Ostern bis Oktober Di-Fr 17-20h, Sa 15-20h, So+Fei 13-20h, 76229 Durlacher Str. 5-7, ☎ 07251/1 72 39, cgc-groetzingen.heinzspiekermann.de

Funnygolf Ettlingen, 3D-Schwarzlicht-Indoor-Minigolfanlage auf über 500 qm mit 18 Bahnen in verschiedenen Themenwelten, Reservierung empfohlen, Einsteinstraße 55, 76275 Ettlingen, ☎ 07243/939 85 10, funnygolf-ettlingen.de

Miniaturgolf Karlsruhe, geöffnet März bis November Di-Fr 14-20h, Sa 13-20h und So+Fei 11-20h, bei sehr schlechtem Wetter bleibt die Anlage geschlossen, 76137 Beiertheimer Allee 27, ☎ 35 63 64, ☎ 0157/34 34 46 11, minigolf-ka.de

Neon Karlsruhe, Indoor-Minigolf mit Schwarzlichtflutern und 3D-Brille, gespielt wird auf 18 Bahnen in drei verschiedenen Spielwelten, Mi+Do 16-22h, Fr 15-22h, Sa 12-22h, So 12-20h, 76185 Daxlander Str. 68, ☎ 66 99 27 93, neon-karlsruhe.de

TIPP

Fußballgolfpark Südpfalz, auf zwei Parcours unterschiedlicher Schwierigkeitsgrade mit jeweils 18 Bahnen befördert man den Ball nicht mit Schlägern, sondern mit dem Fuß dem Ziel entgegen, Eintritt ab 9€, Kinder ab 8€, Anfang April bis Ende Oktober, Rheinzaberner Str. 1, 76870 Kandel, ☎ 0178/141 77 88, fussballgolfpark-suedpfalz.de

SSC Karlsruhe e. V. [S. 249], verfügt über einen Discgolf-Parcours, auf dem Frisbee-Scheiben in Fangkörbe geworfen werden, 76131 Am Sportpark 5, ☎ 9 67 22-0, ssc-karlsruhe.de

MUSIKINSTRUMENTE

HiFi & CDs → S. 371, Kommunikation & Medien

Die Zupfgeige, Gitarrenfachgeschäft mit akustischen Konzert- und Westerngitarren für Anfänger und Profis sowie Zubehör und eigener Werkstatt, 76133 Adlerstr. 39, ☎ 3 03 03, zupfgeige.com

Musikhaus und Pianohaus Schlaile, Instrumente (auch Verleih), Equipment und Medien, 76133 Kaiserstr. 175, ☎ 13 02-0, schlaile.de

Rock Shop GmbH, Instrumente und Zubehör sowie Instrumentenverleih für Tourneen und Shows ebenso wie für kleine Bands und private Veranstaltungen (für Großveranstaltungen ist die Tochterfirma „Crystal Sound" zuständig), 76149 Am Sandfeld 21, ☎ 97 85 50, rockshop.de

session, Tasten- und Blasinstrumente, Gitarren, Bässe, Drums & Percussion, Mikrofone, Computer, DJ-Equipment, Noten und Zubehör sowie eine Werkstatt für Blasinstrumente, Wiesenstraße 4, 69190 Walldorf, ☎ 06227/603-0, session.de

NINJA WARRIOR

Ninja World Karlsruhe [S. 259], die 2.000 qm große Halle bietet reichlich Platz für die Trendsportarten American Ninja Warrior, bei der Athleten trickreiche Hindernisse durchlaufen müssen, Parkour und Freerunning. Auch einen Calisthenics-, Streetlifting-, Kraft- und Fitnessbereich gibt es sowie eine freie Fläche für Akrobatik und gymnastische Übungen. Weitere Angebote bestehen im Bereich Personal Training, Physiotherapie und Firmensport. 76227 Ottostr. 3d, ninja-world.eu

PAINTBALL

Paintball-Ranch Karlsruhe, modernes Räuber-und-Gendarm-Spiel, bei dem die Spieler mit Farbkugeln auf die gegnerische Mannschaft schießen, 76227 Untere Hub 1, ☎ 61 93 79 79, paintball-ranch-karlsruhe.de

QUIDDITCH

Den Harry-Potter-Sport gibt es in Karlsruhe in der Muggel-Version ohne fliegende Besen.

Post Südstadt Karlsruhe e. V. [S. 248], Quidditch für Erwachsene und Kinder, 76199 Ettlinger Allee 9, ☎ 88 74 44, online-psk.de

RAD & MOUNTAINBIKE

Weitere Infos ab S. 454, Rubrik Fahrradgeschäfte

ADFC-Regionalkarte „Karlsruhe und Umgebung", informiert über die Beschaffenheit von Radwegen im Raum Wissembourg/Mühlacker/Germersheim/Baden-Baden und verfügt über einen Code, mit dem man sich kostenfreie GPS-Daten herunterladen kann. Die Karte ist im Buchhandel oder im ADFC-Fahrradbüro erhältlich, 76137 Welfenstr. 13, ☎ 47 04 37 87, adfc-bw.de/karlsruhe

BMX-Bahnen für Kinder und Jugendliche befinden sich in Grünwinkel an der Hornisgrindestr./Ecke Joachim-Kurzaj-Weg und in Grötzingen an der Bruchwaldstr. gegenüber von Pflanzen Mauk. Eine DirtBike-Anlage gibt es im Otto-Dullenkopf-Park.

Mountainbike-Downhill am Edelberg, der „Strommasten-Downhill" ist eine 1,4 Kilometer lange Mountainbike-Strecke mit mehreren Schwierigkeitsgraden, die Strecke „From Dachs Till Dawn" führt 2,6 Kilometer nach unten – der Start befindet sich jeweils am Wildschweingehege beim Funkturm Grünwettersbach, trailcenteralbtal.de

Radtouren rund um Karlsruhe, Band 2, mit dem Rad unterwegs in Karlsruhe und Umgebung, Autor: Burkard Eisold in Zusammenarbeit mit dem ADFC, 7,50€

Sasbachwalden verfügt über ausgeschilderte Mountainbike-Strecken mit unterschiedlichen Schwierigkeitsgraden und bietet Bikespaß auf der Flowtrail der Schaeffler-Mountainbike-Arena, Tourist-Info Sasbachwalden, Talstr. 51, 77887 Sasbachwalden, ☎ 07841/6 40 79-80, sasbachwalden.de

ONLINE-TIPP

landkreis-karlsruhe.de/radverkehr, Routenplaner mit vielen Zusatzinfos fürs Radeln im Landkreis

rad-karlsruhe.de, Routenvorschläge für Familien-, Mountainbike- und Rennradtouren sowie Veranstaltungshinweise und mehr

REISEN

GÜNSTIG REISEN

ADFC-Dachgeber, beim Allgemeinen Deutschen Fahrradclub gibt es den Dachgeber-Verband, der ein Übernachtungsverzeichnis von Radlern für Radler mit rund 3.000 Adressen bietet: dachgeber.de

Couchsurfing, Leute aus aller Welt stellen kostenlose Schlafplätze in ihren Wohnungen bereit. Auf www.couchsurfing.com können die Schlafmöglichkeiten gebucht werden. Dort werden auf der Karlsruhe-Seite auch die Termine für den hier stattfindenden Couchsurfer-Stammtisch eingestellt (siehe auch Facebook-Gruppe CS KA).

Deutsches Jugendherbergswerk – für 7€ (bis 26 Jahre) bzw. für 22,50€ (ab 27 Jahre und für Familien) erhält man den Mitgliedsausweis des Deutschen Jugendherbergswerks. Er ermöglicht günstige Übernachtungen in über 3.000 Jugendherbergen weltweit zu Preisen ab ungefähr 20€. Infos: DJH-Hauptverband, Leonardo-da-Vinci-Weg 1, 32760 Detmold, ☎ 05231/74 01-220, Mitgliederservice: ☎ 05231/7 40 10, jugendherberge.de

Home Link, Wohnungstausch ist eine gute Möglichkeit, um ein Urlaubsland und seine Bewohner kennenzulernen. Für etwa 149€ Jahresgebühr erhalten Interessenten Adressen von 13.500 Tauschpartnern weltweit, Flößerstr. 4, 96173 Oberhaid, ☎ 09503/50 30 37, homelink.de

MEDIZINISCHE REISEVORBEREITUNG

Gesundheitsamt, reisemedizinische Beratung, 76137 Beiertheimer Allee 2, ☎ 936-9 92 50, landkreis-karlsruhe.de

ONLINE-TIPPS

adac.de, Routen-Planer und reisemedizinische Infos

auswaertiges-amt.de, Länder- und Reiseinfos weltweit, u. a. zur Sicherheitslage eines Landes

Badenpage, hier findet man Hotellerie, Gastronomie und Veranstaltungstipps für Städte in Mittelbaden und im Schwarzwald, badenpage.de

camping.info, über 23.000 Campingplätze in ganz Europa mit Suchfunktionen und Bewertungen

camping-in-deutschland.de, Camping-Portal mit bundesweitem Campingplatz-Verzeichnis

fit-for-travel.de, der reisemedizinische Infoservice bietet Tipps zu Reisezielen, zur Reisevorbereitung und zu Gesundheits-Checks danach

goeuro.de, das Reiseportal vergleicht europaweit Preise und Reisedauer verschiedener Verkehrsmittel (Flugzeug, Bahn, Bus).

pro-bahn.de/auskunft, Zugreisen weltweit

REISEAUSRÜSTER

Basislager [S. 70+Stadtplan], der Outdoor- und Trekkingausrüster bietet alles für Nah- und Fernreisen sowie fürs Wandern und den Bergsport: Bekleidung, Schuhe, Taschen, Rucksäcke, Zelte, Schlafsäcke und mehr, zudem gibt es einen Reparaturservice, 76133 Kaiserstr. 231, ☎ 920 90 60, basislager.de

Globetrotter, Outdoor-Bekleidung und -Schuhe sowie eine große Auswahl an Ausrüstung, einen Ausrüstungsverleih und einen Reparaturservice, 76133 Kaiserstr. 195-197, ☎ 82 00 24 43, globetrotter.de

REISEBÜROS

TUI ReiseCenter Reisewelt Fessi [S. 261], individuelle und maßgeschneiderte Rundum-sorglos-Pauschalreisen inklusive Corona-Reiseschutz, 76228 Talstraße 34, ☎ 945 66 66, fessi.de

REISEN FÜR MENSCHEN MIT BEHINDERUNG

Reise-ABC – wenn Rollstuhlfahrer reisen, sind sie auf barrierefreie Angebote angewiesen. Der Bundesverband Selbsthilfe Körperbehinderter e. V. führt einen Reisekatalog mit Tipps für Körperbehinderte zur Planung ihrer Reise, der auch als Download bereitsteht. Auf der Homepage kann man barrierefreie Unterkünfte online buchen, BSK e. V., Altkrautheimerstr. 20, 74238 Krautheim, ☎ 06294/42 81-50, bsk-reisen.org

SANFTER TOURISMUS

Sanfter Tourismus ist vor allem dann nachhaltig, wenn der Reisende sich in der Region möglichst zu Fuß, mit dem Rad oder mit öffentlichen Verkehrsmitteln bewegt. Aufgeführt sind hier Verbände, die Reisen in diesem Sinn organisieren.

ADFC Kreisverband Karlsruhe, bietet geführte Radtouren und einen Veranstaltungskalender, 76137 Welfenstr. 13, ☎ 47 04 37 87, Öffnungszeiten und Termine des Fahrradbüros siehe Homepage adfc-bw.de/karlsruhe

KTG Karlsruhe Tourismus GmbH [S.409], bietet Informationen zum Tourismus in der Region (siehe auch S. 404, Stadtinformation), 76133 Kaiserstr. 72-74, ☎ 60 29 97-580, karlsruhe-tourismus.de

landkreis-karlsruhe.de/radverkehr, Routenplaner und weitere Infos fürs Radeln im Landkreis

Naturfreunde Landesverband Baden e. V., 76227 Alte Weingartener Straße 37, ☎ 40 50 96, naturfreunde-baden.de

Urlaub & Natur, Reiseveranstalter und -vermittler, Wesostr. 76, 76327 Pfinztal, ☎ 07240/603 98 69, urlaubundnatur.de

UNFALL IM URLAUB

Wie finde ich einen geeigneten Arzt, der meine Sprache spricht? Hilfe erhält man bei Fluggesellschaften oder bei folgenden Organisationen:

Auto-Club Europa, ☎ 0711/530 33 66 77

Euro-Notruf, für Mitglieder, ☎ 0711/530 34 35 36

ADAC e. V., Info-Services: ☎ 0800/510 11 12 (erreichbar Mo-Sa 8-20h), Pannenhilfe in Deutschland: ☎ 089/20 20 40 00 (6 ct./Anruf aus dem deutschen Festnetz), Mobil ☎ 22 22 22 (Kosten je nach Netzbetreiber); bei Erkrankung und Verletzung: ☎ 089/76 76 76; Notruf und Pannenhilfe im Ausland: ☎ +49-89/22 22 22 (bei Fahrzeugschäden) bzw. ☎ +49-89/76 76 76 (bei Erkrankung/Verletzung)

REITEN

Reitanlage Berghausen GmbH, Reitunterricht für Kinder, Jugendliche und Erwachsene, Ausritte ins Gelände und Reiterfreizeiten für Kinder sowie Ponyreiten und Firmenevents, Steigstr. 25, 76327 Pfinztal, ☎ 46 23 25, reitanlage-berghausen.de

Reitanlage Hubertushof, Ausbildung von Pferd und Reiter bis zur S-Klasse sowie Pensionspferdehaltung, die Anlage verfügt über zwei Reithallen und

einen Dressur-, Spring- und Außenreitplatz, Friedrichstaler Str. 23, 76351 Linkenheim-Hochstetten, ☎ 07247/954 29 40, reitanlage-hubertushof.de
Reiterverein Karlsruhe e. V., u. a. Reitunterricht, 76149 Im Langbruch 1, ☎ 70 62 84, rv-karlsruhe.de
Reitinstitut Egon von Neindorff-Stiftung, Dressurausbildung für Reiter und Pferd sowie Reitvorführungen, auch Gastboxen und Praktikumsplätze, 76187 Nancystr. 1, ☎ 7 47 70, von-neindorff-stiftung.de
Zucht- und Rennverein Karlsruhe-Knielingen, Förderung des Reit-, Freizeit- und Trabrennsports, 76187 Dreikönigsstraße 8, ☎ 0176/80 18 44 92 (Tobias Köhler), zrv-knielingen.de

RINGTENNIS

Ringtennis ist eine Sportart mit Ursprung in Karlsruhe. Ähnlich wie beim Badminton wird ein Objekt über ein halbhohes Netz befördert, ohne dass es den Boden berühren darf. Nur handelt es sich hier nicht um einen gefiederten Ball, sondern um einen Ring, den man fangen und werfen muss. Felder befinden sich unter anderem im Rheinstrandbad Rappenwört und bei der ESG Frankonia. Der Karlsruher Christian Herzog war übrigens vielfacher Deutscher Meister in dieser Sportart.

ESG Frankonia Karlsruhe, 4 Ringtennisfelder, Reservierungen unter ☎ 354 78 71, 76137 Durlacher Allee 112, ☎ 69 70 40, esgfrankonia.de

SAMMLERBEDARF

Gert Müller, Briefmarkenauktionshaus, Carl-Zeiss-Str. 2, 76275 Ettlingen, ☎ 07243/5 61 74-0, www.gert-mueller-auktion.de
Otto Walsch, Münzen, Medaillen, Orden, Briefmarken, Militaria, Papiergeld, Edelmetallankauf, 76133 Amalienstr. 89, ☎ 2 97 44, walschworldwide.de

SAUNA

Adolf-Ehrmann-Bad [S. 44], Stadtteilbad mit Saunakabine, Männersauna: Do 12-21h, Frauensauna: Mi 13-18h und Fr 14-21h, gemischte Sauna: Di 14-21h, Do 7-12h, Sa, So und feiertags 9-18h, 76149 Unterfeldstr. 46, ☎ 780 51 60, ka-baeder.de
Albgaubad [S. 14], Saunalandschaft in einem Wohlfühlambiente mit Sanarium, Mühlensauna, Schloss-Sauna, Alb-Dampfbad, Eisbrunnen, Kalttauchbecken, Erlebnisduschen, Infrarotliegen, Wärmebänken, Fußwärmebecken und großzügigen Ruhezonen sowie einem Außenbereich mit Whirlpool, Kelosauna, Kräutersauna, Barfußweg der Sinne und einem Außenbecken mit 31°C Wassertemperatur, Gastronomie vorhanden, Luisenstr. 14, 76275 Ettlingen, ☎ 07243/101-811, albgaubad.de
Albtherme [S. 263], ausgezeichnet mit fünf Wellness-Sternen und dem Zertifikat „Sauna Premium" bietet die Albtherme einen stimmungsvollen Saunagarten mit großzügigem Saunahaus und Schwimmbecken sowie drei Saunalandschaften (Damen, Herren und gemischt) mit finnischen Blockbohlensaunen, Außensauna, Aromadampfbädern, Warmluftsaunen mit Lichttherapie, Eisbrunnen, Besonnungsliegen und Freiterrassen, geöffnet (auch feiertags) Mo-Do 10-22h, Fr 10-23h, Sa 9-22h, So 9-20h, Bergstr. 30, 76337 Waldbronn, ☎ 07243/56 57-0, albtherme-waldbronn.de
Caracalla Therme [S. 51], großzügige Saunalandschaft mit 4.000 qm Fläche, fünf Saunen (Meditations-Sauna, Aroma-Sauna, Vital-Sauna, Spectaculum, Sanarium) und einem Dampfbad im Innenbereich, zwei Blockhaus-Saunen im traumhaften Schlossgarten sowie verschiedenen Thermalwasser-Becken (darunter zwei Außenbecken), einer Heiß- und Kaltwassergrotte, einem Sole-Inhalationsraum, Solarien, einer Liegewiese, Wellness-Anwendungen und einem Thermenrestaurant – Eintritt Caracalla-Therme: 1,5 Stunden 15€, 2 Stunden 16€, 3 Stunden 19€, Tageskarte 23€; Eintritt Therme und Saunalandschaft: 2 Stunden 22,50€, 3 Stunden 25,50€, Tageskarte 32€, geöffnet täglich 8-22Uhr, Römerplatz 1, 76530 Baden-Baden, ☎ 07221/27 59-40, caracalla.de
Europabad Karlsruhe [S. 44], Saunadorf mit mehreren Saunen (zum Beispiel finnische Sauna, Schwyzhuus, Excalibur-Sauna und Druiden-Sauna), Saunagarten mit Geysirbecken, Ice Lounge und ein karelisches Saunadorf – Spa-, Kosmetik-, Massageangebote sowie Gastronomie sind vorhanden, Mo-Sa 10-23h, So 10-21h, 76135 Hermann-

Veit-Str. 5, ☎ 1 60 22-405, ka-europabad.de

Fächerbad [S. 44], die Saunalandschaft wurde 2022 umgestaltet und um ein Saunahaus erweitert, Mitte 2023 ergänzt eine Textilsauna das Angebot (während des Umbaus kann es in der Saunalandschaft zu Einschränkungen kommen), gemischt: Mo-So 9-20h, Frauensauna: Mi 9-17h, 76131 Am Sportpark 1, ☎ 96 70-120, ka-faecherbad.de

Friedrichsbad [S. 51], das 1877 eröffnete Bad kombiniert römische Badekultur mit irischen Heißluftbädern und bietet 17 verschiedene Badestationen wie z. B. Thermalwasser-Duschen, Warmluftbad (54°C), Heißluftbad (68°C), Seifenbürstenmassage, Thermal-Dampfbäder (45°C/48°C), Thermal-Vollbad (36°C), Thermal-Sprudelbad (34°C), Thermal-Bewegungsbad (28°C), Kaltwasserbad (18°C) sowie einen Ruheraum, gemeinsames textilfreies römisch-irisches Baden täglich 9-22h (Mo+Do getrennte Badetage), Römerplatz 1, 76530 Baden-Baden, ☎ 07221/27 59-20, carasana.de

Hallenbad Wörth [S. 265], Hallenbad mit finnischer Sauna, Meditationssauna, Sanarium und einem Dampfbad, Mozartstr. 8, 76744 Wörth am Rhein, ☎ 07271/131-460, baeder-woerth.de

Oberwaldbad, kleines Bad mit Sauna, Dampfbad und Solarium, Öffnungszeiten siehe Homepage, 76199 Erlenweg 2, ☎ 880 16 09, online-psk.de

Pfitzenmeier Premium Resort Karlsruhe [S. 4], bietet eine große Sauna- und Wellnesslandschaft mit extra Damenbereich und stilvollen Saunen: Blockhaus-, Kristallsalz-, Infrarot-, finnischer Sauna und einem Dampfbad sowie einem Sanarium und einem weiteren Dampfbad im exklusiven Damenbereich – insgesamt hundert Aufgüsse pro Woche (täglich ab 10h), 200 qm Wellnesspool, Solebecken und eine sonnige Dachterrasse mit Damenbereich, Mo-Fr 8.30-23h, Sa, So, Fei 8.30-22h, Tageskarte: 29€, 76189 Rudolf-Freytag-Str. 6, ☎ 98 19 29 80, pfitzenmeier.de

Rotherma Saunapark [S. 53], großzügige Saunalandschaft mit Freigelände, zwei Blockhaussaunen, einer Felsensauna mit Eisgrotte, Sanarium, Außenbecken und einer 75 qm großen Salzwelt sowie einem Außenwhirlpool und einem Kaminzimmer, täglich 9-22h, So+Fei 9-20h, Mi Damentag, Badstr. 9, 76571 Gaggenau, ☎ 07225/9 78 80, rotherma.de

Saunalandschaft Palais Thermal [S. 122], das Erlebnis- und Saunabad mit 14 Thermal- und Whirlpools, Bewegungsbecken und Außenbecken bietet sieben verschiedene Saunen (50 bis 95°C) mit und ohne Aufguss, ein römisches Dampfbad, zwei Tauchbecken, Kneippsche Fußbecken, ein Panoramasonnendeck, Solarien, Wellnessanwendungen und Klangmeditationen – Regelöffnungszeiten: Mo-Fr 11-22h, Sa, So+Fei 10-22h, abweichende Öffnungszeiten siehe Homepage, Kernerstr. 5, 75323 Bad Wildbad, ☎ 07081/303-0, palais-thermal.de

Sonnenbad [S. 44], Freibad mit kleiner Sauna (Außen-und Innenbereich) und schöner Dachterrasse, Öffnungszeiten in der Vorsaison (März bis Mai) und der Nachsaison (Ende der Sommerferien bis 1. Advent): Mo-Fr 10-20h, Sa, So+Fei 10-17h, in der Hauptsaison (Mai bis Ende der Sommerferien): Mo, Mi, Fr 9-20h, Di+Do 9-22h, Sa, So+Fei 9-20h, Sonnenbad Freundeskreis e. V., 76189 Am Sonnenbad 3, ☎ 133-52 30, ka-baeder.de

Therme Vierordtbad [S. 44], die Saunalandschaft in einem schönen Neorenaissance-Bau wurde 2021 umfassend saniert und bietet nun eine großzügig gestaltete „Markgrafen-Sauna", eine Aufguss-Sauna, ein Majolika-Dampfbad, Erlebnisduschen sowie ein Sole-, Lithium- und Warmwasser-Außenbecken mit Massagedüsen und Sprudelbänken – im Bad ist Mo-Fr ab 14h und Sa+So ganztägig textilfreies Baden erlaubt. Gemischt: Mo 14-23h, Di, Do, Fr 10-23h, Sa 10-22h, So 10-20h; Frauensauna: Mi 10-23h, 76137 Ettlinger Straße 4, ☎ 133-52 25, ka-vierordtbad.de

Vital-Therme, Thermallandschaft mit Saunabereich, Blockbohlensauna, finnischer Sauna, Dampfbad, Gesundheitswelt, Solarien, Liegewiese und Wellnessbereich, Regelöffnungszeiten: Mo-So+Fei 9-19h, Di+Do 9-21h, Fr 9-20h, Saunaöffnungszeiten: Mo-Fr ab 13h, Sa, So+Fei ab 9.30h, Mi Damensauna, abweichende Öffnungszeiten siehe Homepage, Bätznerstraße 85, 75323 Bad Wildbad, ☎ 07081/303-253, vitaltherme-wildbad.de

Weiherhofbad [S. 44], kleines Bad mit Blockhaussauna, Kota-Sauna, Dampfbad, Ruhehaus, Solarien und Freiliegefläche, 76227 Weiherhof 13, ☎ 133-52 27, ka-baeder.de

KÄLTESAUNA

COOLINN, Kältesauna mit bis zu minus 115°C – die Ganzkörper-Kälteanwendung wird zur Leistungssteigerung, im Fitness- und Beauty-Bereich, zur Regeneration und zur Unterstützung bei speziellen Erkrankungen eingesetzt, 76227 An der RaumFabrik 33a, ☎ 98 61 53 44, coolinn.de

Kältesauna Cryopoint Karlsruhe, eine minus 110°C kalte Eisbox und weitere Kälteanwendungen, 76133 Sophienstr. 68, ☎ 98 23 70 60, cryopoint.de

SCHWIMMEN

Schwimmkurse für Kinder und Erwachsene werden von mehreren Institutionen angeboten (Fächerbad, Oberwaldbad, Schwimm-Region Karlsruhe e. V.). Unter schwimmregion-karlsruhe.intellievent.de findet man das Angebot der Schwimm-Region Karlsruhe e. V. Die städtischen Bäder sind unter karlsruhe.de/b3/freizeit/baeder aufgeführt, telefonische Auskunft erhält man unter ☎ 133-52 01. Wie voll die Karlsruher Schwimmbäder gerade sind, lässt sich über die Homepage ka-baeder.de herausfinden.

FREIBÄDER

Albgau-Freibad [S. 14], bietet auf 1.900 qm Wasserfläche ein 50-m-Schwimmerbecken, ein Erlebnisbecken mit Steil- und Breitrutsche, einen Strömungskanal in einer Felsenlandschaft, Unterwasserliegen und einen Wasservulkan, ein Sprungbecken mit Sprunganlagen von 1, 3 und 5 m Höhe sowie einen großen Wasser- und Sandspielbereich für Kleinkinder abseits der großen Becken – zudem Sportangebote wie Beachvolleyball, Basketball, Freilandschach, Tischtennis und einen Bolzplatz, auch Gastronomie ist vorhanden, Schöllbronner Str., 76275 Ettlingen, ☎ 07243/101-640, albgaubad.de

Badepark Wörth [S. 265], 50-Meter-Becken, Nichtschwimmerbecken, Wellenbecken und Sprungbecken sowie drei Planschbecken, zwei Superrutschen, ein Whirlpool, ein Massagebecken, Volleyballfelder, ein Multifunktionsfeld, ein Fußballfeld, ein Kiosk und eine Grillhütte, Badallee 5, 76744 Wörth, ☎ 07271/13 14 80, baeder-woerth.de

Freibad Rüppurr [S. 44], bietet ein solarbeheiztes 50-Meter-Becken, ein Nichtschwimmerbecken mit Schwallbrausen, Wasserfall, einer Wellenbreitrutsche in Regenbogenfarben und einer 79 Meter langen Riesenrutsche inklusive sogenannter Erlebnismotive, ein Planschbecken mit Rutsche und Wasserfall, Kletternester, Fußball- und Volleyballfelder sowie einen Grillplatz und einen Spielplatz, 76199 Heidelberger Str. 1, ☎ 133-52 32, ka-baeder.de
Freibad Waldbronn, Freibad mit Erlebnis-, Schwimmer- und Planschbecken und dank beheizter Badebecken immer idealen Wassertemperaturen – außerdem eine 74-Meter-Riesenrutsche sowie Spiel- und Sportplätze (Beach-Soccer und Beachvolleyball), Stuttgarter Str. 95, 76337 Waldbronn, ☎ 07243/6 33 65, freibad-waldbronn.de
Freibad Wolfartsweier, kleines Familienbad mit Mehrzweckbecken, Planschbecken, großer Liegewiese, Boulebahn, Tischtennisplatte und einem Kinderspielplatz, 76228 Schlossbergstraße 12, ☎ 47 45 28, freibad-wolfartsweier.de
Rheinstrandbad Rappenwört [S. 44], eines der landschaftlich schönsten und mit einer Wasserfläche von 3.500 qm größten Bäder Deutschlands, das eine riesige Liegewiese an der Rheinpromenade bietet sowie ein Erlebnisbecken mit Riesenrutschen, Breitrutsche und Strömungskanal, ein Wellenbecken, ein Sprungbecken mit 5-Meter-Turm, ein Planschbecken, einen Kinderspielplatz, Basketball-, Fußball-, Ringtennis- und Volleyballfelder sowie Tischtennisplatten, 76189 Hermann-Schneider-Allee 54, ☎ 133-52 29, ka-baeder.de
Sonnenbad [S. 44], teilüberdachtes, beheiztes 50-Meter-Becken, Nichtschwimmerbecken mit Rutsche, Planschbecken und Sauna, Öffnungszeiten Mitte Februar bis erster Advent siehe Rubrik „Saunen" (um Energie zu sparen, könnten die Öffnungszeiten 2023 kurzfristig angepasst werden, aktuelle Infos siehe Homepage), 76135 Am Sonnenbad 3, ☎ 133-52 30, ka-baeder.de
Turmbergbad Durlach, verfügt über ein beheiztes 50-Meter-Becken, ein Nichtschwimmerbecken mit Familienrutsche und der Wettkampfrutsche Redblaxx, ein Kinderparadies mit Planschbecken, Piratenschiff und Spritzkanonen sowie eine große Liegewiese mit Beachvolleyball- und Fußballfeldern und Badens längstem Barfußpfad, 76227 Alte Weingartener Str. 40, ☎ 4 10 75, ka-baeder.de
Waldbad Schöllbronn [S. 14], das Freibad für die ganze Familie bietet eine Turbo- und Breitrutsche sowie einen Strömungskanal im Erlebnisbecken, einen großen Kinderplanschbereich und ein 25-Meter-Becken. Landratten können sich auf dem Spielplatz oder dem Beachvolleyballfeld austoben. Der Sanitär- und der Umkleidebereich wurden saniert und bieten viel Komfort – Gastronomie ist vorhanden, Moosbronner Str., 76275 Ettlingen-Schöllbronn, ☎ 07243/24 69, baeder-ettlingen.de
Waldseebad Gaggenau, Freibad und Naturbad mit insgesamt 2.800 qm Wasserfläche, sieben

Becken, Rutsche, Sprungturm, Wasserlandschaften für Kinder und vielen weiteren Attraktionen, Mitte Mai bis Mitte September täglich 9-20h, Waldstr. 70, 76571 Gaggenau, waldseebad-gaggenau.de

HALLENBÄDER

Adolf-Ehrmann-Bad [S. 44], ein 25-Meter-Becken mit abgegrenztem Nichtschwimmerbereich, Planschbecken mit Wasserpalme, Therapiebecken, ein Drei-Meter-Sprungturm, eine Sauna sowie eine Liegewiese mit Volleyball- und Kleinspielfeld, 76149 Unterfeldstr. 46, ☎ 78 05-160, ka-baeder.de

Albgau-Hallenbad [S. 14], Waterclimbing-Kletterwand, Wettkampf- und Bodyslide-Rutsche, beheiztes Außenbecken (33° C), 25-Meter-Schwimmerbecken, Nichtschwimmerbecken mit Kleinkinderröhrenrutsche und ein Sprungbecken mit Ein-Meter- bzw. Drei-Meter-Plattform sowie ein großzügiger Eltern-Kind-Bereich mit Schiffchenkanal und Wasserspielen. Erholung findet man in der „Wellness-Oase" im Hallenbadbereich mit Infrarotkabine, Wassermassageliege und Solarium – Gastronomie ist vorhanden. Luisenstr. 14, 76275 Ettlingen, ☎ 07243/101-811, albgaubad.de

Albtherme [S. 263], die Thermalheilquelle bietet eine stilvolle Badelandschaft mit Schwimm- und Spaßbecken, einen Außenpool mit Durchschwimmkanal und Brodelbucht sowie eine große Saunalandschaft, geöffnet (auch feiertags): Mo-Do 10-22h, Fr 10-23h, Sa 9-22h, So 9-20h, Bergstr. 30, 76337 Waldbronn, ☎ 07243/56 57-0, albtherme-waldbronn.de

Caracalla Therme [S. 51], an einen antiken Tempel erinnernde Thermenlandschaft auf 4.000 qm mit Innen- und Außenbecken, Strömungskanal, Wasserfall, Wasserpilz, Sprudelsitzen und -liegen, Massagedüsen, Whirlpools, Heiß- und Kaltwassergrotte, Aromadampfbad, Sole-Inhalationsraum, Solarien, Ruheliegen, Wellness-Bereich, Thermen-Restaurant sowie einer großzügigen Saunalandschaft, geöffnet täglich 8-22h, Römerplatz 1, 76530 Baden-Baden, ☎ 07221/27 59-40, caracalla.de

Europabad Karlsruhe [S. 44], das Erlebnisbad verfügt über ein 25-Meter-Becken, ein Nichtschwimmerbecken, einen Strömungskanal, einen Wildwasserfluss, eine Erlebnisrutsche mit Licht- und Soundeffekten, die Trichterrutsche „Tarantula", eine Freefall-Rutsche, eine Reifenrutsche, die Stehrutsche „Sky Surfer", ein Außenbecken, einen Aquacross-Kletterparcours, eine Kinderlandschaft sowie ein Saunadorf, Mo-Sa 10-23h, So 10-21h, 76135 Hermann-Veit-Str. 5, ☎ 1 60 22-400, ka-europabad.de

Fächerbad [S. 44], ein 50-Meter-Sportbecken, ein Mehrzweck-, ein Springer- und ein Planschbecken, ein Cabriobecken mit auffaltbarem Dach, der Saunabereich wird bis Frühjahr 2023 umgestaltet, 76131 Am Sportpark 1, ☎ 96 70-1 20, ka-baeder.de

Hallenbad Grötzingen [S. 44], verfügt über ein 25-Meter-Becken mit einem abgegrenzten Nichtschwimmerbereich, der Eintritt ist ganzjährig kostenfrei, 76229 Kirchstr. 13, ☎ 46 33 84, ka-baeder.de

Hallenbad Wörth [S. 265], neben einem Sportbecken mit Startblöcken und Sprungtürmen gibt es eine Saunalandschaft und eine Cafeteria sowie Wassergymnastik-, Aquajogging- und Kinderschwimmkurse – während der Freibadsaison ist das Bad geschlossen, Mozartstr. 8, 76744 Wörth, ☎ 07271/131-460, baeder-woerth.de

Mineraltherme Bad Teinach, weitläufige Therme auf über 2.500 qm mit Mineralbecken (31°C), Außenbecken (29°C), Feuerpool (39°C), Kaltwasserpool (17°C), Dampfbad und uriger Schwarzwaldsauna (90°C), Otto-Neidhart-Allee 5, 75385 Bad Teinach, ☎ 07053/29-0, Tickets unter hotel-therme-teinach.de

Oberwaldbad, das Schwimmbad mit Sauna bietet Kurse für Babys und Kinder, eine Schwimmschule für Kinder sowie Aquafit-Kurse für Erwachsene, Öffnungszeiten siehe Homepage, 76199 Erlenweg 2, ☎ 880 16 09, online-psk.de

Palais Thermal [S. 122], Thermal- und Saunabad mit modernem, großzügigem Saunabereich, 14 Thermal- und Whirlpools (32-38° C), Massagebecken und Sprudelbecken sowie Wärmebänken und einer Cafeteria, Regelöffnungszeiten: Mo-Fr 11-22h und Sa, So, Fei 10-22h, abweichende Öffnungszeiten siehe Homepage, Kernerstr. 5, 75323 Bad Wildbad, ☎ 07081/303-0, palais-thermal.de

Rotherma Thermalbad [S. 53], Badelandschaft mit Innen- und Außenbecken, Aromabad, großer

Salzwelt, Whirlpool, einer Liegewiese sowie einem Saunapark, täglich 9-22h, So+Fei 9-20h, Badstr. 9, 76571 Gaggenau, ☎ 07225/9 78 80, rotherma.de

Siebentäler Therme, Mineraltherme mit Außen- und Therapiebecken, Mo+Di 9-19h, Mi+Do 9-21h, Fr-So+Fei 9-22h, Schweizer Wiese 9, 76332 Bad Herrenalb, ☎ 07083/92 59-0, siebentaelertherme.de

Therme Vierordtbad [S. 44], 2021 saniertes Bad in einem historischen Neorenaissance-Bau von 1871 mit Bewegungsbecken unter LED-Wolkenhimmel, Vitalisbecken, drei Außenbecken und einer Saunalandschaft, Mo-Fr ab 14h sowie Sa+So ist ganztägig textilfreies Baden erlaubt, geöffnet Mo 14-23h, Di-Fr 10-23h, Sa 10-22h, So 10-20h, 76137 Ettlinger Str. 4, ☎ 133-52 25, ka-baeder.de

Vital-Therme, Thermallandschaft mit zwei Thermal-Innenbecken und einem Thermal-Außenbecken (30-34°C) sowie einem Saunabereich und zahlreichen Aqua-Kursangeboten, Mo-So+Fei 9-19h, abweichende Öffnungszeiten siehe Homepage, Bätznerstr. 85, 75323 Bad Wildbad, ☎ 07081/303-253, vitaltherme-wildbad.de

Weiherhofbad [S. 44], verfügt über ein 25-Meter-Becken, ein Nichtschwimmerbecken, ein Kinder- und Babyplanschbecken, eine Blockhaussauna, ein Ruhehaus, Solarien und Freiliegeflächen, 76227 Weiherhof 13, ☎ 133-52 27, ka-baeder.de

SEEN

→ *Siehe Artikel „Ein Tag am See" auf S. 2.*

Auf dem Ochsenbuckel, ehemalige Kiesgrube im Wald in Au am Rhein nahe am Illinger Altrhein, der See ist von Südosten her zugänglich; Liegewiese, kleiner Sandstrand, Schwimminsel und ein kleiner PP mit WC sind vorhanden, Tauchen erlaubt

Baggersee Epple, westlich von Neuburg am Rhein gelegen, mit langem Sandstrand, großer Liegewiese, Kiosk, Tischtennisplatte und Beachvolleyballfeld. Der Eintritt ist frei, Parken kostet jedoch 0,50€ je Stunde. WC, Umkleide und Dusche sind nur während der Gastronomie-Öffnungszeiten nutzbar

Hardtsee, Badesee und Freizeitanlage mit Campingplatz sowie 40 Hektar großer, flacher Sand- und Grasuferzone – das Gewässer ist in einen Nichtschwimmer-, Schwimmer- und Wassersportbereich unterteilt. Gute Infrastruktur sowie ein Beachvolleyballfeld, Skaterpark und Grillplatz sind vorhanden, der See ist barrierefrei und kostet 2,50€ Eintritt, Freizeitzentrum Ubstadt-Weiher, 76698 Ubstadt-Weiher, ☎ 07251/96 13 94, hardtsee.de

Philippsee, im Ortsteil Langenbrücken bei Bad Schönborn, bietet 400.000 qm Wasserfläche, Liegewiesen, einen Sandstrand, Beachvolleyballfelder, Kinderspielplatz, Tischtennisplatten sowie eine Gastronomie mit Cocktailbar (11h bis mindestens 20h), Badebetrieb täglich 8h bis mindestens 19.30h, freier Eintritt, PP vorhanden (6€/Tag, ab 18h 4€), Holzmüllerrichtweg 4, 76669 Bad Schönborn

SCHWIMM-/AQUAKURSE

SSC Karlsruhe e. V. [S. 249], im Fächerbad finden Schwimmkurse im Brust-, Kraul- und Rückenschwimmen statt sowie für Kinder Kleinkinderschwimmen, Seepferdchen-, Wasserfrosch- und Seehundkurse – zum Aquakurs-Angebot gehören Aqua-Cycling, Aqua-Fit, Aqua-Power, Aqua-Jogging und Aqua-Mix, 76131 Am Sportpark 5, ☎ 9 67 22-0, ssc-karlsruhe.de

TIPP

Die **Badegewässerkarte** bietet einen Überblick über die Badegewässer der Region und ihre Wasserqualität: badegewaesserkarte.landbw.de

SKATEN

AUSRÜSTUNG

Titus Karlsruhe GmbH, Skateboards, Zubehör und Skater-Outfits, Mo-Fr 11-19h, Sa 10-19h, 76133 Ritterstr. 5, ☎ 66 99 33 53, titus.de/shops/karlsruhe

HALFPIPES

Funpark an der Europahalle, viele Elemente und eine kleine Halfpipe, zwischen der Straßenbahnhaltestelle Europahalle und der Günther-Klotz-Anlage

Funpark Nordstadt, ein großer Platz mit vielen Elementen und einer Halfpipe neben dem NCO-Club (Zugang über die Delawarestraße)

Skaterplatz Grünwettersbach, auf 550 qm findet man eine Halfpipe, eine Pyramide, eine Quarterpipe und Speedramps, Thüringer Straße/Richtung Friedhofweg zwischen den Feldern

SKATER-ANLAGEN

Die Anlagen sind zum Teil auch für BMX-Räder geeignet:

- an der Straßenbahn-Haltestelle Europahalle
- beim NCO-Club in der Nordstadt
- Skaterplatz und ein Bolz- bzw. Basketballplatz im Otto-Dullenkopf-Park/Nähe Gottesauer Schloss
- Skaterpark Oberreut, Wilhelm-Leuschner-Straße
- Skaterplatz Daxlanden, zwischen Vorderstraße und Daxlander Straße
- Skaterplatz Knielingen, Festplatz
- Skaterplatz Durlach, Fiduciastraße
- Skaterplatz Thüringer Straße, Grünwettersbach
- Skatepark Wörth am Rhein

Drowning Eagles Sailing Crew e. V., Longboardverein, 76137 Marienstr. 45, ☎ 0151/17 20 86 94, drowning-eagles.de

Inline-Tourenkarte, von Inline-Skatern erstellt, mit 24 Tourenvorschlägen für Karlsruhe und die Region (über 900 Inline-km) und Beschreibung der Asphaltqualitäten, Infos: inline-karlsruhe.de

TIPP

Infos für Skater gibt's beim Schul- und Sportamt, ☎ 133-41 71, und unter inline-karlsruhe.de, Informationen zu den Skaterplätzen beim Gartenbauamt, ☎ 133-67 26

SPIELE

Siehe → S. 235, Spielwaren

Rollen- und Brettspielverein Thoule 1987 e. V., Spieletreffen und -verleih, Mo, Do, Fr ab 19.30h, So ab 17h, 76131 Ostendstraße 1, ☎ 55 75 77 (ab 19.30h), neuehp.thoule.de; Veranstaltungen oder Spieletreffen finden auch auf dem Thoule-Discord-Server statt: discord.gg/vsgvxKV

37. Karlsruher SpieleTage, vom 17. bis zum 19. November lockt die traditionsreiche Veranstaltung Brett- und Kartenspieler zum NCO-Club, ein Spielspaß für Groß und Klein, 76149 Delawarestr. 21, thoule.de

Spiele-Pyramide, 76133 Fritz-Erler-Straße 9, ☎ 851 44 43, spiele-pyrami.de

SPORTVEREINE

Eine Auflistung aller Karlsruher Sportvereine mit Infos findet man auf der Internetseite der Stadt karlsruhe.de/kultur-freizeit/sport-in-karlsruhe

Post Südstadt Karlsruhe e. V. [S. 248], Verein für Sport, Freizeit, Gesundheit und Integration, Sportabzeichenabnahme für Kinder und Erwachsene, 76199 Ettlinger Allee 9, ☎ 88 74 44, online-psk.de

SSC Karlsruhe e. V. [S. 249], rund 75 Kurse für Kinder, Jugendliche und Erwachsene in den Bereichen Ballsport, Kampfsport, Wassersport, Leichtathletik, Fitness, Tanzen und Gesundheit (auch Prävention und Rehabilitation), Gäste sind willkommen, eine Online-Buchung ist möglich, 76131 Am Sportpark 5, ☎ 9 67 22-0, ssc-karlsruhe.de

SQUASH

Sportpark Jürgen Fassbender, zwölf Tennisplätze, drei Squash-Courts sowie ein Fitnessstudio, Am Zigeunerschlag 1a, 76344 Eggenstein-Leopoldshafen, ☎ 7 03 31, sportpark-fassbender.de

Squashtreff Karlsruhe, sieben Courts und eine Sauna, 76185 Bannwaldallee 38, ☎ 830 84 83, squashtreff.de

TANZEN

Ballettschule Corpus, kreativer Tanz für Kinder, Kinderballett, Ballett, Contemporary und Pilates, 76137 Hirschstr. 83 und 76228 Am Wetterbach 2, ☎ 82 79 71, ballettschule-corpus.de

Ballett-Tanzschule Grazie, Frühfördergruppe ab drei Jahren, Ballett für Kinder, Jugendliche und Erwachsene, Flamenco, Figur- und Haltungstraining, 76133 Kaiserstr. 241, ☎ 0170/403 89 61, ballettschule-karlsruhe.de

Caricia – Afro-Latino-Tanzschule im Casa Cuba, Salsa, Mambo, Cha-Cha-Cha, afro-kubanische Tänze und Bachata, Infos: Christiane García, 76137 Breite Str. 155, ☎ 0172/825 10 99, caricia.de

Danceworld M/M, Kurse für Jugendliche, Erwachsene und Senioren nach dem Welttanzprogramm sowie Trendkurse, Hochzeitskurse und Crashkurse, 76133 Waldstr. 24-28, ☎ 2 29 46, mm-dance.de

Forró in Karlsruhe e. V., Plattform für Freunde des brasilianischen Forró, forroinkarlsruhe.de

Fun Tappers e. V., Stepptanzkurse in kleinen Gruppen vom Anfänger bis zum hohen Niveau, Schnupperangebote und Steppschuhverleih, 76149 Welschneureuter Str. 36, ☎ 201 90 51, funtappers.de

Kulturhaus Osterfeld [S. 100], zahlreiche Tanz- und Theaterkurse, Osterfeldstr. 12, 75172 Pforzheim, ☎ 07231/31 82 10, kulturhaus-osterfeld.de

Kut ups Karlsruhe, Deutsch-Amerikan. Square-Dance-Club, Do 19.15-21.45h und Fr 19.30-21.45h in der Eichendorffschule, 76139 Lötzener Str. 2, ☎ 559 78 68 (Ursula Verdion), kut-ups-karlsruhe.de

Latifah Abdel, orientalischer Tanz, Flamenco und Tribal Fusion, ☎ 0172/479 69 91, latifah-abdel.de

„Lovely Caotics" Square-Dance-Club, Treffen: Fr 19.45-21.45h im Selmnitzsaal in Pfinztal-Berghausen, Kontakt: Gerd Dieter Hohenöcker, 76229 Am Gießbach 1, lovelycaotics-karlsruhe.de

Post Südstadt K'he e. V., Ballett-Kurse, Kindertanz und Video-Clip-Dancing für 3- bis 13-Jährige, 76199 Ettlinger Allee 9, ☎ 88 74 44, online-psk.de

Rock 'n' Roll Club Forever e. V., pflegt den Tanzstil der 50er und 60er Jahre und bietet Kurse sowie Tanzveranstaltungen, Infos: Christel Ros, ☎ 490 49 49, rc-forever.de

Rock 'n' Roll-Club Teddy Bears, Postfach 41 08 43, 76208 Karlsruhe, ☎ 75 42 10, rrc-teddy-bears.de

Salsa-Club Karlsruhe [S. 269], Tanzkurse, Wochenend-Workshops und Privatstunden in Salsa, Merengue, Bachata, Salsa-Line-Dancing sowie Rueda für Singles und Paare, Aitxa Demel, ☎ 0173/352 50 62, salsa-club-karlsruhe.de

Siempre Tango e. V., der Verein zur Förderung des Tangos bietet laufend neue Kurse und Workshops im Canisiushaus (76137 Augartenstr. 51), ☎ 0172/739 21 39, siempre-tango.de

Son Latino, große Tanzschule mit über 40 Kursen pro Woche: Salsa, Bachata, Kizomba, Tango, Zouk, Gesellschaftstanz und vieles mehr, 76185 Gablonzer Str. 9, ☎ 663 88 86, sonlatino.de

Swing in Karlsruhe e. V., Plattform für Swing-Begeisterte, 76135 Lessingstr. 13, swinginkarlsruhe.de

Tanzloft Karlsruhe, Kurse für Paare und Singles in Standard, Latein, Salsa, West-Coast-Swing, Tango Argentino und Lindy Hop, 76185 Gellertstraße 12, ☎ 48 07 33 50, karlsruhe.tanzloft.de

Tanzschule Dance Vision, veranstaltet Kurse in Hip-Hop, Kids Dance und Breakdance für Kinder, Jugendliche und Erwachsene, 76133 Karl-Friedrich-Straße 26, ☎ 95 97 52 00, dancevision.info

Tanzschulen Vollrath & Tönnies, Standard- und Latein-Tänze wie Tango und Salsa sowie Zumba und Kindertanz, 76133 Blumenstr. 10, ☎ 2 83 08, vollrath-toennies.de

Tanzstudio Magic Dance, Kindertanzkurse ab 3 Jahren, Gesellschaftstanz, Standard und Latein für Kinder, Jugendliche und Erwachsene, Discofox, Hip-Hop und Hochzeits-Crashkurs, 76133 Kaiserstr. 150, ☎ 15 64 46 56, tanzstudio-magic-dance.de

Tanztheater Karlsruhe, performative Bühnenkunst, Tanztheaterkurse und regelmäßige Aufführungen, 76137 Klauprechtstr. 17, ☎ 937 63 82, dancedmuseumtours.com

Tanztribüne, im Kulturzentrum Tempel, Kurse und Workshops unter anderem in Tango, Flamenco, Modern Dance, klassischem Ballett und Jazztanz, 76185 Hardtstr. 37a, ☎ 35 62 92, tanztribuene.de

TSC Rot-Weiß Karlsruhe e. V., der Veranstalter der Badischen Tanzsporttage bietet Hobbytanzen, Turniertanz sowie Schautanz in der 76189 Eichel-

bergstr. 34, ☎ 50 22 89, rotweiss-karlsruhe.de
vhs Karlsruhe [S. 197], etwa 60 Kurse rund ums Tanzen wie Street- und Jazzdance, LineDance, Flamenco, Folklore, Ballett und Zumba, 76133 Kaiserallee 12e, ☎ 9 85 75-0, vhs-karlsruhe.de
Wirkstatt, bietet Tanztheater und Barocktänze, 76133 Steinstr. 23, ☎ 37 80 75, wirkstatt.com
XTRA DANCE, bietet Modern Dance, Jazztanz, Hip-Hop, Breakdance und Contemporary, 76137 Augartenstr. 27, ☎ 47 04 32 57, xtradance.de

TANZAUSRÜSTUNG

Giulietta Patou, die Boutique für Ballett und Tanz verkauft u. a. Bekleidung für Aerobic, Flamenco, Hip-Hop, Gardetanz und Tai Chi, Do-Sa 14-18h, 76133 Waldstr. 66, ☎ 0171/491 00 61, giulietta-patou.de
Tanzboutique Ernst, Fachgeschäft rund um Tanz, Bühne und Show, 76131 Gottesauer Platz 3, ☎ 66 49 92 69, tanzboutique-ernst.de

ONLINE-TIPPS

forroinkarlsruhe.de, informiert über Forró-Kurse und -Veranstaltungen, die im Sommer zum Teil auch kostenlos und unter freiem Himmel stattfinden
intango.de/aktuell/events, informiert über unregelmäßige Tangotanztreffen an öffentlichen Plätzen wie etwa dem Karlsruher Hauptbahnhof und im Rhein-Neckar-Raum
rhein-neckar-tango.de, Infos und Veranstaltungstermine rund um den Tango im Raum zwischen Frankfurt und Karlsruhe
swinginkarlsruhe.de, informiert über Swing- und Lindy-Hop-Tanzkurse und -Tanzabende (Socials)

TENNIS

TC Waldbronn, Tennis für jedermann, Mai bis Oktober Mo-Sa ab 14.30h, So ab 11.30h oder nach Vereinb., am Kurparkpavillon, Etzenroter Str. 8, 76337 Waldbronn, ☎ 07243/939 11 39, tc-waldbronn.de
Post Südstadt Karlsruhe e. V. [S. 248], Tennisplätze und eine Tennishalle, buchbar für Mitglieder und Nichtmitglieder, 76199 Ettlinger Allee 3/9, ☎ 88 74 44, online-psk.de
SSC Karlsruhe e. V. [S. 249], verfügt über Freiplätze und Hallenplätze mit gelenkschonenden Bross-Slide-Böden, 76131 Am Sportpark 5, ☎ 9 67 22-0, ssc-karlsruhe.de
Sportpark Jürgen Fassbender, fünf Frei- und sieben Hallenplätze sowie ein Fitness-Studio, Am Zigeunerschlag 1a, 76344 Eggenstein-Leopoldshafen, ☎ 7 03 31, sportpark-fassbender.de
Spielvereinigung 1910 Durlach-Aue, Tennis- und Pádel-Tennis-Angebote, 76227 Erlachseeweg 1, ☎ 49 61 24, spvgg-durlach-aue-1910.de
SV Karlsruhe-Beiertheim, bietet neun Tennisaußenplätze beim Europabad und mehrere Kursangebote, 76135 Hermann-Veit-Straße 3, ☎ 82 65 12, sv-karlsruhe-beiertheim.de
TC Rüppurr 1929 e. V., überregional bekannter Tennisverein, 76199 Tulpenstr. 36, ☎ 88 68 99, tcr.de

TISCHTENNIS

ASV Grünwettersbach, Bundesliga-Verein, 76228 Thüringer Str. 11, ☎ 0176/62 65 74 45, asv-tt.de
Segel-Center Gilliard [S. 273], Tischtennisplatten, Schläger, Bälle und Bekleidung, 76189 Durmersheimer Str. 151, ☎ 57 95 25, segel-center-gilliard.de
SG Rüppurr, das Tischtennistraining findet in der Turnhalle der Weiherwaldschule (76199 Scheibenhardter Weg 23) statt, Ansprechpartnerin: Elke Kohler, ☎ 0151-26 12 94 64, 76199 Brunnenstückweg 2, sg-rueppurr.de

TRAMPOLIN

Sprungpark Remchingen, 2.000 qm großer Trampolinpark für Kinder ab fünf Jahren mit Freejump, Fun Jumper, Foam Jump, Bungee-Run, Dodgeball-Arena, Hindernis-Parcours und mehr, Mi-Do 15-20h, Fr 13-21h, Sa+So 12-20h, feiertags und in den Ferien Mi-So 12-20h, Dajasstr. 100, 75196 Remchingen, ☎ 07841/508 30 15, sprungpark.de

TRIATHLON

Post Südstadt Karlsruhe e. V. [S. 248], Triathlon für Kinder und Erwachsene, 76199 Ettlinger Allee 9, ☎ 88 74 44, online-psk.de

WANDERN

→ *Siehe auch S. 54, Artikel „Wälder, Flüsse und Genüsse"*

Albtal [S. 61], auf sieben familienfreundlichen GeoTouren können erdgeschichtlich und historisch interessierte Wanderer geologische Besonderheiten der Region erkunden. Zu den Wanderungen gibt es Karten und Erkundungsaufgaben. Für 12,50€ kann zudem eine Box mit Gesteins-Set und Hintergrundinfos erworben werden. Darüber hinaus bietet das Albtal weitere zertifizierte Qualitätswanderwege. Infos und Wegbeschreibungen: Tourismusgemeinschaft Albtal Plus e. V., Schlossplatz 3, 76275 Ettlingen, ☎ 07243/354 97 90, albtal-tourismus.de

Baumwipfelpfad Elsass [S. 271], der „Chemin des Cimes Alsace" im Naturpark Nordvogesen führt auf 1.050 Metern in bis zu 23 Metern Höhe barrierearm durch die Baumwipfel, vorbei an zahlreichen Lern- und Erlebnisstationen bis hin zum 29 Meter hohen Aussichtsturm mit Rundum-Panoramablick und einer 75 Meter langen Tunnelrutsche – geöffnet November bis März Mi-So 9.30-16h, April und Oktober täglich bis 18h sowie Mai bis September bis 19h, Eintritt Erwachsene 15€, ermäßigt 13€, Kinder 6-14 Jahre 12€, Kinder bis 6 Jahre frei, Familienticket 35€, Besucherparkplatz: Route de Schoenenberg, F-67160 Drachenbronn, ☎ +33-369/50 86 00, baumwipfelpfade.de/alsace

Baumwipfelpfad Schwarzwald – auf dem rund 1.250 Meter langen und bis zu 20 Meter hohen Pfad lässt sich der Wald aus neuen Perspektiven erleben. Höhepunkt ist ein fast 40 Meter hoher spiralförmiger Holzturm mit 360-Grad-Blick über den Nördlichen Schwarzwald und einer 55 Meter langen Tunnelrutsche im Inneren. Infos: baumwipfelpfad-schwarzwald.de

Dobel, der heilklimatische Kurort ist der erste Etappenpunkt des Westwegs von Pforzheim nach Basel. Zudem gibt es zahlreiche ausgeschilderte Wanderrouten sowie im Winter über 20 km geräumte Winterwanderwege, Neue Herrenalber Str. 11, 75335 Dobel, ☎ 07083/745-13, dobel.de

draußen daten, persönliches und ungezwungenes Kennenlernen in der freien Natur auf gemeinsamen Wanderungen mit einem erfahrenen Tourguide. Die Wanderungen in der Region Karlsruhe und in der Pfalz sind in drei unterschiedliche Schwierigkeitsgrade für verschiedene Altersgruppen eingeteilt. Neben Singlewanderungen sind auch Touren für Wanderfreunde ohne Dating-Ambition im Programm, draussen-daten.de

Freudenstadt [S. 86], die Kleinstadtperle ist von Karlsruhe aus bequem mit der Murgtalbahn in knapp einer Stunde erreichbar. Vom Stadtbahnhof sind es fünf Gehminuten bis zu Deutschlands größtem Marktplatz, dem besten Ausgangspunkt, um die Stadt zu erkunden oder in die Natur zu wandern. Schön angelegte Premium-Wanderwege mit einheitlicher Beschilderung ermöglichen unbeschwerte Erlebnis- oder Tageswanderungen. Infos:

Freudenstadt-Tourismus, Marktplatz 64, 72250 Freudenstadt, ☎ 07441/864-730, freudenstadt.de

Gernsbacher Runde [S. 413], der 42,7 km lange Premiumwanderweg führt unter anderem vorbei an den Laufbachwasserfällen, dem Schloss Eberstein sowie auf den Merkur und bietet herrliche Ausblicke ins Murgtal und auf die Rheinebene, Infos: Tourist-Info Gernsbach, Igelbachstr. 11, 76593 Gernsbach, ☎ 07224/6 44-446, gernsbacher-runde.de

Hilschberghaus des Pfälzerwald-Vereins e. V. Rodalben [S. 74], das Wanderheim liegt direkt am Rodalber Felsenwanderweg, dem ersten zertifizierten Qualitätsweg „Wanderbares Deutschland" in der Pfalz, am Pfälzerwaldpfad und an drei Weitwanderwegen des Pfälzerwaldvereins. Viele Rundwanderwege ergänzen das Angebot. Bewirtungsangebot (Mo, Mi-Sa ab 12h, So+Fei ab 11h, Di Ruhetag) und Übernachtungsmöglichkeit sind vorhanden, Fichtenstr. 1b, 66976 Rodalben, ☎ 06331/1 80 20, pwvhilschberghaus.de → *S. 72*

Infozentrum Kaltenbronn [S. 67], geführte Wanderungen für Gruppen und Einzelpersonen durch die sensible Natur des Schwarzwälder Hochmoorgebiets, Kaltenbronn 600, 76593 Gernsbach, ☎ 07224/65 51 97, infozentrum-kaltenbronn.de

Oberderdingen [S. 414], Wanderungen in der hügeligen Landschaft des Kraichgau-Strombergs, Informationen: Vinothek & Infothek in der Schafscheuer, Heinfelser Platz 3, 75038 Oberderdingen, ☎ 07045/20 27 68, oberderdingen.de

Premiumwanderwege, zehn Wanderwege in der Region wurden vom Deutschen Wanderinstitut mit dem Wandersiegel ausgezeichnet: der Panoramaweg Baden-Baden, der Ebersteinburg-Rundweg, die Gernsbacher Runde, der Gernsbacher Sagenweg, die Murgleiter bei Gaggenau, der Heidelbeerweg in Enzklösterle, der Wasser-, Wald- und Wiesenpfad bei Calw, „Der Teinacher" sowie die „Wolfsgrube" in Bad-Teinach-Zavelstein und der Weg „Auf den Spuren der Treidler" bei Hördt in der Südpfalz. Dazu kommt noch der Premium-Spazierwanderweg „Zollernblickweg" in Schömberg-Oberlengenhardt. Weitere Infos: wanderinstitut.de/premiumwege

Schömberg [S. 56], die „Glücksgemeinde" im Schwarzwald bietet 360 Kilometer ausgeschilderte Wanderwege, neun prädikatisierte Heilklima-Wanderwege, geführte Themenwanderungen mit Schwarzwald-Guides sowie Geocaching-Angebote, Infos: Touristik & Kur, Lindenstr. 7, 75328 Schömberg, ☎ 07084/14-444, schoemberg.de

Schwarzwaldverein Karlsruhe e. V., gibt ein Jahresprogramm mit Angeboten zum gemeinschaftlichen Wandern heraus, 76227 Gymnasiumstr. 22, ☎ 40 29 87, schwarzwaldverein-karlsruhe.de

WanderWelten Teinachtal [S. 82], Erlebnis-Wanderregion mit Traumtouren vom gemütlichen Spaziergang bis hin zu zertifizierten Wanderstrecken mit traumhaften Aussichten und schwäbischen Spezialitäten in den Wanderhütten, Infos: Teinachtal-Touristik, Rathausstr. 9, 75385 Bad Teinach-Zavelstein, ☎ 07053/920 50 40, teinachtal.de

Weingarten (Baden) [S. 18], bietet ausgeschilderte Wanderwege, geführte Wanderungen durch das Weingartner Moor sowie einen Wein-Lehrpfad. Zudem findet jährlich Ende August/Anfang September der Wein-Wandertag statt mit Strecken in unterschiedlichen Schwierigkeitsgraden und Weinproben am Wegesrand (Veranstalter: Musikverein Weingarten, musikverein-weingarten.de), Infos: Gemeinde Weingarten, Marktplatz 2, 76356 Weingarten, ☎ 07244/70 20-0, weingarten-baden.de

TIPP

Wandern in der Region Karlsruhe, bequeme Halbtageswanderungen und anspruchsvolle Tagestouren von den Vogesen über den Schwarzwald bis zum Kraichgau, mit Karten & GPS-Tracks, 176 Seiten, 16,90€, Verlag Regionalkultur, verlag-regionalkultur.de, ISBN 978-3-95505-993-4

karlsruher-naturkompass.de, die Seite des Agenda21 Karlsruhe e. V. informiert über interessante, sehenswerte saisonale Naturphänomene in Karlsruhe, mit spannenden Hintergrundinformationen zum lokalen Naturschutz und zur Biodiversität.**schwarzwald-tourismus.info/erleben/wandern**, die offizielle Seite der Schwarzwald-Tourismus GmbH bietet Tipps und Tourenvorschläge rund um das Wandern im Schwarzwald

WASSERSPORT

Siehe auch Rubrik „Schwimmen" → ab S. 264

KANUFAHREN

Töpfle trifft Deckele, organisiert Kanutouren mit Grillen auf dem Wasser, Schlossergasse 3a, 76344 Eggenstein-Leopoldshafen, ☎ 0176/50 77 87 66 (Mo & Mi-Fr vormittags), toepfle-trifft-deckele.de

vogelmann-adventure [S. 273], bietet Kanuverleih und geführte Kanutouren auf dem Altrhein und im Elsass, veranstaltet Floßbau-Teamevents zur Steigerung der Teamfähigkeit und Kommunikation sowie erlebnispädagogische Programme für Schulklassen, Bruchsaler Str. 15, 75045 Walzbachtal, ☎ 07203/346 05 63 und ☎ 01520/179 30 67, vogelmann-adventure.de

ZIP-Team – erleben und entwickeln, geführte Kanutouren für Gruppen, 76137 Bahnhofplatz 12, ☎ 933 85 94, zipteam.de

RUDERN

Rheinklub Alemannia, 76189 Werftstraße 8b, ☎ 55 10 75, rheinklub-alemannia.de

Karlsruher Ruder-Verein Wiking von 1879 e. V., 76189 Hansastraße 18b, krv-wiking.de

SEGELN

Funshine Tours, Yachtcharter und Segelreisen, 76135 Gutenbergstr. 4, ☎ 985 03 80, funshine.de

sail & more, Ausbildung zum Erwerb des Sportbootführerscheins sowie Yachtcharter und Vermietung von Motorbooten, 76287 Rheinstetten, ☎ 0177/835 89 76, sail-and-more.de

Segel-Center Gilliard [S. 273], Ausrüstung, Zubehör und Kleidung fürs Segeln, Surfen, Kanu- und Kajakfahren, 76189 Durmersheimer Straße 151, ☎ 57 95 25, segel-center-gilliard.de

TAUCHEN

An zahlreichen Bagger- und Badeseen in der Region ist das Tauchen erlaubt. Bei einigen Seen gelten allerdings Einschränkungen, so darf man mancherorts nur mit Tauchschein oder zu zweit tauchen beziehungsweise lediglich zu bestimmten Zeiten und in festgelegten Bereichen. In welchen

Badeseen auch das Tauchen erlaubt ist, ist im Badeseen-Artikel ab S. 2 nachzulesen.

Dive In, die Tauchschule mit Tauchshop bietet einen Reparaturservice, einen Füllservice für Flaschen sowie Schwimmsport- und Triathlonartikel, 76227 Gymnasiumstr. 2, ☎ 40 10 22, dive-in.de
Marlin, Verkauf von Unterwasser-Foto- und -Video-Equipment, wasserdichte Rucksäcke und Transportkoffer, Ettlingerstr. 67, 76337 Waldbronn, ☎ 07243/6 90 16, marlin.de
Tauchcenter Karlsruhe, der Tauchshop verleiht Equipment, bildet in einer Tauchschule aus und organisiert Tauchreisen, 76139 Schneidemühler Straße 23c, ☎ 2 32 39, tauchcenter-karlsruhe.de
Triton, Tauchschule und -shop, 76133 Akademiestraße 46, ☎ 913 14 15, triton-tauchsport.de

WINTERSPORT

EISLAUFEN

Eislaufen kann man bei ausreichender Kälte in der Günther-Klotz-Anlage, auf dem Stadtgartensee und auf folgenden künstlichen Eisflächen:

Eistreff Waldbronn, zwei große, klimatisierte Eislaufhallen mit regelmäßigen Eislaufpartys sowie Pisten-Bistro und Schlittschuhverleih, geöffnet Oktober bis März, Preise und Öffnungszeiten siehe Homepage, Ermlis-Allee 1, 76337 Waldbronn, ☎ 07243/76 66 22, eistreff.net

SKI & RODEL

Dobel, bietet Möglichkeiten fürs Abfahrtsskifahren, Snowboarden, Rodeln und Schneeschuhwandern sowie präparierte Langlaufloipen und 20 Kilometer geräumte Winterwanderwege, Infos: Kurverwaltung Dobel, Neue Herrenalber Str. 11, 75335 Dobel, ☎ 07083/745-13, dobel.de
Freizeit- und Sportzentrum Mehliskopf, Ganzjahres-Bobbahn, Skibetrieb und Snowpark, Am Stadtwald 4, 77815 Sand bei Bühl, Verwaltungsanschrift: Badener Straße 10, 76473 Iffezheim, ☎ 07226/13 00, mehliskopf.de
Rodeln: Zwar hat man schon Langläufer in der Günther-Klotz-Anlage gesehen, doch abgesehen vom Eislaufen sind die Wintersportmöglichkeiten in Karlsruhe in normalen Wintern rar gesät. Zum Rodeln empfehlen sich der Aussichtshügel der Günther-Klotz-Anlage, der Dobel im Schwarzwald oder der Sommerberg in Bad Wildbad
Schömberg bietet einen Schneeschuhverleih, eine Rodelbahn, Loipen, einen Skilift und eine Biathlonanlage, Infos: Touristik & Kur, Lindenstr. 7, 75328 Schömberg, ☎ 07084/14-444, schoemberg.de
Skilifte werden nicht nur in Schömberg betrieben, sondern auch im Nordschwarzwald entlang der Schwarzwaldhochstraße ab dem Mehliskopf sowie bei Baiersbronn, am Kaltenbronn, auf dem Dobel, in Simmersfeld und in Bad Wildbad. Aktuelle Schneeberichte für den Schwarzwald sind unter schwarzwald-tourismus.info/erleben/winterurlaub/schneebericht zu finden.
Schneeschuhwanderungen bei Bad Herrenalb und Dobel (auch geführte Touren), Veranstaltungen wie Schneeschuh-Biathlon und Eisstockschießen sowie weitere Team-Events für Gruppen und Firmen bietet die Adventure World, Schneeschuhverleih vorhanden, Schwimmbadstr. 29, 76332 Bad Herrenalb, ☎ 07083/922 03 53, snow-fun-arena.de

TIPP

Die **Schwarzwald-Tourismus GmbH** informiert über Skigebiete, Loipen, Rodelbahnen, Skiwandertouren und Sportgeräteverleihe im Nordschwarzwald, ☎ 0761/89 64 60, schwarzwald-tourismus.de

ZOOS & TIERPARKS

Reptilium Landau [S. 157], in Deutschlands größtem Reptilienzoo können über 1.300 Tiere in 130 verschiedenen Arten hautnah erlebt werden. Im Nachthaus sind nachtaktive Reptilien zu beobachten und in der Babystation kann man sie schlüpfen und aufwachsen sehen. Werner-Heisenberg-Str. 1, 76829 Landau, ☎ 06341/51 00-0, reptilium.de
Tierpark Bretten, großer Streichelzoo mit Bonsai-Ausstellung, März bis Oktober: täglich 9-18h, November: täglich 9-17h, Dezember bis Ende Februar geschlossen, Salzhofen 9, 75015 Bretten, ☎ 07252/72 56, tierpark-bretten.de

Vogelpark Heglachaue, 200 Vögel auf zwei Hektar Fläche in natürlicher Umgebung, Uhu-, Storchen- und Biotop-Gehege, Eintritt frei, Marktplatz 5, 76297 Stutensee-Friedrichstal, ☎ 07249/387 21 92

Vogelpark Linkenheim-Hochstetten, auf etwa sechs Hektar befinden sich zahlreiche Vogelvolieren, Stelzwiesen und Nistplätze für bedrohte Weiß- und Wildstörche, Am Altrhein 1, 76351 Linkenheim-Hochstetten, naturuvogelfreundeliho.de

Wildpark Pforzheim, rund 400 Tiere, ganzjährig geöffnet, Parkschein für 3 Stunden inklusive Eintritt: Mo-Fr 3€ je Kfz, Sa, So, Fei 5€ pro Kfz, Tiefenbronner Str. 100, 75175 Pforzheim, ☎ 07231/39-33 28, pforzheim.de/freizeit/wildpark-pforzheim

Ziegenweide, ein 5 km langer Wanderweg von Forbach nach Bermersbach mitten durch idyllische Ziegenweiden, der Wanderweg ist kostenlos begehbar und stets zugänglich, Kontakt: Ziegenfreunde Bermersbach e. V., Schulstr. 18, 76596 Forbach, ☎ 07228/33 77, ziegenfreunde-bermersbach.de

Zoo Landau in der Pfalz [S. 275], beliebtes Ausflugsziel in der Pfalz mit über 900 Tieren in mehr als 110 exotischen Arten. Im Warmhaus mit seinen Aquarien, Terrarien und den geräumigen Außenanlagen leben unter anderem Schimpansen, Klammeraffen, Krallenaffen, Kaimane, Schildkröten und mehrere Vogelarten. Weitere Attraktionen sind die begehbaren Freiflugvolieren, Flamingos, Pinguine sowie die Afrikaanlage mit Gnus und Zebras, Tiger, Geparde, Waldhunde oder Otter. Die Dromedare sind bereits von der Straße aus gut zu sehen. Besonderer Wert wird auf eine naturnahe Tierpräsentation gelegt. Öffentliche Fütterungen, Streichelzoo, Spielplatz, Gastronomie und eine Zooschule runden das Angebot auf der über vier Hektar großen Parkanlage ab. Hindenburgstr. 12, 76829 Landau, ☎ 06341/13 70 10, zoo-landau.de

Zoologischer Stadtgarten Karlsruhe, rund 4.000 Tiere aus mehr als 250 Arten sind zwischen Hauptbahnhof und Innenstadt zu erkunden. Attraktionen sind etwa der „Lebensraum Wasser", in dem Eisbären, Seelöwen, Pinguine und andere Tiere durch große Unterwasserscheiben beobachtet werden können, die „Bergwelt Himalaya" mit Schneeleoparden, Roten Pandas und Schnee-Eulen, eine begehbare Australienanlage mit zwei Känguru-Arten, eine große Erdmännchenanlage sowie das Exotenhaus, in dem Besucher Vögel, Affen, Faultiere und Fledermäuse ohne trennendes Gitter erleben können. Zudem gibt es Krokodile, Echsen, Schlangen, Frösche und Fische zu bestaunen. Eintritt: Erwachsene 12€, ermäßigt 10€, Kinder 5,50€, Öffnungszeiten siehe Homepage, 76137 Ettlinger Straße 6, ☎ 133-68 01, karlsruhe.de/zoo. In der Dependance im Wald, dem **Tierpark Oberwald**, können Besucher u. a. Gazellen, Wisente, Przewalski-Pferde, Sikahirsche, Elche, Trampeltiere und Hirschziegenantilopen erleben. Dort dürfen auch Hunde angeleint mitgebracht werden, im Zoo sind diese nicht erlaubt. Der Tierpark liegt südlich des Rangierbahnhofs und ist über die Wasserwerkbrücke erreichbar. Er ist ganzjährig geöffnet, der Eintritt ist frei.

FREUNDSCHAFT & LIEBE

GESCHENKIDEEN

Bücherbüffet-Laden, handgemachte Geschenkideen von regionalen Labels, Upcycling-Produkte, Kreatives von sozialen Projekten sowie Bücher von unabhängigen Verlagen, Mangas und Comics, 76133 Kaiserstr. 58, ☎ 47 03 70 29, buecherbueffet-laden.buchkatalog.de
Butlers, Wohnaccessoires und Geschenkideen, 76133 Erbprinzenstr. 31, ☎ 151 95 74, butlers.com
Bio-Gewürzmanufaktur culinarico [S. 218], außergewöhnliche Gewürzpräsente für jeden Geschmack und für jeden Anlass – individuelle Geschenksets, liebevoll verpackt, für Geburtstage, Hochzeiten oder Grillpartys, (gebrandete) Kunden- oder Mitarbeitergeschenke sowie Gutscheine, Öffnungszeiten siehe Homepage, 76189 Industriestr. 2, ☎ 62 76 56 78, culinarico.de
Depot, Shop mit trendigen Möbeln, Wohnaccessoires und Geschenkideen, 76133 Ettlinger-Tor-Platz 1, ☎ 937 95 95, depot-online.com
Durlacher Pestoria, kulinarische Geschenkideen und individuelle Geschenkkörbe, 76227 An der Raumfabrik 1, ☎ 97 65 92 40, durlacherpestoria.de
ECCO, Schönes zum Leben und Wohnen, 76227 Amthausstr. 9, ☎ 49 31 07, ecco-durlach.de
Grüner Krebs, Ausgefallenes, Wohnaccessoires und Möbel, 76133 Erbprinzenstr. 21, ☎ 2 55 42, und 76227 Zur Gießerei 9, ☎ 943 01 30, gruenerkrebs.de
Hocks fein&kostbar [S. 218], kulinarische Geschenkideen, Geschirr, Tischwäsche, Dekoartikel, Weinzubehör sowie auf Bestellung Picknickkörbe (Mai bis September), Genussboxen oder Käsetorten, 76227 Pfinztalstr. 6, ☎ 49 04 81 98, hocks-feinundkostbar.de
IKEA, Geschenkideen rund ums Wohnen und Einrichten, 76137 Durlacher Allee 97, ikea.de/karlsruhe
Karlsruher Tassen-Manufaktur, selbst bedruckte Tassen vom Grafiker. Bei der Karlsruher Tassen-Manufaktur gibt es Tassen mit zeitlos schicken Aufdrucken und Karlsruher Motiven wie den offiziellen Stadt(teil)wappen, karlsruhe-tassen.de
Kleine Feinschmeckerei [S. 219], Feinkost und Produkte aus eigenem unbehandeltem Anbau, auch vegane Produkte sowie gefüllte Picknickkörbe (zu bestellen über happypicknick.de), Mo 10.30-14h, Di-Fr 9.30-18h, Sa 9.30-14h, 76227 Amthausstr. 7, ☎ 0157/88 47 52 57, kleinefeinschmeckerei.de
La Perla del Gusto [S. 226], Feinkost und Accessoires rund ums Genießen, auch in Geschenkkörben verpackt, Mi 14-18h, Do 9-12.30h und 14-18.30h und nach Vereinbarung, Gartenstr. 3, 76676 Graben-Neudorf, ☎ 07255/900 08 61, laperladelgusto.de
MIBIs, kleine, quadratische Mini-Fotobilder mit typischen Motiven aus der Fächerstadt, erhältlich bei „'s Fachl" (siehe unten) oder über fotos-karlsruhe.de
Oster [S. 353], Geschenke aus den Bereichen Haushalt und Wohnen, 76199 Ostendorfplatz 5, ☎ 89 01 06, oster-ka.de
's Fachl Karlsruhe [S. 228+276], vielfältiges Sortiment mit Produkten kleiner und vor allem regionaler Hersteller und Manufakturen von Schmuck und

Kosmetik über Papeterie und Kunst oder Kunsthandwerk bis hin zu Lebensmitteln und Kinderkleidung bzw. Geschenke und Souvenirs, Di-Sa 10-18h, 76133 Ritterstr. 3, ☎ 40 24 33 50, sfachl.de/karlsruhe

Staatsweingut Karlsruhe-Durlach, Weine, Sekte, Secco, Weingelee, Liköre, Brände und Gin, Mo, Mi, Fr 8.30-12.30h, Di+Do 15-19h und jeden 1. Sa im Monat 10-14h (außer Januar und August) sowie an allen Adventssamstagen 10-14h, 76227 Posseltstr. 19, ☎ 9 40 57-0, turmbergwein.de

Tarbiana, frische Trüffel und Trüffelprodukte sowie italienische Liköre und Weine, 76135 Goethestr. 23, ☎ 96 49 61 99, italialize.me

Vom FASS [S. 217], ausgewählte Essige und Öle, fruchtige Chutneys, Senfvariationen, Antipasti, Knabbereien und eine große Auswahl an Spirituosen – bei Geschenken werden natürliche und recycelte Verpackungen verwendet, auch Tastings für Junggesell(inn)enabschiede, Firmenveranstaltungen und private Gruppen können gebucht werden, 76133 Douglasstr. 22, ☎ 95 97 95 00, vomfass.de/karlsruhe

westpaper [S. 188], Geschenkartikel sowie eine große Auswahl an Grußkarten, Bastelbedarf und Schreibwaren, 76135 Gabelsbergerstraße 1, ☎ 83 17 93 30, westpaper-karlsruhe.de

wunderwas, handgefertigte Filzprodukte mit personalisierten Motiven wie Handy-Etuis, Geldbörsen und Mutterpasshüllen sowie Textildruck für Shirts und Strampler, 76137 Rüppurrer Str. 25, ☎ 916 50 33, wunderwas.de

TIPP

Center-Gutschein Ettlinger Tor [S. 93], der Gutschein ist mit einem beliebigen Wert zwischen 10 und 100€ aufladbar, an der Kundeninformation im Erdgeschoss und online erhältlich sowie in allen teilnehmenden Geschäften des Einkaufscenters einlösbar, Öffnungszeiten und weitere Infos siehe Homepage, 76133 Ettlinger-Tor-Platz 1, ☎ 66 36 79-0, ettlinger-tor.de

Durlacher Geschenkgutschein, der Gutschein kann bei den Mitgliedsbetrieben des Durlacher Leben e. V. eingelöst werden. Erhältlich ist er bei den Durlacher Volksbank- und Sparkassenfilialen sowie im Modehaus Nagel, durlachgutschein.de

Karlsruher Geschenkgutschein, elektronische Gutscheinkarte, die mit einem Wunschbetrag zwischen fünf und 100€ aufladbar ist und in über 300 Geschäften, bei Dienstleistern sowie Kultur- und Freizeiteinrichtungen eingelöst werden kann. Erhältlich ist er unter anderem bei den Sparkassen Karlsruhe, den Buchhandlungen Mächtlinger und Stephanus oder bei der Touristinfo am Marktplatz sowie online unter karlsruher-geschenkgutschein.de

moodfor.art/creating-stuff, hier kann man eigene Collagen aus Kunstwerken der Kunsthalle Karlsruhe erstellen und auf T-Shirts oder Taschen drucken lassen.

HEIRATEN

BRAUT-STYLING

Friseursalon Romina Romolo, moderne und klassische Brautfrisuren sowie Make-up, Di-Fr 9-18h, Sa 9-14h, 76131 Heilbronner Straße 30, ☎ 62 23 36, friseur-romina-romolo.de

HOCHZEITSKUTSCHEN

Volker Knodel, zwei- bis achtspännige Hochzeitskutschfahrten, Friedhofstr. 8, 76307 Karlsbad, ☎ 0171/6 27 43 97, fahrstall-knodel.de

HOCHZEITSMESSE

Karlsruher Hochzeitstage, 23./24. September im Kongresszentrum, mit rund 150 Ausstellern aus den Bereichen Braut- und Festmoden, Schuhwaren, Taschen und Accessoires, Juwelenhandel, Floristik, Hotellerie und Gastronomie, Fotografie, Eventorganisation, Tanzunterricht, Reisen sowie Autohäuser, karlsruher-hochzeitstage.de

HOCHZEITSMODE

Brautmodenbörse Finkbeiner, Brautmoden-Second-Hand-Geschäft mit einem großen Sortiment von schlichter Eleganz über Vintage bis zum Modell „Prinzessin" in den Größen 34 bis 54 – ökologisch, nachhaltig und preisgünstig, Termine nach

Vereinbarung, Sersbachstraße 20, 76596 Forbach, ☎ 07228/96 03 33, bb-forbach.de
Hochzeitshaus Boos, Braut- und Herrenmode, Trauringe und Accessoires, 76135 Kriegsstr. 214, ☎ 94 54 04 54, hochzeitshaus-boos.de
Modehaus Nagel, verfügt über eine Hochzeitsabteilung für Herren, 76227 Pfinztalstraße 76a, ☎ 476 64 40, nagel-mode.de
Modehaus Schöpf, Hochzeitsmode für Braut, Bräutigam und die Hochzeitsgesellschaft, 76133 Marktplatz, ☎ 38 00 06, modehaus-schoepf.de

HOCHZEITSTORTEN

Café Kehrle, individuelle Hochzeitstorten, 76227 Pfinztalstr. 35-37, ☎ 49 46 32, cafe-kehrle.de
Das Rieberg, kreative Hochzeitstorten, 76199 Ostendorfplatz 1, ☎ 89 15 18, dasrieberg.de
Eis-Oma, Eistorten für jeden Anlass, 76189 Hellbergstr. 1, ☎ 50 37 37, eisoma.de
Eismarie, Eistorten, 76229 Martin-Luther-Str. 12, ☎ 48 40 40, eismarie.de

LIMOUSINEN-VERMIETUNG

Fahrzeugmuseum Marxzell, Mietautos wie ein Cadillac oder ein Adenauer-Mercedes, Albtalstr. 2, 76359 Marxzell, ☎ 07248/62 62 und ☎ 0172/723 28 17, fahrzeugmuseum-marxzell.de

STANDESAMTLICHE TRAUUNGEN

Informationen zu den hiesigen Standesämtern gibt es unter ☎ 115

Haus Solms, Fr+Sa, 76133 Bismarckstr. 24, ☎ 115
Standesamt Karlsruhe, Trauungen im Raum „Fidelitas"– weitere Trauorte wie das Karlsruher Schloss, der Botanische Garten oder die Fleischmarkthalle im Alten Schlachthof nach Vereinbarung, 76133 Kaiserallee 8, ☎ 115
Standesamt Karlsruhe-Durlach, Mo-Sa Eheschließung im Trausaal in der Karlsburg – weitere Trauorte wie der Festsaal der Karlsburg, der Bürgersaal im Rathaus Durlach, die Nikolauskapelle, der Veranstaltungsraum der Aussichtsterrasse auf dem Turmberg oder der Rosengarten im Durlacher Schlossgarten sind nach Vereinbarung ebenfalls verfügbar, 76227 Pfinztalstraße 33, ☎ 133-19 31, ☎ 133-19 33, ☎ 133-19 34 und ☎ 133-29 00, Infos: heiraten.durlacher.de
Standesamt Karlsruhe-Grötzingen, Trauungen Mo-Fr, nach Vereinbarung auch Sa, 76229 Rathausplatz 1, ☎ 133-76 13 oder ☎ 133-76 14
Standesamt Karlsruhe-Neureut, Trauungen Mo-Fr und am 1. Sa im Monat, 76149 Neureuter Hauptstr. 256-258, ☎ 780 51 42
Standesamt Karlsruhe-Wettersbach, Trauungen Mo-Fr, nach Vereinbarung auch Sa, 76228 Am Wetterbach 40, ☎ 133-77 21 oder ☎ 133-77 20
Standesamt Bad Bergzabern, Trauzimmer im Deutschen Weintor, Mo-Fr, nach Vereinbarung auch Sa, 76887 Bad Bergzabern, ☎ 06343/701-219

TRAURINGE

Siehe auch → S. 378, Schmuck

Acredo Ringe, individuelle Trauringe, gestaltet nach den Wünschen des Brautpaars, 76133 Herrenstr. 40, ☎ 95 78 96 44, ringe-karlsruhe.de
Die Trauringkursschmiede, hier können sich Paare ihre Ringe selbst schmieden, 76185 Glümerstr. 12, ☎ 665 59 21, dietrauringkursschmiede.de
Goldaffairs, individuelle Eheringe und Brautschmuck aus ökologisch gewonnenem, fair gehandeltem Gold und Silber sowie „fairen" Edelsteinen, Di-Fr 11-19h, Sa 11-17h, 76131 Durlacher Allee 35, ☎ 47 04 15 31, galerie-goldaffairs.de
immerdein, handgefertigte Verlobungs- und Trauringe, 76133 Herrenstr. 25, ☎ 1511561, immerdein.de
Schmuckgalerie Artifex, Designerschmuck-Unikate aus Meisterhand, 76227 Bienleinstorstraße 25, ☎ 49 86 36, schmuckgalerie-artifex.de

HOMOSEXUALITÄT

BERATUNG

Gesundheitsamt, führt zu folgenden Zeiten AIDS- und STI-Beratungen durch: Mo+Di 8-11h, Do 14-17h, 76131 Wolfartsweierer Str. 5b, ☎ 936-8 20 70, ☎ 936-8 19 20, landkreis-karlsruhe.de
Margareten Apotheke [S. 382], HIV-Schwer-

punkt-Apotheke, 76135 Schillerstr. 53, ☎ 84 54 93, margaretenapo.de

QBeKA Queere Bewegung Karlsruhe e. V., der Ansprechpartner für Schwule in und um Karlsruhe stellt Räumlichkeiten und Infrastruktur für Gruppen zur Verfügung und organisiert regelmäßige Treffen, 76133 Steinstr. 23, ☎ 174 84 67, schwung-karlsruhe.de, qbeka.de

ZeSIA e. V. [S. 380], das Zentrum für sexuelle Gesundheit, Identität und Aufklärung Karlsruhe bietet Beratung, Aufklärung, Prävention und Selbsthilfe sowie HIV-Schnelltests und STI-Tests, Beratung: Mo 13-16h, Di 10-13h, Mi 13-16h, Do 15-18h, Checkpoint (HIV- und STI-Tests): Di 18.30-20h, 76135 Sophienstr. 102, ☎ 354 81 60, aidshilfe-karlsruhe.de, zesia-ka.de

BÜCHEREI

RoBIn, über 800 Bücher mit schwulem Bezug (Comics, Biografien, Ratgeber) sowie DVDs und Videos, jeden ersten Fr im Monat 19-20h, 76133 Steinstr. 23, schwung-karlsruhe.de/gruppen/robin

GRUPPEN, TREFFS

Coming-out-Gruppe, schwuler Treff, jeden ersten Freitag im Monat um 20h, 76133 Steinstr. 23, schwung-karlsruhe.de/gruppen/coming-out-gruppe

Die Schrillmänner, der schwule Chor probt vierzehntägig Do um 19.30h in der Alten Mälzerei, 76131 Haid-und-Neu-Str. 32, schrillmaenner.de

Die WEIBrations, Do 20-22h treffen sich etwa 25 lesbische Frauen zur Chorprobe und singen klassische, moderne, experimentelle, jazzige und frauenbewegte Lieder – auch Auftritte finden statt, weibrations.com

La Vie, Jugendtreff für homosexuelle Jugendliche, 76137 Ettlinger Str. 9, ☎ 35 74 69, stja.de/lavie

Pride Pictures e. V., veranstaltet jährlich die „Pride Pictures – Lesbisch-Schwule Filmtage Karlsruhe", c/o Kinemathek Karlsruhe, 76133 Kaiserpassage 6, ☎ 937 47 14, pridepictures.de

Queerbeet, organisiert Veranstaltungen, Partys und Workshops. Aus dieser schwulen Unigruppe heraus sind einige inzwischen in Karlsruhe etablierte Aktivitäten/Gruppen entstanden, wie die Schrillmänner, die Coming-out-Gruppe und das Rosa Rauschen (Radio), wiki.asta-kit.de/hsg:engagierdich:soziale_hochschulgruppen:queerbeet

Schwule Jungs, die Jugendgruppe für Jungs von 14 bis 27 Jahren trifft sich jeden 2. Fr im Monat ab 19.30h im „La Vie", 76137 Ettlinger Str. 9, schwung-karlsruhe.de/gruppe/schwule-jungs

Schwule Väter Karlsruhe, ☎ 0160/328 36 35 (Fr 18-22h), schwulevaeter-ka.de

Uferlos, der schwul-lesbische Sportverein 1996 Karlsruhe e. V. bietet u. a. Sportarten wie Badminton, Fußball, Volleyball, Yoga, Lauftreff, Wandern, ☎ 0176/95 27 61 83, uferloska.de

Wir sind Kirche, die Regionalgruppe Karlsruhe veranstaltet jeden dritten Sonntag im Monat um 10.30h einen Queer-Gottesdienst, KHG-Kapelle im Untergeschoss des Karl-Rahner-Hauses, 76137 Hirschstr. 103, wir-sind-kirche.de/karlsruhe

KNEIPEN, CAFÉS, DISKOTHEKEN

Café Palaver, beliebtes Café im Gewerbehof, 76133 Steinstr. 23, ☎ 37 76 47, cafepalaver.de

Prinz S, Café-Bar für Gays & Friends, Di-Sa+Fei ab 17h, 76131 Zähringerstr. 15, ☎ 38 48 48 58, prinzs-karlsruhe.com

MEDIEN

Querfunk, zwangloses, basisdemokratisches, unkommerzielles Radio, unter anderem mit Sendungen für Schwule und Lesben („Rosa Rauschen", Fr 18-19h, Wiederholung Sa 12-13h), Frequenz 104,8 im Umkreis von 30 km um Karlsruhe, 76133 Steinstr. 23, ☎ 38 78 58 (Büro) und ☎ 38 50 30 (Studio), querfunk.de, rosarauschen.de

SAUNEN

Saunaland Aquarium, Saunaclub nur für Herren, 76185 Bachstr. 46, ☎ 955 35 33, aquarium-sauna.de

VERANSTALTUNGEN

Christopher Street Day Karlsruhe, 3. Juni, bunte Parade durch die Karlsruher Innenstadt mit Familienfest auf dem Marktplatz, weitere Informationen: csd-karlsruhe.de

Pride Pictures – 30. Queer-Film-Festival, 21. bis 29. Oktober, dieses Filmfestival hat sich ein Publikum weit über Lesben und Schwule hinaus erobert. In Kooperation mit der Kinemathek wird jährlich eine bunte Palette des internationalen queeren Filmschaffens präsentiert. Kinemathek Karlsruhe, 76133 Kaiserpassage 6, ☎ 937 47 14, pridepictures.de

ONLINE-TIPP

queerka.de, hier findet man queere Termine in Karlsruhe und Umgebung

PARTNERSCHAFT

BERATUNG

Amalienpraxis – Andrea Klaas, die psychologische Ehe- und Familienberatung hilft in Umbruch- und Krisensituationen, sich und andere besser zu verstehen und anzunehmen, 76133 Amalienstr. 21, ☎ 920 31 04, amalienpraxis-karlsruhe.de

Ehe-, Familien- und Partnerschaftsberatung K'he e. V., Rat und Hilfe beim Aufbau von Beziehungen, bei der Bewältigung von Paarkonflikten und der Verarbeitung von Trennungen. In der Regel wird ein finanzieller Eigenbeitrag erwartet, 76135 Nelkenstr. 17, ☎ 84 22 88, eheberatung-karlsruhe.de

Elisabeth Bott – befreit lieben, Seminare/Coachings zu Partnerschaft, Liebe und Intimität, Grüne Gärtel 40, 76316 Malsch, ☎ 07246/915 92 72, befreit-lieben.de

Heike Spaeth, die Praxis für Selbst- und Beziehungskommunikation bietet Coaching sowie Hilfe bei Beziehungskonflikten, Lebenskrisen und Veränderungen, Talstr. 12, 76275 Ettlingen, ☎ 07243/350 72 32, mindsign.de

Pro Familia, psychologische, psychosoziale und medizinische Beratung zu Partnerschaft, Sexualität und Verhütung sowie Schwangerschaftskonfliktberatung und sozialrechtliche Beratung bei Schwangerschaft und Geburt in Einzel-, Paar- und Gruppengesprächen (auch telefonisch oder digital) – zudem verfügt der Verein über sozialpädagogische Angebote und bietet Veranstaltungen sowie Fortbildungen. Pro Familia ist überkonfessionell und politisch unabhängig, die Mitarbeiter stehen unter Schweigepflicht. 76133 Amalienstr. 25, ☎ 92 05 05, profamilia.de/karlsruhe

PARTNERSUCHE

Die menschliche Brücke, 76199 Schenkendorfstraße 2, ☎ 88 81 41, d-m-b.de

draußen daten, persönliches, ungezwungenes Kennenlernen in freier Natur auf gemeinsamen Wanderungen mit einem Tourguide. Beim „Outdoor-Dating" wird Partnersuche mit Freizeitgestaltung und körperlicher Aktivität verknüpft. Tickets für die Wanderungen, die in drei Schwierigkeitsgraden und für verschiedene Altersgruppen angeboten werden, sind online buchbar, draussen-daten.de

ROMANTIK-TIPP

Liebesschlösser besiegeln symbolisch die ewige Liebe von Paaren. In Karlsruhe finden sie vor allem an den Brückengeländern des Albübergangs beim Kühlen Krug (beim Karlsruher Eislauf- und Tennisverein) und auch an der Albbrücke auf der Höhe des Hügels der Günther-Klotz-Anlage ihren Platz. Über 150 Schlösser hängen derzeit an diesen Brücken.

Hocks fein&kostbar [S. 218], hier kann man Picknickkörbe (Mai bis September) oder Genussboxen für zwei bestellen, 76227 Pfinztalstr. 6, ☎ 49 04 81 98, hocks-feinundkostbar.de

Picknickkörbe, etwa für ein romantisches Picknick für zwei, bekommt man auf Vorbestellung bei der Tourist-Info am Marktplatz, 76133 Kaiserstr. 72-74, ☎ 60 29 97-580, karlsruhe-erleben.de

Töpfle trifft Deckele, organisiert romantische Picknicks für Verliebte, Schlossergasse 3a, 76344 Eggenstein-Leopoldshafen, ☎ 0176/50 77 87 66 (Mo & Mi-Fr vormittags), toepfle-trifft-deckele.de

SINGLE-VERANSTALTUNGEN

draußen daten, ungezwungenes Kennenlernen in freier Natur auf gemeinsamen Wanderungen mit einem erfahrenen Tourguide. Tickets für die Wanderungen, die in drei Schwierigkeitsgraden und für verschiedene Altersgruppen angeboten werden, können online gebucht werden, draussen-daten.de

Freizeit-Clubs.de Karlsruhe, der Club organisiert für seine Mitglieder ein Freizeit-, Kultur- und Reiseprogramm, Georg-Friedrich-Dentzel-Str. 22, 76829 Landau, ☎ 0152/34 02 02 14, freizeit-clubs.de/Karlsruhe, unter singles-in-karlsruhe.de gibt es zudem eine kostenlose Singlecommunity

„**Karlsruhe(r) kennenlernen!**" ist eine Facebook-Gruppe, über die nicht nur Singles Kontakte für gemeinsame Unternehmungen finden können

SipTogether, über die App erfährt man, welche Events (auch private) in Karlsruhe stattfinden und welche anderen App-Nutzer gerade in der Nähe sind – per Chat kann man sich mit ihnen verabreden

SINNLICHKEIT & SEX

EROTIKSHOPS

Baumwollseil.de, bietet eine handverlesene Auswahl an Erotik- und SM-Artikeln, auch online, Di+Mi 10-14.30h, Do+Fr 10-20h und Sa 12-16h, 76185 Gablonzer Straße 23-25, ☎ 59 74 11 07, ☎ 0176/43 05 56 89, baumwollseil.de

Orion Erotik-Fachgeschäft, 76133 Kriegsstr. 27, ☎ 2 98 91, orion-store.de

Sex-Discount, Shop mit Sexkino, 76133 Kaiserpassage 16, ☎ 2 66 65, sexdiscount-karlsruhe.de

LAUFHAUS

Laufhäuser Karlsruhe [S. 281], 76131 Brunnenstraße 17/19, ☎ 37 44 41, Laufhaus-Karlsruhe.de

PROSTITUTION

Mehr als 200 Prostituierte bieten im Stadtgebiet in der Regel ihre Dienste in über 50 Objekten wie Bordellen, Terminwohnungen und Saunaclubs an, viele davon in der Brunnenstraße, der kurzen „Animiermeile" der Stadt. Hinzu kommt die Straßenprostitution, etwa im Bereich Fiducia-, Wachhaus-, Fautenbruch- und Ottostraße, die auf einen Zeitraum zwischen 22 und 6h beschränkt ist.

Beratungsstelle für Prostituierte „Luis.e", leistet Beratung und Begleitung bei Themen wie Gesundheit, rechtliche Belange, Behördenangelegenheiten und Ausstiegswunsch, auch mehrsprachig (z. B. Englisch, Bulgarisch, Rumänisch ...) – offene Sprechstunde Di 10-11.30h oder nach Terminabsprache, Diakonisches Werk Karlsruhe, 76137 Luisenstr. 53, ☎ 2 03 97-102, dw-karlsruhe.de

Frauencafé Mariposa, die vom Justice Project e. V. betriebene Anlaufstelle für Prostituierte bietet u. a. Hilfe bei Behördengängen, Arztbesuchen und der Wohnungssuche, 76133 Zähringerstraße 45, ☎ 66 99 77 33, Beratungsstelle: 76133 Adlerstr. 9, mariposa-ka.de, thejusticeproject.de

SEXUALTHERAPIE

Behandlungsinitiative Opferschutz e. V., bietet kostenlose Therapieangebote für Personen mit pädophilen Neigungen, damit diese lernen, verantwortungsvoll mit ihren Präferenzen umzugehen, auch anonym, 76131 Schlossplatz 23, ☎ 47 04 39 35, kostenfreie Hotline (Di, Do+Fr 11-13h): ☎ 0800/ 702 22 40, bevor-was-passiert.de

GASTRONOMIE

Auf den Seiten 328 bis 331 befindet sich ein Namensregister aller in dieser Rubrik aufgeführten Gastronomiebetriebe mit Angabe des Planquadrats unseres Stadtplans in der hinteren Umschlagklappe. Restaurants mit einem empfehlenswerten Außenbereich wie Biergärten oder bewirtschafteten Terrassen sind mit einem Symbol markiert, das die Anzahl der Außenplätze angibt: 80 Laut Verordnung der Stadt Karlsruhe dürfen Biergärten während der Sommerzeit So bis Do bis 23h und Fr, Sa sowie vor Feiertagen bis 24h geöffnet bleiben. Nach der Zeitumstellung in der Winterzeit generell bis 22h. Weitere Symbole weisen auf kinderfreundliche Restaurants und auf Take-away-Angebote hin.

BARS & LOKALE

Alte Bank, 180 das Restaurant in einem ehemaligen Bankgebäude mit sieben Meter hohen Stuckdecken, Säulen und Kronleuchtern, die für ein eindrucksvolles Ambiente sorgen, bietet unter anderem Salate, Snacks, Flammkuchen und Burger, Di-Do 11-22h, Fr+Sa 11-24h, So 16-21h, 76133 Herrenstraße 30, ☎ 183 28 18, altebank.de

Alte Hackerei, 100 Punk-Rock-Kneipe auf dem Schlachthofgelände mit regelmäßigen Live-Gigs, Mi+Do 19-1h, Fr+Sa 22-5h (bei Konzerten ab 19h), der Biergarten hat bei entsprechendem Wetter ab 18h geöffnet und bietet im Winter Käsefondue und vegane Suppen, 76131 Alter Schlachthof 11a, ☎ 627 73 23, altehackerei.de

Badisch Brauhaus [S. 282], 80 Hausbrauerei auf vier Ebenen mit mehreren Gastrobereichen vom Gewölbekeller und Biergarten bis zur Cocktailbar, Mo-Do 11.30-24h, Fr+Sa 11.30-1h, So 11-24h, 76133 Stephanienstraße 38-40, ☎ 144-44 00, badisch-brauhaus.de → *S. 289, Brauerei-Lokale*

Beim Schupi, 200 das Traditionshaus bietet in gemütlicher Atmosphäre frische, regionale Küche vom Klassiker bis zu Neuinterpretationen der badischen Küche sowie eine feine regionale Weinauswahl. Im separaten Theatersaal (auch für Familien- oder Firmenfeiern geeignet) finden regelmäßig Aufführungen der Badisch Bühn statt, Mo, Di, Do 17-23h, Fr+Sa 17-23.30h, So 12-21h, 76185 Durmersheimer Str. 6, ☎ 55 12 20, schupi.de → *siehe S. 307, Badische Küche*

Bierakademie, Raucherkneipe in der Innenstadt mit großer Bierauswahl und Fußballübertragungen, Mo-Do 16-24h, Fr 16-3h, Sa 18-3h, 76133 Douglasstr. 10, ☎ 2 73 02, bierakademie-karlsruhe.de

Café Bleu, 340 Frühstückscafé, Studententreff und Theaterlokal gegenüber dem Theaterhaus mit gemütlichem Wintergarten und großem Biergarten, teils unterm Blätterdach – bietet täglich neun herzhafte und zwei süße „Hammeressen" für 6,90€, Mo-Do 8-24h (Küche bis 23.30h), Fr-So 8-1h (Küche bis 0.30h), 76133 Kaiserallee 11, ☎ 85 63 92

Brasil, Expat- und Studentenkneipe mit gemischter Musik sowie regelmäßigen Events, Di-Sa ab 20h, 76133 Amalienstr. 32a, brasil-ka.de

Cantina Majolika, 100 Bar, Restaurant und stylischer Szenetreff im Innenhof der Majolika-Manufaktur mit saisonalen Gerichten sowie einer großen Auswahl an exotischen und klassischen Cocktails, die im Sommer an der Außen-Bar auf der Holzterrasse serviert werden, Di-Fr 12-14h und 17-23h, Sa 17-23h, um Reservierung wird gebeten, 76131 Ahaweg 6-8, ☎ 161 14 92, cantinamajolika.de

Carlos Cocktailbar, 36 Raucherbar mit 36 Sitzplätzen am Lidellplatz, deren Cocktails lobend in den Barführern von „Mixology", „Falstaff" und „Playboy" erwähnt werden, geöffnet Mo-Do 18.10-2h, Fr+Sa 18.10-3h, So 18.10-0.10h, 76133 Markgrafenstr. 32, carloscocktailbar.de

Carls Wirtshaus, 150 modernes, geräumiges Wirtshaus im Kreativpark Alter Schlachthof mit Fladen aus dem Steinbackofen, Salaten, Nudel- und Fleischgerichten sowie Craft-Bieren, Di-Do 11.45-23h, Fr+Sa 17-1h, So 11.45-21h, 76131 Alter Schlachthof 51, ☎ 66 99 64 15, carls-wirtshaus.de

CLAUS Eismanufaktur & Deli, 100 in stylischem, hellem Ambiente werden neben hausgemachten Eisspezialitäten kleine Speisen wie Suppen, Salate, Sandwiches und Waffeln serviert, auch auf der Terrasse in der Fußgängerzone, geöffnet täglich 10-18h (Fr+Sa bis 21h), 76133 Lammstraße 7, ☎ 96 31 39 94, claus-karlsruhe.de

Deli Doze, 60 im reduzierten Industriestil gestalteter Treffpunkt in einem Coworking-Space mit Frühstücks-, Lunch- und Afterworkangeboten – gemischtes, eher junges Publikum, Mo-Do 9-22h, Fr+Sa 9-23h, 76137 Roonstr. 23a, ☎ 90990077, delidoze.de

DOM – Grill Kitchen Bar [S. 283], 80 stylischer Industrie-Look kombiniert mit Beichtstuhl-Separees und dem Herzstück der ehemaligen Kirche: dem Reifeschrank. Im Fokus stehen neben lokalen Produkten das hochwertige Fleischangebot sowie eine umfangreiche Auswahl an Weinen und Drinks. Das DOM verfügt über hundert Innen- und 80 Außenplätze im Hirschhof und ist zudem eine beliebte Veranstaltungslocation, Mo-Fr 12-14.30h, So-Do 18-23h und Fr-Sa 18-1h, 76133 Hirschhof 5, ☎ 90 99 00 90, dom-grill.com

Durlacher Pestoria, 20 kleine Wein- und Cafébar mit Kaffeespezialitäten, italienischen und spanischen Weinen sowie mediterranen Snacks, Mo-Fr 10-18h, Sa 10-14h, 76227 An der Raumfabrik 1, ☎ 97 65 92 40, durlacherpestoria.de

Electric Eel Café, 40 die Café-Bar in der Südstadt im nostalgischen Design der 70er Jahre bietet Kaffee, Kuchen, selbst gemachte Limonaden und Schorlen, Craft-Biere, hervorragende Cocktails sowie Vinyl-Sound. Die Getränke stammen zum Teil von lokalen Herstellern, Mi-So 15-22h, 76137 Werderstr. 35, ☎ 66 99 29 06, electriceelcafe.de

Enchilada, 250 mexikanische Restaurant-Bar am Ludwigsplatz, Happy Hour täglich 17-19h und ab 22.30h: normale Cocktails für 6,50€, Jumbos für 7,50€, geöffnet Mo-Fr ab 17h, Sa+So ab 12h, 76133 Waldstr. 63, ☎ 120 88 85, enchilada.de
→ S. 320, Lateinamerikanische Küche

fünf [S. 384], 90 Speiselokal und Kneipe in angenehmer, legerer Atmosphäre mit leckerer, kreativer Küche, gut sortierter Weinkarte (Weine auch zum Mitnehmen), selbst kreierten und klassischen Cocktails, einem Loungebereich sowie einem ruhig gelegenen grünen Biergarten mit Boulefeld und Spielplatz in Blickweite, Di-Sa ab 18h, 76149 Kanalweg 52, ☎ 97 66 47 12, fuenf.de

Fun Sportsbar XL, Sport-Cafébar mit acht Billardtischen, Mittagstisch 11-16h, So-Do und feiertags 10-1h, Fr, Sa und vor Feiertagen 10-3h, 76149 Am Sandfeld 1, ☎ 781 54 13, funsportsbar-xl.de

Café Galerie, 140 Café-Kneipe in Durlach mit ganztägigem Frühstück ab 5,50€, Tagesessen ab 5,50€ und einer Außenterrasse, Di Quizabend, So-Do 8-24h, Fr+Sa 8-1h, 76227 Karlsruher Allee 1, ☎ 490 19 39, cafegalerie.eatbu.com

Gutenberg, 140 Gasthaus am Gutenbergplatz mit gutbürgerlicher und internationaler Küche, wechselndem Mittagstisch sowie einem schön gestalteten Innenhof-Biergarten unter Bäumen, geöffnet Di-Fr 11.30-15h und 16.30-23h, Sa 10-23h, Mo, So und feiertags Ruhetag, 76135 Nelkenstraße 27, ☎ 985 15 16, gasthaus-gutenberg.de

Guts & Glory [S. 283], 60 zählt laut „Mixology"-Barguide zu den besten Bars Deutschlands – Mittelpunkt der Location ist die stilvoll beleuchtete quadratische Inseltheke, die mit einem Boxring assoziiert wird. Die Barkeeper arbeiten als Gastgeber klassisch am Brett und wenden parallel in ihrer Produktionsküche modernste Verfahren an, sodass die Gäste neben Cocktail-Klassikern auch ausgefallenste Kreationen genießen können. Auch Events mit musikalischer Begleitung finden regelmäßig statt – das Guts & Glory ist außerdem eine beliebte Veranstaltungslocation, geöffnet Mi, Do, So 19-1h und Fr+Sa 19-3h, 76133 Hirschhof 5, ☎ 90 99 00 45, gutsandglory.bar

Heilige Sophie, 40 schöner Gewölbekeller mit Bar, offenem Kamin, Gerichten wie Pasta, Salaten und Tapas sowie Weinen und Cocktails (auch Cocktailkurse), Mo-Do 17.30-24h, Fr+Sa bis 1h, 76133 Sophienstr. 35, ☎ 203 92 46, heilige-sophie.de

Hemingway Lounge, Musik- und Kultur-Bar mit anspruchsvollem Musikprogramm von Klassik bis Jazz, feinen Weinen, ausgesuchten Cocktails und kleinen Speisen, Mi-Fr ab 18h, Sa 11-15h, Sa und So abends je nach Veranstaltung, 76135 Uhlandstr. 26, ☎ 49 97 28 77, hemingwaylounge.de

Iuno, 120 Lokal in der Südstadt mit Stühlen und Tischen auf dem Werderplatz, auf der Karte befinden sich selbst gemixte Cocktails, Mo-Do 18-24h, Fr+Sa bis 2h, 76137 Werderstr. 49, ☎ 384 22 33

Ivy Restaurant, gehobene internationale Cross-Over-Küche mit asiatischen Einflüssen, regionalen Produkten und täglichen Frühstücksangeboten sowie einer Cocktailbar, Di-Do 18-1h, Fr-Sa 18-2h, 76133 Karlstr. 34, ☎ 47 00 45 39, ivy.restaurant

Jean Claude, 32 Raucherbar mit Sport-Übertragungen, Mo-Do 17-2h, Fr+Sa 17-3h, So 19-2h, 76133 Blumenstr. 23, ☎ 0178/7905365, jean-claude-bar.de

Kaisergarten, 200 Restaurant/Lokal mit gutbürgerlicher und Balkan-Küche, wöchentlich wechselndem Mittagstisch und großem Biergarten mit altem Baumbestand, Mo-Do 12-14.30h und 17-22h, Fr-So 12-22h (Küche bis 21h), 76133 Kaiserallee 23, ☎ 830 21 18, kaiser-garten.de

Kap, 60 die Szenebar und -kneipe mit einem kleinen grünen Hinterhof bietet eine große Auswahl an Cocktails (Mo vergünstigt) und Weinen sowie hausgemachte Gerichte, Mo-Do 17-1h, Fr+Sa 17-2h, 76131 Kapellenstr. 68, ☎ 3 21 66, kap-ka.de

Kofferraum, auf der Karte der beliebten, im „Mixology"-Barguide erwähnten Cocktailbar finden sich ausgesuchte Klassiker, aber vor allem wird Wert auf Kreativität und Qualität gelegt, Wasser und Erdnüsse gibt es gratis zum Drink – große Gin- und Rum-Auswahl, Mo-Sa ab 19h, 76133 Hirschstr. 17, ☎ 18 05 48 03, derkofferraum.de

Kranz, 40 Kneipe auf zwei Etagen mit kleinem Biergarten, die Karte bietet Teigwaren, Pizza, Salate und Fleischgerichte, Mo-Sa ab 17h, 76227 Pfinztalstr. 39, ☎ 40 54 85, kranz-durlach.de

Kühners Wirtshaus, 60 Wirtshausklassiker und eine wechselnde Wochenkarte mit saisonalen Gerichten sowie Cocktails, Mo-Sa 11.30-23h, So 11.30-22h, 76199 Rastatter Str. 23, ☎ 57 26 57, kuehners-wirtshaus.eatbu.com

L6, 60 die Café-Bar-Lounge am Lameyplatz mit großer Cocktailkarte zeigt alle auf Sky übertragenen Live-Spiele der nationalen und internationalen Ligen, Mo-Do 10-1h, Fr+Sa 10-2h, So 10-24h, 76185 Lameystr. 6, ☎ 161 55 50, cafe-l6.de

Lago Bowling-Center Karlsruhe, 200 Bowlingcenter mit Billard, Tischkicker, Biergarten, „Sandstrand", einem See, einer Bar mit wechselnden Wochendrinks sowie einer Open-Air-Bühne und Sportübertragungen auf Leinwänden beziehungsweise Monitoren – das Center wurde von der City-Initiative für seinen familien- und kinderfreundlichen Service ausgezeichnet, 76185 Gablonzer Str. 13, ☎ 570 42 30, lago-bowling.de

Lehner's Wirtshaus, 300 Restaurant am Ludwigsplatz mit badischer und bayerischer Küche, Cocktails (täglich ab 22h Happy Hour) und einer beliebten Außenterrasse, 76133 Karlstr. 21a, ☎ 249 57 20, lehners-wirtshaus.de

Ludwigs, 200 Szene-Café, -Bar und -Bistro am Ludwigsplatz mit feiner internationaler Küche und täglichem Mittagstisch, Mo-Do 11.30-23.30h, Fr 11.30-1h, Sa 10.30-1h, So 12-23h, 76133 Waldstraße 61, ☎ 2 33 49, ludwigs-ka.de

Mapa, 50 Bar und Mezcalería mit Cocktails, Power-Drinks und einer erlesenen Auswahl lateinamerikanischer Spirituosen sowie südamerikanischen Speisen und gelegentlichen Live-Konzerten, Mi-Sa ab 18h (Do bis 23h, Fr+Sa bis 24h), 76133 Gartenstr. 56b, ☎ 89 33 30 61, mapa-ka.de

Marktlücke, 160 Restaurant-Bar auf zwei Ebenen mit Terrasse zum Marktplatz, badisch-schwäbischer Küche, 13 Fassbieren und einer großen Whisky-, Rum- und Gin-Auswahl, Fr+Sa gibt es im Obergeschoss Clubbetrieb mit einem Dancefloor, Mo-Do 10.30-1h, Fr+Sa bis 5h, 76133 Zähringer Str. 96, ☎ 669 98 29, karlsruhermarktluecke.de

Miad, diese „hidden location" oder auch „Speakeasy-Bar" mit Platz für 35 Gäste ist im „Mixology"-Barguide gelistet. Von außen ist nicht erkennbar, dass dort eine Gastronomie ist; um eingelassen zu werden, muss man die unscheinbare Klingel finden. Drinnen warten ein langer Tresen und dunkle Sitznischen, die hochklassigen Drinks werden nach Wunsch gemixt, eine Karte gibt es nicht – es darf geraucht werden, Di-Sa ab 20h, 76133 Waldstr. 30

Milano, 30 beliebter Südstadt-Treff mit Cocktails, Bier und Bioweinen, einer Außenterrasse sowie Sportübertragungen (unter anderem KSC-, Bundesliga-, Champions- und Europa-League-Spiele), So-Do 10-2h, Fr 10-4h, Sa 10-3h, 76137 Marienstr. 34, ☎ 38 91 59, barmilano.de

Minestrone, 60 Bar im „Substage" mit einer Auswahl italienischer Speisen, einer wechselnden Wochenkarte und einem schönen Blick über den Alten Schlachthof, Mi-Sa ab 18h, 76131 Alter Schlachthof 19, ☎ 78 31 15 16, substage.de/minestrone

Oxford Pub, 90 Studentenkneipe mit mehr als 50 Biersorten aus aller Welt, großer Burger-Auswahl (auch vegetarisch/vegan) sowie Schnitzeln, Salaten und Pasta, Mo-Sa 11.30-1h, So 12-24h, 76131 Fasanenstr. 6, ☎ 46 71 62 85, oxfordpub.de

Parkdeck 10, 300 Liegestühle, Palmen und Sand schaffen auf dem Dach des Karstadt-Parkhauses eine Strandatmosphäre mit Getränken vom Cocktail bis zum Kaffee, April bis Oktober Mo-Do 16-23h, Fr 15-24h, Sa 14-24h, So 15-23h, 76133 Zähringerstr. 69-71, ☎ 0172/612 25 69, parkdeckzehn.de

Pfannestiel, 150 gutbürgerliche Küche in rustikalem Ambiente mit Biergarten unter alten Bäumen, Mi ist Quizabend, Mo-Fr 11-1h, Sa+So 16-1h, 76131 Am Künstlerhaus 53, ☎ 660 77 99, pfannestiel.de

Phono, Bar in der Oststadt mit Craft-Bieren, Gin, Whiskys und Flammkuchen sowie DJ-Events, Mo 17-24h, Di-Do 17-1h, Fr 17-2h, Sa 19-2h, 76131 Karl-Wilhelm-Str. 6, ☎ 47 00 25 10, phono.bar

Die Pinte, Pub und Cocktailbar mit niedrigen Preisen sowie verschiedenen Biersorten und Snacks wie Pizza, Flammkuchen oder Baguettes, Di-Do ab 18.30h, Fr+Sa ab 19.30h (Sonderöffnungszeiten bei Fußballspielen – siehe Homepage), 76133 Leopoldstr. 15, ☎ 2 86 49, diepinte-karlsruhe.de

Rote Taube, 150 rustikales Gasthaus mit schlichtem, aber beliebtem Biergarten – die niedrigpreisige, gutbürgerlich-badische Küche bietet Pizza, Flammkuchen, Burger, Salate, vegetarische Gerichte und Snacks, für Gerichte zum Mitnehmen gibt es Pfanddosen, täglich 17-1h, Küche 17-22.30h (So bis 22h), 76135 Kriegsstr. 276, ☎ 85 51 17, rotetaube.de

Salmen, 160 ansprechendes Café-Restaurant und Szenetreff mit vielfältigem Speisenangebot und einer Terrasse am Ludwigsplatz, Mo-Fr 11.30-15h Mittagstisch, So-Do 11-23h, Fr+Sa 11-24h, 76133 Waldstr. 55, ☎ 151 14 38, salmen-ka.de

Salon Ruppel, im „Mixology"-Guide erwähnte Bar in einem kleinen ehemaligen Frisörsalon mit familiärer Atmosphäre – die handwerklich einwandfreien Cocktails werden vom renommierten Bartender Mo Kaba gemixt und sind ihre leicht überdurchschnittlichen Preise allemal wert, Di-Do 19-1h, Fr+Sa 19-2h, 76137 Amalienstraße 49, ☎ 0178/800 10 40, salon-ruppel.com

Santo's Cocktailbar im Hotel Santo [S. 286], der Bar-Guide des österreichischen Feinschmecker-Magazins „Falstaff" zählt Santo's Cocktailbar zu den Top-10-Hotel-Bars in Deutschland und der „Mixology"-Barguide als Ausrichter des jährlichen „Oscars für Bars" führt die Hotel-Bar seit mehreren Jahren in seinem Guide auf. Das mehrfach prämierte Barteam hat mehrere German-Tournament-Sieger hervorgebracht, So-Do 18-2h, Fr+Sa 18-3h, 76137 Karlstr. 67-69, ☎ 38 37-0, santo.bar

Sausalitos, 60 zentral gelegene Cocktailbar mit kalifornisch-mexikanischen Gerichten, geöffnet So-Do 12-24h, Fr+Sa 12-2h, 76133 Erbprinzenstraße 23, ☎ 90 99 70 70, sausalitos.de

Schlossbar, Bar im Schlosshotel am Hauptbahnhof mit teils außergewöhnlichem Cocktailangebot, Di-Sa 18-24h, 76137 Bahnhofplatz 2, ☎ 38 32-0, schlosshotelkarlsruhe.de

Schwarzer Kater, 150 die in der Nähe des Marktplatzes hinter der Kleinen Kirche gelegene Restaurant-Bar in der ehemaligen Kult-Kneipe „Litfass" bietet eine gutbürgerliche Küche, Mo-Do 10.30-1h, Fr+Sa bis 5h, 76133 Kreuzstr. 10

Soul, 25 die kleine Bar neben dem Filmtheater „Schauburg" mit großer Getränkeauswahl bietet Cocktails mit gutem Preis-Leistungs-Verhältnis, wechselnde Tagesgerichte und kleine (auch vegetarische/vegane) Speisen, Di-Sa 18-24h, Fr+Sa bis mindestens 1h, 76137 Marienstr. 18, ☎ 60 95 90 22

Stövchen, 180 beliebte, gemütliche Kneipe mit Emailleschild-Deko und teils überdachtem Innenhof, der im Winter bislang als beheizter Wintergarten genutzt wurde, sowie badischer Küche, Tageskarte und Flammkuchen, dessen Belag frei zusammengestellt werden kann, Di-So 9-23h (Fr+Sa bis 24h), 76133 Waldstr. 54, ☎ 2 92 41, stoevchen.com

The Door, 30 im „Mixology"-Barguide gelistete klassische Cocktailbar in einem Gewölbekeller mit offenen Sandsteinwänden, einem Tresen und wechselndem Angebot sowie einer bewirtschafteten Innenhofterrasse, Di-Sa ab 19, 76133 Hirschstr. 17, ☎ 47 00 17 60, the-door.bar

Toro, beliebte Tapasbar mit original spanischen Tapas, Weinen und Cocktails, Spezialität des Hauses ist der Cuba Libre mit über 50 Rumsorten zur Wahl, Di-Sa 17-24h, 76133 Akademiestr. 57, ☎ 47 03 04 69

Traube, 120 rustikaler Szenetreff neben der Karlsburg mit Außenbewirtung unter Linden und gutbürgerlicher Küche mit hausgemachten Gerichten, Mo-Fr 17-1h, Sa 19-1h, warme Küche bis 22h, 76227 Marstallstr. 8, ☎ 4 17 32, traube-durlach.de

uBu, Raucherlokal mit großer Absinth-Auswahl, aber auch Kaffee-Spezialitäten, Tees und Weinen sowie Tischkicker, WLAN und an Wochenenden DJ-Events, Mo-Do 17-1h, Fr 17-3h, Sa 18-3h, 76133 Karlstr. 6, ☎ 66 97 56 30, ubu.bar

Vogelbräu [S. 290], 400 die erste Karlsruher Hausbrauerei bietet wechselnde leckere, unfiltrierte Saisonbiere und deftige Brauhausküche sowie einen kleinen Spielplatz, Mo-Do 11-24h, Fr 11-1h, Sa 10-1h, So 10-24h, 76131 Kapellenstr. 50, ☎ 605438660, vogelbraeu.de *→ S. 289, Brauerei-Lokale*

Vogel Hausbräu Durlach, 300 Hausbrauerei mit Brauereiturm für Besichtigungen, hausgemachten regionalen Spezialitäten, unfiltrierten Biersorten und einem Spielplatz, Mo-Do 11-24h, Fr 11-1h, Sa 10-1h und So 10-24h, 76227 Amalienbadstr. 16, ☎ 81 96 80, vogelbraeu.de *→ S. 289, Brauerei-Lokale*

Wolfbräu [S.288], 200 Wirtshaus am Werderplatz mit traditioneller deutscher und internationaler Küche sowie einer täglich wechselnden saisonalen Tageskarte, die unter anderem hausgemachte Maultaschen und Spätzle, frische Pizzen aus reinem Dinkelmehl und vieles mehr bietet – es gibt acht Biere vom Fass (Wolfbräu und auch Bauhöfer) sowie einen großen Außenbereich unter Bäumen direkt neben dem Indianer-Brunnen, Reservierungen (auch im Außenbereich) sind möglich, Mo-Do 17-24h, Fr 17-1h, Sa 17-1h, So 17-23h, 76137 Werderstr. 51, ☎ 354 57 70, wolfbräu.de

Z10, 50 Kneipe des Studentenzentrums Z10 e. V. mit günstigen Studentenpreisen, einem Biergarten und regelmäßigen Events, 76131 Zähringerstraße 10, ☎ 37 54 47, z10.info

Die Zwiebel, 70 gemütliche Kneipe mit günstigem Mittagstisch, internationaler Küche, Burgergerichten, hausgemachten Spätzle und Bundesligaspielen auf Großbildleinwand sowie eigenem Lieferdienst, Di-Fr 11.30-14h und 17.30-24h (Fr bis 1h), Sa 12-1h, So 12-23h, 76131 Durlacher Allee 24, ☎ 722 86 87, gaststaette-zwiebel-karlsruhe.de

IRISH PUBS

Linden's Irish Pub, landestypische Biere, eine große Craft-Bier-Auswahl sowie Sportübertragungen, Mi Quiznight, kostenfreies WLAN, Di-Sa 17-1h, So 15-20h, 76133 Hirschstr. 70, ☎ 47 00 93 98

O'Neill's Irish Pub, traditioneller Irish Pub mit original Guinness und Kilkenny, großer Whiskey-Auswahl und kleinen Snacks, Mo-Sa 17-24h, Albstr. 29, 76275 Ettlingen, ☎ 07243/7 73 36

Old Chapel Pub, Irish Pub mit warmen Speisen sowie Bier und Stout vom benachbarten Vogelbräu, Di-Sa 17-23h, 76131 Kapellenstr. 40, ☎ 56 88 88 90, old-chapel-pub.de

Scruffy's, rustikaler Irish Pub, Di ist Open Stage, Mi Irish-Folk-Abend, Do Quiznight und Student Nite, So Irish-Traditional-Session (ab 16h), regelmäßige Folk-Rock-Events, Mo-Do 17-2h, Fr 17-3h, Sa 12-3h, So 12-2h, 76133 Karlstr. 4, ☎ 921 15 14, scruffys.de

BARS & LOKALE IN ETTLINGEN

La Cubanita, beliebte Cocktailbar und mexikanisches Restaurant in schönem Ambiente, Badener-Tor-Str. 25, 76275 Ettlingen, ☎ 07243/72 56 80,

lacubanita-ettlingen.de → *Lateinamerikan. Küche*
GOLDBLOND – Bier- und Weinbar an der Alb, 50 gemütliche Bier- und Weinbar mit umfangreichem nationalem und internationalem Bierangebot und ausgesuchten Weinen aus der Region – Tische und Barbereich im Innenraum sowie Außenbänke zur Alb, Mo-So ab 16h, Albstr. 23, 76275 Ettlingen, ☎ 07243/924 34 22, goldblond-ettlingen.de
Vogel Hausbräu Ettlingen [S. 290], 350 großes Brauerei-Lokal in einem ehemaligen Kino mit hausgebrauten Saison-Bieren und einem Spielplatz, Mo-Do 11-24h, Fr 11-1h, Sa 10-1h, So 10-24h, Rheinstr. 4, 76275 Ettlingen, ☎ 07243/56 17 20, vogelbraeu.de → *S. 303, Frühstück*
Watt's Brasserie [S. 112], 200 Brasserie in historischer Villa mit gehobener regionaler und mediterraner Küche und wunderschönem Innenhof, Mo-Sa 17-22.30h, So 12-22h, Pforzheimer Str. 67, 76275 Ettlingen, ☎ 07243/714-20 00, watts.de

BARS & LOKALE IN DER REGION

Berliner Platz [S. 79], gemütliche Bar im Hotel Berlins KroneLamm mit Loungebereich, Leseecke und Kamin sowie einer erlesenen Auswahl an Whiskys, Gins, Wodkas und Cocktails, So-Do 15-24h, Fr+Sa 15-1h, Marktplatz 1-3, 75385 Bad Teinach-Zavelstein, ☎ 07053/92 94-0, berlins-hotel.de
Roomers [S. 116], das Hotel in Baden-Baden bietet gleich in zwei Bereichen Barkultur: Die Roomers Bar im Erdgeschoss überzeugt mit einem preisgekrönten Barkonzept und wird mit ihrem begehbaren Humidor besonders von Zigarren-Liebhabern geschätzt, während die Rooftop-Bar mit Infinity-Pool und einem grandiosen Blick über den Schwarzwald punktet, Lange Straße 100, 76530 Baden-Baden, ☎ 07221/9 01 93-0, roomers-hotels.com/baden-baden
Schwarzwald Bar [S. 58], Bar im Hotel Schwarzwald Panorama mit individuell gemixten Cocktails, täglich 18-1h, Rehteichweg 22, 76332 Bad Herrenalb, ☎ 07083/9 27-0, schwarzwald-panorama.com
Seegugger, 240 Biergarten direkt am beliebten Epplesee (siehe S. 9) mit Barbetrieb sowie Speisen, Tagesgerichten, Eis und Kuchen – im Sommer gibt es regelmäßig Live-Musik, Anfang April bis Ende Oktober (je nach Wetterlage) täglich 11-23h (Küche 11.30-21.30h, Bar ab 12h), nur zu Fuß oder per Fahrrad erreichbar, 76287 Rheinstetten, ☎ 0171/951 56 95, seegugger.de

BRAUEREI-LOKALE

Badisch Brauhaus [S. 282], 80 die Hausbrauerei auf mehreren Ebenen mit liebevoll gestaltetem Außenbereich, eigenen Bierspezialitäten, deftiger Küche, badischen Gerichten und einem Innenhof mit verglastem Cabriodach bietet unter anderem Liveübertragungen von Sportereignissen wie Fußballübertragungen, preiswerte Gerichte für junge Gäste und eine Röhrenrutsche über mehrere Stockwerke hinweg, täglich 11.30-24h (warme Küche bis 23h), Fr+Sa bis 1h (Küche bis 23.30h), So 11-24h (Küche bis 23h), 76133 Stephanienstraße 38-40, ☎ 144-44 00, badisch-brauhaus.de
Brauhaus 2.0, 380 Brauhaus in einem ehemaligen Offizierskasino mit hausgebrautem Bio-Bier, badischer, gutbürgerlicher Küche und einem Biergarten mit 300 Plätzen sowie einer Terrasse mit 80 Plätzen, Mo-Sa 11-23h, 76187 Egon-Eiermann-Allee 8, ☎ 47 05 02 20, brauhaus-20.de
Braustübl Hatz-Moninger, 350 neben der Brauerei Moninger gelegenes rustikales Lokal mit badischer Küche und einem großen Biergarten mit 100-qm-Schirm, So-Do 12-22h, Fr+Sa bis 23h, 76185 Zeppelinstr. 17, ☎ 530 76 89, braustuebl-ka.de
Kühler Krug, 900 geräumigste Hausbrauerei Süddeutschlands mit gutbürgerlicher Küche, Weißwurstfrühstück ab 12h (So ab 11h) und Nebenräumen für bis zu 800 Personen sowie einem großen Biergarten neben einem schönen Spielplatz, Mo-Sa 12-23h, So 11-23h, 76135 Wilhelm-Baur-Straße 3a, ☎ 831 64 16, brauhaus-kuehler-krug.de
Vogelbräu [S. 290], 300 Hausbrauerei mit günstigen Tagesgerichten, hausgemachten regionalen Spezialitäten, leckeren, unfiltrierten Saison-Bieren und einem großen Biergarten mit kleinem Spielplatz, Mo-Do 11-24h, Fr 11-1h, Sa 10-1h, So 10-24h, 76131 Kapellenstr. 50, ☎ 605 43 86 60, vogelbraeu.de
Vogel Hausbräu Durlach, 330 Hausbrauerei mit hausgemachten regionalen Spezialitäten,

Der Vogel – das unfiltrierte Original. Unverwechselbar seit 1985.

1. Lokalitätenbrauereien in Karlsruhe, Ettlingen und Durlach.

Wir brauen das unfiltrierte Original.
Leckeres aus der badischen Küche.
Macht Lust auf Biergarten.

3 x in Baden:
Karlsruhe, Kapellenstr. 50, Tel. 07 21/6 05 43 86-60
Ettlingen, Rheinstr. 4, Tel. 0 72 43/56 17 20
Durlach, Amalienbadstr. 16, Tel. 07 21/81 96 80
Internet: **www.vogelbraeu.de**
facebook.com/vogelbraeu, Instagram.com/dervogel_dasoriginal

einem Brauereiturm für Besichtigungen und einer großen Gartenterrasse mit Spielplatz, Mo-Do 11-24h, Fr 11-1h, Sa 10-1h und So 10-24h, 76227 Amalienbadstr. 16, ☎ 81 96 80, vogelbraeu.de

BRAUEREI-LOKALE IN DER REGION

Andreasbräu, 200 Hausbrauerei mit badischer, bayerischer und thailändischer Küche sowie einem großen Biergarten, täglich 10-23h, Küche 11-21.30h, Donauring 71a, 76334 Eggenstein-Leopoldshafen, ☎ 07247/96 32 00, andreasbraeu.de
Lindenbräu, 200 Brauerei-Lokal mit einem Biergarten, einer bewirtschafteten Scheune, einem großen offenen Holzkohlegrill im Gastraum und hausgebrauten Bierspezialitäten in urigem Ambiente, Mo-Fr ab 16h, Sa, So und feiertags ab 11h, Stuttgarter Str. 43, 76337 Waldbronn-Reichenbach, ☎ 07243/65 28 81, lindenbraeu-waldbronn.de
Vogel Hausbräu Ettlingen [S. 290], 350 Hausbrauerei in einem ehemaligen Kino mit Biergarten, deftiger Brauhaus-Küche, Tagesgerichten und Frühstück sowie einem Spielplatz, Mo-Do 11-24h, Fr 11-1h, Sa 10-1h und So 10-24h, Rheinstr. 4, 76275 Ettlingen, ☎ 07243/56 17 20, vogelbraeu.de

BRUNCH

Alex, 500 So+Fei 9-14.30h Brunch für 17,90€ (Kinder von 6 bis 10 Jahren 5,90€) im Erdgeschoss der Postgalerie, 76133 Kaiserstr. 217, ☎ 569 57 80, dein-alex.de → *S. 311, Internationale Küche*
Café MultiKulti, 180 Oktober bis Mai So+Fei 10-13.30h Brunch für 16,90€ (Kinder 8,45€), 76131 Schlossplatz 19, ☎ 920 97 97 → *S.302, Frühstück*
Kulturküche, 60 jeden ersten So im Monat findet ab 11h ein veganer Mitbring-Brunch statt, jeder erwachsene Gast trägt eine vegane Speise zum Buffet bei und isst dafür kostenlos – Wasser gibt es gratis, andere Heiß- und Kaltgetränke müssen bezahlt werden, 76131 Kaiserstr. 47, ☎ 96 31 14 87, kulturkueche-karlsruhe.de
Reiter's Café, So 8-14h Frühstücksbrunch für 22,50€, 76133 Kaiserallee 13a, ☎ 20 48 39 95, reiters-cafe.de → *S. 294, Cafés*
Verde [S. 326], 50 bietet Sa+So 11-15h einen veganen À-la-carte-Brunch (Preisspanne 7-13€ pro Person), 76133 Kaiserstr. 101, ☎ 95 96 09 33, restaurant-verde.eatbu.com

BRUNCH IN DER REGION

Erbprinz, 50 jeden 1. und 3. Sonntag im Monat 11.30-14.30h Brunch für 42€, Kinder bis 9 Jahre essen gratis, von 10 bis 16 Jahren 22,50€, Rheinstr. 1, 76275 Ettlingen, ☎ 07243/322-0, erbprinz.de → *S. 305, Gourmetküche*

CAFÉS

Siehe auch → S. 295, Stehcafés

Alina Café, 50 im Kreativpark Alter Schlachthof mit täglich wechselndem Mittagstisch, Frühstück (Mo-Fr 9-11h), hausgemachten Kuchen und Bio-Kaffee von der benachbarten Rösterei espresso tostino, Mo-Fr 9-18h, 76131 Alter Schlachthof 39, ☎ 17 02 99 06, alinacafe.de
Anjas Keksbar, 11 biozertifiziertes Café mit großer Auswahl an selbstgemachten Keksen sowie Kaffee, Kuchen und veganen Backwaren, Di-Fr veganer Mittagstisch, Di-Fr 10-18h, Sa 9.30-13.30h, 76185 Hardtstr. 58, ☎ 40 24 99 79, anjas-keksbar.de
Café Bleu, 340 beliebtes Café und Studententreff gegenüber dem „Theaterhaus" mit gemütlichem Wintergarten und Bierbankgarnituren im begrünten Außenbereich, Mo-Do 8-24h (Küche bis 23.30h), Fr-So 8-1h (Küche bis 0.30h), 76133 Kaiserallee 11, ☎ 85 63 92 → *S. 283, Bars & Lokale*
Cats Café, im Katzencafé können die Gäste Zeit mit durchs Café tigernden Katzen verbringen, dazu gibt es vegetarische/vegane Gerichte und Kuchen (auch glutenfrei), Di-Do 14.30-19.30h, Fr 14.30-20h, Sa+So 13.30-20h, 76133 Kaiserpassage 16 (1. OG), ☎ 40 24 59 88, catscafe.de
Cielo [S. 292], 65 Frühstück, hausgemachte Suppen, selbstgebackene Kuchen, Muffins, hauseigene Kaffeesorten und eine große Auswahl an heißen Schokoladen und Tees in hellen, einladenden Räumlichkeiten am Durlacher Marktplatz mit einer schönen Außenterrasse in der Fußgängerzone – im

Verkauf gibt es Kaffeebohnen, Chai Latte und Trinkschokoladen, täglich 8-20h, So 10-20h, Fei 10-18h, 76227 Pfinztalstr. 56a, ☎ 400 97 42, cafecielo.de

Coffee Boxx, 70 bietet Kaffeespezialitäten, Shakes, Smoothies, Weine, Kuchen, Bagels und Mahlzeiten wie Suppen, Pasta, Panini und Salate, Mo-Fr 9-20h, Sa+So 11-20h, 76135 Moltkestr. 44, ☎ 49 08 59 49, coffee-boxx.de

Confiserie Endle, Tagescafé mit Pralinen- und Kuchenauswahl aus eigener Konditorei, herzhaften Snacks, täglichem Frühstück 8-13h sowie So 10-13h Frühstücksbuffet, geöffnet Mo-Sa 8-16h, So+Fei 10-16h, 76133 Kaiserstr. 241a, ☎ 2 46 78, endle.de

Erbprinz-Café, hausgemachte Torten, Kuchen und Tartelettes, feine Patisserie-Waren aus nachhaltigen Produkten, handgefertigte Pralinen sowie eine eigene Kaffeemischung aus fairem Handel, Mo-Sa 12-18h, So+Fei 14-18h, Rheinstr. 1, 76275 Ettlingen, ☎ 07243/322-0, erbprinz.de

espresso tostino, 40 die Rösterei mit Café am Schlachthofgelände bietet frischen Bio-Kaffee und feine Kaffeespezialitäten, Mo-Sa 10-18h, 76131 Alter Schlachthof 29a, ☎ 13 27 86 91, tostino.de

Espresso + More, Espressobar mit Kaffeespezialitäten und Espressi sowie einer kleinen Gebäckauswahl, Di-Fr 9.30-13h und 14-18h, Sa 9-14h, 76135 Uhlandstr. 38, ☎ 831 52 44, espressoandmore.de

Espressobar, 30 authentische kleine Espresso-Bar mit Kuchen, feinem italienischem Gebäck, kleinen leckeren Speisen und Mittagstisch sowie einer Terrasse zur verkehrsberuhigten Waldstraße, Mo-Mi 10-20h, Do-Sa bis 21h, 76133 Waldstr. 50

ETTLI [S. 293], 8 das Café der Ettlinger Traditionsrösterei bietet in freundlichem und gemütlichem Ambiente frisch gerösteten Kaffee, feine Teesorten vieler Geschmacksrichtungen und edle selbst gemischte Gewürze sowie frischgepresste Säfte, vegane Kuchen, Stullen, Birchermüsli und süße Naschereien – zudem gibt es eine kleine Außenterrasse, Mo-Fr 8-19h, Sa 9-19h, 76133 Erbprinzenstr. 28, ☎ 85 14 66 12, ettli.de

Eukalyptus-Café, Kaffeespezialitäten und Snacks im einem kleinen, hellen, modernen Café auf der Rückseite von HfG und ZKM, Mo-Fr 8.30-16.30h, 76135 Lorenzstr. 20a, eukalyptus-cafe.de

Frieda, hausgemachte Kuchen nach überlieferten Familienrezepten, Müslis, Backwaren, Tartes, Panini, Eis und Bio-Kaffee, Di 13-18.30h, Mi-So 9.30-18.30h, 76137 Leibnizstr. 12, frieda-kaffeebar.de

Café in der Kinemathek, 30 das kleine Café im Erdgeschoss des Kinos „Kinemathek" mit Blick auf den Passagehof bietet italienischen Kaffee und veganen Kuchen, die im Sommer auch auf einer Außenterrasse in der Kaiserpassage serviert werden, 76133 Kaiserpassage 6, ☎ 83 18 95 85

Intro Café, 40 nachhaltiges Café mit saisonalen veganen Speisen sowie Kaffeespezialitäten und Kuchen – für das Take-away gibt es ein Pfandsystem, zudem finden Kulturveranstaltungen statt, Mo-Fr 9-19h, Sa+So 10-18h, 76133 Kaiser-

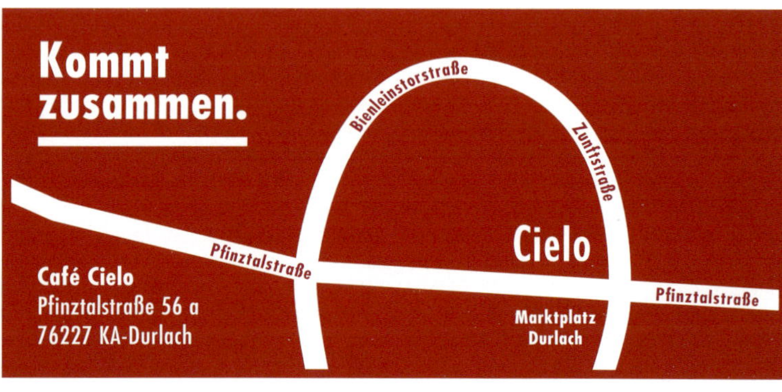

straße 93 (Kronenplatz), ☎ 27 66 07 37, intro.cafe

Café Juli, 40 kleines „Wohlfühl-Café" mit freundlichem Service sowie Kaffeespezialitäten, selbst gebackenen Kuchen (auch zum Mitnehmen), Frühstücksangebot, kleinen Gerichten und einer schön gelegenen Terrasse auf dem Gutenbergplatz, Mo-Fr 9-14.30h, Sa 9-17h, So 9-17h, (Frühstück und warme Speisen bis 14h), 76135 Nelkenstr. 21, ☎ 84 08 98 99, cafe-juli.de

Café Kehrle, 65 das Café in einem denkmalgeschützten Gebäude mit Wintergarten, historischer Scheuer und einer Terrasse auf dem Durlacher Saumarkt bietet feine hausgemachte Kuchen, Torten, Pralinen und Kleingebäck sowie Frühstück, herzhafte Snacks und einen Mittagstisch, Di-Sa 9-18h, So+Fei 12-17.30h (Juli/August So geschlossen), 76227 Pfinztalstr. 35-37, ☎ 49 46 32, cafe-kehrle.de

Klauprecht, 10 hübsches Café und Lunchbar mit wöchentlich wechselndem Mittagstisch, hauseigenen Kuchen und Frühstück, täglich 9-17h, 76137 Klauprechtstr. 41, ☎ 9099 00 42, klauprecht.com

Kleine Feinschmeckerei [S. 219], bietet wechselnde Tagesessen, kleine Gerichte, Suppen, Salate, Frühstück und hausgemachte Kuchen sowie Kaffeespezialitäten, Tees und Trinkschokoladen – viele Zutaten stammen aus eigenem unbehandeltem Anbau oder sind biozertifiziert, Mo 10.30-14h, Di-Fr 9.30-18h, Sa 9.30-14h, 76227 Amthausstr. 7, ☎ 0157/88 47 52 57, kleinefeinschmeckerei.de

Konditorei-Café Jäck, 15 das Kaffeehaus serviert hauseigene Kuchen und Törtchen und verfügt über eine „Schokotrinkbar", Sa 9-13h Frühstücksbuffet für 17,50€, Mi-Fr 10-17h, Sa+So 9-18h, 76133 Karlstr. 37, ☎ 2 71 49, konditorei-cafe-jaeck.de

Lottis Abschnitt Süd, 20 kleines Café mit Frühstück (etwa hausgemachte Scones, Croissants oder Müslis), Sandwiches, Salaten, Flammkuchen und hausgemachten Kuchen, Mi-Mo 10-18h, 76137 Wilhelmstr. 45, ☎ 47 05 13 42, lottistraum.de

Lottis Traum, 14 eingerichtet im Stil der 50er/60er Jahre werden hier vorwiegend hausgemachte Gerichte wie Suppen und Mittagssnacks serviert, aber auch Frühstück und selbst gemachte Kuchen, Mo+Mi-Fr 8-18h, Sa 9-18h, So+Fei 9-18h, 76137 Hirschstr. 31, ☎ 66 97 26 24, lottistraum.de

LUUC, 29 vegetarisch-veganes Café mit Frühstück, Blechkuchen, Mittagstisch, internationaler Küche (z. B. Bowls), Wochenspecials, teils außergewöhnlichen Getränken sowie Wein, Mo 10-20h, Do+Fr 10-22h, Sa 9.30-22h, So 9.30-20h, 76135 Sophienstr. 112, ☎ 15 11 78 64, cafeluuc.de

Ludwigs, 200 Café, Bar, Bistro mit internationaler Küche und wechselnder Tageskarte, Mo-Do 11.30-23.30h, Fr 11.30-1h, Sa 10.30-1h, So 12-23h, 76133 Waldstr. 61, ☎ 2 33 49, ludwigs-ka.de

Mama's Café & Bar, hausgemachte Kuchen, Frühstücksbowls und -stullen (bis 15h), wechselnder Mittags- und Abendtisch sowie eine Bar, Mo 9-18h, Di-Sa 9-22h, So 10-18h, 76133 Hans-Thoma-Str. 3, ☎ 47 05 62 80, mamas-cafe.de

Mary Poppins, 60 Konditorei-Café mit hausgemachten Kuchen, Torten und Pralinen, Frühstück Di-So ab 8.30h sowie Snacks und Mittagstisch – im Innenhof befindet sich ein idyllischer, mediterraner Kaffee- und Biergarten, Di-So 8-18h, 76133 Kaiserallee 51a, ☎ 85 85 93, cafe-mary-poppins.de

Café Mats, sympathische, gemütliche kleine Café-Bar mit Kaffee, hausgemachten Kuchen, einer Tagessuppe, Paninis und einer feinen, kleinen Weinauswahl sowie einem ruhig unter Bäumen gelegenen Außenbereich zum Leopoldplatz – die Speisen sind zumeist vegetarisch/vegan, auch mitgebrachtes Essen darf hier verzehrt werden, Mo-Fr 11h bis mindestens 24h, Sa+So 14h bis mindestens 24h, 76133 Leopoldstr. 7

Max, Café, Bar, 260 moderne, stilvolle Café-Bar im Prinz-Max-Palais mit mediterraner Küche, Frühstückskarte und Mittagstisch, im Sommer Außenbewirtung im Garten und im schönen, meist ruhigeren Hinterhof sowie gelegentliche Afterwork-Events, teils mit Livemusik, geöffnet Mo-So 9-14h und 17-23h, 76133 Akademiestr. 38a, ☎ 161 78 90, max-cafe-bar.de

Maxxi Milian, 35 Kaffeebar bei der Stephanskirche, in der viele aktuelle Zeitungen und Zeitschriften zum Lesen bereitliegen, Mo-Sa 10-18h, 76133 Herrenstr. 23, cafemaxximilian.de

mint, selbst gemachte Kuchen, Torten, Pralinen und Gebäck, auch vegane, gluten- und laktosefreie Alternativen, Smoothies, hausgemachte Limonaden und ein Mittagstisch, 76135 Lorenzstraße 19, ☎ 0178/415 59 27, mint-karlsruhe.de

MoccaSin, Coffeeshop mit mehr als 50 Kaffee-Variationen, Fair-Trade-Kaffee aus Bioanbau sowie Smoothies, Muffins, Cookies und frisch zubereiteten Bagels, Mo-Fr 7.30-20h, Sa 9-20h, So+Fei 12-20h, 76133 Ritterstr. 6, ☎ 921 21 27, und Mo-Fr 7.30-18h, Sa 9-18h, So+Fei 10-18h, 76227 Pfinztalstr. 10, ☎ 40 24 24 62, moccasin-coffee.de

Café Noir, spendenfinanziertes Café des Vereins „Nägel mit Köpfen e. V." mit regelmäßigen Konzerten und (politischen) Diskussionsrunden, geöffnet Mo-Mi 15-19h und zu Veranstaltungen, 76135 Schauenburgstr. 5, cafenoirka.wordpress.com

Café Palaver, 35 das beliebte Café am Lidellplatz in einem historischen Hinterhof-Ziegelgebäude mit Wintergarten und begrünter Terrasse bietet eine große Frühstücksauswahl, viele Bioprodukte sowie hausgemachte Kuchen – Mo-Fr täglich wechselnder Mittagstisch, auch mit vegetarischen und veganen Gerichten, sowie für kleine Gäste eine Kinderkarte, Kinderstühle und eine Spielecke, täglich 10-16h, 76133 Steinstraße 23, ☎ 37 76 47, cafepalaver.de

Reiter's Café, das Café der Bäckerei Reiter's bietet mehrere Frühstücke an sowie hausgemachte Kuchen, Torten und weitere Backwaren, Mo-Fr 7-18h, Sa 8-13h, So 8-14h, 76133 Kaiserallee 13a, ☎ 20 48 39 95, reiters-cafe.de → *S. 291, Brunch*

Das Rieberg, 12 Kaffee, Teekarte, hausgemachte Kuchen und Torten, 9-12h Frühstück, Snacks wie Suppen, Toasts oder Salate sowie 12-15h Mittagstisch, stets mit einer veganen Alternative, Di-So 9-18h, 76199 Ostendorfplatz 1, ☎ 89 15 18, dasrieberg.de

Café Rih, 12 im historischen Gebäude des Badischen Kunstvereins mit großer Getränkekarte, kleinen Gerichten, Mittagstisch und Kuchen, Mo-Sa 10-18h, 76133 Waldstr. 3, ☎ 2 20 74, caferih.de

Ringcafé Böckeler, 40 modernes Café mit hausgemachter Konditoreiware, Frühstück, Konditoreneis und Mittagstisch, täglich 9-18h, 76133 Karlstr. 61a, ☎ 35 67 89, boeckeler.org

Schlosscafé, 120 Café im Karlsruher Schloss mit badischer und italienischer Küche, Kuchen, Torten und Eis sowie einer großen Außenterrasse zum Schlossgarten, Di-So 12-18h, Küche bis 15h, 76133

Schlossbezirk 10, ☎ 966 45 71, landesmuseum.de/schloss/das-schloss-erleben/cafe

Sophies neue Welt, helles, freundliches Café mit Speisen wie Pasta, Tapas und Salaten sowie Cocktails, Mo-Do 17.30-24h, Fr+Sa 17.30-1h, 76133 Sophienstr. 35, ☎ 203 92 46, heilige-sophie.de

Sukie's Cake Shop, Spezialitätencafé mit hausgemachten Kuchen, Torten und Gebäck nach britischen, amerikanischen und traditionellen Rezepten, Straßenverkauf: Mi-So 10-17h, 76137 Bahnhofstr. 13, ☎ 50 44 97 99, sukiescakeshop.de

The Bee's Knees, 40 Kaffee- und Kuchenspezialitäten sowie internationale Küche mit einem Schwerpunkt auf vegetarischen/veganen Speisen und auf der Philosophie des israelisch-britischen Starkochs Yotam Ottolenghi, Mi 12-18h, Do+Fr 12-23h, Sa 15-23h, jeden 1. So im Monat 10-13h australisch-levantinisches Frühstück, 76137 Badenwerkstr. am Festplatz 1, ☎ 66 55 69 01, thebeesknees.de

Trova il Tempo, Kaffeebar und Ladengeschäft in einem historischen Durlacher Fachwerkhaus mit italienischen Kaffeespezialitäten, hausgemachtem Gebäck, Prosecco und Wein, ÖZ siehe Homepage, 76227 Zunftstr. 3, ☎ 204 26 76, trova-il-tempo.de

Yollie, 12 helles, freundliches Café mit Popice, ganztägigem Frühstücksangebot wie Smoothies, Bowls, Stullen oder Brioches und kleinen Mahlzeiten wie Salaten sowie Waffeln und Kuchen, Mo-Do 10-19h, Fr 10-20h, Sa 9-20h, So 9-18h, 76133 Waldstr. 85, ☎ 96 88 44 58, yollie.cafe

STEHCAFÉS

Espresso + More, Espresso-Bar, Di-Fr 9.30-13h und 14-18h, Sa 9-14h, 76135 Uhlandstraße 38, ☎ 831 52 44, espressoandmore.de → *S. 292, Cafés*

Iaro, Coffeeshop mit wechselnden Kaffeespezialitäten und süßen Snacks, Mo-Fr 8-17h, Sa 9-17h, So 10-17h, 76135 Sophienstr. 108, iaro.co

CLUBS & TANZ

Alte Hackerei, 100 Punk-Rock-Kneipe auf dem Schlachthofgelände mit regelmäßigen Live-Gigs, Mi+Do 19-1h, Fr+Sa 22-5h (bei Konzerten ab 19h), 76131 Alter Schlachthof 11a, ☎ 627 73 23, altehackerei.de → *S. 282, Bars & Lokale*

Cen Club, stylischer Club mit Raucherlounge und Hip-Hop-Sounds, Sa 23-5h, 76133 Waldstraße 32, ☎ 0171/498 18 24, cen-club.de

Die Stadtmitte, 40 Club mit DJ-, Konzert- und Kulturprogramm und einem großen grünen Innenhof, geöffnet je nach Veranstaltung, im Sommer mittwochs Afterwork im Hof (Eintritt frei), 76137 Baumeisterstr. 3, ☎ 354 63 81, die-stadtmitte.de

Fettschmelze, 45 samstags einmal monatlich Klubnacht ab 23h mit lokalen, nationalen oder auch internationalen DJs, Mi-Fr gibt es ab 17h hausgemachte Pizza, 76131 Alter Schlachthof 25, ☎ 62 71 01 40, fettschmelze.org

Havanna, Kellerclub im Industriegebiet mit Tanzkursen zu lateinamerikanischen Rhythmen von Salsa bis Kizomba, 76185 Bannwaldallee 14, ☎ 0176/32 21 40 42, salsatheka-havanna.de

Hello Club, Club mit urbanem Look in Holz und Beton, buntem Publikum frei von Schickimicki, familiärer Atmosphäre und vielfältigen Musikstilen, Fr+Sa ab 23h, 76133 Hirschstr. 18, ☎ 0176/37 58 90 37, helloclub.de

Kulturzentrum jubez, Live-Club mit Konzerten, Kleinkunst und DJ-Events, geöffnet je nach Veranstaltungsdauer, 76133 Kronenplatz 1, ☎ 133-56 30 (Di-Fr 14.30-17.30h), jubez.de

Krokokeller, traditionsreiche, kultige Kellerbar in der Innenstadt mit Pop-, Rock- und Alternative-Programm, Fr+Sa 23-5h, 76133 Bürgerstraße 14, ☎ 2 37 29, krokokeller.com

La Louve Club [S. 283], beliebte Feierlocation mit exklusivem Look, verspiegelten Flächen, einer hochwertigen Drink- und Champagnerkarte sowie gelegentlichen Special-Events, Fr+Sa 23-5h, 76133 Hirschhof, ☎ 0176/60 36 42 91, la-louve.com

Lux, trendiger Club und Bar mit hochwertigen Spirituosen, Fr+Sa 23-5h, 76133 Hirschstr. 18, ☎ 0179/739 81 61

Marktlücke, 160 Restaurant-Bar am Marktplatz, Fr+Sa im Obergeschoss Clubbetrieb mit Tanzfläche, zwei Bars und Programm, Mo-Do 10.30-1h, Fr+Sa bis 5h, 76133 Zähringer Str. 96, ☎ 669 98 29, karlsruhermarktluecke.de → *S. 285, Bars & Lokale*

Nachtwerk, Musikclub in einem Gewölbekeller, Fr+Sa ab 22h, So Discofox-Workshop (ab 18h), 76185 Pfannkuchstr. 14, nachtwerk-musikclub.de

Substage e. V., Live-Club auf dem Schlachthofgelände mit Konzertprogramm und Mottopartys, geöffnet je nach Veranstaltung, 76131 Alter Schlachthof 19, ☎ 783 11 50, substage.de

Topsy Turvy, traditionsreiche Bar für Nachtschwärmer mit Tanzfläche und Barbetrieb, Do-Sa ab 22h, 76133 Hirschstr. 30, ☎ 0171/628 08 77, topsy-bar.de

EISCAFÉS

Die Öffnungszeiten der Eiscafés können witterungsbedingt variieren.

Arte Dolce, das Eiscafé gehört laut dem Fachmagazin „Der Feinschmecker" zu den 40 besten Eisdielen Deutschlands und bietet eine große Auswahl selbst gemachter Eissorten und -torten, geöffnet Mitte Februar bis Ende Oktober, im Sommer täglich 10-22h, Früh- und Spätjahr 10-18h, 76133 Kaiserallee 51, ☎ 66 98 20 00, arte-dolce.de

CLAUS, 100 Eismanufaktur & Deli mit ausgefallenen hausgemachten Eissorten aus naturbelassenen und möglichst regionalen Zutaten, täglich 10-18h (Fr-Sa bis 21h), 76133 Lammstr. 7, ☎ 96 31 39 94, claus-karlsruhe.de

Eissalon Capri, 30 Sorten selbst gemachtes Eis, täglich 10-22h, November bis Februar geschlossen, 76133 Kaiserpassage 2, ☎ 2 09 84

Eiscafé Casal [S. 296], 200 die älteste Eisdiele der Stadt mit großer Auswahl an Eissorten aus eigener Herstellung, geöffnet Februar bis Anfang Oktober Mo-Fr 10-23h, Sa 10-24h und So 12-23h, 76133 Kaiserstr. 124c, ☎ 2 15 82, eiscasal.de

Eis Cassata, das vom „Falstaff" als Baden-Württembergs beliebteste Eisdiele 2021 ausgezeichnete Eiscafé bietet 40 teils ungewöhnliche selbst kreierte Sorten, auch Diabetikereis, Ende Januar bis Mitte November täglich 11-22h, 76131 Georg-Friedrich-Str. 30, ☎ 60 65 88, eistortenshop.de

Eismarie, Speiseeis aus eigener Herstellung seit 1924 – zur Wahl stehen täglich 22 wechselnde Sorten, Februar bis Oktober täglich von 12h bis zum Einbruch der Dunkelheit, 76229 Martin-Luther-Straße 12, ☎ 48 40 40, eismarie.de

Eis-Oma, Familienbetrieb mit über 30 selbst ge-

Gastronomie

machten Sorten und Eistorten, geöffnet ab Mitte Februar 12-20h, April bis September bis 21.30h, Oktober bis Weihnachten bis 19h, 76189 Hellbergstr. 1, ☎ 50 37 37, sowie zwei Filialen: **Eis-Omale**, geöffnet etwa Mitte März bis November (Mo Ruhetag), Hauptstr. 18, 76287 Rheinstetten-Forchheim, und **Eis-Oma am Rösselsbrünnle**, etwa Mitte März bis November (Di Ruhetag), Rappenwörthstraße 45, 76287 Rheinstetten-Mörsch, eisoma.de

Tiramisù, 30 Café und Gelateria mit hausgemachten Eiskreationen einschließlich gluten- und laktosefreiem sowie veganem Eis, Di-Fr 11-21h, Sa 12-21.30h, So 13-21.30h (im Winter jeweils bis 20h), 76131 Ludwig-Erhard-Allee 6, ☎ 47 05 14 14, tiramisu-karlsruhe.de

ESSEN IN DER REGION

ELSASS

Auberge du Pfaffenschlick, 40 Familienbetrieb mit traditioneller elsässischer Küche, Col du Pfaffenschlick, F-67510 Climbach, ☎ 0033-388/ 54 28 84, restaurant-du-pfaffenschlick.com

Restaurant Au Boeuf, Top-Restaurant mit regionalen Speisen, 48 Grand'Rue, F-67620 Soufflenheim, ☎ 0033-388/86 72 79, boeuf-soufflenheim.com

Restaurant Au Vieux Moulin, 100 traditionsreiches Restaurant mit elsässischen Spezialitäten und großer Terrasse, 5A rue du Moulin, F-67630 Lauterbourg, ☎ 0033-388/94 60 29, au-vieux-moulin.fr

LANDKREIS KARLSRUHE

Folgende Restaurants können wir guten Gewissens für einen angenehmen Besuch empfehlen:

Alte Brauerei, 100 Steaks vom heißen Stein, hochwertiges Fleisch vom argentinischen Rind und nordamerikanischen Bison sowie US-Black-Angus-Beef oder Krokodilfilet, serviert in einem musealen Gebäude aus dem Jahr 1410 mit Gewölbekeller und schönem Biergarten, Bruchsaler Str. 22, 76356 Weingarten, ☎ 07244/82 61, altebrauerei.eu

Backhaus Sallenbusch, 100 die heimelige Café-Wirtschaft im Kraichgau mit Bollerofen und herzhaften Speisen wie selbst gebackenen Flammbroten aus dem Steinbackofen sowie hausgemachtem Eis und Kuchen verfügt über eine schöne Terrasse im Grünen, die schon bei den ersten Sonnenstrahlen im Winter genutzt wird, geöffnet Mi-So ab 11.45h, Siedlung Sallenbusch 3, 76356 Weingarten, ☎ 07244/60 79 79, backhaus-sallenbusch.de

Brasserie Pot au Feu, 100 Brasserie beim Ettlinger Schloss mit französisch-mediterranen Speisen, warme Küche Di-Fr 12-14h und ab 17.30h, Sa+So durchgehend ab 12h, Klostergasse 8, 76275 Ettlingen, ☎ 07243/52 56 75, pot-au-feu.de

Gasthaus LöwenThor, 120 das mehrstöckige Gasthaus in spektakulärem historischem Ambiente mit eindrucksvollem mittelalterlichem Innenhof bietet regionale und mediterrane Küche, Mi-Mo 17-23h, Sa,So+Fei 11.30-23h, Bruchsaler Str. 4, 75053 Gondelsheim, ☎ 07252/66 76, loewenthor.de

Hartmaier's, 60 kreative regionale und mediterrane Küche sowie eine umfangreiche Weinkarte, Mi-Mo 12-15h und 18-22.30h, Pforzheimer Str. 67, 76275 Ettlingen, ☎ 07243/76 17 20, hartmaiers.de

Keller's Erlebnisgastronomie [S. 75], 40 beliebtes Ausflugsziel für die ganze Familie am Kraichtalwanderweg K2 mit Streichelzoo, Maislabyrinth (ab Ende Mai), Hofladen und Kremserwagenfahrten, Würstchen und Steakvariationen vom Grill sowie Salaten – nach Anmeldung auch Schaubrennen sowie Verkostung von hauseigenen Bränden und Likören, 1. Mai bis 2. November: Sa ab 13h und So+Fei ab 10h, Weierbachsiedlung 8, 76703 Kraichtal-Menzingen, ☎ 07250/9 23 87

Landgasthof Zum Goldenen Anker [S. 38], 30 junge badische, kreative Küche aus saisonalen Produkten in einem Gasthof aus dem 18. Jahrhundert (50 Plätze) mit schönem Biergarten im Innenhof – der Landgasthof bietet ein sehr gutes Preis-Leistungs-Verhältnis und wurde mit dem „Bib Gourmand" ausgezeichnet, So-Fr 12-15h und 18-22h, warme Küche 12-13.30h und 18-21h, Sa Ruhetag, Hauptstr. 16-20, 76344 Eggenstein-Leopoldshafen, ☎ 70 60 29, hotel-anker-eggenstein.de

Lindenbräu, 200 Brauerei-Lokal mit Biergarten, einer bewirtschafteten Scheune, einem offenen Holzkohlegrill im Gastraum und hausgebrauten

Bierspezialitäten, Mo-Fr ab 16h, Sa, So+Fei ab 11h, Stuttgarter Str. 43, 76337 Waldbronn-Reichenbach, ☎ 07243/65 28 81, lindenbraeu-waldbronn.de

schuh's restaurant, 100 serviert feine regionale und saisonale Küche, Di-Fr 12-14h und Mi-Sa 17.30-22h, Siemensallee 1, 76344 Eggenstein, ☎ 40 24 69 19, schuhs-restaurant.de

Schwitzer's Brasserie & Lounge, 60 regionale und französische Spezialitäten und wechselnde Tagesempfehlungen, Mo-Fr Mittagstisch (12-14.30h) sowie Kaffee und Kuchen (Sa+So), geöffnet Mo-Fr 12-15h und 17.30-22h (Fr bis 23h), Sa 12-23h, So 11.30-21.30h, Etzenroter Str. 2, 76337 Waldbronn, ☎ 07243/35 48 50, schwitzers.com/brasserie

Schwitzer's Bistro, in der Albtherme Waldbronn, gesunde Küche mit leckerem Frühstück und wechselnden Tagesempfehlungen sowie frisch gepressten Säften, Kaffee und Kuchen, Mo-Sa 10-22h (Fr bis 23h), So 9-22h, Bergstr. 30, 76337 Waldbronn, ☎ 07243/35 48 50, schwitzers.com/bistro

Seegugger, 240 der schöne Biergarten direkt am beliebten Epplesee bietet wechselnde Tagesgerichte, Pizza, Eis und Kuchen sowie einen Barbetrieb, 1. April bis 30. Oktober (je nach Wetterlage) täglich 11-23h (warme Küche 11.30-21.30h, Bar ab 12h) – nur zu Fuß oder per Fahrrad erreichbar, 76287 Rheinstetten, ☎ 0171/951 56 95, seegugger.de

Veritas, 50 modernes Restaurant mit südländischem Stil, großzügigem Sommergarten und mediterranen Speisen aus regionalen Zutaten, So, Mo und Mi-Fr 11.30-14.30h sowie 17.30-24h, Sa 17.30-24h, Am Lindscharren 12, 76275 Ettlingen, ☎ 07243/76 89 40, veritas-restaurant.de

Restaurant Villa Hammerschmiede, 80 Restaurant in einer Gründerzeit-Villa mit romantischer Terrasse, die sich in einem großzügigen Park befindet – serviert werden feine regionale und saisonale Gerichte, geöffnet Di-Fr 12-13.30h und Di-Sa 18-20.30h, Hauptstr. 162, 76327 Pfinztal, ☎ 07240/601-0, villa-hammerschmiede.de

Watt's Brasserie [S. 112], 200 „Schmeck den Süden"-Gastronomie mit mediterraner und regionaler Küche sowie einem schönen Innenhof, Mo-Sa 17-22.30h, Pforzheimer Str. 67, 76275 Ettlingen, ☎ 07243/714-20 00, watts.de

PFALZ

Burg Berwartstein, 60 im historischen Kreuzgewölbe des Rittersaals aus dem 13. Jahrhundert werden Pfälzer Spezialitäten, Flammkuchen und hausgemachte Kuchen serviert, auch eine Felsterrasse mit herrlicher Aussicht ist vorhanden, 76891 Erlenbach, ☎ 06398/210, burgberwartstein.de

Clubhaus Schaidt [S. 298], 40 das Clubhaus direkt beim beliebten Wander- und Fahrradgebiet Bienwald bietet deutsch-mediterrane Küche (Schnitzel, Burger, Pasta) mit frisch zubereiteten Gerichten, einen Biergarten sowie eine E-Bike-Tankstelle – für Kinder gibt es direkt auf der anderen Straßenseite einen Spielplatz (siehe auch Artikel auf der rechten Seite), Di-Sa 16.30-

22.30h, So 11-21h, Mo Ruhetag, Waldstraße 11, 76744 Wörth am Rhein, ☎ 06340/35 19 51

Deidesheimer Hof, 60 das Hotel-Restaurant mit dem Gourmet-Lokal „Schwarzer Hahn" und regionaler Küche im „St. Urban" bietet Räume für jeden Anlass. Prominenz aus Politik, Königshäusern und Kultur war in Helmut Kohls Regierungsjahren zahlreich zu Gast, wie viele Fotos an den Wänden belegen, Am Marktplatz, 67146 Deidesheim, ☎ 06326/9 68 70, deidesheimerhof.de

Deutsches Weintor, 300 beliebtes Einkehrziel für Weinwanderer in der Pfalz in historischem Ambiente mit deftiger oder feiner pfälzisch-elsässischer Küche und einer Sonnenterrasse mit Blick auf Weinberge und die Rheinebene, Do-So 11-21h, Weinstr. 4, 76889 Schweigen-Rechtenbach, ☎ 06342/92 27 80, erlebnis-weintor.de

Hilschberghaus des Pfälzerwald-Vereins e. V. Rodalben [S. 74], 80 das Wanderheim bietet pfälzische Spezialitäten und Getränke zu moderaten Preisen sowie eine große Freiterrasse mit herrlicher Aussicht über Rodalben (siehe Artikel S. 72) – auch ein Spielplatz und eine Liegewiese sind vorhanden, Mo, Mi-Sa ab 12h, So+Fei ab 11h, Di Ruhetag, Fichtenstr. 1b, 66976 Rodalben, ☎ 06331/1 80 20, pwvhilschberghaus.de

Paddelweiher-Hütte, 350 urige Waldhütte, romantisch am Paddelweiher gelegen, mit gutbürgerlicher Küche, pfälzischen Spezialitäten und Weinen sowie Fischgerichten und Flammkuchen – auch ein Biergarten und ein Spielplatz sind vorhanden, März bis Oktober: Di-So+Fei ab 11h (warme Küche bis etwa 19h), November bis Februar: Sa+So ab 11.30h (warme Küche bis 18h), 76846 Hauenstein, ☎ 06392/99 45 18, paddelweiher.de

Restaurant 1832, 60 verfügt über eine großzügige Panoramaterrasse am Hambacher Schloss mit herrlichem Ausblick ins Rheintal sowie eine kreative Küche mit regionalen Zutaten in eleganter Atmosphäre – auch Kaffee und Kuchen werden angeboten, Hambacher Schloss, 67434 Neustadt, ☎ 06321/959 78 80, hambacherschloss.eu

CLUBHAUS SCHAIDT

Ebene Waldwege machen den Pfälzer Bienwald zum beliebten Ausflugsziel und ermöglichen entspannte Radtouren, Spaziergänge und sogar Wanderungen auf dem historischen Westwallwanderweg bei Schaidt. Auf 8,8 Kilometern führt er vorbei an militärischen Relikten des Zweiten Weltkriegs wie Panzergräben oder Bunkern.

Start- und Zielpunkt ist der Sportplatz in Schaidt, wo seit Januar 2023 Tarek El-Jaouni und seine Frau Maria das Clubhaus übernommen haben. Auf der Karte finden sich gutbürgerliche Klassiker vom Schnitzel bis zum Rumpsteak, Eigenkreationen wie das Clubschnitzel mit Sauce Hollandaise, Champignons und Paprika sowie mediterrane Gerichte wie Pastavariationen, Putengyros oder ein Low-Carb-Tiramisu. Burger aus hochwertigem Fleisch mit hausgemachten Saucen sind die Spezialität des gelernten Kochs. Neben Themenabenden bietet das Restaurant auch Platz für Feiern und im Sommer lockt der schöne Biergarten mit seinem gegenüberliegenden Spielplatz. Für E-Biker steht eine Ladestation zur Verfügung.

Waldstr. 11, 76744 Wörth, Tel. 06340/35 19 51, Di-Sa 16.30-22.30h, So 11-21h

Waldgaststätte Friedensdenkmal [S. 71], 150 das Ausflugsziel im Pfälzer Wald bietet pfälzische Küche, wechselnde Tagesessen, kulinarische Themenwochen sowie Kaffee und Kuchen – für Veranstaltungen (20 bis 200 Personen) gibt es einen Grillpavillon (38 Plätze) und einen Gewölbekeller (40 Plätze), Mi-So 11-18h, Am Werderberg 1, 67480 Edenkoben, ☎ 06323/59 18, waldgaststaette-friedensdenkmal.de

NORDSCHWARZWALD

Berlins Lamm [S. 79], 80 Naturpark-Restaurant mit feinen regionalen und saisonalen Spezialitäten unter Verwendung hochwertiger Produkte aus dem Schwarzwald sowie einer großen Panoramaterrasse, Mo-Sa 18-22h (Küche bis 21h), So 12-14h und 18-22h, Marktplatz 1-3, 75385 Bad Teinach-Zavelstein, ☎ 07053/92 94-0, berlins-hotel.de

Gästehaus Wiesenhof, 150 idyllisch inmitten von Wiesen gelegenes Restaurant bei einem Islandpferdegestüt mit badischer Küche, Kaffee und Kuchen, zwei Außenterrassen und einem Spielplatz, Do ab 17h, Fr-So ab 12h, Wiesenhof 1, 76359 Marxzell, ☎ 07248/10 13, gästehaus-wiesenhof.com

Grünhütte, 250 die Wanderhütte zwischen Kaltenbronn und Bad Wildbad mit regionaler Küche, Heidelbeerpfannkuchen und Kuchen wurde beim „Schwarzwald-Genuss"-Award als „Ausflugslokal des Jahres 2021" ausgezeichnet, Di-So 10-18h, 75323 Bad Wildbad, ☎ 07081/86 27, gruenhuette.de

Klosterscheuer, 80 leckere badische und schwäbische Spezialitäten wie hausgemachte Maultaschen, Schwarzwaldforelle oder Zwiebelrostbraten – hübsches Fachwerkhaus mit einladender Terrasse in der Fußgängerzone in Bad Herrenalb, geöffnet Do-Mo 12-22h, Im Kloster 14, 76332 Bad Herrenalb, ☎ 07083/40 05, klosterscheuer.de

König von Preußen, 80 Restaurant mit Hausbrauerei und gehobener bürgerlicher Küche sowie Mittagstisch und Biergarten, Di-So 11.30-21h, kleine Mittagskarte von 14.30-18h, Klosterstr. 8, 76359 Marxzell, ☎ 07248/16 17, koenig-von-preussen.eu

La Vie [S. 58], Restaurant im Hotel Schwarzwald Panorama mit Panoramaterrasse und frischer raffinierter regionaltypischer und internationaler Küche aus überwiegend regionalen Zutaten und mit mindestens 90 Prozent Bio-Produkten bei Speisen und Getränken (siehe Artikel ab S. 61), täglich 12-14h und 18-22h (von 14-18h gibt es eine kleine Karte), Rehteichweg 22, 76332 Bad Herrenalb, ☎ 07083/9 27-0, schwarzwald-panorama.com

moriki, Restaurant im Designhotel Roomers [S. 116], das ausgewählte regionale Zutaten auf panasiatische Art zubereitet – die Speisen reichen vom kreativ interpretierten Sushi bis hin zu Highlights der japanischen Fusion-Cuisine, Lange Str. 100, 76530 Baden-Baden, ☎ 07221/9 01 93-901, moriki-badenbaden.de

Restaurant Plaza [S. 63], 52 deutsch-schweizerisches Spezialitätenrestaurant im renovierten Fachwerkhaus mit offenen Holzbalken und einem hellen, freundlichen Interieur sowie einer Terrasse auf dem Rathausvorplatz – Spezialität der Küche sind Rösti in allerlei Variationen, zudem gibt es saisonale Tagesangebote (siehe Artikel ab S. 60), Do-Mo 12-22h, Rathausplatz 1, 76332 Bad Herrenalb, ☎ 07083/933 54 45, restaurant-plaza.de

s'Dolle Frieders Burewirtschaft [S. 66], 70 die Straußenwirtschaft in einem historischen Fachwerkhaus verfügt über einen urigen Gastraum mit Granitsteinwänden, einen schönen Innenhof und eine Panoramaterrasse – Spezialität sind frisch geräucherte Forellen aus eigenem Fang und Vesperangebote (siehe Artikel ab S. 65), Mitte Mai bis Mitte Juni und Mitte August bis Mitte Oktober Mi-Mo ab 15h, Di Ruhetag, Schönbüchstr. 14, 77887 Sasbachwalden, ☎ 07841/2 23 60, dollefrieder.de

Sackmanns Panoramahütte [S. 84], 110 die rustikale Wanderhütte bei Baiersbronn-Schwarzenberg ist nur zu Fuß erreichbar und bietet eine herrliche Panoramaterrasse, deftige Hausmannskost mit regionalen und saisonalen Zutaten und selbstgebackene Blechkuchen (siehe auch Artikel ab S. 86) – bei Events oder privaten Feierlichkeiten ist ein Shuttleservice möglich, täglich 11-18h (im Winter bis 17h), Löchleswiese 2, 72270 Baiersbronn, ☎ 07447/93 20, sackmanns-panorama-huette.de

Spinnerhof in Sachbachwalden [S. 64], 70 das beliebte Ausflugslokal bietet in gemütlicher Atmosphäre typisch badisch-regionale Küche. Als Naturparkwirtschaft des Naturparks Schwarzwald

Mitte/Nord bietet der Spinnerhof unter dem Motto „Badisch anders" eine junge und kreative Küche mit vielen Zutaten aus der Region (siehe Artikel ab S. 66), geöffnet April bis Ende Oktober Do-Di 11.30-22h (Mi Ruhetag), November bis Mitte April Mo, Di, Do, Fr 16.30-22h, Sa, So, Fei 11.30-22h (Mi Ruhetag), Am Schloßberg 8, 77887 Sasbachwalden, ☎ 07841/36 09, spinnerhof.de

Tannenzäpfle, 40 gemütliche holzgetäfelte Stube mit frischer, bodenständiger Küche aus regionalen und saisonalen Produkten und einer rustikalen Vesperkarte, große Außenterrasse, täglich 12h-23h, warme Küche 12h-21h, Murgtalstr. 604, 72270 Baiersbronn-Schwarzenberg, ☎ 07447/93 20, sackmanns-wanderhotel-loewen.de

Villa Lina, im Nordschwarzwälder Bäderstil erbaute Villa von 1840 mit rustikal-romantischem Ambiente und saisonalen Gerichten sowie regelmäßigen Konzerten und Menü-Abenden, Fr+Sa ab 17h, So+Fei ab 11.30h, Weg zur Schanz 1, 76332 Bad Herrenalb, ☎ 07083/933 08 05, villalina.de

Wagnerstüble, 40 „Kräuterpapst" Roy Kieferle serviert Bio-Vital-Küche, Fr, Sa, So 12-14h und Fr+Sa ab 18.30h, Reservierung erforderlich, Wildbader Str. 45/1, 75335 Dobel, ☎ 07083/87 58, roykieferle.de

Waldgasthaus Eyachmühle, 60 das biozertifizierte Restaurant im Grünen mit überdachter Terrasse verwendet ausschließlich Zutaten in Demeter- und Bio-Qualität sowie regionale Produkte, durchgehend warme Küche, April bis Oktober: Mi-So+Fei 11.30-20.30h, November bis Ostern: Mi+Do 11.30-18h, Fr-So 11.30-20.30h, Eyachmühle 16, 75335 Dobel, ☎ 07081/38 41 09, eyachmuehle.com

Waldgasthaus Rimmelsbacher Hof, 60 beliebtes Ausflugslokal im Grünen mit regionaler Küche, Kaffee und Kuchen sowie im Herbst Wildgerichten, Gänsebraten und Fondues, zudem gibt's einen Streichelzoo und einen Spielplatz (siehe Artikel S. 90), Fr-So 12-22h, im Sommer auch Mi+Do ab 12h, Rimmelsbacher Hof 3, 76316 Malsch-Völkersbach, ☎ 07204/2 02, rimmelsbacher-hof.de

Waldgasthaus Scherrhof, 120 über 200 Jahre altes Wirtshaus mitten im Grünen mit historischer Gaststube und badisch-mediterraner Küche sowie einem Biergarten, Mi-Mo ab 12h durchgehend warme Küche, Im Stadtwald 1, 76534 Baden-Baden, ☎ 07221-74 17, waldgasthaus-scherrhof.de

Wanderheim Zavelstein [S. 79], 160 das geschmackvoll eingerichtete rustikale Wanderheim inmitten des Naturschutzgebiets „Zavelsteiner Krokuswiesen" bietet deftige schwäbische Küche, saisonale Gerichte, Vesper und Kuchen sowie einen großen Selbstbedienungs-Biergarten mit altem Baumbestand und Spielplatz (siehe Artikel ab S. 81), gut für Feierlichkeiten geeignet, täglich 11.30-21h (Küche durchgehend bis 20h), Fronwaldstr. 48, 75385 Bad Teinach-Zavelstein, ☎ 07053/88 31, berlins-hotel.de

Zum goldenen Lamm [S. 310], 25 seit 1718 ein Restaurant in historischem Fachwerkhaus mit gutbürgerlicher Küche aus besten regionalen Produkten, einem Veranstaltungssaal für etwa 90 Personen und einer Gartenterrasse für 25 Personen, Do-Sa 18-22h, So 11.30-15h und 18-22h, Mo, Di und Mi Ruhetag, Marktplatz 2, 75203 Königsbach-Stein, ☎ 07232/17 76, lammstein.de

Gasthof Zur Linde, deftige schwäbische Spezialitäten, Mo-Mi und Fr+Sa 11.30-14h und 17-22h, So+Fei 11.30-22h, Do Ruhetag, Hauptstraße 19, 75335 Dobel, ☎ 07083/88 73, linde-dobel.de

FISCHSPEZIALITÄTEN

→ *S. 319, Japanische Küche (Sushi-Restaurants)*

erasmus [S. 303], 60 das biozertifizierte Slow-Food-Restaurant mit einem „Michelin"-Stern für Nachhaltigkeit führt stets ein Menü mit Fisch oder Krustentieren aus Wildfang auf der Karte, Do+Fr 12-15h und Di-Sa ab 18.30h, 76199 Nürnberger Str. 1, ☎ 40 24 23 91, erasmus-karlsruhe.de

La Mer, 40 modernes Fischrestaurant in der Südweststadt mit wechselndem Mittagstisch, auf Bestellung auch Austern, Mi-Fr und So 11.30-14h und Mi-So 17.30-23h, 76137 Hirschstraße 87, ☎ 82 47 74 44, lamer-karlsruhe.de

Rheinperle, 40 reines Fischrestaurant, direkt am Pamina-Radweg gelegen, mit etwa 50 frisch zubereiteten Fischgerichten, Mi-So 11-20h, 76187 Maxau 25, ☎ 56 13 33

Steuermann, 30 das Hotel-Restaurant ist für seine Fisch- und Grillspezialitäten bekannt, Mo-Fr 12-14.30h und 18-22h, 76189 Hansastr. 13, ☎ 9 50 90-0, hotel-steuermann.de

Trattoria Toscana, 30 italienisches Fisch-Gourmet-Restaurant im mediterranen Stil mit Tageskarte und Mittagstisch, Mo-Fr 12-14h und 18-23h, Sa+Fei 18-23h, 76133 Blumenstr. 19, ☎ 2 06 28, trattoria-dasalvatore.de → *S. 318, Italien. Küche*

REGION

Restaurant Insel Rott am Rhein, 80 Ausflugslokal auf der Insel Rott mit frischen Süßwasserfischen aus eigenem Fang und eigener Räucherei, Mi-So ab 12h, durchgehend warme Küche bis 20h, Insel Rott 2, 76351 Linkenheim-Hochstetten, ☎ 07247/41 75, inselrott.de

s'Dolle Frieders Burewirtschaft [S. 66], 70 Spezialität der urigen Straußenwirtschaft sind frisch geräucherte Forellen aus eigenem Fang (siehe Artikel ab S. 65), geöffnet Mitte Mai bis Mitte Juni und Mitte August bis Mitte Oktober, Mi-Mo ab 15h, Di Ruhetag, Schönbüchstr. 14, 77887 Sasbachwalden, ☎ 07841/2 23 60, dollefrieder.de

Zordel Fischzucht, fangfrische Forellen vom Grill in einem schönen Wandergebiet im Eyachtal, täglich 8-19h, Eyachtal 1, 75305 Neuenbürg, ☎ 07082/6 04 20, fischzucht-zordel.de

FRÜHSTÜCK

Alex, 500 Frühstücksbuffet für 12,60€ (Kinder von 6 bis 10 Jahren 4,90€) im Erdgeschoss der Postgalerie, Mo-Fr 8-12h, Sa bis 13h, 76133 Kaiserstraße 217, ☎ 569 57 80, dein-alex.de

Alina Café, 50 bietet eine kleine, ausgefallene Frühstückskarte mit Granola-Müsli oder Bananenbrot, Mo-Fr 9-11h, 76131 Alter Schlachthof 39, ☎ 17 02 99 06, alinacafe.de

Café Bleu, 340 täglich ab 8h ein ganztägiges Frühstücksangebot ab 6,90€, 76133 Kaiserallee 11, ☎ 85 63 92, cafe-bleu.de → *S. 283, Bars & Lokale*

Café Extrablatt, 60 Frühstücksbuffet Mo-Sa 9-12h für 10,95€, So+Fei 9-13h für 13,45€, 76133 Waldstr. 32, ☎ 151 86 26, cafe-extrablatt.com

Café Juli, 40 nettes kleines Café mit Außenterrasse auf dem Gutenbergplatz, die große Frühstückskarte bietet bis 14h süße und herzhafte Frühstücksvarianten sowie selbst gemachte Kuchen, Mo-Fr 9-14.30h, Sa 9-17h, So 9-17h, 76135 Nelkenstr. 21, ☎ 84 08 98 99, cafe-juli.de → *S. 293, Cafés*

Café MultiKulti, 180 Sa+So 10-13.30h vielfältiges Frühstücksangebot, an warmen Tagen auch auf der Terrasse zum Schlossplatz, Di-Do 11.30-23h, Fr 11.30-24h, Sa 10-24h, So 10-18h, 76131 Schlossplatz 19, ☎ 920 97 97 → *S. 291, Brunch*

Café Palaver, 35 beliebtes Café in einem Ziegelbau im Gewerbehof, Mo-So ab 10h ganztägig große Frühstücksauswahl mit Biowaren, hauseigenen Kuchen und veganen Angeboten, 76133 Steinstr. 23, ☎ 37 76 47, cafepalaver.de → *S. 294, Cafés*

Cielo [S. 292], 65 helles, einladendes Café beim Durlacher Marktplatz mit großer Frühstückskarte, selbst gebackenen Kuchen, hauseigenen Kaffeesorten sowie einer großen Auswahl an Trinkschokoladen und Tees, Mo-Sa 8-20h, So 10-20h, Fei 10-18h, 76227 Pfinztalstr. 56a, ☎ 400 97 42, cafecielo.de

Confiserie Endle, bietet täglich 8-13h Frühstück und So 10-13h ein Frühstücksbuffet, 76133 Kaiserstr. 241a, ☎ 2 46 78, endle.de → *S. 292, Cafés*

Da Serio, 25 Mo-Sa 7.30-11h italienisches Frühstück, 76133 Karlstr. 42-44, ☎ 2 68 03, daserio.de → *S. 317, Italienische Küche*

Braugasthaus Erste Fracht, 300 Restaurant mit Frühstücksbuffet und Terrasse neben dem Zoologischen Stadtgarten, Frühstück täglich 7-11h, 76137 Bahnhofplatz 6, ☎ 932 22 30, erste-fracht.de → *S. 307, Badische und regionale Küche*

Café Galerie, 140 ganztägiges Frühstück in Durlach ab 5,50€, 76227 Karlsruher Allee 1, ☎ 490 19 39, cafegalerie.eatbu.com → *S. 284, Bars & Lokale*

Ivy Restaurant, Mo-Fr 7-12h, Sa+So 7.30-13h internationale Frühstücksangebote, 76133 Karlstr. 34, ☎ 470 045 39, ivy.restaurant → *S. 285, Bars & Lokale*

Café Kehrle, 65 Di-Sa 9-12.30h vielfältige Frühstücksangebote, 76227 Pfinztalstr. 35-37, ☎ 49 46 32, cafe-kehrle.de

Konditorei-Café Jäck, 15 Sa 9-13h Frühstücksbuffet für 17,50€ pro Person, 76133 Karlstr. 37, ☎ 2 71 49, konditorei-cafe-jaeck.de → *S. 293, Cafés*

LUUC, 29 das vegetarisch-vegane Café bietet zum Frühstück unter anderem Bagels, Stullen, Frühstücksplatten und Kuchen vom Backblech, Mo 10-20h, Do+Fr 10-22h, Sa 9.30-22h, So 9.30-20h, 76135 Sophienstr. 112, ☎ 15 11 78 64, cafeluuc.de

Mary Poppins, 60 Konditorei-Café mit Frühstück Di-So ab 8.30h, 76133 Kaiserallee 51a, ☎ 85 85 93, cafe-mary-poppins.de → *S. 294, Cafés*

Reiter's Café, mehrere Frühstücksangebote, hausgemachte Backwaren und Kuchen, Mo-Fr 7-18h, Sa 8-13h, So 8-14h, 76133 Kaiserallee 13a, ☎ 20 48 39 95, reiters-cafe.de → *S. 291, Brunch*

Steuermann, 30 Frühstücksbuffet ab 12,50€, Mo-Fr 6.30-10h, das Bistro öffnet schon um 6h (Mo-Fr), 76189 Hansastraße 13, ☎ 95 09 00, hotel-steuermann.de → *S. 302, Fisch*

The Bee's Knees, 40 jeden 1. Sonntag im Monat 10-13h australisch-levantinisches Frühstück mit Porridge, Pancakes, Banana Bread und French Toast, 76137 Badenwerkstraße am Festplatz 1, ☎ 66 55 69 01, thebeesknees.de → *S. 295, Cafés*

Vogelbräu [S. 290], 400 Hausbrauerei mit günstigen Tagesgerichten, hausgemachten regionalen Spezialitäten und täglichen Frühstücksangeboten von 11 bis 14h (Sa+So ab 10h), 76131 Kapellenstr. 50, ☎ 605 43 86 60, vogelbraeu.de → *S. 289, Brauerei-Lokale*

Vogel Hausbräu Durlach [S. 290], 300 Hausbrauerei mit Brauereiturm für Besichtigungen und Frühstücksangeboten (täglich 11-14h, Sa+So ab 10h), 76227 Amalienbadstr. 16, ☎ 81 96 80, vogelbraeu.de → *S. 289, Brauerei-Lokale*

FRÜHSTÜCK IN DER REGION

Berlins Lamm [S. 79], täglich 8-11h reichhaltiges Frühstücksbuffet für 26,90€ (Mo-Fr) und 29,90€ (Sa, So, Fei), Marktplatz 1-3, 75385 Bad Teinach-Zavelstein, ☎ 07053/92 94-0, berlins-hotel.de → *S. 300, Essen in der Region*

Hotel Watthalden [S. 112], Sa+So 7-11h reichhaltiges Frühstücksbuffet im Hotel-Atrium für 25€, Pforzheimer Straße 67a, 76275 Ettlingen, ☎ 07243/714-0, watthalden.de

La Vie [S.58], das Restaurant im Hotel Schwarzwald Panorama bietet täglich von 7 bis 10.30h ein reichhaltiges Zero-Waste-Frühstücksbuffet für 23€, Rehteichweg 22, 76332 Bad Herrenalb, ☎ 07083/9 27-0, schwarzwald-panorama.com → *S. 300, Essen in der Region*

Vogel Hausbräu Ettlingen [S. 290], 350 großes Brauerei-Lokal in umgebautem ehemaligem Kino, Frühstück täglich 11-14h (Sa+So ab 10h), Oktober bis April: So 11-15h Livemusik (Eintritt frei), Rheinstr. 4, 76275 Ettlingen, ☎ 07243/56 17 20, vogelbraeu.de → *S. 291, Brauerei-Lokale*

GOURMETKÜCHE

Anders auf dem Turmberg, 65 Restaurant mit gehobener Regio-Küche von Sören Anders und einem großartigen Blick über Karlsruhe und die Rheinebene, Mi-Sa 18-22.30h, So 12-15h – die „Hof-Bistronomie" auf der Terrasse hält unter freiem Himmel kleine, saisonale Gerichte bereit, zudem kann man Schäferwagen für Fondues mieten, Hofbistro: Mo+Di 16-22h, Mi-So 12-22h, 76227 Reichardtstr. 22, ☎ 4 14 59, anders-turmberg.de

EigenArt [S. 305], **16** das vom „Feinschmecker" ausgezeichnete Restaurant serviert seit 13 Jahren weitgehend regionale und saisonale Bio-Küche, die Abendkarte wechselt monatlich – der elegante Gastraum bietet bis zu 50 Plätze (auch für Feiern), Öffnungszeiten siehe Homepage, für Gruppen wird gern auch an Ruhetagen geöffnet, 76133 Hebelstr. 17, ☎ 570 34 43, eigenart-karlsruhe.de

erasmus [S. 303], **60** biozertifiziertes Slow-Food-Restaurant, dessen aufwendig zubereitete Küche und hohe Produktqualität mit einem Nachhaltigkeitsstern im „Guide Michelin" ausgezeichnet wurde, Do+Fr 12-15h und Di-Sa ab 18.30h, 76199 Nürnberger Str. 1, ☎ 40 24 23 91, erasmus-karlsruhe.de

La Medusa, **30** gehobene, authentische italienische Küche mit hausgemachter Pasta – neben dem Haus befindet sich eine begrünte Terrasse, Fr+Sa ab 18.30h, Reservierung erforderlich, 76199 Rastatter Str. 34, ☎ 183 91 23, la-medusa.com

Nagels Kranz – Wilde Welt [S. 304], **35** das klassisch-elegante Restaurant bietet frische französische Küche mit badischem Einschlag sowie Fischgerichte – Kevin Wilde, der Inhaber des Restaurants, wird sowohl im „Varta"-Führer als auch im „Große"-Guide und „Guide Michelin" geführt; Reservierung erbeten, Küchenzeiten: Mi+Do 12-14h und Di-Sa 18-20.30h, 76149 Neureuter Hauptstraße 210, ☎ 70 57 42, nagels-kranz.de

Oberländer Weinstube, **35** traditionsreiches Restaurant mit moderner, kreativer, aber bodenständiger Küche, Di-Sa 12-15h und 18-23h, 76133 Akademiestr. 7, ☎ 2 50 66, oberlaender-weinstube.de

Restaurant Künstlerkneipe, **110** gastronomisches Kleinod in einem geschichtsträchtigen, denkmalgeschützten Fachwerkhaus mit expressiver, kreativer Küche in charmantem Ambiente, Mi-So 12-14h und 18-21h, 76189 Pfarrstraße 18, ☎ 16 08 99 57, kuenstlerkneipe.com

restaurant sein, kleines Restaurant mit feiner, gehobener Küche in stilvollem, entspanntem Ambiente und einem Stern im „Guide Michelin" sowie zwei roten Hauben im „Gault&Millau", eine Reservierung wird empfohlen, Küchenzeiten: Mi-Fr 12-13.30h und 18.30-20h, Sa+So 18.30-20h, 76135 Scheffelstr. 57, ☎ 40 24 47 76, restaurant-sein.de

Tawa Yama Fine [S. 319], **50** minimalistisch und pur sind das Ambiente sowie die Philosophie, nach der der neue Küchenchef Igor Yakushchenko tolle Gerichte kreiert, gekocht auf der Basis weniger, bester Zutaten sowie ausgewählter und nachhaltiger Produkte. Zu dem mit einem Stern im „Guide Michelin" ausgezeichneten Restaurant gehört auch eine Dachterrasse mit Blick auf den namengebenden Turmberg („Tawa" und „Yama" bedeuten aus dem Japanischen übersetzt

„Turm" und „Berg"). Öffnungszeiten Di-Sa 18-24h, der legere Restaurantbereich „Easy" 150 hat Di-Fr 11.30-14h und Di-Sa 18-24h geöffnet, 76227 Amalienbadstraße 41b, Bau B, ☎ 909 89 50, tawayama.de

GOURMETKÜCHE IN DER REGION

Berlins Krone, die eigenständige, lebendige Küche von Franz Berlin kombiniert heimische Produkte und Spezialitäten aus aller Welt und wurde mit einem Stern im „Guide Michelin" und zwei roten Hauben im „Gault&Millau" ausgezeichnet, Mi-So ab 18h, Reservierung erforderlich, Marktplatz 1-3, 75385 Bad Teinach-Zavelstein, ☎ 07053/92 94-0, berlins-hotel.de

Erbprinz, 50 Hotel-Restaurant mit exquisiter, modern interpretierter französischer Küche und einem Stern im „Guide Michelin", schöne Terrasse im Grünen, Mi-Sa 18-22h, Rheinstr. 1, 76275 Ettlingen, ☎ 07243/322-0, erbprinz.de → *S. 291, Brunch*

Restaurant garbo, regionale Klassiker sowie kreatives Fine-Dining, Öffnungszeiten siehe Homepage, Hauptstr. 51, 76344 Eggenstein-Leopoldshafen, ☎ 78 00 70, garbo-loewen.de

Hartmaiers, 60 das Restaurant bietet kreative saisonale Gerichte, feine badisch-mediterrane Küche und zahlreiche Spitzenweine, Mi-Mo 12-15h und 18-22.30h, Pforzheimer Str. 67, 76275 Ettlingen, ☎ 07243/76 17 20, hartmaiers.de

Hotel Restaurant Vinothek LAMM, 40 feine badisch-schwäbische Spezialitäten und saisonale Gerichte aus regionalen Produkten in ländlich-modernem Schwarzwaldambiente – die Küche ist mit dem „Bib Gourmand" ausgezeichnet, warme Küche Di-So 12-14h und 18-21h, nachmittags gibt es Kuchen und Vesper, Mönchstr. 31, 76332 Bad Herrenalb-Rotensol, ☎ 07083/92 44-0, lamm-rotensol.de

Maltes Hidden Kitchen, tagsüber Kaffeehaus und abends kocht Sternekoch Malte Kuhn in der hinter einer verschiebbaren Wand versteckten Küche moderne, aufs Wesentliche reduzierte Gerichte – hierfür wurde er mit einem „Michelin"-Stern ausgezeichnet, Mi-Sa ab 19h (Kaffeehaus Mo-Sa 9-17h), Gernsbacher Str. 24,

76530 Baden-Baden, ☎ 07221/702 50 20, exquisite-concepts.com/maltes-hidden-kitchen

Schwitzer's am Park, 40 die klassische Küche mit modernen Elementen von Cédric Schwitzer wurde vom „Guide Michelin" mit einem Stern ausgezeichnet, Küchenzeiten: Di-Sa 18-19.30h, Etzenroter Str. 4, 76337 Waldbronn, ☎ 07243/35 48 50, schwitzers.com/sternerestaurant

Villa Hammerschmiede, 80 das Restaurant in einer Gründerzeit-Villa mit einer romantischen Terrasse bietet regionale, saisonale Gerichte, Di-Fr 12-13.30h und Di-Sa 18-20.30h, Hauptstr. 162, 76327 Pfinztal, ☎ 07240/601-0, villa-hammerschmiede.de

Walk'sches Haus, 40 Sternekoch Sebastian Syrbe präsentiert leichte, klare und moderne Küche und bietet Kochkurse an, Marktplatz 7, 76356 Weingarten, ☎ 07244/7 03 70, walksches-haus.de

Werners Restaurant, 50 das 700 Jahre alte Burgschloss Eberstein bietet einen grandiosen Ausblick über Weinberge hinab ins Murgtal – die originelle, leichte badisch-französische Küche wurde mit einem Stern im „Guide Michelin" ausgezeichnet, Mi-Sa ab 18.30h und So 12-14h und ab 18.30h, Schloss Eberstein 1, 76593 Gernsbach, ☎ 07224/99 59 50, hotel-schloss-eberstein.de

Zum Hirsch, Landhausküche auf hohem Niveau mit zwei Hauben im „Gault&Millau", nach Anmeldung bietet die Küche auch kreative vegetarische Speisen, Küchenzeiten: Di-Sa 12-13.45h und 18-20.30h, Hauptstr. 23, 75196 Remchingen-Wilferdingen, ☎ 07232/7 96 36, hirsch-remchingen.de

HEIMSERVICE

Arte Dolce, liefert Mitte Februar bis Ende Oktober auf Bestellung selbst gemachte Eistorten, 76133 Kaiserallee 51, ☎ 66 98 20 00, arte-dolce.de

Confiserie Endle, Lieferservice für Confiserie- und Backwaren, 76133 Kaiserstr. 241a, ☎ 2 46 78, endle.de → *S. 292, Rubrik Cafés*

Kais Pizza Lieferservice, bringt alles per Rad und in Mehrwegverpackung: Pizza, Nudeln, Gratins und Salate, überwiegend in Bio-Qualität, Di-Fr 10-30-14h und 17-21h, Sa, So+Fei 15-20h, 76133 Fritz-Erler-Str. 1-3, ☎ 37 37 34, kais-pizza.de

Late Night, Pizza-Lieferdienst, Mo-Fr 16-3h, Sa 15-3h, So+Fei 12-1h, 76187 Eugen-Richter-Straße 6, ☎ 68 07 78 77, latenight-bringdienst.de

Pizza Blitz, Lieferungen innerhalb des Stadtgebiets in maximal 40 Minuten, Di-Fr 11-14h und 17-21.30h (Fr bis 22h), Sa 12-22h, So+Fei 16-21.30h, 76131 Kaiserstr. 49, ☎ 37 67 77, pizzablitz.info

Pronto Pronto, Pizzaservice, täglich 11-22.30h 76133 Moltkestr. 79a, ☎ 85 97 62, pronto-pronto.de

Yavuz, türkische und italienische Spezialitäten, täglich 11-24h, 76185 Rheinstr. 24, ☎ 955 49 36, yavuzimbiss.de

PREISWERTE MAHLZEITEN

Siehe → S. 336, Preiswerte Gastronomie

QUIZ & SPIELE

Alte Hackerei, 100 Punk-Rock-Kneipe auf dem Schlachthofgelände mit Tischkicker, Mi+Do 19-1h, Fr+Sa 22-5h, 76131 Alter Schlachthof 11, ☎ 627 73 23, altehackerei.de

Fun Sportsbar XL, Sport-Cafébar mit acht Billardtischen, So-Do & Fei 10-1h, Fr, Sa, vor Fei 10-3h, 76149 Am Sandfeld 1, ☎ 781 54 13, funsportsbar-xl.de

Kap, Szenelokal mit Tischkicker, 76131 Kapellenstr. 68, ☎ 3 21 66, kap-ka.de → *S. 285, Bars & Lokale*

La Cage, Billardtische, Dartscheiben und Tischkicker, 76133 Blumenstr. 25, ☎ 2 70 70, lacage.info

Lago Bowling-Center Karlsruhe, 200 Tischkicker und XXL-Tischkicker für bis zu 22 Personen, Dart, Billard sowie Air-Hockey – Fr Playnight mit Bowlingbahn-Wettbewerben, 76185 Gablonzer Straße 13, ☎ 570 42 30, lago-bowling.de

Linden's Irish Pub, Mi Quiznight, 76133 Hirschstraße 70, lindensirishpub.com → *S. 288, Irish Pubs*

Pfannestiel, mittwochs ab 20h findet ein „lustiger Quizabend" statt, 76131 Am Künstlerhaus 53, ☎ 660 77 99, pfannestiel.de → *S. 286, Bars & Lokale*

Scruffy's, der Irish Pub veranstaltet Do eine Quiz-Night, 76133 Karlstr. 4, ☎ 921 15 14, scruffys.de

uBu, Musikbar und Raucherlokal mit Tischkicker, 76133 Karlstr. 6, ☎ 66 97 56 30, ubu.bar

RESTAURANTS

BADISCHE UND REGIONALE KÜCHE

1463, 20 Restaurant mit gehobener, saisonaler, regionaler und französischer Küche im ältesten noch existenten Gebäude Karlsruhes aus dem Jahr 1463, Küchenzeiten: Mi+Do 18-21h, Fr+Sa 12-14h und 18-21h, So 12-14h, 76229 Friedrichstraße 10-14, ☎ 66 05 06 50, 1463.de

Alter Brauhof, 350 das rustikale Restaurant bietet regionale und deutsche Küche sowie einen Biergarten beim Stadtgarten, die Spezialitäten sind hausgemachte Maultaschen und Schnitzel, Di-Sa 17-23h, 76137 Beiertheimer Allee 18a, ☎ 3 40 44, alterbrauhof.de

Anders auf dem Turmberg, 65 Restaurant mit gehobener Regio-Küche von Sören Anders, Mi-Sa 18-22.30h, So 12-15h – im Hof-Bistro werden Mo+Di16-22h und Mi-So 12-22h Getränke sowie kleine, saisonale Gerichte wie Wildeintopf oder Flammkuchen sowie im Winter eigener Glühwein serviert, zudem lassen sich gemütliche Schäferwagen für Fondues mieten, 76227 Reichardtstr. 22, ☎ 4 14 59, anders-turmberg.de

Badisch Brauhaus [S. 282], 80 Hausbrauerei auf mehreren Ebenen mit eigenen Bierspezialitäten und deftiger Küche, kinderfreundlichem Service inklusive preiswerten Kindergerichten sowie einer Röhrenrutsche über mehrere Stockwerke hinweg, täglich 11.30-24h, Fr+Sa bis 1h, So 11-24h, 76133 Stephanienstr. 38-40, ☎ 144-44 00, badisch-brauhaus.de → *S. 289, Brauerei-Lokale*

Badische Weinstuben, 100 elegantes Restaurant im Botanischen Garten mit saisonalen badischen Gerichten und idyllischer Gartenterrasse vor der eindrucksvollen historischen Eisenkonstruktion des ehemaligen Wintergartens, Anfang März bis Ende Oktober täglich ab 11.30h, November bis Februar nur bei Reservierung ab acht Personen, 76131 Schlossbezirk 6, ☎ 60 78 79, badische-weinstuben.de

Beim Schupi, 200 das Traditionshaus in gemütlicher Atmosphäre bietet regionale Speisen vom Klassiker bis zur Neuinterpretation der badischen Küche sowie eine regionale Weinauswahl. Der Biergarten auf Kies unter alten Platanen liegt nahe der Alb und bietet einen Spielplatz für Kinder. Ein Theatersaal mit 180 Plätzen ist bestens für Feiern, Tagungen, Konzerte und Tanzevents geeignet. Mo, Di, Do 17-23h, Fr+Sa 17-23.30h, So 12-21h, 76185 Durmersheimer Str. 6, ☎ 55 12 20, schupi.de

Braugasthaus Erste Fracht, 300 Hotel-Restaurant neben dem Haupteingang des Zoos mit badischer und regionaler Küche, 15 unterschiedlichen Biersorten, Frühstücksbuffet (täglich 7-11h), Mittagstisch und Abendkarte sowie Fußballübertragungen in der „Torfabrik", Mo-Do 7-1h, Fr+Sa 7-1h, So 7-23h, warme Küche 11.30-21.30h, 76137 Bahnhofplatz 6, ☎ 932 22 30, erste-fracht.de

Brauhaus 2.0, 380 großes Brauerei-Lokal mit badischer und gutbürgerlicher Küche, hausgebrauten Bio-Bieren sowie einem Biergarten und einer Terrasse, Mo-Sa 11-23h, 76187 Egon-Eiermann-Allee 8, ☎ 47 05 02 20, brauhaus-20.de

Gasthof Tannweg, 100 feine badische Küche sowie Veranstaltungsräume für bis zu 140 Per-

sonen – zum schönen Außenbereich gehören eine Sandbar mit Lounge-Sesseln, zwei Terrassen und ein Kinderspielplatz, Mi+Do 17-23h, Fr+Sa 12-13.45h und 17-23h, So+Fei 12-14.30h und 17-21h, 76228 Balingerstr. 2, ☎ 94 55 50, tannweg.de

Restaurant Hasen [S. 308], 16 Restaurant im Hotel „Seven Days" mit rustikaler, beheizbarer Scheune und gehobener Küche (Premium-Steakkarte sowie Fisch- und vegetarische Gerichte), mittags gibt es eine Wochenkarte, Mai bis September ist die Terrasse geöffnet, Di-Fr 12-14h und Mo-Sa 18-22h, So+Fei Ruhetag, 76131 Gerwigstr. 47, ☎ 96 37-126 und -122, restaurant-hasen.com

Hoepfner-Burghof, 300 bietet regionale Spezialitäten sowie mit dem Hoepfner-Burggarten einen der größten und ältesten Biergärten Karlsruhes unter Kastanienbäumen, zudem gibt es den Veranstaltungsraum „Schalander" (für Feierlichkeiten bis 200 Personen), täglich 12-23h, 76131 Haid-und-Neu-Str. 18, ☎ 62 26 44, hoepfner-burghof.de

Gasthaus Hofgut Maxau [S. 309], 170 Landgasthaus am Rhein mit einem großen Biergarten (mit Service) unter alten Kastanien in der Nähe eines Mehrgenerationenspielplatzes. Zudem gibt es ein Hofladencafé mit eigenen Erzeugnissen und ein „Stammhäusle" mit allerlei Speisen und Getränken zum Genießen vor Ort auf Bierbänken oder zum Mitnehmen an den Rhein. Die Küche bietet badisch-mediterrane hausgemachte Gerichte und verwendet Fleisch der eigenen Rinder. Die Innen- und Außengastronomie ist ganzjährig geöffnet, 76187 Maxau am Rhein 24, ☎ 92 12 63 54, Öffnungszeiten unter gasthaus-maxau.de

Kaisergarten, 200 Lokal mit gutbürgerlicher Küche und wöchentlich wechselndem Mittagstisch. Der schöne Biergarten im Hof unter großen Kastanien ist einer der ältesten der Stadt, zudem gibt es einen Wintergarten mit 50 Plätzen, Mo-Do 12-14.30h und 17-23h, Fr+Sa 12-24h, So 12-23h, warme Küche bis 22h, So bis 21h, 76133 Kaiserallee 23, ☎ 830 21 18, kaiser-garten.de

Kesselhaus, 80 Restaurant in einer mehr als 100 Jahre alten denkmalgeschützten Industriehalle mit regionaler und internationaler Küche, Di-Fr 12-14h und Di-Sa 18-23h, zudem gibt es eine Winelounge (Di-Fr 12-23h, Sa 17-23h). Die Event- und Meetinglocation **Kesselhaus-Färberei** 70 bietet bis zu 250 Gästen Raum zum Feiern, eine Eventküche steht für Küchenpartys bereit, 76185 Griesbachstr. 10c, ☎ 669 92 69, kesselhaus-ka.de

Marktlücke, 160 Restaurant und Bar auf zwei Ebenen mit badisch-schwäbischer Küche und Mittagstisch sowie einer Terrasse auf dem Marktplatz, Mo-Do 10.30-1h, Fr+Sa bis 5h, 76133 Zähringer Str. 96, ☎ 669 98 29, karlsruhermarktluecke.de

reinhards restaurant [S. 307], 60 badisch-regionale Küche und saisonale Speisen sowie eine hübsch gestaltete, grüne Außenterrasse – für Feierlichkeiten mit bis zu 70 Personen bestens geeignet, Mo-Sa ab 17h, So ab 12h, warme Küche durchgehend bis 22h, 76199 Am Rüppurrer Schloss 9, ☎ 47 00 23 63, reinhards-karlsruhe.de

Restaurant Schützenhaus auf dem Turmberg, 120 serviert badische Küche mit frischen saisonalen Produkten, vorzugsweise aus der Region, und bietet einen schönen, schattigen Biergarten unter Bäumen mit herrlichem Blick in die Rheinebene, Di-So ab 11h, 76227 Jean-Ritzert-Str. 8, ☎ 94 31 81 22, schuetzenhaus-durlach.com

Rote Taube, 150 Gasthaus mit niedrigpreisiger, gutbürgerlich-badischer Küche sowie Flammkuchen, Pizza, Burgern, vegetarischen Gerichten, Snacks und einem schlichten, aber beliebten Biergarten, täglich 17-1h, Küche 17-22.30h, So bis 22h, 76135 Kriegsstr. 276, ☎ 85 51 17, rotetaube.de

Schützenhaus Wolfartsweier, 50 klassisch-modernes Restaurant mit badischer und deutscher Küche sowie hausgemachten saisonalen Speisen und einer schönen Sonnenterrasse, Di ist Dampfnudeltag, Di, Mi, Fr, Sa 11.30-14h und 17.30-21h, So 11.30-19h, 76228 Horbenloch 3, ☎ 49 17 99, schuetzenhaus-wolfartsweier.de

Steuermann, 30 Hotel-Restaurant mit regionaler, saisonaler Küche, Fisch- und Grillspezialitäten sowie einer schönen Terrasse, Mo-Fr 12-14h und 18-22h, 76189 Hansastr. 13, ☎ 9 50 90-0, hotel-steuermann.de

Tante Edith, einfache, hausgemachte Küche, Salate und Vegetarisches wie Reisgerichte oder Börek, preiswerter Mittagstisch, Mo-Fr 11.30-14.30h, 76131 Essenweinstr./Ecke Humboldstr.

Werkbank, 28 deutsche Küche mit saisonalen und regionalen Fisch-, Fleisch- und vegetarischen Gerichten, Mi-So ab 17.30h, Küche bis 21h, 76131 Veilchenstr. 9, ☎ 78 36 47 11, werkbank-karlsruhe.de

Zum kleinen Ketterer, 120 gute, bodenständige Küche mit frischen Zutaten aus der Region in geschichtsträchtigem, denkmalgeschütztem Gebäude, Mo-Fr 11.30-14h und Mo-Sa 17-23h, Fei ab 17h, So Ruhetag, 76133 Adlerstraße 34, ☎ 354 00 99, kleiner-ketterer.de

BADISCHE KÜCHE IN DER REGION

Klosterscheuer, 80 badische und schwäbische Spezialitäten wie hausgemachte Maultaschen,

Schwarzwaldforelle oder Zwiebelrostbraten und saisonale Gerichte wie Gänsebrust mit Rotkraut und Maronen – hübsches Fachwerkhaus mit einladender Terrasse in der Fußgängerzone in Bad Herrenalb, Do-Mo 12-22h, Im Kloster 14, 76332 Bad Herrenalb, ☎ 07083/40 05, klosterscheuer.de

Hotel-Restaurant-Vinothek LAMM, 40 feine badisch-schwäbische Spezialitäten und saisonale Gerichte aus regionalen Produkten in ländlich-modernem Schwarzwaldambiente – die Küche ist mit dem „Bib Gourmand" ausgezeichnet, warme Küche Di-So 12-14h und 18-21h, nachmittags gibt es Kuchen und Vesper, Mönchstr. 31, 76332 Bad Herrenalb-Rotensol, ☎ 07083/92 44-0, lamm-rotensol.de

Landgasthof Zum Goldenen Anker [S. 38], 30 serviert junge badische, kreative Küche mit saisonalen Produkten in einem Gasthof aus dem 18. Jahrhundert, der über einen Biergarten im Innenhof verfügt – das Restaurant bietet ein sehr gutes Preis-Leistungs-Verhältnis und wurde mit dem „Bib Gourmand" ausgezeichnet, So-Fr 12-15h und 18-22h, warme Küche bis 13.30h bzw. 21h, Sa Ruhetag, Hauptstr. 16-20, 76344 Eggenstein-Leopoldshafen, ☎ 70 60 29, hotel-anker-eggenstein.de

schuh's restaurant, 100 bietet eine feine regionale und saisonale Küche, Di-Fr 12-14h und Mi-Sa 17.30-22h, Siemensallee 1, 76344 Eggenstein, ☎ 40 24 69 19, schuhs-restaurant.de

Spinnerhof in Sachbachwalden [S. 64], 70 das beliebte Ausflugslokal bietet in gemütlicher Atmosphäre typisch badisch-regionale Küche. Als Naturparkwirt des Naturparks Schwarzwald Mitte/Nord serviert der Spinnerhof unter dem Motto „badisch anders" eine junge und kreative Küche mit vielen Zutaten aus der Region (siehe auch Artikel ab S. 66), geöffnet April bis Ende Oktober: Do-Di 11.30-22h, November bis Mitte April: Mo, Di, Do, Fr 16.30-22h, Sa, So, Fei 11.30-22h, Mi Ruhetag, Am Schloßberg 8, 77887 Sasbachwalden, ☎ 07841/36 09, spinnerhof.de

Weinstube Sibylla, über 220 Jahre alte, rustikal eingerichtete Gaststube im Hotel Erbprinz mit badisch-regionaler Küche und regionalen Weinen, tägl. 12-22.30h (durchgehend warme Küche), Rheinstr. 1, 76275 Ettlingen, ☎ 07243/322-0, erbprinz.de

Zum goldenen Lamm [S. 310], 25 schon seit 1718 befindet sich in diesem historischen Fachwerkhaus ein Restaurant – das Lamm bietet gutbürgerliche Küche aus besten regionalen Produkten, einen Veranstaltungssaal für rund 90 Personen und eine Gartenterrasse, Do-Sa 18-23h, So 11.30-15h und 18-22h, Mo-Mi Ruhetag, Marktplatz 2, 75203 Königsbach-Stein, ☎ 07232/17 76, lammstein.de

BAYERISCHE KÜCHE

Lehner's, 300 Wirtshaus am Ludwigsplatz mit einer großen, beliebten Außenterrasse, badischer und bayerischer Küche, Burgern sowie wechselnder Wochenkarte und einer Cocktailkarte (Happy Hour täglich ab 22h), 76133 Karlstr. 21a, ☎ 249 57 20, lehners-wirtshaus.de

INTERNATIONALE KÜCHE

Alex, 500 Gastronomiebetrieb in der Postgalerie mit Bowls, Flammkuchen, Schnitzeln, Burgern und Thai-Curry sowie Sitzplätzen auf dem Stephanplatz, Mo-Sa 8-22h, So 9-22h, 76133 Kaiserstraße 217, ☎ 569 57 80, dein-alex.de

Dean & David, 40 Salate, Currys, Bowls, Suppen und Sandwiches sowie Außenplätze zur Kaiserstraße, Mo-Sa 10-20h, So 11-20h, 76133 Kaiserstr. 223a, ☎ 151 93 31; deananddavid.com

Ivy Restaurant, gehobene internationale Cross-Over-Küche mit asiatischen Einflüssen, regionalen Produkten und täglichem Frühstück sowie eine Cocktailbar, Mo-Do 18-1h, Fr-Sa 18-2h, 76133 Karlstr. 34, ☎ 47 00 45 39, ivy.restaurant

mint, frische und saisonale Küche wie Suppen, Snacks, Salate, Pasta sowie Mittagstisch, Öffnungszeiten siehe Homepage, 76135 Lorenzstraße 19, ☎ 0178/415 59 27, mint-karlsruhe.de

Oktave, 90 Restaurant und Cocktailbar mit asiatischen und mediterranen Gerichten (auch vegetarisch und vegan), Flammkuchen und Pizza sowie internationalen Bierspezialitäten und einer schönen Außenterrasse unter Bäumen neben der Bernharduskirche, Mo-Sa 17-1h, So 17-23h, 76131 Ludwig-Wilhelm-Str. 3, ☎ 46 72 26 51, oktave-karlsruhe.de

Restaurant Hasen [S. 308], 16 das Restaurant im Hotel „Seven Days" serviert gehobene Küche mit Premium-Steakkarte sowie Fisch- und vegetarische Gerichte, die Mittagskarte wechselt wöchentlich, Mai bis September ist die Terrasse geöffnet, auch eine rustikale Scheune ist als Location vorhanden, Di-Fr 12-15h und Mo-Sa 18-22h, So+Fei Ruhetag, 76131 Gerwigstr. 47, ☎ 96 37-126/-122, restaurant-hasen.com

The Bee's Knees, 40 saisonale und internationale Küche mit einem Schwerpunkt auf vegetarischen/veganen Speisen und auf der Philosophie des israelisch-britischen Starkochs Yotam Ottolenghi, Mi 12-18h, Do+Fr 12-23h, Sa 15-23h sowie jeden 1. So im Monat 10-13h australisch-levantinisches Frühstück, 76137 Badenwerkstr. am Festplatz 1, ☎ 66 55 69 01, thebeesknees.de

AFRIKANISCHE KÜCHE

Asmara, 30 afrikanisches Spezialitätenrestaurant mit bewirtschaftetem Hinterhof, Mo-Fr 12-14.30h afrikanisches Buffet für 7,90€ (klein) bzw. 10,90€ (groß), Mo-Fr 12-14h und Mo-Sa ab 17.30h, 76133 Kaiserallee 9, ☎ 204 98 28, asmara-ka.de

Kilimandjaro, 8 eritreisches Restaurant mit äthiopischer Küche mit Lamm-, Rind-, Hähnchen-, Linsen- und Spinatgerichten, Di-So 17-1h, 76137 Vorholzstr. 13 (Ecke Karlstr.), ☎ 60 95 11 15

Mogogo, Spezialitäten aus Nord- und Ostafrika, Di-Fr 18-23h, So 12-14.30h und 18-23h, 76133 Stephanienstr. 2a, ☎ 120 80 00, restaurant-mogogo.de

Wegahta, äthiopisch-eritreische Tagesessen, auch vegetarische/vegane Gerichte, Mo-Sa 10-21h, 76137 Karlstr. 63-65, ☎ 47 05 11 41, wegahta.de

AMERIKANISCHE KÜCHE

American Diner Durlach, 50 Diner mit Original-Ambiente aus den US-amerikanischen 1940ern sowie Wings, Nuggets, Burgern und Salaten, Mi-So 16-23h, 76227 Fiduciastraße 2, ☎ 40 61 71, diner-durlach.de

Bratar, 90 handgemachte Burger und Steaks aus regionalem Rindfleisch, individuell zusammenstellbar, So-Do 11-23h (warme Küche bis 22h), Fr+Sa 11-24h (Küche bis 23h), 76133 Erbprinzenstr. 27, ☎ 98 23 02 30, und Mo-Do 10-21h, Fr+Sa 10-22h, 76133 Ettlinger-Tor-Platz 1, ☎ 68 02 85 10, bratar.de

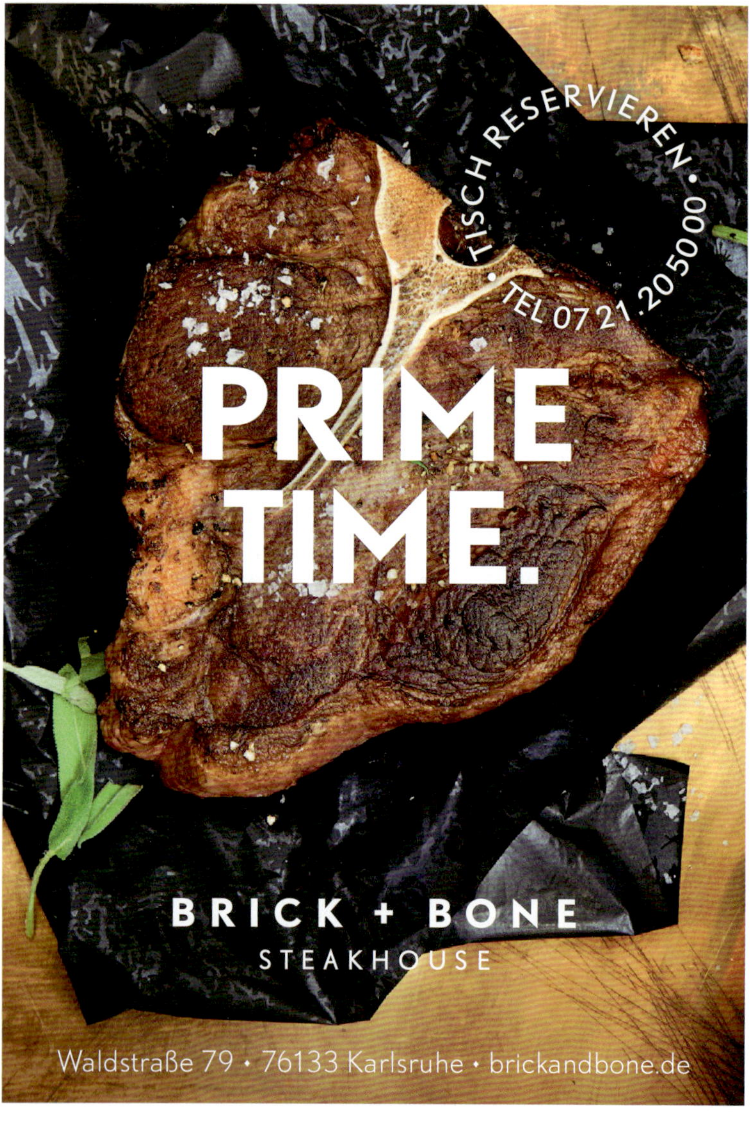
TISCH RESERVIEREN • TEL 07 21.20 50 00 •
PRIME TIME.
BRICK + BONE
STEAKHOUSE
Waldstraße 79 • 76133 Karlsruhe • brickandbone.de

Brick+Bone Steakhouse [S. 312], 30 das Steakhouse mit gehobener Küche bietet feine Premiumsteaks von Weiderindern aus Nebraska sowie eine Auswahl von über 800 Weinen und verfügt über viel Platz für Firmen- und Familienfeiern, Di-Fr 12-15h (warme Küche bis 14.30h): Mittagstisch, auch zum Mitnehmen, weitere Öffnungszeiten: Di-Fr 18-24h, Sa 17-24h (warme Küche jeweils bis 23h), So 12-22h (warme Küche bis 21h), 76133 Waldstr. 79, ☎ 20 50 00, brickandbone.de

Charles Oxford, 170 Burgerrestaurant, Bar & Grill mit großer Getränkeauswahl, Mo-Sa ab 11.30h, 76133 Waldstr. 30, ☎ 92 12 75 50, charles-oxford.de

DeliBurgers, hausgemachte Burger werden in der offenen Küche vor den Augen der Gäste zubereitet, die Zutaten stammen von mittelständischen regionalen Betrieben, Mo-Do 16.30-21.30h, Fr-So 12-21.30h, 76133 Akademiestraße 39, ☎ 66 99 10 55, deliburgers.de

Dom – Grill Kitchen Bar [S. 283], 80 stylischer Industrie-Look kombiniert mit Beichtstuhl-Separees und dem Herzstück der ehemaligen Kirche: dem Reifeschrank. Im Fokus stehen neben lokalen Produkten das hochwertige Fleischangebot sowie eine umfangreiche Auswahl an Weinen und Drinks. Das DOM verfügt über hundert Innen- und 80 Außenplätze im Hirschhof und ist zudem eine beliebte Veranstaltungslocation, Mo-Fr 12-14.30h, So-Do 18-23h und Fr-Sa 18-1h, 76133 Hirschhof 5, ☎ 90 99 00 90, dom-grill.com

Hans im Glück, 150 Burgergrill mit Rindfleisch-Burgern, Hühnchen-Burgern oder vegetarischen und veganen Burgern sowie Salaten und einem eigenen Lieferservice, täglich ab 12h, warme Küche So-Do bis 23h, Fr+Sa bis 24h, 76133 Karl-Friedrich-Str. 12, ☎ 86 42 85 17, und Kaiserstr. 217, ☎ 90 99 99 99, hansimglueck-burgergrill.de

Jaroon's American Diner, 40 im Filmpalast am ZKM, große Auswahl an Hamburgern und eine wöchentlich wechselnde Mittagskarte, täglich ab 12h, 76137 Brauerstr. 40, ☎ 819 87 87, jaroons.de

La Cage, 60 American-Diner-Lokal mit Billard, Dartscheiben und Großbildleinwand, Mo-Do 17-1h, Fr 17-3h, Sa 13-3h, So 17-1h (bei KSC-Spielen ab 13h), 76133 Blumenstr. 25, ☎ 2 70 70, lacage.info

BALKANSPEZIALITÄTEN

Naturfreundehaus Rheinwaldhütte „bei Miri", 120 kroatische, deutsche und italienische Küche mit Biergarten, überdachter Terrasse und einer eingezäunten Wiese mit Spielplatz, 76189 Hohleichweg 8, ☎ 57 44 42, beimiri.de

Waldgaststätte FSSV, 100 die Vereinsgaststätte bietet am Rande des Hardtwalds kroatische und mediterrane Spezialitäten, Mo 17-23h, Di-Sa 11-23h, So 11-21h, 76131 Adenauerring 36, ☎ 91 58 08 66, waldgaststaette-fssv.de

Walachischer Kessel, authentische rumänische Küche und siebenbürgische Spezialitäten sowie rumänische Abende mit Livemusik, Mo-Fr 11-14.30h und 17-22h (freitags bis 23h), Sa 12-23h, So+Fei 12-22h, 76135 Kriegsstraße 218, ☎ 40 24 64 38, walachischer-kessel.de

CHINESISCHE KÜCHE

Bambus-Garten, 40 asiatisches Restaurant in Bambus-Optik mit indonesischen, thailändischen, chinesischen und vietnamesischen Gerichten sowie einer Sushi-Karte, Mo 17-22h, Di-Sa 11-15h und 17-22h, 76227 Raiherwiesenstr. 30, ☎ 680 38 75, bambus-garten.com

Fünf Sterne, 90 stilvolles China-Restaurant mit abwechslungsreichen, exquisiten Speisen, Mo-So 11-15h und 17-22h, 76137 Rüppurrer Str. 1, ☎ 350 47 88, 5-sterne-ka.de

Yangda, niedrigpreisige, authentische chinesische Küche, 76133 Passagehof 28, 40 ☎ 82 10 76 13, Mi-Mo 11.30-21h, sowie 76199 Ettlinger Allee 7 (Vereinsgaststätte FC Südstern), 30 ☎ 88 12 31, Mo-Fr 11.30-14.30h und 17-21.30h, Sa+So 11.30-21.30h, yangda-karlsruhe.de

ELSÄSSISCHE KÜCHE

Mariannes Flammkuchen, 100 Speisekarte mit 35 Flammkuchen von herzhaft bis süß und ein All-you-can-eat-Angebot für 19,90€, Di-Do 17-23h, Fr 17-23.30h, Sa 16-24h, So+Fei 12-22h, 76185 Kriegsstr. 300, ☎ 59 10 80, mariannes-flammkuchen.de

Radhaus, 200 Flammkuchenhütte im Grünen mit in Weiß eingerichtetem Kaminzimmer sowie einer überdachten Terrasse und einem großen Biergarten mit Spielplatz, geöffnet April bis Oktober, So+Fei ab 11.30h und nach Vereinbarung, 76199 Battstr. 85, ☎ 0172/722 91 55, radhaus-karlsruhe.de

Stövchen, 180 beliebte Kneipe mit Emailleschild-Deko und badisch-elsässischer Küche, der Flammkuchenbelag kann nach Belieben zusammengestellt werden, Di-Do+So 12-23h, Fr+Sa 12-24h, 76133 Waldstr. 54, ☎ 2 92 41, stoevchen.com

FRANZÖSISCHE KÜCHE

1463, 20 Restaurant mit gehobener saisonaler, regionaler und französischer Küche im ältesten noch existenten Gebäude Karlsruhes aus dem Jahr 1463, Küchenzeiten: Mi+Do 18-21h, Fr+Sa 12-14h und 18-21h, So 12-14h, 76229 Friedrichstraße 10-14, ☎ 66 05 06 50, 1463.de

Brasserie Pot au Feu, 100 Brasserie mit französisch-mediterraner Küche, zwei Restaurantbereichen und einer großzügigen Gartenterrasse zum Ettlinger Schloss, Küchenzeiten: Di-Fr 12-14h und ab 17.30h, Sa+So durchgehend, Klostergasse 8, 76275 Ettlingen, ☎ 07243/52 56 75, pot-au-feu.de

Stilbruch [S. 314], 20 das kleine Restaurant serviert französische Küche mit internationalen Einflüssen aus vorwiegend regionalen Zutaten und bietet eine Weinkarte mit ausgesuchten Weinen von deutschen Winzern sowie einen gemütlichen Innenhof, geöffnet Mo, Di, Fr-So ab 18h, 76135 Scheffelstr. 58, ☎ 47 03 87 79, stilbruch-ka.de

Nagels Kranz – Wilde Welt [S. 304], 35 das klassisch-elegante Restaurant bietet frische französische Küche mit badischem Einschlag sowie Fischgerichte – Kevin Wilde, der Inhaber des Restaurants, wird sowohl im „Varta"-Führer als auch im „Große"-Guide und „Guide Michelin" geführt; Reservierung erbeten, Küchenzeiten: Mi+Do 12-14h und Di-Sa 18-20.30h, 76149 Neureuter Hauptstr. 210, ☎ 70 57 42, nagels-kranz.de

GRIECHISCHE KÜCHE

Akropolis, 80 bietet Gyros, Fleischspieße und Lammkoteletts, auch eine große Sonnenterrasse ist vorhanden, Mo, Do-Sa 17-23h, So+Fei 11.30-14.30h und 17-22h, Küche bis 21h, 76228 Zum Sportzentrum 3, ☎ 47 45 52, akropolis-stupferich.de

Delphi, 40 gemütliches Restaurant mit süd-

ländischem Flair und landestypischen Speisen, Di-So 11.30-14h und 17-22h, 76229 Bruchwaldstraße 72, ☎ 40 73 37, restaurant-delphi.com
Denkfabrik, 150 griechisch-mediterrane Ganztagsgastronomie mit Lunch-Menü und wechselnder Wochenkarte, Mo-Sa 11-24h, (Mittagstisch Mo-Fr 11.30-14.30h), So 11-23h, 76131 Am Sportpark 3, ☎ 93 51 41 38, denkfabrik-karlsruhe.de
Der Gartenzwerg, 140 griechisches Restaurant im Grünen mit Mittagstisch (Mo-Fr 12-15h) und einem Spielplatz, täglich 11.30-22.30h, warme Küche 12-21.30h, 76199 Gottlob-Schreber-Weg 3, ☎ 893 11 50, gartenzwerg-karlsruhe.de
Omonia [S. 315], 100 das griechische Restaurant vertritt das Konzept des „socialfood" – die unterschiedlichen Gerichte, die auf den Tisch kommen, werden unter den Gästen geteilt. Außerdem gibt es eine Bar mit Cocktail-, Wein- und Bierklassikern sowie eine Außenterrasse im Passagehof (siehe Artikel S. 316), täglich 11-23h, 76133 Passagehof 24, ☎ 48 69 97 20, omonia-kalsruhe.de
Panorama, 80 feine griechische Küche, mit Bar und einer Terrasse zum Kolpingplatz, täglich 11.30-14.30h (Mittagstisch) und 17.30-23h, 76137 Karlstr. 101, ☎ 68 07 85 39, panorama-karlsruhe.eu
Sokrates, 60 beliebtes griechisches Restaurant mit sehr guter Küche, Mittagstisch (Mi-So) und einer begrünten Terrasse, Mi-So 11.30-14.30h und Di-So 17.30-23.30h, 76137 Welfenstraße 18, ☎ 81 31 81, sokrates-karlsruhe.de

INDISCHE KÜCHE

Continent [S. 315], 20 indische Speisen à la carte oder vom Buffet (Mo-Fr 11.30-17h: 10,90€, ab 17h sowie Sa+So: 16,90€) sowie ein Veranstaltungsraum mit 60 Plätzen und Veranstaltungs-Catering, geöffnet täglich 11.30-22h, 76133 Kaiserstr. 109, ☎ 665 42 61, restaurantcontinent.de
Indian Rasoi, 10 feine nordindische Spe-

zialitätenküche in der Durlacher Fußgängerzone, Di-Sa 11.30-14h und 17.30-22h, So 12-21.30h, 76227 Pfinztalstr. 45, ☎ 94 31 00 40, indianrasoi.de

Jaipur, kleines Restaurant mit feiner nordindischer Küche wie etwa Tandoori-Gerichten, Di-Fr Mittagstisch, Di-Fr+So 11.30-14h und Di-So 17.30-23h, 76135 Lessingstr. 52, ☎ 921 11 11, jaipur-ka.de

Maharaja, 30 indisches Spezialitätenrestaurant in gepflegtem, klimatisiertem, modernem Ambiente mit frischer, gesunder, landestypischer Küche und ohne Verwendung von Geschmacksverstärkern, schöne Terrasse im Innenhof, Mi-Mo 11.30-14.30h und 18-22.30h, 76137 Poststraße 8, ☎ 40 24 52 14, restaurantmaharaja-ka.de

Maharani Palace, 16 indische Spezialitäten vom Tandoori-Grill, auch Sitzplätze im indischen Stil auf dem Boden sind vorhanden, täglich 11.30-14.30h und 17.30-23h, 76227 Grötzinger Straße 23, ☎ 40 88 39, maharani-palace.de

Moghul Mahal, Spezialitäten-Restaurant, das nach original nordindischen Rezepten kocht, Di-So 11.30-14.30h und Mo-So 18-22.30h, 76185 Ludwig-Marum-Str. 1, ☎ 84 82 82, moghul-mahal.de

Punjab, 40 indisches Restaurant mit günstigem Mittagstisch und Terrasse auf dem Kaiserplatz, Mo-So 11.30-14.30h und 17.30-23h, 76133 Amalienstr. 46, ☎ 2 21 27, punjab-karlsruhe.de

Taj Palace, indische Küche mit ayurvedischen Gewürzen, täglich 12-14h und 17.30-22h, Samstag mittags jedoch geschlossen, 76133 Karlstr. 53, ☎ 37 43 70, tajpalace-ka.de

ITALIENISCHE KÜCHE

87 Mamma Lina by Ginas, 150 trendige Pizzabar und Eventlocation mit original neapolitanischer Pizza aus dem Steinofen, der eigens in Neapel gefertigt wurde. Zudem gibt es italienische Vorspeisen und Desserts sowie eine große Wein- und Drinkauswahl, Mo-Fr 11.30-14.30h und Mo-Do 17-24h, Fr+Sa 17-1.30h, So 17-23h, 76133 Hirschhof 7, ☎ 90 99 00 44, 87ginas.pizza

Ristorante Adria, 24 Fleisch, Fischspezialitäten und Pasta (keine Pizza) in venezianischem Ambiente, Di-So 12-15h und 18-23h (warme Küche bis 14.30h bzw. bis 21.30h), 76135 Breite Str. 24, ☎ 35 66 55, ristorante-adria.de

Aposto, 180 die Restaurant-Bar mit modernem Ambiente, offener Schauküche und einem

OMONIA

„Wir sollten erst nach jemandem suchen, mit dem wir essen und trinken, bevor wir essen und trinken." Dieses Zitat Epikurs gibt gut die Philosophie des griechischen Lokals „Omonia" im Passagehof wieder. Das Restaurant, dessen Name im Deutschen „Eintracht" bedeutet, vertritt das Konzept des „socialfood". Hierbei werden die verschiedenen landestypischen Meze-Gerichte wie gefüllte Weinblätter, Zucchinipuffer, Feta im Filoteig, gegrillter Oktopus oder Souvlaki-Spieße in der Mitte des Tisches arrangiert und dann einträchtig miteinander geteilt – in lockerer, kommunikativer Atmosphäre. So, wie es in Griechenland unter Familienmitgliedern und Freunden gemacht wird, weil besondere Augenblicke, leckeres Essen und feine Getränke zum Teilen da sind. Zudem gibt es eine Bar mit Cocktail-, Wein- und Bierangeboten sowie eine schöne Terrasse zum Passagehof.

76133 Passagehof 24, Tel. 48 69 97 20, omonia-kalsruhe.de, So-Do 11-23h, Fr+Sa 11-24h

Wickelraum bietet Pizza, Pasta, Salate, Fleisch, Fisch und Cocktails sowie Mo-Fr 11-15h Mittagstisch ab 6,90€ und So 9.30-12h Frühstücksbuffet für 13,90€ – auch eine Terrasse auf dem beliebten Ludwigsplatz ist vorhanden, Mo-Mi 11-24h, Do 11-1h, Fr+Sa 11-2h, So 9.30-24h, 76133 Waldstraße 57, ☎ 160 77 73, aposto.eu

Beschde Pizza [S. 317], 10 viele Pizzavariationen von klassisch bis ausgeflippt mit regionalen, frischen Zutaten sowie leckere Salate und Antipasti, kleine überdachte Außenterrasse, täglich 11.30-21.30h, Fr+Sa bis 24h (Küche bis 22h), 76133 Amalienstr. 53, ☎ 47 04 52 00, beschde-pizza.de

Borsalino, 12 modernes, mediterranes Ristorante mit einer vielfältigen Auswahl an originellen Gerichten, Mittagstisch und einem großzügigen Wintergarten, Di-Fr 11-14.30h und 17.30-22h, Sa, So+Fei 12-22h, 76227 An der RaumFabrik 33c, ☎ 476 65 95, borsalino-ka.de

Da Paolino, 12 gehobene italienische Küche mit wechselnder Karte, Mo-Fr 12-14h und Fr+Sa 18-22h, 76185 Wichernstr. 5, ☎ 85 66 36, dapaolino.de

Da Serio, 25 Feinkostladen am Karlstor mit original italienischer Küche und sehr gutem Kaffee, Mo-Sa 7.30-11h Frühstück, Mo-Fr 12-14.30h Mittagstisch, Mo-Fr 7.30-18h und Sa 7.30-16h, 76133 Karlstr. 42-44, ☎ 2 68 03, daserio.de

erasmus [S. 303], 60 biozertifiziertes Slow-Food-Restaurant mit aufwendig zubereiteten Speisen und einem „Michelin"-Stern für Nachhaltigkeit – auch eine Garten- und eine Dachterrasse sind vorhanden, Do+Fr 12-15h und Di-Sa ab 18.30h, 76199 Nürnberger Str. 1, ☎ 40 24 23 91, erasmus-karlsruhe.de

Il Teatro, 60 stilvolles Ristorante mit feiner italienischer Küche und ausgewählten italienischen Weinen, Mi-Mo 12-14h und 18-22.30h, 76137 Ettlinger Straße 2c, ☎ 35 65 66, ilteatro.de

Kais Pizza Brückenrestaurant, bietet Nudeln, Gratins und Salate sowie Pizza, auch vegetarisch, vegan, glutenfrei und mit Bio-Dinkel-Vollkornteig – alle Mahlzeiten werden per Rad in Mehrwegverpackungen ausgeliefert, für Kinder gibt es eine Spielecke, Malsachen und einen Wickeltisch, Di-Fr 10.30-14h und 17-21h, Sa, So+Fei 15-20h, 76133 Fritz-Erler-Str. 1, ☎ 37 37 34, kais-pizza.de

La Dolce Vita, 80 klassische italienische Küche mit Plätzen am schönen Durlacher Saumarkt, Mo-Fr 12-14h und 18-22.30h, Sa+So 18-22.30h, 76227 Am Zwinger 3, ☎ 49 33 33, la-dolcevita.de

La Medusa, 30 gehobene italienische Küche mit hausgemachter Pasta und einer hübschen begrünten Außenterrasse, geöffnet Fr+Sa ab 18.30h, Reservierung erforderlich, 76199 Rastatter Str. 34, ☎ 183 91 23, la-medusa.com

La Tegola, 40 rustikales italienisches Restaurant mit großer Tageskarte, wechselnden Mittagsmenüs, Pizza, Mo-Sa 12-15h und 18-22.30h, 76137 Jollystr. 19, ☎ 81 34 06, ristorante-lategola.de

l'incontro [U3 innen] 60 italienische Küche am Kaiserplatz mit Mittagstisch, saisonalen Ge-

richten und einem Extra-Angebot für Laktose- und Gluten-intolerante Gäste sowie Veganer, Lieferservice ab 25€ Mindestbestellwert, Mo-Sa 11.30-23h (durchgehend warme Küche bis 22h), So Ruhetag, 76133 Leopoldstr. 3, ☎ 203 14 40, lincontro.de

L'Osteria, italienische Gastronomiekette mit hauseigener Pastamanufaktur und Pizza, Salaten, Antipasti, Dolci etc., Mo-Sa 11-24h, So+Fei 12-23h, 76133 Zähringerstr. 69 (130), ☎ 81 96 68 75, und Mo-Sa 11-24h, So+Fei 12-23h, 76131 Durlacher Allee 73 (180), ☎ 78 36 00 20, losteria.de

Mille Stelle, beliebtes Ristorante in modernem Ambiente mit vorwiegend Pizza, Pasta und Salaten, bitte rechtzeitig reservieren, Di-Fr 11.30-15h und 17.30-22h, Sa, So+Fei 17-22h, 76133 Akademiestraße 38-40, ☎ 151 02 48, mille-stelle.de

Pasta-Pasta, 30 alteingesessene Pizzeria in der Innenstadt mit Mittagstisch und sehr langen Öffnungszeiten, So-Do 11-1h, Fr+Sa bis 7h, 76133 Amalienstr. 17, ☎ 2 47 62, lastrada-pastapasta.de

Pizza-Haus, authentische italienische Küche zu fairen Preisen im charmanten 60er-Jahre-Ambiente, die Pizza wird vor den Augen der Gäste zubereitet und im Holzofen gebacken, zudem gibt es wechselnde Tagesgerichte, täglich 11.30-14.30h und 18-23.30h, 76131 Rintheimer Str. 2, ☎ 69 34 11

Pomodoro, 50 das italienische Ristorante mit Hinterhofterrasse und Plätzen zur Waldstraße bietet neben Pasta und Pizza auch Fisch sowie frische Tagesgerichte an, Mo-Sa 12-14.30h und 18-23h, 76133 Waldstr. 87, ☎ 2 02 72, pomodoro-karlsruhe.de

Purino, Pasta aus eigener Manufaktur, aber auch Pizza, Fleisch- und Fischgerichte sowie eine wechselnde Monatskarte, Kinder bis sechs Jahre in Begleitung eines speisenden Erwachsenen essen kostenlos, 7- bis 12-Jährige bezahlen für jedes Kindergericht 4,50€ – das Restaurant am Gottesauer Schloss verfügt über eine große Außenterrasse in schöner Lage mit benachbartem Spielplatz, Mo-Do 11.30-23h, Fr 11.30-24h, Sa 9.30-24h, So 9.30-23h, 76131 Am Schloss Gottesaue 4, 180 ☎ 91 43 83 00, und So-Do 11.30-23h, Fr+Sa 11.30-24h, 76133 Kaiserallee 3, ☎ 96 31 02 17, purino.de

Schlosscafé, 120 modernes Café-Restaurant im hinteren Ostflügel des Karlsruher Schlosses mit italienischer und internationaler Küche sowie einer großen Terrasse zum Schlosspark, Di-So 12-18h (warme Küche bis 15h), 76131 Schlossplatz 10, ☎ 966 45 71, landesmuseum.de/schloss/das-schloss-erleben/cafe → *S. 294, Cafés*

The 19th, Golf-Gastronomie beim Gut Scheibenhardt mit der authentischen italienischen Küche des Kochs aus dem Ende 2020 geschlossenen Restaurant „San Felice" in Neureut, Mi-So 10-21h (10-12h Frühstück), 76135 Gut Scheibenhardt 1, ☎ 92 13 34 83, hofgut-scheibenhardt.de

Trattoria Da Giovanni [S. 318], 40 klassisches italienisches Ristorante mit feinen Fischgerichten, saisonalen Speisen sowie glutenfreier Pizza und Pasta, außerdem ein täglich wechselnder Mittagstisch (Mo, Di, Do und Fr 12-14h) sowie zwei Gasträume mit je 50 Plätzen für Gesellschaften, geöffnet So-Di, Do+Fr 12-14h und 17.30-22.30h, Sa 17.30-22.30h, Mi Ruhetag, 76133 Gartenstr. 2, ☎ 161 49 63, trattoria-da-giovanni.de

Trattoria Toscana, 30 in mediterran-elegantem Stil eingerichtetes Fisch-Gourmet-Restaurant mit Tageskarte und Mittagstisch, Mo-Fr 12-14h und 18-23h, Sa+Fei 18-23h, 76133 Blumenstr. 19, ☎ 2 06 28, trattoria-dasalvatore.de

JAPANISCHE KÜCHE

Akoya, 60 modernes Grill- und Sushi-Restaurant mit mehreren auf zwei Stunden begrenzten All-you-can-eat-Angeboten, Mo-Sa 11.30-15h und 17.30-23.30h, So+Fei 12.30-23h, 76131 Ludwig-Erhard-Allee 8, ☎ 85 14 88 88, akoya-karlsruhe.de

Kaiseki, authentische japanische Gerichte wie Sushi und Tempura, aber auch Bibimbap und Ente, täglich 11.30-15h und 17.30-22.30h, 76133 Karlstr. 58, ☎ 91 58 89 92, kaisekiking-restaurant.de

Min Ramen Bar, asiatische Nudelsuppen (Ramen), Bowls, Teigtaschen und Reisgerichte sowie hausgemachte Limonaden, täglich 11.30-22h, 76133 Waldstr. 19, ☎ 14 59 75 78

Oishii, 28 Sushi-Bar mit All-you-can-eat-Lunch für 15,90€ (Mo-Do) bzw. 17,90€ (Fr-So+Fei) und All-you-can-eat-Dinner für 25,90€ (Mo-Do) bzw. 27,90€ (Fr-So+Fei), bietet auch warme Gerichte, geöffnet täglich 11.30-15h und 17-23h, 76133 Bürgerstraße 16, ☎ 47 05 14 12, oishii-karlsruhe.de

Seng Sushi, Sushi und chinesische Speisen, Di-So 11.30-15h und 17.30-23h, 76133 Hirschstr. 3, ☎ 151 67 87, seng-sushi.de

Soki Garden, 35 große Sushi-Auswahl, vietnamesische Gerichte, Spezialitäten vom Lavasteingrill und vegane Speisen sowie eine Terrasse im Lindencarrée, Mo-Sa 11.30-23h, So 12-23h, 76133 Waldstr. 24-28, ☎ 183 28 57, sokigarden.com

Sushi Park, 20 modernes Sushi-Restaurant im Citypark mit Selbstbedienungskonzept und Di-Sa Mittagsmenüs, geöffnet Mo 17-22h, Di-Sa 11.30-14.30h und 17-22h, 76131 Ludwig-Erhard-Allee 34, ☎ 66 99 25 35, sushipark.de

Taumi, 30 moderne, attraktiv präsentierte Asia-Fusion-Küche im ebenso modernen Ambiente mit Sushi-Angeboten und Tellergerichten von Lachs bis Ente sowie einer Terrasse bei der Städtischen Galerie, Mo-Do 11-22.30h, Fr-So 11-23.30h, 76135 Lorenzstr. 29, ☎ 98 23 68 88, taumi-restaurant.de

TA Izakaya, 70 gehobene japanische Küche mit Izakaya-Speisen als Signature-Dish (japanische „Tapas"), täglich 12-23h, 76133 Kaiserstr. 64, ☎ 15 14 96 88, ta-izakaya.de

Tawa Yama [S. 319], moderne asiatische Küche von Küchenchef Yanik Gukelberger in minimalistischem Design und eine Dachterrasse mit Blick in das lebendige Treiben der Raumfabrik – der legere Restaurantbereich „Easy" 150 hat Di-Fr 11.30-14h und Di-Sa 18-24h geöffnet, der Fine-Dining-Bereich „Fine" 50 ist mit einem Stern im „Guide Michelin" ausgezeichnet und öffnet Di-Sa 18-24h, 76227 Amalienbadstr. 41b (Bau B), ☎ 909 89 50, tawayama.de

LATEINAMERIKANISCHE KÜCHE

Brasileiro, 30 eine brasilianische Churrascaria (Grillrestaurant), in der das marinierte Grillgut auf Spießen im Churrasco-Grill zubereitet und direkt am Tisch vom Spieß geschnitten wird, Mi-Fr 18-23h, Sa 17-23h, Marktstr. 14a, 75203 Königsbach, ☎ 07232/735 02 55, brasileiro.de

Cilantro, 8 das chilenische Bistro kocht authentisch, ohne künstliche Aromen, und bietet Mi-Fr 12-14h Mittagstisch sowie Fr+Sa Menüabende, alles auch mit veganer Variante, Mi-Fr 12-14h und Mi-Sa 19-23h, 76133 Markgrafenstr. 31, ☎ 96 69 69 67, cilantrobistrodelarte.de

El Bandido, 80 typisch mexikanische Gerichte auf einer Anhöhe über Berghausen, Di-Sa ab 17h, So+Fei ab 12h, Steigstr. 25, 76327 Berghausen, ☎ 946 25 00, el-bandido.de

El Taco, mexikanische Gerichte, auch zum Mitnehmen, Fr-So ab 16h, 76187 Saarlandstr. 88, ☎ 56 66 46

El Taquito, 130 mexikanische Küche mit Tortillas aus eigener Produktion und der separaten Cocktailbar „Cantina Pancho Villa" sowie einer aufwendig gestalteten Innenhofterrasse – es gibt vegetarische, vegane und glutenfreie Gerichte, eine Mittagskarte und tägliche Aktionen – für Kinder sind eine Spielecke, Kindergerichte und ein Wickelraum vorhanden, Mi-So 11.30-23h, Fr+Sa bis 1h, 76133 Waldstr. 24-26, ☎ 2 38 81, el-taquito.de

Enchilada, 250 mexikanisches Restaurant mit Terrasse am Ludwigsplatz, Bar, Wintergarten, Innenhof und landestypischen Spezialitäten sowie Cocktails, Mo-Fr ab 17h, Sa+So ab 12h, 76133 Waldstr. 63, ☎ 120 88 85, enchilada.de

La Cubanita, Restaurant mit internationaler und mexikanischer Küche sowie Cocktailbar, Di-Sa ab 17h, So ab 15h, Badener-Tor-Str. 25, 76275 Ettlingen, ☎ 07243/72 56 80, lacubanita-ettlingen.de

Mapa, 50 Bar und Mezcalería mit südamerikanischen Speisen, Cocktails, einer erlesenen Auswahl lateinamerikanischer Spirituosen sowie gelegentlichen Live-Konzerten, Mi-Sa 18-23h (Fr+Sa bis 24h), 76133 Gartenstr. 56b, ☎ 89 33 30 61, mapa-café.de

MEDITERRANE KÜCHE

DJK Ost, 70 mediterrane und deutsche Speisen sowie Grillgerichte mitten im Hardtwald, Di-Fr 11.30-14.30h und 17-24h, Sa+So 11.30-24h, 76131 Friedrichstaler Allee 52, ☎ 75 16 75, djk-ost.de

fünf [S. 384], 90 von „Slow Food" empfohlenes Restaurant mit angenehmer, ungezwungener Atmosphäre, das sowohl eine kleine feste Karte als auch wöchentlich wechselnde kreative Gerichte mit saisonalen und weitestgehend regionalen Zutaten offeriert. Die Weinkarte ist gut bestückt, ein kleiner Weinhandel ermöglicht den Erwerb von Flaschenweinen für zuhause. Ein Bar-

Gastronomie

bereich mit Cocktails und Wein-Probier-Bar laden zum gemütlichen Ausklang; im Winter finden regelmäßig Menüabende statt, Di-Sa ab 18, 76149 Kanalweg 52, ☎ 97 66 47 12, fuenf.de

Jacek's, 25 deutsche und mediterrane Küche mit saisonalen Spezialitäten, Di-Sa 16-22.30h, So 12-15h und 17-22h, 76228 Im Rodel 7, ☎ 4 57 44, jaceks-gastronomie.metro.biz

Mediterrane Durlach, 40 das Restaurant in der Durlacher Altstadt bietet gehobene authentische mediterrane Küche in einem Gastraum mit offengelegtem Fachwerk. Ausgesuchte Weine und feine Digestifs ergänzen das Angebot, im Sommer lockt die mit Olivenbäumchen begrünte beschirmte Terrasse. Insgesamt stehen fünf Räume, u. a. ein Kellergewölbe, für Feiern (10-120 Personen) zur Verfügung, Küche Di-Sa ab 18h, Mo, So+Fei auf Anfrage, 76227 Zunftstr. 5, ☎ 941 60 61, mediterrane.eu

Mediterrane Karlsruhe [S. 320], 40 das moderne Restaurant mit saisonaler mediterraner Küche in der Südweststadt bietet gehobene authentische Speisen mit Produkten von regionalen Lieferanten, einen Business-Lunch, eine neugestaltete Außenterrasse sowie Platz für Events und private Feiern von 10 bis 100 Personen, Küchenzeiten Mo-Sa 11-14.30h und ab 17.30h, So+Fei auf Anfrage, 76137 Karlstr. 70, ☎ 819 69 78, mediterrane.eu

Terra Mare, 24 südländische Grill- und Pfannengerichte, Fisch- und Tapasspezialitäten, Di-Fr und So 11.30-14.30h sowie Di-So 17.30-24h (warme Küche bis 14h bzw. bis 22h), 76137 Ritterstr. 19, ☎ 660 54 93, restaurant-terramare.de

Watt's Brasserie [S. 112], 200 „Schmeck den Süden"-Gastronomie mit mediterraner und regionaler Küche, Wintergarten und hübschem Innenhof in der historischen Villa Watthalden, Mo-Sa 17-22.30h, Pforzheimer Str. 67, 76275 Ettlingen, ☎ 07243/714-20 00, watts.de

ORIENTALISCHE KÜCHE

Alibaba, 12 Restaurant mit libanesisch-syrischer Küche, Mo-Sa 17-23h, Mo 12-14.30h, 76133 Kreuzstr. 25, ☎ 38 64 93, alibaba-ka.de

Central Döner, der türkische Imbiss bietet Döner, Pizza und Kebap, Mo-Do 11-1h, Fr+Sa 11-5h, So 13-1h, 76133 Amalienstr. 49, ☎ 921 21 11, central-doener.metro.rest

Halab schahbaa, syrische Küche wie Schawarma, Kebap und Grillfisch, Mo-Sa 11-22h, So 14-20h, 76137 Karlstr. 77, ☎ 66 97 58 15, schahbaa.de

La Rose, feine syrische bzw. arabische Spezialitäten wie leckere Falafel und Baba Ganoush, Mo-Mi 11-21h, Do-Sa 11-22h, 76133 Akademiestraße 32, ☎ 669 84 41, sowie La Rose to Go, 76133 Kaiserstr. 124B, larosekarlsruhe.de

Parsifal, 40 serviert iranische und indische Küche, Di-Fr 10-24h, Sa+So 17-24h (Küchenzeiten 11-14h und 17-22h), 76131 Degenfeldstraße 1, ☎ 96 14 42 20, parsifal-ka.de

PORTUGIESISCHE KÜCHE

Casa do José, 40 bietet feine, authentische portugiesische Gerichte in angenehmer Atmosphäre und eine umfangreiche Auswahl portugiesischer Weine, aufmerksamer Service, Mi-Sa 17-23h, So 12-15h und 17-22h, 76133 Kriegsstr. 92, ☎ 91 43 80 18, casadojose.de

Tasca do José, 40 hübsche portugiesische Taverne mit kleinen, landestypischen Gerichten und Weinen sowie einer schön gestalteten Innenhofterrasse, Di-Fr 17-23h, Sa 12-15h und 17-23h, 76133 Waldstr. 50, ☎ 96 31 62 46, tascadojose.de

SCHWEIZERISCHE KÜCHE

Restaurant Plaza [S. 63], 52 deutsch-schweizerisches Spezialitätenrestaurant im renovierten Fachwerkhaus mit offenen Holzbalken, hellem, freundlichem Interieur und einer Terrasse auf dem Herrenalber Rathausvorplatz – Spezialität der Küche sind Rösti in allerlei Variationen, zudem gibt es saisonale Tagesangebote (siehe Artikel ab S. 60), Do-Mo 12-22h, Rathausplatz 1, 76332 Bad Herrenalb, ☎ 07083/933 54 45, restaurant-plaza.de

SPANISCHE KÜCHE

Pablo's, 70 spanisches Restaurant mit landestypischen Gerichten wie Paella, Tapas und spanischen Weinen sowie einem beschirmten Biergarten im Innenhof, geöffnet täglich ab 17h, 76227 Ochsentorstr. 17, ☎ 790 74 51, pablos-durlach.de

Toro, beliebte, gemütliche Tapasbar mit spanischen Weinen und spanischem Flair, Di-Sa 17-24h, 76133 Akademiestr. 57, ☎ 47 03 04 69

THAILÄNDISCHE KÜCHE

Bangkok-Foodland, thailändische Küche, täglich geöffnet, Mittagstisch: 11.30-14.30h, Spezialitätenrestaurant: 14.30-22h, 76133 Leopoldstr. 18, ☎ 130 57 38, bangkok-foodland.com

Nat Pob, 60 thailändische Küche mit Mittagstisch-Angeboten und Kinderspielplatz im Außenbereich, geöffnet Di-Fr 11.30-14.30h und Di-Sa 17-23h, So+Fei 11.30-23h, 76189 Am Mühlburger Bahnhof 12, ☎ 59 09 80, nat-pob.com

Rim Wang, 70 das mit landestypischen Holzschnitzwerken und Skulpturen eingerichtete Restaurant wurde von der Königlich Thailändischen Botschaft in Berlin für seine authentische Thai-Küche ausgezeichnet – die Speisekarte orientiert sich an den Gerichten des thailändischen Königshauses, Di-Sa 12-14h und 17.30-22h, So+Fei 12-22h, 76185 Eckenerstr. 1, ☎ 69 77 76, rim-wang.de

Saigon, thailändische, vietnamesische und chinesische Gerichte, Sitzplätze für 40 Gäste, Mo-Fr 11.30-15h und 17-21h, So+Fei 12-21h, 76137 Brauerstraße 17, ☎ 205 98 81, saigonrestaurant.de

Soong Hau, 40 authentische Thai-Küche, Di-Fr 11.30-14.30h und 17-22h, Sa, So+Fei 12-22h, 76137 Wilhelmstr. 17, ☎ 93 38 53 34, soong-hau.de

TÜRKISCHE KÜCHE

Siehe → S. 321, Orientalische Küche

UNGARISCHE KÜCHE

Zum Elsternest, 60 ungarische Spezialitäten, Mi-So 11-22h (Küche 11.30-14.30h und 17-21h, Sa, So+Fei 11.30-21h durchgehend), 76199 Gottlob-Schreber-Weg 2, ☎ 88 34 13, zum-elsternest.de

VIETNAMESISCHE KÜCHE

BEP XUA, 10 authentische vietnamesische Küche mit schönem Hinterhof-Biergärtchen, Di-So 18-22h (warme Küche bis 21h), 76135 Kriegsstr. 206, ☎ 83 16 80 08, bepxua.de

Mai Garden, 80 leckere vietnamesische Asia-Fusion-Küche mit Mittagstisch und einer großen Terrasse zum Kirchplatz St. Stephan, täglich 11-23h, 76133 Herrenstraße 23, ☎ 95 96 53 78, maigarden-karlsruhe.jimdosite.com

Maison Tom, vietnamesische Küche, vegane Angebote in stilvollem Ambiente sowie Sushi und Kindermenüs, täglich 11.30-23h, 76185 Yorckstr. 32, ☎ 85 58 59, maisontom.de

Mama Thanh, 70 südvietnamesische Küche, hawaiianische Poke-Bowls und Sushi, Di-Fr 11.30-14h und 16.30-23h, Sa, So+Fei 13-23h, 76135 Uhlandstr. 40, ☎ 47 03 19 01, mamathanh.de

Mr. Bubble/Mr. Vietnam, Imbiss mit hausgemachten vietnamesischen Spezialitäten von Tofu- und Fleischgerichten bis Bowls, täglich 11.30-14.30h und 17-21.30h, 76133 Karlstr. 55, ☎ 35 44 87 40, mrbubblemrvietnam-karlsruhe.de

Phó, der Familienbetrieb serviert vietnamesische Küche und Bubble-Tea, Mo-Sa 11.30-21h, So 11-18h, 76133 Akademiestraße 43, ☎ 98 23 46 33, pho-bubbletea.de

Soki Garden, 35 vietnamesische und japanische Spezialitäten, 76133 Waldstr. 24-28, ☎ 183 28 57, sokigarden.com → *S. 319, Japanische Küche*

Taumi, 40 moderne, attraktiv präsentierte Asia-Fusion-Küche mit Schwerpunkt auf Vietnam in ebenso modernem, schnörkellosem Ambiente und eine Terrasse mit Blick auf den Filmpalast – Suppen, Salate, Sushi-Angebote und Tellergerichte von Lachs über Entrecôte bis Ente, Mo-Do 11-22.30h, Fr-So 11-23.30h, 76135 Lorenzstr. 29, ☎ 98 23 68 88, taumi-restaurant.de

SCHNELLE KÜCHE

Aroma, beliebter Pizza- und Döner-Imbiss, Mo-Fr 11.30-21h, Sa 13-21h, So+Fei geschlossen, 76135 Kriegsstr. 274a, ☎ 85 44 62, aroma-karlsruhe.de

Beschde Pizza [S. 317], 10 zahlreiche Pizzavariationen von klassisch bis ausgeflippt mit regionalen, frischen Zutaten sowie Antipastiteller und leckere Salate, So-Do 11.30-21.30h, Fr+Sa 11.30-24h (Küche bis 22h), 76133 Amalienstr. 53, ☎ 47 04 52 00, beschde-pizza.de

Burger King, Burger, Pommes und Whopper,

Mo-Sa 11-22h, So 12-22h, 76133 Kaiserstr. 217 (Postgalerie), ☎ 16 08 93 83; täglich 11-22h (Drive-in bis 24h), 76185 Boschstr. 2, ☎ 484 83 35; Do-Di 11-22h, Mi 10-22h, (Drive-in bis 24h), 76189 Durmersheimer Str. 145a, ☎ 569 59 34, burgerking.de

Central Döner, der türkische Imbiss bietet Döner, Pizza und Kebap, Mo-Do 11-1h, Fr+Sa 11-5h, So 13-1h, 76133 Amalienstraße 49, ☎ 921 21 11, central-doener.metro.rest

Curry 76, Currywurst in mehreren Schärfegraden, Mo-Sa 11-21h, 76133 Waldstraße 24-28 (Lindencarrée), ☎ 354 09 56, curry76-ka.de

Dean & David, 40 Salate, Bowls, Currys, Suppen, Sandwiches, Mo-Sa 10-20h, So 11-20h, 76133 Kaiserstr. 223a, ☎ 151 93 31, deananddavid.com

Euphrat, türkischer Imbiss mit Yufka, Fladenbrot, Pizza und Tellergerichten, So-Do 11-23h, Fr+Sa 11-1h, 76133 Hirschstr. 28, ☎ 2 86 81

Five Guys, Burgerkette, So-Do 11-22h, Fr+Sa 11-23h, 76133 Kaiserstr. 215, ☎ 20 44 06 16, fiveguys.de

Fresh Sub, Sandwiches in vielen Varianten sowie Bowls und Salate, Mo-Fr 11.30-16h, Sa 11.30-20h, 76133 Kaiserpassage 4, ☎ 824 88 88, freshsub.de

Hendl Cube, Hähnchen in allen Variationen und Tagesessen, täglich 11.30-21h (Fr+Sa bis 22h), 76133 Kaiserallee 69, ☎ 84 94 19, hendlcube.de

Kabibi, orientalische Küche von Schawarma bis Falafel sowie eine Extra-Karte für Vegetarier und Veganer, täglich 11-24h (Fr+Sa bis 3h), 76131 Kaiserstr. 59, ☎ 47 04 68 13, kabibi.de

Kebabi, sehr beliebter Döner-Imbiss mit vegetarischen, veganen und Halal-Angeboten, der Döner kann aus 44 frischen Zutaten zusammengestellt werden, Mo-Sa 11.45-21h, 76133 Waldstraße 32, ☎ 98 19 29 16, kebabi.de

IKEA, das Schnellrestaurant im Möbelhaus IKEA bietet schwedische Gerichte wie „Köttbullar", aber auch vegetarische Speisen, Mo-Sa 10-18.30h, 76137 Durlacher Allee 97, ikea.de/karlsruhe

Kentucky Fried Chicken, US-amerikanische Fastfood-Kette mit Brathähnchen, Chickenwings und Beilagen, Mo-Sa 11-20h, im Einkaufszentrum Ettlinger Tor, 76133 Karl-Friedrich-Straße 26, ☎ 96 88 60 30, und täglich 11-24h, 76133 Waldstraße 24-28, ☎ 98 23 26 51, kfc.de

Kolo, Pizza, Döner und Kebab, Di-Do 12-23h, Fr+Sa 16-5h, So 14-23h, 76133 Amalienstraße 51, ☎ 82 10 72 00, kolo-pizza-kebabhaus-karlsruhe.de

La Rose, feine syrische bzw. arabische Speisen von leckeren Falafel über Hummus bis hin zu Baba Ganoush, dazu Ayran oder Tamarindesaft, Mo-Mi 11-21h, Do-Sa 11-22h, 76133 Akademiestr. 32, ☎ 669 84 41, und La Rose to Go, 76133 Kaiserstr. 124B, larosekarlsruhe.de

Marktküche, 40 bietet Suppen, Eintöpfe und

LEBENSMITTELKONTROLLEN

In Karlsruhe nehmen zehn Kontrolleure rund 3.500 Lebensmittel verarbeitende Betriebe unter die Lupe. Auch Restaurants und Lieferservices gehören dazu. Die etwa 70 Kontrollen pro Woche erfolgen unangekündigt – Betriebe, die viele frische Nahrungsmittel verarbeiten, werden besonders häufig kontrolliert. Auf der Webseite karlsruhe.de/stadtrathaus/service-buergerinformation/sicherheit-ordnung/lebensmittelueberwachung sind die Ergebnisse der amtlichen Lebensmittelüberwachung für den Stadtkreis Karlsruhe zu finden (ganz nach unten scrollen). Die Liste nennt Gastronomiebetriebe, bei denen die Kontrollen hygienische Mängel an den Tag brachten, und führt die konkreten Beanstandungen auf.

Salate, Mo-Fr 11.30-15h, 76135 Gutenbergstr. 5, ☎ 47 04 13 14 marktkueche.de

McDonald's: mcdonalds.de, Mo-Do 10-24h, Fr+Sa 10-1h, 76133 Europaplatz, ☎ 919 55 55; So-Do 10-24h, Fr+Sa 10-1h, 76133 Kaiserstr. 135, ☎ 35 45 49 84: So-Do 8-1h, Fr+Sa 8-3h, 76135 Pulverhausstr. 42, ☎ 160 37 88; täglich 8-1h, 76137 Hauptbahnhof, ☎ 384 77 77; Mo-Sa 9-20h, So Ruhetag, 76137 Durlacher Allee 111 (Real), ☎ 490 49 17; täglich 10-1h, 76149 Bocksdornweg 2, ☎ 47 66 08-0; So-Do 8-3h, Fr+Sa 8-5h, 76189 Am Mühlburger Bahnhof, ☎ 952 22 22

Miu Miu, China- und Thai-Food mit hauseigenem Tofu, täglich 11-15h und 17-22h, 76185 Kaiserallee 149, ☎ 86 00 61 37, miu-miu-karlsruhe.com

Moi Moi, Asia-Fusion-Küche, täglich 11-21h, 76133 Ritterstr. 10, ☎ 85 14 03 58

Neue Dönastie, moderne Döner- und Salatbar, in der digital bestellt wird und nur bargeldlos bezahlt werden kann, Mo-Fr 11.30-21h, Sa 12-21h, 76133 Kaiserstr. 172, neue-doenastie.de

Nordsee-Restaurant, Schnellrestaurants mit Frischfischgerichten, Snacks und belegten Baguettes, 76133 Kaiserstr. 70, ☎ 38 97 96, Mo-Fr 10-20h, Sa 10-18h, und 76133 Ettlinger-Tor-Platz 1, ☎ 354 40 75, Mo-Fr 11-18h, Sa 11-19h, nordsee.com

Pink Elefant – Asia Center, Thai-Imbiss mit Currys und Nudelgerichten zum Mitnehmen (Vorbestellung empfohlen), Mo-Fr 10-18.30h, Sa 10-17h, 76227 Rittnertstr. 1, ☎ 60 56 19 53, pink-elefant.de

Pizza & Gusto, Pizzavariationen, Mo-Sa 9.30-15h und 17-21h, Fr+Sa bis 22h, Sa ab 12h, 76133 Amalienstraße 14a, ☎ 0176/73 59 67 24, pizzagustokarlsruhe.de

Pizza-Automat Ettlingen, hier bekommt man rund um die Uhr frisch aufgebackene Pizza, Nobelstr. 11, 76275 Ettlingen, und Hertzstr. 5, 76307 Karlsbad, snackworld24.com

Pizza Hut, amerikanische Pfannenpizza, Pasta und Salate, Mo-Do 11-23h, Fr+Sa 11-24h, So 12-23h, 76133 Erbprinzenstr. 34, ☎ 20 51 83, pizzahut.de

Saigon, thailändische, vietnamesische und chinesische Gerichte, auch Sitzplätze vorhanden, Mo-Fr 11.30-15h und 17-21h, So+Fei 12-21h, 76137 Brauerstr. 17, ☎ 205 98 81, saigonrestaurant.de

Steuermann's Corner, Bistro des Hotel-Restaurants „Steuermann" mit traditioneller Küche und modernen Fast-Food-Gerichten, auch zum Mitnehmen, Mo-Fr 6-14h, 76189 Hansastr. 13, ☎ 95 09 00, hotel-steuermann.de

Waldemars Suppenstüble, bietet täglich drei selbst gemachte Suppen oder Eintöpfe an (ab 4€), sowie Salate (ab 3,50€) und Kuchen (ab 2€), Mo-Fr 11.30-15.30h, 76131 Waldhornstr. 31, ☎ 384 10 10, suppenstueble.eatbu.com

VEGETARISCH, VEGAN & BIO-KÜCHE

Anjas Keksbar, 11 biozertifizierte Kaffeebar und Keksmanufaktur mit einer großen Auswahl an selbstgemachten Keksen, Kaffeespezialitäten, Kuchen und veganen Backwaren, Di-Fr veganer Mittagstisch, Di-Fr 10-18h, Sa 9.30-13.30h, 76185 Hardtstr. 58, ☎ 40 24 99 79, anjas-keksbar.de

Beschde Pizza [S. 317], 10 zahlreiche vegetarische Pizzavariationen von klassisch bis ausgeflippt mit regionalen, frischen Zutaten, die auch vegan bestellt werden können, sowie Salate und Antipastiteller, So-Do 11.30-21.30h, Fr+Sa 11.30-24h (Küche bis 22h), 76133 Amalienstraße 53, ☎ 47 04 52 00, beschde-pizza.de

Cilantro, 8 chilenisches Bistro, Mi-Fr Mittagstisch und Fr+Sa Menüabende mit veganer Variante, Mi-Fr 12-14h, Mi-Sa 19-23h, 76133 Markgrafenstr. 31, ☎ 96 69 69 67, cilantrobistrodelarte.de

drei&zwanzig, 30 veganes Café mit Frühstück, Lunch, Kuchen und einer veganen Käsetheke, Di-Do 10-18h, Fr+Sa 10-22h, 76133 Blumenstr. 19, ☎ 0176/80 28 58 21, dreiundzwanzig.cafe

El Taquito, 130 das mexikanische Restaurant bietet vegetarische, vegane und glutenfreie Gerichte, Mi-So 11.30-23h, Fr+Sa bis 1h, 76133 Waldstr. 24-26, ☎ 2 38 81, el-taquito.de
→ *S. 320, Lateinamerikanische Küche*

Glashaus, 40 das rein vegetarische Restau-

l'incontro – italienische Küche

Verde – veganes Restaurant

rant unter dem Glasdach einer Gärtnerei bietet in ZKM-Nähe rund ein Dutzend Mittagstischgerichte, Di-Do 11.30-14.30h, 76135 Holtzstr. 5, ☎ 47 17 84 58, glashaus-im.biz

Indian Rasoi, vegane indische Vorspeisen, Hauptgerichte und Nachspeisen, Di-Sa 11.30-14h und 17.30-22h, So 12-21.30h, 76227 Pfinztalstr. 45, ☎ 94 31 00 40, indianrasoi-ka.de

Intro Café, 40 nachhaltiges Café mit saisonalen veganen Speisen sowie Kaffee und Kuchen – fürs Take-away gibt es ein Pfandsystem, außerdem finden Kulturveranstaltungen und Kunstausstellungen statt, Mo-Fr 9-19h, Sa+So 10-18h, 76133 Kaiserstr. 93, ☎ 27 66 07 37, intro.cafe

Kais Pizza, vegetarische, vegane und Glutenfreie Pizzen, überwiegend in Bio-Qualität – die Gerichte werden auch ausgeliefert (per Rad und in Mehrwegverpackung), Di-Fr 10.30-14h und 17-21h, Sa, So+Fei 15-20h, 76133 Fritz-Erler-Str. 1, ☎ 37 37 34, kais-pizza.de

Kleine Feinschmeckerei [S. 219], vegetarische und zum Teil vegane Speisen, wechselnde Tagesessen, kleine Gerichte und hausgemachte Kuchen – die Zutaten stammen überwiegend aus eigenem unbehandeltem Anbau oder von Bio-Produzenten, Mo 10.30-14h, Di-Fr 9.30-18h, Sa 9.30-14h, 76227 Amthausstraße 7, ☎ 0157/88 47 52 57, kleinefeinschmeckerei.de

Kulturküche, 60 nachhaltiges Gastronomiekonzept mit veganen und vegetarischen Gerichten, die sich an der Saison orientieren und aus Zutaten regionaler Landwirtschaftsbetriebe oder fair gehandelten Produkten zubereitet werden – angeboten werden Mo-Fr 11-15h ein regelmäßiges Mittagsgericht sowie Fr 17-19.30 ein Abendessen und gelegentlich kulturelle oder kulinarische Veranstaltungen wie Live-Musik und jeden ersten So im Monat ein veganer Brunch, 76131 Kaiserstr. 47, ☎ 96 31 14 87, kulturkueche-karlsruhe.de

l'incontro [U3 innen], 60 italienische Küche mit einer veganen Extra-Karte und veganem Wein sowie Angeboten für Laktose- und Gluten-intolerante Gäste, Lieferservice ab 25€ Bestellwert, Mo-Sa 11.30-23h (durchgehend warme Küche bis 22h), 76133 Leopoldstr. 3, ☎ 203 14 40, lincontro.de

Mogogo, Spezialitäten aus Nord- und Ostafrika, große vegane Karte mit Nachtisch, Di-Fr 18-23h, So 12-14.30h und 18-23h, 76133 Stephanienstr. 2a, ☎ 120 80 00, restaurant-mogogo.de

My heart beats vegan, 24 rein veganes Restaurant mit Burgern, Salaten, Pasta sowie wechselnden Kuchen und Desserts, Mo-Fr 17-22h, Sa+So 12-22h (warme Küche bis 21h), 76133 Kriegsstr. 94, ☎ 97 66 77 31, mhbv.de

NIC, rein veganes Burgerrestaurant im Ettlinger-Tor-Center, 76133 Karl-Friedrich-Str. 26, welovenic.com

Café Palaver, 35 vegane Frühstücksangebote sowie vegetarische/vegane Tagesessen mit vielen Bio-Zutaten; eine kleine Kinderkarte, Kinderstühle und eine Spielecke belegen, dass kleine Gäste willkommen sind, täglich 10-16h, 76133 Steinstr. 23, ☎ 37 76 47, cafepalaver.de → *S. 294, Cafés*

Das Rieberg, 12 hat stets eine vegane Torte in seinem Angebot sowie von 12 bis 15h eine vegane Gemüsesuppe und von 9 bis 12h ein veganes Frühstück mit Aufstrich und Müsli, Di-So 9-18h, 76199 Ostendorfplatz 1, ☎ 891518, dasrieberg.de

Süße Marie Veganerie [S. 326], 22 vegane handgemachte gutbürgerliche Küche sowie vegane Kuchen, Torten, Eis und wechselnde Tagesgerichte, Mi-Fr 12-15h und 17-21.30h, Sa+So 12-21.30h (aktuelle Änderungen siehe Homepage), 76137 Rüppurrer Str. 106, ☎ 97 67 69 55, suesse-marie.de

Veggiezz, das vegane Restaurant serviert Bowls, Burger, Wraps, Rolls, Nachtisch, hausgemachte Limonaden, Wein und Longdrinks, Do-Di 11-23h, 76131 Kaiserstr. 21, ☎ 47 06 60 64, veggiezz.eu

Verde [S. 326], 50 das vegane Restaurant bietet als grüne Oase in der Innenstadt eine rein pflanzliche Küche mit außergewöhnlichen Zutaten, vom Frühstück/Brunch am Wochenende über wechselnde Tagesessen bis zum Fine Dining. Zudem gibt es Smoothies, Kaffee und Kuchen sowie Eis aus der hauseigenen Eismanufaktur, Di-Fr 12-21.30h, Sa+So 11-21.30, 76133 Kaiserstr. 101, ☎ 95 96 09 33, restaurant-verde.eatbu.com

ViVA, 120 vegetarisches Selbstbedienungs-Restaurant mit Produkten zum Teil aus biologischem Anbau sowie veganen und glutenfreien Angeboten, Mo-Fr 11.30-15h, 76133 Lammstraße 7a, ☎ 2 32 93, viva-restaurant.de

WEINSTUBEN/-BARS

B17 Wein & Co., 30 stilvolle Weinbar mit urbanem Charakter, kleinen Speisen, Natursteinwänden und einem hübschen, begrünten Außenbereich, auch Cocktails werden serviert, Do-Sa ab 17h, 76133 Blumenstr. 17, ☎ 2 99 26, b17-bar.de

Oberländer Weinstube, 35 Weinstube mit bodenständiger, aber moderner und kreativer Gourmet-Küche, Di-Sa 12-15h und 18-23h, 76133 Akademiestr. 7, ☎ 2 50 66, oberlaender-weinstube.de

otto, 20 kleine Weinkneipe, die ausschließlich deutsche Erzeugnisse serviert, neben Wein gibt es auch Gin sowie kleine Snacks, Mi-Sa ab 18h, 76185 Yorckstr. 8, ☎ 82 48 12 53, otto-karlsruhe.de

Vin Fou, 24 beliebte kleine, gemütliche Weinstube mit Restaurant und einem Außenbereich sowie über 60 Weinsorten, kleinen Speisen und einem täglich wechselnden Menü, Reservierung empfohlen, Di-Sa 18.30-24h (Weinverkauf ab 17h), 76137 Lenzstraße 2, ☎ 820 08 55, vinfou.de

Weinstube Leo Faller, Weinstube im geschichtsträchtigen Fachwerkhaus der Künstlerkneipe mit ausgesuchten Weinen und rustikalen Gerichten, Mi-So 18-24h, 76189 Pfarrstraße 18, ☎ 16 08 99 57, kuenstlerkneipe.com

WEINSTUBEN IN DER REGION

Weinstube Sibylla, über 220 Jahre alte, rustikal eingerichtete Gaststube im Hotel Erbprinz mit badisch-regionaler Küche und regionalen Weinen, täglich 12-22.30h (durchgehend warme Küche), Rheinstr. 1, 76275 Ettlingen, ☎ 07243/322-0, erbprinz.de

GASTRO-REGISTER

Hinter dem Namen des Gastronomiebetriebs ist das Planquadrat angegeben, in dem sich das Lokal auf dem Stadtplan in der hinteren Umschlagklappe befindet.

f

g

h

i

j

k

l

m

n

o

p

r

s

t

u

v

w

y

z

GELD & SPARTIPPS

BANKEN

In dieser Rubrik sind die Hauptstellen der gängigen in Karlsruhe vertretenen Banken aufgeführt. Unter iban-rechner.de lässt sich aus einer alten Kontonummer mit Bankleitzahl für jedes beliebige Konto die neue IBAN ermitteln. Wer übrigens noch D-Mark in Euro tauschen will, kann dies bei der Deutschen Bundesbank tun.

Badische Beamtenbank, BIC: GENODE61BBB, 76133 Herrenstr. 2-10, ☎ 141-7 10 01, bbbank.de
BW-Bank, BIC: SOLADEST600, 76133 Friedrichsplatz 1-3, ☎ 142-2 47 46, bw-bank.de
Commerzbank AG, BIC: DRESDEFF660, 76133 Karl-Friedrich-Str. 7, ☎ 38 36-0, commerzbank.de
Deutsche Apotheker- und Ärztebank eG, BIC: DAAEDEDDXXX, 76131 Ludwig-Erhard-Allee 22, ☎ 95 55 90, apobank.de
Deutsche Bank, BIC: DEUTDEDB660, 76133 Kaiserstr. 90, ☎ 13 08-0, deutsche-bank.de
Deutsche Bausparkasse Badenia AG, BIC: BBSPDE6KXXX, 76189 Badeniaplatz 1, ☎ 995-0, badenia.de
Deutsche Bundesbank, BIC: MARKDEF1660, 76135 Südendstr. 46, ☎ 1 60 07-0, bundesbank.de
HypoVereinsbank, BIC: HYVEDEMM475, 76133 Waldstr. 67, ☎ 089/37 84 80 00, hypovereinsbank.de
L-Bank, Landeskreditbank Baden-Württemberg, BIC: LKBWDE6KXXX, 76131 Schlossplatz 10, ☎ 150-0, l-bank.de
Landesbank Baden-Württ., BIC: SOLADEST600, 76131 Ludwig-Erhard-Allee 4, ☎ 142-0, lbbw.de
LBS Baden-Württemberg, BIC: SOLADEST600, Bausparkasse der Sparkassen, 76135 Siegfried-Kühn-Str. 4, ☎ 9 13 26-11, lbs-bw.de
Postbank, BIC: PBNKDEFFXXX, 76133 Kaiserstraße 217, ☎ 0228/55 00 55 00, postbank.de
PSD Bank Karlsruhe-Neustadt, BIC: GENODEF1P10, 76137 Philipp-Reis-Str. 1, ☎ 91 82-0, psd-karlsruhe-neustadt.de
Santanderbank, BIC: SCFBDE33XXX, 76133 Karlstr. 3-5, ☎ 1 81 70, santanderbank.de
Sparkasse Karlsruhe, BIC: KARSDE66XXX, 76133 Kaiserstr. 223, ☎ 146-0, sparkasse-ka.de
Südwestbank, BIC: SWBSDESSXXX, 76133 Waldstr. 41-43, ☎ 94 54 05-0, suedwestbank.de
Targobank, BIC: CMCIDEDDXXX, 76133 Kaiserstraße 121, ☎ 93 26 30, targobank.de
Volksbank Karlsruhe, BIC: GENODE61KA1, 76131 Ludwig-Erhard-Allee 1, ☎ 93 50-0, volksbank-karlsruhe.de
Wüstenrot Bausparkasse, BIC: WBAGDE61XXX, 76133 Kriegsstr. 37, ☎ 93 54-2 10, wuestenrot.de

TIPPS

banktip.de, hier lassen sich die Leistungen der unterschiedlichen Banken vergleichen
Die **Kundenbeschwerdestelle** hilft, wenn man Streit mit seiner Bank hat. Der Schlichterspruch ist für die Bank in einer Höhe von bis zu 10.000€ bindend (Ausnahme: Volks- und Raiffeisenbanken), nicht aber für den Kunden. Ombudsmann der privaten Banken: Postfach 04 03 07, 10062 Berlin, ☎ 030/16 63-31 66, bankenombudsmann.de, Kundenbeschwerdestelle der VR-Banken: Schellingstr. 4, 10785 Berlin, ☎ 030/202 116 39; Sparkassenkunden können die Adresse bei ihrer Bank erfragen.
Sperr-Hotline für EC-Karten: Unter der zentralen kostenlosen Rufnummer 116 116 kann man seine EC-Karte nach Verlust sperren lassen. Aus dem Ausland (☎ 0049-116 116 oder unter ☎ 0049-30 40 50 40 50) ist der Anruf kostenpflichtig. Zudem erfährt man hier falls nötig auch Sperr-Hotline-Nummern für Kreditkarten und Handys.
Die **Stiftung Warentest** hat über 400 Girokontenmodelle von mehr als 150 Banken getestet und die Ergebnisse gratis auf ihrer Homepage veröffentlicht („Girokonten" in das Suchfeld eingeben), test.de

FABRIKVERKAUF

Siehe auch → S. 376, Mode: Lager- & Fabrikverkauf

AfB social & green IT [S. 213], ist Europas größtes gemeinnütziges IT-Unternehmen. Der IT-Refurbisher verkauft aufbereitete, gebrauchte IT wie

Notebooks und PCs in Business-Qualität inklusive Betriebssystem wie Windows 10 oder 11, Monitore, Drucker, Mobiltelefone und Zubehör zu deutlich günstigeren Preisen, verglichen mit Neugeräten, sowie mit Garantie und Reparatur- bzw. Vor-Ort-Service, Ferdinand-Porsche-Str. 9, 76275 Ettlingen, ☎ 07243/2 00 00-110, afbshop.de/ettlingen

Friwa, Küchen ab Werk, Gewerbering 23a, 76287 Rheinstetten, ☎ 07242/9 33 60, friwa.de

Heine-Lagerverkauf, Damenmode, Möbel und Wohnaccessoires, Mi+Fr 11-20h, Sa 10-16h, 76135 Windeckstr. 15, ☎ 991 21 00, heine.de

Koch, Kinderwagenfabrik, Fr 9-18h, Sa 9-16h oder nach Vereinb., Austr. 16-18, 77839 Lichtenau-Grauelsbaum, ☎ 07227/9 84 11, koch-kinderwagen.de

MMM-Möbel-Markt Mayer, nach telefonischer Vereinbarung, Am Stadion 12, 76327 Pfinztal-Berghausen, ☎ 0173/322 61 26

FINANZAMT

Finanzamt Karlsruhe-Stadt, 76131 Durlacher Allee 29, ☎ 156-0, fa-karlsruhe-stadt.de

Finanzamt KA-Durlach, 76227 Prinzessenstr. 2, ☎ 994-0, finanzamt-bw.fv-bwl.de/fa_kadurlach

Oberfinanzdirektion Karlsruhe, 76133 Moltkestraße 50, ☎ 926-0, ofd-karlsruhe.de

FLOHMÄRKTE

Im Folgenden sind die regelmäßig stattfindenden Flohmärkte aufgeführt. Auch Kirchengemeinden veranstalten gelegentlich Flohmärkte, die Termine können der Presse entnommen werden.

City-Flohmarkt am Stephanplatz, jeden 1. Sa im Monat (außer Januar und Februar), Veranstalter: Agentur Hochstatter, flohmarkt-ka.de

Durlacher Kruschtelmarkt, 15. April, 13. Mai, 17. Juni, 22. Juli, 19. August, 23. September und 14. Oktober vor der Karlsburg, ARGE Durlacher und Auer Vereine, ☎ 0174/455 75 39, durlacher.de

Flohmarkt am Messplatz, die Großflohmärkte an der Durlacher Allee finden am 18. März, 22. April, 24. Juni und 9. September statt, Agentur Timke, ☎ 07147/1 33 99, timke.com

Hallenflohmärkte, in der Mehrzweckhalle Rintheim, 28. Januar und 25. Februar, Agentur Timke, ☎ 07147/1 33 99, timke.com

Flohmarkt an der Fachhochschule, Infos: Agentur Hochstatter, flohmarkt-ka.de

Pfennigbasar des Internationalen Frauchenclubs Karlsruh e. V., 2. bis 4. Februar in der Schwarzwaldhalle, 4. und 5. Februar 10-13h und 14.30-18h, 6. Februar 10-14h, Sammeltage: 25. Januar 10-17h, 27. und 28. Januar 10-14h, iwc-karlsruhe.com/pfennigbasar

43. Pfennigbasar Ettlingen, am 2. September, 9-16h, in der Sporthalle der Pestalozzi-Schule und der Entenseehalle, veranstaltet vom Pfennigbasar e. V. Ettlingen – mit den Erlösen werden gemeinnützige Vereine und soziale Einrichtungen in Ettlingen unterstützt, Sammeltage: 22., 24., 28. und 30. August jeweils 9-16h, und 26. August, 9-13h, (in der Sporthalle der Pestalozzi-Schule, Odertalweg, 76275 Ettlingen), pfennigbasar-ettlingen.de

KARLSRUHER PÄSSE

Karlsruher Kinderpass [S. 335], eine Leistung der Stadt Karlsruhe für Kinder bis 18 Jahre, deren Eltern berechtigt sind, den Karlsruher Pass zu erhalten (siehe unten). Er bietet Ermäßigungen beim Zoologischen Stadtgarten und dem KVV (für Monatskarten und Schülerferientickets), für städtische Bäder (einschließlich der Bädersaisonkarte), Museen, die vhs und vieles mehr. Kinder ab 6 Jahren erhalten zudem einen Zuschuss zu betreuten Ferienangeboten gemeinnütziger Anbieter in Höhe von zwei Dritteln der Kosten bis maximal 100€ pro Angebot. Inzwischen wird der Karlsruher Kinderpass in der „Sozialregion" Bad Schönborn, Bruchsal, Eggenstein-Leopoldshafen, Forst, Graben-Neudorf, Karlsruhe, Pfinztal, Rheinstetten, Stutensee, Waldbronn, Walzbachtal, Weingarten (Baden) und Wörth ausgegeben. Infos: Jugendfreizeit- und Bildungswerk (jfbw), 76133 Bürgerstr. 16, ☎ 133-56 71, karlsruher-pass.de

Den **Karlsruher Pass** können Karlsruher EinwohnerInnen ab 18 Jahren beantragen, die Wohngeld, Leistungen nach SGB II, SGB XII, AsylbLG oder Kinderzuschlag erhalten beziehungsweise über ein geringes Einkommen verfügen. Er umfasst Ermäßigungen beim Zoologischen Stadtgarten und bei den städtischen Bädern, für Monatskarten des KVV, bei der Stadtbücherei, der vhs, Theatern, Museen u. v. m. Für Menschen ab 60 Jahren werden außerdem Bildungsgutscheine im Wert von 120€ für sportliche und kulturelle Aktivitäten ausgegeben. Den Karlsruher Pass gibt es in der „Sozialregion" Bad Schönborn, Eggenstein-Leopoldshafen, Graben-Neudorf, Karlsruhe, Rheinstetten, Stutensee, Waldbronn und Weingarten (Baden), Infos: Jugendfreizeit- und Bildungswerk (jfbw), 76133 Bürgerstraße 16, ☎ 133-56 71, karlsruher-pass.de

LEIHEN UND MIETEN

Siehe → S. 453, Carsharing, S. 186, Bibliotheken, S. 455, Fahrradverleih, und S. 235, Spieleverleih

Bardusch, Miettextilien für alle Branchen (z. B. Wäsche für die Hotellerie und Schutzkleidung), Pforzheimer Str. 48, 76275 Ettlingen, ☎ 07243/707 10 00, Beratungshotline: ☎ 0800/104 45 55, bardusch.de

Bücherschränke, in öffentlich für jedermann zugänglichen Bücherschränken kann man kostenlos rund um die Uhr per Selbstbedienung Bücher ausleihen. Je ein Bücherschrank steht auf dem Werderplatz, dem Lidellplatz, dem Gutenbergplatz, dem Ostendorfplatz, dem Leopoldplatz, im Stadtgarten (Heckengarten), am Campus One (Musikhochschule), in der Weststadt (Weinbrennerstr. 69), der Oststadt (beim Gerwigbrunnen), der Waldstadt (Elbinger Straße in der Ladenzeile), in Knielingen (Elsässer Platz), Grünwinkel (Robert-Sinner-Platz), Daxlanden (Pappelallee), Rintheim (Straßenbahn-Wendeschleife), Bulach (vor der Grundschule), Beiertheim (südl. Barbarossaplatz), Hagsfeld (Gemeindehaus der Laurentius-Gemeinde in der Schäferstr.), Neureut (Weißdornweg/Ecke Flughafenstraße und Adolf-Ehrmann-Bad), Durlach (Ecke Pfinztal-/Marstallstr. und Edgar-Heller-Str. 19), Durlach-Aue (Westmarkstr. zwischen Grenz- und Leußlerstr.), Durlach-Bergwald (Bergwaldanger), Wolfartsweier (Hörgelstraße), Grötzingen (Mühlstr. neben dem Parkplatz), Stupferich (im Gemeindezentrum), Hohenwettersbach (Am Kirchplatz 4), Palmbach (Grünzug zwischen L 623 und Talstr.), Grünwettersbach (Grünbereich Ecke Am Wetterbach/Zur Ziegelhütte) und in Ettlingen im Ahornweg am Entenseepark sowie bei der Martinskirche (Marktpassage, Weißenburger Höfle).

BUND e. V., der Bund für Umwelt und Naturschutz Deutschland verleiht kostenlos Energiemessgeräte, mit denen man den Stromverbrauch seiner Haushaltsgeräte messen kann, 76131 Waldhornstr. 25, ☎ 35 85 82, bund-mittlerer-oberrhein.de

Contemp-Rent, das Kunstportal vermietet Kunstwerke ab einer Miete von 5€/Monat an Privatpersonen, Firmen oder Praxen. Über 1.500 Kunstwerke können online ausgewählt werden, 76137 Marienstraße 12, ☎ 0176/61 06 45 66, contemp-rent.com

Event- und Dekohaus, Verleih von Kostümen, Dekoartikeln, Spielgeräten und Veranstaltungsequipment, 76131 Kriegsstr. 38, ☎ 50 44 59-0 und ☎ 0171/342 44 83, deko-haus.com

Festservice GmbH, alles für Feste und Events, Bewirtungsgerätevermietung (auch Spülmaschinen), 76228 Talstr. 22, ☎ 45 13 08, festservice-gmbh.de

H & W Zeltservice, Zelte und Zubehör (Beleuchtung, Möbel, Heizstrahler) für Feste und zur Lagerung, 76185 Hardeckstr. 3, ☎ 971 32 50, h-w-zeltservice.de

leih.lokal, in dem Laden der Bürgerstiftung Karlsruhe kann man gegen Pfand Gegenstände aus den Bereichen Heimwerken, Haus & Garten, Kinderbedarf und Freizeit bis zu drei Wochen leihen (jedoch keine Textilien oder Medien), Mo, Do, Fr 15-19h, Sa 10-14h, 76131 Gerwigstr. 41, ☎ 47 00 45 51, buergerstiftung-karlsruhe.de/leihlokal

Musikhaus Schlaile, Klaviere ab 25€ Leihgebühr im Monat und zahlreiche andere Instrumente, 76133 Kaiserstr. 175, ☎ 13 02-0, schlaile.de

PFANDHÄUSER

Pfandhäuser vergeben bei Abgabe von Wertgegenständen Darlehen (rund 25 bis 50% des aktuellen Wertes). Wird das Darlehen nicht bis zu einem festgelegten Zeitpunkt zurückgezahlt oder verlängert, wird der Gegenstand öffentlich versteigert.

Exchange AG, 76133 Erbprinzenstr. 33, ☎ 2 65 42, exchange-ag.de

Pfandhaus Bauer, 76133 Kaiserpassage 2-4, ☎ 46 47 75 90, pfandhausbauer.de

Pfandhaus-KA, 76133 Karlstr. 25, ☎ 151 97 21, pfandhaus-ka.de

PREISWERTE LEBENSMITTEL

Beiertheimer Tafel, Durlacher Tafel, Karlsruher Tafel und Ettlinger Tafel, preiswerte bis kostenlose Lebensmittel für Bedürftige, Uhrzeiten und Adressen siehe → *S. 383, Lebensmittelspenden*

Lebensmittelfundgrube, ein wechselndes Angebot überproduzierter oder leicht fehlerhafter Lebensmittel ermöglicht bis zu 60% Preisersparnis, Lebensmittelfundgrube Ettlingen, Mo-Fr 9-19h, Sa 9-16h, Zeppelinstr. 9a (im Hof), 76275 Ettlingen, ☎ 07243/3 84 13, lebensmittel-fundgrube.de

TIPP

- Manche Bäckereien, wie etwa einige Filialen der Bäckerei Neff (baeckerei-neff.de), bieten am Ende eines Tages oder am darauffolgenden Tag ihre nicht verkauften Backwaren zum halben Preis an.
- Urban-Gardening-Projekte bieten die Möglichkeit, Kräuter und Gemüse selbst anzubauen und zu ernten → *S. 348, Rubrik Garten/Mitmachprojekte*

PREISWERTE GASTRONOMIE

Badisch Brauhaus [S. 282], bietet einen günstigen Mittagstisch und 14-17h Happy-Hour-Preise für hausgebrautes Bier (2,70€/0,5l), 76133 Stephanienstr. 38-40, ☎ 144-44 00, badisch-brauhaus.de

IKEA, warme Gerichte ab ca. 4€, Kindergerichte ab 1€, Snacks ab 1€, geöffnet Mo-Sa 10-18.30h, 76137 Durlacher Allee 97, ikea.de/karlsruhe

Mensa, auch Nichtstudierende können in den Mensen des Studierendenwerks preiswert ab unter 5€ essen, Adressen und Öffnungszeiten → *S. 212 Rubrik Mensa;* aktuelle Preise und Speisepläne findet man unter sw-ka.de/de/essen/

Waldemars Suppenstüble, bietet täglich drei selbstgemachte Suppen/Eintöpfe ab 4€, Salate ab 3,50€ und Kuchen ab 2€, Mo-Fr 11.30-15.30h, 76131 Waldhornstr. 31, suppenstueble.eatbu.com

PREISWERT FORTBEWEGEN

Anruflinientaxi, fährt nach einem festgelegten Fahrplan – aber nur, wenn Bedarf besteht. Zusteigen kann man an Bushaltestellen. Anruflinientaxis verkehren in Karlsruhe, Baden-Baden, im Landkreis Rastatt sowie in Germersheim und Landau. Das **Anrufsammeltaxi (AST)** fährt ebenfalls nach Bedarf, aber ohne festen Fahrplan in einem definierten Gebiet. Abfahrt und Fahrtroute werden von der AST-Zentrale ermittelt. Auch Fahrgäste eines

Anrufsammeltaxis steigen an Bushaltestellen ein und können sich unter Umständen bis vor die Haustür bringen lassen. Anrufsammeltaxen ergänzen in Bruchsal und Umgebung, Waghäusel und allen umliegenden Gemeinden, Karlsbad und dem vorderen Kraichgau das Angebot der Buslinien. Weitere Infos unter kvv.de/fahrplan/auf-bestellung/ruftaxi

Karlsruher Mobilitätsbonussystem, ab einem gewissen Einkaufsbetrag erhält man in teilnehmenden Geschäften Münzen im Wert von 50 Cent, die Bus, Bahn, viele Parkhäuser und Parkautomaten in der Innenstadt sowie EFA-, bft- und Aral-Tankstellen als Zahlungsmittel annehmen, karlsruhe-erleben.de//service/serviceangebote/der-karlsruher

Leihfahrräder → *S. 455, Rubrik Fahrradverleih*

Swapfiets, Fahrrad-Abo, mit dem man zu einem monatlichen Beitrag ein Rad erhält, das kostenlos instand gehalten wird, ☎ 0307/001 4500, swapfiets.de

stadtmobil, Carsharing → *S. 453*, 76131 Ludwig-Wilhelm-Str. 15, ☎ 91 19 11-0, stadtmobil.de

Tankstellen für Sparfüchse → *S. 462, Rubrik Billige Tankstellen*

SCHULDNERBERATUNG

Caritasverband K'he, Beratung für ver- und überschuldete Menschen mit Wohnsitz Karlsruhe (ausgenommen Selbständige und bei Schulden aufgrund einer laufenden Immobilienfinanzierung): 76133 Sophienstr. 33, ☎ 9 12 43-24, caritas-karlsruhe.de

Insolvenzbüro Wesche, die Fachanwältin für Insolvenzrecht berät Unternehmer und Privatleute mit Zahlungsschwierigkeiten, führt außergerichtliche Schuldenbereinigungen durch und erstellt Insolvenzanträge – evtl. ist eine Finanzierung über die Beratungshilfe möglich, 76133 Sophienstr. 54, ☎ 499 19 09, schuldnerberatung-wesche.de

Schuldner- und Insolvenzberatung der Stadt Karlsruhe, Hilfe zur Selbsthilfe für ALG-II-Empfänger, für Obdachlose (auch betreut Untergebrachte) und verdeckt Obdachlose sowie bei aktuellen Mietrückständen, 76135 Ernst-Frey-Str. 10, ☎ 133-50 34

Schuldnerberatung im Landratsamt Karlsruhe, nur für den Landkreis Karlsruhe (nicht für die Stadt), 76137 Kriegsstr. 78, ☎ 936-6 60 40

TIPP

Vertrauensmann der Schufa: Wer sich bei der Kreditvergabe durch eine Schufa-Auskunft benachteiligt fühlt und mit dem Schufa-Verbraucherservice keine Einigung erzielen konnte, kann sich an den Ombudsmann Hans-Jürgen Papier, den ehemaligen Präsidenten des BVG, wenden, Postfach 52 80, 65042 Wiesbaden, schufa-ombudsmann.de

SECONDHAND

Siehe auch → S. 371, Rubrik CDs, DVDs, Platten, und → S. 357, Rubrik Vintage & Antikes

AfB – social & green IT [S. 213], ist Europas größtes gemeinnütziges IT-Unternehmen. Der IT-Refurbisher verkauft aufbereitete, gebrauchte IT wie Notebooks und PCs in Business-Qualität inklusive Betriebssystem wie Windows 10 oder 11 sowie Monitore, Drucker, Mobiltelefone und Zubehör zu deutlich günstigeren Preisen, verglichen mit Neugeräten, und mit Garantie bzw. Reparatur- und Vor-Ort-Service, Ferdinand-Porsche-Str. 9, 76275 Ettlingen, ☎ 07243/2 00 00-110, afbshop.de/ettlingen

Brautmodenbörse Finkbeiner, Brautmoden-Secondhand-Laden mit großem Sortiment in den Größen 34-54, Termine nach Vereinb., Sersbachstr. 20, 76596 Forbach, ☎ 07228/96 03 33, bb-forbach.de

Bücherland, gut 50.000 gebrauchte Bücher aus allen Themenbereichen, 76131 Gerwigstraße 35, ☎ 0162/584 34 34, buecherland.de

Charisma, Secondhand-Boutique für die Frau, geöffnet Mo, Di, Do, Fr 10-13h und 14-18h, Mi+Sa 10-13h, 76137 Jollystraße 17, ☎ 820 00 01

Déjà-vu, Secondhand-Kaufhaus mit Möbeln, Kleidung, Haushaltswaren und Kinderbedarf, Mo-Fr 10-19h und Sa 10-16h, Diakonisches Werk Karlsruhe, 76135 Windeckstr. 7, ☎ 20 39 72 75, dw-karlsruhe.de
High Style, Designermode für Damen und Herren, geöffnet Di-Fr 15-18.30h und Sa 10-13.30h, 76137 Klauprechtstr. 27, ☎ 0163/524 73 80
Hot Wollée, Designermode für Damen und Herren, Mi-Fr 10-12.30h und 15-18h, Sa 10-13h, 76185 Yorckstr. 24, ☎ 84 94 26, hot-wollee.de
Kashka, Secondhand-Kaufhaus mit Möbeln, Kleidung, Haushaltswaren, Büchern, Kinderbedarf und Spielwaren, Mo-Fr 10-19h, Sa 10-16h, Betreiber ist das Diakonische Werk Karlsruhe, 76133 Karlstr. 56, ☎ 20 39 72 75, dw-karlsruhe.de
Krempel-Tempelchen, Gebrauchtwaren aller Art wie Möbel, Lampen, Bücher und Fahrräder, geöffnet vom 15. Oktober bis zum 30. Mai, Fr 15-18h und Sa 13-18h, 76133 Markgrafenstr. 40, ☎ 55 68 79 und ☎ 0170/862 50 23, krempeltempelchen.de
La Lu, Secondhand-Boutique mit Damenmode, Taschen und Schuhen, Mi-Fr 12-18h, Sa 11-15h, 76133 Kriegsstr. 96, ☎ 91 58 39 46, lalu-shboutique.de
Laden 23, diese Einrichtung unter dem Dach der evangelischen Kirche verkauft Sachspenden zugunsten karitativer Zwecke (kein Ankauf von Waren), Mo-Sa 10-13h und Mo-Fr 15-18h, 76137 Karlstr. 124, ☎ 81 58 92, laden23.de
Mann-o-Mann, Männermode, Mi-Fr 10-13h und 14-18h, Sa 10-13h, 76185 Yorckstr. 2, ☎ 830 30 80, mann-o-mann.com
Möbel-Basar, Möbel, Elektrogeräte, Teppiche und vieles mehr, 76137 Schützenstr. 32, ☎ 38 75 06
nearly new, Damenmoden und Accessoires, Mo-Fr 10-18h, Sa 10-14h, 76135 Körnerstr. 38, ☎ 831 59 17
Nerdzentrale, verkauft DVDs, Blue-Rays, Games, Spielekonsolen, Lego, Action- und Anime-Figuren, Mangas, Comics, Fernseher und Monitore, 76133 Karlstr. 49, ☎ 0173/865 34 24, karlsruher-ankauf.de
notebookpartner, gebrauchte Laptops, Tablets und Drucker mit zwei Jahren Garantie, 76133 Kriegsstr. 80, ☎ 47 04 34 80, notebookpartner.de
Oxfam-Shop, Kleider, Schmuck, Bücher, Haushaltswaren, Spielwaren, CDs und Vinyl, 76133 Waldstraße 41-43, ☎ 120 89 86, oxfam.de
Pepita [S. 337], Damenmode aus zweiter Hand sowie Accessoires zu kleinen Preisen, Mo-Do 10-13h und Mo, Di, Do 14-18h, 76185 Yorckstr. 15, ☎ 84 98 15
Schätzchen, exklusive Damen-Secondhandmode, Di-Do 11-18h, Fr 14-18h, Sa 10-14h, 76135 Weinbrennerstr. 34, ☎ 0151/50 51 10 10, schaetzchen-ka.de
Second Soul, Designermode & Topmarken, auch Schuhe, Schmuck und Taschen, Mo-Sa 11-18h, 76133 Herrenstr. 42, ☎ 0151/50 41 23 92, second-soul.de
Studio Eins Records, An- und Verkauf von Schallplatten und CDs, Mo-Fr 12-19h, Sa 11-16h, 76137 Karlstr. 85, ☎ 384 10 01, studioeins.de
Techno-World, Ankauf, Verkauf und Tausch von Mobilfunkgeräten, Video- und Audiogeräten, Spielekonsolen, Games und Laptops, Di-Fr 10-19h, Sa 10-16h, 76133 Zähringerstr. 49, ☎ 354 31 87, techno-world-karlsruhe.de
Wohn-Design, gebrauchte Designmöbel, 76135 Unterreut 7, ☎ 50 44 74 50, wohn-design.com

TIPP

ESG Edelmetall-Service GmbH & Co. KG [S. 148], die ESG agiert europaweit als eines der führenden Handels- und Recyclingunternehmen im privaten Edelmetallankauf und -verkauf sowie für die edelmetallverarbeitende Industrie. Bei ihr kann man edelmetallhaltige Objekte wie Schmuck, Zahngold oder Silberbesteck verkaufen und Anlageprodukte wie Barren, Münzen, Schmuck oder Geschenke aus Gold, Silber, Platin und Palladium online bzw. vor Ort erwerben, Gewerbering 29b, 76287 Rheinstetten, ☎ 07242/9 53 51-0, scheideanstalt.de
Givebox, in diese Kisten können nicht mehr benötigte Dinge hineingelegt und von anderen kostenlos herausgenommen werden, Karlsruher Standorte findet man unter giveboxkarlsruhe.wordpress.com
Öffentliche Kleiderschränke, im „Kleiderschrank für alle" kann man gut erhaltene, saubere Kleidung, Schuhe und Accessoires (keine Unterwäsche, Bademode, Sportsachen oder Socken), die nicht mehr gefallen oder passen, hineinlegen. Jeder, der möchte, kann sich Kleidungsstücke aussuchen und kostenlos mitnehmen. Standorte: 76133 Amalienstr. 77 (im Innenhof), 76227 Zehntstr. 4 (Innenhof) sowie 76229 An der Pfinz 2 (Nähe Niddaplatz)

ReparaturCafé, hier können mit kompetenter Unterstützung defekte Gegenstände wie Kleinmöbel, Fahrräder, die Lieblingstasse oder Radios repariert werden. Infos/Termine: reparaturcafe-karlsruhe.de

Tausch- und Verschenkmarkt, das „Team Sauberes Karlsruhe" betreibt eine Onlinebörse für gut erhaltene, aber nicht mehr benötigte Dinge: tauschmarkt.karlsruhe.de

„Verschenk's Karlsruhe" und **„Free your Stuff"**, in Facebookgruppen wie diesen werden vom Besitzer nicht mehr benötigte Gegenstände zum Verschenken angeboten

STEUERBERATUNG

Marco Renkert Steuerberater [S. 78], Steuerberatung, Rechnungswesen und betriebswirtschaftliche Beratung, Schöllbronner Str. 71, 76275 Ettlingen, ☎ 07243/2 00 97-0, steuerberater-renkert.de

LOHNSTEUERHILFE

Lohnsteuerhilfevereine können eine Alternative zum Steuerberater sein. Man bezahlt eine Aufnahmegebühr und einen jährlichen Mitgliedsbeitrag, dafür bekommt man Hilfe in Finanzfragen und Unterstützung bei Einsprüchen oder Klagen.

Lohn- und Einkommensteuer Hilfe-Ring Deutschland e. V.,
76133 Amalienstr. 34, ☎ 81 98 60 10,
76137 Bahnhofstr. 40, ☎ 937 43 37,
76149 Kentuckyallee 82, ☎ 484 79 24,
76187 Saarlandstr. 94, ☎ 0176/83 22 64 50,
76227 Seboldstr. 1, ☎ 47 00 60 63,
76227 Wasgaustr. 13a, ☎ 46 71 63 87,
76227 Schlesierstr. 32e, ☎ 49 73 23;
76228 Talstr. 26, ☎ 0159/01 49 15 76,
steuerring.de

Lohnsteuerhilfe Baden-Württemberg,
76133 Kaiserstr. 199, ☎ 47 00 10 48,
76185 Kaiserallee 115, ☎ 596 46 07, lohi-bw.de

VERMÖGENSVERWALTER

SK Vermögensverwaltung GmbH [S. 3], bei einer Vermögensverwaltung werden Anlageentscheidung, Überwachung und Administration für ein Wertpapiervermögen an einen Dritten delegiert. Je nach individueller Kundensituation wird eine Anlagestrategie erstellt, die die persönliche Lebensplanung, Risikobereitschaft und Renditeerwartung des Anlegers berücksichtigt. Investiert wird in Finanzprodukte wie Aktien, festverzinsliche Wertpapiere und Investmentfonds. Dank einer Vollmacht kann der Vermögensverwalter ohne Rücksprache mit dem Anleger Wertpapiere kaufen und verkaufen. Der Kunde erhält regelmäßig einen Bericht über Anlagestruktur und -erfolg. Die SK Vermögensverwaltung GmbH betreut als unabhängiges und inhabergeführtes Wertpapierinstitut seit vier Jahrzehnten die Vermögen ihrer Kunden. Persönliche Betreuung und ein individuelles Vorgehen stehen im Mittelpunkt. Infos: 76133 Kaiserallee 12a, ☎ 9 85 65-0, sk-karlsruhe.de

VERSTEIGERUNGEN

Der Förderverein der **AIDS-Hilfe Karlsruhe e. V.** führt einmal im Jahr (meistens im Herbst) eine Benefiz-Kunstauktion durch, 76135 Sophienstr. 102, ☎ 35 48 16-0, aidshilfe-karlsruhe.de

Badisches Staatstheater, versteigert auf dem Theaterfest im September seine nicht mehr benötigten Kostüme aus dem Fundus, 76133 Baumeisterstr. 11, ☎ 35 57-0, staatstheater.karlsruhe.de

Fundbüro der Stadt Karlsruhe, versteigert nicht abgeholte Fundsachen online, 76133 Kaiserallee 8, ☎ 115, Infos und Termine: web1.karlsruhe.de/service/Buergerdienste/leistung.php?id=6002401, versteigert wird unter www.sonderauktionen.net

Liegenschaftsamt Karlsruhe, versteigert im Spätsommer Obst von städtischen Streuobstwiesen an Selbstpflücker, Infos: Beratungsstelle für Obst- und Gartenbau, ☎ 133-23 80

Pfandhäuser, versteigern nicht ausgelöste oder nicht verlängerte Wertgegenstände → *S. 336*

Zwangsversteigerungen, Immobilien, die vom Amtsgericht Karlsruhe versteigert werden, sind mit Beschreibung und Versteigerungstermin online abrufbar unter versteigerungspool.de/amtsgericht/karlsruhe.2, 76131 Schlossplatz 23, ☎ 926-83 69

HAUS & UMWELT

AUSKUNFT & RAT

Team Sauberes Karlsruhe → *S. 358-361, Rubriken Mülltrennung und Müllvermeidung*

Haus & Grund Karlsruhe, der Verband berät Haus-, Wohnungs- und Grundeigentümer rund um ihr Eigentum – etwa zu Betriebskostenabrechnungen sowie Versicherungen – und hält Formulare bereit, 76185 Kaiserallee 89a, ☎ 9 84 69-0, HuG-KA.de

Mieterverein [S. 340], Mitglieder erhalten kostenlose Beratungen zu Miet- und Wohnungsfragen durch erfahrene Juristen und Mietrechtsexperten. Auf Wunsch kann der Schriftwechsel mit dem Vermieter übernommen werden. Zudem ist im Mitgliedsbeitrag eine Mietrechtsschutzversicherung enthalten, Telefonberatung Mo+Mi 9-12h, Do 16-19h, 76137 Ritterstr. 24, ☎ 37 50-91, ☎ 37 50-92, mieterverein-karlsruhe.de

Stadtwerke → S. 346, Rubrik Energie

Der **Verband Privater Bauherren e. V.** (VPB) [S. 341], ist der älteste Verbraucherschutzverband im Bereich des privaten Bauens. Seit mehr als 40 Jahren beraten unabhängige Experten Bauherren und Immobilienkäufer im bundesweiten Netzwerk in allen Fragen des Bauens, Kaufens und Sanierens. Zudem vertritt der Verband die Interessen der privaten Bauherren gegenüber Politik, Wirtschaft, Verwaltung und Industrie, 76199 Holderweg 27, ☎ 499 35 35, vpb.de/karlsruhe

Verband Wohneigentum B.-W., die Schutzgemeinschaft bietet ihren Mitgliedern Beratung und Fachinfos rund ums Haus und den Garten sowie eine Basisabsicherung der Immobilie mit Versicherungen und Rechtsschutz, 76135 Steinhäuserstr. 1, ☎ 98 16-20, verband-wohneigentum.de/bw

BAUEN

efbe bauart GmbH [S. 354], Neubau, Sanierung und Renovierung, Am Haberacker 7, 76275 Ettlingen, ☎ 07243/354 92 70, efbe-bauart.de

Verband Privater Bauherren e. V. (VPB) [S. 341], ob Hausbau, Wohnungskauf oder Altbausanierung – der Verband Privater Bauherren unterstützt in allen Phasen des Planens und Bauens von der Idee bis zum Einzug und sogar darüber hinaus mit Beratung und Baustellenkontrollen. Er berät, wie man am besten an das Vorhaben herangeht, und klärt auf, wo heutzutage die Fallstricke beim Bauen und Sanieren liegen. Zudem hilft er bei der Mängelerkennung und dem Einfordern von Leistungen. Gute Planung schützt vor Fehlentscheidungen und spart während des Bauens viel Zeit und Geld. Bei Fragen und Zweifeln hilft der VPB-Berater weiter, 76199 Holderweg 27, ☎ 499 35 35, vpb.de/karlsruhe

ARCHITEKTEN & INGENIEURE

Dipl.-Ing. (FH) Ulrich Fuller, Altbausanierungen (Rundumbetreuung), 76185 Wendtstr. 15, ☎ 84 59 74, altbaurenovierung.info

Dipl.-Ing. Martin Kemminer [S. 341], freier Architekt und Innenarchitekt – Neubau, Umbau, Sanierung und Freiraumplanung, 76133 Schirmerstr. 8 und 76185 Auf den Eiswiesen 10, ☎ 37 54 86 und ☎ 0172/809 82 21, kemminer-architektur.de

BAUMÄRKTE UND BAUSTOFFE

Bauhaus, Bau- und Heimwerkermarkt mit Produkten für die Werkbank sowie rund ums Haus und den Garten, 76137 Ettlinger Str. 47/Nebeniusstr. 4-6, ☎ 9 32 71-0; 76131 Käppelestr. 2, ☎ 89 35 30-0, und 76185 Neureuter Str. 4, ☎ 5 97 17-0, bauhaus.info

Hornbach, Bau- und Gartenmarkt, 76185 Fritz-Haber-Str. 1, ☎ 9 50 38-0, und 76139 Am Storrenacker 6, ☎ 6 28 87-0, hornbach.de

Natursteine und Transporte Kohler [S. 348], bietet seit mehr als 60 Jahren Natursteine und Baustoffe in der Pfalz und Baden an und präsentiert auf seinem über 8.000 qm großen Ausstellungsgelände zahlreiche Mustergärten mit Splitten, Steinkörben, Mauersteinen, Pflastersteinen, Terrassenplatten, Findlingen, Wasserspielen und vielem mehr. Im Lagerverkauf und im Online-Shop werden unter anderem über 400 Edelsplitte und Gabionensteine angeboten sowie Sand, Kies, Schotter und Rindenmulch. In der Sauheide 2a, 67378 Zeiskam, ☎ 06347/324, natursteine-kohler.de

Raiffeisen Baucenter, 76189 Fettweissstr. 12, ☎ 2 03 94-0, zg-raiffeisen.de

BAUUNTERNEHMEN

sanierungsprofi24, realisiert schnelle, hochwertige Komplettsanierungen zum Festpreis. Durch effiziente Prozesse über alle Gewerke hinweg kann eine Badsanierung innerhalb von fünf Tagen und eine komplette Wohnungsmodernisierung in nur zehn Tagen durchgeführt werden. Von der Konzeption und Planung über die Sanierung bis zur schlüsselfertigen Übergabe erfolgen alle Leistungen aus einer Hand. Während der gesamten Projektdauer steht dem Kunden ein fester Ansprechpartner zur Verfügung. Zudem wird großer Wert auf Sauberkeit gelegt: Der gesamte Arbeitsbereich wird u. a. mit Staubschutztüren abgeschirmt. Werkstr. 11, 76437 Rastatt, ☎ 0721/6 19 35-800, sanierungsprofi24.de

weisenburger [Umschlagseite 2], 1955 als Baufirma gegründet, umfasst die weisenburger-Gruppe leistungsstarke Unternehmen, die die komplette Wertschöpfungskette der Bau- und Immobilienbranche abdecken. Weisenburger ist führender mittelständischer Generalunternehmer im Süden und Westen Deutschlands und leistungsstarker Projektentwickler. Pro Jahr werden überregional etwa 1.600 Wohneinheiten und 700 Reihenhäuser umgesetzt sowie rund 700 Wohnungen modernisiert – die Gesamtleistung beträgt 500 Millionen Euro. Zum Leistungsspektrum gehören neben dem Reihenhaus- und Wohnungsbau auch der Bau und die Planung von Hotels, Pflegeeinrichtungen sowie gemischt genutzten Immobilien – unter Berücksichtigung von Nachhaltigkeit, Kosten- und Energieeffizienz, 76131 Ludwig-Erhard-Allee 21, ☎ 6 19 35-0, weisenburger.de

PFLASTER- & BETONSANIERUNG

Die Steinpfleger, Pflaster- und Betonaufbereitung, Graffiti-Entfernung, Aufbereitung von Fassaden, Mauern und Dächern, Rost-, Öl- und Farbfleckentfernung sowie Betonsanierungen, 76133 Erbprinzenstr. 2, ☎ 82 96 84 50, die-steinpfleger.de

SCHIMMELPILZPRÄVENTION UND -BESEITIGUNG

ISOTEC Abdichtungstechnik Latacz [S. 351], Isotec-Abdichtungssysteme helfen bei feuchten Wänden und Kellern – zu den Leistungen gehören Außen- und Innenabdichtungen, Horizontalsperren, Rissinjektionen in Betonbauteile, Sanierputze, Schimmelpilzbeseitung und -prävention, Kellerbodensanierungen und Trocknungssysteme, 76185 Schoemperlenstr. 11e, ☎ 95 96 34 04, isotec-latacz.de

UMWELTFREUNDLICHE BAUMATERIALIEN

Hornung, Fachhandel für Naturbaustoffe, Farben, Dämmstoffe und Bodenbeläge, Helmholtzstr. 14, 76297 Stutensee-Blankenloch, ☎ 07244/73 69-0, hornung-naturbaustoffe.de

BAD & SANITÄR

Bad.de [Umschlagseite 3, außen], Badsanierungen in nur wenigen Tagen – von der Beratung über die Planung bis hin zur Ausführung erfolgen alle Leistungen aus einer Hand, Werkstraße 11, 76437 Rastatt, ☎ 0800/360 58 85, bad.de

KA-SAN – Karlsruher Sanierungsteam, Fliesenarbeiten aller Art, Badumbauten und seniorengerechte Bäder, 76187 Maxauer Straße 19, ☎ 66 99 90 17 und ☎ 0176/77 71 44 40, ka-san.de

PFEIFFER & MAY Karlsruhe GmbH [S. 343], der Sanitär-Großhändler hält ein breites Sortiment hochwertiger Produkte bereit – darunter Bäder, Heizungen, Haustechnik sowie Lüftungssysteme – und präsentiert all dies in seinen umfangreichen „Badimpulse"-Ausstellungen (76135 Unterweingartenfeld 2, ☎ 86 02-240). In seiner neuen Ausstellung „stil.impulse" (76133 Waldstraße 44,

www.pfeiffer-may.de

PFEIFFER & MAY

Auf der Suche nach Ihrem **Traum-bad?**

Bad**impulse**

Inspiration pur in unserer Badimpulse Ausstellung!

PFEIFFER & MAY Karlsruhe GmbH

Unterweingartenfeld 2 | 76135 Karlsruhe | Tel. 0721 8602-240

MO – FR: 09:00 – 18:00 Uhr | SA: 09:00 – 14:00 Uhr

Erleben Sie auch unsere erste

High-End Ausstellung

stil.impulse | Raum für Badgestaltung und Design

stil.impulse Ausstellung

Waldstraße 44 | 76133 Karlsruhe | Tel. 0721 8602-500

DI – FR: 10:00 – 18:00 Uhr | SA: 10:00 – 14:00 Uhr

P&M Gruppe

☎ 86 02-500), kann man zudem exklusive Bäder testen und erleben, pfeiffer-may.de

BETTEN

IKEA, große Auswahl an Schlafzimmermöbeln und Schlafzimmertextilien, gute Anbindung an den ÖPNV sowie Verleih von E-Lastenrädern und eTrailern, 76137 Durlacher Allee 97, ikea.de/karlsruhe

Spinnrad Naturtextilien, Bettwaren (Bettwäsche, Kissen und Decken) sowie Kindermatratzen aus fair gehandelter, biologisch angebauter Naturfaser, 76133 Karlstr. 99, ☎ 49 48 97, spinnrad-naturtextilien.com

Zurell [S. 344], Massivholzbetten und -möbel, SAMINA-Schlafsysteme, Naturmatratzen, orthopädische Kopfkissen nach Maß, Naturbettwaren (auch vegan) sowie Bio-Schlafsofas, 76227 Pfinztalstraße 25, ☎ 490 82 53, zurell-samina.de

BILDER & RAHMEN

Boesner [S. 140], Künstlerbedarf, Rahmenatelier und Rahmenwerkstatt, 76185 Daimlerstraße 15, ☎ 1 20 84-0, karlsruhe@boesner.com

Contemp-Rent, das Kunstportal vermietet Kunstwerke ab 5€ pro Monat an Privatpersonen, Firmen und Praxen, auf Wunsch mit Transport und Aufhängeservice, 76137 Marienstr. 12, ☎ 0176/61 06 45 66, contemp-rent.com

Galerie Hess, traditionsreiches Bild- und Rahmenfachgeschäft sowie Kunsthandlung, 76228 Thomashofstr. 27-29, Gebäude 19/3, ☎ 38 01 24, galerie-hess.com

Gerstaecker-Bauwerk [S. 220], der Künstlerfachmarkt mitten in der Stadt mit großer Auswahl an Materialien und Werkstoffen zur kreativen Gestaltung sowie eigener Rahmenwerkstatt bietet Materialzuschnitt in Holz, Kunststoff und Metall, 76133 Adlerstr. 30-32, ☎ 38 77 03, gerstaecker.de

Modern Art Gallery, die Kunsthandlung bietet alles rund ums Bild und den Rahmen: Originale, limitierte Editionen, Grafiken, Kunstreproduktionen, Fertigrahmen, Maßanfertigungen, Kaschierarbeiten und Restaurationen, 76133 Erbprinzenstraße 4-12, ☎ 2 27 41, modern-art.gallery

BODENBELÄGE

C. Portabales GmbH Malerfachbetrieb [S. 350], liefert und verlegt Teppiche, PVC, Laminat, Kork sowie Parkett und beschichtet Fußböden und Balkone, 76133 Sophienstr. 56, ☎ 2 73 64, portabales.de
Heimidee [S. 357], Bodenbeläge sowie Tapeten und Gardinen, Einsteinstraße 35, 76275 Ettlingen, ☎ 07243/7 98 33, heimidee.de
IKEA, Laminat, Teppiche, Holzfließen für Terrassen/Balkone, 76137 Durlacher Allee 97, ikea.de/karlsruhe
Kymo, Verkauf moderner, zeitgemäßer Teppiche, 76131 Alter Schlachthof 51, ☎ 961 40 20, kymo.de
Raumausstattung Meder, Bodenbeläge aller Art, Abschleifen, Versiegeln und Sanieren von Parkett- und Dielenböden bzw. Holztreppen, 76199 Lange Str. 23, ☎ 89 07 43, raumausstattung-meder.de

ENERGIE

BUND, die Geschäftsstelle in Karlsruhe verleiht kostenlos Energiemessgeräte, mit denen man leicht den Stromverbrauch seiner Haushaltsgeräte (z. B. TV und PC) messen kann, 76131 Waldhornstr. 25, ☎ 35 85 82, bund-mittlerer-oberrhein.de
Energieberatung der Verbraucherzentralen und des Bundesministeriums für Wirtschaft und Technik, zentrale Servicenummer: ☎ 0800/809 80 24 00, verbraucherzentrale-energieberatung.de
fokus energie e. V., das Netzwerk für nachhaltige Technologie zur Erzeugung, Speicherung, Verteilung und Nutzung von Energie bietet regelmäßige Veranstaltungen zum Thema Energie, 76131 Haid-und-Neu-Str. 7, ☎ 96 49 27 86, fokusenergie.net
Karlsruher Klimafonds, fördert Klimaschutzprojekte in Karlsruhe und in Ecuador über Spenden und bietet CO_2-Kompensationen über Aufforstungsprojekte, weitere Infos: KEK, karlsruher-klimafonds.de
KEA – Klimaschutz- und Energieagentur Baden-Württemberg GmbH, die Energieagentur des Landes wirkt aktiv an der Klimapolitik mit, berät Ministerien, Kommunen, Unternehmen und kirchliche Einrichtungen bei Energieeinsparung, rationeller Energieverwendung, nachhaltiger Mobilität und der Nutzung erneuerbarer Energien, kea-bw.de
KEK – Karlsruher Energie- und Klimaschutzagentur, Information und Erstberatung für private Haushalte, öffentliche und gemeinnützige Einrichtungen, Verbände und Unternehmen zum Thema Klimaschutz, erneuerbare Energien, Energieeffizienz sowie Umwelt- und Weiterbildung, 76133 Hebelstr. 15, ☎ 4 80 88-0, kek-karlsruhe.de
KEK-Beratungszentrum Klima Energie Mobilität, kostenfreie Beratung zu baulichem Wärmeschutz, erneuerbaren Energien, Haustechnik, Einsparmöglichkeiten bei Energiekosten, Photovoltaik, E-Mobilität & Förderprogrammen, 76133 Hebelstr. 15, ☎ 4 80 88-250, kek-karlsruhe.de/beratungszentrum
Schlichtungsstelle Energie, die unabhängige außergerichtliche Streitbeilegung hilft bei Ärger mit dem Stromanbieter, Friedrichstr. 133, 10117 Berlin, ☎ 030/275 72 40-0, schlichtungsstelle-energie.de
Umwelt- und Energieagentur Kreis Karlsruhe, berät Kommunen, Privathaushalte, Gewerbe und Industrie rund um Klimaschutz- und Energiesparkonzepte, ☎ 936-9 96 00, zeozweifrei.de
Verband Privater Bauherren (VPB) e. V. [S. 341], berät Bauherren zum energiesparenden Hausbau und bei der energetischen Sanierung, 76199 Holderweg 27, ☎ 499 35 35, vpb.de/karlsruhe

HEIZUNG

Diplom-Ingenieur Ulrich Fuller, Wartung alter und Ersatz veralteter Heizungsanlagen, 76185 Neureuter Str. 37b, ☎ 84 59 74, fuller-service.de
PFEIFFER & MAY Karlsruhe GmbH [S. 343], in seinen Ausstellungsräumen zeigt der Sanitär-Großhändler ein breites Sortiment hochwertiger Produkte, unter anderem regenerative Heizungssysteme, Haustechnik und Smart-Home-Lösungen, 76135 Unterweingartenfeld 2, ☎ 86 02-240, pfeiffer-may.de
STG/TSD GmbH, Einbau, Reinigung, Sanierung und Entsorgung von Heizöltanks, Landstr. 3, 77767 Appenweier-Zimmern, ☎ 2 26 81, ☎ 07805/20 32, stg-tankservice.de

SOLARENERGIE

Solarmobil Karlsruhe e. V., Austausch und Hilfe beim Betrieb von Solar- und Elektromobilen, 76133 Bismarckstr. 37, solarmobil-ka.de

Solution Solar GmbH, mit einem gut ausgelegten Photovoltaik-Speichersystem lässt sich der Anteil des für den Eigengebrauch erzeugten Stroms von 30 Prozent auf über 80 Prozent steigern. Die Fachfirma für Solartechnik bietet Lösungen in den Bereichen Solarstrom, Solarwärme für Brauchwasser und Heizung sowie ökologische Heiztechnik, 76139 Wehlauer Straße 5, ☎ 961 34 10, solution-solar.de

Stadtwerke Karlsruhe [S. 29], bieten Förderprogramme zu verschiedenen Themen und informieren über Energiesparmöglichkeiten im Haushalt, beim Heizen, Bauen und Renovieren sowie über erneuerbare Energien und zur Qualität des Karlsruher Trinkwassers, Infos: Kundencenter: 76185 Daxlander Str. 72, ☎ 599-21 21, stadtwerke-karlsruhe.de

ONLINE-TIPP

kek-karlsruhe.de/leistungen/solarkataster/ mit dem Solarkataster können Karlsruher Hausbesitzer prüfen, ob ihr Dach für eine Solaranlage geeignet ist

Karlsruher Solar-Offensive, die Webseite bündelt Angebote und Informationen zur Beratung, Förderung und Umsetzung rund um die Photovoltaiknutzung, zugeschnitten auf Eigentümer, Mieter und Unternehmer; organisiert vom Umwelt- und Arbeitsschutz der Stadt Karlsruhe, 76131 Markgrafenstr. 14, ☎ 133-31 01, karlsruhe.de/solar

STADTWERKE

Stadtwerke Karlsruhe [S. 29], Kundencenter: Mo-Do 7.30-16.30h, Fr 7.30-15h, 76185 Daxlander Straße 72, stadtwerke-karlsruhe.de

Entstörungsdienste:

EnBW (landesweit)	0800/36 29-477 (Strom)
	0800/36 29-447 (Gas)
	0800/36 29-497 (Wasser)
Gas, Trinkwasser	599-12
Strom	599-13
Fernwärme	599-14
Straßenbeleuchtung	599-42 66
Hotline:	0800/200 30 06
Technische Auskunft:	599-48 18

STROM- & GASMARKT

Aktuelle Infos erhalten Sie bei den Stadtwerken und in folgenden Einrichtungen:

EnBW, Energie Baden-Württemberg, börsennotierter Energieversorger mit Sitz in Karlsruhe, 76131 Durlacher Allee 93, ☎ 7 25 86-001 (Strom), ☎ 7 25 86-005 (Gas, Wasser), enbw.com

Vergleichsportale: Das Internet bietet Vergleiche unterschiedlicher Strom- und Gasanbieter wie etwa bei verivox.de. Verglichen werden die Preise und die Art der Stromerzeugung. Verbraucherschützer raten jedoch, sich nicht auf ein einziges Portal zu verlassen, sondern mehrere zu vergleichen.

Die Seite ecotopten.de des Öko-Instituts berät über ökologische Stromanbieter. Die Stiftung Warentest gab den Ökostrom-Anbietern EWS, Naturstrom, Lichtblick und Greenpeace Energy gute Bewertungen. Für Transparenz bei den Wasser- und Gaspreisen sorgt die Seite des Ministeriums für Umwelt, Klima und Energiewirtschaft BW: versorger-bw.de. Und auch die Verbraucherzentrale ist Ansprechpartner für Energiepreisvergleiche: verbraucherzentrale.de

Wechselpilot sucht auf seine Kunden zugeschnitten den jeweils günstigsten Strom- oder Gasanbieter und übernimmt alle Formalitäten beim Anbieterwechsel, im Gegenzug erhält das Unternehmen 20 Prozent der erzielten Ersparnisse, Reimersbrücke 5, 20457 Hamburg, ☎ 040/88 21 56 65-0, wechselpilot.com

FENSTER, MARKISEN

HeKa Herzog GmbH [S. 347], verkauft, produziert und montiert Fenster, Haustüren, Fassaden sowie Beschattungen und bietet einen Service für Wartungen und Reparaturen, Huttenheimer Landstr. 2, 76676 Graben-Neudorf, ☎ 07255/71 14-0, heka.de

Sicherheitsstudio, verkauft und montiert Sicherheitsfenster, -türen sowie -schlösser, 76185 Kaiserallee 80, ☎ 2 90 19, sicherheitsstudio-baden.de

Schlüssel- und Sicherheitstechnik Güler GmbH [S. 352], das IHK-zertifizierte Familienunternehmen bietet Einbruchschutz und Sicherheitstechnik wie unter anderem abschließbare Fenstersiche-

rungen sowie professionelle Sicherheitsberatung, 76227 Kelterstr. 1, ☎ 4 19 60, schluessel-aba.de
Walter Sonnenschutztechnik, Fachbetrieb für Rollläden, Jalousien, Markisen, VELUX-Produkte und vieles mehr, Reparaturen aller Fabrikate, eigene Werkstatt, 76139 Printzstr. 9, ☎ 504 26 90, walter-sonnenschutztechnik.de

GARTEN

INFOS UND TIPPS

Bezirksverband der Gartenfreunde Karlsruhe, setzt sich für den Erhalt von Kleingärten ein und bietet Wissenswertes zu den Themen Garten und Naturschutz. Wer ein Gartengelände pachten möchte, kann sich hier informieren. 76139 Schwetzinger Str. 119, ☎ 35 28 80, kleingarten-karlsruhe.de
Stadt Karlsruhe – Liegenschaftsamt, gibt Infos und Kurse rund um den Obstbau und zu Themengebieten wie Streuobstwiesen, Baumschnitt, Düngung, Pflanzenschutz, Veredelung etc., 76133 Lammstr. 7a, ☎ 133-23 80

MITMACHPROJEKTE

Baumpatenschaften, jeder kann die Patenschaft für einen städtischen Baum übernehmen. Die Baumpatinnen oder Baumpaten haben ein Auge auf ihre Schützlinge und melden Schäden oder Veränderungen ans Gartenbauamt, damit zeitnah geholfen werden kann. Das Beet um den Baum kann teilweise bepflanzt und die Stadt in den trockenen Sommermonaten beim Gießen unterstützt werden. Infos: Gartenbauamt, 76133 Lammstr. 7a, ☎ 133-67 31, karlsruhe.de/patenschaften
Blühstreifenpatenschaften, die Aktion „BW blüht auf" ermöglicht es, Patenschaften für Blühstreifen zu übernehmen, die von Landwirten auf Feldern angelegt werden, weitere Infos und teilnehmende Landwirte siehe bwbluehtauf.de
Projekt „Offene Pforte": Gartenbesitzer gewähren zu festgelegten Termien Einblicke in ihre privaten Gärten und Höfe, Infos: Gartenbauamt, ☎ 133-67 01 und -67 54, karlsruhe.de/offenepforte
Urban Gardening: Die Karlsruher Urban-Gardening-Projekte sind Treffpunkte zum gemeinsamen Gärtnern. Über das Stadtgebiet verteilt liegen zehn

Gemeinschaftsgärten auf städtischen Flächen, die von Bürgerinnen und Bürgern genutzt und gepflegt werden. Wer mitmachen möchte, kann sich an die Gartengruppe vor Ort oder an das Gartenbauamt wenden. Infos: Gartenbauamt, 76133 Lammstr. 7a, ☎ 133-67 31, karlsruhe.de/urbangardening

GARTENWETTBEWERBE, FÖRDERUNGEN

Die gärtnerische Leidenschaft des Stadtgründers Karl III. Wilhelm von Baden hat den Karlsruhern ein Leben im Grünen beschert. Das Gartenbauamt hat den Ehrgeiz, das Grün zu erhalten und zu mehren. Dies spiegelt sich in den Förderprogrammen und Wettbewerben der Stadt wider.

Förderprogramm „Begrünung von Höfen, Dächern, Fassaden", für Maßnahmen zur Begrünung von Dächern, Fassaden und versiegelten Freiflächen können private Eigentümer/-innen im gesamten Stadtgebiet Zuschüsse sowie eine kostenlose Beratung beantragen, Gartenbauamt, Stadt Karlsruhe, 76124 Lammstr. 7, ☎ 133-67 54

Gartenträume, der bürgerschaftliche Wettbewerb findet jährlich statt und unterstützt Initiativen zur Begrünung privater Freiflächen. Er widmet sich jährlich einem anderen Schwerpunktthema. Mitmachen können alle Eigentümer, Mieter, Vereine und Firmen, die eine begrünte Fläche passend zum jeweiligen Jahresmotiv pflegen und nutzen. Infos: Gartenbauamt, 76133 Lammstr. 7a, ☎ 133-67 54

Kleingartenwettbewerbe, rund 9.000 Kleingartenparzellen nehmen etwa 30 % der Grünflächen der Stadt ein. Im jährlichen Wechsel zeichnen der Oberbürgermeister-Wettbewerb und der Wettbewerb des Bezirksverbands K'he die schönsten aus.

GARTENBEDARF, PFLANZEN, BLUMEN

Siehe auch → S. 402, Rubrik Grabpflege

Beck, Günther, Bonsai-Bäume, 76187 Josef-Schmitt-Str. 27, ☎ 75 89 18, beck-bonsai.de

Blumen 2000, Schnittblumen, Mo-Sa 8-20h, So 9-18h, 76137 Bahnhofplatz 1, blumen2000.de

Blumen-Atelier Der kleine Prinz [S. 349], florale Dekoration vom kreativen Blumenstrauß für zuhause bis hin zur hochwertigen Event-Floristik, 76133 Kaiserstraße 243, ☎ 0176/76 74 22 55, derkleineprinz.info

Dehner, die Gartencenter-Kette bietet alles für Gärten, Teiche und Tiere, 76185 Neureuter Str. 8, ☎ 568 30 20, dehner.de

Heckert Gartencenter, Balkon- und Gartenbedarf sowie Pflanzen aus eigener Zucht, Linkenheimer Allee 3, 76344 Eggenstein, ☎ 94 54 08-0, heckert-gartencenter.de

Natursteine und Transporte Kohler [S. 348], bietet seit mehr als 60 Jahren Natursteine und Baustoffe in der Pfalz und Baden und präsentiert auf seinem über 8.000 qm großen Ausstellungsgelände zahlreiche Mustergärten mit Splitten, Steinkörben, Mauersteinen, Pflastersteinen, Terrassenplatten, Findlingen, Wasserspielen und vielem mehr. Im Lagerverkauf und im Online-Shop werden unter anderem über 400 Edelsplitte und Gabionensteine angeboten sowie Sand, Kies, Schotter und Rindenmulch. In der Sauheide 2a, 67378 Zeiskam, ☎ 06347/3 24, natursteine-kohler.de

Pflanzen Mauk Blumenparadies, Pflanzen, Blumenzwiebeln und Sämereien sowie Floristik und Gartengeräte, 76229 Bruchwaldstraße 63, ☎ 9 48 65-0, mauk-gartenwelt.de

Stadtbibliothek [S. 24], in der Saatgutbibliothek der Stadtbibliothek kann seltenes Saatgut alter und lokaler Sorten ausgeliehen werden. Ein Benutzerausweis ist nicht erforderlich. Nach der Ernte soll das gewonnene Saatgut zurückgebracht werden, 76133 Ständehausstr. 2, ☎ 133-42 58, stadtbibliothek-karlsruhe.de

Seith – Flowers and Interiors, Pflanzen, Schnittblumen und Wohnaccessoires, 76133 Kaiserallee 53, ☎ 921 11 39, seith-interiors.de

Wochenmärkte, Pflanzen und Schnittblumen findet man von Mitte Januar bis Mitte November täglich ab 9h auf dem Karlsruher Marktplatz, Di, Do und Sa 7.30-14h auf dem Gutenbergplatz und Mi+Sa 7-13h auf dem Ettlinger Marktplatz

ZG Raiffeisen Markt Karlsruhe [S. 36], großes Angebot an Pflanzen, Saatgut und Pflanzzubehör wie Erde, Dünger, Pflanzenschutzmittel und Gartengeräte – Produkte bekannter Markenhersteller ebenso wie die Eigenmarke „Raiffeisen gartenkraft". 76137 Fautenbruchstr. 35, ☎ 9 31 43-0, zg-raiffeisen.de

GARTENMÖBEL

Bumb Gartenmöbel, Außenmöbel sowie Grillgeräte und Wohnaccessoires, 76135 Windeckstr. 8, ☎ 78 20-817, bumb-gartenmoebel.de

Deschner, Lounge-Möbel auf 1.500 qm Fläche, Linkenheimer Str. 55, 76297 Stutensee-Blankenloch, ☎ 07244/74 13 57, deschner-gartenmoebel.de

Gartenmöbel Company, Gartenmöbel aus Teak, Alu, Geflecht und Hartholz, 76185 Ziegelstraße 1, ☎ 95 27 90 89, gartenmoebelcompany.de

Pflanzen Mauk Blumenparadies, Gartenmöbel, Grills und Zubehör rund um den Garten, 76229 Bruchwaldstr. 63, ☎ 9 48 65-0, mauk-gartenwelt.de

HANDWERKER

MALER

C. Portabales GmbH Malerfachbetrieb [S. 350], Maler- und Tapezierarbeiten, Fassadenanstriche, Betonsanierung und -beschichtung, Wärmedämmung, dekorative Wandgestaltung, Beschriftungen sowie Sandsteinreinigung, 76133 Sophienstr. 56, ☎ 2 73 64, portabales.de

Malerbetrieb Rottler [S. 350], streicht Fassaden, Fenster, Tapeten, Wände und mehr, 76199 Ostendorfstr. 1, ☎ 989 13 73, maler-rottler.de

SCHIMMELPILZPRÄVENTION UND -BESEITIGUNG

ISOTEC Abdichtungstechnik Latacz [S. 351], Isotec-Abdichtungssysteme helfen bei feuchten Wänden und Kellern – zu den Leistungen gehören Außen- und Innenabdichtungen, Horizontalsper-

ren, Rissinjektionen in Betonbauteile, Sanierputze, Schimmelpilzbeseitung und Schimmelpilzprävention, Kellerbodensanierungen sowie Trocknungssysteme, 76185 Schoemperlenstraße 11e, ☎ 95 96 34 04, isotec-latacz.de

SCHLÜSSELDIENSTE

Aba Schlüsseldienst [S. 352], das IHK-zertifizierte Familienunternehmen bietet seit über 25 Jahren Türöffnungen sowie Schlüsselnachbestellungen und ist Experte in den Bereichen Schlösser, eigengefertigte Schließanlagen, Sicherungstechnik, Tresore und Einbruchschutz. Zu den Kunden zählen die Polizei, Gerichtsvollzieher, Hausverwaltungen und große Wohnungsbaugesellschaften, 76227 Kelterstr. 1, ☎ 4 19 60, schluessel-aba.de

Schlüsseldienst West, 76185 Peter-und-Paul-Platz 4, ☎ 59 09 44, schluesseldienstwest.de

Schlüssel Weiss, 76133 Erbprinzenstraße 24, ☎ 2 58 82, schluessel-weiss.de

SCHREINER

efbe möbelart [S. 354], Schreinerei, Industriestraße 2a, 76275 Ettlingen, ☎ 07243/354 92 70, efbe-moebelart.de

HAUSHALTSWAREN

FaireWare, nachhaltige und fair gehandelte Waren wie Geschirr und Küchenutensilien, 76133 Herrenstr. 31, ☎ 46 71 69 97, faireware.de

Hocks fein&kostbar [S. 218], Geschirr, Glaswaren, Tischwäsche und Dekoartikel, 76227 Pfinztalstr. 6, ☎ 49 04 81 98, hocks-feinundkostbar.de

IKEA, großes Sortiment an Haushaltswaren von Kochgeschirr und Backutensilien über Heimtextilien bis hin zu Putzzubehör, 76137 Durlacher Allee 97, ikea.de/karlsruhe

Karstadt, bietet im Untergeschoss eine große Auswahl an Haushaltswaren und Heimtextilien, 76133 Kaiserstr. 147-159, ☎ 91 02-0, karstadt.de

Oster [S. 353], Haushaltswaren, Dekoartikel, Kleinelektrogeräte, Glaswaren, Wohnaccessoires und Geschenke, 76199 Ostendorfplatz 5, ☎ 89 01 06, oster-ka.de

IMMOBILIEN

efbe immobilienart [S. 354], Immobilienvermarktung und -verwaltung, Am Haberacker 7, 76275 Ettlingen, ☎ 07243/354 92 70, efbe-immobilienart.de

H&G – Haus & Grund Verwaltungs GmbH Karlsruhe, Kauf, Verkauf und Bewertung von Immobilien, Wohnungs- und Gewerberaumvermietungen sowie Mietshaus- und WEG-Verwaltung, 76185 Kaiserallee 89a, ☎ 9 84 70-0, HuG-KA.de

Dipl.-Ing. Martin Kemminer [S. 341], Beratung rund um die Immobilie, 76133 Schirmerstr. 8 und 76185 Auf den Eiswiesen 10, ☎ 37 54 86 und ☎ 0172/809 82 21, kemminer-architektur.de

Verband Wohneigentum Baden-Württemberg e. V., die Schutz- und Interessengemeinschaft bietet Mitgliedern Rat in allen Haus- und Grundstücksfragen (auch Rechtsberatung) und ergänzenden Versicherungsschutz, 76135 Steinhäuserstr. 1, ☎ 98 16-20, verband-wohneigentum.de/bw

Volkswohnung GmbH [S. 26], Vermietung und Verkauf von Immobilien, 76137 Ettlinger-Tor-Platz 2, ☎ 35 06-0, volkswohnung.de

KAMINÖFEN

Haus-Comfort-Studio Karlsruhe GmbH, Kamin- und Speicheröfen mehrerer Hersteller auf mehr als 200 qm Ausstellungsfläche, 76137 Schwarzwaldstr. 39, ☎ 354 85 96, kaminofen-haus.de

ONLINE-TIPP

Das städtische Forstamt bietet Brennholz an, das man je nach Verfügbarkeit online bestellen kann, karlsruhe.de/umwelt-klima/stadtgruen-wald/stadtwald/rohstofflieferant/brennholz-bestellen

KÜCHEN

Franks Studio [S. 355], individuelle Küchengestaltung mit namhaften und hochwertigen Marken von der Planung bis zur Montage, Humboldtstraße 26, 75334 Straubenhardt, ☎ 07082/39 99, franksstudio.de

IKEA, Küchen, Elektrogeräte, Geschirr und Küchenaccessoires – IKEA bietet zudem einen Planungs- und Lieferservice sowie Küchenmontage, 76137 Durlacher Allee 97, ikea.de/karlsruhe

Objekt und Küche, Küchengestaltung für Privatwohnungen und Gewerbe, 76131 Ludwig-Erhard-Allee 24, ☎ 91 58 08 72, objektundkueche.de

PFEIFFER & MAY Karlsruhe GmbH [S. 343], der Sanitär-Großhändler präsentiert ein breites Sortiment an Küchenarmaturen, Wassersystemen sowie Fliesen in seinen Ausstellungsräumen, 76135 Unterweingartenfeld 2, ☎ 86 02-240, pfeiffer-may.de

PRINZIP der schauraum GmbH, individuelle Küchenplanung und große Küchenausstellung, 76199 Nürnbergerstr. 13, ☎ 354 70 20, prinzip.biz

LÄRMSCHUTZ-BERATUNG

Umwelt- und Arbeitsschutz, Infos und Hilfe bei den Themen Wohn-, Freizeit- und Verkehrslärm, 76131 Markgrafenstr. 14, ☎ 133-31 01

ONLINE-TIPP

In welchen Straßen die Lärmbelastung am höchsten ist, kann man online auf Lärmkarten einsehen: karlsruhe.de/umwelt-klima/umweltschutz/laerm

LEUCHTEN

Burger, Innen- und Außenleuchten sowie Lichtberatung und Lichtplanung, 76133 Waldstr. 89-91, ☎ 9 13 22-0, burger.de

Licht + Planung GmbH & Co. KG, Lampen, Leuchten und Beleuchtungskonzepte, 76133 Waldstraße 17, ☎ 47 04 47 02, licht-und-planung.de

Licht + Wohnen GmbH, Leuchten und Planung individueller Beleuchtungskonzepte, 76133 Karlstraße 32, ☎ 9 10 99-0, lw32.de

MITMACHPROJEKTE

Agenda 21 Karlsruhe, bürgerschaftliche Gruppen arbeiten an vielfältigen Themen, Projekten und Ideen zur nachhaltigen Stadtentwicklung in Karlsruhe, Infos: Agenda-21-Büro beim Umwelt- und Arbeitsschutz der Stadt Karlsruhe, 76131 Markgrafenstr. 14, ☎ 133-31 01, agenda21-karlsruhe.de

Dreck-weg-Wochen, jährlich im Frühjahr stattfindende Aktion des Teams Sauberes Karlsruhe, bei der jeder (Vereine, Betriebe, Schulen, Kindergärten, Privatpersonen) helfen kann, die Stadt sauber zu machen – das Team Sauberes Karlsruhe gibt Zangen und Müllsäcke aus und holt den Müll ab. Wer möchte, kann sich als Pate oder Patin auch dauerhaft um die Sauberkeit an einem selbst gewählten Bereich kümmern. Das Team Sauberes Karlsruhe [S. 359] unterstützt dabei. Infos zu den Aktionen: ☎ 133-70 99, karlsruhe.de/abfall

KA° – Wir machen Klima [S. 363], die Karlsruher Klima-Plattform bietet vielfältige Tipps, Ideen, Mitmachangebote und Informationen rund um den Klimaschutz in Karlsruhe; Infos: Umwelt- und

Arbeitsschutz der Stadt Karlsruhe, 76131 Markgrafenstr. 14, ☎ 133-31, klima.karlsruhe.de

Meine grüne Stadt Karlsruhe, die Stadtverwaltung und bürgerschaftliche Gruppen entwickeln Projekte und Ideen für eine nachhaltige Stadtentwicklung in Karlsruhe im Bezug auf Klima, Gesundheit und Natur – die Koordination liegt beim Umwelt- und Arbeitsschutz der Stadt Karlsruhe, ☎ 133-31 01, gruenestadt.karlsruhe.de

MÖBEL & WOHNACCESSOIRES

Adam Wieland GmbH [S. 189], zeitlose, flexible und funktionale Büromöbel sowie Ess- und Kindertische mit Platten aus Linoleum, HPL (High-Pressure-Laminate) oder melaminharzbeschichtet – der Showroom ist Mo-Fr 8-17h geöffnet, 76187 Egon-Eiermann-Allee 12, ☎ 78 25 67, adamwieland.de

Burger, bietet hochwertige Einrichtungsgegenstände fürs Büro und den Wohnbereich, 76133 Waldstr. 89-91, ☎ 9 13 22-0, burger.de

Ergonomie und Wohnen, ökologische und ergonomische Einrichtungslösungen, 76133 Waldstraße 42, ☎ 20 52 30, ergonomie-und-wohnen.de

Franks Studio [S. 355], große Auswahl an Markenmöbeln sowie individuelle Beratung, Humboldtstraße 26, 75334 Straubenhardt, ☎ 07082/39 99, franksstudio.de

Grüner Krebs, Möbel, Wohnaccessoires und Geschenkartikel, 76133 Erbprinzenstr. 21, ☎ 2 55 42; 76227 Pfinztalstr. 90, ☎ 943 01 30, gruenerkrebs.de

Heine Lagerverkauf, Lagerverkauf von Möbeln und Wohnaccessoires, Mi+Fr 11-20h, Sa 10-16h, 76135 Windeckstr. 15, ☎ 991 21 00, heine.de

IKEA, verfügt über ein großes Sortiment im Bereich Wohnen, Einrichten und Möbel sowie über eine gute Anbindung an den öffentlichen Nahverkehr – zudem verleiht IKEA E-Lastenräder bzw. eTrailer und bietet kostenfreie Auto- und Radstellplätze, 76137 Durlacher Allee 97, ikea.de/karlsruhe

Licht + Wohnen GmbH, das Möbelhaus bietet Sofas, Wohnwände, Schlafzimmer, Leuchten und Textilien, 76133 Karlstr. 32, ☎ 9 10 99-0, lw32.de

ligne roset, Leuchten, Teppiche, Textilien sowie elegante Sitz- und Kastenmöbel aus Designer-Hand, 76133 Erprinzenstr. 26, ☎ 20 55 20, ligne-roset.de

Oster [S. 353], Fachgeschäft für Haushalt, Deko, Glas und Geschenke, unter anderem mit einer großen Auswahl an Kunstblumen, Vasen, Kerzen und vielen pfiffigen, schönen Wohnaccessoires, 76199 Ostendorfplatz 5, ☎ 89 01 06, oster-ka.de

Roter Punkt, Möbel, Betten, Leuchten und Wohnaccessoires, 76133 Amalienstr. 25, ☎ 2 85 78, roter-punkt.de

Schrankladen GmbH & Co. KG [S. 356], ermöglicht Schrank- und Möbellösungen für jede Raumsituation – individuelle Beratung, Planung und Fertigung, Di-Fr 13-18.30h, Sa 11-15h und nach Vereinbarung, 76133 Amalienstraße 18, ☎ 2 73 37, schrankladen.de

Wohn-Design, neue und gebrauchte Designermöbel und Wohnaccessoires, 76135 Unterreut 7, ☎ 50 44 74 50, wohn-design.com

XXXL Lutz, großes Einrichtungscenter mit Möbeln und Accessoires, 76137 Durlacher Allee 109, ☎ 030/255 49 50 30, xxxlutz.de

Zurell [S. 344], Betten und Möbel aus Massivholz, Sessel, Bewegungsstühle, Sofas sowie Bio-Schlafsofas und Produkte der Marken Holzschmiede und dormiente, 76227 Pfinztalstr. 25, ☎ 490 82 53, zurell-samina.de

VINTAGE & ANTIKES

Amalienantik [S. 356], verfügt über eine 30-jährige Erfahrung mit antiquarischen Gegenständen und bietet kompetente Beratung beim An- und Verkauf von Antiquitäten, Goldschmuck, Armband- und Taschenuhren, Münzen, Tafelsilber, Porzellan, Zinn, Kunst, Musikinstrumenten und vielem mehr, Hausbesuche nach Terminvereinbarung möglich, Mo-Fr 9.30-16.30h, Sa 10-15h, 76133 Amalienstr. 21, ☎ 95 77 79 80 oder ☎ 0178/635 20 24

Antiquitäten Schowalter & Partner, Verkauf restaurierter Einzelstücke aus dem 18. bis Anfang des 20. Jahrhunderts sowie fachmännische Restaurationen im Auftrag, Hauptstr. 54, 76857 Albersweiler, ☎ 06345/84 80, antiquitaeten-pfalz.de

Atelier Himmelsbach, Upcycling-Möbel aus Mas-

sivholz, 76131 Rintheimer Str. 74a (nach Vereinbarung), ☎ 0157/38 15 11 75, atelier-himmelsbach.de
The Hunter, Vintage-Möbel und -Kleidung, 76137 Winterstr. 44b, ☎ 96 31 67 82, thehunter.eu
Velvet Point, Möbel der 1950er bis 1970er Jahre, 76131 Seubertstr. 8, ☎ 568 77 97, velvet-point.de

MÜLLTRENNUNG

Für die Abfallentsorgung des Landkreises Karlsruhe ist der Abfallwirtschaftsbetrieb des Landratsamts verantwortlich. Informationen über die Abfuhrtermine, Gebühren, Abfalltrennung sowie die Anmeldung zur Sperrmüllabholung gibt es im Internet unter awb-landkreis-karlsruhe.de.
Welcher Abfall im Stadtkreis Karlsruhe in welche Tonne gehört, wo man unbrauchbare Dinge loswird und wie man Abfälle vermeidet, erfährt man beim „Team Sauberes Karlsruhe – Abfallwirtschaft und Stadtreinigung" im Internet unter karlsruhe.de/abfall oder telefonisch unter der Behördennummer ☎ 115.

BIOABFALL

Gekochte und ungekochte organische Küchenabfälle gehören in die Biotonne, seit 2020 dürfen auch nicht holzige Gartenabfälle wie Laub oder Rasenschnitt in kleinen Mengen eingegeben werden. Der Bioabfall wird dann in Energie und Kompost umgewandelt. Kunststoffbeutel und kompostierbare Biokunststoffbeutel dürfen in Karlsruhe nicht verwendet werden, da sie bei der Verarbeitung stören und die Kompostqualität mindern. Daher sollten stattdessen Papiertüten benutzt werden.

ELEKTROGERÄTE

Elektrokleingeräte nehmen alle Wertstoffstationen kostenlos entgegen.
Größere Elektrogeräte wie Computer, TV-Geräte, HiFi-Anlagen und Haushaltsgroßgeräte (Kühlschränke, Herde, Waschmaschinen) können kostenlos bei folgenden Wertstoffstationen abgegeben werden: 76189 Nordbeckenstr. 1 und 76227 Maybachstr. 10b, (Öffnungszeiten unter karlsruhe.de/abfall)
Haushaltsgroßgeräte holt das Amt für Abfallwirtschaft zweimal jährlich kostenlos auf Abruf ab, Anmeldung und Infos unter der Behördennummer ☎ 115 oder karlsruhe.de/abfall

GRÜNABFÄLLE

Für Straßenlaub und Gartenabfälle hält die Stadt gegen eine Gebühr von 50 Cent je Stück im Herbst Laubsäcke bereit. Abgeholt werden sie von Oktober bis Mitte Dezember. Abholtermine, Verkaufsstellen und Öffnungszeiten kann man unter ☎ 115 erfragen oder online nachlesen: karlsruhe.de/abfall. Große Mengen Grünabfall können zu einem der 22 Grünabfallcontainer im Stadtgebiet oder zu den Kompostierungsanlagen gebracht werden. Kleine Mengen nicht holziger Grünabfälle dürfen auch in die Biotonne.

Kompostierungsanlage Knielingen, 76187 An der Wässerung
Kompostierungsanlage Grötzingen, 76229 Herdweg

MEDIKAMENTE

Medikamente können über den Restmüll entsorgt werden. Sie sollten zuvor jedoch verletzungssicher und für Kinder unzugänglich verpackt werden. Spritzen und Nadeln sind stets in stichfesten Behältern zu entsorgen, um Verletzungen zu vermeiden. Problematische Medikamenten- und Salbenreste können bei den Schadstoffannahmestellen (76189 Nordbeckenstr. 1 und 76227 Maybachstr. 10a) oder beim Schadstoffmobil abgegeben werden. Auch manche Apotheken nehmen Altmedikamente entgegen.

PAPIER & PAPPE

Papier und Pappe können in die städtische Papiertonne, zu den Wertstoffstationen oder zu den Altpapiersammlungen gegeben werden.

REIFEN

Alte Autoreifen können runderneuert werden. Das ist umweltfreundlich und spart Geld. Wenn eine Runderneuerung nicht mehr möglich ist, nehmen folgende Wertstoffstationen Altreifen gegen Gebühr an:

Wertstoffstation, 76189 Nordbeckenstr. 1
Wertstoffstation, 76227 Maybachstr. 10b

SCHADSTOFFE

Schadstoffe, also Farben, Lösungsmittel, Kosmetika, Leuchtstoffröhren, alte Fieberthermometer mit Quecksilber, Energiesparlampen sowie Altöl können bei den folgenden Stellen abgegeben werden. Energiesparlampen werden auch in den Kundenzentren der Stadtwerke und in einigen Geschäften angenommen.

Schadstoffannahmestelle, 76227 Maybachstraße 10a
Wertstoffstation, 76189 Nordbeckenstr. 1
Schadstoffmobil, nimmt Schadstoffe in haushaltsüblichen Mengen kostenlos entgegen, auch Elektrokleingeräte werden mitgenommen. Infos: karlsruhe.de/abfall oder Behördennummer ☎ 115

SPERRMÜLL

Sperrmüll wird einmal jährlich zu einem festen Straßensperrmülltermin abgeholt. Zusätzlich kann jeder Haushalt einmal im Jahr den Sperrmüll auf Abruf in Anspruch nehmen und aus drei vorgeschlagenen Terminen wählen. Die Sperrmüllmenge ist auf vier Kubikmeter je Abholung begrenzt. Anmeldung unter karlsruhe.de/abfall oder unter der Behördennummer ☎ 115. Die Abholung ist kostenlos. Die **Wertstoffstationen** Nordbeckenstr. im Rheinhafen, 76189 Nordbeckenstr. 1, und 76227 Maybachstr. 10b nehmen Sperrmüll gegen Gebühr an.

TIERKADAVER

ZTN Neckar-Franken, Sammelstelle K'he-Durlach, 76227 Alte Weingartener Str. 63, ☎ 48 26 26

WERTSTOFFSTATIONEN

An den Wertstoffstationen kann man Grünabfälle, unbehandeltes Holz, Kunststoffe, Glas, Korken, Aluminium, Pappe, Styropor, Metall, Altkleider und Elektrokleingeräte abgeben sowie von Oktober bis Dezember Laubsäcke für Grünabfälle erwerben (letzteres nicht in Neureut). Aktuelle Öffnungszeiten sind unter der Behördennummer ☎ 115 oder unter karlsruhe.de/abfall zu erfahren.

Wertstoffstation Daxlanden, 76189 Fettweisstraße

Wertstoffstation Durlach, 76227 Alte Weingartener Str. 63

Wertstoffstation Durlach-Killisfeld, 76227 Maybachstr. 10b, Reifen, Elektro- und Elektronikgroßgeräte, Restmüll, Sperrmüll, Fensterglas ohne Anhaftungen, Bauschutt, Erdaushub und Gipsabfälle können hier abgegeben werden

Wertstoffstation Grünwettersbach, 76228 Wiesenstraße

Wertstoffstation Hagsfeld, 76139 Schäferstraße

Wertstoffstation und Schadstoffannahmestelle Rheinhafen, 76189 Nordbeckenstr. 1, Reifen, Elektro- und Elektronikgroßgeräte, Restmüll, Sperrmüll, Altfenster und Alttüren, imprägniertes und gestrichenes Holz, Asbest, Mineralfaserabfälle, Bauschutt, Erdaushub, Gipsabfälle sowie Schadstoffe und unbehandeltes Holz

Wertstoffstation Neureut, 76149 Waldsportplatz und Am Junkertschritt (kein Laubsackverkauf)

Wertstoffstation Oberreut, 76189 Großoberfeld

MÜLLVERMEIDUNG

Nicht alles, was einem selbst unbrauchbar oder unschön erscheint, ist deshalb gleich nutzlos. Brauchbare Dinge kann man über Flohmärkte (→ S. 334), Secondhand-Läden (→ S. 337), den Karlsruher Tausch- und Verschenkmarkt (→ S. 361) oder auch die Givebox (→ S. 361) weitergeben.

Zentrale Spendenannahme für die Secondhand-Läden des Diakonischen Werks, Textilien aller Art, Schuhe, Geschirr, Teppiche, Haushaltswaren, CDs und DVDs, Bücher, Wohnaccessoires, Schmuck und Spielzeug, Mo-Fr 10-19h, Sa 10-16h, 76135 Windeckstr. 7, ☎ 20 39 72 75, dw-karlsruhe.de

ALTKLEIDER

Alte Textilien wie Kleidung, paarweise gebündelte Schuhe und Bettwäsche können in Plastiksäcke verpackt in Altkleidersammelcontainer eingeworfen oder bei allen Wertstoffstationen und bei unten genannten Einrichtungen abgegeben werden. Stark Verschmutztes, Lumpen und Stoffreste gehören in den Restmüll.

Bodelschwingh-Haus, 76137 Karlstraße 94, ☎ 9 31 27-0, bodelschwingh.de

Deutsches Rotes Kreuz, nimmt Kleidung an, Kleiderkammer in Bretten, Weißhoferstr. 54-58, 75015 Bretten, ☎ 07252/966 42 37, drk-karlsruhe.de

Diakonisches Werk Karlsruhe, Zentrale Spendenannahme für die Secondhand-Läden, 76135 Windeckstraße 7, ☎ 20 39 72 75, dw-karlsruhe.de

Öffentliche Kleiderschränke, im „Kleiderschrank für alle" kann man gut erhaltene, saubere Kleidung, Schuhe und Accessoires (keine Unterwäsche, Bademode, Sportsachen oder Socken), die nicht mehr gefallen oder passen, hineinlegen. Jeder, der möchte, kann sich Kleidungsstücke aussuchen und kostenlos mitnehmen. Standorte: 76133 Amalienstr. 77 (Durchgang zum Innenhof), 76227 Zehntstr. 4 (Innenhof) sowie 76229 An der Pfinz 2 (Nähe Niddaplatz)

AUTOS

Fahrzeughersteller müssen Autos ihrer Marken kostenlos zurücknehmen. Voraussetzung: Das Auto muss im letzten Monat vor der Stilllegung eine deutsche Zulassung haben, darf nicht ausgeschlachtet sein und muss samt Fahrzeugbrief bei einem anerkannten Verwertungsbetrieb zurückgegeben werden. Alle Verwertungsbetriebe in der Nähe findet man unter arge-altauto.de

Autoverwertung West, Entsorgungskosten je nach Zustand des Kfz (wird mitunter sogar angekauft, wenn es gut erhalten ist), 76185 Daimlerstraße 41a, ☎ 971 22 55, av-west-ka.de

KORKEN

BUZO Umweltzentrum, Korkensammelstelle, Di-Do 9-13h, 76133 Kronenstraße 9, ☎ 38 05 75, buzo-ka.de, oder man bringt sie zu den Wertstoffstationen → *S. 359*

LEBENSMITTELSPENDEN

→ *S. 383, Lebensmittelspenden*

MÖBEL

Möbel in schlechtem Zustand gehören zum Sperrmüll. Gut erhaltene und funktionstüchtige Möbel nehmen folgende Stellen an:

Arbeitsförderungsbetriebe gGmbH, nach Absprache auch Abholung möglich, Möbellager: Mo-Fr 8-16h, Do bis 18h, 76149 Bärenweg 27-29, ☎ 75 10 30, afb-karlsruhe.de

Secondhand-Möbelläden gibt es in Karlsruhe mehrere: Kashka, Krempel-Tempelchen und der Möbel-Basar, Infos → *S. 337, Rubrik Secondhand*

TIPPS

Givebox, in diese Kisten können nicht mehr benötigte Gegenstände hineingelegt und Dinge, die für einen selbst nützlich sind, kostenlos herausgenommen werden, Standorte in Karlsruhe sind unter giveboxkarlsruhe.wordpress.com zu finden

leftovercooking, im Flagshipstore von Angelique Sapnara erfährt man Wissenswertes über einen respektvollen Umgang mit Lebensmitteln und wie man Essensreste lecker verwerten kann, anstatt sie wegzuwerfen, Mo-Fr 11-14h, 76133 Herrenstraße 29, ☎ 0152/52 07 84 42, leftovercooking.de

ReparaturCafé, hier kann man unter Anleitung kaputte Dinge reparieren oder reparieren lassen, Infos und Termine siehe Homepage, 76131 Steinstr. 23 (Gewerbehof), reparaturcafe-karlsruhe.de

Tante M, in den Unverpacktläden kann man Lebensmittel, Kosmetika, Haushaltswaren und Reinigungsmittel verpackungs- und plastikfrei einkaufen, 76135 Körnerstr. 26, ☎ 95 96 79 46; 76131 Rintheimer Str.1, ☎ 95 96 06 15, und 76137 Roonstr. 23a, ☎ 01512/071 86 42, tante-m-karlsruhe.de

Tausch- und Verschenkmarkt des Amtes für Abfallwirtschaft, Onlinebörse für gut erhaltene, aber nicht mehr benötigte Dinge, Informationen unter tauschmarkt.karlsruhe.de – unter anderem auch in den Facebookgruppen „Verschenk's Karlsruhe" und „Free your Stuff Karlsruhe" kann man nicht mehr benötigte Gegenstände verschenken

Unverpackt, verpackungsfreie Lebensmittelmärkte: 76137 Bahnhofplatz 8, ☎ 96 88 34 39, und 76131 Durlacher Allee 75, ☎ 62 88 48 34, unverpackt.de

RAUMGESTALTUNG

Burger, Grundrissplanung, individuelle Farbkonzepte, Lichtplanung und Textilberatung, 76133 Waldstr. 89-91, ☎ 9 13 22-0, burger.de

Heimidee [S. 357], Verkauf und Beratung rund um Designbeläge, Parkett, Laminat, Kork, Teppichböden, CV-Beläge sowie Gardinen, Polsterstoffe und Tapeten – darüber hinaus gehört auch Sonnen- und Insektenschutz zum Sortiment, Einsteinstr. 35, 76275 Ettlingen, ☎ 07243/7 98 33, heimidee.de

Licht + Wohnen GmbH, Einrichtung und Planung individueller Einrichtungskonzepte, 76133 Karlstr. 32, ☎ 9 10 99-0, lw32.de

Polsterei Theo Lutz, große Auswahl an Möbelstoffen, Gardinen, Jalousien sowie Markisen und Sonnenschutz, 76199 Pfauenstr. 37, ☎ 89 02 74

Raumausstattung Bauer, Bodenbeläge (Parkett, Vinyl, Teppich, Kork, Laminat etc.), Gardinen-Anfertigungen, Polsterarbeiten sowie innen- und außenliegender Sonnenschutz, 76199 Lange Str. 73, ☎ 88 61 65, bauer-raumausstattung.de

Raumausstattung Blum, Gestaltung von Räumen und Möbeln, eine große Auswahl an Stoffen, Bezügen und Fensterdekorationen – übernimmt zudem Polster- und Sattlerarbeiten, 76133 Kaiserallee 63, ☎ 33 59 84 50, raumausstattung-blum.de

Raumausstattung Meder, Beratung vor Ort, Planung und Kostenschätzung, Bodenbeläge aller Art, Dielenboden- und Massivholztreppensanierung sowie Malerarbeiten, 76199 Lange Straße 23, ☎ 89 07 43, raumausstattung-meder.de

SCHWIMMBÄDER UND -TEICHE

AQUA LUODA, die Landschaftsgärtner kümmern sich um Gärten, Naturpools, Schwimmteiche und Pools, von der Planung über die Ausführung bis zur Erhaltungspflege – auch Firmengärten und Bestandspools, Mühlgasse 2, 75015 Bretten, ☎ 07252/963 79 43, aqua-luoda.de

Schwimmbad-Henne GmbH [S. 362], Planung und Realisierung von Freibädern, Hallenbädern,

Saunen und Whirlpools sowie Wartung und Service – Schwimmbad Henne verfügt an der Autobahnabfahrt A 8 Pforzheim-Nord über eine Ausstellung und einen Fachmarkt auf mehr als 3.000 qm Fläche, Kieselbronner Str. 42, 75177 Pforzheim, ☎ 07231/95 65-0, schwimmbad-henne.de

SICHERHEITSTECHNIK

HeKa Herzog GmbH [S. 347], Verkauf und Einbau von Sicherheitsfenstern, Sicherheitsglas und Smart-Home-Alarmanlagen – Planung, Herstellung und Montage aus einer Hand, Huttenheimer Landstraße 2, 76676 Graben-Neudorf, ☎ 07255/71 14-0, heka.de, info@heka.de

Kriminalpolizeiliche Beratungsstelle, bietet kostenlose Sicherheitsberatung zur Prävention von Einbrüchen und Diebstählen, 76137 Beiertheimer Allee 16, ☎ 666-12 34, Tipps zur Vorbeugung gibt die Polizei auch im Internet unter polizei-beratung.de/themen-und-tipps.html

Schlüssel- und Sicherheitstechnik Güler GmbH [S. 352], seit über 25 Jahren ist das IHK-zertifizierte Familienunternehmen Experte im Bereich Schlösser, eigengefertigte Schließanlagen, Sicherungstechnik, Tresore sowie Einbruchschutz und bietet zudem einen Schlüsseldienst an, 76227 Kelterstr. 1, ☎ 4 19 60, schluessel-aba.de

Sicherheitsstudio, Einbruchschutz sowie Sicherheitsfenster und -türen, 76185 Kaiserallee 80, ☎ 2 90 19, sicherheitsstudio-baden.de

UMWELTBERATUNG

Abfallwirtschaftsbetrieb Landkreis Karlsruhe, ist zuständig für die umliegenden Gemeinden, Infos zu Fragen rund um die Abfallentsorgung: ☎ 07251/98 20-0, awb-landkreis-karlsruhe.de, oder man informiert sich über die offizielle „Abfall-App KA" des Landkreises Karlsruhe

BUND, der Bund für Umwelt und Naturschutz Deutschland e. V., Regionalverband Mittlerer Oberrhein, berät in allen Umwelt- und Naturschutzfragen, 76131 Waldhornstraße 25, ☎ 35 85 82, bund-mittlerer-oberrhein.de

BUZO Umweltzentrum, die Bürgeraktion Umweltschutz informiert über Umweltinitiativen in Karlsruhe, Di-Do 9-13h, 76133 Kronenstraße 9, ☎ 38 05 75, buzo-ka.de

Greenpeace, Umweltschutzverein, 76133 Steinstraße 23, ☎ 37 77 71, karlsruhe.greenpeace.de

LUBW, die Landesanstalt für Umwelt, Messungen und Naturschutz Baden-Württemberg gibt Auskunft zu regionalen Immissionsdaten, 76231 Postfach 10 01 63, ☎ 56 00-0, lubw.baden-wuerttemberg.de

NABU, Naturschutzbund Deutschland, Gruppe Karlsruhe, 76133 Kronenstr. 9, ☎ 3 60 60, nabu-ka.de

Stadtwerke Karlsruhe [S. 29], Kundencenter, Mo-Do 7.30-16.30h, Fr 7.30-15h, 76185 Daxlander Straße 71, Thema Umweltschutz: ☎ 599-10 70, stadtwerke-karlsruhe.de

Team Sauberes Karlsruhe [S. 359], bietet Infos und Beratung zum Thema Abfall und organisiert auf Anfrage eine Führung über eine Wertstoffstation, Kontakt über die Behördennummer ☎ 115

Umwelt- und Arbeitsschutz der Stadt Karlsruhe [S. 363], führt Beratungen zum Klima- und Umweltschutz durch und hält Angebote zur Natur- und Umweltbildung bereit, Mo-Fr 8.30-15.30h, 76131 Markgrafenstr. 14, ☎ 133-31 01

Umwelt- und Energieagentur Kreis Karlsruhe, berät Kommunen, Privathaushalte, Gewerbe und Industrie zum Thema Klimaschutz- und Energiesparkonzepte, ☎ 936-9 96 00, zeozweifrei.de

UMWELT-VERSCHMUTZUNG

Laut Bußgeldverordnung der Stadt Karlsruhe bezahlt man bspw. für weggeworfene Kippen, Papier, Becher oder Plastiktüten 75 Euro, für ausgespuckte Kaugummis 100 Euro und ein liegengelassenes Hundehäufchen kann 150 Euro kosten.

Starke Verunreinigungen von Straßen und Plätzen kann man der Stadt telefonisch melden unter ☎ 115 oder mit der App „ka-feedback"

ONLINE-TIPPS

Aktuelle Luftmesswerte für Karlsruhe (unter anderem Ozon, Feinstaub, Stickstoff) sind bei der Landesanstalt für Umwelt BW abrufbar: lubw.baden-wuerttemberg.de/luft/messwerte-immissionswerte#karte. Die Homepage bietet außerdem aktuelle Messdaten zur Wasserqualität sowie Infos über Altlasten und Radioaktivität, 76185 Griesbachstr. 1, ☎ 56 00-0, lubw.baden-wuerttemberg.de. Während der Sommermonate informiert der Ozonansagedienst der Stadt Karlsruhe über aktuelle Werte: ☎ 133-10 04

Privacy-Friendly-Wetter-App, die Wetterapp der Forschungsgruppe Secuso am KIT bietet Vorhersagen sowie Angaben zu Luftfeuchtigkeit, Luftdruck und Windgeschwindigkeiten. Zudem lässt sich per Umkreissuche das beste Wetter in der Umgebung ermitteln. Die App für Android-Geräte ist frei von Tracking-Mechanismen und Werbung. secuso.aifb.kit.edu/Wetter.php

um.baden-wuerttemberg.de, Internetseite des Umweltministeriums Baden-Württemberg mit Infos und Sachangeboten zum Thema Umwelt(schutz)

KOMMUNIKATION & MEDIEN

BÜCHER

Bibliotheken siehe → S. 186, Rubrik „Bibliotheken"

Abraxas, Mo-Fr 9-18.30h, Sa 9-14h, Kronenstr. 5, 76275 Ettlingen, ☎ 07243/3 15 11, abraxasbuch.de

Alpha Buchhandlung, christliche Literatur, 76137 Ettlinger Str. 2b, ☎ 37 30 21, alpha-karlsruhe.de

BIB – Die Buchhandlung Rüppurr, Literatur, Regionales, Kinder- und Jugendbücher, 76199 Diakonissenstr. 29a, ☎ 89 00 64, bib-buchhandlung.de

Buchhandlung am Kronenplatz [S. 364], kleine inhabergeführte Buchhandlung sowohl mit allgemeinem Sortiment, Belletristik und Sachbüchern als auch mit Fachbüchern für Studium und Beruf. Studenten können hier zudem die Merchandising-Artikel aus dem KIT-Shop erwerben. Im Laden und im Onlineshop sind lieferbare Titel aus dem In- und Ausland sowie E-Books bestellbar, 76133 Kronenstraße 24, ☎ 37 77 75, kronenplatz.de

Bücher-Oase Stutensee, Hauptstr. 75-81, 76297 Stutensee, ☎ 07244/9 45 97, buecheroase.de

Bücherbüffet-Laden, Bücher unabhängiger Verlage aus den Genres Fantasy, Literatur, Lyrik, Manga und Comics, 76133 Kaiserstr. 58-60, ☎ 47 03 70 29, buecherbueffet-laden.buchkatalog.de

Bücherland, Secondhand-Bücher, 76131 Gerwigstr. 35, ☎ 0162/584 34 34, buecherland.de

Der Rabe am Markt, Mo-Fr 9-18.30h, Sa 9-14h, 76227 Pfinztalstr. 60, ☎ 940 01 40, rabebuch.de

Buchhandlung Mächtlinger, gängiges Sortiment, Mo-Fr 9-18.30h, Sa 9-14h, 76227 Pfinztalstr. 36, ☎ 9 43 63-0, maechtlingerbuch.de

Metzler'sche Buchhandlung, allgemeines Sortiment sowie Recht, Wirtschaft, Steuern und Bücher der Büchergilde Gutenberg, 76133 Karlstr. 13, ☎ 9 19 51-0, metzlerbuch.de

Reisebuchladen Karlsruhe [S. 64], das inhabergeführte Geschäft bietet eine große Auswahl an Literatur zu den Themen Reisen, Wandern, Radtouristik, Klettern und Kanufahren sowie Wander- und Straßenkarten weltweit, Globen u. v. m., 76133 Herrenstr. 33, ☎ 47 00 88 95, und in der Heidelberger Altstadt, Kettengasse 5, 69117 Heidelberg, ☎ 06221/2 05 52, reisebuchladen-karlsruhe.de

Schmitt & Hahn Buch und Presse, Bahnhofsbuchhandlung im Karlsruher Hauptbahnhof: Mo-Fr 5.30-22h, Sa, So und feiertags 6-21h, 76137 Bahnhofplatz, ☎ 3 46 27, und im Bahnhof Durlach: Mo-Fr 5.30-19h, Sa 7-18h, So 8-18h, 76227 Hauptbahnstr. 1, ☎ 400 91 67, schmitt-hahn.de

Buchhandlung Schneider-Jung, wurde 2020 von der Staatsministerin für Kultur und Medien als „hervorragende Buchhandlung" mit dem deutschen Buchhandlungspreis ausgezeichnet, 76137 Bahnhofplatz 4, ☎ 38 48 00 60, buch-ka.de

Schweitzer Fachinformationen Karlsruhe [S. 31], ehemals Hoser + Mende KG, bietet Bücher, E-Books, E-Journals, Datenbanken, eine große juristische Fachbuchabteilung sowie E-Procurement-Lösungen für Unternehmen, Kanzleien, Bibliotheken, Hochschulen und Institute, ☎ 98 16 10, hoser-mende.de; ein Medienkatalog mit über 41 Mil-

lionen Artikeln findet sich unter schweitzer-online.de
Stephanus-Buchhandlung, gängiges Sortiment, 76133 Herrenstr. 34, ☎ 91 95 20, stephanusbuch.de
Thalia, Bücher und Medien, 76133 Kaiserstr. 167, ☎ 89 33 17-0; Ettlinger Tor Karlsruhe, 76133 Ettlinger-Tor-Platz 1, ☎ 4 64 73-0; 76185 Rheinstr. 32, ☎ 55 53 46, und Schillingsgasse 3, 76275 Ettlingen, ☎ 07243/1 42 93, thalia.de
Weltladen, Literatur zu Lateinamerika, Afrika und Asien sowie zum Thema fairer Handel, 76133 Kronenstr. 21, ☎ 3 20 50, aewev.de

TIPPS

Bookcrossing – um nicht mehr benötigte Bücher anderen Menschen zugänglich zu machen, wurde eine Homepage kreiert, auf der man mitteilen kann, wo man welches Buch hinterlegt hat, sodass Interessenten es dort mitnehmen und eines Tages wieder für andere Leser auslegen können. Auch in Karlsruhe sind zahlreiche Bücher an den unterschiedlichsten Orten „versteckt". Wo genau bzw. welche Bücher das sind, verrät die Seite bookcrossing.com/hunt/28/238
Bücherschränke, in öffentlich zugänglichen Bücherschränken kann man kostenlos rund um die Uhr per Selbstbedienung Bücher ausleihen. Je ein Bücherschrank steht auf dem Werderplatz, dem Lidellplatz, dem Gutenbergplatz, dem Ostendorfplatz, dem Leopoldplatz, im Stadtgarten (Heckengarten), in der Weststadt (Weinbrennerstr. 69), der Oststadt (beim Gerwigbrunnen und am Campus One der Hochschule für Musik), der Waldstadt (Elbinger Straße in der Ladenzeile), in Knielingen (Elsässer Platz), Grünwinkel (Robert-Sinner-Platz), Daxlanden (Pappelallee), Rintheim (Straßenbahn-Wendeschleife), Bulach (vor der Grundschule), Beiertheim (südlicher Barbarossaplatz), Hagsfeld (Gemeindehaus der Laurentius-Gemeinde in der Schäferstr.), Neureut (Weißdornweg/Ecke Flughafenstr. und Adolf-Ehrmann-Bad), Durlach (Ecke Pfinztal-/Marstallstr. sowie Edgar-Heller-Str. 19), Durlach-Aue (Westmarkstr. zwischen Grenz- und Leußlerstr.), Durlach-Bergwald (Bergwaldanger), Wolfartsweier (Hörgelstr.), Grötzingen (Mühlstr. neben dem Parkplatz), Stupferich (im Gemeindezentrum), Hohenwettersbach (Am Kirchplatz 4), Palmbach (Grünzug zwischen L 623 und Talstr.), Grünwettersbach (Grünbereich Ecke Am Wetterbach/Zur Ziegelhütte) und in Ettlingen im Ahornweg am Entenseepark sowie bei der Martinskirche (Marktpassage1).
zvab.com, ein zentrales Verzeichnis antiquarischer Bücher mit dem weltweit größten Angebot an deutschsprachigen antiquarischen Büchern

COMPUTER

DRUCKERPATRONEN

Printor, Tintenpatronen, Tonerkartuschen (auch Wiederbefüllung), Papiere und Druckerreparaturen, 76137 Barbarossaplatz 6, ☎ 1 20 51-0, printor.de

HARDWARE

AfB social & green IT [S. 213], bietet als IT-Refurbisher günstige, nachhaltige Alternativen zu Neugeräten mit aufbereiteten, gebrauchten PCs und Notebooks mit Betriebssystem wie Windows 10 und Windows 11 in Business-Qualität, Bildschirmen, Druckern, Mobiltelefonen und Zubehör mit Garantie sowie einen Reparatur- und Vor-Ort-Service, Ferdinand-Porsche-Str. 9, 76275 Ettlingen, ☎ 07243/2 00 00-110, afbshop.de/ettlingen
Arlt, Hardware-Anbieter, 76133 Kaiserstr. 188, ☎ 160 76 88, arlt.com
CMC, Apple-Service-Partner, 76131 Durlacher Allee 47, ☎ 9 56 17-0, cmc-computer.de
EDV-Beratung Neumann, PCs, Notebooks, Server, Tablets und Zubehör sowie eine eigene Werkstatt, 76133 Zähringerstr. 84, ☎ 354 06 16 (Vertrieb), ☎ 90 98 87 00 (Technik), edvneumann.de
Gravis Computervertriebs-GmbH, autorisierter Apple-Händler mit allen i-Produkten und einem Reparatur-Service, 76133 Herrenstr. 7, Service-Zentrale: ☎ 030/3 90 22-222, gravis.de
Implement-IT, IT-Systemhaus und Apple-Premium-Reseller, i-Produkte und Zubehör, 76133 Kaiserstraße 88, ☎ 56 88 89 10, implement-it.de
it-Karlsruhe, Lenovo- und IBM-Produkte (auch Studentenangebote) sowie Cloud-Lösungen, 76135 Unterweingartenfeld 6, ☎ 35 46 00, campustiger.de

Media Markt → *siehe unten, Elektronikfachmarkt*
notebookpartner, gebrauchte Laptops, Tablets und Drucker mit zweijähriger Garantie sowie ein Reparaturservice, 76133 Kriegsstr. 80, ☎ 47 04 34 80, notebookpartner.de
Saturn → *siehe unten, Elektronikfachmarkt*
Smartraum, autorisierter Apple-Händler mit umfassendem Service zu allen Produkten, 76133 Karlstr. 23, ☎ 27 66 65-0, smartraum.de

VOR-ORT-SERVICE

Croniment Cremetal GmbH, Computerwerkstatt, Vor-Ort-Service, 76189 Rheinhafenstr. 12, ☎ 2 19 68, msp-shop.de, croniment-cremetal.com

DRUCKEREIEN

Digitaldruckzentrum Karlsruhe, Großformatdruck, Foliendruck, Planen, Schilder und Textildruck, 76139 Schwetzinger Straße 60, ☎ 46 44 93 50, digitaldruckzentrum-karlsruhe.de
Schwall Medien GmbH, Gestaltung, Druck, Werbetechnik, Tannenweg 14, 76287 Rheinstetten, ☎ 57 09 20, schwall-medien.de

ELEKTRONIKFACHMARKT

Media Markt, im Ettlinger-Tor-Einkaufszentrum, 76133 Ettlinger-Tor-Platz 1, Mo-Sa 10-20h, ☎ 56 94-0, und 76135 Unterweingartenfeld 4, ☎ 86 97-0, Mo-Sa 10-19h, ☎ 0221/2 22 43-333, mediamarkt.de
Saturn, 76133 Kaiserstr. 211, ☎ 51 65-0, Mo-Sa 10-20h, und 76137 Durlacher Allee 111, Mo-Sa 10-19h, ☎ 8 93 31-0, ☎ 0221/2 22 43-123, saturn.de

FAHNEN UND VEREINSBEDARF

Digitaldruckzentrum Karlsruhe, digitaler Großformatdruck, Textildruck sowie Fahnen, 76139 Schwetzinger Straße 60, ☎ 46 44 93 50, digitaldruckzentrum-karlsruhe.de
Fahnen-Kreisel, Fahnen, Masten, Vereinsbedarf, Abzeichen, Pokale, Luftballons und Trauerflore, 76139 Lachenweg 24a, ☎ 68 63 55, fahnen-kreisel.de

FERNSEHSENDER

Baden TV, Regional-TV für Karlsruhe, Baden-Baden, Rastatt, Pforzheim und den Enzkreis, 76131 Haid-und-Neu-Str. 18, ☎ 98 97 73-500, baden-tv.com
SWR, am Karlsruher Standort befinden sich die SWR-Rechtsredaktion und die multimediale Redaktion „Baden Aktuell", 76133 Kriegsstr. 166-170 und 182, ☎ 176-0, swr.de

FOTOGRAFIE

FOTOGRAFEN

ARTIS, Fotojournalist Uli Deck, Reportagen, Event-, Produkt- und Architekturfotografie, artis-foto.de
Kirsten Bohlig, Porträts, Event- und Konzertfotografie sowie Stadt- und Naturlandschaften, kiraura.de
Klaus Eppele, Verkauf eigener Fotografien und Fotokunst (Wandbilder, Kalender, Bücher ...), 76228 Heinrich-Weitz-Str. 31, ☎ 947 46 20, bildidee.net
Fotografie Bernd Hentschel, Tanzfotografie, Konzertfotografie, Sportfotografie und Porträtfotografie, 76135 Hübschstr. 15, bernd-hentschel.de
Horst Kistner, Fine-Art-Photography, Aktfotografie, Retrofotografie, 76131 Essenweinstr. 40a, ☎ 623 79 43, horst-kistner.com
Svenja Münzer, Porträts und Dokumentarfotografie, ☎ 0152/29 52 13 80, svenja-muenzer.de
Thomas Riedel, Bild- und Videojournalist, Presse- und Medienfotografie, ☎ 0152/31 91 18 46
Holger Tuttas, künstlerische Fotografie sowie Landschafts- und Architekturfotografie, 76135 Lorenzstr. 34, ☎ 203 04 82, htm-karlsruhe.de, foto-karlsruhe.de

LUFTAUFNAHMEN

Luftbild Karlsruhe [S. 20], professionelle Luftbildaufnahmen von Gebäuden, Industrieanlagen, Gewerbegebieten und Ortschaften mit höchstauflösenden Digitalkameras für beeindruckende Großbilder, Hohbergstr. 27, 76337 Waldbronn, ☎ 07243/53 08 68 und ☎ 0172/953 13 70, luftbild-karlsruhe.de
Gnann Airlines, Luftaufnahmen sowie Gyro-

copter-Rundflüge, 76133 Herrenstraße 30/32, ☎ 0171/527 26 00, gnann-airlines.de
Luftbild Sandbiller, Luftbilder für alle Zwecke wie Baudokumentationen und Firmenprospekte, mehr als 20 Jahre Luftbilderfahrung und über 1.000 Flugstunden, ☎ 0172/721 32 20

FOTOZUBEHÖR

Foto Schäfer, neue und gebrauchte Kameras, auch Fotolabor und Fotostudio vorhanden, Ettlinger Tor Karlsruhe, 76133 Ettlinger-Tor-Platz 1, ☎ 2 67 29, fotoschaefer.de
Kamera-Technik Langer GbR, Kameras und Objektive, sowohl neu als auch gebraucht, An- und Verkauf, sowie Pass- und Bewerbungsbilder, 76133 Karlstr. 28, ☎ 2 26 58, kameralanger.de
Media Markt und **Saturn** → *siehe S. 366*

PASSBILDAUTOMATEN

dm-Filialen, kein Automat, sondern das dm-Personal fotografiert sechs identische biometrische Passbilder für 6,95€, gegen Aufpreis sind sie auch auf einem digitalen Datenträger erhältlich
Hauptbahnhof Karlsruhe, zwischen den Gleiszugängen 7 und 9
Karstadt, Eingang Zähringerstraße
Real Bulach, 76135 Ortenbergstr. 5
Kaufland, 76185 Carl-Metz-Str. 7
Durlach Center, 76137 Durlacher Allee 111
Bahnhof Durlach, 76137 Pfinztalstraße
passbilder.net, hier findet man weitere Standorte von Passbildautomaten im Umland

INTERNET

KOSTENLOSE INTERNETPLÄTZE

Hier stehen Computer mit Internetzugang:

Badische Landesbibliothek, 76133 Erbprinzenstr. 15, ☎ 175-0, blb-karlsruhe.de
Stadtbibliothek [S. 24], 76133 Ständehausstr. 2, ☎ 133-42 56, stadtbibliothek-karlsruhe.de
Internetplätze gibt es auch in den Stadtteilbibliotheken Waldstadt, Durlach, Grötzingen, Neureut, Mühlburg sowie in der Jugendbibliothek (Karlstr. 10) und der Amerikanischen Bibliothek (Kanalweg 52).

KOSTENLOSE WLAN-HOTSPOTS

Badische Landesbibliothek, 76133 Erbprinzenstr. 15, blb-karlsruhe.de
KA-WLAN [S. 42], egal, ob mit Smartphone, Tablet oder Laptop – mit KA-WLAN können Karlsruher, Studierende und Gäste kostenlos im Netz surfen, ohne zeitliche Begrenzung oder Limitierung des Datenvolumens. Es gibt rund hundert öffentliche Zugangspunkte, die kontinuierlich ausgebaut werden. Die aktuellen Zugangspunkte sind unter ka-wlan.de aufgelistet. KA-WLAN ist ein gemeinnütziges Projekt des INKA e. V., Cyberforum e. V. und des Wissenschaftsbüros der Stadt Karlsruhe.
Pädagogische Hochschule, 76133 Bismarckstraße 10, ☎ 925-3, ph-karlsruhe.de
Staatliche Hochschule für Gestaltung, 76135 Lorenzstr. 15, ☎ 82 03-0, hfg-karlsruhe.de
KIT, Karlsruher Institut für Technologie (Campus Süd), 76133 Zirkel 2, ☎ 608-0, kit.edu
ZKM, 76135 Lorenzstr. 19, ☎ 81 00-12 00, zkm.de

Auch in mehreren Karlsruher Geschäften findet man kostenlosen Internetzugang, beispielsweise bei den Filialen von dm, Kamps, Starbucks und Saturn.

TIPPS

- **cyberwehr-bw.de**, Kontakt- und Beratungsstelle für kleine und mittlere Unternehmen bei Hackerangriffen, ein Projekt unter anderem des Forschungszentrums Informatik in Karlsruhe und des CyberForums e. V., Hotline ☎ 0800/292 37 93 47
- Bei der **Internet-Beschwerdestelle** kann man sich über den sicheren Umgang mit dem Internet informieren und Beschwerden – z. B. gegen illegale Inhalte oder Spam-Mails – einreichen: internet-beschwerdestelle.de
- **mimikama.at**, die internationale Koordinationsstelle zur Bekämpfung von Internetmissbrauch informiert über Falschmeldungen im Internet. Hier kann man auch verdächtige Inhalte melden.

• **Sicherheitstipps** fürs risikoarme und möglichst datensichere Surfen im Netz findet man online unter bsi-fuer-buerger.de und sicher-im-netz.de

INTERNET-CAFÉS

@webdome, 14 Computerplätze, auch Money-Gram-Filiale, Mo-Sa 10-20h, So+Fei 12-18h, 76133 Kaiserstr. 170, ☎ 470 63 06, moneygram-ka.de
Internetcafé 55 plus, Angebot für die ältere Generation bei allen Fragen rund ums Smartphone, das Tablet oder den PC – jeden 1. und 3. Mo im Monat ab 15h im Mehrgenerationencafé des Brunhilde-Baur-Hauses, 76149 Linkenheimer Landstr. 133, ☎ 499 88 68, internetcafe-neureut.de und alle 14 Tage Mi 16-18h im Bürgerzentrum Südwerk, 76137 Henriette-Obermüller-Str. 10, ☎ 07202/274 26 94, internetcafe55plus-suedwerk.de

INTERNET-MAGAZINE

bnn.de, Webauftritt der Badischen Neuesten Nachrichten (BNN) sowohl mit kostenlosen als auch mit Bezahlartikeln, 76149 Linkenheimer Landstr. 133, ☎ 789-0, bnn.de, redaktion@bnn.de
inka-magazin.de, Internetauftritt des Stadtmagazins „INKA", 76135 Sophienstr. 114b, ☎ 982 37 50, redaktion@inka-magazin.de
ka-news.de, das unabhängige Online-Nachrichtenmagazin für Karlsruhe bereitet vor allem Lokalthemen auf, 76131 August-Schwall-Straße 10, ☎ 6 63 20-10, redaktion@ka-news.de
meinka.de, ein ursprünglich von den Stadtwerken ins Leben gerufenes Online-Stadtmagazin mit Infos und Tipps rund um das Leben in Karlsruhe in den Bereichen Veranstaltungen, Kultur, Freizeit, Gastronomie, Sport und Shopping, Witzenstraße 19, 76297 Stutensee, redaktion@meinka.de
klappeauf.de, Online-Stadtmagazin mit Kultur- und Veranstaltungstipps, 76227 Bergbahnstr. 8, ☎ 38 08 93, info@klappeauf.de

IT-DIENSTLEISTER

Die **Atruvia AG** [S. 333] ist der Digitalisierungspartner in der genossenschaftlichen FinanzGruppe, einer der größten Bankengruppen Deutschlands. Das Unternehmen vereint jahrzehntelanges Expertenwissen in Banking und Informationstechnologie. Die speziell auf Banken zugeschnittenen IT-Lösungen und Leistungen reichen vom Rechenzentrumsbetrieb über das Atruvia-Bankverfahren bis hin zur App-Entwicklung. Dabei nutzt das Unternehmen zukunftsweisende Technologien wie Smart Data und legt sein Augenmerk auf Prozessoptimierung und Regulatorik. 76227 Fiduciastr. 20, ☎ 40 04-0, weitere Informationen auf atruvia.de
Implement-IT, Lösungen und Dienstleistungen in den Bereichen Cloud-Computing, IT-Security, Kommunikation, Hyper Converged Computing sowie Apple im Unternehmen, 76133 Kaiserstr. 88, ☎ 56 88 89 10, implement-it.de
Webproofed, Konzeption, Gestaltung sowie Programmierung von Internetauftritten, 76135 Sophienstr. 137, ☎ 750 86 45, webproofed.de

KOPIERGESCHÄFTE

Aims Media, 76133 Karlstr. 55, ☎ 354 33 00, aimsmedia.de
Copy-Shop an der Uni, geöffnet Mo-Fr 8-20h, Sa 10-18h, 76131 Kaiserstr. 27-29, ☎ 37 86 44, copyshopanderuni.de
Copyshop Ball, Vergrößerungen bis DIN A0, 76133 Adlerstr. 22, ☎ 937 47 77, copyshop-ball.de
Fischer Schnelldruck, 76131 Seubertstraße 8, ☎ 62 25 47, fischer-schnelldruck.de
Maisenhälder, Kopien, Großkopien & Plots, 76187 Hertzstr. 12, ☎ 84 46 91, repro-maisenhaelder.de
MK Kopierdienst, kopieren, binden und plotten, 76133 Kronenplatz 1, ☎ 37 98 12, katz-copy.com

LEKTORAT

Lektoratsservice Martina Leiber [S. 369], lektoriert und korrigiert wissenschaftliche Arbeiten, Bewerbungsunterlagen, Websites, Manuskripte sowie andere Texte aller Art; Schreibberatung und Sprachförderung, 76137 Hirschstr. 79, ☎ 819 82 02, lektorat-leiber.de

PLAKATE

In Karlsruhe gibt es rund 300 Standorte, an denen Plakatwerbung für Veranstaltungen betrieben werden darf. Die Plakatständer müssen verkehrssicher aufgestellt werden, die Anbringung an Ampeln und Verkehrsschildern ist nicht erlaubt. Illegalen Plakatierern droht ein Bußgeld von bis zu 5.000 Euro. Infos und Antragstellung:

Bauordnungsamt der Stadt Karlsruhe, 76133 Karl-Friedrich-Str. 14-18, ☎ 133-63 21

PRINTMEDIEN LOKAL

TAGESZEITUNGEN

BNN [Stadtplan], Badische Neueste Nachrichten, 76149 Linkenheimer Landstr. 133 (Filiale: 76133 Lammstr. 1-5), ☎ 789-0, bnn.de, redaktion@bnn.de

WOCHENZEITUNGEN

Allgemeiner Anzeiger, kostenpflichtige, Do erscheinende Stadtteilzeitung für Daxlanden, Grünwinkel und umliegende Siedlungen, 76189 Römerstraße 3, ☎ 605 11 63, allgemeiner-anzeiger.info, verlag@allgemeiner-anzeiger.info

KOSTENLOSE VERANSTALTUNGSMAGAZINE

INKA Stadtmagazin und das in der Region verbreitete INKA Regiomagazin erscheinen monatlich (Doppelausgaben August/September), erhältlich ist es in einigen Gastronomien, Kultureinrichtungen, bei manchen Einzelhändlern etc., INKA Verlag, 76135 Sophienstr 114b, ☎ 982 37 50, inka-magazin.de, redaktion@inka-magazin.de

Karlsruher Kind [siehe Stadtplan], die kostenlose, monatlich erscheinende regionale Elternzeitung enthält elternspezifische Themen, Veranstaltungstipps und private Kleinanzeigen; erhältlich ist sie an 1.500 Verteilerstellen, etwa in Kindergärten, Kitas, den Rathäusern, im Einzelhandel sowie online, Grosse Verlag, 76149 Kanalweg 56, ☎ 596 69 90, karlsruher-kind.de, info@karlsruher-kind.de

Klappe auf, monatlich erscheinendes Kulturmagazin für die Region (Doppelausgabe Juli/August), 76227 Bergbahnstr. 8, ☎ 38 08 93, klappeauf.de, info@klappeauf.de

Treffpunkt, Monatsmagazin für die Region von Bruchsal bis Rastatt mit Veranstaltungs-, Kultur- und Freizeitangeboten, Verlag Roland Bonczek, 76199 Am Rüppurrer Schloss 5, ☎ 0171/375 19 11, treffpunkt-karlsruhe.de, info@treffpunkt-karlsruhe.de

AMTSBLÄTTER

Stadtzeitung, das Amtsblatt der Stadt Karlsruhe liegt wöchentlich der Anzeigenzeitung „Badische Woche" bei, verantwortlich ist das Presse- und Informationsamt der Stadt (PIA), 76124 Rathaus am Marktplatz, ☎ 133-13 01, karlsruhe.de (Link „Stadtzeitung"), presse@karlsruhe.de

ANZEIGENZEITUNGEN (KOSTENLOS)

Badische Woche [siehe Stadtplan], Fr erscheinendes Anzeigenblatt, das die „Stadtzeitung", das Amtsblatt der Stadt Karlsruhe, enthält, 76149 Linkenheimer Landstraße 133, ☎ 789-0, bnn.de, redaktion@badische-woche.de

Bürgerheft Karlsruhe, zweimonatlich für die jeweiligen Karlsruher Stadtteile erscheinende und in die Haushalte ausgelieferte DIN-A5-Zeitschrift der Stober Medien GmbH, Industriestr. 12, 76344 Eggenstein, ☎ 978 30 18, buergerhefte.de, buergerhefte@stober-medien.de

Mühlburger Leben, kostenlose, sechsmal jährlich erscheinende Stadtteilzeitung, die frei Haus verteilt wird, 76189 Römerstraße 3, ☎ 605 11 63, muehlburger-leben.de, info@muehlburger-leben.de

Wochenblatt Karlsruhe und Region, Do oder Fr an die Haushalte verteilte Anzeigenzeitung, SÜWE – Vertriebs- und Dienstleistungs-Gesellschaft mbH & Co. KG, Amtsstr. 5-11, 67059 Ludwigshafen, ☎ 0621/59 02-505, wochenblatt-reporter.de/karlsruhe, redaktion@suewe.de

KLEINANZEIGEN-ZEITUNGEN

Eukalyptus, kostenlos ausliegende, Sa erscheinende Anzeigenzeitung mit privaten Kleinanzeigen, 76185 Zeppelinstr. 7d, ☎ 93 29 23, eukalyptus.de, service@eukalyptus.de

JÄHRLICHE PUBLIKATIONEN

Karlsruher Stadtbuch, seit 23 Jahren das Buch zur Stadt und der Tippgeber für alle, die die Möglichkeiten Karlsruhes ausschöpfen möchten, erhältlich ist es u. a. im Buchhandel, Karlsruher Stadtbuch Verlag, 76133 Leopoldstr. 2, ☎ 982 22 75, karlsruherstadtbuch.de, info@karlsruherstadtbuch.de

THEMA: ELTERN/KINDER

Karlsruher Kind [siehe Stadtplan], kostenlose, monatlich erscheinende regionale Elternzeitung mit elternspezifischen Themen, Veranstaltungstipps und Kleinanzeigen; erhältlich ist sie u. a. in Kindergärten, Kitas, Rathäusern, im Einzelandel und online, Grosse Verlag, 76149 Kanalweg 56, ☎ 59 66 99-0, karlsruher-kind.de, info@karlsruher-kind.de

THEMA: UMWELT & VERKEHR

Umwelt & Verkehr Karlsruhe, gemeinsames Mitteilungsblatt des BUZO-Umweltzentrums, des Verkehrsclubs VCD und des Fahrgastverbands ProBahn, 76133 Kronenstr. 9, ☎ 38 05 75, umverka.de, redaktion@umverka.de

THEMA: WIRTSCHAFT

Wirtschaftsspiegel der TechnologieRegion Karlsruhe, jährlich publiziertes Wirtschaftsmagazin für die TechnologieRegion, herausgegeben von der Baden TV GmbH gemeinsam mit dem Amt für Wirtschaftsförderung, 76131 Haid-und-Neu-Str. 18, ☎ 98 97 73-500, baden-tv.com/wirtschaftsspiegel, wirtschaftsspiegel@baden-tv.com

WIMA, zehnmal jährlich erscheinendes Wirtschaftsmagazin der Industrie- und Handelskammer Karlsruhe, 76133 Lammstr. 13-17, ☎ 174-0, karlsruhe.ihk.de, claudia.nehm@karlsruhe.ihk.de

RUNDFUNKSENDER LOKAL

Der junge Kulturkanal / LernRadio bildet Studierende zu Musik- und Kulturjournalisten aus und sendet Mo-Fr 7-12h und Mo-Do 17-22h sein von ihnen erstelltes Programm (Musik, Features, Interviews) auf der Frequenz UKW 104,8 mHz (Kabel 100,2), Hochschule für Musik, 76131 Am Schloss Gottesaue 7, ☎ 66 29-104, jungerkulturkanal.de, lernradio.de, redaktion@jungerkulturkanal.de

Die neue Welle, sendet auf der Frequenz UKW 101,8 mHz (Pforzheim 91,4, Baden-Baden 100,9) eigenproduzierte Nachrichten und Musik, 76137 Philipp-Reis-Str. 3, ☎ 20 16-0, die-neue-welle.de, redaktion@die-neue-welle.de

Klinikfunk Karlsruhe, Rundfunkprogramm des Städtischen Klinikums, 76133 Moltkestraße 90, ☎ 974-77 17, Redaktion: 76187 Bergzaberner Str. 9, ☎ 7 27 19, klinikfunk-ka.de, klinikfunk-ka@web.de

Querfunk, zwangloses, basisdemokratisches, unkommerzielles Radio ohne Werbeblöcke und mit Randgruppenprogramm. Alle Mitarbeiter sind ehrenamtlich tätig. Zu empfangen ist der Sender auf 104,8 mHz im Umkreis von 30 Kilometern um Karlsruhe und in den Kabelnetzen der Region, 76133 Steinstr. 23, ☎ 38 78 58 (Büro) und ☎ 38 50 30 (Studio), querfunk.de, info@querfunk.de

Radio Regenbogen, der Mannheimer Regionalsender ist in Karlsruhe mit einem Außenbüro vertreten und sendet auf der Frequenz UKW 100,4 mHz, 76131 Ludwig-Erhard-Allee 20-24, ☎ 91 96 40, regenbogen.de, newska@regenbogen.de

SCHREIBWAREN

Siehe → S. 188, Rubrik „Büro / Bürobedarf"

TELEKOMMUNIKATION

SMARTPHONE-REPARATUREN

Handyecke, Handy-/Smartphone-Reparaturen zumeist direkt vor Ort, Mo, Di, Do, Fr 14-18h, 76131 Gottesauer Pl. 1, ☎ 0152/29 24 25 23, handyecke.com

TELEFONAUSKUNFT

Die Auskunftsgebühren sind von Anbieter zu Anbieter unterschiedlich hoch. Billiger ist es, die gewünschte Rufnummer im Internet selbst zu suchen, z. B. bei teleauskunft.de, einer Seite der Deutschen Telekom, oder bei 11880.de/telefonbuch)

Die **Deutsche Telekom** bietet ihren nationalen Auskunftsservice in verschiedenen Landessprachen an, für eine Auskunft auf Englisch beispielsweise wählt man ☎ 11 8 37, die deutschsprachige Auskunft ist unter ☎ 11 8 33 zu erreichen (Infos: 11833.de), die internationale Auskunft unter 11 8 34 (die Gebühren betragen jeweils 1,99€ pro Minute aus dem Festnetz).

TELEFONTARIFE

Tarife im Internet: Alle aktuellen Tarife der derzeit rund 150 Anbieter sind online zu finden, unter anderem auf den Seiten teltarif.de und verivox.de

UNTERHALTUNGS-ELEKTRONIK

CDs, DVDs, PLATTEN

Discover, Secondhand-CDs und -Platten, 76133 Kreuzstr. 31, ☎ 38 86 14, discover-records.de

Media Markt und **Saturn** → *siehe S. 366*

Mo's Plattenladen, neue und gebrauchte Schallplatten, 76131 Rudolfstr. 17, ☎ 60 99 65 42

Studio Eins Records, mehr als 20.000 Second-Hand-Schallplatten und ca. 10.000 CDs unterschiedlichster Musikrichtungen von Punk bis Klassik, auch An- und Verkauf, Mo-Fr 12-19h, Sa 11-16h, 76137 Karlstr. 85, ☎ 384 10 01, studioeins.de

Toms Oldie-Schallplatten und Poster, An- und Verkauf von Schallplatten, Postern und Zeitschriften der 50er bis 80er Jahre, 76133 Erbprinzenstr. 2, ☎ 0151/56 90 35 50, toms-schallplatten-poster.de

FILME, GAMES

Gamestop, An- und Verkauf neuer und gebrauchter Konsolenspiele, Verkauf von Computerspielen, 76133 Ettlinger-Tor-Platz 1, ☎ 935 18 76, gamestop.de

Media Markt und **Saturn** → *siehe S. 366*

MUSIKINSTRUMENTE

siehe → S. 259, Musikinstrumente

TV- & MUSIK-ANLAGEN

Bang & Olufsen Karlsruhe, Klang und Design, 76133 Erbprinzenstr. 27, ☎ 203 29 40, luxussound.de

Löb High Fidelity, HiFi- und Dolby-Digital-Anlagen, TV-Anlagen, 76137 Jollystr. 49, ☎ 2 23 41, loeb.de

Media Markt und **Saturn** → *siehe S. 366*

SG-Akustik & Video GmbH, 76133 Amalienstraße 45, ☎ 92 12 73-0, sg-akustik.de, fono.de

Smartraum, Unterhaltungselektronik, Smart-Home- und Apple-Produkte, 76133 Karlstraße 23, ☎ 27 66 65-0, smartraum.de

VERLAGE

G. Braun-Telefonbuchverlage, 76133 Erbprinzenstr. 2a, ☎ 16 10-0, schluetersche.de

Lindemanns GmbH, Verlag und Agentur, Regionalia, Bildbände, Literatur, 76131 Ludwig-Erhard-Allee 10, ☎ 61 78 88, lindemanns-web.de

Karlsruher Stadtbuch Verlag, gibt jährlich das Karlsruher Stadtbuch heraus, 76133 Leopoldstr. 2, ☎ 982 22 75, karlsruherstadtbuch.de

Kindermund Verlag, veröffentlicht originelle Kindersprüche, 76185 Yorckstr. 34, ☎ 66 47 10 95, kindermund-verlag.de

Lauinger Verlag, Kultur- und Freizeitthemen sowie Belletristik, 76133 Kaiserstr. 58, ☎ 47 03 70 27, lauinger-verlag.de

Rudolf Röser Verlag, Telefonbücher, 76133 Fritz-Erler-Str. 25, ☎ 37 19-0, roeser-online.de

Verlag Regionalkultur [S. 80], Publikationen zur Geschichte und Kultur der Region, Bahnhofstr. 2, 76698 Ubstadt-Weiher, ☎ 07251/3 67 03-0, verlag-regionalkultur.de

ZUSTELLDIENSTE

DEUTSCHE POST AG

Standorte der Filialen, Briefkästen und Packstationen der Post erfährt man auf der Internetseite standorte.deutschepost.de/Standortsuche
Postfilialen und Briefkästen mit Sonntagsleerung sind auch auf unserem Stadtplan in der hinteren Umschlagklappe eingezeichnet.

Filialen und Agenturen der Deutschen Post AG:

76131 Brettener Str. 2, Mo-Fr 9-12.30h sowie Mo, Mi, Do und Fr 14.30-18h, Sa 9-12h
76131 Kaiserstr. 14, Mo-Fr 9-16h, Sa 10-13h
76131 Ludwig-Wilhelm-Str. 20, Mo-Fr 8-12.30h und 14.30-18h, Sa 8-13h
76133 Kaiserstr. 217 (in der Postgalerie), Mo-Fr 9.30-13.30h und 14.30-19.30h, Sa 9.30-14.30h
76133 Erbprinzenstr. 19, Mo-Fr 9-18h, Sa 9.30-18h
76133 Kaiserallee 21, Mo-Fr 8-18h, Sa 8-14h
76133 Karlstraße 61, Mo-Mi und Fr 8-12h und 14-18h, Do 10-12h und 14-18h, Sa 9-13h
76135 Breite Str. 88, Mo-Sa 9-12.30h, Mo, Mi, Do und Fr 15-18h
76137 Durlacher Allee 111, Mo-Sa 7-20h
76137 Poststr. 3, Mo-Fr 9-18.30h, Sa 9-13h
76137 Rüppurrer Str. 1, Mo-Sa 8-20h
76139 Karlsruher Str. 3, Mo 10-12h, Di-Fr 8-18h, Sa 8-13h
76139 Neisser Str. 12, Mo-Fr 8-18.30h, Sa 8-14h
76149 Neureuter Hauptstr. 280, Mo 8-12h, Di-Fr 8-12h und 15-18h, Sa 8-12h
76149 Am Sandfeld 1, Mo-Fr 10-18h, Sa 10-14h
76149 Bärenweg 33, Mo-Fr 8-12.30h und 14.30-18h, Sa 8-13h
76185 Am Entenfang 1, Mo-Sa 9-12.30h und Mo-Fr 14-18h
76185 Landauer Str. 5, Mo-Fr 7-18h, Sa 7.30-13h
76185 Rheinstr. 4, Mo-Fr 7-18h, Sa 7.30-13h
76187 Reinmuthstr. 28, Mo-Fr 8.30-12h und Mo, Do+Fr 15-18h, Sa 9-12h
76189 Otto-Wels-Str. 35, Mo-Fr 7.30-18.30h, Sa 7.30-13h
76189 Turnerstr. 16, Mo-Fr 8-12.30h, Mo, Mi und Fr 16-18h, Sa 8.30-12h
76199 Ostendorfplatz 3, Mo-Fr 7-13h und 14.30-19h, Sa 7-13.30h
76227 Gritznerstr. 8, Mo-Fr 9-12.30h und 14-18h, Sa 9-12.30h
76228 Kleinsteinbacher Str. 11-13, Mo-Sa 9-13h, Mo-Fr 14.30-18h
76228 Steinkreuzstr. 38, Mo, Mi, Do 14-18h, Di+Fr 9-13h, Sa 9-12h
76228 Wiesenstr. 2, Mo, Mi, Do, Sa 10-13h, Di+Fr 14.30-17.30h
76229 Eisenbahnstr. 6, Mo-Fr 8-18h, Sa 8-14h

Kleinstfilialen mit eingeschränktem Service:

76133 Kaiserstr. 40
76133 Viktoriastr. 1
76135 Ortenbergstr. 8
76149 New-York-Str. 1
76185 Carl-Metz-Str. 7
76199 Neckarstr. 23
76227 Pfinztalstr. 28
76227 Ellmendinger Str. 19b
76228 Dürrenwettersbacher Str. 7

Filialsuche, die Öffnungszeiten der einzelnen Postfilialen ändern sich gelegentlich. Unter dieser Internetadresse lassen sie sich aktuell abrufen: standorte.deutschepost.de/Standortsuche

Großannahmestelle Brief, nimmt große Postmengen an, 76185 Fritz-Haber-Straße 12, Mo-Fr 8-18.30h

Online-Filiale der Post, Briefmarken, Postkarten und Päckchen lassen sich auch im Internet einkaufen. Wenn die Ware am folgenden Tag eintreffen soll, muss sie bis 16h bestellt werden. Briefmarken kann man jedoch ebenso zuhause am Drucker ausdrucken. Weitere Infos: efiliale.de

Packstationen sind vollautomatisierte Container der Deutschen Post/DHL, bei denen man als registrierter Kunde rund um die Uhr Paketpost abholen und einliefern kann. Pakete, die man dort empfängt, müssen mit der Kundennummer und der PLZ der Packstation versehen sein. Dies sind die Standorte der Karlsruher Packstationen:

76131 Haid-und-Neu-Str. 60
76131 Theodor-Rehbock-Str. 4, 11 und 17
76131 Striederstr. 1
76131 Willy-Brandt-Allee 3
76131 Veilchenstr. 22-24
76133 Kriegsstr. 100 (Zugang über die Kreuzstr.)
76133 Kriegsstr. 236
76133 Moltkestr. 90
76135 Hohenzollernstr. 69 (Beiertheim/Bulach)
76135 Ortenbergstr. 8
76137 Durlacher Allee 111
76137 Rüppurrer Straße 87
76137 Poststraße 3
76149 Lorbeerweg 1
76149 Hermann-Höpker-Aschoff-Str. 1
76149 An der Trift 2
76149 Alte Friedrichstr. 54
76185 Borsigstr. 11,
76185 Kohlenstr. 1
76185 Neureuter Str. 8
76185 Zeppelinstr. 13
76187 Hertzstr. 175
76187 Stresemannstr. 28
76187 Grünhutstr. 1
76187 Östliche Rheinbrückenstr. 50a
76189 Eichelbergstr. 34
76189 Wilhelm-Leuschner-Str. 65
76189 Durmersheimer Str. 190
76189 Fettweisstr. 4
76227 Gritznerstraße 8, in der Postfiliale bei den Postfächern
76227 Am dm-Platz 1
76227 Hauptbahnstr. 5
76227 Killisfeldstraße 46
76229 Eisenbahnstr. 8-10

Postleitzahlen-Suche, postdirekt.de/plzserver
Portokalkulator, Ermittlung von Portokosten für Briefsendungen, portokalkulator.de
Servicetelefon, Mo-Fr 8-18h und Sa 8-14h, ☎ 0228/433 31 12

KURIERDIENSTE

DHL Express, Kurierdienst der Deutschen Post World Net, ☎ 0228/433 31 12, nationaler Expressversand: ☎ 0228/90 24 35-11, internationaler Expressversand: ☎ 0228/90 24 35-13, dhl.de
GO! Express & Logistics, Overnight-Sendungen, Gefahrguttransporte und Direktfahrten (auch international), Otto-Lilienthal-Str. 4c, 76275 Ettlingen, ☎ 07243/72 54-330, general-overnight.com
Hermes, die Adressen der Hermes-Paketshops in Karlsruhe findet man unter myhermes.de
Mail Boxes Etc., Versand- und Verpackungsservice für Geschäfts- und Privatkunden, 76137 Stuttgarter Str. 41, ☎ 20 59 68-0, mbe.de
OPExx Raum Karlsruhe, Kurier- und Expressdienstleistungen, Im Katzentach 11, 76275 Ettlingen, ☎ 07243/53 63 74, opexx-ka.de
Radkurier Karlsruhe, Kurierfahrten, Postfachleerungen und Postabholung per Rad in Karlsruhe, Ettlingen und bis zu 20 Kilometer im Umland, 76137 Nebeniusstraße 43, ☎ 68 02 38 00, radkurier-karlsruhe.de
radkurier24.com, zeigt über einen Live-Radar verfügbare Radkuriere mit aktuellem Standort an, die man online direkt kontaktieren kann – Wünsche und Kosten klärt man mit dem jeweiligen Kurier
ups, Paketservice, Kundencenter: 76229 Greschbachstraße 1a, ☎ 069/66 40 50 60f, ups.com

MODE & SCHÖNHEIT

BODYWEAR & DESSOUS

Body & Beach am Ludwigsplatz, Dessous und Bademoden, Home- und Loungewear, 76133 Waldstraße 65, ☎ 2 21 83, bodyundbeach.de
Herzog & Bräuer, Unterwäsche, Dessous, Nachtwäsche, Bademoden, 76131 Ettlinger-Tor-Platz 1, ☎ 383 17 28, herzogundbraeuer.de
Hunkemöller, Lingerie, Bademode und Unterwäsche, 76133 Kaiserstr. 120, ☎ 120 39 90, und 76131 Ettlinger-Tor-Platz 1, ☎ 93 51 41 13, hunkemoller.de

BRAUTMODEN

Siehe → S. 277, Hochzeitsmoden

EINKAUFSZENTREN

Durlach Center Karlsruhe, das Einkaufszentrum im Osten Karlsruhes beherbergt mehr als 30 Geschäfte, darunter Saturn, BabyOne, dm und Decathlon sowie Gastronomien und Dienstleistungsangebote – kostenfreie PP vorhanden. Mo-Sa 7-22h, 76131 Durlacher Allee 111, durlachcenter.de
Ettlinger Tor Karlsruhe [S. 93], der Einkaufs- und Erlebnisraum auf drei Ebenen mit über 130 Geschäften bietet eine vielfältige Auswahl an Mode, Schuhen, Accessoires, Kosmetik, Gastronomie und Elektronikwaren – top erreichbar per Straßenbahn (Linien 4 und 5), U-Bahn (Linien 2, 7, 8, S1/S11, S4 und S52) und Pkw (900 kostengünstige Parkplätze im Haus, über die Lammstraße oder den Autotunnel in der Kriegsstraße erreichbar). Öffnungszeiten und weitere Infos siehe Homepage, 76133 Ettlinger-Tor-Platz 1, ☎ 66 36 79-0, ettlinger-tor.de
POSTGALERIE [S. 175], das Einkaufszentrum auf vier Ebenen im denkmalgeschützten Prachtbau am Europaplatz mit über 40 Shops, vielen Restaurants und einem Fitnessstudio bietet unter anderem Mode, Schmuck, Kosmetik, Wohnaccessoires und Lebensmittel, Mo-Sa 10-20h, 76133 Kaiserstr. 217, ☎ 96 19 40 59, postgalerie.de

FRISEURE

Der Naturfriseur, verwendet ausschließlich Naturprodukte und berät zum Thema natürliche Haut- und Haarpflege, Bachstr. 39, 76287 Rheinstetten/ Mörsch, ☎ 07242/93 30 98, der-natur-friseur.de
Schere und Kamm [S. 374], Biosthétique-Friseur Eric Schneider, geöffnet Di-Fr 9-18h, Sa 9-14h, 76133 Douglasstr. 15, ☎ 2 42 69, schereundkamm.de

HUTMODE

HUTLINDE [S. 374], fertigt nach alter Handwerkskunst Hüte aller Art aus Filz, Stroh, Stoff etc. für Alltag, Sport, festliche Gelegenheiten und andere Anlässe an und erfüllt Sonderwünsche, hutlinde.de
Hut-Nagel, traditionsreicher Hutladen, 76133 Kaiserstr. 116, ☎ 2 83 28, hut-nagel-karlsruhe.de

KÖRPERPFLEGE & KOSMETIKA

dm-drogeriemarkt, Drogeriemarktkette,
76131 Käppelestr. 5a, ☎ 623 81 44
76131 Ludwig-Erhard-Allee 10, ☎ 35 48 97 39
76133 Ettlinger-Tor-Platz 1, ☎ 352 88 90
76133 Kaiserstr. 92, ☎ 120 57 58
76133 Kaiserstr. 152-154, ☎ 920 30 28
76133 Karlstr. 36, ☎ 90 99 70 10
76137 Karlstr. 106, ☎ 937 42 09
76137 Durlacher Allee 111, ☎ 90 99 04 30
76139 Neisser Str. 12, ☎ 968 30 33
76149 Lorbeerweg 3, ☎ 75 09 90 72
76149 Dürerstr. 3, ☎ 970 30 26
76185 Carl-Metz-Str. 7, ☎ 516 45 58
76185 Rheinstr. 12, ☎ 955 30 46
76185 Zeppelinstr. 15, ☎ 516 43 72
76187 Grünhutstr. 1, ☎ 531 62 10
76227 Pfinztalstr. 46, ☎ 941 40 43
76227 Raiherwiesenstr. 36, ☎ 161 97 52,
Zentrale: 76227 Am dm-Platz 1, ☎ 55 92-0, dm.de

Füllhorn BioMarkt [S. 8], Naturkosmetik, 76133 Erbprinzenstr. 27, ☎ 91310-0, Mo-Fr 9-20h, Sa 9-18h; Prinz-Wilhelm-Str. 8, 76646 Bruchsal, ☎ 07251/ 98 91 20, Mo-Sa 8-20h, fuellhorn-biomarkt.de

Lush, natürliche, handgemachte Kosmetikprodukte ohne Tierversuche, 76133 Kaiserstraße 116, ☎ 120 55 44, lush.de

Vita Nova Reformhaus Neuleben [S. 229], Naturkosmetikprodukte, 76137 Vorholzstraße 11 (Ecke Karlstr.), ☎ 35 74 00; 76185 Rheinstr. 15, ☎ 55 19 96; Bleichstraße 2, 76593 Gernsbach, ☎ 07224/99 40 60, und Hauptstr. 36, 76571 Gaggenau, ☎ 07225/34 11, reformhaus-neu-leben.de

Soap Mystic, handgefertigte Naturseifen aus pflanzlichen Ölen, Seifen für Allergiker, Rasierseifen, Haarseifen und Pflegeöle, Mo-Fr 14-18h, 76227 Rebenstr. 10, ☎ 384 14 43, soapmystic.com

The Body Shop, das Unternehmen verzichtet bei der Entwicklung seiner Pflegeprodukte auf Tierversuche, 76133 Ettlinger-Tor-Platz 1, ☎ 352 42 75, und 76133 Kaiserstr. 217, ☎ 249 56 34, thebodyshop.de

KOSMETIKINSTITUTE

Siehe auch → S. 380, Ayurveda

BellaBrasil [S. 375], traditionelle brasilianische Haarentfernung und medizinische Fußpflege, Mo-Fr 10.30-19.30h, Sa 10-18h, 76133 Kaiserpassage 11, ☎ 669 77 53, bellabrasil.de

Erbprinz Beauty-SPA, Antiaging- und Gesichtsbehandlungen sowie Permanent-Make-up, Maniküre und Pediküre sowie ein Indoorpool und eine Außensauna – auch Wochenendarrangements, Rheinstr. 1, 76275 Ettlingen, ☎ 07243/322-0, erbprinz.de

Living – Medical Beauty & SPA, bei den Kosmetikbehandlungen wird aus Überzeugung ausschließlich tierversuchsfrei und vegan gearbeitet, 76149 Gildestr. 1b, ☎ 14 59 81 45, kosmetikinstitut-living.de

LAGERVERKAUF/OUTLET

Heine Lagerverkauf, Damenmode, Einzelstücke, Musterartikel und Restposten, Mi+Fr 11-20h, Sa 10-16h, 76135 Windeckstr. 15, ☎ 991 21 00, heine.de

LPO – Linea Primero, Outdoor- und Sportbekleidung, Im Strietwälle 1-3, 76359 Marxzell-Pfaffenrot, ☎ 07248/91 61-71, lpo-sport.de

Trigema-Testgeschäft, Pforzheimer Str. 202, 76275 Ettlingen, ☎ 07243/53 77 05, trigema.de

Walber-Schuhe, Naturware, Elsässer Str. 32, 76870 Kandel, ☎ 07275/12 62, walber-schuhe.com

Waschbär-Laden, Öko-Schnäppchenmarkt, Textilien, Schuhe, Mo-Fr 10-18h, Sa 10-16h, 76137 Rüppurrer Str. 92, ☎ 476 49 21, waschbaer.de

B61 Gerlinde Rillmann, Designer-Outlet für Damen mit einem hauseigenen Maß- und Änderungsatelier, 76133 Karlstr. 61, ☎ 3 00 00, boutique61.de

MASSANFERTIGUNGEN

Atelier der schönen Schneiderkünste [S. 376], Maßanfertigung für Damen und Herren von Mänteln bis hin zu Brautkleidern, 76133 Kreuzstr. 17, ☎ 0177/252 67 02, marina-alexandrowna.de

ATELIER René Alexander Oehler, individuelles, festlich-elegantes Modedesign vom Haute Couturier, ☎ 623 65 69, renealexanderoehler.info

Benjamin Bigot, originelle Maßschuhe [S. 379], 76131 Alter Schlachthof 25a, ☎ 0176/96 82 75 50, originelleschuhe.de

BögelSack, Taschen aus Polster- und Dekostoffen sowie mit Biolederanteilen – die konkrete Ausgestaltung ist frei wählbar, 76131 Ludwig-Wilhelm-

Str. 4, ☎ 0178/713 37 17, boegel-den-sack.de
Harrer Orthopädie-Schuhtechnik, orthopädische Maßschuhe, 76133 Sophienstraße 11, ☎ 2 12 51, harrer-ka.de
Isabel Sanchez, Umarbeitungen und Neuanfertigungen von Pelz- und Lederbekleidung unter Verwendung überwiegend recycelter Materialien, 76133 Gartenstraße 16a, ☎ 46 71 51 06, ☎ 0173/891 01 96, isabel-sanchez.de

MODEGESCHÄFTE

→ *Siehe auch S. 337, Rubrik Secondhand*

Anson's, Herrenmode, Ettlinger-Tor-Center, 76133 Ettlinger-Tor-Platz 1, ☎ 49 97 27 61, ansons.de
Avant Garde Exclusive, exklusive Damenmode, Handtaschen, Accessoires und Schmuck, 76133 Amalienstr. 19, ☎ 2 38 17, und 76133 Kaiserstr. 78 (Marktplatz), avantgardeexclusive.com
B61 Gerlinde Rillmann, exklusive Designermode für Damen, mit eigenem Maß- und Änderungsatelier, 76133 Karlstr. 61, ☎ 3 00 00, boutique61.de
Better Fashion, In-Fashion, aktuelle, junge Mode, 76139 Printzstr. 4, ☎ 962 58 12, bignbetter.de
C&A, Damen-, Herren- und Kinderbekleidung, 76133 Kaiserstr. 52-56, ☎ 3 84 71-0, cunda.de
Coloretti, Schwangerschaftsmode, Stillbekleidung mit Accessoires sowie Kindermode, 76133 Lammstr. 7a, ☎ 597 83 31, coloretti-kids.de
Enyonam Couture, die urbane, unkonventionelle Damenmode kombiniert strahlende Farben sowie bunte Muster afrikanischer Stoffe mit europäischen Schnitten und französischem Charme, 76133 Kaiserpassage 16 (Raum 5), ☎ 96 31 95 66, enyonam.de
Esprit, sportliche bis klassische Damenmode, 76133 Ettlinger-Tor-Platz 1, ☎ 384 82 80, esprit.de
Glore, nachhaltige Kleidung, Schuhe und Accessoires für Damen und Herren, 76133 Waldstr. 52, ☎ 47 05 35 54, glore.de
H&M Hennes & Mauritz, Damen-, Herren- und Kindermode: Ettlinger Tor Karlsruhe, 76133 Ettlinger-Tor-Platz 1, und 76133 Kaiserstr. 90; ☎ 920 45 53, Kunden-Hotline: ☎ 0800/665 59 00, hm.com
Leo 2 [S. 469], kreative, unverwechselbare Wohlfühlmode in wilden Farben, 76133 Leopoldstr. 2, ☎ 0176/47 74 63 57, Instagram.com/gluexmadam
Leo's Jeans, Markenjeans für sie und ihn, 76133 Ettlinger-Tor-Platz 1, ☎ 384 87 47, leos-jeans.de
Linea, Damenmode, 76133 Kaiserstr. 133, ☎ 38 06 16
Mango, das spanische Unternehmen bietet Damen- und Kindermode, Accessoires und Schuhe, 76133 Ettlinger-Tor-Platz 1, ☎ 96 88 97 60, mango.com
Marc Ephraim, Concept-Store mit Premium-Mode-Labels sowie Accessoires für die Frau, 76133 Herrenstr. 26, ☎ 59 78 78 78, marc-ephraim.de
Modehaus Nagel, Damenhaus: 76227 Pfinztalstraße 52, ☎ 60 99 81 55; Herrenmode, auch in Übergrößen: 76227 Pfinztalstr. 76a, ☎ 476 64 40, nagel-mode.de
Modehaus Schöpf, Damen-, Herren- und Kindermode, auch für festliche Anlässe, 76133 Marktplatz, ☎ 38 00 06, modehaus-schoepf.de
New Yorker, junge, trendige Mode im Einkaufszentrum Ettlinger Tor Karlsruhe, 76133 Ettlinger-Tor-Platz 1, ☎ 933 89 42, 76133 Kaiserstr. 140, ☎ 203 87 00, newyorker.de
Peek & Cloppenburg, Damen-, Herren- und Kindermode, ab März in der Postgalerie, 76133 Kaiserstr. 217, peek-cloppenburg.de
Primark, der günstige, aber für seine Arbeits- und Herstellungsbedingungen kritisierte Textildiscounter führt Damen-, Herren- und Kindermode, Dessous, Schuhe und Heimtextilien, 76133 Kaiserstraße 217 (Postgalerie), ☎ 59 66 88 90, primark.de
Segel-Center Gilliard [S. 273], Damen- und Herrenmode der Marken Esprit, Angels, Taifun, Canyon, Lutha und Pierre Cardin, 76189 Durmersheimer Str. 151, ☎ 57 95 25, segel-center-gilliard.de
Spinnrad Naturtextilien, Baby-, Kinder-, Damen- und Herrenbekleidung sowie Schuhe und Umstandsmode aus fair gehandelter, biologisch angebauter Naturfaser, 76133 Karlstr. 99, ☎ 49 48 97, spinnrad-naturtextilien.com
Titus Karlsruhe, Skateshop mit Outfits & Zubehör, 76133 Ritterstr. 5, ☎ 66 99 33 53, titus.de/karlsruhe
TK Maxx, Markenkleidung zu günstigen Preisen, 76133 Kaiserstr. 217, ☎ 12 05 36-0, tkmaxx.de
Tommy Jeans Store, sportiver „American Style", 76133 Herrenstr. 22, ☎ 98 23 69 69, de.tommy.com
Trendmode, Mode der Marken Street One und Cecil,

76227 Pfinztalstr. 76, ☎ 203 23 90, nagel-mode.de
United Colors of Benetton, Damen-, Herren- und Kindermode, Ettlinger Tor Karlsruhe, 76133 Ettlinger-Tor-Platz 1, ☎ 680 63 88, benetton.com
Usha, Damenmode und Modeschmuck, 76133 Karlstr. 28, ☎ 2 93 01
Zara, Mode und Accessoires für Damen, Herren und Kinder, Ettlinger Tor Karlsruhe, 76133 Ettlinger-Tor-Platz 1, ☎ 350 49 10, zara.com

NATURTEXTILIEN

Die Ahle, führt Naturschuhe aus pflanzlich gegerbtem Leder sowie Naturtextilien, 76137 Bahnhofplatz 8, ☎ 354 16 95, die-ahle-naturschuhe.de
Waschbär-Laden, Mo-Fr 10-18h, Sa 10-16h, Ladengeschäft (mit reduzierten Retouren aus dem Versand): 76137 Rüppurrer Str. 92, ☎ 476 49 21, Versandhandel: ☎ 0180/539 56 56 (Bestellung), ☎ 0761/70 77 89 20 (Beratung), waschbaer.de
Spinnrad Naturtextilien, ökologische Mode aus fair gehandelten Naturfasern von der Unterwäsche bis zum Wintermantel, 76133 Karlstr. 99, ☎ 49 48 97, spinnrad-naturtextilien.com
Weltladen, fair gehandelte Textilien, 76133 Kronenstr. 21, ☎ 3 20 50, aewev.de

PIERCINGS & TATTOOS

Artcore Piercing & Tattoo, Piercings, Tattoos, 76133 Fritz-Erler-Str. 12, ☎ 37 51 22, artcore-ka.de
MysticTattoo, Tattoos, Piercings, Brandings, Cuttings, 76133 Passagehof 12, ☎ 20 58 11, mystic-tattoo.com
Zum Stecher, Tattoo- und Piercingmanufaktur, Kronenstr. 14, 76275 Ettlingen, ☎ 07243/342 05 91, zum-stecher.com

SCHMUCK, UHREN, MINERALIEN

Acredo Ringe, große Auswahl individueller Freundschafts-, Verlobungs- und Trauringe, 76133 Herrenstr. 40, ☎ 95 78 96 44, ringe-karlsruhe.de
Enyonam Couture, afrikanischer Schmuck von selbstständigen Kunsthandwerkern aus Togo, Mo-Fr 11-13h und 14-19h (Mi bis 18h), 76133 Kaiserpassage 16 (Raum 5), ☎ 96 31 95 66, enyonam.de
Galerie 32, Unikatschmuck und Schmuck ausgewählter Designer sowie Anfertigungen, Umarbeitungen und Reparaturen, 76133 Markgrafenstr. 32, ☎ 352 35 33, galerie32.de
Goldaffairs, erlesene Schmuckstücke und Unikate aus ökofairem Gold und Silber sowie fair gehandelten Edelsteinen, 76131 Durlacher Allee 35, ☎ 47 04 15 31, galerie-goldaffairs.de
immerdein, handgefertigte Schmuckstücke, 76133 Herrenstr. 25, ☎ 151 15 61, immerdein.de
SCHMUCKWELTEN Pforzheim [S. 138], Europas größtes Schmuck- und Uhrenhaus bietet auf zwei Etagen mehr als 150 Schmuck- und Uhrenmarken sowie spannende Erlebniswelten wie die Gläserne Manufaktur, in denen man über 250 Jahre Schmuck- und Uhrmachertradition hautnah erleben kann – siehe auch Artikel ab S. 150, Westliche Karl-Friedrich-Str. 56 (am Leopoldplatz), 75172 Pforzheim, ☎ 07231/8 00 06-0, schmuckwelten.de
Galerie Tragbares Glück, Schmuckdesignerin Maria Nauck präsentiert Schmuckstücke von nationalen Designern, fertigt Trauringe und bietet Goldschmiedekurse an, 76135 Schillerstraße 2, ☎ 0151/57 47 09 84, galerie-tragbares-glueck.de
Uhrenatelier Arnsfeld, Reparatur, Wartung, Restauration, Montage und Veredelung von Uhren aller Marken und Kaliber, Durlacher Str. 6, 76275 Ettlingen, ☎ 0175/231 75 05, uhrmachermeister-arnsfeld.de
Uhrenklinik Speck, Meisterwerkstatt mit Uhren- und Schmuckverkauf, 76131 Georg-Friedrich-Straße 32, ☎ 961 38 17, uhrenklinik-ka.de
Unico, handgefertigte Schmuckstücke – jedes ist ein Unikat – und Accessoires, 76133 Herrenstr. 23, ☎ 203 66 19, sowie 76133 Ettlinger-Tor-Platz 1, ☎ 937 91 91, Facebook/Instagram: Unico Karlsruhe

SCHUHMODE

Kinderschuhe siehe → S. 234, Kinderkleidung

Benjamin Bigot, originelle Maßschuhe [S. 379], 76131 Alter Schlachthof 25a, ☎ 0176/96 82 75 50, originelleschuhe.de

ComfortSchuh, bequeme Schuhe für Damen und Herren, Leopoldstraße 2, 76275 Ettlingen, ☎ 0800/580 26 30, comfortschuh.de
Die Ahle, Schuhe aus Naturmaterialien, 76137 Bahnhofplatz 8, ☎ 354 16 95, die-ahle-naturschuhe.de
Görtz 17, junge Schuhmode, 76133 Ettlinger-Tor-Platz 1, ☎ 96 88 37 94, goertz.de
Marandino, Schuhhaus auf drei Etagen mit Damen- und Herrenabteilung, 76133 Waldstraße 38, ☎ 120 38 56, marandino.de
Sigrun Woehr, große Auswahl an Damenschuhen, 76133 Herrenstr. 20, ☎ 824 78 32, und 76133 Herrenstr. 24, ☎ 120 56 23, sigrun-woehr.de

STOFFE UND SCHNEIDEREIBEDARF

Senci Nähzentrum, großes Warenangebot rund ums Nähen, 76133 Amalienstr. 31, ☎ 2 34 91, naehzentrum-senci.de
Stoffhaus Ott, verkauft Modestoffe und Dekostoffe, 76199 Pfauenstraße 12, ☎ 89 01 74
Stoffmarkt Holland, findet voraussichtlich am 23. April auf dem Stephanplatz statt und erneut im Herbst, etwa 140 Stände bieten dort Stoffe und Kurzwaren an, stoffmarktholland.de

TASCHEN

BögelSack, Taschen aus Polster- und Dekostoffen sowie mit Biolederanteilen – die konkreten Maße und die Gestaltung sind aus dem BögelSack-Repertoire frei wählbar, 76131 Ludwig-Wilhelm-Straße 4, ☎ 0178/713 37 17, boegel-den-sack.de
FaireWare, nachhaltige, nützliche und schöne Kleidung, Taschen, Schuhe und Küchenutensilien, 76133 Herrenstr. 31, ☎ 46 71 69 97, faireware.de

TEXTILDRUCK

Digitaldruckzentrum Karlsruhe, bedruckt unter anderem Shirts, Kappen und Fahnen, 76139 Schwetzinger Straße 60, ☎ 46 44 93 50, digitaldruckzentrum-karlsruhe.de
moodfor.art/creating-stuff, hier kann man eigene Collagen aus Werken der Kunsthalle Karlsruhe erstellen und auf Shirts oder Taschen drucken lassen
Shirttuner, bedruckt alle Stoffe, 76131 Kaiserstraße 13, ☎ 824 56 12, shirttuner.de
The Shirt, Design, Druck und Vertrieb, 76133 Hirschhof 7, ☎ 2 70 28, theshirt-ka.de
wunderwas, Textildruck für Shirts und Strampler, 76137 Rüppurrer Straße 25, ☎ 916 50 33, wunderwas.de

WÄSCHEREI & WASCHSALON

Exclusiv, Textilreinigung bietet auch Bettenreinigung, einen Expressservice sowie einen Selbstbedienungs-Waschsalon, Mo-Sa 8-19h, 76185, Geibelstr. 40, ☎ 470 71 38, textilreinigung-karlsruhe.de
Waschsalon-Waschhaus, Waschsalon mit Selbstbedienung (Mo-Sa 6-23h) und professioneller Textilreinigung (Mo-Fr 9-13h und 15-18h, Sa 8-14h), 76135 Scheffelstr. 23, ☎ 85 86 88, und Mo-Sa 6-23h (SB) in der 76137 Rüppurrer Straße 27, ☎ 968 82 82, waschhaus-bechtold.de

RAT & GESUNDHEIT

AIDS

Gesundheitsamt, AIDS- und STD-Beratung, Mo+Di 8-11h und Do 14-17h, 76137 Wolfartsweierer Straße 5b, ☎ 936-8 20 70 und ☎ 936-8 19 20, landkreis-karlsruhe.de

Margareten Apotheke [S. 382], die HIV-Schwerpunktapotheke hat unter anderem HIV-Selbsttests im Angebot, 76135 Schillerstraße 53, ☎ 84 54 93, margaretenapo.de

ZeSIA – Zentrum für sexuelle Gesundheit, Identität und Aufklärung Karlsruhe [S. 380], Beratung, Aufklärung und Prävention zu den Themen HIV, sexuelle Gesundheit sowie geschlechtliche und sexuelle Identität, HIV-/STI-Testangebot, Mo 13-16h, Di 10-13h (18.30-20h Checkpoint mit Testangeboten), Mi 13-16h, Do 15-18h, 76135 Sophienstr.102, ☎ 35 48 16-0, zesia-ka.de

ALTERNATIVE MEDIZIN

Ein Teil der alternativen Medizin hat sich gegen Vorbehalte durchgesetzt und genießt den Ruf, bspw. Langzeitleiden wie Asthma, Neurodermitis oder Migräne wirksam behandeln zu können.

AYURVEDA

Om-Healing-Naturheilpraxis, Ayurveda-Behandlungen, Yoga, Kuren und Seminare, Kontakt: Amar-Jit Singh, Heilpraktiker, Buchenweg 4, 76307 Karlsbad, ☎ 07202/40 52 20, yoga-ayurveda.eu

HEILPRAKTIKER

Auf der Seite heilpraktiker-direktsuche.de bietet der Fachverband Deutscher Heilpraktiker eine Heilpraktikersuche für Patienten.

Physiotherapeutin und Heilpraktikerin Dorothee Aichele, Praxis für Kinesiologie, Osteopathie, Kiefergelenksbehandlung (CMD), biologisches Dekodieren, Schmerztherapie nach L&B, vestibuläre Therapie (bei Schwindel- und Gleichgewichtsstörungen) sowie Vorträge und Ausbildungskurse, 76135 Bunsenstraße 2 und Holunderweg 18, 76327 Pfinztal-Berghausen, ☎ 946 39 27, aichele-koerperimpulse.de

Ralf Amon, Sportheilpraktiker und Chiropraktiker, 76133 Erzbergerstr. 117, ☎ 55 22 44, amon-aktiv.de

Klaus Hemberger, Akupunktur, Homöopathie und Chiropraktik, Dahlienstraße 3, 76327 Pfinztal-Berghausen, ☎ 46 33 65

Amar-Jit Singh, Ayurveda, Kuren, Physiotherapie und Ernährungsberatung, Buchenweg 4, 76307 Karlsbad, ☎ 07202/40 52 20, yoga-ayurveda.eu

Naturheilpraxis Susanne S. Bürkert [S. 381], die zertifizierte Colon-Hydro-Therapeutin bietet folgende Heilmethoden und Leistungen: Metabolic Balance (ganzheitliches Stoffwechselprogramm zur Gewichtsreduzierung und Gesundung), Naturheilverfahren, Homöopathie, intravenöse Sauerstoff-Therapie Oxyven, Pflanzenheilkunde, natürliche Hormontherapie, Injektionen und Infusionen, Wirbelsäulen-Therapie nach Dorn, Blutegel, Dolo-

Taping, Aderlass nach Hildegard von Bingen sowie Faltenunterspritzung mit Hyaluron, Hauptstr. 23, 76297 Stutensee-Blankenloch, ☎ 07244/94 66 62, naturheilpraxis-buerkert.de

Praxis Reuter [S. 396], Osteopathie, Kinesiologie, systemische Beratung, Körper- und Entspannungstherapie sowie Pflanzenheilkunde, 76227 Bergwaldstr. 2, ☎ 49 41 01, praxis-reuter.de

KINESIOLOGIE

Physiotherapeutin und Heilpraktikerin Dorothee Aichele, Praxis für Kinesiologie, Osteopathie, Kiefergelenksbehandlung, biologisches Dekodieren, Schmerztherapie nach L&B, vestibuläre Therapie (bei Schwindel- und Gleichgewichtsstörungen) sowie Vorträge und Kurse, 76135 Bunsenstr. 2 und Holunderweg 18, 76327 Pfinztal-Berghausen, ☎ 946 39 27, aichele-koerperimpulse.de

Praxis Reuter [S. 396], u. a. Meridianarbeit, 76227 Bergwaldstr. 2, ☎ 49 41 01, praxis-reuter.de

OSTEOPATHIE

Die Methodiker, Privatpraxis für Manuelle Therapie, Craniosacral- und Physiotherapie, 76199 Lange Str. 21a, ☎ 381 41 74, die-methodiker-karlsruhe.de

Physiotherapeutin und Heilpraktikerin Dorothee Aichele, die Privatpraxis für Krankengymnastik bietet craniosacrale und viszerale Osteopathie, Kiefergelenksbehandung, Kinesiologie, Schmerztherapie nach L&B, vestibuläre Therapie (bei Schwindel- und Gleichgewichtsstörungen), Vorträge und Kurse, 76135 Bunsenstr. 2 und Holunderweg 18, 76327 Pfinztal-Berghausen, ☎ 946 39 27, aichele-koerperimpulse.de

REIKI

Reikimeister und -lehrer Matthias Huber, Reikibehandlungen, Seminare zu allen drei Reikigraden, Naturheilpraxis Beiertheim, 76135 Marie-Alexandra-Str. 12, ☎ 174 81 26, nhpbeiertheim.de

TRADITIONELLE CHINESISCHE MEDIZIN

Cammilleri, Gaetano, 76135 Kriegsstraße 216, ☎ 38 11 13 51, praxis-cammilleri.de

Congress-Apotheke, hat das Spezialgebiet TCM, 76137 Ettlinger Str. 5, ☎ 35 63 67, congressapo.de

Institut für Chinesische Medizin, alle klassischen Therapieverfahren der TCM, 76131 Durlacher Allee 20, ☎ 66 49 94 99, tcm-karlsruhe.de

Praxis Dr. med. Ralph Ruibat, privatärztliche Praxis, TCM, Akupunktur und westliche Medizin, 76185 Kaiserallee 111, ☎ 830 18 01, tcm-ruibat.de

Praxis Dr. med. Andreas Spuller, Facharzt für Gynäkologie, Geburtshilfe und TCM, 76131 Durlacher Allee 4, ☎ 69 10 07, frauenarzt-qigong-traditionelle-chinesische-medizin-karlsruhe.de

Praxis für japanische Akupunktur & asiatische Medizin, auch pädiatrische Akupunktur ohne Nadeln, 76133 Akademiestr. 24, ☎ 203 97 96, japaku.de

Dr. med. Christoph Schmieding, Internist, chinesische Medizin und Naturheilverfahren, 76137 Bahnhofstr. 4a, ☎ 35 75 55, schmieding-praxis.de

APOTHEKEN

Die Notdienstbereitschaft der Karlsruher Apotheken beginnt um 8.30h morgens und endet am

darauffolgenden Tag um 8.30h. Welche Apotheken den aktuellen Notdienst übernehmen, lässt sich per Suchmaske auf der Startseite der Landesapothekenkammer Baden-Württemberg herausfinden (lak-bw.de) oder unter der kostenlosen Festnetznummer 0800/00 22 8 33 sowie unter der kostenpflichtigen Mobilfunknummer 22 8 33 (maximal 69 ct./min). Während der Notdienstzeiten wird den Kunden eine Gebühr von 2,50 Euro berechnet. Kann die Medizin nicht selbst abgeholt werden, hilft das Taxi: ☎ 94 41 44, ☎ 4 44 44 oder ☎ 61 61 61

APOTHEKEN MIT SPEZIALGEBIETEN

Ohne das Standardangebot aufzugeben, spezialisieren sich manche Karlsruher Apotheken auf unterschiedliche Produkte und Themen.

Congress-Apotheke, umfassendes Angebot rund um die Traditionelle Chinesische Medizin, 76137 Ettlinger Str. 5, ☎ 35 63 60, ☎ 35 63 67 (TCM), congressapo.de

Margareten Apotheke [S. 382], Beratung und Belieferung mit Arzneimitteln und Medizinprodukten, HIV-Schwerpunktapotheke, Onkologische Pharmazie, Ausstellung digitaler Corona-Impfpässe, 76135 Schillerstr. 53, ☎ 84 54 93, margaretenapo.de

Rundum-gesund-Apotheken am Kolpingplatz und am ZKM: alles rund um die Schwangerschaft sowie ätherische Öle und selbst hergestellte Kosmetikprodukte, 76137 Karlstraße 115, ☎ 3 06 50, und 76137 Südendstr. 47, ☎ 81 12 18, sowie am Marktplatz Durlach: Homöopathie-Produkte und Senioren-Service, 76227 Pfinztalstr. 32, ☎ 183 83 18, ok-apo-ka.de

Park-Apotheke [Anzeige siehe Stadtplan], 76133 Moltkestr. 38, ☎ 7 10 60, parkapotheke.org

Rhein-Apotheke, natürliche Hormone, Homöopathie für Mutter und Kind sowie Kosmetikprodukte, 76185 Rheinstraße 41, ☎ 955 02 60, rhein-apotheke-karlsruhe.de

Weinbrenner-Apotheke, homöopathische Ausrichtung, 76135 Gabelsbergerstr. 19, ☎ 84 24 74, weinbrenner-apotheke.de

ONLINE-TIPPS

medizinfuchs.de, hier kann man aktuelle Preise von Medikamenten vergleichen

Stiftung Warentest, bietet eine Datenbank mit über 9.000 rezeptfreien Arzneimitteln und Infos zu Inhaltsstoffen, Nebenwirkungen und Preisen, test.de/medikamente

ÄRZTE

Die Arbeit von Ärzten und Praxen ist für das Team des Karlsruher Stadtbuchs schwer überprüfbar, deshalb sparen wir uns Empfehlungen und verweisen stattdessen auf Branchentelefonbücher und Online-Bewertungen wie die weisse-liste.de. Zudem gibt es Arzt-Such-Services.

AOK-Arztnavigator, Online-Arzt- und -Krankenhaussuche, aok-gesundheitsnavi.de

Arzt-Such-Service (ASS) der Stiftung Gesundheit, Patienten können sich Ärzte, Zahnärzte und Kliniken nach Therapieschwerpunkten nennen lassen, kostenlose Rufnummer: ☎ 0800/739 00 99 (Mo-Fr 9-17h) oder unter arzt-auskunft.de

Ärztlicher Notdienst für die Stadtgebiete Karlsruhe und Rheinstetten (zu den üblichen Sprechzeiten ist der Hausarzt zuständig), Städtisches Klinikum, 76133 Franz-Lust-Str. 31, ☎ 116 117

Berufsverband der Frauenärzte, bietet Informationen über Gynäkologinnen und Gynäkologen in der eigenen Umgebung: frauenaerzte.de, frauenaerzte-im-netz.de

TIPP

Eine **Checkliste für Patientinnen und Patienten**, erstellt von der Bundesärztekammer und der Kassenärztlichen Vereiningung, hilft bei der Suche nach dem richtigen Arzt, patienten-information.de (Themengebiet „Arztbesuch und Gesundheitsfragen")

medikompass.de, hier kann man bei teuren Behandlungen den Kostenvoranschlag seines Arztes ins Netz stellen und günstigere Angebote einholen

Medizinischer Dienst der Krankenversicherung, erstellt ärztliche Gutachten, 76135 Steinhäuserstr. 7a, ☎ 9 12 61-0, mdkbw.de

Terminservicestelle der Kassenärztlichen Vereinigung, soll gesetzlich versicherten Patienten helfen, innerhalb von vier Wochen einen Termin beim Facharzt zu bekommen, ☎ 0711/78 75 39 66 oder ☎ 116117 (Mo-Fr 8-18h), kvbawue.de/buerger/patiententelefon-medcall/terminservicestelle-fuer-patienten

ARMUT & OBDACHLOSIGKEIT

KLEIDUNG

Bahnhofsmission, gibt bei Notfällen Männerkleidung an Bedürftige aus, Bahnsteig 101, Mo-So 9.30-12h, Di+Fr 13.30-16h, ☎ 3 09 55, bahnhofsmission-karlsruhe.de

Déjà-vu und **Kashka**, Secondhand-Kaufhäuser des Diakonischen Werks Karlsruhe mit Möbeln, Kleidung und Haushaltswaren sowie Kinderbedarf und Spielwaren, Mo-Fr 10-19h, Sa 10-16h, Déjà-vu: 76135 Windeckstraße 7, ☎ 20 39 72 75, Kashka: 76133 Karlstr. 56, ☎ 20 39 72 75, dw-karlsruhe.de

Öffentliche Kleiderschränke, im „Kleiderschrank für alle" kann man gut erhaltene, saubere Kleidung, Schuhe und Accessoires (keine Unterwäsche, Bademode, Sportsachen oder Socken), die nicht mehr gefallen oder passen, hineinlegen. Jeder, der möchte, kann sich Kleidungsstücke aussuchen und kostenlos mitnehmen. Standorte: 76133 Amalienstraße 77 (im Innenhof), 76227 Zehntstr. 4 (Innenhof) sowie 76229 An der Pfinz 2 (Nähe Niddaplatz)

LEBENSMITTEL

Beiertheimer Tafel, Träger ist der Caritasverband Karlsruhe, Einkauf nur mit Kundenausweis, Mo-Fr 13-17h, Bürozeiten und Informationstag: Mi 10-16h, 76135 Marie-Alexandra-Str. 35, ☎ 354 85 021, caritas-karlsruhe.de/48520.html

Durlacher Tafel, Träger ist der Alive Church e. V., Einkauf nur mit Kundenausweis, Lebensmittelausgabe: Di 7.15-11h (Großfamilien), Mi 8.15-11h (Senioren) und Fr 7.15-12.15h – Bürozeiten für Neuanmeldungen: Mi 10-11h, 76227 Schinnrainstr. 11, ☎ 62 59 70 10, durlacher-tafel.de

Ettlinger Tafelladen, Träger: Diakonisches Werk, Mo-Fr 14-15.30h, Im Ferning 6, 76275 Ettlingen, ☎ 07243/523 28 54, diakonie-laka.de (Linkfolge „Angebote/Die Tafeln")

Karlsruher Tafel e. V., Ausgabe an Bedürftige (mit Kundenausweis): Di+Fr 8.30-12.30h, Bürozeiten für Neuanmeldungen: Do 10-12h, 76189 Nördliche Uferstr. 8, ☎ 50 17 51, karlsruher-tafel.de

KaTT e. V., Karlsruher Tier-Tisch, kostenlose Tierfutterpakete für die Lieblinge bedürftiger Haustierhalter, Ausgabe Mo 15-18h, 76149 New-York-Straße 3, ☎ 0176/66 00 25 50, kattev.de

Karlsruher Vesperkirche, 8. Januar bis 5. Februar, ein Angebot für bedürftige Menschen in Karlsruhe. Vormittags wird Kaffee/Tee ausgeschenkt, mittags bekommt jeder Gast für 1€ ein warmes Mittagessen, zudem gibt es Vesperbrote zum Mitnehmen. Jeden Mi 10-12h öffnet das Café Dia mit Kuchen, Kaffee und Tee sowie Gesprächs- und Beratungsangeboten, Fr 10-12.30h gibt es bei schönem Wetter Kaffeeausschank, Johanniskirche, 76137 Werderplatz, vesperkirche-karlsruhe.de

OBDACHLOSIGKEIT UND UNTERKÜNFTE

Hotel Anker, Beratung, Mahlzeiten und Unterkunft für Wohnungslose sowie ein Erfrierungsschutz für Frauen, 76185 Lameystr. 36, ☎ 95 29 93-01, awo-karlsruhe.de

Iglu, Beratungsstelle für obdachlose junge Männer und Frauen (14 bis 27 Jahre), 76133 Adlerstraße 20, ☎ 133-54 80, heimstiftung-karlsruhe.de

DRK-Kältebus, versorgt Obdachlose an kalten Wintertagen vor Ort mit Decken, Schlafsäcken, warmen Getränken etc., 76137 Ettlinger Str. 13, ☎ 07251/92 21 82, drk-karlsruhe.de

Sozialpension Augustiner, Beratung und Unterkunft, 76133 Sophienstraße 73, ☎ 664 72 44, awo-karlsruhe.de

Sozpädal e. V., der Verein mietet Wohnungen an, schließt seinerseits Untermietverträge mit Wohnungslosen ab und betreut diese, Di 9-12h (nur für Frauen) und 14-16.30h, Do 9-12h, 76135 Scheffelstraße 37, ☎ 84 08 91-0, sozpaedal.de

Taff, der Tagestreff für Frauen bietet obdachlosen Frauen die Möglichkeit, zu verweilen, sich auszutauschen, zu duschen und Wäsche zu waschen, Mo-Fr 9-13.30h, Mi 9-16.30h, Sa 10-12.30h, 76133 Belfortstr. 10 (im Hof), ☎ 16 08 98 80, sozpaedal.de

Von Mensch zu Mensch, das aus privater Initiative gestartete Projekt unterstützt obdachlose Menschen auf der Straße, Sach- und Geldspenden sowie Mithilfe sind willkommen, ☎ 0157/50 88 11 90

Wohnheim für alleinstehende Männer, 76137 Rüppurrer Str. 23, ☎ 133-54 57

AUGEN

Bassmann Optik, Gleitsichtbrillen, Kontaktlinsen und Sportbrillen, 76133 Kaiserstr. 141 (Nähe Marktplatz), ☎ 2 53 11, und 76133 Waldstr. 42a, ☎ 56 87 66 90, bassmann-optik.de

MeisterHandwerk Durlach [S. 395], große Auswahl an Markenbrillen und Kontaktlinsen sowie Brillenreparaturen, 76227 Badener Straße 16A, ☎ 79 18 12 84, meisterhandwerk-durlach.de

Ströbl + König Optik [siehe Buchrückseite], der Optiker am Europaplatz bietet unter anderem Korrektionsbrillen, Gleitsichtbrillen, Sportbrillen, Sonnenbrillen, Kontaktlinsen und Pflegemittel, 76133 Kaiserstr. 215, ☎ 2 33 60, stroebl-koenig.de

AUGENTRAINING

Mare Seminare, Bildschirmarbeit strengt die Augen an, viele Menschen erleben täglich Sehstress. Margit Reinhardt zeigt, was man selbst tun kann, um mit wenig Aufwand die Augen schnell zu beleben und gezielt zu entspannen, 76149 Rhode-Island-Allee 57, ☎ 75 33 61, mare-seminare.de

BABYKLAPPE

Die **Hardtstiftung** hat 2001 die erste Babyklappe in Baden-Württemberg eingerichtet. Sie ermöglicht Müttern, die sich nicht in der Lage sehen, ihr Kind aufzuziehen, es anonym in die Obhut der Einrichtung zu geben. Innerhalb von 21 Jahren konnte 26 Babys und Müttern geholfen werden. Babyklappe: 76149 Schönenberger Str. 3 (kostenloser Notruf: 0800/627 21 34), Hardtstiftung: 76149 Neureuter Hauptstr. 2, ☎ 70 82-0, findelbaby-ka.de

BEEINTRÄCHTIGUNG

AfB social & green IT [S. 213] hat als größtes gemeinnütziges IT-Unternehmen Europas und Inklusionsunternehmen einen Beschäftigungsanteil an Menschen mit Behinderung von mehr als 45 % und bietet ihnen sozial- und rentenversicherungspflichtige Arbeitsplätze im ersten Arbeitsmarkt sowie Praktika. AfB steht für „Arbeit für Menschen mit Behinderung". Als IT-Refurbisher bereitet AfB gebrauchte Firmen-IT auf und vermarktet sie inklusive Garantie und Reparatur-Service an Privat- und Firmenkunden weiter. Carl-Metz-Str. 4, 76275 Ettlingen, ☎ 07243/2 00 00-0, afb-group.de/karriere/inklusionsunternehmen

Ambulante Dienste – ISB der Reha-Südwest [S. 385], Beratung für Menschen mit Behinderung, Assistenz und Schulbegleitung, 76131 Markgrafenstr. 17/19, ☎ 9 32 74-0, reha-suedwest.de/isb

Autismus Karlsruhe e. V., der Verein setzt sich für die Belange von Menschen mit Autismus und ihrer Familien ein und bietet Beratung, Informations-, Fortbildungs- sowie Freizeitveranstaltungen, 76185 Durmersheimer Str. 83, ☎ 569-58 80, autismus-karlsruhe.de

AWO Karlsruhe, bietet ambulant betreutes Wohnen und individuelle Schwerbehinderten-Assistenz, ☎ 627 39 59 12, sowie das Haus Spielberg mit Wohngruppen für Menschen mit Behinderung, ☎ 07202/93 14 13, awo-karlsruhe.de

Beirat für Menschen mit Behinderung, Geschäftsstelle/Behindertenkoordination: Sozial- und Jugendbehörde der Stadt Karlsruhe, 76135 Ernst-Frey-Str. 10, ☎ 133-59 00, karlsruhe.de/bmb

Bundesverband Selbsthilfegruppe Körperbehinderter e. V., Informationen über barrierefreies Wohnen und Reisen, zu Autoumbauten sowie zum Berufsleben, Kontakt: Monica Eisenbraun, 76135 Sophienstr. 96b, ☎ 516 45 62, bsk-ev.org

Deutsche Bundesbahn, die Mobilitätsservice-Zentrale organisiert Hilfen beim Ein- und Aussteigen und informiert über die Barrierefreiheit von Zügen und Bahnhöfen, ☎ 030/65 21 28 88, bahn.de

DRK-Notruf-Fax für die Stadt und den Landkreis für alle Notfälle von Bränden bis zu Überfällen: 07251/96 66 66 (ein Notruf-Faxformular kann vorsorglich unter drk-bruchsal.de/angebote/notdienste/notruf-fax.html heruntergeladen werden)

Fax-Notrufnummer für hör- oder sprachbehinderte Menschen: 112

Hilfetelefon Gewalt gegen Frauen, berät anonym, auch schriftlich oder per Gebärdendolmetscher über den PC, ☎ 08000/11 60 16, hilfetelefon.de

HWK, die Hagsfelder Werkstätten und Wohngemeinschaften Karlsruhe und Ettlingen gGmbH ermöglichen Menschen mit einer geistigen oder seelischen Behinderung berufliche Bildung sowie Teilhabe am Arbeitsleben und bieten Menschen mit einer geistigen Behinderung Wohnmöglichkeiten, 76139 Am Storrenacker 9-11, ☎ 62 08-0, hwk.com

Initial e. V., Training und Beratung für Organisationen, u. a. zum Thema „berufliche Integration", 76137 Augartenstr. 1, ☎ 9 33 69-0, initial-karlsruhe.de

Johannes-Diakonie, bietet Wohnhäuser, Begleitung im Alltag, berufliche Bildung, Qualifikation und Arbeitsplätze für Menschen mit Behinderung, Standort Karlsruhe: 76185 Feldstraße 12, ☎ 82 03 86-10, johannes-diakonie.de

Landratsamt Karlsruhe, Amt für Versorgung und Rehabilitation, hier erhalten behinderte Menschen aus dem Landkreis Karlsruhe und ihre Angehörigen Infos, Beratung und Unterstützung, 76131 Wolfartsweierer Str. 5, Postanschrift: 76137 Beiertheimer Allee 2, ☎ 936-701 10, landkreis-karlsruhe.de (Linkfolge: Service & Verwaltung/Themen und Projekte)

Notruf-App „nora", offizielle App für Menschen mit eingeschränkten Sprach- und Hörfähigkeiten, mit der sie die Polizei, die Feuerwehr oder den Rettungsdienst kontaktieren können, nora-notruf.de

Post Südstadt Karlsruhe e. V. [S. 248], Integrationssport für Kinder, Jugendliche und Erwachsene, 76199 Ettlinger Allee 9, ☎ 88 74 44, online-psk.de

Reha-Südwest für Behinderte gGmbH [S.385], fördert und unterstützt Menschen mit Behinderung von der Frühförderung bis zum selbstständigen Wohnen, 76149 Kanalweg 40/42, ☎ 9 81 41-0, reha-suedwest.de

Sozial- und Jugendbehörde, schwerbehinderte Menschen mit dem Ausweismerkmal „aG" oder „BL" bzw. Personen ab dem Pflegegrad 3 können einen besonderen Fahrdienst in Anspruch nehmen. Je nach Einkommen wird ein Kostenbeitrag erhoben. Unter ☎ 133-57 71 erhält man Auskunft zu weiteren Leistungen für behinderte Menschen, karlsruhe.de/bildung-soziales/unterstuetzung-teilhabe/menschen-mit-behinderung

Special Olympics, Landesverband Baden-Württemberg, unterstützt und fördert den Sport für Menschen mit einer geistigen Behinderung, 76131 Am Fächerbad 5, ☎ 151 69 66, so-bw.de

Stadt- und Kreisverband der Hörgeschädigten Karlsruhe e. V., der Verein vermittelt unter anderem Gebärdendolmetscher und bietet Kurse in Gebärdensprache, Gehörlosenzentrum Karlsruhe, 76189 Im Jagdgrund 8, ☎ 50 17 72, stv-ka.info

Sozialverband VdK, gibt Beratung für alle Bereiche des Sozialrechts, unter anderem zu Leistungen der gesetzlichen Renten-, Kranken-, Pflege-, Unfall- und Arbeitslosenversicherung, zu sozialem Entschädigungsrecht nach dem Bundesversorgungsgesetz, zu Sozialleistungen sowie zum Schwerbehindertengesetz. Zudem vertritt er Ratsuchende gegenüber Behörden und Sozialgerichten, 76133 Karlstr. 53-55, ☎ 9 32-7 90, vdk.de

WERKRAUM: Karlsruhe e. V. [S. 247], bietet inklusive Theaterspielclubs für alle Altersklassen ab sieben Jahren und einen Medien- und Film-Club ab 12 Jahren, 76131 Alter Schlachthof 1A, ☎ 56 84 10 30, werkraum-karlsruhe.de

worKA gGmbH, die gemeinnützige Gesellschaft der Lebenshilfe Karlsruhe/Ettlingen und Umgebung bietet als „Inklusionsunternehmen" Arbeitsplätze für Menschen mit Behinderung, 76139 Am Storrenacker 8, ☎ 6 27 10-200, worka.de

ONLINE-TIPPS

beratung-caritas.de, anonyme und kostenlose Beratung per E-Mail für behinderte und psychisch erkrankte Menschen

karlsruhe.de/barrierefrei, bietet Informationen über barrierefreie Einrichtungen in Karlsruhe sowie einen Stadtplan mit barrierefreien Straßenbahnhaltestellen, Blindenampeln und barrierefreien Dienstleistern

BERATUNG & HILFE

Hilfsangebote zum Thema Trauer → S. 401, Rubrik Trauer & Bestattung; Angebote zum Thema Sucht → S. 401, Rubrik Suchtberatung, sowie zum Thema Schulden → S. 337, Rubrik Schuldnerberatung

Sozial- und Jugendbehörde der Stadt Karlsruhe, steht für alle Fragen zum Beratungs- und Informationsangebot im sozialen Bereich zur Verfügung, 76135 Ernst-Frey-Str. 10, ☎ 133-54 15

ALLEINERZIEHENDE

Caritasverband Karlsruhe e. V., Beratung nach Terminabsprache bei Trennung und Scheidung, Unterstützung für Alleinerziehende, 76133 Sophienstraße 33, ☎ 9 12 43-26, caritas-karlsruhe.de

IN VIA, ergänzende Randzeitbetreuung für Kinder von Alleinerziehenden, 76133 Kaiserstr. 172, ☎ 92 09 82 90, invia-freiburg.de

Pro Familia, medizinische, psychologische und psychosoziale Beratung, 76133 Amalienstr. 25, ☎ 92 05 05, profamilia.de/karlsruhe

Sozialdienst kath. Frauen → *S. 389, Frauen*

AUSLÄNDER

AniKA – Ankommen in Karlsruhe, Bündnis zur Integration von Zugewanderten in Karlsruhe, Internationales Begegnungszentrum K'he, 76133 Kaiserallee 12d, ☎ 89 33 37 10, anika-net.de

Büro für Integration, am 1. Januar 2022 lebten in Karlsruhe 89.735 Migranten aus rund 170 Nationen. Das Büro unterstützt sie in Fragen rund um das Thema Migration und vermittelt sie an geeignete Stellen, 76133 Kaiserstr. 235, ☎ 133-57 79,

Caritasverband und Diakonisches Werk Karlsruhe, der ökumenische Migrationsdienst berät Migranten, Flüchtlinge und Asylbewerber (auch Rückkehrberatung für Flüchtlinge) und bietet Deutschkurse, 76133 Sophienstr. 33, ☎ 9 12 43-16, caritas-karlsruhe.de, dw-karlsruhe.de

Diakonisches Werk Karlsruhe, im Bereich Migration und Integration wird Beratung für Flüchtlinge zu Arbeit, Ausbildung, Praktika und Anerkennung beruflicher Qualifizierungen angeboten, Infos: Anita Beneta, ☎ 2 03 97-071, 76133 Stephanienstr. 98, dw-karlsruhe.de

jmd4you.de, Online-Beratung der Bundesarbeitsgemeinschaft Evangelische Jugendsozialarbeit e. V. für Jugendliche mit Migrationshintergrund zu Themen wie Ausbildung/Beruf, Spracherwerb, Familie, Partnerschaft, Versicherungen/Verträge und Freizeit

Migrationsberatung der AWO für Einwanderer und deren Familien, bietet unter anderem berufliche Orientierung für Frauen, Stephanienstr. 52, ☎ 160 89 413, awo-karlsruhe.de

Welcome Center TechnologieRegion Karlsruhe [S. 6], ist eine zentrale Anlaufstelle für internationale Fach- und Nachwuchskräfte, die in der TechnologieRegion arbeiten und leben möchten, sowie für Unternehmen aus der Region, die an internationalen Fachkräften interessiert sind. Das Welcome Center berät die Fachkräfte aus dem Ausland unter anderem zu Behördengängen sowie zum regionalen Arbeits- und Ausbildungsmarkt. Darüber hinaus berät es regionale Unternehmen, etwa zu rechtlichen Rahmenbedingungen, und hilft ihnen beim Aufbau einer Willkommenskultur sowie bei der Bindung internationaler Mitarbeiter/-innen. Ergänzend zu den Beratungen bietet das Welcome Center TRK Informationsveranstaltungen und Treffen zum Networking an. Es wird zum Teil durch das Ministerium für Wirtschaft, Arbeit und Tourismus Baden-Württemberg finanziert, alle Services sind kostenfrei, 76131 Emmy-Noether-Straße 11, ☎ 4 02 44-716, welcome.technologieregion-karlsruhe.de

FAMILIEN & PAARE

Amalienpraxis – Andrea Klaas, psychologische Ehe-, Familien- und Lebensberatung sowie Begleitung in Umbruch- und Krisensituationen, 76133 Amalienstr. 21, ☎ 920 31 04, amalienpraxis-karlsruhe.de

Ehe-, Familien- und Partnerschaftsberatungsstelle – über 1.500 Männer und Frauen erhalten hier jährlich Rat und Hilfe beim Aufbau von Beziehungen, bei der Bewältigung von Paarkonflikten und bei der Verarbeitung von Trennungen. Ein finanzieller Eigenbeitrag wird erwartet. Mo-Fr 9-12h und Mo-Do 14-17h, 76135 Nelkenstr. 17, ☎ 84 22 88, eheberatung-karlsruhe.de

Eltern-Telefon, kostenlose, anonyme Beratung für Eltern, die Probleme mit der Kindererziehung haben, ☎ 0800/111 05 50

Fachteam Frühe Kindheit, hier erfahren (werdende) Eltern Unterstützung vor und nach der Geburt sowie in den ersten drei Lebensjahren. Das Angebot der AWO ist kostenlos, die Mitarbeiter unterliegen der Schweigepflicht, 76133 Kronenstr. 15, ☎ 3 50 07-215, awo-karlsruhe.de

Interdisziplinäre Frühförderstelle Karlsruhe der Reha-Südwest [S. 385], Anlaufstelle für Eltern, deren Kinder Entwicklungsverzögerungen zeigen, Termine nach telefonischer Vereinbarung, 76131 Fasanenstraße 14, ☎ 93 20 00, reha-suedwest.de/fruehfoerderstelle-karlsruhe

Psychologische Beratungsstelle der Stadt

Karlsruhe für Eltern, Kinder und Jugendliche, berät in Erziehungsfragen und rund um das Thema Familie, 76133 Otto-Sachs-Str. 6, ☎ 133-53 60,

Pro Familia, psychosoziale, psychologische und medizinische Beratung zu Partnerschaft, Sexualität, Verhütung, Schwangerschaftskonfliktberatung, sozialrechtliche Beratung bei Schwangerschaft und Geburt in Einzel-, Paar-, Familien- und Gruppengesprächen sowie Mediation in Streitfragen – auch Telefon- und Online-Beratung. Pro Familia ist konfessionell unabhängig, die Mitarbeitenden unterliegen der Schweigepflicht. 76133 Amalienstr. 25, ☎ 92 05 05, profamilia.de/karlsruhe

Safe Elternkurse, Präventionsprogramm der AWO zur Förderung einer sicheren Bindung zwischen Eltern und Kind, das sich an (werdende) Eltern in einer belastenden Lebenssituation wendet, 76133 Kronenstr. 15, ☎ 3 50 07-187, awo-karlsruhe.de/safe

Sozialdienst katholischer Frauen, Stadt- und Landkreis Karlsruhe e. V. [S. 388], bietet sozialpädagogische Familienhilfe sowie Haushaltsorganisationstraining und unterstützt Familien mithilfe des Familienrats, schwierige Situationen eigenständig zu meistern, 76133 Akademiestr. 15, ☎ 9 13 75-0, skf-karlsruhe.de

Sozialmedizinische Nachsorge der Reha-Südwest [S. 385], eine Anlaufstelle für Eltern chronisch kranker Kinder nach einem Klinikaufenthalt, 76131 Fasanenstr. 10, ☎ 93 20 00 und ☎ 0171/865 09 16, reha-suedwest.de/mb/sozmed-nachsorge

STÄRKE, Programm zur Stärkung von Elternkompetenzen durch Kurse für Eltern mit Babys im ersten Lebensjahr und für Eltern in besonderen Lebenslagen, auch offene Treffs und Bildungsfreizeiten, Infos: Kinderbüro, Rathaus an der Alb, 76135 Ernst-Frey-Str. 10, ☎ 133-50 44, karlsruhe.de/staerke

FRAUEN

Beratungsstelle bei Gewalt im sozialen Nahraum → *S. 390, Rubrik Männer*

Karlsruher Frauenhandbuch, bietet einen Überblick über Kontakt- und Unterstützungsangebote für Frauen in Karlsruhe. Es ist kostenlos im Büro der Gleichstellungsbeauftragten erhältlich, in Rathäusern und Bürgerbüros, den Ortsverwaltungen und unter karlsruhe.de/bildung-soziales/integration-chancengerechtigkeit/gleichberechtigung-von-frauen-und-maennern/karlsruher-frauenhandbuch

Frauenberatungsstelle, psychosoziale Beratung und Rechtsinformationen bei Trennung, Scheidung, häuslicher Gewalt und Partnergewalt sowie persönlichen Krisensituationen, 76133 Kriegsstr. 148, ☎ 84 90 47, frauenberatungsstelle-karlsruhe.de

Frauenhaus, Zuflucht für vom Partner bedrohte und misshandelte Frauen, ☎ 56 78 24, frauenhaus.de

Frauenhaus SkF, Aufnahme von Frauen mit Kindern bei psychischer oder physischer Bedrohung, ☎ 82 44 66, skf-karlsruhe.de

Gleichstellungsbeauftragte der Stadt Karlsruhe, wirkt an der Umsetzung des verfassungsmäßigen Gleichstellungsgebots im Alltag mit und ist Anlaufstelle für Frauen und Männer, die Anregungen haben oder sich beschweren möchten, 76124 Rathaus am Marktplatz, ☎ 133-30 62

Hilfetelefon Gewalt gegen Frauen, berät Betroffene anonym und kostenlos unter der Nummer ☎ 0800/011 60 16, hilfetelefon.de

In Nae, Frauenselbstverteidigung und Kampfkunst, 76137 Augartenstr. 1, ☎ 933 93 79, innae.de
Oase, Schutzeinrichtung, Beratung und Begleitung für Betroffene von Menschenhandel, 76133 Karlstr. 21, ☎ 82 10 27 30, thejusticeproject.de
Sozialdienst katholischer Frauen, Stadt- und Landkreis Karlsruhe e. V. [S. 388], Rat und Hilfe für Mädchen, junge Frauen, Alleinerziehende, Familien, Schwangere und misshandelte Frauen – der SkF vermittelt praktische und finanzielle Hilfen, unabhängig von Weltanschauung und Religion, Mo+Fr 8.30-12h, Di 14-16h und nach Vereinbarung, 76133 Akademiestr. 15, ☎ 9 13 75-0, skf-karlsruhe.de
Melanie Baumgart [S. 189] – Coaching mit Tiefgang, die tiefenspychologisch-körperorientierte Coachin und Mentorin unterstützt Frauen in Einzel- oder Gruppenarbeit dabei, entspannter, leichter und glücklicher zu leben und Disharmonien, die etwa durch die Doppelbelastung in Beruf und Familie oder unverarbeitete Erlebnisse entstehen, an der Wurzel zu packen. Dadurch wird eine positive, lebensverändernde Entwicklung in Gang gesetzt und so gelingt es, aus dem Kreislauf belastender Gefühle und Gedanken auszusteigen sowie mehr Leichtigkeit, Gelassenheit und Freude ins Leben zu bringen, 76199 Belchenstraße 46, ☎ 33 51 67 30, melanie-baumgart.de
Sozpädal, das Projekt „Wiese" des Sozialpädagogische Alternativen e. V. ermöglicht Mädchen und jungen Frauen sozialpädagogische Einzelbetreuung zuhause, 76137 Werderstraße 40-44, ☎ 35 48 02 01, sozpaedal.de
Wildwasser und FrauenNotruf, Verein gegen sexuelle Gewalt an Mädchen und Frauen e. V., Prävention, Therapie und Fortbildungen, 76133 Kaiserstr. 235, ☎ 85 91 73, wildwasser-frauennotruf.de

KINDER, JUGENDLICHE

AllerleiRauh, berät Mädchen, Jungen und Eltern bei sexueller Gewalt und bietet Fortbildungen für Fachkräfte, 76133 Otto-Sachs-Str. 6, ☎ 133-53 81 oder ☎ 133-53 82, karlsruhe.de/bildung-soziales/psychologische-soziale-beratung/fachbereich-beratung-und-praevention#c64785
Der Kinderschutzbund, Ortsverband Stadt und Landkreis Karlsruhe, Lobby für Kinder, 76133 Kriegsstr. 152, ☎ 84 22 08, kinderschutzbund-karlsruhe.de
IN VIA, katholischer Verband für Mädchen- und Frauensozialarbeit Karlsruhe e. V., Jugendberatung, Schulkooperationen sowie ergänzende Randzeitbetreuung für Kinder von Alleinerziehenden, 76133 Kaiserstr. 172, ☎ 92 09 82 90, invia-freiburg.de
Kinderbüro [S. 389], setzt sich für die Interessen von Kindern, Jugendlichen und Familien ein, um die Stadt noch kinderfreundlicher zu machen und Eltern zu stärken. Die Fachgebiete sind frühe Prävention, Familienbildung, Kita-Einstieg und Jugendschutz sowie die Kinderinteressenvertretung, Rathaus an der Alb, 76135 Ernst-Frey-Straße 10, ☎ 133-51 11, karlsruhe.de/kinderbuero
Kinderklinik, Städtisches Klinikum K'he, 76133 Kußmaulstr., ☎ 974-33 10, klinikum-karlsruhe.de
Kinderschutzbund „Nummer gegen Kummer", Mo-Sa 14-20h können Kinder und Jugendliche anonym und kostenlos über Festnetz, Handy oder aus der Telefonzelle über ihre Probleme sprechen. Die Nummer erscheint auf keiner Telefon-

rechnung. Oft stehen Freundschaft, Liebe, Familie oder die Schule im Mittelpunkt der Gespräche, aber auch massive Probleme wie sexueller Missbrauch. Gemeinsam wird nach Lösungen gesucht. ☎ 116 111, nummergegenkummer.de, 116111.eu

Die **Notfallpädagogik** ist seit 2006 mit Einsatzteams international in Krisengebieten tätig. Seit dieser Zeit finden auch Fortbildungen für Fachkräfte und Betroffene aus ganz Deutschland zum Umgang mit bzw. Prävention vor Traumata statt. Die Arbeit mit betroffenen Kindern und Jugendlichen wird für den internationalen Bereich von den Freunden der Erziehungskunst Rudolf Steiners [S. 191] geleistet. Für den Bereich Deutschland und die Fortbildungsakademie ist die neugeschaffene Organisation „Notfallpädagogik ohne Grenzen e. V." zuständig, ☎ 48 07 46 90, nfp-og.org

Notinsel, über 500 Geschäfte in Karlsruhe signalisieren mit großen bunten Notinsel-Aufklebern, dass Kinder in Not bei ihnen sicher sind und jederzeit Hilfe bekommen. Weitere Infos: notinsel.de oder bei der Stiftung Hänsel+Gretel, 76227 Friedrich-Eberle-Str. 4d, ☎ 66 98 56 59, haensel-gretel.de

Schulpsychologische Beratungsstelle, Beratung und Unterstützung von Schülern aller Schularten und ihrer Eltern sowie Beratung und Supervision für Lehrkräfte, 76133 Ritterstr. 18, ☎ 60 56 10 70

Sozialdienst katholischer Frauen, Stadt- und Landkreis Karlsruhe e. V. [S. 388], bietet ambulante Jugendhilfe, sozialpädagogische Familienhilfe und betreutes Einzelwohnen für Jugendliche, 76133 Akademiestraße 15, ☎ 9 13 75-0, skf-karlsruhe.de

Wildwasser/FrauenNotruf → *siehe S. 389*

Youth-Life-Line, unter youth-life-line.de können sich depressive und suizidgefährdete Jugendliche ihre Probleme bei gleichaltrigen Beratern von der Seele schreiben. Die Beratung findet per E-Mail oder Live-Chat statt und ist anonym.

MÄNNER

Beratungsstelle bei Gewalt im sozialen Nahraum, Beratung und Hilfe für gewalttätige Frauen und Männer: Einzelberatung sowie ein Anti-Gewalt-Training helfen, Probleme zu erkennen und zu lösen, um weitere Gewaltausbrüche zu verhindern. Informationen: Verein für Jugendhilfe, 76135 Karlstr. 154, ☎ 68 02 46-80, -81, vfj-ka.de

Gleichstellungsbeauftragte → *S. 388, Frauen*

Männerbüro, Netzwerk für Männeranliegen, das Büro unterstützt Männer und Jungen, ihre Wünsche und Ziele besser kennenzulernen; c/o Gerd Ruthardt, 76189 Rheinhafenstraße 36, ☎ 17 02 80 39, maennerbuero-karlsruhe.de

SENIOREN

Siehe → S. 238, Rubrik Senioren

DEFIBRILLATOREN

Standorte von Defibrillatoren findet man im Internet unter definetz.online/defikataster-hp. Informationen zu Frühdefibrillationskursen für Laienhelfer erhält man beim Deutschen Roten Kreuz, Kreisverband Karlsruhe e. V., ☎ 07251/92 21 22, drk-karlsruhe.de

ENTSPANNUNG

AYURVEDA

Siehe → S. 380, Ayurveda

KLANGMASSAGEN

Klangpädagogik, Klangmassage Ingeborg Moser, Klangbäder, bei denen Töne und Schwingungen über die Distanz wahrgenommen werden, sowie Klangmassagen mit direktem Kontakt zwischen Klangschale und (bekleidetem) Körper, 76199 Lange Str. 4, ☎ 69 43 32, klangmassage-moser.de

Klangtraumwelt, bei Klangmassagen werden Klangschalen auf oder neben dem Körper sanft angespielt – ihre feinen Schwingungen wirken entspannend, führen zu innerer Harmomie und lösen Blockaden, Vordersteig 36, 76275 Ettlingen, ☎ 01520/349 44 46, klangtraumwelt.de

MASSAGEN

Chan Thaimassage, traditionelle Thaimassagen, Hot-Stone-Massagen, Kopf- und Nackenmassagen sowie Kräuterstempelmassagen, 76133 Amalien-

straße 46, ☎ 66 97 22 72, chan-thaimassage.de
Corpoccino, die Praxis für Physiotherapie bietet Hot-Stone-, Rosenquarz-, Akupressur-, Aromaöl-, klassische und Bindegewebsmassagen, 76131 Ludwig-Wilhelm-Str. 6, ☎ 350 52 71, corpoccino.de
Praxis Reuter [S. 396], klassische Massage, Bindegewebsmassage, Massage mit ätherischen Ölen und Fußreflexzonenmassage, 76227 Bergwaldstr. 2, ☎ 49 41 01, praxis-reuter.de
WellnessLounge in der Caracalla-Therme [S. 51], klassische Massagen, Aromaölmassage, Kräuterstempel- und Seifenschaum-Massage, hawaiianische Tempelmassage, LaStone-Massage mit Lavasteinen, Lymphdrainage, Fußreflexologie, Shiatsu, Körperpeelings und -packungen sowie Beauty-Anwendungen, täglich 9-20h, Römerplatz 1, 76530 Baden-Baden, ☎ 07221/27 59-70, carasana.de

MEDITATION

Buddhistisches Zentrum Karlsruhe der Karma-Kagyü-Linie e. V. [S. 391] – seit über 40 Jahren ermöglicht das Zentrum, die zeitlosen Mittel des tibetischen Diamantweg-Buddhismus kennenzulernen und im Alltag anzuwenden. Der Diamantweg-Buddhismus ist in der westlichen Welt angekommen. Gleichzeitig bleibt er fest in der 2.500 Jahre alten Übertragung der Lehre Buddhas verwurzelt. Jeder, der sich für Buddhismus und Meditation interessiert, ist herzlich willkommen. Das Programm ist kostenfrei. Geleitete Meditationen finden Di+Mi jeweils um 20.15h statt, 76133 Gartenstraße 52, ☎ 830 50 70, buddhismus-karlsruhe.de
Menlha-Zentrum Karlsruhe, Meditation und Moderner Buddhismus, 76137 Bahnhofstr. 36, ☎ 49 91 06 30, meditation-karlsruhe.de
Zen-Dojo Karlsruhe e. V., Association Zen Internationale, 76133 Hirschstr. 44, ☎ 0152/01 60 14 02, zendojo-karlsruhe.de

NAADYOGA

Naad-Yoga, Yoga des Klanges/Yoga der Stimme, Naad-Yoga ist eine besondere Art, sich über Rhythmus, Stimme und spezifische Melodien (Raags) mit der eigenen inneren Kraft zu verbinden. Durch das Singen der Raags können Stimmungen wie Vertrauen und Freude betont sowie Stress, Angst und Unsicherheit aufgelöst werden, DEVA Yoga-Refugium, 76137 Karlstr. 119 (Hinterhof), ☎ 0178/789 10 10, naadyogacouncil.com/prakash-kaur
Naadyogaklang, Stimmbildung, Atem- und Rhythmusübungen sowie Techniken und Methoden der Klangheilung. Die Naad- und Kundalini-Yogalehrerin Sidak Kaur gibt Kurse (auch online), Konzerte, Einzelunterricht, Coachings und Ausbildungen, ☎ 0157/78 94 20 43, naadyogaklang.de

QIGONG

Centre Qi Gong, veranstaltet fortlaufende Kurse und Lehrerausbildungen in medizinischem Qi Gong im traditionellen Yang-Stil, Infos: Bernhard Maier, Breslauer Straße 9, 76726 Germersheim, ☎ 180 36 98, centre-qigong.de

SALZGROTTE

Albtherme [S. 263], Totes-Meer-Salzgrotte, Bergstr. 30, 76337 Waldbronn, ☎ 07243/56 57-0, albtherme-waldbronn.de

Salzgrotte Karlsruhe, Entspannung in einer naturgetreu nachempfundenen Salzgrotte mit Kristall-Salz aus Pakistan, Sivash-Meersalz und Sole-Vernebelung – auch Massagen, 76229 Durlacher Str. 33, ☎ 49 97 36 88, salzgrotte-karlsruhe.info

STRESSBEWÄLTIGUNG

Aleksandra Wuth [S. 190], Stressreduktion mit Hilfe von Hypnose, Pforzheimer Str. 94, 76275 Ettlingen, ☎ 0178/186 19 99, hypnose-ka.de

Amalienpraxis – Dr. Claudia Haarbeck, MBSR- und Meditationslehrerin – Mindfulness based Stress Reduction ist ein Achtsamkeitstraining zur Stressbewältigung, 76133 Amalienstr. 21, amalienpraxis-karlsruhe.de

Praxis Korbinian Kaiser, der Heilpraktiker und Ergotherapeut bietet Burn-out-Vorbeugung, Reduktion von Stressreaktionen, Meditation und vermittelt Entspannungstechniken, 76137 Graf-Rhena-Str. 23, ☎ 46 71 44 94, kaiser-therapie.de

Praxis für Psychotherapie und Entspannung, Entspannungskurse, progressive Muskelentspannung und autogenes Training, 76185 Wendtstr. 1, ☎ 40 24 70 15, praxis-tomczyk.de

Vivio Stressmanagement, betriebliche Gesundheitsförderung sowie psychologisches Coaching zur Stärkung der mentalen Gesundheit und Motivation am Arbeitsplatz, 76185 Zeppelinstr. 3a, ☎ 504 24 58, vivio-karlsruhe.de

TAI CHI

Tai-Chi-Chuan-Schule Ishu, authentischer Yang-Stil (ITCCA), regelmäßig neue Anfängerkurse, 76131 Lachnerstr. 7, ☎ 966 29 00, schule-s-ishu.de

YOGA

Naadyoga, Yoga des Klanges, siehe S. 391

Post Südstadt Karlsruhe e. V. [S. 248], Yogakurse, 76199 Ettlinger Allee 9, ☎ 88 74 44, online-psk.de

Sangat – Raum für Yoga und Klang, verschiedene Yoga-Stile wie Kundalini-Yoga, Hatha-Yoga, Yin-Yoga, Yoga für Jugendliche, Schwangerenyoga und Rückenyoga sowie Ausbildungsgruppen für Kundalini-Yoga und Sat Nam Rasayan, 76135 Gartenstr. 72, ☎ 0178/135 63 27, yogasangat.de

Pfitzenmeier Premium Resort Karlsruhe [S. 4], Yogalounge mit großem Kursangebot in Hatha-Yoga, Kundalini-Yoga, Mental-Yin-Yoga, Power-Vinyasa-Yoga sowie Hormon- und Rückenyoga, 76189 Rudolf-Freytag-Str. 6, ☎ 98 19 29 80, pfitzenmeier.de

DEVA Yoga Refugium, bietet Kundalini-Yoga-Coaching, Kundalini-Yoga-Kurse, Mama- & Baby-Yoga, Schwangeren-Yoga sowie Naad-Yoga (das Yoga des Klanges), zudem Schwangeren-Yoga-Fachausbildungen und Sound-Therapist-Ausbildungen, 76137 Karlstr. 119, (Hinterhof) yoga-deva.de

muktimind, Jivamukti-Yoga, Vinyasa- und Hatha-Yoga, Mama-Baby-Yoga, Coachings und Osteothai, 76135 Eisenlohrstr. 5, ☎ 94 31 04 04, muktimind.de

yogakula, Hatha-Yoga, Yin-Yoga, 76135 Ebertstraße 17a, ☎ 0176/22 83 75 88, yogakula.de

ERGOTHERAPIE

Praxis Korbinian Kaiser, bietet psychisch-funktionelle Ergotherapie und ist in den Bereichen Psychosomatik, Gestalttherapie, Körpertherapie und Entspannungstechniken tätig, 76137 Graf-Rhena-Str. 23, ☎ 46 71 44 94, kaiser-therapie.de

FELDENKRAIS

Feldenkrais-Praxis Charlotte Fichtl, Gruppen- und Einzelunterricht sowie themenspezifische Kurse, etwa zur Verbesserung der Atemfunktion oder zur Reduktion von Spannungen, 76135 Draisstr. 6, ☎ 85 93 98, fichtl-feldenkrais.de

FUNDBÜROS

Fundbüro der Stadt Karlsruhe, mit Onlinesuche im Fundsachen-Archiv, Mo+Di 8.30-12.30h und 13.30-15.30h, Mi 8.30-12.30h, Do 14-17h, Fr 8.30-12.30h, 76133 Kaiserallee 8, ☎ 133-33 10, ☎ 115, e-fund.eu/fundbueros.php

Fundbüro des KVV, sammelt Fundstücke aus Bussen und Straßenbahnen, Mo+Di 14-19h, Mi 8-13h, Do+Fr 11-16h, 76133 Zähringerstr. 65, ☎ 61 07-58 90, kvv.de/service/fundsachen.html

Fundstelle der Deutschen Bahn, Mo-Fr 8-16h, 76137 Bahnhofplatz 1a, ☎ 938-34 97, Verluste können online gemeldet werden: fundservice.bahn.de

FUSSPFLEGE & ORTHOPÄDIE

FUSSPFLEGE

BellaBrasil [S. 375], medizinische Fußpflege, Mo-Fr 10.30-19.30h und Sa 10-18h, 76133 Kaiserpassage 11, ☎ 669 77 53, bellabrasil.de

ORTHOPÄDIE-SCHUHTECHNIK

Orthopädie-Schuhtechnik Granget, orthopädische und traditionelle Maßschuhe, Einlagen, Diabetes- und Kompressionsversorgung, 76133 Karlstraße 45, ☎ 85 35 66, granget.de

Orthopädie-Schuhtechnik Harrer, Sportschuhberatung, sensomotorische Einlagen, Bandagen, Fußdruckmessung und Maßschuhanpassung, 76133 Sophienstr. 11, ☎ 2 12 51, harrer-ka.de

Storch und Beller, Fußdruckmessung, Orthesen, Einlagen, orthopädische Schuhe, Therapie- und Maßschuhe, 76133 Kaiserstr. 166, ☎ 5 59 00-250; 76227 Pfinztalstr. 73, ☎ 5 59 00-570; 76199 Graf-Eberstein-Str. 2d, ☎ 5 59 00-670, und Friedrichstr. 4, 76275 Ettlingen, ☎ 07243/45 65, storch-beller.de

GESUNDHEITSAMT

Gesundheitsamt, zu seinen Aufgaben zählen die gesundheitliche Prävention, die Schulgesundheit sowie die hygienische Überwachung, zudem ist Beratungsstelle für Themen wie Schwangerschaft, Geschlechtskrankheiten, psychische Krankheiten und Sucht, 76137 Beiertheimer Allee 2, ☎ 936-9 92 50, Corona-Hotline: ☎ 936-9 94 55, landkreis-karlsruhe.de (Linkfolge: Service & Verwaltung/Dezernat & Ämter/Gesundheitsamt)

ONLINE-TIPPS

karlsruhe.de/hitze, gibt Tipps und Informationen bei Hitze

HEIM- UND LIEFERSERVICES

Wenn man mal nicht aus dem Haus kann oder möchte, gibt es mehrere Dienstleister, die einen auf Wunsch in den eigenen vier Wänden besuchen. Die gastronomischen Lieferservices (Pizza etc.) sind in den Rubriken „Gastronomie" und „Veranstaltungen" zu finden. Auch viele Apotheken haben einen Medikamenten-Lieferservice.

Deckers Biohof, liefert mehr als 4.000 Bio-Produkte auch nach Karlsruhe und Umgebung, Ottenhofener Straße 27, 77815 Bühl-Weitenung, ☎ 07223/806 22 30, deckersbiohof.de

Demeter-Gärtnerei Schmälzle [S. 230], liefert Naturkostprodukte wie Bio-Obst und -Gemüse aus, Hofmattstr. 40, 76547 Sinzheim, ☎ 07223/63 61, schmaelzle.com

Confiserie Endle, liefert Confiserie- und Backwaren, 76133 Kaiserstr. 241a, ☎ 2 46 78, endle.de

Getränke Ball [S. 220], Getränke-Lieferungen privat, für Firmen und für Veranstaltungen, 76199 Lange Str. 7, ☎ 89 03 93, getraenke-ball.de

Metzgerei Sack, liefert Fleisch und Wurstwaren im Raum Karlsruhe je nach Verfügbarkeit, 76135 Uhlandstr. 34, ☎ 84 19 30; 76137 Karlstraße 130, ☎ 161 46 55; Nürnberger Str. 11, ☎ 88 23 19, und 76227 Pfinztalstr. 13, ☎ 49 58 38, metzgerei-sack.de

Regional zuhause, fünf regionale Erzeuger liefern Brot, Milchprodukte, Wurst, Käse, Gemüse und Obst ab einem Mindestbestellwert von 29€, 76189 Nördliche Uferstraße 4-6, ☎ 14 59 70 61, regional-zuhause.de

radkurier24.com, zeigt über einen Live-Radar verfügbare Radkuriere mit aktuellem Standort an, die man online direkt kontaktieren kann – Wünsche und Kosten klärt man mit dem jeweiligen Kurier

Supermarktketten wie Rewe, Edeka und auch viele Cap-Märkte bieten ebenfalls einen Lieferservice an, Infos: rewe.de, edeka24.de, cap-markt.de

Vita Nova Reformhaus Neuleben [S. 229], liefert Bio-Lebensmittel, Naturkosmetika, vegane Produkte sowie Nahrungsergänzungsmittel, 76137 Vorholzstr. 11, ☎ 35 74 00, und 76185 Rheinstr. 15, ☎ 55 19 96, reformhaus-neu-leben.de

HÖREN

MeisterHandwerk Durlach [S. 395], modernste Hörgeräte sowie Hörtests, 76227 Badener Str. 16A, ☎ 79 18 12 84, meisterhandwerk-durlach.de

mona&lisa [S. 394], Hörgeräte-Akustik für Frauen mit Hörsystemen, die exakt auf die Anforderungen des weiblichen Gehörs abgestimmt sind und die anatomischen und physiologischen Unterschiede zwischen den Geschlechtern beachten. Die intensive persönliche Beratung und Begleitung durch Hörakustiker beinhalten unter anderem Hörübungen, um das Richtungshören zu verbessern, 76133 Adlerstr. 27a, ☎ 35 46 76 26, monalisa-hoeren.de

HYPNOSE

Aleksandra Wuth [S. 190], Hypnose umfasst Techniken, um störende Angewohnheiten zu verbannen, schneller Ziele zu erreichen oder die Persönlichkeit weiterzuentwickeln. Aleksandra Wuth bietet Hypnosen zur Stressreduktion, zur Rauchentwöhnung, zur Stärkung des Selbstbewusstseins und zur Gewichtsreduktion, Pforzheimer Str. 94, 76275 Ettlingen, ☎ 0178/186 19 99, hypnose-ka.de

Hypnose-Coaching Birgit Breckwoldt [S. 190], in ursachenorientierten und regressiven Hypnose-Coachings werden im Unterbewusstsein verankerte Ursachen für Ängste und Krankheiten, die eine Auswirkung auf die eigene Lebensqualität haben, ergründet und beseitigt, Hohbergstr. 27, 76337 Waldbronn, ☎ 0151/29 10 12 25, birgitbreckwoldt.de

KRANKENHÄUSER & KLINIKEN

ÖFFENTLICHE KRANKENHÄUSER

Helios Klinik für Herzchirurgie Karlsruhe, Herzmedizin, 76185 Franz-Lust-Str. 30, ☎ 97 38-0, helios-gesundheit.de/karlsruhe

Städtisches Klinikum Karlsruhe, akademisches Lehrkrankenhaus der Uni Freiburg, 76133 Moltkestr. 90, Kinderklinik: 76133 Kußmaulstraße, Psychiatrische Klinik: 76131 Kaiserallee 10, Telefonzentrale: ☎ 9 74-0, klinikum-karlsruhe.de

ViDia Christliche Kliniken Karlsruhe, Lehrkrankenhaus der Universität Freiburg, Standorte der St.-Vincentius-Kliniken in Karlsruhe: 76135 Steinhäuserstr. 18, 76137 Südendstr. 32, 76135 Edgar-von-Gierke-Str. 2, ☎ 81 08-0, Standort Diakonissenkrankenhaus Karlsruhe-Rüppurr: 76199 Diakonissenstr. 28, ☎ 88 9-0, vidia-kliniken.de

ONLINE-TIPP

• Die **AOK Mittlerer Oberrhein** bietet im Internet unter aok-gesundheitsnavi.de einen Krankenhaus-Navigator, der auf eine Datenbank mit Fachabteilungen aus über 280 Kliniken im Land zurückgreift. Wer für eine anstehende Operation eine geeignete Klinik sucht, wird hier vielleicht fündig.
• Der Klinikführer der **Technikerkrankenkasse** informiert über die personelle und technische Ausstattung der Kliniken, tk.de/klinikfuehrer

PRIVATKLINIKEN

Klinik am Stadtgarten, ästhetisch-plastische und rekonstruktiv-plastische Chirurgie, 76137 Beiertheimer Allee 18b, ☎ 37 56 56, kasg.de

NOTFALLDIENSTE

Notrufnummern dürfen nur bei Notfällen angewählt werden. Um in anderen Fällen Kontakt zur Polizei aufzunehmen, kann man die Polizeireviere anwählen (→ S. 404) oder das Präsidium (☎ 666-0). Bei Notrufen vom Handy aus ist meist die Vorwahl mitzuwählen, in Karlsruhe die 0721.

Polizei ☎ 110
Feuerwehr/Euro-Notruf und Rettungsdienst ☎ 112
Krankentransport ☎ 1 92 22

Fax-Notrufnummer für hör- oder sprachbehinderte Menschen: Fax 112

DRK-Notruf-Fax für die Stadt und den Landkreis Karlsruhe für alle Notfälle von Bränden bis zu Überfällen: Fax 07251/96 66 66

Ein Notruf-Faxformular kann für diese Fälle vorsorglich unter drk-bruchsal.de/angebote/notdienste/notruf-fax.html heruntergeladen werden.

Ärztlicher Notfalldienst – Versorgungsgebiet sind das Stadtgebiet Karlsruhe und Rheinstetten (zu den üblichen Sprechzeiten ist allerdings der Hausarzt zuständig) ☎ 116 117

Kinderärztlicher Notfalldienst/Notaufnahme der Kinderklinik ☎ 974-33 10
Zahnärztlicher Notruf ☎ 0621/38 00 08 12
Apotheken-Notdienst ☎ 0800/00 22 8 33

Vergiftungszentrale Berlin (Tag & Nacht) ☎ 030/1 92 40

Notruf für vergewaltigte Frauen
wildwasser-frauennotruf.de ☎ 85 91 73

Heimwegtelefon, wer sich auf dem Heimweg unwohl fühlt, kann das Heimwegtelefon anrufen. Ehrenamtliche Helfer „begleiten" dann am Telefon bis zum Zielort und rufen im Ernstfall die Polizei (So-Do 21-24h, Fr+Sa 22-2h), heimwegtelefon.net ☎ 030/12 07 41 82

Tierärztlicher Notdienst ☎ 49 55 66

NOTFALLKURSE

Arbeiter-Samariter-Bund Baden-Württemberg e. V., vermittelt den Eltern, Groß- und Tageseltern Wissen für Kindernotfälle. Die Kurse dauern einen Tag und kosten 50€, 76227 Pforzheimer Str. 27a, ☎ 4 90 08-0, asb-ka.de/erste-hilfe/kinder

DRK Kreisverband Karlsruhe e. V., bietet Erste-Hilfe-Kurse, ☎ 07251/92 21 22, drk-karlsruhe.de

ORGAN- & STAMMZELLENSPENDEN

Deutsche Stiftung Organtransplantation, kontrolliert und registriert Transplantationen und verschickt Organspenderausweise, ☎ 0800/904 04 00, dso.de, organspende-info.de

DKMS, die Deutsche Knochenmarkspenderdatei informiert über Stammzellenspenden und registriert potenzielle Spender, Kressbach 1, 72072 Tübingen, ☎ 07071/943-0, dkms.de

PHYSIOTHERAPIE UND REHABILITATION

Corpoccino, bietet manuelle Therapie, Behandlung neurologischer Erkrankungen nach dem Bobath-Konzept, Behandlung von Kiefergelenksstörungen und Beckenboden-Dysfunktion, Kinesio-Taping, manuelle Lymphdrainage sowie Krankengymnastik und Sportphysiotherapie, 76131 Ludwig-Wilhelm-Straße 6, ☎ 350 52 71, corpoccino.de

Physiotherapeutin und Heilpraktikerin Dorothee Aichele, die Privatpraxis für Krankengymnastik bietet Osteopathie, Kiefergelenksbehandlungen (CMD), Kinesiologie, Schmerztherapien nach L&B, vestibuläre Therapie (bei Schwindel- und Gleichgewichtsstörungen), Vorträge und Ausbildungskurse, 76135 Bunsenstraße 2 sowie Holunderweg 18, 76327 Pfinztal-Berghausen, ☎ 946 39 27, aichele-koerperimpulse.de

Praxis Reuter [S. 396], das Team von Physiotherapeuten und Heilpraktikern bietet manuelle Therapie, Massage, Lymphdrainage, Osteopathie, Craniosacral-Therapie sowie Gesundheitskurse und führt auch Hausbesuche durch, 76227 Bergwaldstr. 2, ☎ 49 41 01, praxis-reuter.de

PLASTISCHE CHIRURGIE

Klinik am Stadtgarten, ästhetisch-plastische und rekonstruktiv-plastische Chirurgie, 76137 Beiertheimer Allee 18b, ☎ 37 56 56, kasg.de

Naturheilpraxis Susanne S. Bürkert [S. 381], Faltenunterspritzung mit Hyaluron, Hauptstr. 23, 76297 Stutensee-Blankenloch, ☎ 07244/94 66 62, naturheilpraxis-buerkert.de

Dr. Weihrauch, Facharzt für plastische & ästhetische Chirurgie sowie Handchirurgie, 76199 Diakonissenstr. 28, ☎ 98 27 96 15, dr-weihrauch.de

PSYCHOLOGISCHE HILFE

AWO, Ambulant betreutes Wohnen, Wohnhaus LEO 11, Dezentrales Wohnen, Tagesstruktur, 76133 Leopoldstr. 11, ☎ 1 83 16-101, awo-karlsruhe.de

Gesundheitsamt, bietet Beratung für psychisch Erkrankte, 76131 Wolfartsweierer Str. 5, Postanschrift: 76137 Beiertheimer Allee 2, ☎ 936-9 01 80, landkreis-karlsruhe.de (Linkfolge: Service & Verwaltung/Dezernate & Ämter/Gesundheitsamt)

Praxis für Psychotherapie und Entspannung, Psychotherapie, Verhaltenstherapie für Erwachsene und Entspannungskurse, Diplom-Psychologin Joanna Tomczyk, 76185 Wendtstraße 1, ☎ 40 24 70 15, praxis-tomczyk.de

Psychologische Beratungsstellen der Stadt Karlsruhe für Eltern, Kinder und Jugendliche, 76133 Otto-Sachs-Straße 6, ☎ 133-53 60

Psychosoziale Beratungsstelle der AWO für Krebskranke & Angehörige, Kaiserstr. 160-162, ☎ 989 620, awo-karlsruhe.de

Telefonseelsorge, anonymes Krisentelefon des Arbeitskreises Leben Karlsruhe: ☎ 81 14 24 (Mo+Fr 10-12h, Di+Do 10-14h, Mi 17-19h), außerhalb der Beratungszeiten: ☎ 0800/111 01 11 und ☎ 0800/111 02 22, Geschäftsstelle: 76137 Putlitzstraße 16, ☎ 820 06 67, ak-leben.de

HILFE BEI MOBBING

Konflikthotline Baden-Württemberg, ein Angebot der Reha-Zentren Baden-Württemberg, unter ☎ 0711/89 24 43 00 können sich Mobbing-Opfer beraten lassen, konflikthotline-bw.de

RECHT & RAT

ANWÄLTE, RECHTSBERATUNG

Caemmerer Lenz [S. 16], Rechtsanwälte, Wirtschaftsprüfer und Steuerberater, 76133 Douglasstr. 11-15, ☎ 9 12 50-0, www.caemmerer-lenz.de

Mieterverein [S. 340], im Mitgliedsbeitrag sind kostenlose Beratungen zu Miet- und Wohnungsfragen durch Juristen und Mietrechtsexperten sowie eine Mietrechtsschutzversicherung enthalten, 76137 Ritterstr. 24, ☎ 37 50-91, ☎ 37 50-92, mieterverein-karlsruhe.de

Rechtsanwalt Dr. Alf Gabelmann [S. 399], Bau-, Architekten- und Immobilienrecht, Verkehrsrecht und Handelsrecht sowie Fachanwalt für Arbeitsrecht, Mietrecht/WEG-Recht und Erbrecht mit Familienrecht, 76137 Hirschstr. 137, ☎ 151 97 94, rechtsanwalt-gabelmann.de

Rechtsanwältin Angelika Schuhmacher, Fachanwältin für Familienrecht, Fachanwältin für Erbrecht, 76227 Pfinztalstr. 14, ☎ 4 15 89

Steueranwaltskanzlei Beißwenger [S. 397], conseiller fiscal, tax consultant, Steuerrecht, internationales Steuerrecht, Steuerstrafrecht, Vertragsrecht, Schadens- und Haftungsrecht, Gesellschafts- und Handelsrecht sowie Erbrecht und Arbeitsrecht, Eisenlohrstr. 31, 76135 Karlsruhe, und Karlsruher Str. 27, 76327 Pfinztal, ☎ 92 12 44-0, sowie Wilhelmstr. 39, 75015 Bretten, ☎ 07252/7 80 88, kanzlei-beisswenger.de

Foto: Bundesverfassungsgericht | lorenz.fotodesign, Karlsruhe

RESIDENZ DES RECHTS

Nach der Vereinigung von Baden und Württemberg zu einem Bundesland wurde Karlsruhe 1950 als Ausgleich für den Verlust der Hauptstadtfunktion zum Sitz des Bundesgerichtshofs und 1951 des Bundesverfassungsgerichts, des höchsten deutschen Gerichts, erklärt.

Der Bundesgerichtshof verhandelt öffentlich, das heißt, jeder Bürger kann in der Herrenstraße 45a dabei sein. Am Eingang des BGH hängen Terminzettel aus, auf denen steht, was verhandelt wird (weitere Infos unter Tel. 159-0 und www.bundesgerichtshof.de). Auch im Bundesverfassungsgericht kann man nach Anmeldung an Verhandlungen und Führungen teilnehmen, Infos: Herr Oberamtsrat Stadtler, Tel. 91 01-400, www.bundesverfassungsgericht.de

ANWALTSVEREINE/ ANWALTSSUCHDIENSTE

Anwalts-Hotlines findet man beispielsweise unter dahag.de, ☎ 0900/187 51 00-500 (Kosten: 1,99€ pro Minute), und unter e-juristen.de, ☎ 0900/12 34 10 10 (1,85€ pro Minute)

Anwaltsverein Karlsruhe e. V., der Verein vermittelt die passenden Anwälte für die jeweiligen Rechtsfragen und bietet einen Strafverteidigernotdienst, 76135 Weinbrennerstr. 52, ☎ 2 39 65 (Anwaltssuchdienst), anwaltsverein-karlsruhe.de

Deutscher Anwaltverein, vermittelt Anwälte bundesweit, anwaltverein.de

Rechtsanwaltskammer Karlsruhe, vermittelt Rechtsanwälte und unterstützt bei Problemen mit dem eigenen Anwalt und bei Beschwerden, 76133 Reinhold-Frank-Str. 72, ☎ 2 53 40, rak-karlsruhe.de

AUSSERGERICHTLICHE EINIGUNG/MEDIATION

Mediation ist ein professionelles Vermittlungsverfahren bei Konflikten, deretwegen man nicht gleich zum Anwalt oder vor Gericht gehen will.

Amalienpraxis – Andrea Klaas, bietet ein Verfahren an, das hilft, einvernehmliche Lösungen für alle mit Trennung oder Scheidung verbundenen neuen Situationen zu finden, 76133 Amalienstr. 21, ☎ 920 31 04, amalienpraxis-karlsruhe.de

IHK Karlsruhe, die Industrie- und Handelskammer Karlsruhe verfügt über eine Schlichtungs- und Mediationsstelle für kaufmännische Streitigkeiten, ☎ 174-119, ihk.de/karlsruhe (Link „Fachthemen/ Recht & Steuern")

Vergleichsbehörde der Stadt Karlsruhe, außergerichtliche Streitbeilegung des zentralen juristischen Dienstes, Mo-Fr 8.30-12h und 14-15.30h, 76133 Marktplatz, ☎ 133-30 05

BÜRERSERVICE

Amtsgericht Karlsruhe, der Justiz-Bürgerservice ist zentrale Anlaufstelle für Rechtssuchende. Hier kann man beispielsweise Erbscheine beantragen oder Klagen einreichen, Rechtsberatung darf das Amtsgericht aber nicht erbringen, Mo-Fr 9-11h und Di+Do 13-15h, 76133 Schlossplatz 23, ☎ 926-50 33, amtsgericht-karlsruhe.justiz-bw.de

RECHTSAUSKUNFT FÜR MITTELLOSE

Rechtsberatung für Bürger mit geringem Einkommen, Rechtsauskünfte kosten hier maximal 15€ pro Besuch, bitte Personalausweis und Einkommensnachweis mitbringen, Termine werden nicht vergeben, Mi 13-15h im Amtsgericht (Einlass 12.50h), 76131 Lammstr. 1-5, ☎ 926-50 00

ONLINE-TIPPS

justiz.baden-wuerttemberg.de, Infos des Justizministeriums Baden-Württemberg zu Rechtsmitteln sowie Meldungen über interessante Urteile

landesrecht-bw.de, hier findet man alle geltenden Gesetze, Rechtsverordnungen und Verwaltungsvorschriften Baden-Württembergs, die wichtigsten Vorschriften des Bundes und der EU sowie die Rechtsprechung der Verwaltungsgerichte, des VGH Baden-Württemberg und des Staatsgerichtshofs

RELIGION & KIRCHE

Alle hiesigen Kirchen sind samt Adressen in den Telefonbüchern, im Internet und regelmäßig in der Samstagsausgabe der Tageszeitung BNN zu finden.

Bahai-Gemeinde Karlsruhe, das Bahaitum gehört mit fünf bis acht Millionen Gläubigen zu den großen Weltreligionen, 76133 Amalienstr. 30, ☎ 2 20 37, karlsruhe-bahai.de

Buddhistisches Zentrum Karlsruhe der Karma-Kagyü-Linie e. V. [S. 391] – seit über 40 Jahren ermöglicht das Zentrum, die zeitlosen Mittel des tibetischen Diamantweg-Buddhismus kennenzulernen und im Alltag anzuwenden. Der Diamantweg-Buddhismus ist in der westlichen Welt angekommen. Gleichzeitig bleibt er fest in der 2.500 Jahre alten Übertragung der Lehre Buddhas verwurzelt. Jeder, der sich für Buddhismus und Meditation interessiert, ist herzlich willkommen. Das Programm ist kostenfrei. Geleitete Meditationen: Di+Mi jeweils um 20.15h, 76133 Gartenstraße 52, ☎ 830 50 70, buddhismus-karlsruhe.de

Deutschsprachiger Muslimkreis Karlsruhe e. V., klärt über den Islam auf, organisiert Moscheeführungen, Sprachkurse, Familien- und Eheberatung für muslimische Paare und islamischen Religionsunterricht für Kinder auf Deutsch sowie Jugendarbeit, 76185 Kaiserallee 111a (2. OG), ☎ 2 23 07, dmk-karlsruhe.de

Evangelische Landeskirche Baden, Kirchengemeinden, Kindergärten, Kindertageseinrichtungen, Altenheime, Krankenhäuser, Jugendgruppen, Beratungsstellen und Gottesdienste gehören u. a. zu den Aufgabenbereichen der Evangelischen Kirche, 76133 Blumenstr. 1-7, ☎ 91 75-0, ekiba.de

Evangelisches Dekanat Karlsruhe, Gottesdienste und Veranstaltungen der Evangelischen Kirche findet man auf deren Homepage, 76133 Reinhold-Frank-Str. 48, ☎ 82 46 73-20, ekika.de

Evangelischer Gemeinschaftsverband AB, bietet Gottesdienste, Bibel-, Jugend- und Hauskreise sowie Freizeiten für jedermann, 76133 Amalienstr. 77, ☎ 07202/93 07-500, ab-verband.org
ICF Karlsruhe, evangelische Freikirche, 76185 Zeppelinstr. 7c (Gottesdienste finden in der Griesbachstr. 10b statt), ☎ 830 77 77, icf-karlsruhe.de
Jüdische Kultusgemeinde Karlsruhe, 76133 Knielinger Allee 11, ☎ 7 20 35, jg-karlsruhe.de
Katholisches Dekanat Karlsruhe, zum Aufgabenbereich gehören unter anderem Seelsorge, Kindergärten, Jugendhäuser, Bildungseinrichtungen, Beratungsstellen und Gottesdienste, 76133 Erbprinzenstr. 14, ☎ 9 12 74-31, kath-karlsruhe.de
Missionswerk Karlsruhe, überkonfessionelle christliche Kirche, 76185 Keßlerstraße 2-12, ☎ 9 52 30-0, missionswerk.de
ZKM [S. 164], jeden ersten Freitag im Monat findet eine kostenlose Führung mit Theologen und Kulturvermittlern durch eine aktuelle Ausstellung statt, die zu gedanklichen „Überschreitungen" anregen soll – einmal jährlich gibt es zudem einen ökumenischen Gottesdienst, 76135 Lorenzstr. 19, ☎ 81 00-19 90, zkm.de

SANITÄTSHÄUSER

Sanitätshaus Ruck, 76133 Amalienstraße 15, ☎ 2 43 19, sanitaetshaus-ruck.de
Storch und Beller, Gesundheits- und Komfortprodukte, 76133 Kaiserstr. 166, ☎ 559 00-250; 76227 Pfinztalstr. 73, ☎ 559 00-570; 76199 Graf-Eberstein-Str. 2d, ☎ 5 59 00-670; 76189 Nördliche Uferstr. 11 (Hauptbetrieb), ☎ 559 00-0, und Friedrichstr. 4, 76275 Ettlingen, ☎ 07243/45 65; Reha-Notdienst (24 Std.): ☎ 0152/2255 99 30 (ab 16.30h), storch-beller.de

SELBSTHILFE

Paritätische Sozialdienste Karlsruhe, das Selbsthilfebüro im Hardtwaldzentrum berät und vermittelt Menschen, die an Selbsthilfegruppen interessiert sind, und fördert die Gründung neuer Gruppen, 76149 Kanalweg 40/42, ☎ 9 12 30-25, paritaet-ka.de

SUCHTBERATUNG

Aleksandra Wuth [S. 190], Rauchentwöhnung mit Hilfe von Hypnose, Pforzheimer Str. 94, 76275 Ettlingen, ☎ 0178/186 19 99, hypnose-ka.de

Anonyme Alkoholiker, Kontaktstelle: 76131 Fasanenstr. 1, ☎ 1 92 95, anonyme-alkoholiker.de

AWO Ambulanz, Substitution und heroingestützte Behandlung, täglich geöffnet, 76131 Durlacher Allee 53, ☎ 50 44 73-0, awo-karlsruhe.de

Diakonische Suchthilfe Mittelbaden gGmbH [S. 400], Beratung und Hilfe bei Alkohol- und Medikamentenabhängigkeit, Essstörungen und Spielsucht sowie für Kinder suchtkranker Eltern – offene Sprechstunden finden Di 15-17h und Do 10-12h statt, 76133 Adlerstr. 31, ☎ 13 20 61-10, diakonische-suchthilfe-mittelbaden.de

Get IN, die Anlaufstelle der AWO für Drogenkonsumenten bietet Kaffee, Beratung, Spritzen und Duschen, Mo-Fr 10-16h, Sa+Fei 11.30-15.30h, So Ruhetag, 76133 Kriegsstr. 76, ☎ 37 56 35, awo-karlsruhe.de

Jugend- und Drogenberatungsstelle der Stadt Karlsruhe [S. 295], in der Drogenberatung erhalten Jugendliche und Erwachsene Beratung und Hilfestellung bei Problemen mit illegalen Drogen. Die Jugendberatung hilft Jugendlichen und jungen Erwachsenen bis zum 27. Lebensjahr bei Konflikten, akuten Krisen und persönlichen Problemen. Das Beratungsangebot gilt auch für die jeweiligen Bezugspersonen, es ist kostenfrei und auf Wunsch anonym – alle Mitarbeitenden stehen unter Schweigepflicht, Mo-Do 9-17h, Fr 9-12h, 76133 Kaiserstr. 64, ☎ 133-53 91, karlsruhe.de/drogenberatung, karlsruhe.de/jugendberatung

KiD – Hilfe für Kinder drogenabhängiger Eltern, 76133 Kronenstraße 15, ☎ 3 50 07-147, awo-karlsruhe.de

TRAUER & BESTATTUNG

InfoCenter Friedhof Karlsruhe [S. 401], das firmenübergreifende Netzwerk bietet Veranstaltungen, Führungen sowie wechselnde Ausstellungen rund um die Themen der Bestattungskultur. Interessierte können sich über die Vielfalt der Grabarten, naturnahe Bestattung, den Friedpark und vieles mehr informieren, 76131 Haid-und-Neu-Str. 33, ☎ 782 09 33, friedhof-karlsruhe.de

BESTATTUNGSINSTITUTE

Bestattungshaus Regenbogen, Sterbebegleitung, Hausaufbahrung, Trauerfeiergestaltung, Trauerbegleitung und Erledigung der Formalitäten sowie Bestattungsvorsorgeverträge, 76199 Feldbergstr. 1, ☎ 91 58 80 21, bestattungshaus-regenbogen.de
Bestattungsinstitut der Stadt Karlsruhe [S. 401], bietet individuell gestaltbare Vorsorgeverträge, mit denen man den Ablauf der eigenen Bestattung schon im Voraus detailliert festlegen kann. So können die Bestattungsart, diverse Bestattungsutensilien, der Beisetzungsort und die Grabstätte sowie die Gestaltung der Trauerfeier, die Grabmalgestaltung und die Grabpflege vorab geregelt werden. Dies entlastet die Angehörigen im Trauerfall – unter Umständen auch finanziell, denn im Voraus geleistete Zahlungen sind selbst im Pflegefall oft vor dem Zugriff Dritter geschützt.

Beratungsteam: 76131 Haid-und-Neu-Straße 39, ☎ 96 41 33, bestattungen-karlsruhe.de

FRIEDHÖFE

Friedhofs- und Bestattungsamt – jedes Jahr werden rund 3.000 Menschen auf den 28 Karlsruher Friedhöfen beigesetzt (die Bestattungstermine finden sich im Internet unter friedhof-karlsruhe.de). Die Broschüre „Friedhöfe in Karlsruhe" ist beim Friedhofs- und Bestattungsamt erhältlich, 76131 Haid-und-Neu-Str. 35-39, ☎ 133-69 01.
RuheForst® Südpfälzer Bergland Wilgartswiesen [S. 72], würdevolle Waldbestattungen in einem über 200 Jahre alten, leicht begehbaren Buchen-Mischwald inmitten des Biosphärenreservates Pfälzerwald-Nordvogesen. Kostenlose Interessentenbroschüre erhältlich beim RuheForst® der Gemeinde Wilgartswiesen, ☎ 06392/409 01 77, ruheforst-suedpfaelzerbergland.de

GRABMALE

Hans Huber GmbH [S. 402], bietet seit mehr als 100 Jahren Grabmale, Natursteine, Steinmetz- und Bildhauerarbeiten, Gravierungen, Grabschmuck, Montage, Vorsorge, Reparaturen und Beschriftungen an, 76131 Haid-und-Neu-Straße 27-29, ☎ 60 62 88, Mo-Fr 8-17.30h, Sa 9-13h, und 76199 Löwenstr. 1, ☎ 88 88 15, Mo, Di, Do, Fr 9-12.30h, grabmale-huber.de
Kurt Wesch Steinmetzbetrieb, 76131 Haid-und-Neu-Str. 21, ☎ 69 83 86, wesch-natursteine.de

GRABPFLEGE, TRAUERFLORISTIK

Genossenschaft Badischer Friedhofsgärtner, Dauergrabpflege ist ein Angebot an alle, die aus Berufs-, Alters- oder Krankheitsgründen die Ruhestätte ihrer Verstorbenen nicht selbst betreuen können. Infos: 76227 Alte Karlsruher Straße 8, ☎ 9 44 87-0, dauergrabpflege-baden.de

ONLINE-TIPP

aeternitas.de, die Verbraucherinitiative Bestattungskultur bietet Basisinformationen rund um den Trauerfall

ORGANSPENDE

Siehe → S. 396, Organspende

TRAUERVERANSTALTUNGEN/ TRAUERBEGLEITUNG

Hospizdienst Karlsruhe, Begleitung schwerkranker und sterbender Menschen und ihrer Angehörigen, Träger: Diakonisches Werk Karlsruhe und Caritasverband Karlsruhe e. V., 76133 Kaiserstraße 172, ☎ 2 03 97-185, dw-karlsruhe.de

Initiative Regenbogen heißt ein bundesweiter Verein, der Eltern nach Fehl- und Totgeburten beistehen möchte, Regionalverein Regenbogen Karlsruhe e. V., Infos: regenbogen-karlsruhe.de

Kinderhospizdienst Karlsruhe und Landkreis, Lebensbegleitung von Familien mit einem schwer oder unheilbar kranken Kind, Träger: Diakonisches Werk Karlsruhe und Landkreis, Caritasverband Karlsruhe e. V. und Landkreis, 76133 Kaiserstr. 172, ☎ 2 03 97-186, dw-karlsruhe.de

VERBRAUCHER-BERATUNG

Verbraucherzentrale, weiß Rat in zahlreichen Themenfeldern. Hier können auch Termine für die Beratung durch einen Honoraranwalt vereinbart werden, 76133 Kaiserstr. 167, ☎ 0711/66 91 10, verbraucherzentrale.de

VERSICHERUNGEN

Die **AOK Mittlerer Oberrhein** [S. 55] ist der größte Krankenversicherer in der Region. Das Gebiet des Unternehmens mit Hauptsitz in Karlsruhe erstreckt sich von Philippsburg bis Bühl und von Gaggenau bis Oberderdingen. Über 350.000 Versicherte und 25.000 Firmenkunden werden kundennah in 18 Kunden-Centern vor Ort betreut und erhalten eine hochwertige medizinische Versorgung und Vorsorgeangebote. Auch Unternehmen profitieren von maßgeschneiderten Präventionsangeboten und einer langjährigen Erfahrung im Bereich des Betrieblichen Gesundheitsmanagements. Weitere Informationen: aok.de/bw oder im Fachportal für Arbeitgeber unter aok.de/fk/bw

Der Ombudsmann für Versicherungen, Dr. Wilhelm Schluckebier, ist ein unabhängiger und für den Verbraucher kostenfrei tätiger Schlichter bei Streitigkeiten mit der Versicherung: Versicherungsombudsmann e. V., Postfach 08 06 32, 10006 Berlin, ☎ 0800/369 60 00, versicherungsombudsmann.de

Sozialverband VdK – berät zu allen Bereichen des Sozialrechts, unter anderem zu Leistungen der gesetzlichen Renten-, Kranken-, Pflege-, Unfall- und Arbeitslosenversicherung sowie zum sozialen Entschädigungsrecht, zu Sozialleistungen und dem Schwerbehindertengesetz. Der VdK bietet zudem Rechtsschutz und Vertretung gegenüber Behörden bzw. Sozialgerichten, 76133 Karlstraße 53-55, ☎ 9 32-790, vdk.de

ZAHNMEDIZIN

Dr. Hannemann & Kollegen, sanfte Kieferorthopädie, Korrektur der Zahnstellung und/oder Kieferlage, Frühbehandlung bei Kieferfehlstellungen sowie durchsichtige Zahnspangen, 76133 Hirschstr. 4, ☎ 2 00 86, und Marktstr. 25A, 76870 Kandel, ☎ 07275/959 69 21, dr-hannemann.de

Zahnarztpraxis Dr. med. dent. Regine Dressler, Praxis für ästhetische und moderne Zahnheilkunde mit Schwerpunkt Implantologie, Steigstraße 5, 76327 Pfinztal-Berghausen, ☎ 46 31 03, implantologin.de

Zahnmedizinische Patientenberatung, Mi 14-18h (außer an Feiertagen) ☎ 0800/474 78 00, Zahnmedizinische Patientenberatungsstelle Baden-Württemberg, Albstadtweg 9, 70567 Stuttgart, ☎ 0800/142 43 40 (Mo-Do 8-15.30h, Fr 8-13h), zahnmedizinische-patientenberatung-bw.de

ONLINE-TIPP

agz-rnk.de, bei der zahnärztlichen Verbraucher- und Patientenberatung der AG Zahngesundheit können sich Patienten rund um zahnärztliche Fragen informieren und einen Zahnarztsuchdienst nutzen, um den richtigen Zahnmediziner für ihr Anliegen zu finden, ☎ 06221/522 18 11

STADTINFO

KARLSRUHE

Lage: 8°24'18" östlicher Länge und 49°00'54" nördlicher Breite, der 49. Breitengrad verläuft südlich des Stadtgartensees (siehe auch Stadtplan)
Ortszeit: Die mittlere Ortszeit bleibt gegenüber der mitteleuropäischen Zeit (MEZ) um 26 Minuten und 20 Sekunden zurück.
Klima: Die durchschnittlichen Werte lagen 2021 bei einer Temperatur von 11,6° C, einer Sonnenscheindauer von 1.739 Stunden und einer Niederschlagsmenge von 1.291 Litern pro Quadratmeter.
Fläche: 173,42 km², davon Siedlungs- und Verkehrsfläche: 81,14 km²
Wald/Landwirtschaft: 83,45 km²
Gewässer: 7,04 km²
Höchster Punkt: 323 m über Normalhöhennull (NHN) am Tiergehege im Grünwettersbacher Wald
Längste Ausdehnung: 19,3 km (Ost-West)
Einwohnerzahl: 297.664 (inklusive Nebenwohnsitz: 301.749), davon sind 146.365 Einwohner weiblich und 151.229 männlich
Einwohner-Altersschnitt: 42,4 Jahre

BÜRGERBÜROS

Bürgerbüro K8, 76133 Kaiserallee 8
Bürgerbüro Ost, 76139 Karlsruher Straße 23, eine persönliche Vorsprache ist nur nach vorheriger Terminvereinbarung möglich, ☎ 115, karlsruhe.de/terminvereinbarung
Bürgerbüro Durlach, 76227 Pfinztalstr. 33, eine persönliche Vorsprache ist nur nach vorheriger Terminvereinbarung möglich: ☎ 133-19 65, Infos: ☎ 133-19 12, karlsruhe.de/terminvereinbarung

POLIZEI

Der Dienstbezirk des Polizeipräsidiums Karlsruhe umfasst den Stadt- und Landkreis, die BAB A 5 von der Tank- und Rastanlage Bruchsal bis zur Gemeindegrenze Malsch, die BAB A 8 bis zur Anschlussstelle Karlsbad sowie den Rhein von Ortslage Germersheim bei Rheinkilometer 381,76 bis Ortslage Hügelsheim bei Rheinkilometer 329,64. Außer den Polizeirevieren gibt es in Stadtteilen und kleineren Orten Polizeiposten, die im Gegensatz zum Revier meist nur tagsüber besetzt sind (siehe auch Stadtplan in der hinteren Umschlagklappe). Die Beamten der Polizeiposten bearbeiten wie ihre Kollegen auf dem Revier den überwiegenden Teil aller kriminellen Delikte, vor allem Diebstahl und Einbruch, und sind Ansprechpartner für die Bürger vor Ort.

Polizeipräsidium Karlsruhe, 76131 Durlacher Allee 31-33, ☎ 666-0, ppkarlsruhe.polizei-bw.de
Polizeireviere, Oststadt: 76131 Durlacher Allee 31, ☎ 666-32 11; Marktplatz: 76133 Karl-Friedrich-Str. 15, ☎ 666-33 11; Weststadt: 76133 Moltkestraße 68, ☎ 666-36 11; Südweststadt: 76137 Beiertheimer Allee 16, ☎ 666-34 11; Waldstadt: 76139 Stettiner Straße 41, ☎ 9 67 18-0; Durlach: 76227 Amthausstraße 11-13, ☎ 49 07-0, polizei-karlsruhe.de
Kriminaldauerdienst: ☎ 666-55 55

STADTINFO

Stadtverwaltung, 76124 Rathaus am Marktplatz, ☎ 133-0, karlsruhe.de
Tourist-Information Karlsruhe, Mo-Fr 9.30-18.30h, Sa 10-15h, April bis Oktober auch So 10-13h, 76133 Kaiserstr. 72-74, ☎ 60 29 97-580, karlsruhe-tourismus.de

SOUVENIRS

Der Karlsruhe-Ständer, Postkarten regionaler Künstler zum Thema „Karlsruhe", Standorte sind u. a. Erhardt Bürowelt: 76133 Waldstr. 53, Reisebuchladen: 76133 Herrenstr. 33, Buchhandlung am Kronenplatz: 76133 Kronenstr. 34, Touristinfo: 76133 Kaiserstr. 72, htm-karlsruhe.de/karlsruhe-staender.htm
Druckerei Berenz, Karlsruher und badische Souvenirs (auch Kuckucksuhren und Wetterhäuschen), 76133 Waldstr. 8, ☎ 2 07 24, druckerei-berenz.net

KARLSRUHE & REGION IM BUCHHANDEL

101 Sachen machen – Alles, was man in Karls-

ruhe und Umgebung erlebt haben muss, Autor: Volker Knopf, 9,99€, Silberburg Verlag, silberburg.de
Komm mit in die Vergangenheit, eine kindgerechte, spannende Zeitreise mit dem Archäologie-Wimmelbuch Baden-Württemb.", 16 Seiten, 16,90€, verlag-regionalkultur.de, ISBN 978-3-95505-348-2
Kreuz und quer durch Karlsruhe, die schönsten Stadtwanderungen, die besten Adressen, von Sybille Peine, 16,99€, Silberburg-Verlag, silberburg.de
Die Laufmaschine – vom Herrn Baron von Drais und seiner erstaunlich nützlichen, fabelhaften Erfindung, ein 52-seitiges Bilderbuch mit liebevollen Zeichnungen von Uwe Mayer, 18,50€, die-laufmaschine.de, ISBN 978-3-00-061465-1
Wandern in der Region Karlsruhe – die 33 schönsten Touren von Michael Erle, mit Karten, 176 Seiten, 16,90€, Verlag Regionalkultur, verlag-regionalkultur.de, ISBN 978-3-95505-993-4

TIPP

Vergriffene Bücher des Stadtarchivs kann man unter folgendem Link kostenlos herunterladen: stadtgeschichte.karlsruhe.de/materialien-zur-stadtgeschichte/publikationen-zur-stadtgeschichte-digital

KARLSRUHE IM INTERNET

durlacher.de, Infos und Termine aus Durlach
geodaten.karlsruhe.de/stadtplan, Online-Stadtplan, auf dem allerlei für unterschiedliche Zielgruppen relevante Informationen abrufbar sind (Behindertenparkplätze, Jugend- oder Gesundheitseinrichtungen, Fahrradverleihstationen etc.)
karlsruhe.de, Adresse der Stadt Karlsruhe mit Stichwortsuchmaschine
kalsruhe.de/fair, bündelt Infos zu Karlsruhes Engagement für Fair Trade und gerechtes Miteinander
karlsruhe.de/hitze, gibt Tipps und Infos bei Hitze
karlsruhe.de/kuehle-orte, der Stadtplan für heiße Tage zeigt Orte im Stadtgebiet, die bei Hitze Abkühlung versprechen, wie Grünflächen, Wasserspiele, Brunnen und vieles mehr
karlsruhe-erleben.de, Internetseite der Tourist-Info Karlsruhe, Hotelbuchungen und Veranstaltungen
ka-city.de, Serviceportal der City-Initiative rund ums Einkaufen in Karlsruhe
ka.stadtwiki.net, Informationsportal und Stadtlexikon für Karlsruhe und die Region mit Infos zu allen relevanten Themen, die von jedem, der etwas dazu beitragen möchte, ergänzt werden können
inka-magazin.de, Homepage des werbefinanzierten Stadtmagazins INKA (→ *S. 369*) mit Veranstaltungskalender für Karlsruhe und die Region
ka-news.de, das Nachrichtenmagazin für Karlsruhe bereitet lokale Themen auf und bietet u. a. Veranstaltungshinweise sowie Verkehrsinfos
meinka.de, Online-Stadtmagazin mit Berichten rund ums Lokalgeschehen mit Kultur- und Freizeitthemen, Veranstaltungstipps sowie Infos zum KSC
karlsruher-naturkompass.de, bietet Infos zu interessanten, sehens- und erlebenswerten saisonalen Naturphänomenen in Karlsruhe
klappeauf.de, Internetadresse des Stadtmagazins „Klappe auf" mit Veranstaltungsinfos
muehlburg-live.de, Stadtteilportal für Mühlburg: Wirtschaft, Kultur, Veranstaltungen und Soziales
verkehrsverein-karlsruhe.de, Infos des Verkehrsvereins Tourismusregion Karlsruhe e. V. über Karlsruhe und die Region (Gastronomie, Verkehr, Übernachtungen, Einkauf, Freizeit etc.)

GÄRTEN UND PARKS

Die gärtnerische Leidenschaft des Stadtgründers Karl Wilhelm von Baden hat den Karlsruhern ein Leben im Grünen beschert. Jedoch ist es auch den späteren Stadtvätern zu verdanken, dass nach wie vor mehr als 50 Prozent des Stadtgebiets begrünt und rund 700 ha mit Wasser bedeckt sind. Abgesehen von den Gewächshäusern des Botanischen Gartens und dem Stadtgarten/Zoo ist in den nachfolgend aufgelisteten Gärten der Eintritt frei.
Der **Botanische Garten** am Rande des Schlossgartens ist eine grüne Oase mitten in der einstigen badischen Residenzstadt. Er lädt mit seinen historischen Gewächshäusern und den gepflegten Grünflächen voller exotischer Büsche und Bäume zum Verweilen ein. 1808 wurde der Botanische Garten an heutiger Stelle angelegt. Die An-

fänge der außergewöhnlichen Pflanzensammlung gehen auf Markgraf Karl Wilhelm zurück. Die historischen Gewächshäuser präsentieren sich nach einer umfangreichen Sanierung und Umgestaltung wieder so wie zu ihrer Erbauungszeit. Gewächshäuser: Di-Fr 10-16.45h, Sa, So+Fei 10-17.45h, Eintritt 3€, ermäßigt 1,50€, Außenanlage: täglich ab 6h bis zum Einbruch der Dunkelheit, Eintritt frei, 76131 Hans-Thoma-Straße 6, ☎ 926-30 08, botanischer-garten-karlsruhe.de

Der **Botanische Garten des KIT** besteht aus Gewächshäusern mit Orchideen, Kakteen und tropischen Pflanzen sowie Freilandbepflanzungen (Hochgebirgs-, Mittelmeer-, Arzneipflanzen, Pflanzen anderer Kontinente, Sumpf- und Wasserpflanzen). Infos zu Öffnungszeiten, Führungen sowie eine virtuelle Gartenführung findet man unter botanik.kit.edu/garten, 76131 Am Fasanengarten 2, ☎ 608-4 21 45, kit-garten-freunde.de

Citypark, im Frühjahr 2017 fertiggestellte Grünanlage im Neubaugebiet Südoststadt auf einer Fläche von knapp neun Hektar mit einem See und Wasserfontänen sowie einer erhöhten Promenade, einem Bolzplatz, einem Spielplatz, einem alten Wasserturm, in dem heute ein Hotelzimmer untergebracht ist, und dem „Garten der Religionen".

Der **Fasanengarten** diente bis 1866 zur Fasanenzucht, war Lustgarten und Tierpark. An diese Zeit erinnern noch immer historische Gebäude und die Namen dortiger Wege und Alleen. Heute ist er Teil eines Landschaftsschutzgebiets. Seine Vielfalt einheimischer und exotischer Baumarten kommt besonders im Herbst zur Geltung. Die Verfärbung der Blätter zeigt dann, wie sorgsam die Pflanzorte der Bäume auch farblich aufeinander abgestimmt sind. Informationen: ForstBW, Forstbezirk Hardtwald, ☎ 07254/201 49 19, forstbw.de. Am nordöstlichen Ende des Fasanengartens befindet sich das **Mausoleum** (siehe S. 427), die 1896 fertiggestellte Großherzogliche Grabkapelle mit den Särgen von 17 Mitgliedern des badischen Herrscherhauses.

Die **Günther-Klotz-Anlage** bietet viel Platz für Müßiggang, zum Spazieren, Joggen und Inline-Skaten. Die idyllische renaturierte Alb mit ihrem Grüngürtel durchquert die Anlage. Ein See mit Ruderbooten und ein Spielplatz liegen am Fuße eines Aussichtshügels, im Volksmund „Mount Klotz" genannt. Ende Juli findet hier „Das Fest" statt.

Der **Otto-Dullenkopf-Park** wurde zwischen 1997 und 2001 ursprünglich unter dem Namen Ostauepark angelegt und erstreckt sich beim Schloss Gottesaue auf 8,5 Hektar. Neben einem Funpark mit Basketballfeld, Bolz- und Skateplatz sowie einer Dirtbike-Anlage gibt's auch einen Kirschblütenhain.

Der **Schlossgarten** bildet hinter dem Schloss einen Halbkreis von 65 Hektar Fläche um den Schlossturm. Er wurde im 18. Jahrhundert angelegt und hat sein Aussehen seither mehrfach verändert. Heute beherbergt er einen Seerosenteich, einen Abenteuerspielplatz, das Schlossgartenbähnle und bietet viel Platz zum Liegen, Spielen und Jonglieren. Rund um den Teich wachsen exotische Rhododendren und alte Bäume. Geöffnet ist der Schlossgarten von 8h bis zum Einbruch der Dunkelheit. Körbe für ein Picknick im Schlosspark bekommt man übrigens auf Vorbestellung bei der Tourist-Info am Marktplatz, 76133 Kaiserstr. 72-74, ☎ 60 29 97-580, karlsruhe-erleben.de

Der **Turmberg** in Durlach ist zwar kein Park, aber mit seinen 256 Metern Höhe ist der nordwestlichste Hügel des Schwarzwalds der Aussichtspunkt der Stadt. Der Turm auf dem Gipfel des Hügels gilt als eine der frühesten adligen Höhenburgen Südwestdeutschlands. Von der Aussichtsterrasse (mit barrierefreier WC-Anlage) hat man einen grandiosen Rundblick über Karlsruhe, den Schwarzwald, den Pfälzer Wald und die Vogesen. Zudem gibt es einen Abenteuerspielplatz, einen Waldseilpark, einen Schauweinberg, eine Grillstelle, beschauliche Spazierwege und Gastronomien. Die Turmbergbahn – Deutschlands älteste Standseilbahn in Betrieb – hilft bei der Bewältigung von einhundert Höhenmetern. April bis Oktober ist sie täglich 10-20h in Betrieb, November bis März Sa, So und Fei 10-18h. Die bisherige Betriebserlaubnis läuft jedoch am 1. Mai aus, weil eine Sanierung und Streckenverlängerung ansteht, aktuelle Infos: ☎ 61 07-58 85, kvv.de/freizeit/freizeitbahnen/karlsruhe/turmbergbahn.html

Zoologischer Stadtgarten, rund 4.000 Tiere aus mehr als 250 Arten leben im Karlsruher Zoo (siehe auch S. 275). Im Parkteil der Anlage befinden sich der Rosengarten mit über 100 Rosensorten und der 1918 angelegte historische Japangarten, der als ältester Europas gilt und über ein neu erbautes Teehaus verfügt. Eingänge mit Kassenhäuschen befinden sich im Süden gegenüber dem Hauptbahnhof und im Norden am Festplatz, ☎ 133-68 01, karlsruhe.de/zoo. In der Dependance im Wald, dem **Tierpark Oberwald**, können Besucher Gämsen, Przewalski-Pferde, Elche, Wisente, Trampeltiere oder Hirschziegenantilopen erleben. Dorthin dürfen auch Hunde angeleint mitgebracht werden, im Zoo sind diese nicht erlaubt. Der Tierpark liegt südlich des Rangierbahnhofs und ist über die Wasserwerkbrücke erreichbar. Er ist ganzjährig geöffnet, der Eintritt ist frei und in der Nähe befinden sich eine Grillstätte sowie ein großer Spielplatz.

STADTGESCHICHTE

Karlsruhe, eine der jüngsten Großstädte Deutschlands, entstand auf dem Reißbrett. Bald nachdem der 36-jährige badische Markgraf Karl Wilhelm am 17. Juni 1715 den Grundstein zu einem neuen Residenzschloss mitten im Hardtwald gelegt hatte, gründete er die neue Stadt „Carols-Ruhe“, die von fächerförmig vom Schloss ausgehenden Straßen durchzogen sein sollte. Die ersten Ansiedler, die mit zahlreichen Privilegien und Steuererleichterungen hierhergelockt wurden, kamen nicht selten von weit her – die meisten allerdings aus dem Schwabenland. Die damals noch unbefestigten Fächerstraßen der neuen Stadt wurden zunächst nach adligen Mitgliedern des vom Markgrafen neu gegründeten „Fidelitas“-Ordens, später jedoch nach den reichlich vorhandenen Gasthäusern benannt (Lamm, Ritter, Kreuz ...). Ein- bis zweistöckige Holzfachwerkhäuser, im besten Fall nach holländischem Backsteinvorbild in rotem Putz gehalten, beherrschten das anfangs recht bescheidene Stadtbild.

1771 fielen die Baden-Badener Territorien an die Karlsruher Markgrafen und 1803 wurden sie durch die Säkularisierung sowie Napoleons „Flurbereinigung“ dem neu entstandenen Großherzogtum zugeschlagen. Als 1806 zudem weite Gebiete im Schwarzwald, der Bodensee-Region, der Kurpfalz und in Hohenlohe hinzukamen, stand endlich der repräsentative Ausbau der damaligen Landeshauptstadt auf dem Programm. Friedrich Weinbrenner, einer der großen deutschen Architekten und Städteplaner des Klassizismus, gab der Stadt zwischen 1800 und 1825 mit seinen Gebäuden (darunter Rathaus, Stadtkirche und Staatliche Münze) ein neues Gesicht, wertete die „Via triumphalis“ zwischen Schloss und Ettlinger Tor zur Zentralachse auf und erweiterte die Stadt nach Süden und Westen.

1818 erhielt Baden die freiheitlichste Verfassung jener Zeit, die auch ein Zwei-Kammer-Parlament vorsah. Nach Plänen des Weinbrenner-Schülers Friedrich Arnold entstand mit dem Ständehaus das erste Parlamentsgebäude Deutschlands. 1825 wurde das Polytechnikum für Handwerker und wissenschaftliche Techniker gegründet, das sich im Verlauf des 19. Jahrhunderts zur Universität wandelte und dem heutigen KIT den Ruf eingebracht hat, die älteste Technische Hochschule in Deutschland zu sein. Hier hat der Erfinder des Automobils, Carl Benz, studiert, der Physiker Heinrich Hertz entdeckte 1885 die elektromagnetischen Wellen, was der Entwicklung von Rundfunk, Fernsehen und Mobilfunk den Weg bereitete, und hier wurde 1984 auch die erste E-Mail auf deutschem Boden empfangen. 2009 vereinigte sich die Universität mit dem Forschungszentrum Karlsruhe zum Karlsruher Institut für Technologie (KIT), das sich seit 2019 wieder mit dem Prädikat „Elite-Uni“ schmücken darf.

Der Wirtschaftsboom um die Jahrhundertwende bescherte Karlsruhe 1901 den Rheinhafen, im gleichen Jahr wurde es mit dem 100.000. Einwohner zur Großstadt. Die Kunsthochschule und das Hoftheater zählten zu den führenden Einrichtungen ihrer Art in Deutschland. 1938 wurde gegen heftigen Widerstand die „Mutter von Karlsruhe“, die alte Residenzstadt Durlach, eingemeindet.

Die Bomben des Zweiten Weltkriegs richteten auch in Karlsruhe schwere Zerstörungen an – so blieben beispielsweise vom Schloss nur noch rußige Außenmauern stehen. Nach der Vereinigung von Baden und Württemberg zu einem Bundesland wurde Karlsruhe 1950 als Ausgleich für den Verlust der Hauptstadtfunktion zum Sitz des Bundesgerichtshofs und 1951 des Bundesverfassungsgerichts, des höchsten deutschen Gerichts, erklärt.

2019 wurde Karlsruhe von der UNESCO als erste und bisher einzige Stadt Deutschlands mit dem Titel „Creative City of Media Arts" („Stadt der Medienkunst") ausgezeichnet.

STADTFÜHRUNGEN UND -RUNDFAHRTEN

ArtRegioTours [S. 161], ist spezialisiert auf die Planung und Durchführung von Reisen und Tagesausflügen zur Kunst – aktuelle Sonderausstellungen in Museen, vielfältige Mehrtagesfahrten zu ausgewählten Zielen in Deutschland, Frankreich, Österreich und der Schweiz, aber auch Gruppenführungen in Karlsruhe gehören zum Programm, das unter artregiotours.de aufgeführt ist, telefonische Auskunft und Buchung unter ☎ 470 98 50

CityTour Karlsruhe [S. 409], „Hop-on-/Hop-off"-Rundfahrt im roten Doppeldeckerbus, den man an zehn Haltepunkten verlassen und zu einem späteren Zeitpunkt wieder besteigen kann. Die reine Fahrzeit beträgt rund zwei Stunden, ein Audio-Guide informiert in mehreren Sprachen (auch badisch) über die Sehenswürdigkeiten entlang der Route. Das 24h-Ticket kostet 18€, für Kinder von 4-14 Jahren 5€. Tourist-Information Karlsruhe, 76133 Kaiserstr. 72-74, ☎ 60 29 97-580, karlsruhe-tourismus.de

Fahrgastschiff Karlsruhe [S. 127], Rundfahrten sowie Fahrten nach Speyer, Germersheim, Iffezheim und Straßburg, Tickets gibt es unter ☎ 599-7424, VVK: Tourist-Info → *S. 404*, sowie beim Ticketforum in der Postgalerie → *S. 422*, oder eine Stunde vor Abfahrt am Hafen: 76189 Werftstr. 2, Becken 2, ☎ 599-74 24, fahrgastschiff-karlsruhe.de

KTG Karlsruhe-Tourismus GmbH, veranstaltet Rundgänge und Stadtrundfahrten zu vielfältigen Themen sowie Radtouren durch Karlsruhe, Infos: Tourist-Information Karlsruhe, 76133 Kaiserstr. 72-74, ☎ 60 29 97-580, karlsruhe-tourismus.de

Rundflüge, der besondere Grundriss der Stadt Karlsruhe lässt sich am besten aus der Luft erkennen, beispielsweise bei einem Flug mit einem Helikopter, einem Gyrocopter oder einem Kleinflugzeug. Rundflüge über die Stadt bieten:

FFH, Südwestdeutsche Verkehrsfliegerschule, Lavalle-Avenue E 207, Baden-Airpark, 77836 Rheinmünster, ☎ 07229/66 13 41, flyffh.com

Gnann Airlines, bietet Gyrocopter-Rundflüge, 76228 Fünfzig Morgen 42, ☎ 0171/527 26 00, gnann-airlines.de

Open Air, Gyrocopter-Flugservice, 76133 Stephanienstr. 84, ☎ 0176/96 08 12 90, rundflug-karlsruhe.de

Reibel Air Service, Hubschrauber-Rundflüge, Baden-Airpark, Airport Boulevard B 216, 77836 Rheinmünster, ☎ 07229/69 90 00, reibelair.de

Segway-Tours, etwa 2,5-stündige Stadtrundfahrten mit Segways oder Scroosern (Elektrorollern), auch individuelle Routen und Events sind möglich, ☎ 0173/310 88 13, city-seg.de

stattreisen Karlsruhe e. V., fast das ganze Jahr geben Sa um 14h sowie So+Fei 11h und 14h Rundgänge zu speziellen Themen Einblick in die Geschichte und Architektur Karlsruhes, die historische und aktuelle Stadtplanung sowie das Alltagsleben durch drei Jahrhunderte – zu Fuß, per Rad, per Bus oder per Straßenbahn. Preis: 9 bis 10€ pro Person (Sonderpreise bei Spezial-Führungen), Gruppenführungen nach Vereinbarung, 76135 Hübschstr. 19, ☎ 161 36 85, stattreisen-karlsruhe.de

Weitere Rundgänge:

- Fahrrad-Führungen zu den Highlights der Karlsruher Architektur (Klassizismus und Jugendstil), Termine unter jugendstil-in-karlsruhe.de
- Filmlocation-Fahrrad-Tour, wandelt auf den Spuren Karlsruher Filmproduktionen, Anbieter: Filmboard Karlsruhe e. V., 76131 Alter Schlachthof 17, filminkarlsruhe.de, buchbar bei der Tourist-Information Karlsruhe, 76133 Kaiserstraße 72-74, ☎ 60 29 97-580, oder unter karlsruhe-erleben.de
- Thematische Führungen durch einige Parks der Stadt bietet das Gartenbauamt an. Infos und Termine unter ☎ 133-67 01 oder unter karlsruhe.de/veranstaltungen

- Interaktive konsumkritische und klimapositive Stadtrundgänge bietet die Gruppe Konsum Global Karlsruhe an, Kontakt: BUND Mittlerer Oberrhein, 76131 Waldhornstr. 25, ☎ 35 85 82, konsumglobalkarlsruhe.de
- Stadtgeist Karlsruhe ermöglicht stadtgeschichtliche Rundgänge auf eigene Faust. Die Smartphone-App führt mit historischen Fotos sowie Audio- und Videobeiträgen an prägnante Stationen der Stadtgeschichte und steht unter stadtgeist-karlsruhe.de zum Download bereit
- Die kostenfreie App „Raus aus der Stadt – rein in den Oberwald" der Waldpädagogik Karlsruhe bietet eine digitale Waldführung, die sich vor allem an Familien mit Kindern richtet, digiwalk.de/walks/waldpaedagogik-stadt-karlsruhe
- Karlsruher Brauerei-Geschichte(n), Rundgang zur Karlsruher „Hopfen- und Malz-Historie" einschließlich Verkostung von drei Biersorten, Midestalter: 16 Jahre, weitere Infos: Tourist-Information Karlsruhe, 76133 Kaiserstraße 72-74, ☎ 60 29 97-580, karlsruhe-erleben.de

STADTRALLYES

Adventurebox Karlsruhe, Outdoor-Exitgames und sogenannte City-Challenges, 76133 Kaiserallee 21, ☎ 60 99 76 60, adventurebox-karlsruhe.de
Exitgames Baden, veranstaltet digitale Schnitzeljagden durch die Altstadt Baden-Badens und Rastatts, Lange Straße 12, 76530 Baden-Baden, ☎ 07221/943 38 97, exitgames-baden.de
Krimirallye, die „Tatort Recht"-Tour bietet zahlreiche Rätsel rund um den Karlsruher Münzskandal von 1975, Infos: Tourist-Information, 76133 Kaiserstr. 72-74, ☎ 60 29 97-580, karlsruhe-erleben.de
Stadtrallye zur Fair-Trade-Stadt, stellt Fragen und Aufgaben zum Fairen Handel und den 17 Nachhaltigkeitszielen der Agenda 2030, agenda21-karlsruhe.de/projekte/stadtrallye

REGION

Zahlreiche interessante Einrichtungen, Angebote und Sehenswürdigkeiten der Region sind im Karlsruher Stadtbuch in den jeweiligen Rubriken aufgeführt, in die sie thematisch fallen. Im Folgenden sind in erster Linie Kontaktadressen zur Planung von Ausflügen in umliegende Städte genannt.

ALBTAL

Kurverwaltung Dobel, Infos zu Übernachtungsmöglichkeiten, Veranstaltungen sowie Freizeit- und Sportaktivitäten, Neue Herrenalber Str. 11, 75335 Dobel, ☎ 07083/745-13, dobel.de
Stadtinformation Ettlingen [S. 88], geöffnet von Mai bis zum Ende der Spielzeit der Schlossfestspiele: Mo-Fr 9.30-17.30h, Sa 9.30-13.30h, vom Ende der Spielzeit bis zum 30. April: Mo-Fr 9.30-16h, Sa 9.30-12.30h, Im Schloss, Schlossplatz 3, 76275 Ettlingen, ☎ 07243/101-333, ettlingen.de/erleben
Tourismusgemeinschaft Albtal Plus e. V. [S. 61], informiert über Freizeitaktivitäten, Gastronomie, Übernachtungsmöglichkeiten und Veranstaltungen im Albtal, Schlossplatz 3, 76275 Ettlingen, ☎ 07243/354 97 90, albtal-tourismus.de
Tourist-Info Bad Herrenalb [S. 68], Mo-Fr 10-13h und 14-16h, Sa, So+Fei 10-14h (April bis September) bzw. 10-12h (Oktober bis März), Rathausplatz 11, 76332 Bad Herrenalb, ☎ 07083/50 05-55, badherrenalb.de

BADEN-BADEN

MerkurBergbahn Baden-Baden, 1913 eröffnet, gehört sie mit Steigungen von 23 bis 58 Prozent zu den längsten Standseilbahnen Deutschlands. Oben, auf 370 Metern Höhe, befinden sich Wanderwege, eine Liegewiese, ein Spielplatz, die Gaststätte „Merkurstüble" und der Merkurturm, dessen Aussichtsplattform einen herrlichen Rundblick über den Schwarzwald, das Murgtal, die Rheinebene und die Vogesen bietet. Die MerkurBergbahn ist barrierefrei zugänglich und täglich 10-22h in Betrieb. Merkuriusberg 2, 76530 Baden-Baden, ☎ 07221/277-650, stadtwerke-baden-baden.de
Römische Badruinen, vom 16. März bis 15. November können die „Soldatenbäder" besichtigt werden, die Einblicke in die mehr als 2.000 Jahre alte Geschichte der Badekultur in Baden-Baden geben, täglich 11-12h und 15-16h, Römerplatz 1, 76530 Baden-Baden, ☎ 07221/27 59-34, carasana.de

Touristinformation Baden-Baden, Kaiserallee 1 und Schwarzwaldstraße 52, 76530 Baden-Baden, ☎ 07221/275-200, baden-baden.com

BAD WILDBAD

Touristik Bad Wildbad, April-September Mo-Fr 9-17h, Sa+So 10-15h, Oktober-März Mo-Fr 9-17h, Sa, So+Fei 10-12h, König-Karl-Str. 5, 75323 Bad Wildbad, ☎ 07081/1 02 80, bad-wildbad.de

BRETTEN

Tourist-Information Bretten, Mo-Do 9-18h, Fr+Sa 9-13h, Melanchthonstr. 3, 75015 Bretten, ☎ 07252/58 37-10, bretten.de

BRUCHSAL

Touristinformation Bruchsal, Mo-Fr 9-18h, Sa 9-13h, Hoheneggerstr. 7, 76646 Bruchsal, ☎ 07251/5 05 94-61, bruchsal-erleben.de

Schloss Bruchsal [S. 158], die einzige geistliche Residenz am Oberrhein ist vor allem für das beeindruckende Treppenhaus im Barockstil des Baumeisters Balthasar Neumann berühmt, aber auch die 2017 eröffneten 17 fürstbischöflichen Appartements in der Beletage sind sehenswert. Das Schloss beherbergt neben dem Schlossmuseum auch das Deutsche Musikautomatenmuseum sowie das Museum der Stadt Bruchsal. Di-So+Fei 10-17h, Eintritt: 8€, ermäßigt 4€, Führungen Di-So und feiertags 12h und 14h, Schlossraum 4, 76646 Bruchsal, ☎ 07251/74 26 61, schloss-bruchsal.de

ELSASS

Agence Régionale du Tourisme Grand-Est, Ausflugstipps, visit.alsace

Baumwipfelpfad Elsass [S. 271], der „Chemin des Cimes Alsace" im Naturpark Nordvogesen führt auf 1.050 Metern in bis zu 23 Metern Höhe barrierearm durch die Baumwipfel, vorbei an zahlreichen Lern- und Erlebnisstationen bis hin zum 29 Meter hohen Aussichtsturm mit Rundum-Panoramablick und einer 75 Meter langen Tunnelrutsche – geöffnet November bis März Mi-So 9.30-16h, April und Oktober täglich bis 18h sowie Mai bis September bis 19h, Eintritt Erwachsene 15€, ermäßigt 13€, Kinder 6-14 Jahre 12€, Kinder bis 6 Jahre frei, Familienticket 35€, Besucherparkplatz: Route de Schoenenberg, F-67160 Drachenbronn, ☎ +33-369/50 86 00, baumwipfelpfade.de/alsace

Musée de l'Abri, Herzstück des Museums an der Maginot-Linie ist ein restaurierter Bunker mit 28 Räumen, in denen anhand vieler Exponate über die Geschichte des Elsass im Zweiten Weltkrieg informiert wird. Auf dem 4,18 Hektar großen Gelände sind militärische Objekte wie Flugzeuge, Hubschrauber, Panzer und Kanonen zu besichtigen. Mitte März bis Mitte November Do-So+Fei 10-18h (Kasse schließt 16.30h), Mitte Juni bis Mitte September ist täglich geöffnet, Rue de l'Abri, F-67690 Hatten, ☎ 0033-388/80 14 90, abrihatten.fr

Office de Tourisme Intercommunautaire de l'Alsace Verte, 6, place de l'Hôtel de Ville, 67110 Niederbronn-les-Bains, ☎ 0033-388/80 89 70, alsace-verte.com

FREUDENSTADT

Freudenstadt Tourismus [S. 86], die Kleinstadtperle mit Deutschlands größtem Marktplatz, auf dem 50 sprudelnde Wasserfontänen an heißen Tagen Abkühlung bieten, ist von Karlsruhe aus mit der Murgtalbahn schnell zu erreichen. Infos: Freudenstadt Tourismus, Marktplatz 64, 72250 Freudenstadt, ☎ 07441/864-730, freudenstadt.de

HEIDELBERG

Heidelberger Bergbahnen [S. 178], ein Kurztrip mit den Heidelberger Bergbahnen zum 550 Meter hohen Königstuhl bietet einen reizvollen Ausblick auf die Altstadt und das Neckartal bis weit über die Rheinebene. Besonders schön ist die Fahrt mit den über 100 Jahre alten Originalwagen ab der Station Molkenkur zum Königstuhl. Im Schlossticket ist der Eintritt zum Hof des Schlosses Heidelberg einschließlich des Deutschen Apothekenmuseums und des Fasskellers enthalten. bergbahn-heidelberg.de

Heidelberger Solarschifffahrtsgesellschaft [S. 176], veranstaltet April bis einschließlich Oktober Di-So und feiertags lautlose, abgasfreie Rund- und Charterfahrten auf dem Neckar vor Heidelberg. Charterfahrten sind ganzjährig buchbar. Anlegestelle: Karl-Theodor-Brücke (Altstadtseite), 69117 Heidelberg, ☎ 07263/40 92 84, hdsolarschiff.com

Kurpfälzisches Museum [S. 132], zeigt Kunst und Kultur von der Steinzeit bis in die Moderne, siehe auch Artikel ab S. 176, Di-So 10-18h, Hauptstraße 97, 69117 Heidelberg, ☎ 06221/58 34-020, museum.heidelberg.de

KALTENBRONN

Infozentrum Kaltenbronn [S. 67], multimediale Ausstellung über die einzigartigen Hochmoore sowie die seltene Tier- und Pflanzenwelt am Kaltenbronn, Dezember bis März: Mi-Fr 13-17h, Sa, So, Fei 10-17h, April bis Oktober: Mi-So+Fei 10-17h, während der Sommerferien in BW täglich 10-17h, Kaltenbronn 600, 76593 Gernsbach-Kaltenbronn, ☎ 07224/65 51 97, infozentrum-kaltenbronn.de

KRAICHTAL

Stadt Kraichtal [S. 76], Infos zu Tourentipps, Freizeitangeboten, Kultur, Natur, Gastronomie und Unterkünften: Rathausstr. 30, 76703 Kraichtal, ☎ 07250/77-88, kraichtal-tourismus.de

LANDKREIS KARLSRUHE

Landkreis Karlsruhe, Informationen zu touristischen Angeboten im Landkreis [S. 412] findet man im Internet unter landkreis-karlsruhe.de/tourismus, Informationen zu Radrouten im Landkreis [S. 22] sind unter landkreis-karlsruhe.de/radverkehr aufgeführt, 76137 Beiertheimer Allee 2, ☎ 936-5 12 00

MANNHEIM

BUGA 2023, von 14. April bis 8. Oktober findet rund um das Kerngelände der ehemaligen Spinelli-Kaserne die Bundesgartenschau 2023 statt, Infos: ☎ 0621/39 73 70 00, buga23.de

Herzogenriedpark, 21 Hektar großer Park mit vielfältigem Sportangebot vom Tennisplatz bis zum Motorikparcours sowie Spielplätzen und einem Bauernhof mit Streichelgehege, Eintritt: 3,50€, Kinder 2€, täglich ab 9h, Max-Joseph-Str. 64, 68169 Mannheim, ☎ 0621/41 00 50, herzogenriedpark.de

Luisenpark, der größte Mannheimer Park bietet auf 42 Hektar Themengärten, Bauernhof, Seerosenterrasse sowie Tierreviere mit Pinguinen, Flamingos und Nasenbären, Eintritt: 7,50€, Kinder 3,70€,

(im Winter 3,80€ beziehungsweise 1,90€), täglich ab 9h, Theodor-Heuss-Anlage 2, 68165 Mannheim, ☎ 0621/41 00 50, luisenpark.de

MAULBRONN

Kloster Maulbronn, das ehemalige Zisterzienserkloster und heutige UNESCO-Weltkulturerbe gilt als besterhaltene mittelalterliche Klosteranlage nördlich der Alpen, April bis Oktober: täglich 9.30-17.30h, November bis Februar: Di-So+Fei 10-16h, März: Di-So+Fei 10-17h, Klosterhof 5, 75433 Maulbronn, ☎ 07043/92 66 10, kloster-maulbronn.de

MURGTAL

Tourist-Info Forbach, Landstr. 27, 76596 Forbach, ☎ 07228/39-0, forbach.de

Tourist-Info Gernsbach [S. 413], informiert zu Sehenswürdigkeiten und Wanderwegen in Gernsbach und der Region, bietet Tickets für kulturelle Events und vermittelt Unterkünfte, Igelbachstr. 11, 76593 Gernsbach, ☎ 07224/6 44-446, gernsbach.de

Tourismus-Zweckverband „Im Tal der Murg", gibt Infos zum Wandern und Radfahren im Murgtal sowie zu Kulturangeboten, Veranstaltungen und Übernachtungen, An der B 462, 76571 Gaggenau, ☎ 07225/9 81 31-21, -22, murgtal.org

OBERDERDINGEN

Touristikinformation Oberderdingen [S. 414], die Gemeinde im Kraichgau ist von Karlsruhe aus mit der Stadtbahn S4 zu erreichen (Haltestellen Flehingen-Bahnhof und Flehingen-Industriegebiet), die Infothek in der Schafscheuer berät zu Übernachtungen, Veranstaltungen, Führungen und Wanderungen, Mo-Sa 9.30-12.30h, Di-Fr 15-18h, So+Fei 14-17h, Heinfelser Platz 3, 75038 Oberderdingen, ☎ 07045/20 27 68, oberderdingen.de

PFALZ

Hambacher Schloss [S. 160], Ausstellung „Hinauf, hinauf zum Schloss!" zu den Ereignissen rund um das Hambacher Fest im Jahr 1832 und zur deutschen Demokratiegeschichte, siehe Artikel S. 155, April bis Oktober Mo-So 11-18h, November bis März Mo-So 11-17h, Hambacher Schloss, 67434 Neustadt, ☎ 06321/92 62 90, hambacher-schloss.de

Tourismusverein Südliche Weinstraße Bad Bergzabern, Infos übers Wandern und Radfahren, zu Wellness, Wein, Kultur, Events sowie rund ums Übernachten, Kurtalstr. 27, 76887 Bad Bergzabern, ☎ 06343/98 96 60, bad-bergzaberner-land.de

Tourist-Info Speyer, April bis Ende Oktober: Mo-Fr 9-17h, Sa 10-15h, November bis Ende März: Mo-Fr 9-17h, Sa 10-12h, Maximilianstr. 13, 67346 Speyer, ☎ 06232/14 23 92, speyer.de

PFORZHEIM

Gasometer Pforzheim, im denkmalgeschützten Industriebau finden 360°-Panorama-Ausstellungen statt – noch bis Frühjahr 2023 ist ein 35 Meter hohes und 110 Meter langes Riesenrundbild des Künstlers Yadegar Asisi zu sehen, täglich 10-18h, Hohwiesenweg 6, 75175 Pforzheim, ☎ 07231/77 60-997, gasometer-pforzheim.de

Touristinfo Pforzheim, Schlossberg 15-17, 75175 Pforzheim, ☎ 07231/39 37 00, pforzheim.de

Schmuckmuseum Pforzheim [S. 162], siehe Artikel auf S. 147, Di-So+Fei (außer Heiligabend und Silvester) 10-17h, Jahnstr. 42, 75173 Pforzheim, ☎ 07231/39-21 26, schmuckmuseum.de

SCHMUCKWELTEN Pforzheim [S. 138], bietet über 150 Schmuck- und Uhrenmarken sowie unterschiedliche Erlebniswelten, siehe S. 150, Westliche Karl-Friedrich-Str. 56, Am Leopoldplatz, 75172 Pforzheim, ☎ 07231/8 00 06-0, schmuckwelten.de

RASTATT

Residenzschloss Rastatt, in der ältesten Barockresidenz am Oberrhein sind repräsentative Prunkräume sowie das Wehrgeschichtliche Museum und die Erinnerungsstätte für die Freiheitsbewegungen in der deutschen Geschichte (siehe Info S. 427) zu besichtigen. Geöffnet ist das Schloss 1. April bis 31. Oktober: Di-So+Fei 10-17h und 1. November bis 31. März: Di-So+Fei 10-16h, Wehrgeschichtliches Museum: Di-So+Fei 10-17.30h, Erinnerungsstätte: So-Do 9.30-17h, Fr 9.30-14h, Herrenstr. 18-20, 76437 Rastatt, Staatliche Schlösser und Gärten Baden-Württemberg, ☎ 07222/97 83 85, schloss-rastatt.de

Schloss Favorite, Lustschloss der Markgräfin Sibylla Augusta und das älteste und einzige nahezu unverändert erhalten gebliebene Porzellanschloss

Deutschlands, Am Schloss Favorite 5, 76437 Rastatt-Förch, Staatliche Schlösser und Gärten B.-W., ☎ 07222/4 12 07, schloss-favorite-rastatt.de
Touristinfo am Schloss, Herrenstr. 18, 76437 Rastatt, ☎ 07222/9 72-12 20, tourismus-rastatt.de

SASBACHWALDEN

Tourist-Info Sasbachwalden im Kurhaus „Zum Alde Gott", informiert über Freizeitaktivitäten, Übernachtungen, Gastronomie und Veranstaltungen, Mai bis Oktober: Mo-Fr 9-13h und 14-17h, Sa 10-12h, November bis April: Mo-Fr 9-13h und Mo, Mi, Fr 14-17h, Talstr. 51, 77887 Sasbachwalden, ☎ 07841/6 40 79-80, sasbachwalden.de

SCHÖMBERG

Aussichtsturm Himmelsglück [S. 56], der neue Aussichtsturm in Schömberg bietet von seiner obersten Plattform auf 50 Metern Höhe völlig neue Aussichten auf den Nordschwarzwald und weit darüber hinaus. Um die Aussicht zu genießen, muss man entweder 300 Stufen erklimmen oder man nutzt den barrierefreien Panoramaaufzug. Hinunter geht es auch mit der Kurvenseilbahn „Black Forest Flyline" oder der Seilrutsche „Black Forest Flying Fox", Infos: Touristik & Kur, Lindenstr. 7, 75328 Schömberg, ☎ 07084/14-444, himmelsglueck-schoemberg.de
Touristik & Kur [S. 56], Infos zu Veranstaltungen und Freizeitangeboten in Schömberg wie Wandern, Biken, Geocaching (mit Verleih von GPS-Geräten), Barfußpfad, Fahrrad-Verleih und zu Wintersportangeboten, Lindenstr. 7, 75328 Schömberg, ☎ 07084/14-444, schoemberg.de

WEINGARTEN

Gemeinde Weingarten (Baden) [S. 18], verfügt über einen malerischen Ortskern mit historischen Fachwerkhäusern am Walzbach, Wasserrad und Bachbühne – der Wartturm, das Wahrzeichen Weingartens, beherbergt einen Teil des Heimatmuseums (geöffnet Ostern bis 1. November jeden 1. und 3. Sonntag im Monat sowie feiertags 14-17h, Infos: Bürger- und Heimatverein, bhv-weingarten.de), und Gemeinde Weingarten, Marktplatz 2, 76356 Weingarten, ☎ 07244/70 20-0, weingarten-baden.de

TEINACHTAL

Teinachtal-Touristik [S. 82], informiert über Freizeittipps, Ausflugsziele, Wellness, Kultur und Übernachtungsmöglichkeiten, Mo-Fr 8-12h und 14-17h, Rathausstr. 9, 75385 Bad Teinach-Zavelstein, ☎ 07053/920 50 40, teinachtal.de
Zavelsteiner Wildkrokusblüte, ab Anfang März sorgen unzählige blühende Wildkrokusse auf den Wiesen rund um Zavelstein für ein beeindruckendes Naturschauspiel. Viele Infos rund um die seltenen Krokusse bekommt man auf dem Krokusweg. Den aktuellen Stand der Blüte erfährt man über das Krokustelefon (☎ 07053/920 50 45) oder den Krokus-Live-Ticker auf teinachtal.de

ÜBERNACHTUNGEN

In Karlsruhe gab es 2021 etwa 6.064 Schlafgelegenheiten in 55 registrierten Beherbergungsbetrieben mit zehn und mehr Schlafplätzen (darunter eine Jugendherberge und ein Campingplatz). Zusammen konnten sie ca. 574.666 Übernachtungen verbuchen. Die hier angegebenen Zimmerpreise gelten in der Regel für eine Übernachtung mit Frühstück und können je nach Angebot und Nachfrage schwanken.

ALLGEMEINES

Convention Bureau, unterstützt alle, die in der Stadt oder der Region Seminare im Hotel, Tagungen, Kongresse und Events planen, ☎ 60 29 97-700, conventionbureau-karlsruhe.de
Hotel-Leitsystem: Für Gäste, die mit dem Auto anreisen, wurde ein Hotel-Leitsystem eingerichtet. Innerhalb der Stadt weisen grüne Schilder mit weißer Schrift den Weg zur gesuchten Unterkunft.

CAMPING

Campingplatz Durlach, neu gestalteter Campingplatz am Turmberg, Hauptsaison 6. April bis 10. September: Erwachsene 9€/Nacht, ermäßigt 5€, Zelt 6-8€, Wohnmobil 17€, 76227, Tiengener Str. 40, ☎ 94 30 34 30, Preise unter ka-camping.de

AAAA-Hotelwelt KÜBLER, zentral gelegenes Hotel mit Veranstaltungs- und Tagungsräumen, EZ: 50-150€, DZ: 65-180€, Suite ab 250€, 76133 Bismarckstr. 39-43, ☎ 144-0, aaaa-hotelwelt.de

ACHAT Hotel Karlsruhe City, 215 Nichtraucherzimmer, sieben Juniorsuiten, eine Suite und sieben Veranstaltungsräume für bis zu 250 Personen, kostenloses WLAN vorhanden, das Hotel ist rollstuhlgerecht, EZ: ab 89€, DZ: ab 99€ (die Preise können schwanken), 76131 Mendelssohnplatz, ☎ 37 17-0, achat-hotels.com

acora Living the City, 3-Sterne-Appartementhotel mit 154 Nichtraucherzimmern, EZ: 60-121€, DZ: 70-182€, 76133 Sophienstr. 69-71, ☎ 85 09-0, acora-karlsruhe.de

Hotel Alfa garni, 36 Nichtraucherzimmer, EZ: ab 60€, DZ: ab 88€, günstigere Wochenendpreise, 76133 Bürgerstr. 4, ☎ 2 99 26, alfa-karlsruhe.com

Allvitalis Traumhotel, ein Hotel der AAAA-Hotelwelt Kübler mit außergewöhnlichen Themenzimmern vom Kerker- bis zum Kaiserzimmer, Räume für 8 bis 800 Gäste, Wochenendangebote, EZ: 150€, DZ: 180€, Suiten ab 250€, 76133 Bismarckstr. 39-43, ☎ 144-40 00, allvitalis-traumhotel.de

Hotel Am Gottesauer Schloss, Appartementhotel mit 32 Zimmern, EZ: 75€, DZ: 95€, inklusive Frühstück, 76131 Gottesauer Straße 32-34, ☎ 35 56-0, hotel-gottesau.de

Hotel Am Markt garni, 39 Nichtraucher-Zimmer und ein Konferenzraum, EZ: 79-120€, DZ: 89-125€, 76133 Kaiserstr. 76, ☎ 9 19 98-0, hotelammarkt.de

Hotel Ambassador garni, verfügt über 52 Zimmer, EZ: ab 69€, DZ: ab 79€, 76133 Hirschstr. 34, ☎ 18 02-0, ambassador-karlsruhe.de

Hotel Astoria garni, 35 Zimmer, EZ: ab 79€, DZ: ab 89€, 76133 Mathystraße 22, ☎ 8 28 08-0, hotelastoria-karlsruhe.de

Auer Hof, 12 Zimmer, EZ: 38-48€, DZ: 66-76€ (ohne Frühstück), 76227 Auer Str. 64, ☎ 4 21 54, auerhof-durlach.de

Hotel Auerhahn, 12 Nichtraucherzimmer, EZ: 70€, DZ: 100€, 3-Bett-Zimmer: 115€ (ohne Frühstück), 76139 Karlsruher Str. 29, ☎ 0151/18 24 41 66, auerhahn-karlsruhe.de

Hotel Avisa garni, 27 Nichtraucherzimmer, EZ: ab 79€, DZ: ab 99€, 76137 Am Stadtgarten 5, ☎ 3 49 77, hotel-avisa.de

Hotel Aviva, 109 Zimmer, EZ: ab 59€, DZ: ab 79€, Appartements: ab 109€, 76149 Ohiostraße 15, ☎ 91 54 40-0, hotelaviva.de

Hotel Barbarossa, 50 modern ausgestattete Zimmer und ein Konferenzraum, EZ: 49-99€, DZ: 59-129€, Dreibett-Zimmer: ab 108€, 76137 Luisenstr. 38, ☎ 37 25-0, hotel-barbarossa-karlsruhe.de

Hotel „Beim Schupi", teilweise im modernen Landhausstil eingerichtetes 3-Sterne-Hotel mit 35 Zimmern sowie Langzeitappartements und einem Restaurant mit Biergarten und Veranstaltungssaal für Hochzeits- und Firmenfeiern, 76185 Durmersheimer Str. 6, ☎ 55 94-0, schupi.de

Hotel Der Blaue Reiter, Tagungs- und Designhotel im Zentrum Durlachs mit 88 Designzimmern und -suiten sowie zehn multifunktionalen Tagungsräumen für bis zu 200 Personen, EZ: 110-150€, DZ: 140-200€, Suiten: 230-440€, 76227 Amalienbadstraße 16, ☎ 9 42 66-0, hotelderblauereiter.de

Centro Hotel Blankenburg, 36 Zimmer, EZ: ab

69,50€, DZ: ab 89,50€ (Preise können stark schwanken), Sauna, Fitnessbereich, kostenloser Fahrradverleih und Internetzugang sind vorhanden, 76133 Kriegsstr. 90, ☎ 9 32 69-0, centro-hotels.de

City Partner Hotel Berliner Hof garni, 3-Sterne-Hotel mit 49 Zimmern und Sauna, EZ: ab 55€, DZ: ab 60€, Frühstück: 12€, 76133 Douglasstr. 7, ☎ 18 28-0, hotel-berliner-hof.de

Elite Hotel garni, 3-Sterne-Hotel in Hauptbahnhofnähe mit 43 Zimmern (darunter ein behindertengerechtes), EZ: ab 58€, DZ: ab 74€, 76137 Sachsenstraße 17-19, ☎ 8 28 09-0, hotelelite-ka.de

Hotel Erbprinzenhof garni, 47 teils klimatisierte Zimmer, PP vorhanden, Hunde nach Absprache erlaubt, EZ: ab 73€, DZ: ab 96€, günstigere Wochenendpreise, 76133 Erbprinzenstr. 26, ☎ 23 89-0, hotel-erbprinzenhof.de

Hotel Hoepfner-Burghof, 3-Sterne-Hotel mit 32 Nichtraucherzimmern und 3 Konferenzräumen, EZ: ab 99€, DZ: ab 119€, Suite: ab 127€, 76131 Haid-und-Neu-Str. 18, ☎ 62 26 44, hoepfner-burghof.de

Ibis Budget Hotel Karlsruhe, bietet 68 Zimmer, EZ: ab 65€ (schwankende Preise), 2. Gast: 12€, 76227 Ottostr. 1a, ☎ 490 27 20, ibis.com

Hotel Kaiserhof, 57 Zimmer, Sauna, Dampfbad, Fitnessstudio, Fahrradverleih, WLAN, EZ: ab 111€, DZ: ab 147€, Suite: ab 182€, 76133 Karl-Friedrich-Str. 12, ☎ 9 17 00, hotelkaiserhof-ka.de

Hotel Kübler Stars, ein Hotel der AAAA-Hotelwelt Kübler, EZ: ab 50€, DZ: ab 65€, Veranstaltungsräume für 8 bis 800 Personen, 76133 Bismarckstr. 39-43, ☎ 144-0, kuebler-stars.de

Leonardo-Hotel, 147 Zimmer, 9 Konferenzräume, EZ/DZ: 99-250€, 76137 Ettlinger Str. 23, ☎ 37 27-0, leonardo-hotels.com

Löwe am Tiergarten, 3-Sterne-Hotel am Hauptbahnhof mit 24 Zimmern und 5 Appartements, EZ: 65-95€, DZ: 79-99€, 76137 Bahnhofplatz 6, ☎ 9 32 22-0, hotelamtiergarten.de

Hotel Maison Suisse garni [S. 416], 3-Sterne-Superior-Hotel mit Einzel-, Doppelzimmern und Suiten gehobener Ausstattung (alle Nichtraucher), Garagen, Hotelbar, Sonnenterrasse, Schweizer Gärtle, öffentlichem Internetterminal, WLAN im gesamten Hotelareal sowie einem Solarium und einem Fahrradverleih; die Straßenbahn hält zwei Minuten entfernt (Linie 2, direkte Anbindung an den Hauptbahnhof und die Innenstadt), die Autobahnanschlüsse A5, A8 und A65 sind in fünf Minuten erreichbar, für die Gäste gibt es ein spezielles Corona-Hygiene- und -Schutzkonzept, EZ: ab 98€, DZ: ab 135€, Suiten ab 186€, inklusive Frühstück, 76227 Hildebrandstr. 24, ☎ 40 60 48, ☎ 40 60 49, Direktreservierung: ☎ 35 23 83-50, maison-suisse.de

Hotel Markgräfler Hof garni, 20 Nichtraucherzimmer, EZ: ab 80€, DZ: ab 96€, 76131 Rudolfstr. 31, ☎ 6 27 68-600, hotel-markgraefler-hof.de

Hotel Maurer, 32 Zimmer, auch Nichtraucherzimmer, EZ: ab 50€, DZ: ab 64€, 76149 Oberfeldstraße 21, ☎ 70 60 95, hotel-in-karlsruhe.de

Novotel Karlsruhe City, 4-Sterne-Hotel mit 246 Zimmern, EZ: 119-399€, DZ: 144-424€, Suiten: 194-499€, 76137 Festplatz 2, ☎ 35 26-0, novotel.com

Hotel Rio, 4-Sterne-Hotel mit 104 Zimmern und einem Konferenzraum, Restaurant, Hotelbar und Tiefgarage, EZ: ab 101€, DZ: ab 105€, 76133 Hans-Sachs-Str. 2, ☎ 84 08-0, hotel-rio.de

Kongresshotel Santo, 4-Sterne-Superior-Hotel, 67 Zimmer, Cocktail Garden, EZ/DZ: ab 79€, Frühstück: 18€, 76137 Karlstr. 67-69, ☎ 38 37-0, hotel-santo.de

Schlosshotel Karlsruhe, 4-Sterne-Hotel am Hauptbahnhof mit 96 klimatisierten Zimmern und Suiten, einem Restaurant, einer Bar sowie vier Tagungs- und Konferenzräumen, teils rollstuhlgerecht, EZ: ab 99€, DZ: ab 119€, 76137 Bahnhofplatz 2, ☎ 38 32-0, schlosshotelkarlsruhe.de

Seven Days Hotel Karlsruhe, 38 Zimmer, EZ: ab 89€, DZ: ab 99€, 76131 Gerwigstr. 47, ☎ 96 37-0, sevendays-hotel.de

Hotel Sonne, 3-Sterne-Hotel mit 72 Zimmern (auch behindertengerechten), drei Konferenzräumen, einem Restaurant und einer eigenen Metzgerei, EZ: 79-110€, DZ: 90-130€, 76228 Kleinsteinbacher Str. 2-6, ☎ 79 08 10, sonne-karlsruhe.de

Hotel Restaurant Steuermann, 30 klimatisierte Nichtraucherzimmer, EZ: ab 80€, DZ: ab 107€, Sonderpreise an Wochenenden, 76189 Hansastr. 13, ☎ 95 09 00, hotel-steuermann.de

Zi Hotel & Lounge, 3-Sterne-Hotel im Stadtzentrum mit Lounge, nur Nichtraucherzimmer, 40-Zoll-

LED-Flachbildschirme und Wasserkocher vorhanden, EZ: ab 77€, DZ: ab 81€, inklusive Frühstück, 76133 Karlstr. 46, ☎ 352 30 00, zi-hotel.com
Hotel Zum Erwin, 22 Zimmer, EZ: ab 95€, DZ: ab 130€, 76227 Kelterstr. 10, ☎ 9 43 96-0, hotelzumerwin.de

ÜBERNACHTEN IN DER REGION

Berlins KroneLamm, vier Sterne-Superior-Wellnesshotel mit 63 Zimmern und Suiten sowie zwei Tagungsräumen im historischen Städtchen Zavelstein. Das Hotel bietet neben einer herrlichen Aussicht drei Restaurantbereiche, eine Bar und einen über 1.600 qm großen Wellnessbereich einschließlich Innenpool, Außenschwimmbad, Saunen, Dampfbad, Ruheräumen sowie einen Fitnessraum, EZ ab 145€, DZ ab 208€, Suite ab 365€, Marktplatz 1-3, 75385 Bad Teinach-Zavelstein, ☎ 07053/92 94-0, berlins-hotel.de
Hotel Restaurant Erbprinz, 5-Sterne-Superior-Hotel, 122 Zimmer, sieben Veranstaltungsräume und fünf Tagungsräume, EZ: ab 165€, DZ: ab 195€, Appartements: 320€, Rheinstr. 1, 76275 Ettlingen, ☎ 07243/322-0, erbprinz.de
Hotel Restaurant Vinothek Lamm, familiengeführtes 3-Sterne-Superior-Hotel mit 30 individuell eingerichteten Zimmern, fünf Tagungsräumen, einem Restaurant mit badisch-schwäbischer Küche und einem schönen Blick über den Schwarzwald. EZ: ab 90€, DZ: ab 128€, Suite: ab 143€, Frühstück: 8€/Person, Mönchstr. 31, 76332 Bad Herrenalb-Rotensol, ☎ 07083/92 44-0, lamm-rotensol.de
Radisson Blu Hotel Karlsruhe, 4-Sterne-Hotel mit 195 Zimmern und 4 Suiten, EZ/DZ: ab 69€, Suite: auf Anfrage, Am Hardtwald 10, 76275 Ettlingen, ☎ 07243/380-0, radissonblu.com/hotel-karlsruhe
Roomers [S. 116], 130 Zimmer und Suiten, vier Konferenzräume, ein Spa, ein Rooftop-Pool mit herrlichem Schwarzwaldblick sowie das moriki-Restaurant mit panasiatischer Küche und preisgekrönter Barkultur, DZ: ab 260€, Suite: ab 380€, Frühstück: 39€, Lange Str. 100, 76530 Baden-Baden, ☎ 07221/90 19 30, roomers-hotels.com/baden-baden
Sackmanns Wanderhotel Löwen [S. 84], Drei-Sterne-Plus-Hotel in der Wanderregion Baiersbronn mit 22 Zimmern und einer Suite sowie einem Tagungsraum und zwei Restaurants mit Frühstücksbuffet, Wellness-Angebote im benachbarten Hotel Sackmann können zugebucht werden, EZ: 72-136€, DZ: 114-242€, Familienzimmer (4-5 Personen) ab 70€ pro Gast, Murgtalstr. 604, 72270 Baiersbronn-Schwarzenberg, ☎ 07447/932-0, sackmanns-wanderhotel-loewen.de
Schwarzwald Panorama [S. 58], das Vier-Sterne-Superior-Hotel verfügt über 97 Panoramazimmer, -suiten und -apartments mit hohem Schlafkomfort, Minibar, Safe und W-LAN sowie einen großen Spa-Bereich mit Saunen, Dampfbad, Duschgrotte und Mineral-Thermalschwimmbad samt Whirlpool und zudem über eine große Sonnenterrasse sowie einen naturnahen „Naschgarten". Das Restaurant bietet regionaltypische und internationale Küche mit mindestens 90-prozentiger Bio-Qualität, EZ: ab 119€, DZ: ab 184€, Suite: ab 264€, Rehteichweg 22, 76332 Bad Herrenalb, ☎ 07083/9 27-0, schwarzwald-panorama.com
Schwitzer's Hotel am Park, direkt am Kurpark Waldbronn gelegenes elegantes Hotel mit 20 Zimmern, Restaurant, Brasserie, Hotelbar, Tagungsraum sowie Wellnessbereich mit Klangraum, Sauna, Dampfbad, Erlebnisduschen und Fitnessbereich, Preise auf Anfrage, Etzenroter Str. 4, 76337 Waldbronn, ☎ 07243/35 48 50, schwitzers.com
Spinnerhof [S. 64], 27 gemütlich eingerichtete Zimmer mit TV, WLAN und Sitzgruppe und einige Zimmer mit Balkon oder Terrasse – Preisauskunft auf Anfrage. Zudem gibt es eine Eventscheune für Veranstaltungen, ein Restaurant mit regionalen und internationalen Spezialitäten und im Sommer eine Sonnenterrasse, Am Schloßberg 8, 77887 Sasbachwalden, ☎ 07841/36 09, spinnerhof.de
Stadthotel Engel, 89 Zimmer, drei Konferenzräume, Sauna, rollstuhlgerechte Einrichtung, EZ: ab 80€, DZ: ab 110€, Familienzimmer: ab 154€, Kronenstr. 13, 76275 Ettlingen, ☎ 07243/330-0, stadthotel-engel.de
Hotel Watthalden [S. 112], Moderate First Class, das vielseitige Hotel am Rand des Schwarzwalds liegt im Herzen eines schönen alten Parks und bietet 83 Zimmer, sechs Tagungsräume, Atrium, Dachgar-

ten und einen Fitnessbereich, Pforzheimer Str. 67a, 76275 Ettlingen, ☎ 07243/714-0, watthalden.de
Landgasthof Zum Goldenen Anker [S. 38], 19 Einzel-, zwölf Doppel- und drei Dreibettzimmer mit Dusche, WC, Kabel-TV, Telefon sowie zum Teil auch Balkon und WLAN, EZ: 82-96€, DZ: 115-145€, Familien-Apartment: 165€, Hauptstraße 16-20, 76344 Eggenstein-Leopoldshafen, ☎ 70 60 29, hotel-anker-eggenstein.de

LANGZEITAPARTMENTS, FERIENWOHNUNGEN

1463, Apartmenthaus mit sechs stilvoll eingerichteten Apartments für zwei bis vier Personen (bei Doppelbelegung rund 130€ pro Nacht ohne Frühstück). Die Apartments verfügen über eine vollausgestattete Küche und zum Teil über Gartenzugang, eine Terrasse oder einen Balkon. Zudem gibt es einen Tagungsraum und ein Restaurant mit regionaler und französischer Küche. 76229 Friedrichstr. 10-14, ☎ 66 05 06 50, 1463.de
Alte Fachwerkresidenz [S. 63], 110 qm große Ferienwohnung für sechs Personen im offenen Maisonett-Stil in einem renovierten Fachwerkhaus mit voll ausgestatteter Küche, zwei Schlafzimmern und einer Dachterrasse mit Blick über den Kurpark Bad Herrenalb, Preis ab 120€ pro Nacht, Rathausplatz 1, 76332 Bad Herrenalb, ☎ 07083/933 54 45, restaurant-plaza.de
ANA Living Karlsruhe, 19 Apartments für das Wohnen auf Zeit, 76137 Bahnhofstraße 15A, ☎ 18 18-0, ana-hotels.com/living-karlsruhe
Apart Hotel, EZ: 28-75€, DZ: 35-125€, Preise je nach Verweildauer, die günstigsten Tarife gibt es ab vier Wochen Aufenthalt, 76139 Am Storrenacker 3/18, ☎ 0176/14 40 10 47, aparthotel-karlsruhe.de
Apartments Karlsruhe, schlichte Pensionszimmer und Monteurwohnungen in verschiedenen Stadtteilen Karlsruhes, Apartment: je nach Verweildauer 55-65€, Wohnungen (nur monatlich mietbar): je nach Personenanzahl 8-11€ pro Tag und Person, ☎ 144 10 50, apartments-karlsruhe.de
Bed & Breakfast, vermittelt Gästezimmer in Privathaushalten sowie Ferienwohnungen und möblierte Apartments in Karlsruhe und Umgebung von einfach bis luxuriös – sofort buchbar (innerhalb der Öffnungszeiten), EZ: 26-58,50€, DZ: 52-88€, Apartment: ab 39€, Frau Gilliar, 76135 Lessingstr. 25, ☎ 831 64 20, bed-and-breakfast.de/karlsruhe
Dipl.-Ing. Martin Kemminer & Jürgen Mayer, vermieten möblierte Apartments in der 76137 Schützenstr. 19: 3 ZKB, 67€ pro Nacht, in der 76133 Kriegsstr. 67: 1 ZKB mit Balkon, 40€ pro Nacht, und 76185 Auf den Eiswiesen 10: 1 ZKB mit Terrasse, 38€ pro Nacht, Informationen: ☎ 37 54 86 oder ☎ 0172/809 82 21, kemminer-architektur.de
Seeger Living, diverse Apartmenthäuser im Stadtgebiet mit voll ausgestatteten Ein-Zimmer-Apartments, die Preise hängen stark von der Verweildauer ab, ☎ 1 70 89-50, seeger-living.de

JUGENDHERBERGEN

Jugendherberge, 4- und 6-Bett-Zimmer, teilweise mit Dusche und WC, Preis pro Bett: bis 26 Jahre 32,30€ (inklusive Frühstück), ab 27 Jahre 36,30€, jeweils zuzüglich 3€ Energiezulage pro Gast, Mitgliedsausweis ist erforderlich, 76133 Moltkestraße 24, ☎ 2 82 48, jugendherberge-karlsruhe.de

PENSIONEN

Pension Stadtmitte garni, sieben Nichtraucherzimmer, EZ: ab 50€, DZ: ab 60€, 76133 Zähringerstr. 72, ☎ 50 44 94 20, pensionstadtmitte.de
Ullis Monteurpension, EZ: ab 45€, Gruppen: auf Anfrage, Durmersheimer Str. 17-19, 76316 Malsch-Neumalsch, ☎ 07246/10 61, ullis-pension.de

WANDERHEIM

Hilschberghaus des Pfälzerwald-Vereins e. V. Rodalben [S. 74], Wanderheim in einem Wander- und Mountainbikegebiet mit bis zu 59 Betten (siehe Artikel ab S. 72), Fichtenstr. 1b, 66976 Rodalben, ☎ 06331/1 06 69, pwvhilschberghaus.de
Wanderheim Zavelstein [S. 79], rustikales Wanderheim am Fernwanderweg „Ostweg" mit zwei Doppelzimmern und zwei Matratzenlagern, siehe auch Artikel ab S. 81, DZ: 22€, Matratzenlager (ohne Bettwäsche): 15€ (Kinder von 3 bis 8 Jahre: 8,50€), Fronwaldstr. 48, 75385 Bad Teinach-Zavelstein, ☎ 07053/88 31, berlins-hotel.de

VERANSTALTUNGEN & KULTUR

Termine aktueller Veranstaltungen sind in Stadtmagazinen (→ S. 369) und über einige der Homepages zu finden, die auf S. 405 in der Rubrik „Karlsruhe im Internet" aufgeführt sind. Die Adressen der gängigen Veranstaltungsorte stehen auf S. 441. Die in dieser Rubrik genannten Termine wurden im November 2022 erfasst, nachträgliche Terminänderungen sind möglich.

BILDENDE KUNST

Siehe auch Spalte rechts: Galerien, sowie S. 426, Rubrik „Museen", und S. 128, Artikel „Gesammelte Werke"

Bezirksverband Bildender Künstlerinnen und Künstler e. V., Mitgliederausstellungen, 76131 Am Künstlerhaus 47, ☎ 37 33 76, bbk-karlsruhe.de
GEDOK, Galerieräume für Künstlerinnen, 76131 Markgrafenstr. 14, ☎ 37 41 37, gedok-karlsruhe.de
Atelierangebote für Kunstschaffende, Ateliersuchende können sich über die Internetadresse https://web1.karlsruhe.de/phplist/public_html/lists/?p=subscribe&id=3 beim städtischen Newsletter „Atelierangebote für Kunstschaffende" anmelden. Der Newsletter des Kulturbüros erscheint unregelmäßig und richtet sich an professionelle Kunstschaffende. Weitere Infos zu Raumangeboten stellt die Stadt über die Seite k3-karlsruhe.de/raumangebote bereit, ☎ 133-40 65 (Kulturbüro)
Staatliche Akademie der Bildenden Künste, Studiengänge: Malerei/Grafik, Bildhauerei sowie Bachelor- und Masterstudiengang Künstlerisches Lehramt, 76133 Reinhold-Frank-Str. 67, ☎ 926-52 05, kunstakademie-karlsruhe.de

GRAFFITI

Farbschall, Verein zur Förderung der Hip-Hop-Kultur (u. a. Graffiti-Workshops, Vermittlung von Aufträgen) sowie Jugendarbeit, 76133 Kochstr. 7, ☎ 133-51 48, team-combo.de
Free Walls – die Stadt hat Wände ausgewiesen, an denen Sprayen erlaubt ist, Infos: ☎ 133-51 48

ONLINE-TIPP

artports.com, das Online-Kunstmagazin aus Karlsruhe führt aktuelle Ausstellungen auf und stellt Künstler vor, 76135 Sophienstr. 137, ☎ 750 86 45

FASTNACHT

Fastnachtsumzug Durlach, 19. Februar, 14.11h
Fastnachtsumzug Ettlingen, 20. Februar, 14.01h
Fastnachtsumzug Karlsruhe, 21. Februar, 14.11h

GALERIEN

Bücherbüffet-Laden, zeigt jährlich elf Ausstellungen Karlsruher Künstler, 76133 Kaiserstr. 58-60, ☎ 47 03 70 29, buecherbueffet-laden.buchkatalog.de
Contemp-Rent, ca. 1.500 Kunstwerke können online ausgesucht und gemietet werden (bei späterem Kauf wird die Miete vom Preis abgezogen), 76137 Marienstr. 12, ☎ 47 03 80 66, contemp-rent.com
galerie burster, 76137 Baumeisterstraße 4, ☎ 0171/528 77 37, galerieburster.com
Galerie Clemens Thimme, 76135 Lorenzstr. 2, ☎ 0160/94 61 87 76, galerie-thimme.de
Galerie Hess, Bild- und Rahmenfachgeschäft sowie Kunsthandlung, 76228 Thomashofstr. 27-29, Gebäude 19/3, ☎ 38 01 24, galeriehess.de
Galerie Alfred Knecht, 76137 Baumeisterstr. 4, ☎ 937 49 10, galerie-alfred-knecht.com
Galerie KunstPeripherien, 76135 Scheffelstr. 37, ☎ 840 89 10, galerie-kunstperipherien.de
Galerie Meyer-Riegger, 76137 Klauprechtstr. 22, ☎ 82 12 92, meyer-riegger.de
Galerie Rottloff, Mi-Fr 14.30-19h, 76135 Sophienstraße 105, ☎ 84 32 25, galerie-rottloff.de
Galerie Schrade, Klassische Moderne und Gegenwartskunst, der Inhaber Ewald Karl Schrade ist Gründungsvater der Messe „art Karlsruhe", 76133 Zirkel 34-40, ☎ 151 87 74, galerie-schrade.de
Galerie-Atelier Spektrum, zeitgenössischer Künstlerschmuck, Malerei, Fotografie, Objekte und Installationen, 76137 Gebhardstr. 19, ☎ 81 75 05,

☎ 0160/96 26 42 80, galerie-spektrum.de

Galerienverband Karlsruhe, 76137 Baumeisterstr. 4, ☎ 937 49 10, galerienkarlsruhe.de

gallery artpark, Do+Fr 15-18h, Sa 12-16h, 76133 Kriegsstr. 86, ☎ 0160/874 06 77, galleryartpark.com

GEDOK-Künstlerinnenforum, 76131 Markgrafenstr. 14, ☎ 37 41 37, gedok-karlsruhe.de

Kunstraum Neureut e. V., 5. Februar bis 5. März: Claudia Grünig „Nachbarn", 11. Juni bis 8. Juli: Hartmut Häcker „Sakrofane", Sa+So 14-17h, 76149 Kirchfeldstr. 122, kunstraum-neureut.de

Leo 2 [S. 469], Acrylmalerei, Arbeiten aus Paperclay und Pappmaché von Stefanie Mühlberger sowie Workshops, 76133 Leopoldstr. 2, kittiekat.de

Modern Art Gallery, Di-Fr 11-17h, Sa 11-15h, 76133 Erbprinzenstr. 4-12, ☎ 2 27 41, modern-art.gallery

Neue Kunst Gallery, Galerie für zeitgenössische Kunst, 76133 Zirkel 32, ☎ 130 57 21, neuekunst.de

Produzentengalerie 20. Juni, Atelier und Galerie, 76133 Douglasstraße 9, ☎ 82 10 12 44, martin-krieglstein.de

V8, 76133 Viktoriastr. 8, ☎ 0163/416 37 17 oder ☎ 0179/227 32 72, viktoria8.de

zettzwo Produzentengalerie e. V., der Verein zur Förderung zeitgenössischer Kunst versteht sich als Alternative zum kommerziellen Kunstbetrieb, Sa 10-14h, 76227 Zunftstr. 2, zettzwo-galerie.de

JAHRMÄRKTE

Aktuelle Informationen sind auf der Internetseite karlsruhe.de/kultur-freizeit/maerkte zu finden.

Wintermarkt für Kunsthandwerk, 28. Januar, 12-18h, Verkaufsstände, Musik, Workshops sowie Kleider- und Geschenketausch in der Kulturküche, 76133 Kaiserstr. 4-7, ☎ 96 31 14 87, kulturkueche-karlsruhe.de

Frühlingsfest der Schausteller, 1. bis 10. April auf dem Messplatz

Stoffmarkt, voraussichtlich am 23. April und erneut im Herbst auf dem Stephanplatz, etwa 140 Stände bieten dort Stoffe und Kurzwaren an, stoffmarktholland.de

Kunsthandwerkermarkt, 13. Mai und 23. September, auf dem Stephanplatz

Frühjahrsmess', 2. bis 12. Juni, Messplatz

Neureuter Kirchweih, 18. bis 21. August, Festplatz Neureut, Straßenfest mit Ständen

Mühlburger Kerwe, 8. bis 11. Sept., Fliederplatz

Hagsfelder Kerwe, 9. bis 11. September auf dem Hagsfelder Festplatz

Durlacher Kerwe, 15. bis 17. September auf dem Vorplatz der Karlsburg, am Sonntag, 17. September, haben die angrenzenden Geschäfte geöffnet

Herbstmess', 27. Okt. bis 6. November, Messplatz

WEIHNACHTSMÄRKTE

Mittelalterlicher Weihnachtsmarkt, voraussichtlich Mitte/Ende November bis 22. Dezember 2023 in Durlach auf dem Vorplatz der Karlsburg, weihnachtsmarkt.durlacher.de

Karlsruher Christkindlesmarkt [S. 421], findet vom 28. November bis zum 23. Dezember 2023 täglich 11-21h, Do bis 22h, auf dem Marktplatz statt, Infos: Marktamt Karlsruhe, ☎ 133-72 11, karlsruhe.de/maerkte

Sternlesmarkt [S. 422], der Ettlinger Weihnachtsmarkt wird vom 29. November bis zum 28. Dezember 2023 in der Ettlinger Altstadt veranstaltet, geöffnet 11-21h (am 24. Dezember nur bis 14h, am 25. Dezember bleibt der Markt geschlossen)

Lametta, es war zu Redaktionsschluss noch nicht klar, ob es den an einem Adventswochenende im Dezember stattfindenden weihnachtlichen Kunst- und Designmarkt im Tollhaus 2023 wieder geben wird, aber wir drücken die Daumen. Diese lässige Alternative zu den herkömmlichen Weihnachtsmärkten bietet an rund 70 Ständen Außergewöhnliches, von den jeweiligen Produzenten selbst präsentiert und umrahmt von DJ-Mucke. Die Veranstaltung kostet Eintritt, Infos: lametta-ka.de

Adventsmarkt im Schloss Neuenbürg, voraussichtlich 9. und 10. Dezember 2023, Sa 14-21h, So 11-18h, Informationen: Schloss Neuenbürg, ☎ 07082/79 28 63

KARTENVORVERKAUF

Ticket Forum, 76133 Kaiserstr. 217 (Postgalerie), ☎ 16 11 22, ticketforum.de

Ticket-Service in der Tourist-Information Karlsruhe, Mo-Fr 9.30-18.30h und Sa 10-15h, April bis Oktober auch So 10-13h, 76133 Kaiserstr. 72-74, ☎ 60 29 97-580, karlsruhe-tourismus.de

KINO & FILM

FILMCLUBS

AFK, der Akademische Filmkreis Karlsruhe führt normalerweise in der Vorlesungszeit im Hertz-Hörsaal (Gebäude 10.11) am KIT-Campus Süd Filme vor, weitere Infos siehe Homepage, 76128 Kaiserstr. 12, afk-filmkreis.de

Kinemathek Karlsruhe e. V., verfügt über eine Bibliothek, ein Archiv und eine Videosammlung zum Thema Film für wissenschaftliche Zwecke, 76133 Kaiserpassage 6, ☎ 937 47 14, kinemathek-karlsruhe.de

FILMFESTIVALS

22. Independent Days, 19. bis 23. April, Film-Festival für Low-und No-Budget-Filme im Filmtheater Schauburg [S. 423], Kartenvorbestellungen unter ☎ 350 00 18, independentdays-filmfest.com

10. dokKa-Festival, 17. bis 21. Mai, Dokumentarfestival mit Filmen, Hördokumentationen und dokumentarischen Installationen, die Veranstaltungen finden unter anderem in der Kinemathek Karlsruhe und der Schauburg [S. 423] statt, Infos: dokka.de

Pride Pictures – 20. Queer-Film-Festival, vom 21. bis 29. Oktober wird in Kooperation mit der Kinemathek Karlsruhe im dortigen Kinosaal eine bunte Palette des internationalen queeren Filmschaffens präsentiert. Die Filmtage haben sich ein Publikum weit über Lesben und Schwule hinaus erobert. Infos: Kinemathek Karlsruhe, 76133 Kaiserpassage 6, ☎ 937 47 14, filmtage-karlsruhe.de

KINOS

AFK, der Akademische Filmkreis Karlsruhe führt in der Vorlesungszeit im Hertz-Hörsaal (Geb. 10.11) am KIT-Campus Süd Filme vor, Progamm siehe Homepage, 76128 Kaiserstr. 12, afk-filmkreis.de

Filmpalast am ZKM, das Multiplex-Kino mit zehn

Sälen, teils mit 3D-Digital-Technik, Laserprojektion und Zwölfkanal-Immersive-Sound ausgestattet, bietet zumeist aktuelles Mainstream-Programm und Gastronomiebetriebe im Erdgeschoss, 76135 Brauerstr. 40, ☎ 205 92 00, filmpalast.net

Kinemathek, aktuelles Kino jenseits des Mainstreams sowie Filmgeschichtliches, Dokumentarfilme, Avantgarde und Kinderkino, 76133 Kaiserpassage 6, Betreiber ist die Kinemathek Karlsruhe, ☎ 937 47 14, kinemathek-karlsruhe.de

Kulisse, Am Dickhäuterplatz 16, 76275 Ettlingen, ☎ 07243/33 06 33, kulisse-ettlingen.de

Schauburg [S. 423], das älteste Kino der Stadt mit einem imposanten denkmalgeschützten Treppenaufgang wurde mehrfach für sein Programm zwischen Kassenschlagern und nichtkommerziellen Filmen prämiert – im Sommer werden Open-Air-Vorführungen am Gottesauer Schloss veranstaltet; 76137 Marienstraße 16, ☎ 3 50 00-13 (Tickets: ☎ 3 50 00-18), schauburg.de

Universum-City, in den fünf Sälen mit 60 bis 225 Sitzplätzen laufen überwiegend kassenträchtige Hollywood-Produktionen, 76133 Kaiserstraße 152-154, ☎ 1 61 08-0, kinopolis.de/ka

KULINARISCHE VERANSTALTUNGEN

Das Kriminal-Dinner, bei einem Drei-Gänge-Menü dürfen Krimifreunde mithelfen, mysteriöse Todesfälle aufzuklären; die Veranstaltungen finden in der Alten Brauerei Weingarten statt, z. B. „Gefährlicher Hinweis aus dem Jenseits" am 3. Februar oder „Das tödliche Vermächtnis" am 9. April, Info: ☎ 07033/54 87 85 50, das-kriminal-dinner.de

Veggie World, 25. und 26. Februar, Gartenhalle, vegane Foodmesse

Fest der Sinne, 22./23. April in der Karlsruher Innenstadt, ein Genussmarkt mit Spezialitäten aus der Region, Live-Musik und Kinderprogramm

Diner en blanc, weiß gekleidete Menschen treffen sich voraussichtlich im September zu einem selbst mitgebrachten stilvollen Abendessen an einem bis kurz vor Veranstaltungsbeginn unbekannten Ort unter freiem Himmel, auch Tische und Stühle müssen selbst mitgebracht werden – natürlich ganz weiß beziehungsweise mit weißem Stoff bedeckt, Infos: diner-en-blanc-karlsruhe.de

Food Truck Convention, 8. bis 10. September, Schlossplatz

9. Karlsruher Oktoberfest, am 22., 23., 29. und 30. September sowie 6. und 7. Oktober, Messplatz

Cookasa, Plattform für den deutschsprachigen Raum, über die Menschen an regelmäßig stattfindenden Koch-Veranstaltungen teilnehmen, mitkochen und Leute kennenlernen können, teils auch im Live-Stream, Infos & Anmeldung: cookasa.com

Töpfle trifft Deckele, veranstaltet kulinarische Krimiabende in einer Salzgrotte, Schlossergasse 3a, 76344 Eggenstein-Leopoldshafen,

☎ 0176/50 77 87 66 (Mo und Mi-Fr vormittags), toepfle-trifft-deckele.de

(MULTI-)KULTURELLE VERANSTALTUNGEN

Schlosserlebnistag, 18. Juni, Schlösser, Burgen, Gärten und Klöster in Baden-Württemberg bieten ein individuelles Familienprogramm

Hafen-Kultur-Fest [S. 127], 23. bis 25. Juni am Rheinhafen, ein Fest für Jung und Alt mit Livemusik, Essensständen und Kinderprogramm, siehe Artikel auf S. 127, KVVH GmbH, ☎ 599-74 01, hafen-kultur-fest.de

MONDO – ein Fest für alle, 17. Juni, Marktplatz, Fest ausländischer und deutscher Vereine mit Musik, Folklore und kulinarischen Spezialitäten unterschiedlicher Kulturen, Veranstalter: Internationales Begegnungszentrum mit Unterstützung der Stadt Karlsruhe, ☎ 89 33 37-0, ibz-karlsruhe.de/?s=mondo

41. Südstadtfestival, am 13. Mai, 10-22h, findet auf dem Grünstreifen der Südstadt dieses multikulturelle Festival für Jung und Alt mit Vereinen und Initiativen, Getränke- und Imbissständen, Bühnenprogramm, Bands, Folklore, Rap und einem Spielefest für Kinder statt, Infos: Kinder- und Jugendtreff Südstadt, 76137 Augartenstr. 21, ☎ 3 06 59, suedstadtfest.de

32. African Summer Festival, 14. bis 16. Juli ab 10h im Otto-Dullenkopf-Park, mit Afrikamarkt, Fair-Trade-Markt, African Fashion-Week sowie Konzerten – am 14. Juli, 10-17h, findet zudem ein Afrika-Tag für Schulen statt, Infos: Deutsch-Afrikanischer Verein, ☎ 0171/996 16 72, africansummerfestival.de

Zeltival, 23. Juni bis 8. August, beliebtes Sommermusikfestival mit überregionaler Strahlkraft – Stars und Neuentdeckungen bieten Livemusik unterschiedlichster Stilrichtungen in tollem Ambiente, Veranstalter: Tollhaus [S. 435], 76131 Schlachthausstr. 1, ☎ 96 40 50, tollhaus.de

ARD-Hörspieltage, voraussichtlich 10. bis 12. November, Hörspiel-Festival im ZKM mit Neuproduktionen und Live-Hörspielen, hoerspieltage.ard.de

KUNST-EVENTS

Siehe auch S. 426, Rubrik „Museen", und S. 128, Artikel „Gesammelte Werke"

Karlsruher Galerienrundgang, am 21. Januar, 15-20h, zahlreiche Karlsruher Galerien präsentieren ihre Ausstellungen, Infos: galerienkarlsruhe.de

19. art Karlsruhe, 4. bis 7. Mai, internationale Messe für moderne Kunst, über 200 internationale Galerien präsentieren Sonderausstellungen und One-Man-Shows, Infos: Messe Karlsruhe, ☎ 37 20-0, art-karlsruhe.de

Internationaler Museumstag, 21. Mai, in vielen Museen der Stadt finden bei freiem Eintritt Aktionen zum Thema „#MuseenEntdecken" statt, museumstag.de

Schlosslichtspiele, 10. August bis 10. September, Künstler bespielen die Fassade des Karlsruher Schlosses mit Lichtprojektionen – eine kostenfrei zugängliche Veranstaltung auf dem Karlsruher Schlossplatz, schlosslichtspiele.info

24. KAMUNA, am 5. August lockt die Karlsruher Museumsnacht bereits zum 24. Mal große und kleine Besucher und Besucherinnen in die zu später Stunde geöffneten Museen und Institutionen der Stadt – aktuelle Infos unter kamuna.de

Tag des offenen Denkmals, 10. September, Deutschlands größte Kulturveranstaltung für die Denkmalpflege, Stadt Karlsruhe, ☎ 133-63 40, tag-des-offenen-denkmals.de

art, weekend, karlsruhe: am 28. und 29. Oktober, jeweils 12-18h, präsentieren Galerien, Ateliers, Projekträume und Museen die vielfältige Karlsruher Kunstszene, artweekendkarlsruhe.de

LITERATUR

Arbeitsstelle Bertolt Brecht am Institut für Literaturwissenschaft der Uni Karlsruhe. Sie ist die einzige Institution in Deutschland, die sich der Erforschung von Brechts Werk widmet, und verfügt über eine einzigartige Materialiensammlung, 76187 Hertzstr. 16, Gebäude 06.35, ☎ 608-4 26 44, abb.litwiss.kit.edu

Bücherbüffet-Laden, veranstaltet Do regelmäßig

Lesungen, 76133 Kaiserstr. 58-60, ☎ 47 03 70 29, buecherbueffet-laden.buchkatalog.de

Goethe-Gesellschaft Karlsruhe, Informationen: Dr. Beate Laudenberg, 76149 Moldaustraße 10a, ☎ 925 46 88, goethe-gesellschaft-karlsruhe.de

Jung und intensiv, 28. Januar, 20.30h, Scarlet Ross (Folk, Pop, Blues), Andivalent (Poetry-Slammer) und Marian Heuser (Poetry-Slammer), Schloss Ettlingen, weitere Informationen: Stadtinfo Ettlingen, ☎ 07243/101-333, ettlingen.de

Karlsruher Lesebühne „An Wort und Stelle", regelmäßige Poetry-Slam-Veranstaltungen, Kartenvorverkauf: Infozentrum der Badischen Landesbibliothek, ☎ 175-22 21, anwortundstelle.de

Literarische Gesellschaft/Scheffelbund, der Träger des Museums für Literatur am Oberrhein veranstaltet unter anderem Autorenlesungen, Veranstaltungsorte: Prinz-Max-Palais, 76133 Karlstr. 10, ☎ 133-40 87, und KOHI-Kulturraum e. V., 76137 Werderstr. 47, literaturmuseum.de

LITERATUR-EVENTS

KOHI Poetry-Slam, 27. Januar, 20h, KOHI-Kulturraum e. V., 76137 Werderstr. 47, kohi.de

Welttag des Buches, jährlich am 23. April werden deutschlandweit Lese-Events veranstaltet – auch in Karlsruhe, und am jeweils dritten Freitag im November findet alljährlich der bundesweite Vorlesetag statt, Infos: Stiftung Lesen, Römerwall 40, 55131 Mainz, ☎ 06131/2 88 90-0, stiftunglesen.de, Programmhinweise können unter welttag-des-buches.de abgerufen werden

Literaturtage Karlsruhe, veranstalten Ende September/Anfang Oktober zehn Tage lang in Kooperation mit der Literarischen Gesellschaft Lesungen und Poetry-Slams, literaturtage-karlsruhe.de

Poetry Slam, 25. November, 20h, Stadthalle Ettlingen, Infos: Stadtinfo Ettlingen, ☎ 07243/101-333, ettlingen.de

ONLINE-TIPP

www.autoren-bw.de, Baden-Württembergs Internetportal zum Thema Literatur verfügt über ein digitales Verzeichnis von über 1.400 Autorinnen und Autoren aus BW und ihren Werken; wer darin aufgenommen werden möchte, kann sich an die Literarische Gesellschaft (siehe S. 425) wenden.

www.literaturland-bw.de, Infos über Veranstaltungen und Ausstellungen zu literarischen Themen sowie über Museen, Archive und Gedenkstätten in Baden-Württemberg

MESSEN

MESSEBAU UND MESSEORGANISATION

Convention Bureau Karlsruhe und Region, das Kompetenznetzwerk ist Ansprechpartner für alle, die in Karlsruhe oder der Region eine Tagung, einen Kongress oder eine Veranstaltung ausrichten, ☎ 60 29 97-700, conventionbureau-karlsruhe.de

MESSEN

Messe Karlsruhe [S. 426], bei Forchheim/Rheinstetten an der B36 gelegene Messehallen, erreichbar unter anderem per Straßenbahn S2, Haltestelle „Forchheim Leichtsandstraße/Messe", und per kostenlosem Shuttle-Service ab Hauptbahnhof zu ausgewählten Veranstaltungen, Messeallee 1, 76287 Rheinstetten, ☎ 37 20-0, messe-karlsruhe.de

Kongresszentrum Karlsruhe, die Schwarzwaldhalle, die Stadthalle, die Gartenhalle und das Konzerthaus sind über die U-Bahn-Haltestelle „Kongresszentrum" (Linien S1/S11, S8, S7, S4, S52 und Tram 2) erreichbar, 76137 Festplatz 9, ☎ 37 20-0, messe-karlsruhe.de

MESSETERMINE

Im Folgenden sind die Karlsruher Publikumsmessen, nach Datum geordnet, aufgeführt.

RendezVino, 24.-26. März, Messe für Wein, Genuss und Tasting, Messe Karlsruhe, rendezvino.info

Nadelwelt, von 31. März bis 2. April präsentiert die größte reine Handarbeitsmesse für Endverbraucher in Deutschland eine Mischung aus einer Verkaufsveranstaltung mit über 200 Ausstellern sowie Produkten aus allen Handarbeitsbereichen, einer Kunstausstellung namhafter Textilkünstler und einem vielfältigen Kursprogramm, Messe Karlsruhe, Messeallee 1, 76287 Rheinstetten, nadel-welt.de

Recycling AKTIV und Tiefbau LIVE, 27. bis 29. April, Demonstrationsmessen zu den Themen Entsorgung und Recycling sowie Straßen- und Tiefbau, recycling-aktiv.com, tiefbaulive.com

19. art Karlsruhe, 4. bis 7. Mai, internationale Messe für Klassische Moderne und Gegenwartskunst, Messe Karlsruhe, art-karlsruhe.de

LEARNTEC, digitale Bildungsmesse,23.-25. Mai, Messe Karlsruhe, learntec.de

REHAB Karlsruhe, 15. bis 17. Juni, Fachmesse für Rehabilitation, Therapie, Pflege und Inklusion, rehab-karlsruhe.com

NEW HOUSING, 30. Juni bis 2. Juli, Tiny-House-Festival, new-housing.de

Platformers Days, 8. und 9. September, Fachmesse für mobile Hebe- und Höhenzugangstechnik, Messe Karlsruhe, platformers-days.de

Nufam Karlsruhe, 21. bis 24. September, Nutzfahrzeugmesse, Messe Karlsruhe, nufam.de

Karlsruher Hochzeitstage, 23./24. September im Kongresszentrum, karlsruher-hochzeitstage.de

offerta Karlsruhe [S. 125], 28. Oktober bis 5. November, die große Einkaufs- und Erlebnismesse für die ganze Familie präsentiert in der Messe Karlsruhe ein breitgefächertes Spektrum an Produkten, Dienstleistungen und Neuheiten aus den Themenbereichen „Freizeit & Region", „Bauen & Informieren", „Leben & Wohnen" (inklusive Gesundheit und Mode) sowie „Familie & Genuss", offerta.info

TIERisch gut – Haustiermesse Karlsruhe, 11.-12. November, Messe rund um den Hund und die Katze, Messe Karlsruhe, tierischgut-karlsruhe.de

MUSEEN

Siehe auch Artikel „Gesammelte Werke" ab S. 128, weitere Infos zu den Karlsruher Museen und ihren aktuellen Ausstellungen findet man unter: karlsruhe.de/kultur-freizeit/kunst-und-museum

Badisches Schulmuseum, Zeugnisse der schulischen Vergangenheit wie Schultaschen, Poesiealben, Mobiliar und eine Lehrerwohnung von 1900 sowie wechselnde Ausstellungen und nach Absprache historische Unterrichtsstunden, jeden 1. So im Monat 13-17h, Gruppen nach Voranmeldung; Waldenser-Schule, 76228 Henri-Arnaud-Str. 7,

☎ 0177/772 55 00, badisches-schulmuseum.de

Bundesarchiv-Erinnerungsstätte für die Freiheitsbewegungen in der deutschen Geschichte [S. 152], im Residenzschloss Rastatt thematisiert das Museum in einer Dauerausstellung die Freiheitsbewegungen im 19. Jahrhundert mit Schwerpunkt auf der Revolution 1848/49 sowie auf Opposition und Widerstand in der DDR bis zur Friedlichen Revolution 1989, So-Do 9.30-17h, Fr 9.30-14h, Herrenstr. 18, 76437 Rastatt, ☎ 07222/ 7 71 39-0, bundesarchiv.de/erinnerungsstaette

Fahrzeugmuseum Marxzell, unzählige historische Autos, Motorräder, Fahrräder, Traktoren, Feuerwehrautos und sogar Straßenbahnen sowie Spielwaren hat Familie Reichert in einem der größten deutschen Technikmuseen in Privatbesitz auf 3.600 qm Ausstellungsfläche zusammengetragen, darunter einige echte Raritäten, täglich 14-17h und nach Vereinbarung, Albtalstraße 2, 76359 Marxzell, ☎ 07248/62 62, ☎ 0172/723 28 17, fahrzeugmuseum-marxzell.de

Großherzogliche Grabkapelle [S. 158], das Mausoleum am Rande des Karlsruher Fasanengartens ist ein bedeutendes Monument der badischen Geschichte und das einzige großherzogliche Bauwerk in Karlsruhe, das den Zweiten Weltkrieg

KUNSTVEREIN WILHELMSHÖHE

Das Programm des Kunstvereins Wilhelmshöhe startet 2023 mit einer Ausstellung des Ettlinger Bildhauers Claus D. Moor (Foto: H. Felix Gross). Zu seiner bekannten stilisierten Skulptur „Herbert“ aus Holz, Granit und Marmor gesellen sich mit der Kettensäge gefertigte Werke, frühe Zeichnungen sowie collagenartige Bilder mit surrealen Motiven. Ab dem 5. Mai findet dann das landesweite Ausstellungsprojekt des Künstlerbundes BW namens „Trüffelsuche“ statt. Die eingeladenen zehn Künstlerinnen und Künstler berufen jeweils eine/-n weitere/-n Kunstschaffenden ihrer Wahl, sodass insgesamt 20 verschiedene Positionen und eine große künstlerische Vielfalt zu erleben sein werden.

Die Karlsruher Bildhauerin Nina Laaf präsentiert danach vom 7. Juli bis zum 18. August Skulpturen, Objekte und Installationen, oft mit modularem Charakter, die durch die Bewegung des Betrachters im Raum erfahren werden wollen. Und im September zeigt der Fotograf Ralf Diemb Momentaufnahmen, die in Indien, der Türkei und diversen Großstädten Europas entstanden sind.

Zum Jahresabschluss konnte der Kunstverein mit Franz Ackermann einen der innovativsten und renommiertesten Gegenwartsmaler gewinnen. Ab November zeigt der an der Karlsruher Kunstakademie lehrende Professor für Malerei eigene Werke und Arbeiten seiner Studierenden.

Kunstverein Wilhelmshöhe Ettlingen e. V., Schöllbronner Str. 86, 76275 Ettlingen, Tel. 07243/1 38 74, kunstverein-wilhelmshoehe.de, Mi-Sa 15-18h, So 11-18h, Eintritt frei

weitgehend unbeschadet überstanden hat. In der Abgeschiedenheit des tiefen Waldfriedens ließ das Großherzogenpaar Friedrich I. und Luise von Baden das Mausoleum 1889 bis 1896 für den früh verstorbenen jüngsten Sohn, Prinz Ludwig Wilhelm, errichten. Heute sind hier 17 Mitglieder des Hauses Baden bestattet, darunter alle seit 1830 verstorbenen Großherzöge. Die Oberkirche öffnet April bis Ende Oktober Do 11-14h, Fr 14-17h, Sa, So+Fei 13-17h, Eintritt 3€, ermäßigt 1,50€, die Besichtigung der Gruft ist nur im Rahmen von Sonderführungen möglich, Klosterweg 11, 76131 Karlsruhe, Infos: ☎ 46 72 28 69, grabkapelle-karlsruhe.de

Heimatmuseum Stupferich, stellt nach, wie um 1900 Schlafzimmer, Stube und Küche eingerichtet waren, und zeigt wechselnde Sonderausstellungen – jeden 2. und 4. So im Monat 14-17h, 76228 Ortsstr. 2, ☎ 47 20 19, heimatverein-stupferich.de

Historisches Museum in der Pfalz Speyer, Sammlungsausstellungen zur Urgeschichte, Römerzeit, Neuzeit und zum Domschatz sowie ein Weinmuseum und Sonderausstellungen: noch bis 2. April „Rendezvous. Frankreichs Militär in der Pfalz 1945-1999" und bis 16. April „Die Habsburger im Mittelalter. Aufstieg einer Dynastie" – das „Junge Museum" bietet u. a. interaktive Familienausstellungen wie bis zum 18. Juni „Der Grüffelo kommt zurück", Di-So+Fei 10-18h, Domplatz 4, 67246 Speyer, ☎ 06232/1 32 50, museum.speyer.de

Internationaler Museumstag, 21. Mai, in vielen Museen der Stadt finden bei freiem Eintritt Aktionen zum Thema „#MuseenEntdecken" statt

24. KAMUNA, am 5. August lockt die Karlsruher Museumsnacht bereits zum 24. Mal von 18 bis 1h große und kleine Besucher und Besucherinnen in die zu später Stunde geöffneten Museen, Archive und Bildungseinrichtungen der Stadt – aktuelle Informationen unter kamuna.de

Knielinger Museum im Hofgut Maxau, stellt die Geschichte des Stadtteils in verschiedenen Themengebieten vor – neu dabei ist eine „Schifffahrtssammlung mit besonderem Bezug zum Rhein", Eintritt: 2€, freier Eintritt für Kinder, geöffnet von Himmelfahrt (Tag der offenen Tür) bis einschließlich September jeden So 14-17h, Sonderführungen nach Vereinbarung, 76187 Hofgut Maxau, ☎ 56 22 69, knielinger-museum.de

Kunstverein Villa Streccius in Landau e. V. [S. 156], siehe Artikel ab S. 160, Südring 20, 76829 Landau, ☎ 06341/89 84 72, villa-streccius.de

Kunstverein Wilhelmshöhe Ettlingen e. V. [S. 145], siehe Artikel auf S. 427, Schöllbronner Straße 86, 76275 Ettlingen, ☎ 07243/1 38 74, kunstverein-wilhelmshoehe.de

KUNSTWERK – Sammlung Klein [S. 134], privates Kunstmuseum des Unternehmerehepaars Alison und Peter W. Klein – die Sammlung umfasst rund 2.000 Werke zeitgenössischer Kunst, die seit den 1980er Jahren angekauft wurden, mit einem Schwerpunkt auf der Malerei der Aborigines. In der ersten Jahreshälfte zeigt das Haus die Schau „Als würden allein diese Bilder bleiben: Edward S. Curtis und Will Wilson" (siehe Artikel rechts), Mi-Fr und So+Fei 11-17h, Siemensstr. 40, 71735 Eberdingen-Nussdorf, ☎ 07042/376 95 66, sammlung-klein.de

Musée de l'Abri, Herzstück des Museums an der Maginot-Linie ist ein restaurierter, eingerichteter Bunker mit 28 Räumen, darunter acht Ausstellungsräume, in denen anhand von Uniformen, Fotos, Inszenierungen und Modellen über die Geschichte des Elsass im Zweiten Weltkrieg informiert wird. Auf dem 4,18 Hektar großen Gelände des Großunterstandes kann man militärische Objekte besichtigen wie Flugzeuge, Hubschrauber, Panzer und Kanonen, Mitte März bis Mitte November Do-So, Fei 10-18h, Mitte Juni bis Mitte September täglich geöffnet, Rue de l'Abri, F-67690 Hatten, ☎ 0033-388/80 14 90, abrihatten.fr

Museum Bad Herrenalb, präsentiert die Geschichte der Feierabendziegel seit dem 15. Jahrhundert und das Handwerk der Ziegler. Feierabendziegel sind mit Zeichen, Symbolen oder Aufschriften versehene Dachziegel, sie sollten die Häuser und ihre Bewohner vor Unheil schützen. Zusätzlich gibt es Wechselausstellungen zu verschiedenen Themen – geöffnet April bis Dezember So 14-17h, Im Kloster 2, 76332 Bad Herrenalb, ☎ 07083/528 85 34, museum-bad-herrenalb.de

museum x/Museum beim Markt, Sammlungsausstellung mit Schwerpunkt auf der angewandten

Kunst vom frühen 20. Jahrhundert bis zur Gegenwart, Di-So 11-17h, Ende Herbstferien bis Beginn der Osterferien nur Sa+So 11-17h, 76133 Karl-Friedrich-Str. 6, ☎ 926-65 14, landesmuseum.de

Museum Frieder Burda, bis 30. April: „Transformers. Meisterwerke der Sammlung Frieder Burda im Dialog mit künstlichen Wesen", 13. Mai bis 8. Oktober: „Der König ist tot, lang lebe die Königin", Di-So 10-18h, Lichtentaler Allee 8b, 76530 Baden-Baden, ☎ 07221/3 98 98-0, museum-frieder-burda.de

Museum für Literatur am Oberrhein, im Prinz-Max-Palais widmet sich das Museum Schriften aus der Region vom Mittelalter bis heute, vor allem aber Johann Peter Hebel und Joseph Victor von Scheffel – über 10.000 Schriften sind in der Präsenzbibliothek vorhanden, der Eintritt ist frei, Di, Fr 10-18h, Do 10-19h, Sa 14-18h, So 11-18h, 76133 Karlstr. 10, ☎ 133-40 87, literaturmuseum.de

Museums-PASS-Musées [S. 172], Museumsliebhaber entdecken mit dem Museums-PASS-Musées 345 Museen, Schlösser und Gärten in Deutschland, Frankreich und der Schweiz und genießen ein reichhaltiges Kulturangebot. Mit dem Pass können alle Dauer- und Sonderausstellungen frei besucht werden und bis zu fünf Kinder dürfen gratis mit ins Museum, Birsigstr. 2, CH-4054 Basel, ☎ 07621/161 36 34, museumspass.com

Römische Badruinen, vom 16. März bis zum 15. November können die sogenannten „Soldatenbäder" besichtigt werden, die einen Einblick in 2.000 Jahre Badekultur in Baden-Baden geben, täglich 11-12h und 15-16h, Römerplatz 1, 76530 Baden-Baden, ☎ 07221/27 59-34, carasana.de

Schloss Bruchsal, bis 2. Februar „Faszination Modelleisenbahn", Erwachsene: 8€, ermäßigt 4€, Di-So, Fei 10-17h, Schlossraum 4, 76646 Bruchsal, ☎ 07251/74 26 61, schloss-bruchsal.de

Schloss Neuenbürg, Museum mit der Märcheninszenierung „Das kalte Herz", Dauerausstellung zur Kulturgeschichte der Region, Schlossführungen (einschließlich St.-Georgs-Kirche und Burgruine) sowie Wechselausstellungen wie im Frühjahr 2024 „Blickwechsel. Kunst aus der Region". Am

FOTO: EDWARD S. CURTIS

KUNSTWERK – SAMMLUNG KLEIN

Das private Kunstmuseum des Unternehmerehepaars Alison und Peter W. Klein zeigt in der ersten Jahreshälfte „Als würden allein diese Bilder bleiben: Edward S. Curtis und Will Wilson". Die historischen Fotogravüren und Gold-Tone-Prints des amerikanischen Fotografen Curtis entstanden im Rahmen seiner 1907 bis 1928 veröffentlichten Enzyklopädie „The North American Indian" und zeichnen ein Bild der im Verschwinden begriffenen indianischen Kultur Nordamerikas. Der Multimedia-Künstler Will Wilson vom Stamm der Navajo nutzt seine „Talking Tintypes", um den Nachfahren der von Curtis Porträtierten eine Stimme zu geben. In der zweiten Jahreshälfte präsentiert das Museum Werke des Stiftungspreises Fotokunst.

Siemensstr. 40, 71735 Eberdingen-Nussdorf, Tel. 07042/376 95 66, sammlung-klein.de

18. Juni findet der Schlosserlebnistag statt. Mi-Sa 13-18h, So+Fei 10-18h, Winterpause voraussichtlich 9. Januar bis Ende Februar, Eintritt 4,50€, ermäßigt 3€, 75305 Neuenbürg, ☎ 07082/79 28 60, schloss-neuenbuerg.de

Unimog-Museum, präsentiert Unimogs aus mehreren Jahrzehnten vom Prototypen bis zur neuen Generation. Auf dem Parcours im Außenbereich kann man in einem Unimog mitfahren oder im Rahmen spezieller Fahrertrainings auch selbst ans Steuer, Di-So 10-17h, An der B 462 (Ausfahrt Schloss Rotenfels), 76571 Gaggenau, ☎ 07225/9 81 31-0, unimog-museum.com

Verkehrsmuseum, auf 1.200 qm Fläche können rund 40 Autos und 40 Motorräder von den Anfangszeiten bis in die 60er Jahre besichtigt werden sowie eine der größten Modelleisenbahnanlagen Deutschlands und eine Faller-Car-Anlage, Eintritt 4€, ermäßigt 2€, So 10-13h, 76137 Werderstraße 63, ☎ 37 44 35, verkehrswacht-karlsruhe.de

ONLINE-TIPPS

Badisches Landesmuseum [S. 166], mit der Museums-App „Dein Geschenk" kann man Bilder von Museumsexponaten des Badischen Landesmuseums mit persönlichen Botschaften versehen und versenden, geschenk.landesmuseum.de

moodfor.art, auf dem Online-Angebot der derzeit wegen Renovierung geschlossenen Kunsthalle Karlsruhe lassen sich individuelle Collagen aus Werken des Museums erstellen oder man kann sich Gemälde passend zur eigenen Stimmung anzeigen lassen – wissenswerte Infos zum Werk inklusive

Naturkundemuseum Karlsruhe [S. 129], mit der App des Museums kann man Höhepunkte der Ausstellung entdecken, bekommt einen Blick hinter die Kulissen oder kann eine Thementour durchs Haus unternehmen – zudem gibt es online auch Live-Führungen, Informationen: smnk.de

OUTDOOR-KUNST

Skulpturenpfad Kleinsteinbach, entlang des Spazierwegs am Bocksbach in Pfinztal-Kleinsteinbach stellen Künstler ihre Exponate aus, swip-pfinztal.de

Kunstweg am Reichenbach, etwa 40 Künstlerarbeiten sind in einem idyllischen Nebental zum Murgtal auf einer Strecke von 3,2 Kilometern in die Landschaft integriert, Informationen: kunstweg-am-reichenbach.de

MUSIK

Siehe → S. 424, (Multi-)Kulturelle Veranstaltungen

Dirty Old Town, in der Regel im Frühling und im Herbst stattfindendes Fest im „Dörfle", der Karlsruher Altstadt – die Lokale im Dreieck Kaiserstraße, Waldhornstraße und Kapellenstraße bieten bei freiem Eintritt Musik von der Rockband bis zum DJ

41. Südstadtfestival, am 13. Mai, 10-22h, findet auf dem Grünstreifen der Südstadt dieses multikulturelle Festival für Jung und Alt mit Vereinen und Initiativen, Getränke- und Imbissständen, Bühnenprogramm, Bands, Folklore, Rap und einem Spielefest für Kinder statt, Infos: Kinder- und Jugendtreff Südstadt, 76137 Augartenstr. 21, ☎ 3 06 59, suedstadtfest.de

Das **Popnetz New-Bands-Festival 2023** feiert 40-jähriges Jubiläum. An dem Nachwuchsband-Festival für die Region Karlsruhe (40 km Umkreis) können pro Jahrgang 18 Bands/Acts teilnehmen. An folgenden Terminen wird es im Jahr 2023 New-Bands-Veranstaltungen geben: 29. April Vorrunde im Tempel, 6. Mai Vorrunde im jubez und am 13. Mai Vorrunde im Substage. Am 30. September findet das Semifinale im jubez statt und am 18. November das Finale im Substage. Zu gewinnen gibt es Preise wie Auftritte bei „Das Fest" und dem Unifest, Aufnahmen im Substage-Studio, Band-Fotosessions und Gutscheine. Bands und Acts aus der Region Karlsruhe, deren Mitglieder im Durchschnitt nicht älter als 28 Jahre sind und 30 Minuten Live-Programm mit eigenen Songs spielen können, dürfen sich bis zum 15. März bewerben. Wichtig ist den Organisatoren, die Band-Musikszene in der Region zu fördern und mit Beratung, Seminaren sowie Netzwerkarbeit zu unterstützen. Weitere Infos und Bewerbung: jubez, 76133 Kronenplatz 1, ☎ 133-56 37, jubez.de/#!/focus/new-bands-festival

Woodstickel, 19. und 20. Mai, kostenloses Musikfestival mit regionalen Bands und unterschiedlichen Musikrichtungen von Rock und Reggae bis hin zu Folk'n'Blues auf dem Festplatz Ponderosa in Wolfartsweier, woodstickel.de
Hook-up-Festival, 19. und 20. Mai, ab 11h, Hip-Hop-Open-Air-Konzert auf dem Wiesengelände bei der dm-Arena, Messe Karlsruhe, hookupfestival.de
Hoepfner-Burgfest, voraussichtlich vom 26. bis 29. Mai (immer an Pfingsten) findet das traditionelle Hoepfner Burgfest auf dem Brauereigelände statt. Vier Tage lang sind Live-Musik, Brauereibesichtigungen, Familienprogramm, Bewirtung und natürlich alle Hoepfner-Bierspezialitäten geboten, 76131 Haid-und-Neu-Str. 18, ☎ 61 83-0, hoepfner.de
29. Ettlinger Watthalden-Festival, 18. Juni, 11-22h, Open-Air im Watthaldenpark, Musikbühne mit buntem Rahmenprogramm für Kinder und Erwachsene sowie Speis und Trank
Mikado [S. 441], am 8. Juli feiert das Kulturhaus sein 20-jähriges Bestehen mit einer Open-Air-Party mit Streetfood und Straßenflohmarkt sowie Kinderchor, Kaffee, Kuchen und einer Live-Bühne, auf der neben lokalen Größen auch auswärtige Gäste wie das Berliner Rock-Jazz-Trio „Tolyqyn" auftreten, Kulturhaus Mikado, mikadokultur.de
ECKKULTURdörfle, im Spätsommer, kulturelles Altstadtfest im Karlsruher „Dörfle" mit Live-Musik und Kleinkunst, Infos: eckkultur.de
Parkplatzfest, 30. Juni, von Studenten organisierte Open-Air-Veranstaltung auf dem Parkplatz zwischen den Wohnheimen in der Willy-Andreas-Allee mit lokalen Bands sowie Speisen und Getränken zu Studi-Preisen, Infos: parkplatzfest.de
Das Fest, 20. bis 23. Juli, eines der größten Open-Air-Festivals Deutschlands findet in der Karlsruher Günther-Klotz-Anlage statt. Namhafte Bands treten ebenso auf wie Lokalmatadoren. Ein buntes Rahmenprogramm macht es zum beliebtesten Sommerevent der Stadt, auf dem sich Familien ebenso wohlfühlen können wie Musikfreunde. Das Vorfest beginnt ab dem 13. Juli, Infos: dasfest.de
Holi Festival of Colours, 1. Juli, 13-22h, Messplatz, Farbspektakel zu Electro-Klängen, kostet Eintritt, holifestival.com
Wohnzimmerkonzerte, Konzertabende in privaten Karlsruher Räumlichkeiten, Termine siehe sofaconcerts.de, salonfestival.de

KLASSIK & KIRCHENMUSIK

Festliches Neujahrskonzert mit zwei Trompeten und Orgel, 1. Januar, 17h, Evangelische Stadtkirche am Marktplatz [S. 431]
Die Nacht der 5 Tenöre, 6. Jan., 20h, Konzerthaus
Neujahrskonzerte, 13. und 14. Januar, jeweils 19.30h, „Wiener Schmäh und der Schmäh anderer Nationen": Ouvertüre „Fledermaus", „Leichtes Blut" (Polka), „Perpetuum Mobile" und „Kaiserwalzer" jeweils von Johann Strauß (Sohn), „Straussiana" von Erich Wolfgang Korngold, „Rosenkavalier-Suite" von Richard Strauss, Schwanensee-Suite op. 20a (Walzer) von Peter I. Tschaikowsky sowie Maurice Ravels „La Valse", Orchester der Hochschule für Musik, Eintritt 15€, Hochschule für Musik [S. 121], CampusOne, Schloss Gottesaue

SWR-Schlosskonzerte, 29. Januar: Seiji Okamoto (Violine), Jovan Pantelich (Violoncello), Kasia Wieczorek (Klavier), 26. Februar: Ensemble Quartonal, jeweils 18h, im Asamsaal des Ettlinger Schlosses, Infos: Stadtinfo Ettlingen, ☎ 07243/101-333, ettlingen.de

Karlsruher Meisterkonzerte, 21. Januar: „Pathos", Alexander Krichel (Klavier), Benjamin Shwartz (Dirigent) und das Staatsorchester Rheinische Philharmonie; 11. Februar: „Große Emotionen", Anna Vinnitskaya (Klavier), Pietari Inkinen (Dirigent) und die Deutsche Radio-Philharmonie; 10. März: „Persönliche Note", Klavierabend mit Martin Stadtfeld; 26. Mai: „Das große Tor von Kiew", Vadim Gluzman (Violine), David Reiland (Dirigent) und die Staatsphilharmonie Rheinland-Pfalz, Beginn jeweils 19.30h, Konzerthaus Karlsruhe, Infos und Tickets: ☎ 384 86 86, karlsruhe-klassik.de

David Lang, „The Little Match Girl Passion", 25. Januar, 19.30h, übersetzt H. C. Andersens Märchen „Das kleine Mädchen mit den Schwefelhölzern" in das Format von Bachs Matthäus-Passion und wurde mit dem Pulitzer-Preis für Musik ausgezeichnet, Kammerchor der Hochschule für Musik Karlsruhe, Eintritt 15€, Evang. Stadtkirche am Marktplatz

WooRim Lee, 3. Februar, 18h, Solistenexamen im Fach Klavier, Ludwig van Beethovens „Klaviersonate Nr. 30 op. 109", Alexander Skrjabins „Klaviersonate Nr. 4 op. 30", Robert Schumanns „Fantasiestücke op. 12", Hochschule für Musik [S. 121], CampusOne, Schloss Gottesaue

17. Sinfoniekonzert des Schulmusik-Orchesters, 12. Februar, 19h, Krzysztof Meyers „Hommage à Johannes Brahms op. 59" sowie „Sinfonie Nr. 4 e-Moll op. 98" und „Violinkonzert D-Dur" von Johannes Brahms, Eintritt 15€, Hochschule für Musik [S. 121], CampusOne, Schloss Gottesaue

45. Internationale Händel-Festspiele, 17. Februar bis 3. März, Operninszenierungen mit internationaler Starbesetzung und Konzerte renommierter Barockspezialisten sowie der 36. Händel-Akademie für junge Künstler und Künstlerinnen – am 18. Februar, 19.30h, findet ein Händel-Galakonzert statt, Badisches Staatstheater [S. 98], 76137 Baumeisterstr. 11, VVK: ☎ 93 33 33, staatstheater.karlsruhe.de

Die große Verdi-Nacht, 22. Feb., 20h, Konzerthaus

Wiener-Klassik-Konzert, am 28. Februar und 21. April, jeweils um 20h, Schwarzwaldhalle

Internationale Händelfestspiele, G. F. Händel „Dettinger Te Deum" und D. Zelenkas „Te deum", 28. Februar, 20h, Evangelische Stadtkirche am Marktplatz [S. 431]

Konzert „Junge Solisten", 18. März, 19h, Jugendkammerchor der Lutherana und des Waldstadt-Kammerorchesters, Lutherkirche

Johann S. Bach, „Matthäus-Passion", 7. April, Evangelische Stadtkirche am Marktplatz [S. 431]

Felix Mendelssohn Bartholdy, „Paulus-Oratorium op. 36", 23. April, 19h, Vokal- und Instrumentalsolisten der Capriccio Fridericiana und der Lutherana Karlsruhe, Lutherkirche, 76131 Durlacher Allee 23, lutherana.de

Klosterkonzerte Maulbronn [S. 104], Mai bis Ende September, der Kartenvorverkauf beginnt im März, siehe Artikel ab S. 123, Klosterhof 17, 75433 Maulbronn, ☎ 07043/9 55 09-50, klosterkonzerte.de

ZONTA-Benefizkonzert, 5. Mai, 19.30h, zugunsten des ZONTA-Stipendiums für junge Künstlerinnen, Hochschule für Musik [S. 121], CampusOne, Schloss Gottesaue

Martin Kohlstedt, 10. Mai, 20h, deutscher Komponist und Pianist zwischen klassischem Piano und emotionaler Improvisation, Tollhaus [S. 435]

Johann Sebastian Bach, Himmelfahrtsoratorium, 15. Mai, 19.30h, Eintritt 15€, Hochschule für Musik [S. 121], CampusOne, Schloss Gottesaue

„Südamerikanische Nacht", Hofkonzert mit dem CoroPiccolo Karlsruhe, 24. Juni, 19h, Hof der Evangelischen Stadtkirche, Marktplatz [S. 431]

Spiel.Freude.Pur, 11. Juni, 11h, „Metamorphosen" (Studie für 23 Solostreicher) und „Sextett für Streicher aus der Oper Capriccio, op. 85" von Richard Strauss sowie Robert Schumanns „Klavierquintett Es-Dur", gemischtes Ensemble aus Studierenden und Lehrenden der HfM, Eintritt 15€, Hochschule für Musik, CampusOne, Schloss Gottesau

Von Liebe, Lust und Leiden, 15. Juni, 19.30h, unter anderem Studierende der Gesangsklasse Prof. Holger Speck, Hochschule für Musik [S. 121], CampusOne, Schloss Gottesaue

Zimmer 205, 30. Juni, 19.30h, neue Kompositionen aus der Kompositionsklasse Prof. Wolfgang Rihm und Prof. Markus Hechtle, Hochschule für Musik [S. 121], CampusOne, Schloss Gottesaue

Internationaler Orgelsommer 2023, „Das blaue Sofa", 16. Juli bis 20. August, immer sonntags ab 20.30h – von 19.30 bis 20h findet eine Talk-Runde mit dem jeweiligen Organisten statt. 16. Juli: Ignace Michiels aus Brügge; 23. Juli: Jean-Baptiste Dupont aus Bordeaux; 30. Juli: Christian-Markus Raiser aus Karlsruhe; 6. August: Roman Perucki aus Danzig; 13. August: Isabelle Demers aus Waco/Texas; 20. August: Franz Hauk aus Ingolstadt, Evangelische Stadtkirche [S. 431], Marktplatz

Bach erklärt – Theologie und Musik der Kantate BWV 10 „Meine Seel erhebt den Herren" von J. S. Bach, 16. September, 19h, Prof. Dr. Martin Mautner, Rektor der Hochschule für Kirchenmusik Heidelberg, sowie Vokal- und Instrumentalsolisten der Lutherana, Lutherkirche, lutherana.de

ZeitGenuss – Festival für Musik unserer Zeit, 12. bis 15. Oktober, 30 Jahre Aleph Gitarrenquartett, Infos: Kulturamt der Stadt Karlsruhe, Kulturbüro, ☎ 133-40 11

Weingartner Musiktage Junger Künstler, das jährlich im Oktober stattfindende Festival schafft Podien für Nachwuchskünstler, Termine und weiterführende Infos: weingartner-musiktage.de

Felix Mendelssohn Bartholdy: Elias, 19. November, 18h, mit dem Bachchor Karlsruhe, Evangelische Stadtkirche, Marktplatz [S. 431]

CoroPiccolo, 10. Dezember, 17h, Konzert zum Advent, Evangelische Stadtkirche [S. 431], Marktplatz

Adventssingen der Lutherana, 10. Dezember, 17h, Lutherkirche, lutherana.de

Weihnachtsoratorium von Johann S. Bach, 17. Dezember, 17h, Lutherana Karlsruhe, Lutherkirche, lutherana.de

Weihnachtskonzert mit dem Mädchen- und Knabenchor „Cantus Juvenum Karlsruhe", 23. Dezember, 18h, Evangelische Stadtkirche, Marktplatz

AUSSERDEM

Fördergemeinschaft Kunst, bietet ein anspruchsvolles Konzertprogramm, 76227 Pfinztalstraße 7, ☎ 830 54 87, fgkunst-karlsruhe.de

Gesellschaft der Freunde und Förderer der Musik an der Christuskirche Karlsruhe, veranstaltet regelmäßig Konzerte in der Christuskirche Karlsruhe, 76133 Riefstahlstr. 2, ☎ 830 83 85

Hochschule für Musik [S. 121], umfangreicher Veranstaltungskalender mit jährlich über 300 Konzerten vom Solokonzert bis zur Oper, Konzertbeginn ist meistens 19.30h, Schloss Gottesaue, 76131 Am Schloss Gottesaue 7, ☎ 66 29-0, hfm-karlsruhe.de

Karlsruhe Klassik, die Klassik-Agentur veranstaltet unter anderem die Karlsruher Meisterkonzerte, bei denen international renommierte Künstler auftreten und Werke aus unterschiedlichsten Epochen spielen. Die Konzerte finden im Konzerthaus am Festplatz Karlsruhe statt. Infos zum Programm unter: ☎ 384 86 86, karlsruhe-klassik.de

Kellerhalle, Non-Profit-Konzerte in einem heimeligen Backsteinkeller, Eintritt und Getränke gegen Spende, Termine siehe Facebook: „Freunde der Kellerhalle", 76131 Essenweinstr. 40a (2. Hinterhof)

Max-Reger-Institut und Elsa-Reger-Stiftung fördern die Auseinandersetzung mit Regers Werk und sammeln dessen Originale, 76227 Pfinztalstr. 7, ☎ 85 45 01, max-reger-institut.de

Schubertiade [S. 100], siehe Artikel ab S. 111, die Veranstaltungen finden immer im Asamsaal des Ettlinger Schlosses statt, aktuelle Informationen und Termine siehe Homepage: schubertiade.de

MUSICALS

Auch im Kammertheater Karlsruhe werden regelmäßig Musicals aufgeführt, siehe Artikel ab S. 99

Beatles – das Musical, 27. Januar, 20h, Konzerthaus

The Addams Family, Premiere 28. Januar, 19h, Musical-Comedy, Kulturhaus Osterfeld [S. 100], Osterfeldstr. 12, 75172 Pforzheim, ☎ 07231/31 82 10, weitere Termine unter kulturhaus-osterfeld.de

Conni – das Zirkus-Musical, 29. Januar, 15h, Familienmusical, Stadthalle Ettlingen

Die Nacht der Musicals, Highlights aus bekannten Musicals, 13. Februar, 20.30h, Konzerthaus

Fack Ju Göthe, das Musical, 6. und 7. Februar, jeweils 19.30h, Konzerthaus

Die Tina-Turner-Story – Simply The Best, 15. Februar, 20h, Konzerthaus, die musikalische Biographie wurde 2020 in Las Vegas als „Best Musical Tribute Show" ausgezeichnet
Flashdance, 4. März, 19.30h, Schwarzwaldhalle
Elvis – the Musical, 19. April, 20h, Konzerthaus
Kindermusical der Lutherana, 15. Juli, 11h, 16. Juli, 16h, und 17. Juli, 10h, mit der Kinder- und Jugendkantorei der Lutherana Karlsruhe, Lutherkirche, lutherana.de

ROCK, POP, JAZZ ETC.

Song Slam, 13. Januar, 20h, Singer-Songwriter-Contest, KOHI
Julius-Windisch-Quartett, 18. Januar, 20h, Jazz-Quartett, KOHI
Rebekka Bakken, 20. Januar, 20.30h, norwegische Sängerin und Songwriterin, Tollhaus [S. 435]
Sedlmeir, 20. Januar, 20h, zynischer deutscher Rock 'n' Roller, KOHI
Camilla Sparksss Frühabendkonzert, 22. Januar, 18h, Elektropunk, KOHI
Umse, 27. Januar, 20.30h, deutscher Rapper, Tollhaus
Smile + The Krims, 28. Januar, 20h, Indie und Punkrock, KOHI
Café Achteck, 10. Februar, 20h, Mundart Rock und Reggae, KOHI
Jealous + She-Dog, 18. Februar, 20h, Punk, KOHI
John Cale and Band, 16. Februar, 20h, britischer Artrock, Tollhaus
Pablo Brooks, 17. Februar, 20h, deutscher Popmusiker, Tollhaus
The Pancakes, 25. Februar, 20h, Psychodelic Rock, KOHI
Anthony Strong, 25. Februar, 20h, britischer Jazzsänger, Kulturhaus Osterfeld [S. 100], Osterfeldstr. 12, 75172 Pforzheim, ☎ 07231/31 82 10, kulturhaus-osterfeld.de
22-Pistepirkko, 3. März, 20h, finnische Pop-Rock-Gruppe, KOHI
Dub Spencer & Trance Hill, 4. März, 20h, schweizer Dub-Band, KOHI
Helge Schneider, 5. März, 20h, Schwarzwaldhalle
Culcha Candela, 9. März, 20h, Hip-Hop, Tollhaus
Still Talk, 16. März, 20h, Emo-Rock, KOHI
Sophie Zelmani, 11. März, 20h, schwedische Singer-Songwriterin, Tollhaus [S. 435]
Teuterekordz, 16. März, 20.30h, Deutsch-Rap, Tollhaus [S. 435]
Disillusion (Support: Art against Agony), 24. März, 20h, Metal, KOHI
Youn Sun Nah, 24. März, 20h, südkoreanische Jazzsängerin, Tollhaus [S. 435]
Alex Mayr, 25. März, 20h, Cinematic Pop, KOHI
Ben Wood Inferno, 30. März, 20h, Trashblues, KOHI
17 Hippies, 31. März, 20h, Begründer des „Berlin Style", Tollhaus [S. 435]
neànder, 19. April, 20h, Doom & Black Metal, KOHI
Klaus Hofmann, 20. April, 20h, Liedermacher, Kulturhaus Osterfeld [S. 100]
Akua Naru, 22. April, 20.30h, US-amerikanische Hip-Hop-Künstlerin, Conscious Rap, Tollhaus
Anna Depenbusch & Band, 23. April, 19h, Hamburger Liedermacherin, Tollhaus [S. 435]
Bändi, 30. April, 20h, finnische Tangomusik, Scenario-Halle, Kulturzentrum Tempel
Kenny Wayne Shepherd Band, 30. April, 20.30h, Bluesrock, Tollhaus [S. 435]
Schmyt, 3. Mai, 20h, R&B, Tollhaus
Joe Satriani, 26. Mai, 20h, US-amerikanischer Rockmusiker, Tollhaus [S. 435]
Trumpet Night feat. Max Mutzke, 3. November, 20h, Stadthalle Ettlingen, Infos: Stadtinfo Ettlingen, ☎ 07243/101-333, ettlingen.de

SCHLAGER, FOLK, VOLKS-, BLAS- & MILITÄRMUSIK

Foaie Verde, 18. Januar, 20.30h, Balkanbeats, Schloss Ettlingen, Infos: Stadtinfo Ettlingen, ☎ 07243/101-333, ettlingen.de
Akleja und Siger, 6. Januar, 20h, Folk-Doppelkonzert mit dem Duo Akleja (instrumentale Folkmusik mit Nyckelharpas/Schlüsselfidel) und dem Duo Siger (Instrumentalkompositionen mit flämischen Wurzeln), Kulturhaus Mikado [S. 441]
Cara, 2. März, 20h, Irish Music, Tollhaus [S. 435]
Irish Spring 2023, 5. März, 19h, Festival of Irish Folk Music, Tollhaus [S. 435]
Ernst Hutter & Die Egerländer Musikanten, 17. März, 20h, Blasmusik, Konzerthaus

Akkordeonale 2023, 12. April, 20h, Internationales Akkordeon-Festival, Tollhaus [S. 435]
Kari Bremnes, 21. April, 20h, norwegische Songwriterin, Tollhaus [S. 435]
Pariser Flair, 27. April, 20h, französische Chansons, Schloss Ettlingen, Infos: Stadtinfo Ettlingen, ☎ 07243/101-333, ettlingen.de
Alyth McCormack, 30. April, 20h, irisch-gälische Folkmusik, Schalander (Brauerei Hoepfner)
Dreiviertelblut, 18. Mai, 20h, folklorefreie Volksmusik aus Oberbayern, Tollhaus [S. 435]
Violons Barbares, 23. Oktober, 20.30h, Balkan-Volksmusik, Mongolen-Rock und Jazz-Impro, Schloss Ettlingen, Informationen: Stadtinfo Ettlingen, ☎ 07243/101-333, ettlingen.de
30 Jahre Mnozil Brass, 16. November, 20h, österreichisches Blechbläserensemble, Konzerthaus
14. Ettlinger Folknacht [S. 125], 12. November, 19h, Stadthalle Ettlingen, Infos: Stadtinfo Ettlingen, ☎ 07243/101-333, ettlingen.de

SHOPPING-EVENTS

Ettlingen, 19. März: Autosalon in der Innenstadt und 15. Oktober: Herbstmarkt, jeweils mit verkaufsoffenem Sonntag – am 13. Mai und 22. September findet 18-23h zudem ein „Nightshopping" statt, Stadtinfo Ettlingen, ☎ 07243/101-380, ettlingen.de
Karlsruhe, verkaufsoffene Sonntage sind am 23. April (parallel zum „Fest der Sinne") und am 15. Oktober zum Stadtfest
Karlsruhe-Durlach, voraussichtlich am 23. April und 17. September finden in Durlach verkaufsoffene Sonntage statt

SHOW-VERANSTALTUNGEN

SIXX PAXX, 26. Januar, 20h, Anfassbar-Tour, Stripshow, Konzerthaus
Martin Rütter, 10. März, 20h, „Freispruch!", Hundetrainershow, Schwarzwaldhalle
Siegfried & Joy, 19., 20., 21. und 22. Januar, jeweils 20h, Zaubershow unter dem Motto „Las Ve-

gas in Karlsruhe", Kulturzentrum Tollhaus [S. 435], 76131 Schlachthausstr. 1, ☎ 96 40 50, tollhaus.de

Murphy's Celtic Legacy, 6. April, 20h, Irish-Dance-Show, Konzerthaus

Moving Shadows, 22. April, 20h, Schattentheater, Konzerthaus Karlsruhe

Thomas Kundt – Der Tatortreiniger, 24. April, 20h, Konzerthaus

Latin Pop Night, 26. April, 19.30h, Show mit lateinamerikanischen Rhythmen, Konzerthaus

Highland Saga, 29. April, 19.30h, die Licht-, Musik- und Videoshow unternimmt eine musikalische Zeitreise ins schottische Hochland, Schwarzwaldhalle

ABBAMANIA, Show mit ABBA-Songs, 29. Oktober, 19h, Konzerthaus

COMEDY/KABARETT

Eure Mütter, 13. Januar, 20h, „Ich find' ja die Alten geil", Comedy, Tollhaus [S. 435]

Cavewoman, 3. Februar, 20h, Comedy mit Ramona Krönke, Tollhaus [S. 435]

BlöZinger, 4. Februar, 20.30h, Theaterkabarett oder auch „Kopfkinokabarett", Schloss Ettlingen, Infos: Stadtinfo Ettlingen, ☎ 07243/101-333, ettlingen.de

Falk, 16. Februar, 20h, „Live und unerhört", Musikkabarett, KOHI

Quichotte, 18. Februar, 20h, „Nicht weniger als ein Spektakel", Musik-Comedy, Tollhaus [S. 435]

Schwarze Grütze, 18. Februar, 20.30h, Musikkabarettduo, Schloss Ettlingen, Infos: Stadtinfo Ettlingen, ☎ 07243/101-333, ettlingen.de

Erwin Pelzig, 25. Februar, 19h, „Der wunde Punkt", fränkischer Kabarettist, Tollhaus [S. 435]

Bülent Ceylan, 1. Mai, 20h, Comedian, Schwarzwaldhalle

NightWash, 9. März, 20h, Stand-up-Comedy-Show, Stadthalle Ettlingen

Starbugs Comedy, 10. März, 20h, „Crash Boom Bang", Schweizer Comedy-Trio, Tollhaus [S. 435]

Bodo Wartke, 16. März, 20h, „Klaviersdelikte", Klavierkabarett, Kulturhaus Osterfeld [S. 100], Osterfeldstr. 12, 75172 Pforzheim, ☎ 07231/31 82 10, kulturhaus-osterfeld.de

Moritz Neumeier, 23. März, 20h, „Kollaps", Stand-up-Comedy, Tollhaus [S. 435]

Alain Frei, 22. April, 20h, „All in", Stand-up-Comedy, Kulturhaus Osterfeld [S. 100]

Pigor singt. Benedikt Eichhorn muss begleiten, 22. April, 20h, „Volumen X", Kabarett- und Chanson-Duo, Tollhaus [S. 435]

Nessi Tausendschön, 29. April, 20.30h, Trägerin des deutschen Kabarettpreises, Schloss Ettlingen, Stadtinfo Ettlingen, ☎ 07243/101-333, ettlingen.de

Die Feisten, 30. April, 19h, „Jetzt!", Zwei-Mann-Song-Comedy, Konzerthaus

Tauschrausch, 30. April, 19h, Impro-Comedy mit Helge Thun, Jacob Nacken und Mirjam Woggon, Kulturhaus Osterfeld [S. 100], Osterfeldstraße 12, 75172 Pforzheim, ☎ 07231/31 82 10, kulturhaus-osterfeld.de

Chris Tall, 25. Mai, 20h, Stand-up-Comedy, Schwarzwaldhalle

Christoph Sonntag, 21. Oktober, 20h, „Wörldwaid!", schwäbischer Kabarettist, CongressCentrum Pforzheim

Urban Priol, 10. Dezember, 20h, „Jahresrückblick TILT! 2023", Kabarett, CongressCentrum Pforzheim

SPORT-VERANSTALTUNGEN

Indoor-Meeting, 27. Januar, 18.30h, Leichtathletik, Messe Karlsruhe, meeting-karlsruhe.de

19. Rißnert-Lauf, 19. März, 15 Kilometer beziehungsweise 5 Kilometer langer Lauf durch den Oberwald, auch einen Kinder-Lauf gibt es, TuS Rüppurr, ☎ 88 45 01, tus-rueppurr.de

32. Badische Meile, 6. und 7. Mai, Start und Ziel ist beim Carl-Kaufmann-Stadion. 8,88889 Kilometer gilt es bei diesem „Spaß-Lauf" zu bewältigen. Diese Strecke legte einst Markgraf Karl Friedrich mit seinem Gefolge innerhalb von zwei Stunden durch den Hardtwald zurück. Fortan galt sie in Baden als Maß einer Meile. Die Badische Meile für Läufer und Walker findet sonntags statt, Mini- und Schülerläufe samstags. Ein Ableger ist die **8. Bergdorfmeile**, 30. Juni, ebenfalls über 8,88889 Kilometer, jedoch ist die Streckenführung mit Start und Ziel in Hohenwettersbach etwas anspruchsvoller, LG Karlsruhe, 76135 Hermann-Veit-Str. 7, ☎ 35 64 22, badischemeile.de, bergdorfmeile.de

Mai.Bike, 23. und 24. September, Breitensportevent für jedermann mit Radtouren über 20, 40 und 60 km ohne Zeitnahme, Horbachpark Ettlingen, mtb-karlsruhe.de

Ironman 70.3 Kraichgau, 21. Mai, Mitteldistanz-Triathlon, Start: Ubstadt-Weiher, Ziel: Bad Schönborn, Infos: ironman.com

24-Stunden-Lauf für Kinderrechte, vom 8. Juli (16h) bis zum 9. Juli (16h) findet ein vom Stadtjugendausschuss organisierter Spendenlauf statt, dessen Erlös an ausgewählte Kinder- und Jugendprojekte geht, weitere Infos: 24hlauf-karlsruhe.de

KSC-Familientag, Mitte Juli/Anfang August wird von 11 bis 16h der Familientag rund um das Wildparkstadion veranstaltet. Geboten sind Attraktionen für Kinder, Live-Musik, Showeinlagen, Fitness-Tests, Torwandschießen, Stadionführungen und die Vorstellung der neuen KSC-Mannschaft. KSC, 76131 Adenauerring 17, ☎ 964 34 50, ksc.de

40. Baden-Marathon Karlsruhe, 17. September, Start ist um 9h an der Europahalle, rund 10.000 Teilnehmer werden erwartet, mit Zieleinlauf im Carl-Kaufmann-Stadion. Gelaufen wird die Halbmarathonstrecke und die Kleinen starten beim Mini-Marathon, die erneute Ausrichtung des 42,2 km langen Marathons stand zum Redaktionsschluss noch infrage. Marathon Karlsruhe e. V., 76135 Hermann-Veit-Str. 7, ☎ 133-52 55, badenmarathon.de

Turmberglauf, 30. September, zehn Kilometer langer Stadtlauf mit Start und Ziel am Saumarkt, Kinder laufen eine kurze Strecke durch den Durlacher Schlossgarten, Infos: Turnerschaft Durlach 1846, turmberglauf.de

37. Oberwaldlauf, 21. Oktober, 10 bzw. 5 Kilometer langer Lauf durch den Oberwald, TuS Rüppurr, ☎ 88 45 01, tus-rueppurr.de

STADT(TEIL)FESTE

Südstadtfestival, am 13. Mai, 10-22h, findet auf dem Grünstreifen der Südstadt das multikulturelle Festival für Jung und Alt mit Vereinen und Initiativen, Getränke- und Imbissständen, Bühnenprogramm, Bands, Folklore, Rap und einem Spielefest für Kinder statt, Informationen: Kinder- und Jugendtreff Südstadt, 76137 Augartenstraße 21, ☎ 3 06 59, suedstadtfest.de

Hafen-Kultur-Fest, 23. bis 25. Juni am Rheinhafen für Jung und Alt, mit Livemusik, Essensständen und Kinderprogramm, siehe Artikel auf S. 127, KVVH GmbH, ☎ 599-74 01, hafen-kultur-fest.de

Peter-und-Paul-Fest, 30. Juni bis 3. Juli, höchst authentisches mittelalterliches Treiben in der gesamten Innenstadt Brettens, Informationen: Tourist-Info Bretten, Melanchthonstraße 3, 75015 Bretten, ☎ 07252/58 37-10, alt-brettheim.de

Lindenblütenfest, 23. bis 26. Juni, Stadtteilfest auf dem Gutenbergplatz mit Fahrgeschäften und Inthronisierung der 101. Lindenblütenkönigin des Bürgervereins Weststadt, 76135 Weltzienstr. 31, ☎ 81 21 48 und ☎ 0172/637 93 22

45. Durlacher Altstadtfest, 7. und 8. Juli, Livemusik und Essensstände im Stadtkern Durlachs, ARGE Durlacher und Auer Vereine, 76227 Pfinztalstr. 33, ☎ 133-19 35, altstadtfest-durlach.de

Ettlinger Marktfest, 25. bis 27. August, in der Ettlinger Altstadt mit Kunsthandwerkermarkt und Bühnenprogramm sowie einem reichhaltigen kulinarischen Angebot, Infos: Hallenamt Ettlingen, ☎ 07243/101-206, ettlingen.de

Stadtfest, 14. und 15. Oktober in der Karlsruher Innenstadt, am Sonntag sind die Geschäfte geöffnet, Veranstalter ist die Karlsruhe Marketing und Event GmbH, ☎ 78 20 45-0, karlsruhe-event.de

TALK & DISKUSSIONEN

15. Attac-Kongress, 14. Januar, 14h, „Friedenserklärung – Beiträge zu einer friedlichen Welt", der Eintritt ist frei, Kulturzentrum Tollhaus [S. 435], 76131 Schlachthausstr. 1, ☎ 96 40 50, tollhaus.de

23. Karlsruher Verfassungsgespräch, 22. Mai, 19h, im Plenarsaal des Bundesverfassungsgerichts am Schlossplatz. Das Karlsruher Verfassungsgespräch findet traditionell immer am Vorabend des 23. Mai statt, jenem Tag, an dem 1949 das Grundgesetz in Kraft trat. Neben geladenen Gästen kann normalerweise auch eine begrenzte Zahl interessierter Bürger teilnehmen und gegen Vorlage des Personalausweises vorab kostenfrei Eintrittskarten an der Rathauspforte abholen.

TANZ-EVENTS

Siehe auch Ballettprogramm des Badischen Staatstheaters bzw. unseren Artikel ab S. 93

Schwanensee, Nationalballett Kiew, am 2. Januar, 20h, Konzerthaus Karlsruhe

Murphy's Celtic Legacy, 6. April, 20h, Irish-Dance-Show, Konzerthaus

The Show!, voraussichtlich 22./23. April, Streetdance-Talentwettbewerb im jubez, 76133 Kronenplatz 1, ☎ 133-56 32, jubez.de/#!/focus/the-show

Aufgefächert, 13. bis 15. Juli, Tanzfestival und Ballettwochenende im Badischen Staatstheater, am 15. Juli findet die Internationale Ballett-Gala statt, Badisches Staatstheater [S. 98], 76137 Baumeisterstraße 11, VVK: ☎ 93 33 33, staatstheater.karlsruhe.de

24. Tanz Karlsruhe, meist im November stattfindendes Tanzfestival im Kulturzentrum Tempel, 76185 Hardtstraße 37a, ☎ 55 41 74, kulturzentrum-tempel.de

THEATER

Siehe auch Artikel „Auf die Bühne, fertig, los!" ab S. 92

Badische Landesbühne, Am Alten Schloss 24, 76646 Bruchsal, ☎ 07251/7 27-0, dieblb.de

Die Theaterwerkstatt/Dialog&Rede, professionelle Schauspieler und Sprecherzieher bieten Coaching im Sprechen und Vortragen sowie Rollenstudium für Vorsprechrollen in allen künstlerischen Berufen oder fürs Management und zudem ein Coaching in „Individueller Kommunikation": Zuhören und sich klar ausdrücken im respektvollen Gespräch. Aufführungen nach Absprache. S. Abt & B. Zelouf, ☎ 830 12 97, die-theaterwerkstatt.com

Insel, Bühne des „Jungen Staatstheaters" in der Spielstätte „Die Insel", 76137 Karlstr. 49b, VVK: ☎ 93 33 33, https://www.staatstheater.karlsruhe.de/programm/junges_staatstheater

Jakobus-Theater in der Fabrik, Amateurtheater, das Werke zeitgenössischer Autoren spielt, 76133 Kaiserallee 11, ☎ 85 42 45, jakobustheater.de

Kabarett in der Orgelfabrik [S. 96], Bühne des Kabaretts „Die Spiegelfechter", siehe Artikel ab S. 109, 76227 Amthausstr. 17-19, ☎ 476 27 16, die-spiegelfechter.de

10. Karlsruher Theaternacht, 9. September, 18-23h, das Publikum hat die Möglichkeit, stündlich in Blöcken von 20 Minuten Ausschnitte aus den aktuellen Inszenierungen der Karlsruher Theater zu sehen. Informationen: karlsruher-theaternacht.de

Badisches Staatstheater [S. 98], Mitte September findet das alljährliche Theaterfest mit Tag der offenen Tür, buntem Programm auf den Bühnen und Angeboten für die ganze Familie statt, 76137 Baumeisterstraße 11, ☎ 93 33 33, staatstheater.karlsruhe.de

Schlossfestspiele Ettlingen, von 1. Juni bis 13. August im Ettlinger Schlosshof, gespielt werden die Oper „Der Freischütz", das Tanztheater „Schwanensee", das Schauspiel „Krabat", das Musical „Soho Cinderella", die Elektropopshow „Blackbird", das Familienstück „Momo" sowie „Das Geheimnis der Irma Vep", weitere Informationen: Schlossfestspiele Ettlingen, Schlossplatz 3, 76275 Ettlingen, ☎ 07243/101-381, schlossfestspiele-ettlingen.de

Sommersprossen, 28. bis 30. Juli, Internationales Pforzheimer Straßentheater-Festival, Veranstaltungen finden unter anderem im Hof des Kulturhauses Osterfeld [S. 100] statt, Osterfeldstraße 12, 75172 Pforzheim, ☎ 07231/31 82 10, kulturhaus-osterfeld.de

Spuktheater, der Parapsychologe Radalon lädt ein zu einer Geschichte voller subtilem Spuk und macht scheinbar unerklärliche Phänomene erlebbar – die maximal 25 Zuschauer (Eintritt ab 18 Jahren) werden in die Handlung einbezogen, Alter Schlachthof, Gebäude 11e, 76131 Durlacher Allee 62, ☎ 0177/392 27 68, spuktheater.net

Theater Die Käuze, Kinder-, Jugend- und Erwachsenentheater, das Dramen, Komödien, Eigenproduktionen, musikalische Veranstaltungen und Lesungen sowie Gastspiele aufführt, 76139 Königsberger Str. 9, ☎ 68 42 07, kaeuze-theater.de

Theater „Die Spur", das älteste Amateurtheater in Karlsruhe spielt im Ökumenischen Gemeindezentrum Neureut (76189 Bernhard-Lichtenberg-Str. 46-48) und im Bücherland (76131 Gerwigstr. 35), ☎ 183 06 70, theaterdiespur.de

Theater in der Orgelfabrik, im Sommer, wenn andere Theater Ferien machen, spielt das Theater in der Durlacher Orgelfabrik für das Ensemble geschriebene Werke des Autorenduos Michel/Rosa, 76227 Amthausstraße 19, ☎ 40 14 43, theaterinderorgelfabrik.de

Volksbühne Karlsruhe e. V. – die Mitglieder dieses bundesweit vertretenen Vereins verpflichten sich zur Abnahme von mindestens vier Theaterkarten pro Saison, dafür erhalten sie Rabatte von bis zu 50 Prozent. Das Angebot gilt für das Badische Staatstheater, das Kammertheater, Das Sandkorn, Die Käuze, die Badisch Bühn und das Jakobus-Theater, 76135 Schillerstr. 23, ☎ 2 84 86, volksbuehne-karlsruhe.de

Volksschauspiele Ötigheim [S. 120], Deutschlands größte Freilichtbühne, siehe Artikel ab S. 114, Infos und Tickets: Kirchstr. 5, 76470 Ötigheim, ☎ 07222/96 87 90, volksschauspiele.de

VERANSTALTUNGS-DIENSTE

DEKOSERVICE

Babalooni, Dekoshop mit Dekoservice, Ballons, Funware und Ausstattung für Mottopartys, 76137 Rüppurrer Str. 126-128, ☎ 3 43 00, babalooni.de

Event- und Dekohaus, Dekomaterialien, etwa für Mottopartys, sowie Eventorganisation, 76131 Kriegsstr. 38, ☎ 50 44 59-0, ☎ 0171/342 44 83, deko-haus.com

GESCHIRR- UND GETRÄNKESERVICE

Catering Holger Braun, Getränkeservice, Kühlanhänger sowie Gläser- und Geschirrverleih, 76185 Lotzbeckstr. 13, ☎ 50 11 22, crepesservice.de

Espresso-Bienchen, Espressomobil und Proseccobar für Feiern und Events von 10 bis 1.000 Personen, Wilhelm-Danner-Str. 37, 76287 Rheinstetten, ☎ 0151/56 96 70 88, espresso-bienchen.de

Espresso mobile, rollende Espressobar, stilecht auf drei Rädern, zu buchen für Familienfeste und Firmenfeiern – das kleine rote Espresso mobile ist samstags von 7.30 bis knapp 14h auf dem Markt am Gutenbergplatz anzutreffen, Hammer & Gräfe, ☎ 13 27 86 91, espresso-stazione.de

Festservice GmbH, Bewirtungsgerätevermietung (auch Spülmaschinen), 76228 Talstraße 22, ☎ 45 13 08, festservice-gmbh.de

Getränke Ball [S. 220], Getränkelieferungen für den Privatgebrauch, Firmen und Veranstaltungen, 76199 Lange Str. 7, ☎ 89 03 93, getraenke-ball.de

INSTRUMENTEVERLEIH

Musikhaus Schlaile, verleiht Klaviere (ab 25€ pro Monat) und zahlreiche weitere Instrumente, 76133 Kaiserstr. 175, ☎ 13 02-0, schlaile.de

Rock-Shop-Backline-Service, Verleih von Instrumenten und Equipment für Konzerte, Tourneen, Festivals und TV-Shows, 76149 Am Sandfeld 25, ☎ 9 78 55-0, rockshop.de

KÜNSTLER/MUSIKER

AKK – Agentur Kultur und Kommunikation, Autor und Moderator Harald Schwiers vermittelt Künstler/Kabarettisten und bietet Konzepte mit und ohne Moderation, 76135 Draisstr. 8, ☎ 84 34 75

Badische Schwertspieler, die Mitglieder eines der ältesten Mittelaltervereine Deutschlands lassen sich als Darsteller für Schwertkämpfe, Turniere und Mittelaltermärkte buchen, 76185 Hardtstraße 37a, badische-schwertspieler.de

blue event, Veranstaltungskonzepte und Beratung, 76133 Herrenstr. 56, ☎ 981 21 16, blue-event.de

Felicitas Brunke, die Mezzosopranistin singt Klassik, Jazz sowie Chansons auf Konzerten, Feiern und Veranstaltungen und kümmert sich auf Wunsch auch um die musikalische Besetzung, ☎ 0175/762 15 03, felicitasbrunke.com

Clown Rinaldo, Seifenblasenkünstler, 76187

Dürkheimer Str. 22, ☎ 75 16 28, rinaldo.de
Forró de KA, brasilianische Band, die den traditionellen Musikstil Forró aus dem Nordosten Brasiliens pflegt und eigene Kompositionen sowie Forró-Klassiker spielt, ☎ 0176/42 06 71 06, ☎ 01573/794 12 58, forrodeka.com
Ralf Gagel, Magier, Orffweg 2, 76676 Graben-Neudorf, ☎ 07255/719 06 47, ralfgagel.com
Herwald Artists, Management-Agentur für Musiktheater und Konzert, 76228 Straße des Roten Kreuzes 64, ☎ 947 39 39, herwald-artists.com

PARTYSERVICE, CATERING

Badisch Brauhaus [S. 282], Bierlieferungen und Partyequipment (Biertischgarnituren, Bull-Riding, Hüpfburg etc.), 76133 Stephanienstr. 38-40, ☎ 144-44 00, badisch-brauhaus.de
Björn Wallacher GmbH, Live-Cooking und Catering für bis zu 100 Personen, ☎ 0176/99 11 96 27, bjoern-kocht.de
Crêpes-Service, Crêpes und Flammkuchen, Live-Cooking, Verleih von Festbedarf, 76185 Lotzbeckstraße 13, ☎ 50 11 22, crepesservice.de
El Tesoro, Catering mit lateinamerikanischen Speisen für bis zu 50 Personen, 76185 Rheinstr. 65, ☎ 596 66 90, ☎ 0176/43 00 32 54, eltesoro.de
Espresso-Bienchen, Espressomobil und Proseccobar für Feiern und Events von 10 bis 1.000 Personen, Wilhelm-Danner-Str. 37, 76287 Rheinstetten, ☎ 0151/56 96 70 88, espresso-bienchen.de
Eis-Oma, der buchbare mobile Eiswagen bietet Eiskugeln, Eistorten und einen Festservice, 76189 Hellbergstr. 1, ☎ 50 37 37, eisoma.de
Eismarie, ein nostalgischer Eiswagen, ein Eiszelt und eine Eistheke zum Mieten für Feiern, 76229 Martin-Luther-Str. 12, ☎ 48 40 40, eismarie.de
Konrads Cateringservice, Eventservice von der Grillparty übers Sommerfest bis hin zu großen Kundenevents mit individuellen Buffets und Menüs, 76131 Willy-Andreas-Allee 19, ☎ 0176/21 61 81 24, konrads-cateringservice.de
Mediterrane [S. 320], Catering für Veranstaltungen von 10 bis 200 Personen, 76137 Karlstr. 70, ☎ 819 69 78, mediterrane.eu
mint, das Restaurant-Café im Foyer des ZKM bietet Catering für Veranstaltungen im ZKM und außer Haus für 40 bis 700 Personen, auch vegetarisch oder vegan, 76135 Lorenzstraße 19, ☎ 0178/415 59 27, mint-karlsruhe.de
Restaurant Hasen [S. 308], Catering von privaten Familienfeiern bis hin zu Firmenveranstaltungen mit 500 Personen, Veranstaltungsräume vorhanden für bis zu 40 Personen, 76131 Gerwigstr. 47, ☎ 96 37-126 und -122, restaurant-hasen.com
Sacks Catering-Service, die Metzgerei Sack beliefert Veranstaltungen von 10 bis 200 Personen, Anfragen: ☎ 07246/3 05 62-0, metzgerei-sack.de
Schmid Partyservice, Full-Service, von der Familienfeier bis zum Großevent mit 10.000 Personen, vom Frühstück bis zum festlichen Dinner, auch vegetarische, vegane und Bio-Angebote, 76185 Sedanstr. 6, ☎ 350 05 10, partyservice-schmid.de
schuh's restaurant, Catering für bis zu 500 Personen von Genuss-Menüs über Fingerfood und Buffets bis hin zu American BBQ, Siemensallee 1, 76344 Eggenstein, ☎ 40 24 69 19, schuhs-restaurant.de
Steuermann, beliefert Events für bis zu 300 Personen mit regionaler und internationaler saisonaler Küche sowie Fisch- und Grillgerichten, 76189 Hansastr. 13, ☎ 95 09 00, hotel-steuermann.de
The Flying-Barman-Service, bundesweites Cocktail- und Café-Catering mit mobilen Bars und Profi-Barkeepern, auch Cocktailworkshops, 76227 Karlsruher Allee 9, ☎ 941 54 84, flying-barman.de
ViVA, vegetarischer Partyservice, zum Teil mit Bio-Produkten, auch vegane und glutenfreie Waren, 76133 Lammstr. 7a, ☎ 2 32 93, viva-restaurant.de
Watt's Brasserie [S. 112], mediterranes und regionales Catering im Raum Ettlingen, Karlsruhe und Rastatt – Spezialist für die nahegelegene Veranstaltungslocation „Buhlsche Mühle", ☎ 07243/714-20 00, watts.de

PARTYZELTE

H & W Zeltservice, vermietet Party-, Fest- und Lagerzelte, 76185 Hardeckstr. 3, ☎ 971 32 50, h-w-zeltservice.de
Catering Holger Braun, Mietzelte, 76185 Lotzbeckstr. 13, ☎ 50 11 22, crepesservice.de

VERANSTALTUNGSTECHNIK UND -ORGANISATION

blue event, Veranstaltungskonzeption und -beratung, 76137 Herrenstraße 56, ☎ 981 21 16, blue-event.de

Convention Bureau Karlsruhe und Region, das Kompetenznetzwerk ist Ansprechpartner für alle, die in Karlsruhe oder der Region Tagungen, Kongresse oder Veranstaltungen ausrichten, ☎ 60 29 97-700, conventionbureau-karlsruhe.de

Crystal Sound, Veranstaltungstechnik der Rock Shop GmbH, Beschallungen für Konzerte, Tourneen, Festivals und Industriepräsentationen, 76149 Am Sandfeld 25, ☎ 9 78 5-170, crystal-sound.de

Förderkreis Kultur Karlsruhe, Durchführung von Veranstaltungen im kulturellen Bereich von kleinen Events mit 200 Gästen bis zu Großkonzerten und Musicals, ☎ 07255/18 46, foerderkreis-kultur.de

hell begeistert. GmbH, kompetenter Partner für Licht, Ton, Video und Bühne, ☎ 07222/96 88 70, hellbegeistert.de

projektart – vogel rosenbaum & partner, Projektorganisation und Partner für Wirtschaft und Kultur in den Bereichen Medien, Marketing, Projektmanagement, Social Media, Web und Grafik, 76189 Neugärtenweg 3, ☎ 249 50 50, projektart.eu

VERANSTALTUNGSORTE

Neben den hier genannten Veranstaltungsorten gibt es auch zahlreiche gastronomische Betriebe, die regelmäßig Live-Musik und andere Events bieten.

Alte Hackerei, Schlachthofgelände, 76131 Durlacher Allee 62, ☎ 627 73 23, altehackerei.de

AKK/Altes Stadion, der Arbeitskreis Kultur und Kommunikation e. V. des KIT-Campus Süd organisiert Konzerte, Theater und Filmvorführungen, 76131 Paulckeplatz 1, ☎ 964 03 22, akk.org

Anders auf dem Turmberg, Location für Hochzeiten und sonstige Feierlichkeiten im Restaurant und im Burghof mit Außengastronomie und großer umlaufender Terrasse, 76227 Reichardtstr. 22, ☎ 4 14 59, anders-turmberg.de

Badisches Landesmuseum, der Gartensaal im Schloss Karlsruhe bietet ein stilvolles Ambiente für Firmenevents und private Feiern, ☎ 926-68 00, 76131 Schlossbezirk 10, landesmuseum.de

Badnerlandhalle, Zentrum für 20 bis 1.000 Personen, Infos: Ortsverwaltung Neureut, 76149 Rubensstraße 21, ☎ 78 05-145, badnerlandhalle.de

Birdland 59, Kellergewölbe des Jazzclubs Ettlingen, regelmäßig Konzerte wechselnder Bands verschiedener Jazz-Stilrichtungen, Pforzheimer Straße 25, 76275 Ettlingen, ☎ 07243/33 06 93, jazz-club-ettlingen.chayns.net

Centre Culturel Franco-Allemand Karlsruhe, Chansonabende, Konzerte, Ausstellungen, 76133 Karlstr. 52-54, ☎ 1 60 38-0, ccfa-ka.de

Christuskirche, regelmäßige Konzerte, 76133 Kaiserallee 2, Kantorei: 76133 Riefstahlstr. 2, ☎ 830 83 85, christuskirche-karlsruhe.de

Die neue Fledermaus, Ausstellungen, Lesungen und Konzerte, 76131 Am Künstlerhaus 20, ☎ 01578/845 35 52, dieneuefledermaus.de

Evangelische Stadtkirche Durlach, regelmäßige Konzerte und Kantaten, 76227 Am Zwinger 5 ☎ 40 98 95 53, durlacher-kantorei.de

Evangelische Stadtkirche Karlsruhe [S. 431] Konzerte, 76133 Kreuzstr. 13 (Eingang am Marktplatz), ☎ 920 49 17, stadtkirche-karlsruhe.de

Festhalle Wörth, Festplatz 1, 76744 Wörth am Rhein, ☎ 07271/131-419, festhalle-woerth.de

Gotec Club, Kunst- und Kulturplattform, Bar, 76185 Gablonzer Str. 11, ☎ 596 47 61, gotec-club.de

Hemingway Lounge, Bar/Bistro mit regelmäßiger Livemusik und Talkveranstaltungen, 76135 Uhlandstr. 26, ☎ 49 97 28 77, hemingwaylounge.de

Hochschule für Musik [S. 121], umfangreiches Konzertprogramm und Musiktheater, 76131 Am Schloss Gottesaue 7, ☎ 66 29-0, hfm-karlsruhe.de

Karlsburg Durlach, buchbar für Familienfeiern, Konzerte, Tagungen und Vorträge in stilvoller Umgebung, 76227 Pfinztalstr. 9, ☎ 133-19 03

Kellerhalle, Non-Profit-Konzerte in heimeligem Backsteinkeller in der Essenweinstraße, Eintritt und Getränke gegen Spende, Veranstaltungstermine werden per E-Mail-Verteiler veröffentlicht (kellerhalle-karlsruhe@gmx.de)

KOHI-Kulturraum e. V., Indieclub, Kunstgalerie, Theater, Konzert- und Literaturhaus, das Livemusik, Lesungen, Poetry-Slams, Filme und Online-Veranstaltungen bietet, statt Eintritt bezahlt man eine geringe Gebühr für eine zeitlich begrenzte Mitgliedschaft im Verein, 76137 Werderstr. 47, kohi.de

Kongresszentrum Karlsruhe [S. 426], vier Locations mit insgesamt 20.000 qm Ausstellungsfläche und 10.000 qm Freigelände mitten in der Stadt: die Schwarzwaldhalle, die Stadthalle, die Gartenhalle sowie das Konzerthaus, Karlsruher Messe- und Kongress-GmbH (KMK), 76137 Festplatz 9, ☎ 37 20-0, messe-karlsruhe.de

Kulturhaus Osterfeld [S. 100], bietet Spielraum für die freie Kunst-, Kultur- und Theaterszene und ist für Konferenzen, Tagungen oder Feierlichkeiten zu mieten, Osterfeldstr. 12, 75172 Pforzheim, ☎ 07231/31 82 10, kulturhaus-osterfeld.de

Kulturküche, bietet Raum für kulinarische Veranstaltungen, Workshops, Diskussionsrunden, Lesungen und Livemusik, 76131 Kaiserstr. 47, ☎ 96 31 14 87, kulturkueche-karlsruhe.de

Kulturzentrum jubez, bietet Konzerte von Rock, Pop, Blues und Folk über Singer-Songwriter, Hardcore, Rap, Hip-Hop und elektronische Musik bis hin zu Local Nights, Kabarett, Kleinkunst, Lesungen sowie politische Vorträge und widmet sich darüber hinaus der Nachwuchsförderung, 76133 Am Kronenplatz 1, ☎ 93 51 93, jubez.de

Kulturzentrum Tempel, das unabhängige soziokulturelle Zentrum mit Sitz im Bau der ehemaligen Seldeneckschen Brauerei bietet vor allem Konzerte und Tanzevents, 76185 Hardtstr. 37a, ☎ 55 41 74, kulturzentrum-tempel.de

Kulturhaus Mikado [S. 441], das in einem ehemaligen amerikanischen Kasernengebäude untergebrachte Kulturhaus feiert 2023 sein 20-jähriges Bestehen. Das „Mikado" bietet eine kleine, aber feine Bühne für Newcomer und „alte Rampensäue" aus unterschiedlichsten musikalischen Stilrichtungen beziehungsweise einen Ort zum Mitmachen und Ausprobieren. Das vielfältige Programm reicht vom Kinder-Chor über Kurse bis hin zum Kleidertausch. Der gemeinnützige Verein lebt von bürgerlichem Engagement und Eigeninitiative und möchte als Brücke zwischen Generationen und Kulturen fungieren, 76149 Kanalweg 52, ☎ 60 90 03 16, mikadokultur.de

Lutherkirche, Konzerte geistlicher Musik verschiedener Epochen, 76131 Durlacher Allee 23

Messe Karlsruhe [S. 426], verfügt über 90.000 qm Freifläche und 52.000 qm Hallenfläche für Veranstaltungen und Messen, Karlsruher Messe- und Kongress-GmbH (KMK), Messeallee 1, 76287 Rheinstetten, ☎ 37 20-0, kongress-karlsruhe.de, messe-karlsruhe.de

Musi-KA-tion, Location gegenüber dem Staatstheater für private Veranstaltungen und Feiern – wenn man einen Live-Auftritt der Musikerin Sandy Campos (z. B. Soul, Funk, Pop, R&B, Rock, Blues oder Oldies) für seine Feier bucht, wird die Lokalität kostenlos bereitgestellt, 76137 Baumeisterstraße 16, ☎ 354 08 88, die-kuenstlerbuehne.de

Orgelfabrik, Theater, Ausstellungen, Live-Musik und das Kabarett „Die Spiegelfechter" (siehe auch Artikel ab S. 109), 76227 Amthausstr. 17-19, ☎ 133-40 62, karlsruhe.de/b1/kultur/orgelfabrik

P8, die Räumlichkeiten des „Panorama e. V. – Verein zur Förderung von Kunst und Kultur in Karlsruhe" bieten Platz für unkommerzielle (Sozio-)Kultur, 76135 Schauenburgstr. 5, ☎ 50 05 40 54, p-acht.org

räume, Vermietung naturnaher Seminarräume im Hardtwald für 2 bis 70 Personen, auch für Kundenevents oder Geschäftsessen geeignet – Seminarcatering mit regionalen, saisonalen und Fair-Trade-Produkten, 76131 Linkenheimer Allee 8, ☎ 75 09 18 88, raeume-karlsruhe.de

Rheinterrassen [S. 442], Eventlocation mit einer Terrasse, die direkt am Rheinufer Raum für 40 bis 400 Personen bietet, Maxau am Rhein 15, 76187 Karlsruhe, ☎ 144-8001, rheinterrassen-karlsruhe.de

Schalander, Veranstaltungsraum im Hoepfner Burghof (für Feierlichkeiten bis 200 Personen), 76131 Haid-und-Neu-Str. 18, ☎ 62 26 44, hoepfner-burghof.de

Stephansaal, Konzerte, Vorträge, Diashows und Versammlungen – die katholische Kirche plant, das Gebäude voraussichtlich dieses Jahr abzureißen und bis 2025 einen neuen Veranstaltungssaal fertigzustellen, 76133 Ständehausstr. 4

Stadtmitte, der Musik-Club mit Bar bietet Konzerte, Lesungen und Theaterveranstaltungen, 76137 Baumeisterstr. 3, ☎ 354 63 81, die-stadtmitte.de

Studentisches Kulturzentrum des KIT-Campus Süd, veranstaltet unter anderem Theater und Konzerte, 76131 Adenauerring 7, ☎ 69 12 39, studentisches-kulturzentrum-am-kit.de

Substage e. V., der Live-Club veranstaltet Motto-Partys (90er-Partys, Ü30-Partys etc.) sowie Auftritte lokaler und internationaler Bands, 76131 Alter Schlachthof 19, ☎ 783 11 50, substage.de

Theurerhof Speßhardt, Eventlocation in einem restaurierten Hof-Ensemble mit sechs individuell gestalteten Räumen und einem hübschen Gartenhaus, Theurersweg, 75365 Calw-Speßhardt, ☎ 07053/92 94-0, berlins-hotel.de

Tollhaus e. V. [S. 435], Kulturzentrum und Veranstalter des Sommerfestivals „Zeltival" bzw. des „ATOLL"-Festivals für zeitgenössischen Zirkus. Hier trifft man auf Comedy, Kabarett, Kleinkunst, Chansons, Weltmusik, Jazz, Rock und Künstler aus aller Welt, die sich abseits des Mainstreams bewegen, 76131 Alter Schlachthof 35, ☎ 96 40 50, tollhaus.de

Veranstaltungsräume der Stadt Ettlingen [S. 443], über 150.000 Gäste aus Politik, Wirtschaft, Wissenschaft und Gesellschaft begrüßt die Fair-Trade-Stadt Ettlingen jährlich in ihren einzigartigen Veranstaltungslocations. Räume wie das Ettlinger Schloss, die Schlossgartenhalle, die Stadthalle, die Waldsaumhalle, die Bürgerhalle, das Dorfgemeinschaftshaus und das Kasino verfügen über moderne Technik, sind barrierefrei und können für private Feiern, Firmenveranstaltungen, Tagungen oder Ausstellungen gemietet werden – weitere Informationen: Stadt Ettlingen, Schloss & Hallen, ettlingen.de/locations

Z10, Kneipe des Studentenzentrums Z10 e. V., Musik, Mottoabende, Improtheater, Quiz, Slams etc., 76131 Zähringerstr. 10, ☎ 37 54 47, z10.info

ZKM [S. 164], das ZKM erweitert die Aufgaben des originären Museums und vereinigt Forschung und Produktion, Ausstellungen und Aufführungen, Sammlung und Archive, Vermittlung und Veranstaltungen, siehe auch Artikel ab S. 140; 76135 Lorenzstr. 19, ☎ 81 00-0, Öffnungszeiten unter zkm.de

VORTRÄGE & LESUNGEN_

LESUNGEN

Wladimir Kaminer, 7. Januar, 19.30h, „Wie sage ich es meiner Mutter", Tollhaus [S. 435]

Pippa Pollina & Thomas Sarbacher, 13. Januar, 20h, „Der Andere", Lesung mit Musik, Tollhaus [S. 435]

Jose Carlos Contreras Azaña, 16. Januar, 20h, „Das Lächeln des Meerschweinchens", KOHI

Sebastian Lehmann, 2. Februar, 20h, „Ich habs dir gleich gesagt, Sebastian", Tollhaus [S. 435]

Luisa Neubauer & Dagmar Reemtsma, 8. März, 20h, „Gegen die Ohnmacht", Tollhaus [S. 435]

VORTRÄGE

Colloquium Fundamentale, öffentliche Vortragsreihe für alle Interessierten, Thema des Wintersemesters 2022/23 ist „Globale Klimapolitik in einer brüchigen Weltordnung", Termine: 19. Januar und 2. Februar, 18h, Eintritt frei, Infos: ZAK | Zentrum für Angewandte Kulturwissenschaft und Studium Generale am KIT, 76137 Rüppurrer Str. 1a, Haus B, ☎ 608-4 43 84, zak.kit.edu

„Es lebe die Freiheit! Menschen in der Revolution 1848/49", Vortragsreihe der Bundesarchiv-Erinnerungsstätte für die Freiheitsbewegungen in der deutschen Geschichte [S. 152], 23. Februar: „Joseph Fickler – Der Volkstribun aus dem badischen Seekreis", Dr. Michael Kitzing; 23. März: „Fanny Lewald und Malwida von Meysenbug – Kritische Kommentatorinnen der Revolution", Prof. Dr. Anne-Rose Meyer; 20. April: „Kaiser Wilhelm I. – Das Revolutionstrauma des Kartätschenprinzen", Dr. Jan Markert; 25. Mai: „Friedrich Ludwig Jahn – Der streitbare Turnvater", Dr. Josef Ulfkotte; 22. Juni: „Benedikt Waldeck – Anwalt der Freiheit in der ‚demokratischen Monarchie'", Dr. Jan Ruhkopf; 21. September: „Jean Jansen – Erschossen in Rastatt. Die Revolution verschlingt ihre Kinder", Dr. Irmgard Stamm; 19. Oktober: „Louise Otto-Peters – Vorkämpferin für Frauenrechte und Gründerin der Frauenbewegung", Dr. Kerstin Wolff; 16. November: „Eduard von Simson – Pragmatiker zwischen Paulskirche, Fürstenhof und Reichsgericht", Dr. Tobias Hirschmüller, Beginn jeweils um 18.30h im Schloss Rastatt, Herrenstraße 18, 76437 Rastatt, ☎ 07222/7 71 39-0, bundesarchiv.de/erinnerungsstaette

WEINFESTE

Durlacher Weinfest, voraussichtlich 16. und 17. September auf dem Durlacher Saumarkt

Weinfeste-Kalender, mehr als 200 Weinfeste werden jedes Jahr in Baden veranstaltet. Unter weinfeste-in-deutschland.de gibt es einen Überblick mit aktuellen Terminen für Baden-Württemberg. Weinfeste der Region Südliche Weinstraße sind unter suedlicheweinstrasse.de aufgelistet.

WISSENSCHAFT

Physik-Event, 14. Januar, 18h, die einzige Physikshow in 4D, Wissenschaftsshow für Kinder, Jugendliche und Erwachsene mit den Physiklehrern Hartmut Aichert, Markus Kuschel, Nils Laßmann und Jürgen Reiber sowie vielen Experimenten, Tollhaus [S. 435]

KIT im Rathaus, am 30. Januar, 18.30h, stellt das KIT-Zentrum Information, Systeme, Technologien (KCIST) seine Arbeit und aktuelle Forschungsprojekte im Karlsruher Rathaus vor, der Eintritt ist frei, Infos: ZAK|Zentrum für Angewandte Kulturwissenschaft und Studium Generale am KIT, 76137 Rüppurrer Str. 1a, Haus B, ☎ 608-4 43 84, zak.kit.edu

Frühlingsakademie Nachhaltigkeit am KIT [S. 197], vom 27. bis zum 30. März richten sich die Projekttage zur Nachhaltigkeit in Wissenschaft, Studium, Beruf und Alltag an alle, die Interesse an einer nachhaltigen Entwicklung haben. Im Fokus steht die Frage „Was ist nachhaltige Landwirtschaft?" Die Akademie beginnt am 27. März um 18h mit einem öffentlichen Vortrag von Prof. Dr. Urs Niggli zum Thema „Nachhaltig die Welt ernähren: Fakten, Zielkonflikte und Lösungsstrategien" mit anschließender Diskussion, Infos: ZAK|Zentrum für Angewandte Kulturwissenschaft und Studium Generale am KIT, 76137 Rüppurrer Str. 1a, Haus B, ☎ 608-4 69 19, zak.kit.edu/fruehlingstage

FameLab, 29. März, 19h, im Tollhaus. Raus aus dem Labor und ab auf die Bühne! Beim internationalen Wettbewerb für Wissenschaftskommunikation „FameLab" präsentieren junge Wissenschaftler und Wissenschaftlerinnen ihre Forschung mit Witz und Charme live auf der Bühne, um eine Expertenjury und das Publikum von ihrem Forschungsthema zu überzeugen. Die Teilnehmerinnen und Teilnehmer haben nur drei Minuten Zeit, einem Laienpublikum ihre komplexen Forschungsinhalte zu erklären, und müssen auf gängige Hilfsmittel wie Schaubilder oder Powerpoint-Präsentationen verzichten. Eine Veranstaltung, die dem Publikum Spaß und neue Erkenntnisse verspricht. Der Eintritt ist frei. Ansprechpartner: Stadt Karlsruhe, Wissenschaftsbüro, ☎ 133-73 83, famelab-ka.de

Campustag, voraussichtlich am 17. Juni und am 15. November, die Veranstaltung bietet Beratung und Informationen zu Studium, Karriere und Beruf sowie Einblicke in Forschung und Technik – nebenbei lernt man die Hochschule kennen, Infos: Hochschule Karlsruhe (Die HKA) [S. 204], 76133 Moltkestr. 30, ☎ 925-0, h-ka.de/campustag

ORT DER MÖGLICH KEITEN
Präsentiert von
karlsruhe.digital
Gemeinsame Abschlussparty
mit der KIT Science Week
InnovationFestival
@karlsruhe.digital
13. Oktober 2023
Erlebe bei spannenden Impulsvorträgen
ein Feuerwerk der digitalen Innovationen!
Weitere Informationen unter www.karlsruhe.digital
karlsruhe.digital #InnovationFestivalKA

Wissenschaftsreihe EFFEKTE [S. 110], bietet bis Juni Vorträge und Diskussionen zu spannenden Wissenschaftsthemen. Am „Wissenschaftsdienstag" präsentieren sich Karlsruher Hochschul- und Forschungseinrichtungen um 19.30h im TRIANGEL Open Space am Kronenplatz und zeigen, dass sie mit ihrer Forschung am Puls der Zeit sind. Die Abende bestehen aus zwei oder drei Kurzvorträgen mit anschließender Fragerunde, damit Bürgerinnen und Bürger sowie Wissenschaftlerinnen und Wissenschaftler in einen offenen Dialog treten können. Die Veranstaltungen sind kostenfrei, genaue Termine unter effekte-karlsruhe.de. Ansprechpartner: Stadt Karlsruhe, Wissenschaftsbüro, ☎ 133-73 80

Wissenschaftsfestival EFFEKTE [S. 110], vom 17. bis zum 25. Juni verwandelt sich die Stadt in ein riesiges Mitmach- und Erlebnislabor. Wissenschafts- und Forschungseinrichtungen der Stadt zeigen, an welchen Forschungsthemen sie arbeiten und welche Innovationen sie zu bieten haben – hautnah zum Miterleben und Anfassen. Die Wissenschaft verteilt sich innerhalb der Festivaltage an unterschiedlichen Orten wie den Hochschulen, auf öffentlichen Plätzen, in Forschungseinrichtungen oder sogar in Bars und Kneipen. Über hundert Veranstaltungen locken mit Wissensshows, Ausstellungen, Performances und vielen neuen Highlightformaten das Publikum an. Ein Höhepunkt ist das große Abschlusswochenende vom 23. bis zum 25. Juni im Schlossgarten. Prägendes EFFEKTE-Element ist die einzigartige Show-Bühne. Ob spannende Live-Experimente, der humorvolle Science Slam oder das spektakuläre Bühnenprogramm mit internationalen Top-Acts – für jeden ist etwas dabei. Auch dieses Jahr ist das „Fest der jungen Forscher" präsent und bietet Mitmachangebote für Kinder, Jugendliche und Erwachsene. Weitere Infos unter effekte-karlsruhe.de, Ansprechpartner: Stadt Karlsruhe, Wissenschaftsbüro, ☎ 133-73 80

InnovationFestival @karlsruhe.digital [S. 446], bietet am 13. Oktober den besten digitalen Innovationen aus Karlsruhe und der Region eine große Bühne. Das Veranstaltungsformat der Initiative karlsruhe.digital macht die Themenvielfalt der Digitalisierung für alle sicht- und erlebbar und findet parallel zur KIT Science Week statt. Zehnminütige Impulsvorträge beleuchten aktuelle digitale Themenbereiche wie Smart City, Mobilität, IT-Sicherheit und Künstliche Intelligenz. Nach einem öffentlichen „Call for Presentations" wählt eine Jury, bestehend aus Mitgliedern des Steuerkreises der Initiative „karlsruhe.digital", die besten Innovationen aus. Smart-City-Projekte veranschaulichen eindrucksvoll, wie in Karlsruhe und der Region Technologien gezielt eingesetzt werden, um das Zusammenleben und die Lebensqualität der Stadtgesellschaft weiter zu verbessern. Neben Start-ups zeigen renommierte Unternehmen, (Kultur-)Institutionen und Forschungseinrichtungen ihre neuesten digitalen Innovationen. Das kostenfreie, hybride Format ermöglicht sowohl die Teilnahme vor Ort als auch die Zuschaltung per Livestream. Am Abend heißt es dann wieder „InnovationFestival meets KIT Science Week": Mit dem Afterwork-Event klingt das InnovationFestival bei Musik aus. Weitere Informationen: karlsruhe.digital/innovationfestival

ZAK-Talks, 14. bis 15. Oktober, im Rahmen der KIT Science Week veranstaltet das ZAK ein Symposium, eine Matinee, Filmnacht und Lesung rund um das Thema Nachhaltigkeit und Klimaschutz, der Eintritt ist frei, Infos: ZAK | Zentrum für Angewandte Kulturwissenschaft und Studium Generale am KIT, 76137 Rüppurrer Str. 1a, Haus B, ☎ 608-4 43 84, zak.kit.edu

ZIRKUS

ATOLL – Festival für zeitgenössischen Zirkus, voraussichtlich 14. bis 24. September in Zelten und Sälen im und um das Kulturzentrum Tollhaus [S. 435], seit 2016 eines der wenigen diesem jungen und spannenden Genre gewidmeten Festivals in Deutschland, 76131 Schlachthausstraße 1, ☎ 96 40 50, tollhaus.de

Karlsruher Weihnachtscircus, noch bis 8. Januar und von Mitte Dezember bis 6. Januar 2024 auf dem Messplatz

VERKEHR

AUTOMOBILE

AUDI

Audi-Zentrum Karlsruhe GmbH, 76131 Gerwigstraße 83, ☎ 9 62 20-0, grafhardenberg.de
Autohaus Finger GmbH, 76149 Donauschwabenstr. 40, ☎ 9 78 60-0, autohaus-finger.de
Autohaus Stoppanski, Hertzstr. 6, 76275 Ettlingen, ☎ 07243/57 70-0, stoppanski.de

BMW

Ungeheuer Automobile GmbH, 76227 Ottostraße 22, ☎ 94 93-0, bmw-ungeheuer.de

CITROËN

Autohaus Beier, 76131 Heinrich-Wittmann-Str. 21, ☎ 8 30 86-0, autohaus-beier.de
Autohaus Kuhn GmbH, Vertragshändler für die Fahrzeugmarken Citroën, DS und Isuzu sowie Subaru, 76185 Wattstraße 14, ☎ 4 90 18-0, autohaus-kuhn.de

DACIA

Auto Krasser, Pforzheimer Str. 78-104, 76275 Ettlingen, ☎ 07243/57 90-0, auto-krasser.de

FIAT

Autohaus Rummel, Pforzheimer Str. 110-116, 76275 Ettlingen, ☎ 07243/50 54 10, auto-rummel.de

FORD

Autohaus Hatzner, 76137 Rüppurrer Str. 102, ☎ 9 37 82-0, ford-hatzner-karlsruhe.de
Autohaus Graf Hardenberg GmbH, 76185 Rheinstr. 108, ☎ 56 59 00, grafhardenberg.de

HONDA

Autohaus Streit, Honda-Vertragshändler, 76185 Wattstr. 6, ☎ 7 90 06-0, streit-autohaus.de

HYUNDAI

Autohaus Schreiber GmbH, 76187 Im Husarenlager 12+15, ☎ 9 58 94-0, schreiber.hyundai.de

JAGUAR

Autohaus Stefan Geisser, 76187 Sudetenstr. 75, ☎ 57 04 43-0, autohaus-geisser.de

KIA

Autohaus Rastetter GmbH, 76227 Ottostr. 16, ☎ 4 09 01-0, rastetter.de
Autohaus Streit, Kia-Vertragshändler, 76185 Wattstr. 6, ☎ 7 90 06-0, streit-autohaus.de

LEXUS

Toyota-Zentrum, AHZ GmbH, nur Service, kein Verkauf, 76227 Ottostraße 18a, ☎ 94 26 68-40, toyota-zentrum.de

MASERATI

Autohaus Stefan Geisser, 76187 Eugen-Geiger-Straße 8, ☎ 61 93 74-0, autohaus-geisser.de

MAZDA

Autohaus Lang, 76131 Weinweg 22, ☎ 96 25 00, 123lang.de

MERCEDES-BENZ

S&G, 76185 Schoemperlenstr. 14, ☎ 95 65-0, und 76139 Am Storrenacker 1, ☎ 62 75-0, sug.de

MITSUBISHI

Autohaus Brenk GmbH, der Mitsubishi-Vertragshändler handelt mit EU-Neufahrzeugen aller Marken, 76227 Ottostr. 10, ☎ 9 44 13-0; 76227 Killisfeldstraße 30, ☎ 6 19 34-00, und 76187 Im Husarenlager 1, ☎ 9 56 11-0, autohaus-brenk.de

NISSAN

Autohaus Brenk GmbH, der Nissan-Vertragshändler verkauft EU-Neufahrzeuge aller Marken, 76227 Ottostr. 10, ☎ 9 44 13-0; 76227 Killisfeldstraße 30, ☎ 6 19 34-00, und 76187 Im Husarenlager 1, ☎ 9 56 11-0, autohaus-brenk.de
Autohaus Rastetter GmbH, 76227 Ottostr. 16, ☎ 4 09 01-0, rastetter.de

OLDTIMER

Werkstatt Jo Hartmann, Oldtimer-An- und -Verkauf sowie Reparaturen, 76185 Daxlander Str. 68, ☎ 59 30 30, jo-hartmann.de

OPEL

Autohaus Lang, 76131 Weinweg 22, ☎ 96 25 00, 123lang.de
Autohaus Zschernitz GmbH, 76189 Am Mühlburger Bahnhof 10, ☎ 66 28-0, und Siemensstr. 19, 76275 Ettlingen, ☎ 07243/331-0, zschernitz.de

PEUGEOT

Autohaus Beier, 76131 Heinrich-Wittmann-Str. 21, ☎ 8 30 86-0, autohaus-beier.de

PIAGGIO

Autohaus Streit, Piaggio-Commercial-Vehicles, 76185 Wattstr. 6, ☎ 7 90 06-0, streit-autohaus.de

PORSCHE

Porsche-Zentrum Karlsruhe, 76135 Schenkenburgstr. 1, ☎ 12 01-911, grafhardenberg.de

RENAULT

Autohaus Zschernitz GmbH, 76189 Am Mühlburger Bahnhof 10, ☎ 66 28-0, zschernitz.de

ROVER

Autohaus Stefan Geisser, Landrover, 76187 Sudetenstr. 75, ☎ 57 04 43-0, autohaus-geisser.de

SEAT

Autohaus del Sol, 76131 Gottesauer Straße 6, ☎ 38 40-0, grafhardenberg.de

SKODA

Autohaus Rummel, Pforzheimer Str. 110-116, 76275 Ettlingen, ☎ 07243/50 54 10, auto-rummel.de
Graf Hardenberg, 76131 Gottesauer Straße 6, ☎ 38 40-200, grafhardenberg.de

SMART

S&G Automobil AG, 76139 Am Storrenacker 1, ☎ 62 75-0, sug.de

SSANGYONG

Autohaus Brenk, der SsangYong-Vertragshändler, 76227 Ottostr. 10, ☎ 9 44 13-0; 76227 Killisfeldstraße 30, ☎ 6 19 34-0, und 76187 Im Husarenlager 1, ☎ 9 56 11-0, autohaus-brenk.de

SUBARU

Autohaus Peter Förster, 76135 Schenkenburgstraße 6, ☎ 57 34 34, autohausfoerster.de
Autohaus Schatz GmbH, kein Verkauf, nur Reparatur und Wartung, Nobelstr. 24, 76275 Ettlingen, ☎ 07243/342 88 70, autohausschatz.de

SUZUKI

Autohaus Schmider GmbH, 76227 Ellmendinger Str. 2, ☎ 94 39 50, autohaus-schmider.de
Autohaus Walter Hertenstein, 76185 Kaiserallee 58, ☎ 55 19 51, handel.suzuki.de/hertenstein

TOYOTA

Toyota-Zentrum, Automobil-Handelszentrum, 76227 Ottostr. 18a, ☎ 94 26 68-0, toyota-zentrum.de

VOLVO

Autohaus Geisser GmbH, 76187 Sudetenstr. 75, ☎ 5 65 00-0, autohaus-geisser.de

VW

Autohaus Finger, 76149 Donauschwabenstr. 40, ☎ 9 78 60-0, autohaus-finger.de
Autohaus Stoppanski, Mörscher Str. 3, 76275 Ettlingen, ☎ 07243/57 70-0, stoppanski.de
VW-Zentrum Karlsruhe GmbH, 76131 Gottesauer Str. 6, ☎ 38 40-0, 76137 Am Großmarkt 11, ☎ 6 02 94-0 (Nutzfahrzeuge), und Hauptstr. 125, 76344 Eggenstein, ☎ 9 70 47-0, grafhardenberg.de

AUTOREIFEN

Derbogen Reifen, 76227 Pforzheimer Straße 15a, ☎ 4 16 42, reifen-derbogen.de
Euroreifen, neu und gebraucht, 76131 Theodor-Rehbock-Str. 9, ☎ 61 66 46, euro-reifen.de
Pneuhage Reifendienste Süd GmbH, 76185 Rheinstr. 110-112, ☎ 9 52 34-0, pneuhage.de

AUTOREPARATUREN

FREIE WERKSTÄTTEN

Freie Werkstätten haben oft geringere Stundensätze und Ersatzteilpreise als Vertragswerkstätten.

Hehn, Pkw- und Motorrad-Meisterbetrieb, 76135 Windeckstr. 2, ☎ 968 38 73, motorradhehn.de

Karosseriebau DFF Preuss [S. 450], Beseitigung von Karosserieschäden sowie schnelle und kostensparende Instandsetzung, lackschadenfreie Ausbeultechnik und professionelle Schadensabwicklung mit der Versicherung. Zu den weiteren Leistungen gehören unter anderem Inspektionen und Wartungen sowie Glasreparaturen und Achsvermessungen, 76135 Pulverhausstraße 25, ☎ 9 86 70-0, karosseriebau-dff.de

Werkstatt Jo Hartmann, Reparaturen aller Marken – insbesondere französische Autos und Oldtimer-Instandsetzungen, 76185 Daxlander Str. 68, ☎ 59 30 30, jo-hartmann.de

Lauer Autoservice-Center, 76185 Herrmann-Leichtlin-Str. 7, ☎ 50 11 86

GEBRAUCHTWAGEN UND -TEILE

Laut Bundesgerichtshof haben Gebrauchtwagenkäufer ein Umtauschrecht innerhalb von sieben Tagen nach dem Kauf. So bleibt über die kurze Probefahrt hinaus Zeit, den Wagen eine Woche lang auf nicht offensichtliche Mängel zu prüfen. Fast alle Autohäuser verkaufen auch Gebrauchtwagen.

Auto-Schlindwein, dieser Pannendienst verkauft gebrauchte Kraftfahrzeugteile, 76139 Printzstr. 14, ☎ 69 10 30, auto-schlindwein.com

KFZ-SCHIEDSSTELLEN

Bei Ärger mit der Werkstatt braucht man nicht gleich zu prozessieren, sondern kann innerhalb von sechs Monaten kostenfrei eine Schiedsstelle des Kfz-Handwerks anrufen. Deren Schiedsspruch ist zwar für die Werkstatt bindend, nicht jedoch für den Kunden.

Kfz-Schiedsstelle Karlsruhe, 76137 Kiefernweg 20, ☎ 662 48 70, kfz-schiedsstellen.de

ADAC-Mitglieder können sich bei Problemen mit ihrer Werkstatt an folgende Adresse wenden:

ADAC Nordbaden e. V., Abteilung „Verkehr und Technik", 76135 Steinhäuserstr. 22, ☎ 81 04-911, adac.de/nordbaden

AUTOVERMIETUNG

Europcar Autovermietung, Mitglieder eines deutschen Automobilclubs erhalten bis zu 10 % Rabatt, 76227 Ottostr. 18, ☎ 93 15 50, europcar.de

Gast-Caravaning, Wohnmobilvermietung, Daimlerstr. 20b, 76136 Malsch, ☎ 07246/30 56 00, gast-caravaning.de

Hertz Autovermietung, ADAC-Mitglieder erhalten bis zu 15 % Rabatt, 76185 Bannwaldallee 46, ☎ 37 40 40, hertz.de

Omni-Mobil, Autovermietung und Service, 76135 Sophienstr. 89, ☎ 985 37 40, omni-mobil.net

Rent a Wrack, Pkws, Transporter, Busse, Anhänger, 76185 Daxlander Str. 2, ☎ 55 11 55, rentawrack.de

Sixt Autovermietung, ADAC-Mitglieder erhalten Rabatt, 76137 Bahnhofplatz 1, ☎ 3 13 22; 76187 Siemensallee 84, ☎ 86 64 47; 76133 Kaiserallee 11

und 76199 Battstr. 2a, ☎ 98 96 63 80, sixt.de

AUTOZULASSUNG

KFZ-PRÜFSTELLEN

Folgende Betriebe führen Haupt- und Abgasuntersuchungen durch:

Automeister Sommerstraße, 76131 Sommerstr. 3, ☎ 937 66 66, automeister-sommerstrasse.de
Dekra, 76187 Im Husarenlager 14, ☎ 56 07-0, dekra.de
Hehn, jeden Mi TÜV-Prüfung, 76135 Windeckstr. 2, ☎ 968 38 73, motorradhehn.de
TÜV Süd Autoservice GmbH, 76189 Durmersheimer Straße 145, Mo-Fr 8-17h und Sa 8-12h, ☎ 57 06-177, tuev-sued.de

KFZ-SCHILDER

Wer sich sein Wunschkennzeichen sichern möchte, kann es kostenlos online reservieren und anschließend Kontakt zum entsprechenden Amt aufnehmen: karlsruhe.de/stadt-rathaus/service-buerger information/buergerdienste, (Link: Kfz/Kfz-Wunschkennzeichen). Für den Landkreis besteht die Seite landkreis-karlsruhe.de/Wunschkennzeichen

Käuflein und Schöneich, 76137 Badenwerkstr. 9, ☎ 933 36 25, autoschilderkarlsruhe.de
Karlsruher Fahrzeug-Schilder GmbH, beim ADAC, 76135 Steinhäuserstr. 22, ☎ 981 20 63, karlsruherautoschilder.de

ZULASSUNGSBEHÖRDE

Servicezentrum Auto und Verkehr [S. 451], hier regelt man alle straßenverkehrsrechtlichen Angelegenheiten wie Kraftfahrzeugzulassungen, Fahrerlaubnis- und Bußgeldangelegenheiten, verkehrsrechtliche Anordnungen sowie Beantragung von Sondernutzungen für den öffentlichen Verkehrsraum, Genehmigungen für den Güterkraftverkehr und für die Personenbeförderung. Auch Parkausweise sind hier erhältlich. Vorsprache nur nach Terminvereinbarung, 76135 Steinhäuserstr. 22, ☎ 115, karlsruhe.de/buergerdienste

ONLINE-TIPP

Karlsruher Bürger und Bürgerinnen können auf den Amtsbesuch vor Ort verzichten und ihr Anliegen stattdessen bei der Zulassungsstelle online per iKFZ (Vorteil: priorisierte Bearbeitung) oder über den Briefkastenservice beim Servicezentrum Auto und Verkehr, 76135 Steinhäuserstr. 22, einreichen.

BAUSTELLEN

→ *S. 466, Verkehrslage*

BUSSE

In der Region Karlsruhe gilt für alle Stadtbahnen, Straßenbahnen, Regionalzüge und Buslinien der Tarif des Karlsruher Verkehrsverbunds (KVV). Eine Fahrkarte genügt für alle Verkehrsmittel innerhalb des KVV-Gebiets. Fahrkarten können im Bus beim Fahrpersonal, an den Fahrkartenautomaten an Haltestellen, an den Fahrkartenautomaten in den Straßenbahnen der Linien 1, 2, 3, 4, 5 und 8 sowie den Stadtbahnen der Linien S1, S11 und S2 gekauft werden, aber auch in den Verkaufsstellen im Verbundgebiet, im KVV-Webshop (kvv-shop.de), online über die App regiomove (kvv.de/regiomove) und in den KVV-Kundenzentren. Die Liniennetzpläne für Bus und Bahn sind bei den KVV-Kundenzentren und unter kvv.de/liniennetz erhältlich.

KVV → *S. 461, Straßenbahn*

FERNBUSSE

Eine kostengünstige Alternative zur Deutschen Bahn stellen Fernbusse dar. Von Karlsruhe fahren u. a. die Unternehmen **Eurolines** und **FlixBus**. Der Zentrale Omnibusbahnhof befindet sich auf der Südseite des Hauptbahnhofs (76137 Hinter dem Hauptbahnhof), Infos: flixbus.de und eurolines.de

BUSVERMIETUNG

Cramer Reisen GmbH, 76227 Tiengener Str. 20, ☎ 4 37 07, cramer-reisen.de
Hirsch Reisen GmbH, 76133 Erbprinzenstr. 31, ☎ 18 11 18, hirschreisen.de

CARSHARING

stadtmobil [S. 453], wer weniger als 12.000 Kilometer pro Jahr mit dem Auto unterwegs ist, fährt mit CarSharing günstiger, denn beim CarSharing entfallen Kosten wie Steuer, Versicherung, Wartung, Reifen und Benzin. Die Nutzungskosten setzen sich lediglich aus gebuchter Zeit und gefahrenen Kilometern zusammen. Teilnehmer/-innen können online, per App oder telefonisch ein frei verfügbares stadtmobil-Fahrzeug finden und es an einer der über 433 Stationen reservieren. Bei Buchungsende wird das Fahrzeug einfach an derselben Station wieder abgestellt. Neben einer großen Bandbreite benzin- und dieselbetriebener Fahrzeuge steigt der Anteil an E-Autos beständig. Zudem gibt es seit 2018 die flexiblen „stadtflitzer", die man spontan buchen, bis zu sieben Tage behalten und frei innerhalb eines zentrumsnahen Kerngebiets wieder abstellen kann. 76131 Ludwig-Wilhelm-Str. 15, ☎ 91 19 11-0, karlsruhe.stadtmobil.de

DEUTSCHE BAHN AG

DB-Verkaufsstellen, DB-Reisezentrum Karlsruher Hauptbahnhof: Mo-Fr 6.30-21h, Sa 8-19h, So+Fei 9-20h, 76137 Bahnhofplatz 1, ☎ 938 35 33; DB-Verkaufsstelle in Karlsruhe-Durlach: Mo-Fr 8-12.30h und 13.30-18h, Sa 9-13h, 76227 Hauptbahnstr. 1, ☎ 938 35 08, bahn.de

Bahnauskunft, gibt Fahrplanauskünfte, informiert bspw. zur Mitnahme von Fahrrädern in Bahnen und nimmt Beschwerden entgegen, erreichbar von 8 bis 20h, ☎ 030/29 70 (20 Cent/Anruf aus dem Festnetz), und online unter bahn.de

Elektronische Fahrplanauskunft Baden-Württemberg, das Angebot des Ministeriums für Verkehr BW ist online unter bwegt.de zu finden (Linkfolge: Ihr Nahverkehr/Fahrplanauskunft)

Pro Bahn – Regionalverband Mittlerer Oberrhein und Südpfalz, der Fahrgastverband setzt sich für die Anliegen von Nutzern öffentlicher Verkehrsmittel ein, 76133 Kronenstr. 9, ☎ 38 05 75, probahn.beepworld.de

TIPP

Fahrradboxen am Albtalbahnhof am **Hauptbahnhof (Süd)** und am **Bahnhof Durlach**, Tagespreis ab 1€ (mit Stromanschluss 2€), Monatspreis ab 5€ (mit Stromanschluss 16€), Jahrespreis ab 30€ (mit Stromanschluss 160€). Die Preise variieren je nach Standort. Die Buchung einer Box erfolgt über bikeandridebox.de

Fahrradstationen am Hauptbahnhof, durchgehend geöffnet, die Station Nord (im östlichen Fußgängertunnel des Bahnhofs, Zufahrt über Poststr.) verfügt über 440 Stellplätze, die Station Süd (Zufahrt über Vorplatz Süd beim Busbahnhof) über 680 Stellplätze, inklusive Abstell- und Lademöglichkeiten für E-Bikes, Lastenräder oder Fahrräder mit Anhänger – bezahlt wird bargeldlos mit EC-/Kreditkarte. Aktuelle Tarife unter karlsruherfaecher.de/parkraum (Stand November 2022: Tageskarte: 1€, Wochenkarte: 3€, Monatskarte: 8,50€, Jahreskarte: 75€, Semesterkarte: 30€). Infos: ☎ 981 91 10, parken@kfg.karlsruhe.de

ONLINE-TIPPS

soep-online.de, die Schlichtungsstelle für den öffentlichen Personenverkehr e. V. vermittelt kostenlos zwischen Kunden und dem Verkehrsunternehmen in Streitfällen, die durch Probleme rund um Bahn-, Flug-, Schiffs- oder Busreisen entstanden sind

Online-Tickets können online gebucht und am heimischen Computer ausgedruckt werden, bahn.de

Welt-Fahrpläne, hier findet man Fahrpläne und Tarife auch von exotischen Ländern, also Informationen, die man weder auf deutschen Bahnhöfen noch in inländischen Reisebüros erhält: pro-bahn.de/auskunft

ELEKTROMOBILITÄT

e-bike-shop Rückenwind, die eBike-Spezialisten bieten eine große Auswahl verschiedener Räder führender Hersteller sowie kompetenten Service, Mo, Di, Do, Fr 14-17h, Sa 10-13h, 76228 Talstr. 15, ☎ 453 81 35, e-bike-shop-rueckenwind.de

OrangeBikeConcept GmbH, führt mehr als hundert verschiedene E-Räder wie Pedelecs und Lasten-Pedelecs sowie E-Motorräder, E-Scooter und Mobilitätshilfen, 76189 Durmersheimer Str. 159, ☎ 96 14 24 81, orangebike.de

Solarmobil Karlsruhe e. V., der Verein setzt gemeinsam mit dem KIT und der Hochschule Karlsruhe innovative Ideen um und berät Solarmobil-Besitzer. 76133 Bismarckstr. 37, solarmobil-ka.de

Solution Solar GmbH, installiert Wallboxen für Privathäuser und Parkgaragen, die zusammen mit den Photovoltaikanlagen solaroptimiert Fahrzeuge laden können, 76139 Wehlauer Str. 5, ☎ 961 34 10, solution-solar.de

FAHRRAD-DIEBSTAHLSCHUTZ

Codierung, mit einem Fräser werden verschlüsselte individuelle Daten des Eigentümers in den Rahmen graviert, die eine Identifizierung des Rades ermöglichen, Codierungen nehmen in Karlsruhe der ADFC (→ S. 455) und mehrere Fahrradhändler vor

Fahrradpass, enthält Daten, die die Identifizierung eines gestohlenen Rades erleichtern, Vordrucke gibt es bei der kriminalpolizeilichen Beratungsstelle (76133 Beiertheimer Allee 16, ☎ 666-12 34), als kostenlose App aufs Smartphone und als Download im Internet unter fahrraddiebstahlschutz.com/service/fahrradpass.htm

FAHRRADGESCHÄFTE

Bike Team Doko, Fahrräder, E-Bikes und Zubehör, 76199 Rastatter Straße 89, ☎ 88 13 88, biketeamdoko.de

Fahrradhaus Kramer [S. 33], Verkauf und Reparatur, geöffnet Mo, Di, Do, Fr 8-13h und 14.30-18.30h, Mi+Sa 8-13h, 76185 Hardtstr. 9, ☎ 59 43 71, kramer-radsport.de

Fahrradwerkstatt der Arbeitsförderung Karlsruhe gGmbH macht gespendete alte Fahrräder verkehrstauglich und verkauft sie preiswert, Mo-Fr 7.30-16h, 76185 Daimlerstr. 8, ☎ 972 46 32, af-ka.de

Haasies Radschlag, Spezialräder wie Liegeräder, Falträder, Lastenräder, Tandems und Dreiräder für Erwachsene – alle Räder auch mit E-Motor lieferbar, Marktstraße 13, 76726 Germersheim, ☎ 07274/48 63, haasies-radschlag.de

Hof-Rad, Neuräder, Reparaturen, Inspektionen und Inzahlungnahmen, 76137 Karlstraße 75, ☎ 85 14 22 39, hof-rad.de

Mikes Bike, bietet einen Pannendienst an, der täglich 10-22h unter ☎ 0172/720 29 10 erreichbar ist, 76185 Sophienstr. 180, ☎ 85 54 94, mikes-bike.de

MK Bikes, Fahrräder der Marken Focus, Kalkhoff, Gazelle, Trek und Electra sowie Elektroräder, 76137 Bahnhofstr. 9, ☎ 35 73 10, mkbikes.de

OrangeBikeConcept, führt mehr als einhundert verschiedene E-Räder sowie E-Motorräder, E-Scooter und Mobilitätshilfen, 76189 Durmersheimer Str. 159, ☎ 96 14 24 81, orangebike.de

Rad & Tat [S. 10+472, Stadtplan], der Karlsruher Fahrradladen in der südlichen Waldstraße bietet auf zwei Etagen mit 500 qm Fläche moderne und urbane Fahrradmobilität für Familien, Stadtradler, Reiseradler und Individualisten an. Das Fahrrad-Programm ausgewählter Marken umfasst E-Bikes, S-Pedelecs, City-, Trekking- und Reiseräder, Falträder sowie Cargo-Lastenräder für Kind und Kegel. Das umfangreiche Angebot an Fahrradzubehör, Kinderanhängern, Fahrradhelmen, Radschuhen und Radbekleidung aus dem Vaude-Shop sowie die wasserdichten Produkte aus dem Ortlieb-Store runden die Auswahl ab. Auch eine kompetente Beratung, die ergonomische Anpassung der Fahrräder und Probefahrten gehören zum Service. Eine Fachwerkstatt führt alle Montage- und Servicearbeiten durch. Mo-Fr 9-13h und 14-18h, Sa 10-17h, 76133 Waldstr. 58, ☎ 2 22 38, radundtat.net

Rad-Punkt, Verkauf, Wartung und Reparatur sowie Reparaturkurse, 76185 Zietenstraße 83, ☎ 96 69 92 82, rad-punkt.de

Radlerhalle, individuelle Räder nach Wunsch, Reparaturen und Umbauten, 76133 Steinstr. 23, ☎ 66 09 02 75, radlerhalle-karlsruhe.de

RADWERK, Räder der Marken Falter, corratec, Morrison, Ghost und Stevens, 76131 Ostring 4, ☎ 627 27 17, radwerk-karlsruhe.de

Velorep, vertreibt das kompakte Falt-E-Bike „i:SY“, 76227 Hauptbahnstr. 5, ☎ 4 22 73, velorep.de

Zweirad Hirth, das Familienunternehmen präsentiert auf mehr als 1.000 qm größtenteils Elektroräder, aber auch Mountain- und Trekkingbikes sowie City- und Kinderräder mit Zubehör, Di-Fr 9-12h und 14-18h, Sa 9-13h, Am Federbach 14, 76316 Malsch, ☎ 07246/50 00, zweirad-hirth.de

TIPPS

Bikes without Borders, die Fahrradwerkstatt des Freundeskreises Asyl repariert gemeinsam mit Flüchtlingen gespendete Fahrräder. Infos: bikeswithoutborders.blogspot.com

FAHRRADMESSEN

Spezi, 29./30. April, Spezialradmesse für Fahrrad-Enthusiasten in der Stadthalle Germersheim mit ausgefallenen Produkten, Veranstalter: Hardy Siebecke, Robert-Schumann-Str. 42, 76726 Germersheim, ☎ 07274/909 12 40, spezialradmesse.de

FAHRRADVERBAND

Im bundesweiten Fahrradklima-Test des Allgemeinen Deutschen Fahrrad-Clubs (ADFC) lag Karlsruhe 2020 und 2021 auf Platz eins der Großstädte unter 500.000 Einwohnern.

ADFC Kreisverband Karlsruhe, setzt sich für die Förderung des Fahrradverkehrs ein, codiert Fahrräder und hat eine Selbsthilfewerkstatt, in der Fahrräder gewartet und repariert werden können. Zudem bietet er Fahrradreparatur- und GPS-Kurse an, weitere Infos und Öffnungszeiten: 76137 Welfenstr. 13, ☎ 47 04 37 87, adfc-bw.de/karlsruhe

FAHRRADVERLEIH

KVV.nextbike, über 640 Leihräder der Firma Nextbike stehen im Stadtgebiet zum Ausleihen bereit, eine halbe Stunde kostet 1 €, ein ganzer Tag 9 € und wer für einen Monat 10 € oder jährlich 48€ bezahlt, fährt immer die erste halbe Stunde kostenfrei. Leihen kann man die Räder über die App „KVV.regiomove“ und die „nextbike“-App. Für Studierende gibt es zudem ganzjährig mit dem CAMPUSbike preisgünstige Mobilität auf zwei Rädern: Wer an einer Hochschule in Karlsruhe oder der Hochschule für Gestaltung in Pforzheim eingeschrieben ist, kann die ersten 30 Minuten einer Ausleihe mit dem Rad kostenlos fahren. Weitere Infos: kvv-nextbike.de/de/karlsruhe und kvv-nextbike.de/de/karlsruhe/campusbike/

Lastenkarle, die Initiative „Lastenkarle" verleiht kostenlos Lastenräder und E-Lastenräder für den Transport größerer Gegenstände. An 16 Stationen im Stadtgebiet kann man sie leihen. Infos, Registrierung und Reservierung unter lastenkarle.de

Mikes Bike, Vermietung von Fahrrädern und E-Bikes (auch an Gruppen bis zu 50 Personen) sowie Tandems und Rikschas, 76185 Sophienstraße 180, ☎ 85 54 94, mikes-bike.de

Swapfiets, mit einem „Fahrrad-Abo" von Swapfiets bekommt man zu einem festen monatlichen Beitrag ein Fahrrad gestellt, das kostenlos instand gehalten und repariert wird – bei Bedarf erhält man ein Ersatzfahrrad, ☎ 0307/001 45 00, swapfiets.de

FAHRRADWEGE

feedback.karlsruhe.de, hier kann man das Tiefbauamt der Stadt online auf Missstände bei Fuß- und Radwegen hinweisen.

landkreis-karlsruhe.de/radverkehr [S. 22], diese Seite kann als Radroutenplaner genutzt werden und bietet Infos des Landratsamts Karlsruhe zum Fahrradfahren im Landkreis

rad-karlsruhe.de, regionale Homepage mit Routenvorschlägen für Familien-, Mountainbike- und Rennradtouren sowie Veranstaltungshinweisen

FLUGHAFEN

Baden-Airpark GmbH [S. 457], das Gelände mit dem Flughafen Karlsruhe/Baden-Baden (FKB) liegt etwa 30 Kilometer südlich von Karlsruhe, gut erreichbar über die Verkehrsadern A 5 und B 500. Bekannte Fluggesellschaften wie Corendon Airlines, Eurowings, Ryanair und Wizzair bieten ganzjährig Urlaubs- und Städtereisen an, Victoria Boulevard A 106, 77836 Rheinmünster, ☎ 07229/66 20 00, baden-airpark.de

ONLINE-TIPP

flightradar24.com, **radarbox.com**, hier kann man fast alle Flugzeuge in Echtzeit verfolgen, die gerade in der Luft unterwegs sind.

AIRLINES

Gnann Airlines, bietet Gyrocopter-Rundflüge, Shuttleflüge, Luftbilder sowie Privatflugzeugcharter inklusive Pilot, 76133 Herrenstr. 30/32, ☎ 0171/527 26 00, gnann-airlines.de

FLUGHAFENZUBRINGER

EUROline, ☎ 85 66 34, euroline-baden.de

LAS Ludwig Airport Transfer-Service, 76187 Blenkerstr. 37, ☎ 56 28 49, las-karlsruhe.de

Flughafenzubringer Klein, ☎ 989 07 47

Flughafentransfers von jedem deutschen Ort zu allen nationalen Flughäfen kann man im Internet über german-transfer.de buchen

FLUGSPORT & FLUGSCHULEN

Siehe → S. 257, Luftsport

KVV

Karlsruher Verkehrsverbund → S. 461, Straßenbahn

MOTORRÄDER

adac-mitfahrclub.de, kostenlose Vermittlungsplattform, auf der Fahrer und Mitfahrer selbstständig Mitfahrgelegenheiten suchen und anbieten können

BlaBlaCar, große, unabhängige Online-Mitfahrzentrale, blablacar.de

MOTORRÄDER

BikeStore, Honda-, Can-Am-, Indian- und Royal Enfield-Vertragshändler, Neu- und Gebrauchtfahrzeuge sowie Kundendienst, 76229 Eisenbahnstr. 42, ☎ 790 77 10, bikestore-ka.de

Louis, 76189 Durmersheimer Str. 188, ☎ 937 42 39, louis.de
Moto Discount, Technik, Zubehör, Kleidung, 76185 Neureuter Str. 53-55, ☎ 971 43 80, motodiscount.de
Motorradhaus Bohling und Eisele, der BMW-Vertragshändler bietet Neu- und Gebrauchtfahrzeuge sowie einen Kundendienst, 76229 Eisenbahnstr. 40, ☎ 790 77 70, bohling-eisele.de
Müller Motorrad-Bekleidung, 76133 Leopoldstr. 31, ☎ 2 12 94, mueller-motorradbekleidung.de

MOTORROLLER

Roller Center Durlach, 76135 Schauenburgstr. 11, ☎ 49 85 96, roller-center-durlach.de

MPU

Psychologische Praxis W. Beckert, Diplom-Psychologe, Psychotherapeut und Sportpsychologe im Spitzensport, Vorbereitung auf die Medizinisch-Psychologische Untersuchung (im Volksmund „Idiotentest" genannt), Vogesenstr. 41, 76470 Ötigheim, ☎ 07245/91 37 33, wb-mentalcoach.de

NOTRUFSÄULEN

Notfon D, fast 17.000 Notrufsäulen stehen bundesweit an den Autobahnen sowie Bundes- und Landstraßen. Eine gemeinsame kostenlose Notrufnummer aller Kfz-Versicherer macht das Handy zur mobilen Notrufsäule: ☎ 0800/668 36 63 bzw. 0800/NOTFON D

PARK & RIDE

Park & Ride-Plätze sind Parkplätze mit Anschluss an den öffentlichen Nahverkehr.

Europahalle, 60 Stellplätze, Tram 4
Kühler Krug, 40 Stellplätze, Tram 5
Mühlburg, Bahnhof, 25 Stellplätze, S52, RB51
Knielingen, Rheinbergstr., 35 Stellplätze, S5
Daxlanden, Thomas-Mann-Str., 74 Plätze, S2
Daxlanden, Hammäcker, 30 Stellplätze, S2
Rheinhafen, 23 Stellplätze, Tram 5
Oberreut, Albert-Braun-Str., 65 Plätze, Tram 4
Neureut, Bärenweg, 20 Stellplätze, S1, S11
Neureut, Adolf-Ehrmann-Bad, 19 Plätze, S1, S11
Neureut, Welschneureuter Str., 15 Stellplätze, Anschluss an S1, S11
Hagsfeld, Fächerbad, 70 Stellplätze, Tram 4
Hagsfeld, Bahnhof, 25 Stellplätze, S2
Rintheim, Ostring, 50 Stellplätze, Tram 3
Durlach, Bahnhof, 70 Plätze, S4, S5, S51, Tram 5
Grötzingen, Bahnhof, 38 Stellplätze, S4, S5, S51

PARKAUSWEISE

Bewohnerparkausweise berechtigen zum Parken auf ausgewiesenen Flächen innerhalb des eigenen Wohngebiets. Bei folgenden Ämtern können sie gegen eine Jahresgebühr von 180€ beantragt werden:

Servicezentrum Auto und Verkehr, Straßenverkehrsstelle, 76135 Steinhäuserstr. 22, Vorsprache nur nach vorheriger Terminvereinbarung unter ☎ 133-39 46
Bürgerbüro Durlach, nur nach vorheriger Terminvereinbarung, ☎ 115 (Mo 8-15h, Di, Mi, Fr 8-12h, Do 14-18h) 76227 Pfinztalstr. 33, Kundeninfo: ☎ 133-19 12 (Mo-Mi+Fr 8-16h, Do 8-18h)

PARKHÄUSER

Badische Landesbibliothek, 76133 Erbprinzenstraße, Zufahrt Ritterstraße, Mo-Sa 6-2h, So+Fei geschlossen, je angefangene Stunde 1,50€, Tageshöchstsatz 10,50€/Tag, Abendtarif 18-2h: maximal 3€, ☎ 0711/8 92 55-0, pbw.de
Badisches Staatstheater, Einfahrt 76137 Ettlinger Straße, Mo-Sa 6.30-1h, So+Fei 9-1h; 1,50€ je Stunde, Tageshöchstsatz 12€/Tag, Abendtarif ab 17h: maximal 4€, Dauerparker: 73€ pro Monat; ☎ 0711/8 92 55-0, pbw.de
Breuninger-Parkhaus, 76133 Zirkel (Ecke Herrenstr.), täglich 24 Std. geöffnet, 1,50€ pro Stunde
Duale Hochschule Baden-Württemberg Karlsruhe, 76133 Erzbergerstr. 117, Mo-Fr 6.30-20h, Sa 7-17h, So+Fei geschlossen, 2 Stunden kosten 1€, bis zu 2,50€ werden pro Tag fällig, Dauerpar-

ker: 40€ pro Monat, ☎ 0711/8 92 55-0, pbw.de

Ettlinger Tor Karlsruhe [S. 93], 76133 Ettlinger-Tor-Platz 1, Öffnungszeiten und weitere Infos siehe Homepage, 1. Stunde: 1€, 2.-4. Stunde: je 1,50€, jede weitere Stunde: 2€, mit aufladbarer Parkwertkarte erhalten Kunden 10 Prozent Bonus, ☎ 66 36 79-0, ettlinger-tor.de

Fasanengarten, 76131 Am Fasanengarten, durchgehend geöffnet, 0,50€ pro Stunde, der Tageshöchstsatz beträgt 5€ pro Tag, Dauerparker bezahlen 45€ pro Monat, ☎ 0711/8 92 55-0, pbw.de

Friedrichsplatzgarage, 76133 Einfahrt Ritterstraße, Ausfahrt Lammstraße, Mo-Sa 6.30-24h, So+Fei 12-20h, 45 Min.: 2€, 90 Min.: 4€ jede weiteren 45 Min.: 1,50€, maximal 19€ pro Tag, Nachtpauschale (19-6h) 4€, ☎ 920 42 73

Hauptbahnhof P1/2, 76137 Bahnhofplatz/Hinterm Hauptbahnhof, durchgehend geöffnet, aktuelle Tarife unter karlsruherfaecher.de/parkraum (Stand November 2022: bis 30 Minuten: 0,50€, je angefangene Stunde: 1,60€, Tageskarte: 10€, jeder weitere angefangene Tag: 10€), nur bargeldloses Bezahlen möglich, Dauerparkplätze auf Anfrage, (parken@kfg.karlsruhe.de, ☎ 981 91 10)

IHK Haus der Wirtschaft Karlsruhe GmbH, 76133 Erbprinzenstr. 4-12, durchgehend geöffnet, 1. halbe Stunde frei, 2. halbe Stunde 1€, danach je angefangene Stunde 2€, ☎ 0175/433 54 01

Kaiserstraße (KIT), Zufahrt 76133 Fritz-Erler-Straße, täglich 6-2h, 1€ pro Stunde, Tageshöchstsatz 5€ proTag, So+Fei: maximal 2€ pro Tag, Dauerparker: 55€ pro Monat, ☎ 0711/8 92 55-0, pbw.de

Karstadt, 76133 Zähringerstr. 71-77, Zufahrt Ritterstraße, durchgehend geöffnet, 1. und 2. Stunde: je 1,50€, ab der 3. Stunde: 2€ pro Stunde, maximal 19€ pro Tag, ☎ 91 02-222

Kongresszentrum Karlsruhe, 76137 Festplatz 9, Zufahrt über Beiertheimer Allee und Hermann-Billing-Straße, durchgehend geöffnet, jede angefangene Stunde 2€, Abendtarif: 6€ (Einfahrt ab 19h), Monatskarte mit Vertrag und drei Monaten Mindestlaufzeit: 65€ (ohne Vertrag: 80€), Besucher des Vierordtbads und Zoobesucher erhalten Sondertarife, ☎ 37 20-54 64, messe-karlsruhe.de

Kronenplatz, 76133 Fritz-Erler-Straße 7-11, durchgehend geöffnet, aktuelle Tarife siehe unter karlsruherfaecher.de/parkraum (Stand November 2022: 1. und 2. Stunde: je 1€, jede weitere Stunde: 1,40€, Nachtpauschale (19-8h): 3,50€, Tageskarte: 9,20€), nur bargeldlose Bezahlung möglich, Dauermietverträge auf Anfrage (☎ 981 91 10, parken@kfg.karlsruhe.de),

Landesoberkasse Karlsruhe, 76135 Steinhäuserstr. 11, Zufahrt Holtzstr. 4a, Mo-Fr 6-20.30h, Sa,

PARKEN IN KARLSRUHE

An begrüntem Fahrbahnrand darf in Karlsruhe nur dann geparkt werden, wenn der Grünstreifen mindestens sechs Meter lang ist. Ansonsten riskiert man eine Verwarnung. Das Parken auf dem Gehweg ist grundsätzlich verboten, wenn keine Parkflächen eingezeichnet sind. Die Bußgeldstelle der Stadt bearbeitet im Jahr etwa 600.000 Verfahren und generiert so rund 12 Millionen Euro Einnahmen. Mehr als die Hälfte davon sind Halte- und Parkverstöße.

Eine Alternative sind kostenpflichtige Parkhäuser und Tiefgaragen, die auch in unserem Stadtplan eingezeichnet sind (siehe hintere Umschlagklappe). Unter www.karlsruhe.de/parken ist das Parkleitsystem abrufbar, das alle fünf Minuten aktualisiert wird.

Die Parkhäuser Schlossgarage, Breuninger-Parkhaus und die Parkgarage des Ettlinger Tors schnitten beim Parkhaus-Check des Auto-Clubs Europa (ACE) in Karlsruhe am besten ab.

So+Fei geschlossen, 1. und 2. Stunde: je 1€, jede weitere: 0,50€, Tageshöchstsatz 4,50€/Tag, Dauerparker: 52€ pro Monat, ☎ 0711/8 92 55-0, pbw.de

Ludwigsplatz, 76133 Amalienstr. 10; durchgehend geöffnet: 1. Std.: 2€, 2. Std.: 1,70€, jede weitere Stunde: 1,50€, Nachttarif (22-6h): 5€, ☎ 2 32 80

Magdeburger Haus, 76133 Kaiserallee 11, geöffnet Mo-So 6-1h, 1,80€ je 45 Minuten, maximal 15€ pro Tag, Theatertarif: max. 4 Stunden nach 18h: 5€, Saisonkarte: ab 25€/Woche, ☎ 0711/30 57 03 05

Marktplatz, 76133 Kreuzstr. 13a, Mo-Sa 6.30-24h, So+Fei 12-20h, 45 Min.: 2€, 90 Min.: 4€, jede weiteren 45 Min. 1,50€, maximal 19€ pro Tag, Nachtpauschale (18-6h) 4€, ☎ 920 42 73

Mendelssohnplatz, 76133 Kriegsstraße, durchgehend geöffnet, Tiefgarage täglich 7-22h, 1,50€ je Stunde, 2 Std. freies Parken bei einem Einkauf im Scheck-in-Center, etwa 400 Plätze, ☎ 3 52 58-10

Messe Karlsruhe, Messeallee 1, 76287 Rheinstetten, Tagespauschale je nach Veranstaltungsformat, ☎ 37 20-54 64, messe-karlsruhe.de

Parkarkaden, 76131 Ludwig-Erhard-Allee 6-14, Mo-Sa 7-24h, So+Fei 12-20h, 1,50€/Stunde, maximal 19€ pro Tag, Abendtarif (19-7h) 2€, ☎ 920 42 73

Parkhaus Akademiestraße, 76133 Akademiestraße 51-55, Mo-Sa 6.30-24h, So+Fei 12-20h, 45 Min.: 2€, 90 Min.: 4€, jede weiteren 45 Min.: 1,50€, maximal 12€ pro Tag, ☎ 920 42 73

Parkplatz P6 am Hauptbahnhof, 76137 Fautenbruchstr. 53, durchgehend geöffnet, aktuelle Tarife unter karlsruherfaecher.de/parkraum (Stand November 2022: bis 90 Minuten: 1€, jede weitere angefangene Stunde: 1€, Tagespauschale: 5€), nur bargeldlose Bezahlung möglich, Dauerparkplätze auf Anfrage (☎ 981 91 10, parken@kfg.karlsruhe.de)

Passagehof, 76133 Waldstraße 14-18, täglich 24 Stunden geöffnet, 1. Stunde: 1,50€, jede weitere Stunde: 2€, Tageskarte: 15€, Wochenkarte: 40€, Monatsticket Mo-Fr: 90€ bzw. Mo-So: 110€, ☎ 921 22 66, parkhaus-passagehof.de

Postgalerie, 76133 Amalienstr./Ecke Douglasstraße, durchgehend geöffnet, ab 2€ pro 45 Minuten, 18€ pro Tag, ☎ 0711/30 57 03 05

Schlossplatz Karlsruhe, 76131 Am Schlossplatz, durchgehend geöffnet, 1,50€ pro Stunde, Tageshöchstsatz 8€ pro Tag, Abendtarif (Mo-Fr 18-6h und Sa+So 17-6h): maximal 3€, So+Fei: maximal 3€ pro Tag, Dauerparker: 73€ pro Monat, ☎ 0177/8 92 55-0, pbw.de

Stephanplatz, 76133 Amalienstr. 33, Mo-Sa 6.30-24h, So+Fei 12-20h, 45 Min.: 2€, 90 Min.: 4€, jede weiteren 45 Min.: 1,50€, maximal 12€ pro Tag, Nachtpauschale (19-6h): 4€, ☎ 920 42 73

Südstadt-Garage, 76137 Einfahrt über die Ettlinger Str. und die Luisenstr., Mo-Sa 6.30-24h, So+Fei 12-20h, 1. und 2. Stunde: 2€, jede weitere: 1.50€, maximal 15€ pro Tag, ☎ 920 42 73

Tiefgarage am ZKM, Einfahrt 76135 Südendstr. 44, durchgehend geöffnet, aktuelle Tarife unter karlsruherfaecher.de/parkraum, (Stand November 2022: 1,30€ pro Stunde, 10,50€ pro Tag), nur bargeldlose Bezahlung möglich, Dauermietverträge auf Anfrage (☎ 981 91 10), parken@kfg.karlsruhe.de)

Waldhornstraße, 76131 Waldhornstraße (beim Schloss, Regierungspräsidium/Mathematikon), durchgehend geöffnet, 1,50€ pro Stunde, 8€ pro Tag, Abendtarif (Mo-Fr 18-6h und Sa+So 17-6h): maximal 3€, So+Fei: maximal 3€ pro Tag, Dauerparker: 73€ im Monat, ☎ 0711/8 92 55-0, pbw.de

TIPP FÜR WOHNMOBILBESITZER

promobil.de/stellplaetze/stellplatzsuche hier werden Plätze angezeigt, auf denen man günstig Wohnmobile parken oder überwintern kann.

SCHIFFSFAHRTEN UND FÄHRVERKEHR

Rheinfähren sind eine Alternative zur staugefährdeten Rheinbrücke. Sie verkehren allerdings nicht bei Hochwasser ab einem Wasserstand von 6,40 Metern (Neuburg) oder 6,80 Metern (Leimersheim), gemessen am Pegel Maxau (Pegel-Infos: ☎ 06131/636 73 18 sowie hochwasser-rlp.de). Fußgänger bezahlen für die Überfahrt 1,50€, Radfahrer 2,50€, Motorradfahrer 3€, PKW und Fahrer 4,50€.

Fahrgastschiff Karlsruhe, unternimmt Mai bis Dezember Rund- und Ausflugsfahrten nach Speyer, Iffezheim, Straßburg und Germersheim – gelegentlich mit Musik und Tanz; das Schiff kann für Sonderfahrten gebucht werden. 76189 Werftstr. 2, ☎ 599-74 24, fahrgastschiff-karlsruhe.de, weitere Infos siehe → *Stadtrundfahrten auf S. 408*

Heidelberger Solarschifffahrtsgesellschaft [S. 176], abgasfreie Rund- und Charterfahrten auf dem Neckar vor Heidelberg mit dem ökologischsten Ausflugsschiff in BW. Die Rundfahrten finden April bis einschließlich Oktober Di-So und feiertags statt, Charterfahrten ganzjährig, Anlegestelle: Karl-Theodor-Brücke (Altstadtseite), 69117 Heidelberg, ☎ 07263/40 92 84, hdsolarschiff.com

Rheinfähre Leimersheim-Leopoldshafen, die Fähre verkehrt bei Bedarf alle 15 Minuten, Mo-Fr 6.45-9h und 15-18h (Mai bis Oktober durchgehend, im Sommer bis 19h) sowie März bis Oktober zusätzlich Sa+So 10-17h (im März nur bei schönem Wochenendwetter, im Sommer bis 19h), 22. Dezember bis 1. Februar ist die Fähre außer Betrieb, ☎ 0176/21 82 61 98, rheinfaehre-leimersheim.de

Rheinfähre Neuburg-Neuburgweier, die Fähre verkehrt bei Bedarf viertelstündlich Mo-Fr 6.45-9h und 14-18h (Mai bis Oktober durchgehend) sowie März bis Oktober zusätzlich Sa+So 10-18h (im März nur bei schönem Wochenendwetter, im Sommer bis 19h), vom 22. Dezember bis 3. Januar ist die Fähre außer Betrieb, ☎ 0176/21 82 61 99, rheinfähre-neuburg.de

SEGELN/BOOTE

Bootswerft Hübner, Reparaturwerkstatt für Boote, Reutackerweg 14, 76706 Dettenheim, ☎ 07247/15 65, bootswerft-huebner.de

Funshine Tours, Segelreisen und Yachtcharter, 76135 Gutenbergstr. 4, ☎ 985 03 80, funshine.de

sail & more, Ausbildung zum Erwerb von Sportbootführerscheinen sowie Yachtcharter und Vermietung von Motorbooten, 76287 Rheinstetten, ☎ 0177/835 89 76, sail-and-more.de

Segel-Center Gilliard [S. 273], Ausrüstung, Zubehör und Bekleidung fürs Segeln, Surfen und Kanufahren, 76189 Durmersheimer Straße 151, ☎ 57 95 25, segel-center-gilliard.de

Seglerladen Côte Sud, verkauft Segelzubehör sowie maritime Mode, 76133 Waldstraße 60, ☎ 2 12 35, cotesud24.de

STRASSENBAHN

In der Region Karlsruhe gilt für alle Stadtbahnen, Straßenbahnen, Regionalzüge und Buslinien der Tarif des Karlsruher Verkehrsverbunds (KVV). Eine Fahrkarte genügt für alle Verkehrsmittel innerhalb des KVV-Gebiets. Fahrkarten können im Bus beim Fahrpersonal, an den Fahrkartenautomaten an Haltestellen, an den Fahrkartenautomaten in den Straßenbahnen der Linien 1, 2, 3, 4, 5 und 8 und den Stadtbahnen der Linien S1, S11 und S2 gekauft werden, aber auch in den Verkaufsstellen im Verbundgebiet, im KVV-Webshop (kvv-shop.de), online über die App regiomove (kvv.de/regiomove) sowie in den KVV-Kundenzentren. Die Liniennetzpläne für Bus und Bahn sind bei den KVV-Kundenzentren und unter kvv.de/liniennetz erhältlich.

Karlsruher Verkehrsverbund GmbH (KVV) [S. 40], 76131 Tullastr. 71, ☎ 61 07-0, kvv.de, lobundtadel@kvv.karlsruhe.de

Service-Telefon für Auskünfte rund um den KVV: ☎ 61 07-58 85

KVV-Kundenzentren,76131 Durlacher Allee 11, Mo-Fr 8-17h, 76133 Marktplatz (Weinbrennerhaus): Mo, Mi, Do, Fr 9-18h, Di 10-19h und Sa 9.30-17.15h; 76137 Bahnhofplatz: Mo-Fr 9-19h, Sa 9.30-17h; Bahnhof Ettlingen, Wilhelmstr. 2, 76275 Ettlingen: Mo-Fr 8-12h und 12.30-16h, weitere Kundenzentren unter kvv.de/kundenzentren. Verkaufsstellen in der Region sind unter kvv.de/verkaufsstellen zu finden.

Fahrgastbeirat des KVV, das unabhängige Bindeglied zwischen dem KVV und den Fahrgästen hat ein offenes Ohr für Anregungen und Kritik: KVV, 76131 Tullastr. 71, fahrgastbeirat@kvv.karlsruhe.de oder über das Kontaktformular kvv.de/unternehmen/organisation/fahrgastbeirat

TIPPS

KVV.homezone, jeden Monat kann das individuelle Fahrtgebiet neu festlegen und für 28 Tage gebucht werden. Was dabei feststeht, sind allein die Außengrenzen des Verbunds.

KVV.luftlinie, der Luftlinientarif funktioniert nach dem Check-in-/Check-out-System: vor Beginn der Fahrt einfach den Start-Button in der FAIRTIQ-App nach rechts wischen. Am Zielort angekommen den Button „Stopp" in der FAIRTIQ-App nach links wischen. Die Kosten für die Fahrt werden angezeigt. Umstiege zwischen verschiedenen Verkehrsmitteln wie beispielsweise Regionalbahnen, Stadtbahnen oder Bussen sind ohne weitere An- und Abmeldungen möglich. Infos: kvv.de/luftlinie

KVV.nextbike → *S. 455,* das Bikesharing-System ist eine einfache, kostengünstige Ergänzung zu Bus und Bahn. KVV-Abokunden erhalten den Jahrestarif zum Sonderpreis, weitere Infos: kvv-nextbike.de

KVV.regiomove, mit einer einmaligen Registrierung und Hinterlegen der Zahlart können intermodale Fahrten geplant, gebucht und gebündelt bezahlt werden. Mit nur einer App und einem Benutzerkonto können so KVV-Fahrkarten, KVV.nextbike, KVV.homezone und stadtmobil gebucht werden.

stadtmobil, wer eine KVV-Jahreskarte besitzt, erhält beim Carsharing-Anbieter stadtmobil (siehe S. 453) bei Vertragsabschluss eine Fahrtgutschrift. Infos unter kvv.de/carsharing und stadtmobil.de

STRASSENKARTEN

Kostenloses Kartenmaterial gibt es für Mitglieder beim ADAC oder für jedermann online:

openstreetmap.de, das Kartenmaterial von OpenStreetMap darf unter Angabe der Quelle von jedem verwendet werden und jeder kann es ergänzen, wenn er möchte. Insofern kann man dieses Projekt als eine Art „Stadtplan-Wiki" bezeichnen. Auch Besonderheiten wie Briefkästen, Bushaltestellen oder Ampeln sind darin erfasst.

TANKSTELLEN

24-STUNDEN-TANKSTELLEN

Siehe auch Stadtplan in der Umschlagklappe

Agip, 76185 Neureuter Str. 5, ☎ 56 80 14

Aral, 76131 Haid-und-Neu-Str. 60, ☎ 61 55 70

Aral, mit Pflegeservice und Waschanlage, 76133 Kaiserallee 12g, ☎ 84 26 49, aral.de

Aral, 76149 Linkenheimer Landstr. 125, ☎ 453 94 29

Esso, 76135 Pulverhausstr. 40, ☎ 183 01 77

Shell, 76149 Linkenheimer Landstraße 102a, ☎ 70 66 77

Shell, 76185 Neureuter Str. 14, ☎ 94 31 77 17

Total, 76139 Karlsruher Str. 82, ☎ 68 12 50

Total, 76227 Erlachseeweg 10, ☎ 56 86 72 76

BILLIGE TANKSTELLEN

Laut ADAC tankt man abends am billigsten – beispielsweise soll Diesel morgens bis zu 16 Cent teurer sein als am Abend.
Der Preisunterschied, den die Karlsruher Tankstellen aufweisen, kann in ein und derselben Stunde locker 8 Cent oder mehr betragen. Die meisten deutschen Tankstellen müssen ihre aktuellen Spritpreise an das Bundeskartellamt melden, das sie dann an mehrere Internetportale weiterreicht, auf denen sie direkt miteinander verglichen werden können – zum Beispiel auf adac.de/tanken, clever-tanken.de, mehr-tanken.de oder tanken.t-online.de. Laut ADAC verkauften folgende Tankstellen zwischen Januar und Oktober 2022 im Schnitt die billigsten Kraftstoffe (die preiswerteste steht an erster Stelle, die nachfolgenden werden in absteigender Reihenfolge teurer):

Tankstelle am Real-Markt, 76135 Ortenbergstraße 8, ☎ 86 75 94

Tankstelle am Real-Markt, Autobahnausfahrt Karlsruhe-Durlach, ☎ 618 66 06

Freie Tankstelle am Hit-Markt, 76189 Eichelbergstr. 34

Jet-Tankstelle, 76131 Haid-und-Neu-Str. 30A, ☎ 623 72 01

Shell, 76149 Linkenheimer Landstraße 102a, ☎ 70 66 77

OMV, 76287 An der B36 101, ☎ 51 01 65

bft Eberhard, 76185 Pulverhausstr. 16, ☎ 957 33 16

Freie Tankstelle Heinz, im Rheinhafen, 76189 Fettweisstr. 8, ☎ 957 43 00

Tankstelle bft Perchio, 76185 Daxlander Str. 70A, ☎ 959 75 15

DIE BILLIGSTEN TANKSTELLEN IN DER REGION

Globus-Tankstelle, Hambrücker Landstraße, 68753 Waghäusel-Wiesental, ☎ 07254/986-105
SB-Tankstelle in Östringen, Hauptstraße/ Thomas-Howie-Str. 7/2, 76684 Östringen

ERDGAS-TANKSTELLEN

Standorte von Erdgas-Tankstellen findet man unter erdgas.info

Agip, 76185 Neureuter Str. 5, ☎ 56 80 14
Aral-Tankstelle, Karlsruher Straße 50a (Haus Seehof), 76275 Ettlingen, ☎ 07243/1 23 72
bft-Tankstelle, 76131 Willy-Brandt-Allee 3, ☎ 920 16 18

STROM-TANKSTELLEN

Im Stadtgebiet befinden sich etwa 70 öffentlich zugängliche Elektro-Ladesäulen mit jeweils ein bis zwei Ladepunkten. Fast alle Standorte findet man mit der Käppsele-App der Stadtwerke und viele davon auf dem Stadtplan in der hinteren Umschlagklappe des Stadtbuchs.

TANKAUTOMATEN

Hier kann man rund um die Uhr tanken. Die Kraftstoffpreise liegen oft leicht unter dem Durchschnitt.

Freie Tankstelle am Hit-Markt, Nachttankautomat nach Geschäftsschluss, 76189 Eichelbergstr. 34
ZG Raiffeisen Energie, der Automat nimmt EC- und diverse Kreditkarten an, 76137 Rüppurrer Straße 102 (Gelände Ford-Hatzner) sowie 76131 Waldhornstr. 14-16, ☎ 352-13 87, zg-raiffeisen.de

TAXIS & FAHRDIENSTE

Inge's Minicar Karlsruhe [S. 463], Fahrdienst, 76135 Pulverhausstr. 38, ☎ 4 44 44, inges24.de
Taxi-Funk-Zentrale, 76227 Auf der Breit 9b, ☎ 94 41 44, taxi-zentrale-karlsruhe.de
Taxi Holl Karlsruhe [S. 463], 76135 Pulverhausstraße 38, ☎ 61 61 61, taxi-karlsruhe.de

TIPP

Ein **Anruflinientaxi** fährt nach einem festgelegten Fahrplan – aber nur, wenn auch Bedarf besteht. Eingestiegen wird an einer Bushaltestelle. Anruflinientaxis verkehren in Karlsruhe, Baden-Baden, im Landkreis Rastatt sowie in Germersheim und Landau. Das **Anrufsammeltaxi (AST)** fährt nach Bedarf ohne festen Fahrplan in einem definierten Bedienungsgebiet. Abfahrt und Fahrroute werden von der AST-Zentrale ermittelt. Auch Fahrgäste eines Anrufsammeltaxis steigen an Bushaltestellen ein und können sich unter Umständen bis vor die Haustür bringen lassen. Anrufsammeltaxen ergänzen in Bruchsal und

Umgebung, Waghäusel und allen umliegenden Gemeinden, Karlsbad und dem vorderen Kraichgau das Verkehrsangebot der Buslinien. Weitere Informationen: kvv.de/ruftaxi

KVV.MyShuttle ist die smarte und praktische Aufwertung des ÖPNV in publikumsärmeren Randzeiten. Ohne festen Fahrplan bedienen die Busse sogenannte virtuelle Haltestellen und bieten damit barrierefreie Mobilität für die erste und letzte Meile. Das Ganze gibt es zum KVV-Tarif. Abonnenten und Besitzer einer gültigen Fahrkarte zahlen keinen Cent drauf. MyShuttle kann über die Handy-App „KVV.easy" gebucht werden und ist in der Gemeinde Ettlingen, in Völkersbach, im Gebiet der Gemeinde Marxzell, Hardt-West und Karlsbad unterwegs. Weitere Infos: kvv.de/myshuttle

VERKEHRSCLUBS

ADAC Nordbaden, Geschäftsstelle & Reisebüro, Mo-Fr 9-18h, Sa 10-14h, 76135 Steinhäuserstr. 22, ☎ 81 04-0, Pannenhilfe (24 Stunden erreichbar): ☎ 089/20 20 40 00), adac.de/nordbaden

Verkehrsclub Deutschland (VCD), Kreisverband Karlsruhe e. V., Bürozeiten: Di-Do 9-13h, 76133 Kronenstr. 9, ☎ 38 06 48, vcd.org/karlsruhe

Verkehrswacht in Stadt und Landkreis Karlsruhe e. V., Pkw- und Motorrad-Sicherheitstraining sowie Sehtests, verfügt auch über einen Verkehrsübungsplatz (siehe S. 466), 76187 Willich 1, ☎ 56 26 22, verkehrswacht-karlsruhe.de

VERKEHRSKONTROLLEN

GESCHWINDIGKEITS-KONTROLLEN

Im Karlsruher Stadtgebiet gibt es 33 stationäre Geschwindigkeitsmessanlagen. Das Ordnungs- und Bürgeramt führt zudem täglich an mehreren Stellen mobile Kontrollen durch. Aktuelle Informationen hierzu werden auf folgender Seite veröffentlicht: karlsruhe.de/stadt-rathaus/service-buergerinformation/sicherheit-ordnung/geschwindigkeitsmessungen. Im Anschluss sind sämtliche stationären Kontrollen aufgeführt (siehe auch Stadtplan in der hinteren Umschlagklappe). Die Messkabinen in der Kaiserallee und der Kriegsstraße sind nur zeitweise (vor allem nachts und an Wochenenden) mit Kameras bestückt.

Südtangente (K 9657/B 10), in Fahrtrichtung Westen: Höhe Wasserwerkbrücke, unmittelbar nach Auffahrt von Karlsruhe-Rüppurr, Höhe Junker-und-Ruh-Str., in Fahrtrichtung Osten: Höhe Wasserwerkbrücke, Höhe Ausfahrt Rüppurr, Höhe Auffahrt Grünwinkel/Griesbachstr., Höhe Junker-und-Ruh-Straße, erlaubte Geschwindigkeit 80 km/h

Eckenerstraße, Höhe Hausnummer 32 in Richtung Rastatt, erlaubte Geschwindigkeit 30 km/h

Eckenerstraße, Höhe Hausnummer 25 in Richtung Innenstadt, erlaubte Geschwindigkeit 50 km/h

Eckenerstraße/Rheinhafenstraße, in Richtung Innenstadt, erlaubte Geschwindigkeit 50 km/h

Kapellenstraße, Höhe Schillerschule in beiden Fahrtrichtungen, erlaubte Geschwindigkeit Mo-Fr 7-17h: 30 km/h, ansonsten: 50 km/h

Pulverhausstraße, vor Bernsteinstr. in Fahrtrichtung Bulach, erlaubte Geschwindigkeit 50 km/h

Pulverhausstr., Höhe Esperantobrücke in Fahrtrichtung Westen, erlaubte Geschwindigkeit 50 km/h

Durlacher Allee, an der Straßenbahnhaltestelle Weinweg in Fahrtrichtung Innenstadt, erlaubte Geschwindigkeit 50 km/h

Ludwig-Erhard-Allee, Höhe Hausnummer 26, Fahrtrichtung Wolfartsweierer Str., erlaubte Geschwindigkeit 50 km/h (2019 löste die dortige Kamera rund 8.000 Mal aus)

Herrenalber Straße, Höhe Hausnummer 32 in Fahrtrichtung Ettlingen, erlaubte Geschwindigkeit 50 km/h

Herrenalber Straße, Höhe Fronstraße/Hausnummer 12 in Fahrtrichtung Innenstadt, erlaubte Geschwindigkeit 50 km/h (6-22h) beziehungsweise 30 km/h (22-6h)

Starckstraße/Honsellstraße, Fahrtrichtung B10/Südtangente und B36, erlaubte Geschwindigkeit jeweils 50 km/h

Willy-Brandt-Allee, Höhe Adenauerring in Fahrtrichtung Innenstadt und Fahrtrichtung Neureut, erlaubte Geschwindigkeit jeweils 60 km/h

Gustav-Heinemann-Allee/Theodor-Heuss-Allee, Richtung Hagsfeld, erlaubte Geschwindigkeit 70 km/h
Rheinbrückenstraße zwischen Rheinbergstraße und Eggensteiner Straße, in beiden Richtungen, erlaubte Geschwindigkeit 50 km/h
Neureuter Straße, Höhe Sudentenstr. in Fahrtrichtung Rheinstr., erlaubte Geschwindigkeit 70 km/h
Linkenheimer Landstr., Richtung Eggenstein-Leopoldshafen, erlaubte Geschwindigkeit 70 km/h
Kaiserallee, Hausnummer 36, Richtung Westen, erlaubte Geschwindigkeit 50 km/h (Messkabine)
Kaiserallee, Hausnummer 47, Richtung Osten, erlaubte Geschwindigkeit 50 km/h (Messkabine)
Grötzinger Straße, Höhe Hausnr. 56a, in beiden Richtungen, erlaubte Geschwindigkeit 30 km/h
Kriegsstr. 165, Fahrtrichtung Weinbrennerplatz, erlaubte Geschwindigkeit 30 km/h (Messkabine)
Kriegsstr. 275, Fahrtrichtung Kühler Krug, erlaubte Geschwindigkeit 30 km/h (Messkabine)
Karoline-Luise-Tunnel, Fahrtrichtung Brauerstr.: Höhe Karlstraße und Staatstheater, Fahrtrichtung Ludwig-Erhard-Allee: Höhe Karlstraße, erlaubte Geschwindigkeit jeweils 50km/h
B 10, Höhe Keßlerstr., Richtung Kriegsstr., erlaubte Geschwindigkeit 50 km/h
B 36, Höhe Sudetenstr., Richtung Innenstadt, und bei der Messe Karlsruhe, in Richtung Durmersheim, erlaubte Geschwindigkeit jeweils 70 km/h
B 3, Kreuzung Seehof bei Ettlingen, in beiden Fahrtrichtungen, erlaubte Geschwindigkeit 70 km/h

RADARKONTROLLEN

Neun Rotlicht-Kameras gibt es an (ehemaligen) Unfallschwerpunkten und allesamt sind sie „scharf". Die Rotlicht-Kameras sind in unserem Stadtplan in der hinteren Umschlagklappe eingezeichnet.

Kapellenstraße, Höhe Schillerschule in beiden Fahrtrichtungen
Durlacher Allee, Kreuzung Weinweg, Richtung Innenstadt
Gustav-Heinemann-Allee/Theodor-Heuss-Allee, in Richtung Innenstadt
Keßlerstraße, mittlerer und rechter Fahrstreifen
Starckstraße/Honsellstraße, in Fahrtrichtung Süden und in Fahrtrichtung Neureut
Eckenerstraße/Rheinhafenstraße, in Fahrtrichtung Innenstadt
Neureuter Straße (B36), Höhe Sudetenstraße Richtung Innenstadt und bei der Messe Karlsruhe Richtung Durmersheim
Linkenheimer Landstr., Richtung Eggenstein-Leopoldshafen
Kreuzung Seehof bei Ettlingen, B3 in beiden Fahrtrichtungen

BLITZLICHTGEWITTER

Fast 125.000 Mal haben die im Stadtgebiet installierten Blitzer im Jahr 2021 ausgelöst, 148.000 Mal die mobilen Anlagen. Mit ihren Messungen nimmt die Stadt jährlich etwa 7 Millionen Euro ein. Die vier Geschwindigkeitsmessanlagen der Südtangente sorgten 2021 für Bußgelder in Höhe von insgesamt 1.440.000€, jene an der Ludwig-Erhard-Allee 26 für 105.000€. Hinweise, wo oft zu schnell gefahren oder falsch geparkt wird und wo deshalb Überwachungsmaßnahmen nötig sein könnten, nimmt das Ordnungs- und Bürgeramt auf der Seite feedback.karlsruhe.de entgegen. Die Facebook-Seite „Blitzer KA" veröffentlicht zudem aktuelle mobile Kontrollstellen im Stadt- und Landkreis.

IMPRESSUM

KARLSRUHER STADTBUCH VERLAG
Leopoldstr. 2, 76133 Karlsruhe
Tel. 0721/98 222 75
www.karlsruherstadtbuch.de
info@karlsruherstadtbuch.de

HERAUSGEBER
Olaf Zemanek

REDAKTION
Georg Hertweck, Nike Luber, Sonja Müller, Thomas Weiss, Olaf Zemanek (V. i. S. d. P.)

INFOTEIL-REDAKTION
Sonja Müller

FOTOS
Heiko Breckwoldt, Sonja Müller

LEKTORAT
Martina Leiber, www.lektorat-leiber.de

TITELBILD
© Uwe Mayer Illustration, www.uwemayer.com

SATZ & LAYOUT
Sonja Müller (Anzeigen), Olaf Zemanek

ANZEIGEN
Olaf Zemanek

DRUCK & VERARBEITUNG
Gutenberg Beuys Feindruckerei GmbH

DANKE
unseren Lesern und Inserenten sowie allen Tippgebern, die uns helfen, das Karlsruher Stadtbuch zu verbessern

ISBN 978-3-9822571-2-9

VERKEHRSLAGE

Infos zur aktuellen Baustellensituation in Karlsruhe erhält man unter der zentralen Behördennummer ☎ 115. Folgende Adressen rund um die Themen Baustellen und Staus sind ebenfalls hilfreich:

Mobilitätsportal, das Mobilitätsportal ist ein Projekt der TechnologieRegion Karlsruhe und der Stadt Karlsruhe gemeinsam mit den Kommunen im Eurodistrict PAMINA (Südpfalz, Nordbaden und Elsass). Es informiert unter anderem über die Verkehrslage, zu aktuellen oder geplanten Baustellen, über die Belegung der Parkhäuser, rund um den Bus- und Bahnverkehr sowie über den Fahrradverkehr in Stadt und Region, mobil.trk.de/karlsruhe
Straßenverkehrszentrale Baden-Württemberg, Straßenbaustellen und gesperrte Straßen im Ländle findet man unter verkehrsinfo-bw.de, unter dem Link „Verkehrskameras" liefern Webcams aktuelle Bilder vom Straßenverkehr
Umweltzone, seit dem Jahr 2013 dürfen ausschließlich Fahrzeuge mit grüner Feinstaubplakette die Innenstadt befahren, auch parkende Fahrzeuge werden auf die Einhaltung der Plakettenpflicht kontrolliert. Die Umweltplakette ist beim TÜV (76189 Durmersheimer Straße 145, ☎ 57 06-177, tuvsud.com/de), der Dekra (76187 Im Husarenlager 14, ☎ 56 07-0, dekra.de) und im Servicezentrum Auto und Verkehr (siehe S. 452) erhältlich. Wer ohne Plakette erwischt wird, bezahlt 80€ Bußgeld. Die Umweltzone ist in unserem Stadtplan in der hinteren Umschlagklappe eingezeichnet.

VERKEHRS-ÜBUNGSPLATZ

Verkehrswacht in Stadt- und Landkreis Karlsruhe e. V., der Verkehrsübungsplatz der Verkehrswacht ist nutzbar ab 16 Jahren in Begleitung eines Beifahrers, der einen gültigen Führerschein besitzt, auf dem Gelände sind ausschließlich Pkws zugelassen, Mo-Fr 13-18h, Sa, So, Fei 10-18h, letzte Einfahrt um 17h, (24.-26. und 31. Dezember sowie 1. Januar ist geschlossen), 76187 Willich 1, ☎ 56 26 22, verkehrswacht-karlsruhe.de

STICHWORTVERZEICHNIS

Die fett gedruckten Stichworte sind Oberbegriffe, unter denen mehrere Rubriken zum jeweiligen Thema zu finden sind. Ab Seite 328 finden Sie ein gesondertes Verzeichnis für Gastronomiebetriebe.

A

B

C

D

E

F

G

H

I

J

K

L

M

N

O

P

R

S

T

U

V